König · Kooperation als Machtkampf

Italien in der Moderne

herausgegeben von

Christof Dipper
Oliver Janz
Jens Petersen
Sven Reichardt
Wolfgang Schieder
Petra Terhoeven

Band 14

Malte König

Kooperation als Machtkampf

Das faschistische Achsenbündnis Berlin–Rom
im Krieg 1940/41

SH-Verlag

Gedruckt mit Unterstützung der Geschwister Boehringer Ingelheim Stiftung
für Geisteswissenschaften in Ingelheim am Rhein sowie der Gerda Henkel Stiftung
in Düsseldorf

ISBN 978-3-89498-175-4

© 2007 SH-Verlag GmbH, Osterather Str. 42, D-50739 Köln.
Tel. (0221) 956 17 40, Fax (0221) 956 17 41, e-Mail: info@sh-verlag.de
Umschlagabbildung: Hitler und Mussolini im Zwiegespräch, Rom 1938
(Abdruck m. frdl. Genehmigung des Bildarchivs der Bayerischen Staatsbibliothek, München)
Umschlagentwurf: Guido Klütsch, Köln
Lektorat: Susanne Elsner, Hamburg
Satz: Claudia Wild, Stuttgart
Druck: Druckhaus „Thomas Müntzer", Bad Langensalza
Alle Rechte vorbehalten. Kein Teil dieses Buches darf in irgendeiner Form ohne schriftliche Zustimmung
des Verlages wiedergegeben werden.

Inhalt

Einleitung 7

1. Militärische Zusammenarbeit 19

    a. Italien zwischen Neutralität und Kriegseintritt –
       Kooperation als Utopie 19
    b. Die „Achse" im Krieg – das Dilemma unverbindlicher
       Zusammenarbeit 26
    c. Der italienische „Parallelkrieg" – Autonomiestreben,
       Mißtrauen und blockiertes Zusammenspiel 34
    d. Das Berghoftreffen – Neuordnung des deutsch-italienischen
       Machtverhältnisses 49
    e. Der Balkanfeldzug – deutscher Führungsanspruch,
       militärische Einflußnahme und italienische Selbstbehauptung 64
    f. Die Zusammenarbeit in Nordafrika und im Mittelmeerraum –
       Möglichkeiten und Grenzen der deutschen Einflußnahme 71

2. Wehrwirtschaft und Handel 89

    a. Zwischen Autarkiestreben und Importabhängigkeit – Italien
       im handelspolitischen Tauziehen der kriegführenden Großmächte ... 89
    b. Italien im Krieg – ausbleibende Absprachen, Ad-hoc-Lösungen
       und wirtschaftliche Abhängigkeit als Verhandlungsbasis 97
    c. Das Wirtschaftsabkommen vom Februar 1941 – Offenlegung
       der wirtschaftlichen Notlage Italiens und Neuordnung des
       deutsch-italienischen Machtverhältnisses 102
    d. Die Neustrukturierung der Zusammenarbeit – Kooperation
       zwischen Rivalität und Notwendigkeit 116
    e. „Auftragsverlagerung", deutsch-italienisches Clearing
       und Rohstoffversorgung – deutsche Dominanz und italienische
       Selbstbehauptung 126
    f. Versorgungsengpässe der „Achse" – Möglichkeiten und Grenzen
       der wehrwirtschaftlichen Nutzung Italiens 138

3. Presse und Rundfunk 149

    a. Institution von Verbindungsstellen 150
    b. Deutsche Einflußnahme auf die italienische Medienlandschaft 152

c. Unterlegenheit und Unterordnung des italienischen
      Propagandaapparates 157
   d. Grenzen des deutschen Einflusses und „Disziplinlosigkeit"
      der italienischen Medien 166
   e. Unausgewogenheit der gegenseitigen Propagandamaßnahmen 174

4. Gemeinsames Besatzungsgebiet 177
   a. Griechenland 177
   b. Kroatien... 200

5. Deutsch-italienische Grenzregion.. 227
   a. Südtirol – eine Region und ihre Bewohner im Wechselbad
      der deutsch-italienischen Beziehungen 227
   b. *Vallo del littorio* – die italienischen Verteidigungsanlagen
      an der Nordfront 238

6. Im Freundesland... 251
   a. Deutsche in Italien – über den „Ausverkauf" Italiens im Jahre 1941 251
   b. Italiener in Deutschland – über den Umgang mit den italienischen
      „Fremdarbeitern" im Jahre 1941 272

7. „Öffentliche Stimmungen" und Gerüchte 293
   a. Anmerkung zum Quellen- und Methodenproblem 293
   b. Italien vor der militärischen Bewährung – zwischen deutscher
      Erwartungshaltung und italienischer Illusion 295
   c. Die Niederlagen in Griechenland und Nordafrika – Italien
      im Blickpunkt der deutschen und britischen Propaganda.............. 303
   d. Der deutsche Eingriff in den italienischen Kriegsschauplatz –
      deutsche und britische Abwertung Italiens........................... 313
   e. Das Achsenbündnis in der Krise – vertrauensbildende Maßnahmen 318

Schlußbetrachtung 327

Abkürzungsverzeichnis 337

Verzeichnis der Tabellen und Abbildungen 339

Danksagung... 341

Quellen- und Literaturverzeichnis... 343

Personenregister 367

Einleitung

Als „idiotischen griechischen Feldzug" sollte Hitler den italienischen Angriff auf Griechenland im Februar 1945 bezeichnen[1] und rückblickend feststellen, daß „das Bündnis mit Italien [...] offensichtlich mehr unseren Feinden geholfen [...], als es uns genützt hat".[2] Die Bündnistreue gegenüber Italien sei ein Fehler gewesen, der Verbündete habe überall nur im Weg gestanden. In seiner Enttäuschung verstieg sich der einstige Anhänger des faschistischen Italiens gar in den Vorwurf:

„Ich habe oft den Ausspruch getan, daß auf der Seite, wo Italien steht, sich der Sieg einstelle. Ich hätte besser gesagt, daß dort, wo der Sieg ist, sich auch Italien einstelle!"[3]

Der „Blitzfeldzug" der Italiener, der im Oktober 1940 begann, bereits nach wenigen Tagen ins Stocken geriet und schließlich durch den erbitterten Widerstand der Griechen in einen langwierigen, kräftezehrenden Winterkrieg verwandelt wurde, veränderte das Italienbild der Deutschen in entscheidender Weise. Die bitteren Niederlagen des Achsenpartners erst auf dem Balkan und später auch in Nordafrika führten zu einem deutlichen Wandel in den deutsch-italienischen Beziehungen und erzwangen zum Jahreswechsel 1940/41, daß sich das faschistische Regime dem stärkeren Bündnispartner unterordnen mußte.

Der Ausbruch des Zweiten Weltkriegs stellte den Zusammenhalt der vielfach beschworenen deutsch-italienischen „Schicksalsgemeinschaft" ernsthaft auf die Probe. Bereits im Abessinienkonflikt hatte sich gezeigt, daß die ideologische Affinität, die zwischen den beiden Regimen zweifellos bestand und die sich im Abschluß des Achsenbündnisses widerspiegelte,[4] nicht ausreiche, um in der Außenpolitik ein spannungsfreies Miteinander zu garantieren. Allenfalls eine „Parallelität der Politik" ließ sich feststellen, jedoch ohne „bewußte Koordination",[5] sondern eher zufällig bedingt durch den gemeinsamen „Willen zur imperialistischen Machtentfaltung".[6] Doch die

---

[1] Hitlers politisches Testament. Die Bormann-Diktate vom Februar und April 1945, mit einem Essay v. Hugh R. Trevor-Roper u. einem Nachwort v. André François-Poncet, Hamburg 1981, S. 79 – 15.2.1945.

[2] Ebd., S. 84 – 17.2.1945.

[3] Ebd., S. 88 – 17.2.1945.

[4] Vgl.: Jens Petersen, Hitler–Mussolini. Die Entstehung der Achse Berlin–Rom 1933–1936, Tübingen 1973.

[5] Manfred Funke, Sanktionen und Kanonen. Hitler, Mussolini und der internationale Abessinienkonflikt, 1934–36, Düsseldorf 1970, S. 177.

[6] Vgl.: Wolfgang Schieder, Italien in der zeitgeschichtlichen Forschung Deutschlands, in: Neue politische Literatur 38.3/1993, S. 378.

ideologische Annäherung der beiden Staaten fand ihre Fortsetzung. Hatten zunächst vor allem macht- und bündnispolitische Erwägungen das Verhältnis der beiden Regime geprägt, so wurde das Achsenbündnis ab 1936 bewußt mit Leben erfüllt und ideologisch aufgeladen.[7] Der Abschluß eines bilateralen Kulturabkommens,[8] der Erlaß antijüdischer Gesetze in Italien[9] und die Unterzeichnung des „Stahlpakts"[10] sind nur die auffälligsten Marksteine dieses Annäherungsprozesses.

Ausschlaggebend für die forcierte Kooperation war die Position der beiden Diktatoren, deren „Führungsmonopol" in außenpolitischen Fragen deutlich zum Tragen kam. „Polykratische Strukturen", in denen Entscheidungen aus „einem ‚Wildwuchs' der jeweiligen Kräfteverhältnisse" entstanden,[11] setzten sich nur in Bereichen durch, um die sich die Staatschefs nicht kümmerten[12] – sei es aus Desinteresse oder Überforderung. In der Außenpolitik aber war Hitler als abschließender Entscheidungsträger, als Schiedsrichter zwischen den ihm vorliegenden Optionen unumstritten.[13] Ähnliches galt für Mussolini, der sich zwar formal betrachtet gegenüber einer konservativen Monarchie verantworten mußte[14] und – anders als Hitler – weder auf eine Unterordnung des Staates unter die Partei noch auf eine Zurückdrängung der Kirche

---

[7] Hans Woller, Rom, 28. Oktober 1922. Die faschistische Herausforderung, München 1999, S. 141–147 u. S. 191–193; ders., Machtpolitisches Kalkül oder ideologische Affinität? Zur Frage des Verhältnisses zwischen Mussolini und Hitler vor 1933, in: Wolfgang Benz/Hans Buchheim/Hans Mommsen (Hg.), Der Nationalsozialismus. Studien zur Ideologie und Herrschaft, Frankfurt a.M. 1993, S. 42–63.

[8] Vgl.: Jens Petersen, Vorspiel zu „Stahlpakt" und Kriegsallianz: Das deutsch-italienische Kulturabkommen vom 23. November 1938, in: VfZ 36.1/1988, S. 41–77.

[9] Vgl. weiterführend: Michele Sarfatti, Mussolini contro gli ebrei. Cronaca dell'elaborazione delle leggi del 1938, Turin 1994; ders., Gli ebrei nell'Italia fascista. Vicende, identità, persecuzione, Turin 2000; Thomas Schlemmer/Hans Woller, Der italienische Faschismus und die Juden, in: VfZ 53.2/2005, S. 165–201; Enzo Collotti, Die Historiker und die Rassengesetze in Italien, in: Christof Dipper/Rainer Hudemann/Jens Petersen (Hg.), Faschismus und Faschismen im Vergleich. Wolfgang Schieder zum 60. Geburtstag, Köln 1998, S. 59–77; Katharina Walter, Die Judenpolitik unter Mussolini, in: Zeitgeschichte 24.1-2/1997, S. 3–29; Reiner Pommerin, Rassenpolitische Differenzen im Verhältnis der Achse Berlin–Rom 1938–1943, in: VfZ 27/1979, S. 646–660.

[10] Vgl.: Ferdinand Siebert, Italiens Weg in den Zweiten Weltkrieg, Frankfurt a.M./Bonn 1962; Mario Toscano, The Origins of the Pact of Steel, Baltimore 1967 (1956).

[11] Peter Hüttenberger, Nationalsozialistische Polykratie, in: Geschichte und Gesellschaft 2.4/1976, S. 421.

[12] Manfred Funke, Starker oder schwacher Diktator? Hitlers Herrschaft und die Deutschen. Ein Essay, Düsseldorf 1989, S. 78.

[13] Ian Kershaw, Der NS-Staat. Geschichtsinterpretationen und Kontroversen im Überblick, Reinbek 1988, S. 224 u. S. 233 f.; Funke, Diktator, S. 78 f.

[14] Denis Mack Smith, Italy and its Monarchy, New Haven/London 1989, S. 277–279; Meir Michaelis, Anmerkungen zum italienischen Totalitarismusbegriff. Zur Kritik der Thesen Hannah Arendts und Renzo De Felices, QFIAB 62/1982, S. 279 f.; Alberto Aquarone, L'organizzazione dello Stato totalitario, Turin 1965, S. 291 f.

beharrte,[15] sich faktisch aber gegen alle Bedenkenträger durchzusetzen wußte. Konzentrierte sich der „Duce" bis zum Aufstieg der Nationalsozialisten auch mehr auf den Ausbau seiner charismatischen Herrschaft als auf eine speziell faschistische Akzentsetzung in der Außenpolitik,[16] so steht inzwischen doch außer Frage, daß er langfristige Ziele verfolgte, die von Großmachtstreben und Expansionsdrang geprägt waren und in den Jahren 1936–39 zunehmend ins Zentrum seiner Politik gerieten.[17] Sowohl in bezug auf Deutschland wie auch Italien geht die vorliegende Arbeit also von einem Primat der außenpolitischen „Programme" Hitlers und Mussolinis aus, bei gleichzeitiger Anerkennung des starken Einflusses polykratischer Herrschaftsmechanismen auf die Binnenstruktur der Regime. In der Außenpolitik konnte sich der „Wildwuchs" konkurrierender Herrschaftsträger eben erst entfalten, wenn sich Sachfragen dem direkten Interesse der Diktatoren entzogen. Im Kriegsgeschehen war dies weit seltener der Fall als etwa in der Besatzungspolitik, die zu einem „Mischbereich zwischen Innerem und Äußerem" mutierte.[18]

Anschließend an die Kontroverse um intentionalistische und funktionalistische bzw. strukturgeschichtliche Methodik in der zeitgeschichtlichen Erforschung des Nationalsozialismus[19] sei darauf verwiesen, daß die „Lagermentalität",[20] welche zwi-

---

[15] Konrad Repgen, Pius XI. zwischen Stalin, Mussolini und Hitler. Zur vatikanischen Konkordatspolitik der Zwischenkriegszeit, in: Aus Politik und Zeitgeschichte 39/1979, S. 11 u. S. 21; Adrian Lyttelton, La dittatura fascista, in: Storia d'Italia. 4. Guerre e fascismo 1914–1943, hrsg. v. Giovanni Sabbatucci/Vittorio Vidotto, Bologna 1997, S. 178–194; Aquarone, Organizzazione, S. 293–298.

[16] Richard J.B. Bosworth, Mussolini, London 2002, S. 251.

[17] MacGregor Knox, Common Destiny: Dictatorship, Foreign Policy, and War in Fascist Italy and Nazi Germany, Cambridge 2000, S. 66–72 u. S. 95–100; Stephen Corrado Azzi, The Historiography of Fascist Foreign Policy, in: The Historical Journal 36.1/1993, S. 194; Wolfgang Schieder, Das faschistische Italien, in: Norbert Frei/Hermann Kling (Hg.), Der nationalsozialistische Krieg, Frankfurt a.M./New York 1990, S. 48–56; zur Debatte um Kontinuität und Kohärenz der faschistischen Außenpolitik vgl. weiterführend: Azzi, Historiography, S. 187–203.

[18] In den besetzten Gebieten gab es ein politisches Vakuum zu füllen, was die Machtkämpfe zwischen den rivalisierenden NS-Organen deutlich verschärfte. Vgl. dazu: Lutz Klinkhammer, Zwischen Bündnis und Besatzung. Das nationalsozialistische Deutschland und die Republik von Salò 1943–1945, Tübingen 1993, S. 7 f.; Gerhard Hirschfeld, Fremdherrschaft und Kollaboration. Die Niederlande unter deutscher Besatzung 1940–1945, Stuttgart 1984, S. 32.

[19] Grundlegend für die Kontroverse die Beiträge in: Gerhard Hirschfeld/Lothar Kettenacker (Hg.), Der „Führerstaat". Mythos und Realität. Studien zur Struktur und Politik des Dritten Reiches, Stuttgart 1981; vgl. weiterführend und kommentierend: Klaus Hildebrand, Das Dritte Reich, München 1991, S. 178–185; Kershaw, NS-Staat, S. 127–252; Funke, Diktator; Enrico Syring, Intentionalisten und Strukturalisten. Von einem noch immer ausstehenden Dialog, in: Uwe Backes/Eckhard Jesse/Rainer Zitelmann (Hg.), Die Schatten der Vergangenheit. Impulse zur Historisierung des Nationalsozialismus, Frankfurt a.M./Berlin 1990, S. 169–194; Hermann Weiß, Der „schwache" Diktator. Hitler und der Führerstaat, in: Benz/Buchheim/Mommsen, Der Nationalsozialismus, S. 64–77.

[20] Ludolf Herbst, Das nationalsozialistische Deutschland 1933–1945. Die Entfesselung der Gewalt: Rassismus und Krieg, Frankfurt a.M. 1996, S. 11.

schen den Vertretern dieser Verfahrensweisen entstanden ist, in der Untersuchung bewußt überschritten wird, da die scharfe Trennung einer fruchtbaren Geschichtswissenschaft eher im Wege zu stehen scheint, als daß sie sie fördert.[21] Läßt uns der strukturgeschichtliche Ansatz das innenpolitische „organisierte Chaos" des NS-Staates besser erfassen, so verhindert der intentionalistische eine „Überrationalisierung" und „Entpersonalisierung" der Entscheidungsprozesse im Reich.[22] Zweifellos ist der Handlungsspielraum einer historischen Person durch die Rahmenbedingungen, die sie formen und in denen sie agiert, beschränkt, doch darf die treibende Kraft des Individuums nicht unterschätzt werden. Nur im Zusammenwirken eröffnen die beiden Forschungsansätze daher „die Möglichkeit zu einer optimalen Annäherung an die historische Wirklichkeit".[23]

Betrachtet man nun die außenpolitischen Konzeptionen der beiden Diktatoren, so stellt sich heraus, daß Hitler Italien schon seit den zwanziger Jahren als Wunschpartner des Deutschen Reiches bezeichnete. Seine Präferenz für Italien war „nicht konjunkturell" bedingt, sondern fester Bestandteil seiner Grundüberzeugungen.[24] Mussolinis Weg zum Bündnis hingegen war länger und verschlungener,[25] doch spätestens im Jahre 1939 entsprach die „Achse Rom–Berlin" auch in seinem imperialistischen Programm einer „grundlegenden historischen Notwendigkeit", durch welche es Italien gelinge werde, aus dem „Gefängnis" des Mittelmeerraumes auszubrechen.[26] Ideologische wie interessenpolitische Motive griffen bei dieser Überlegung ineinander.[27] Faktisch betrachtet läßt sich Mussolinis Zögern übrigens leicht rechtfertigen, stellte sich die Sachlage für ihn doch ungleich komplizierter dar: In der europäischen Mächtekonstellation firmierte Italien zwar als Großmacht, jedoch ohne es militärisch, politisch und wirtschaftlich tatsächlich mit Großbritannien, Frankreich oder Deutschland aufnehmen zu können; Italien war „Großmacht ehrenhalber"[28] und hatte sich daher mit Bedacht zu bewegen. Immerhin bot sich dem faschistischen

---

[21] Weiß, Diktator, S. 77; Herbst, Deutschland, S. 11.

[22] Weiß, Diktator, S. 67.

[23] Syring, Intentionalisten und Strukturalisten, S. 184.

[24] Woller, Rom, S. 142; ders., Kalkül, S. 44–46; Jens Petersen, Italien in der außenpolitischen Konzeption Hitlers, in: Kurt Jürgensen/Reimer Hansen (Hg.), Historisch-politische Streiflichter. Geschichtliche Beiträge zur Gegenwart, Neumünster 1971, S. 206–220.

[25] Bosworth, Mussolini, S. 327–333; Woller, Kalkül, S. 47–63.

[26] Frederick William Deakin, Die brutale Freundschaft. Hitler, Mussolini und der Untergang des italienischen Faschismus, Köln/Berlin 1964, S. 23; Jens Petersen, Gesellschaftssystem, Ideologie und Interesse in der Außenpolitik des faschistischen Italien, in: QFIAB 54/1974, S. 458 f. Laut Knox bemühte sich Mussolini seit Januar 1936 intensiv um die Formierung der „Achse", um das europäische Mächtegleichgewicht zu zerstören und eine deutsch-italienische Allianz gegen den Westen zu bilden (Knox, Common Destiny, S. 142 f.).

[27] Petersen, Gesellschaftssystem, S. 458–460.

[28] Alan Cassels, Fascist Italy, New York 1968, S. 73: „Italy was a major power by courtesy title only."

Regime in der labilen Mächtebalance der dreißiger Jahre gelegentlich die Möglichkeit, als „ausschlaggebendes Gewicht" entscheidenden Einfluß auf der europäischen Bühne auszuüben.[29] Eine definitive Positionierung auf der Seite des Deutschen Reichs (oder der Westmächte) konnte unter diesen Umständen nur von Nachteil sein.[30] Bis Mitte der dreißiger Jahre konnte sich diese Politik des *peso determinante*, die ursprünglich auf Außenminister Dino Grandi zurückging, durchsetzen. Doch letztlich entsprach sie nicht den außenpolitischen Zielen des „Duce".[31] Denn ideologisch hatte sich dieser längst für das Deutsche Reich entschieden, allein die wirtschafts- und rüstungspolitische Schwäche seines Landes hielt ihn von übereilten Schritten zurück. Italiens Lavieren zwischen den Mächten markierte daher ab 1936 eher ein Zögern als Unentschlossenheit. Das Konzept der „Balancepolitik" verlor zusehends an Kontur, da Mussolini nur noch auf den richtigen Moment zu warten schien. Insbesondere wirtschaftspolitisch bemühte sich die italienische Regierung weiterhin, alle Optionen offenzuhalten. Der deutsche Angriff auf Polen und der damit verbundene Kriegsausbruch schränkten die Wahlmöglichkeiten Roms dann aber drastisch ein, erzwangen eine klare Entscheidung und ließen dem faschistischen Expansionsstreben schließlich freien Lauf. Der nationalistisch und imperialistisch getönte Erwartungsdruck, den die faschistische Propaganda in zwei Jahrzehnten aufgebaut hatte, verengte Mussolinis Handlungsspielraum dabei zusätzlich: Ein weiteres Beharren auf Neutralität war für die Regierung letztlich riskanter als der Kriegseintritt.[32] Ab März 1940 setzte der „Duce" daher endgültig auf das Achsenbündnis, dessen Stabilität und Nutzen sich nun in der Realität des Krieges bewähren mußten.

Bereits Mitte der fünfziger Jahre wurde der gescheiterte Griechenlandfeldzug von Ehrengard Schramm-von Thadden als Umbruchpunkt der deutsch-italienischen Beziehungen bestimmt;[33] eine Feststellung, die in der Geschichtsschreibung des Zweiten Weltkriegs in der Folgezeit bestätigend aufgegriffen wurde[34] und indirekt

---

[29] Renzo De Felice, Beobachtungen zu Mussolinis Außenpolitik, in: Saeculum 24.4/1973, S. 324–327.

[30] Dies ist auch der Einwand, den Knox gegen De Felices These vorbringt, Mussolini habe programmatisch eine „Politik des ausschlaggebenden Gewichts" betrieben: Warum stellte sich Italien letztlich auf die Seite Deutschlands, wenn es damit seine entscheidende Position aufgab? (MacGregor Knox, Il fascismo e la politica estera italiana, in: Richard J.B. Bosworth/Sergio Romano (Hg.), La politica estera italiana (1860–1985), Bologna 1991, S. 291).

[31] Knox, Common Destiny, S. 131 f.; Schieder, Das faschistische Italien, S. 53 f.

[32] Petersen, Gesellschaftssystem, S. 464 f.

[33] Ehrengard Schramm-v. Thadden, Griechenland und die Großmächte im Zweiten Weltkrieg, Wiesbaden 1955, S. 162.

[34] Vgl. z. B.: Andreas Hillgruber, Hitlers Strategie. Politik und Kriegführung 1940–1941, Frankfurt a.M. 1982 (1965), S. 347; Gianluca André, La politica estera del governo fascista durante la seconda guerra mondiale, in: Renzo De Felice (Hg.), L'Italia fra tedeschi e alleati. La politica estera fascista e la seconda guerra mondiale, Bologna 1973, S. 125.

auch in der jüngst erschienenen Mussolini-Biographie Richard Bosworths ihren Niederschlag findet, wenn dieser das Jahr 1941 einerseits als Triumphjahr der „Achse" und andererseits als Jahr des Niedergangs Mussolinis, des Faschismus und der italienischen Großmacht bezeichnet.[35] Doch obgleich zahlreiche Untersuchungen zu den deutsch-italienischen Beziehungen in der Zeit des Dritten Reiches existieren, wurde der machtpolitische Wendepunkt des Winters 1940/41 bislang noch keiner eingehenden Analyse unterzogen. Gestreift von vielen Einzeldarstellungen auf militärischer[36] und wirtschaftlicher[37] Ebene und thematisiert in Lokal-[38] bzw. Einzelstudien wie etwa zur Besatzungspolitik der beiden Staaten,[39] liegen zu der Frage zwar interessante Teilergebnisse vor, jedoch zumeist nur als Puzzleteile, die nicht miteinander kommunizieren und darauf warten, zu einem Ganzen zusammengefügt zu werden. Ziel dieser Untersuchung ist es daher, die Darstellung und Interpretation des Geschehens zum einen auf den heutigen Stand der Forschung zu heben und zum anderen durch neues Material zu ergänzen, um der Entwicklung, den Wendepunkten und ausschlaggebenden Faktoren im Detail nachgehen zu können.

Der Zielsetzung dieser Arbeit am nächsten kommt die Studie „Mussolini unleashed 1939–1941" des Amerikaners MacGregor Knox, die allerdings im Januar 1941 mit dem Treffen der beiden Diktatoren einen Schlußpunkt setzt und zu dem Ergebnis kommt, Mussolini sei infolge des deutschen Eingriffs in Jugoslawien und Griechenland nunmehr wehrlos – „verwirrt im Kielwasser des Alliierten" – den Entscheidungen Hitlers gefolgt.[40] Laut Knox war Italien fortan ein „deutscher Satelliten-

---

[35] Richard J.B. Bosworth, Mussolini, London 2002, S. 378.

[36] Verwiesen sei an dieser Stelle nur auf die Reihe des Militärgeschichtlichen Forschungsamtes: Das Deutsche Reich und der Zweite Weltkrieg, 8 Bde, Stuttgart 1979–2005 (zit. als DRZW).

[37] Hervorzuheben sind in diesem Kontext: Brunello Mantelli, „Camerati del lavoro". I lavoratori italiani emigrati nel Terzo Reich nel periodo dell'Asse 1938–1943, Scandicci (Florenz) 1992; Angela Raspin, The Italian War Economy 1940–1943, New York/London 1986; zur Aktualität der Untersuchung Raspins vgl.: Alessandro Massignani, L'industria bellica italiana e la Germania nella seconda guerra mondiale, in: Italia contemporanea 190/1993, S. 190–198. Zu verweisen ist außerdem auf die materialreiche Studie Maximiliane Rieders, die analytisch jedoch nicht überzeugt, vgl.: Maximiliane Rieder, Deutsch-italienische Wirtschaftsbeziehungen. Kontinuitäten und Brüche 1936–1957, Frankfurt a.M. 2003.

[38] Vgl. etwa: Conrad F. Latour, Südtirol und die Achse Berlin–Rom 1938–1945, Stuttgart 1962.

[39] Genannt seien hier nur: Gabriella Etmektsoglou, Axis Exploitation of Wartime Greece. 1941–1943, Ph.D.Diss., Emory University 1995; Davide Rodogno, Il nuovo ordine mediterraneo. Le politiche di occupazione dell'Italia fascista in Europa (1940–1943), Turin 2003; Rainer Eckert, Vom „Fall Marita" zur „wirtschaftlichen Sonderaktion". Die deutsche Besatzungspolitik in Griechenland vom 6. April 1941 bis zur Kriegswende im Februar/März 1943, Frankfurt a.M. 1992; Holm Sundhaussen, Wirtschaftsgeschichte Kroatiens im nationalsozialistischen Großraum 1941–1945, Stuttgart 1983.

[40] MacGregor Knox, Mussolini unleashed 1939–1941. Politics and Strategy in Fascist Italy's Last War, Cambridge/London/New York 1982, S. 285 u. S. 288 f.

staat", dem vom Deutschen Reich nur noch eine beratende Funktion zugestanden wurde;[41] eine These, die nicht unumstritten blieb und vor allem den vehementen Widerspruch James J. Sadkovichs hervorrief.[42] Problematisch an den Schriften Sadkovichs[43] ist jedoch, daß es ihm in seinen Schriften erklärtermaßen um die Berichtigung des gängigen Geschichtsbildes der anglo-amerikanischen Literatur geht, in welcher die Darstellung Italiens während des Zweiten Weltkrieges seiner Ansicht nach zu negativ ausfällt.[44] Dieser betont italienfreundliche Ansatz führt unweigerlich dazu, daß Argumente überstrapaziert werden, zumal Sadkovich nicht wie Knox auf ein umfangreiches Quellenstudium verweisen kann. Dennoch gelingt es ihm bisweilen, erfolgreich an der These Knox' zu rütteln, etwa wenn er auf die Besetzung Griechenlands anspielt, in der sich Italien nachweisbar nicht wie ein kleiner, untergeordneter Alliierter der deutschen Regierung verhielt.[45]

Steckt man den Forschungsstand zu dem hier beschrittenen Feld ab, so kommt man an den Untersuchungen Renzo De Felices nicht vorbei: Seine Bücher über Mussolini bieten weit mehr als eine Biographie im üblichen Sinne. Tatsächlich stellen sie mit mittlerweile neun Bänden eines der ausführlichsten neueren Werke über die Epoche des italienischen Faschismus dar, in welchem De Felice durch unermüdliche Archivarbeit Maßstäbe gesetzt hat, auch wenn seine Methodik und Interpretationsweise zu Kritik Anlaß geben.[46] Da De Felice zumeist auf die Hinzuziehung deutscher Quellen verzichtet und großzügig über den Hauptteil der wissenschaftlichen Litera-

---

[41] Knox, Mussolini, S. 272: „Italy [became] a German satellite with no more than a consultative role in determining strategy even in mare nostro."; vgl.: Mantelli, Camerati del lavoro, S. 54.

[42] James J. Sadkovich, Anglo-American Bias and the Italo-Greek War of 1940–1941, in: The Journal of Military History 58/1994, S. 634; vgl.: ebd., S. 628–635.

[43] Vgl. auch: James J. Sadkovich, Of Myths and Men: Rommel and the Italians in North Africa, 1940–1942, The International History Review 13.2/1991, S. 284–313; ders., Italian Morale during the Italo-Greek War of 1940–1941, in: War & Society 12.1/1994, S. 97–123; ders., The Italian Navy in World War II: 1940–1943, in: James J. Sadkovich (Hg.), Reevaluating Major Naval Combatants of World War II, New York/London/Westport 1990, S. 129–154; ders., The Italian Navy in World War II, Westport 1994; ders., Understanding Defeat: Reappraising Italy's Role in World War II, in: Journal of Contemporary History 24/1989, S. 27–61.

[44] Titel wie „Anglo-American Bias and the Italo-Greek War of 1940–1941" und „Understandig Defeat: Reappraising Italy's Role in World War II" (s. o.) sind Programm.

[45] James J. Sadkovich, The Italo-Greek War in Context: Italian Priorities and Axis Diplomacy, in: Journal of Contemporary History 28/1993, S. 451.

[46] Zu den von De Felice ausgelösten Historikerstreiten vgl. weiterführend: Borden W. Painter, Renzo De Felice and the Historiography of Italian Fascism, in: American Historical Review 95/1990, S. 391–405; Wolfgang Schieder, Faschismus als Vergangenheit. Streit der Historiker in Italien und Deutschland, in: Walter H. Pehle (Hg.), Der historische Ort des Nationalsozialismus. Annäherungen, Frankfurt a.M. 1990, S. 135–154; Richard J.B. Bosworth, Explaining Auschwitz and Hiroshima. History Writing and the Second World War 1945–1990, London/New York 1993, S. 134–141; ders., The Italian Dictatorship. Problems and Perspectives in the Interpretation of Mussolini and Fascism, London/New York 1998.

tur hinwegsieht,[47] beleuchtet er die deutsch-italienischen Beziehungen vor allem aus der Perspektive der faschistischen Dokumente.

Ferner sind die Untersuchungen Gerhard Schreibers hervorzuheben, der in einer Monographie das deutsch-italienische Bündnis aus der Sicht der deutschen Marineführung durchleuchtet.[48] Überdies bespricht er in Einzelschriften den italienischen Kriegseintritt, den Angriff auf Griechenland sowie den Beitrag Roms zum Rußlandfeldzug in militärischer und politischer Hinsicht[49] und befaßt sich außerdem mit der Meinung der Deutschen über die italienischen Besatzer im Balkan.[50] Seine Schriften kommen dieser Arbeit sehr zugute. Doch lassen auch sie die Forschungslücke letztlich offen, da der Wandel des deutsch-italienischen Verhältnisses nach dem Beginn der italienischen Offensive im Oktober 1940 kaum in den Blickpunkt gerät.

Um den angenommenen Umbruch der deutsch-italienischen Beziehungen zur Jahreswende 1940/41 im Folgenden präzise zu untersuchen, sollen der Studie drei Fragen als Leitmotiv vorangestellt werden:
1. Auf welchem Stand waren die deutsch-italienischen Beziehungen vor und unmittelbar nach dem Kriegseintritt Italiens?
2. Inwiefern löste der Griechenlandfeldzug einen Wandel in den Beziehungen der Achsenmächte aus, und woran läßt sich dieser festmachen?
3. Welche Bedeutung hatte das gewandelte Verhältnis der Bündnispartner für Italien und das Deutsche Reich? Welche Konsequenzen wurden gezogen?

Weiterhin ist das Forschungsgebiet abzustecken. Denn die Annahme, daß sich der vermutete Umbruch in allen Aspekten der Beziehungen widerspiegelt, fächerte im Vorfeld ein immenses Spektrum möglicher Untersuchungsfelder auf, was trotz des erwünschten breiten Ansatzes eine Eingrenzung unabdingbar machte. Kulturpolitische Fragen wurden darum zugunsten militärischer, wirtschaftlicher und sozialer zurückgestellt. Der Schwerpunkt der Studie liegt auf dem Kriegsgeschehen mit seinen Zwängen und seinen direkten Konsequenzen für die deutsch-italienischen Beziehungen. Absichtlich fiel die Wahl der Themengebiete daher auf Bereiche, in denen der Zusammenhalt der „Achse" auf die Probe gestellt wird, Reibungspunkte hervortreten und beide Partner gezwungen sind, eindeutig Position zu beziehen. Anders als in Stu-

---

[47] Auch Knox' Studie wird in einer Fußnote nur als wichtig in vielen einzelnen Punkten, aber als im Interpretationsansatz „verfehlt" abgetan (Renzo De Felice, Mussolini l'alleato – L'Italia in guerra 1940–1943, I, Turin 1990, S. 86 FN 1) und daraufhin kaum mehr erwähnt.

[48] Gerhard Schreiber, Revisionismus und Weltmachtstreben. Marineführung und deutsch-italienische Beziehungen 1919 bis 1944, Stuttgart 1974.

[49] Gerhard Schreiber, Die politische und militärische Entwicklung im Mittelmeerraum 1939/40, in: DRZW, III, Stuttgart 1984, S. 4–271; ders., Deutschland, Italien und Südosteuropa. Von der politischen und wirtschaftlichen Hegemonie zur militärischen Aggression, in: ebd., S. 278–414.

[50] Gerhard Schreiber, „Due popoli, una vittoria"? Gli italiani nei Balcani nel giudizio dell'alleato germanico, in: Bruna Micheletti/Pier Paolo Poggio (Hg.), L'Italia in guerra 1940–1943, Brescia 1990/91, S. 95–124.

dien zum Kulturaustausch, zur Kooperation in Kunst, Musik, Kino, Literatur und Wissenschaft[51] soll der Zusammenhalt und das Zusammenspiel der Koalition „unter Druck" beobachtet werden, d. h. in Fragen, deren Entscheidung unmittelbare Rückwirkung auf die eigene Kriegs- oder Versorgungslage hatte bzw. Einbußen zugunsten des anderen erforderte.

Zunächst konzentriert sich die Untersuchung auf die Frage nach der Durchführung und Effizienz der militärischen Kooperation (Kap. 1). Rekonstruiert und analysiert werden u. a. der Aufbau und die Funktion von länderübergreifenden Befehlsstrukturen, die sich durch den deutschen Eingriff in die italienischen Kriegsschauplätze ergeben. Im Anschluß daran wird dargestellt (Kap. 2), wie sich die strukturell bedingte Importabhängigkeit Italiens insbesondere nach dem Kriegseintritt zu einem politischen Druckmittel entwickelt, durch welches Berlin Einfluß auf die Regierung in Rom nehmen konnte. Die Möglichkeiten und Grenzen des deutschen Einflusses werden aufgezeigt und überprüft[52] – eine Fragestellung, die sodann im Bereich „Presse und Rundfunk" weiter verfolgt wird (Kap. 3). Denn schon im Juni 1940 bemühte sich das Deutsche Reich, Einfluß auf die italienische Medienlandschaft zu gewinnen. Wie auf militärischer und wirtschaftlicher Ebene werden auch in diesem Abschnitt die Schwierigkeiten überdeutlich, die sich zwangsläufig im Umgang mit einem nicht-gleichwertigen, aber souveränen Partner ergaben. Problematischer noch entwickelte sich die Beziehung in den gemeinsamen Besatzungsgebieten Kroa-

---

[51] Vgl. z. B.: Andrea Hoffend, Zwischen Kultur-Achse und Kulturkampf. Die Beziehungen zwischen „Drittem Reich" und faschistischem Italien in den Bereichen Medien, Kunst, Wissenschaft und Rassenfragen, Frankfurt a.M. 1998; dies., Musik – „Brücke der Freundschaft"? Die musikpolitischen Beziehungen zwischen nationalsozialistischem Deutschland und faschistischem Italien 1933 bis 1943, in: Isolde von Foerster/Christoph Hust/Christoph-Hellmuth Mahling (Hg.), Musikforschung. Faschismus. Nationalsozialismus, Mainz 2001, S. 151–172; Mino Argentieri, L'asse cinematografico Roma–Berlino, Neapel 1986; Ruth Ben-Ghiat, Italian Fascists and National Socialists: The Dynamics of an Uneasy Relationship, in: Richard A. Etlin (Hg.), Art, Culture, and Media unter the Third Reich, Chicago 2002, S. 257–284; Lutz Raphael, Von der liberalen Kulturnation zur nationalistischen Kulturgemeinschaft: Deutsche und italienische Erfahrungen mit der Nationalkultur zwischen 1800 und 1960, in: Christof Dipper (Hg.), Deutschland und Italien 1860–1960. Politische und kulturelle Aspekte im Vergleich, München 2005, S. 263–275; Benjamin G. Martin, A New Order for European Culture: the German-Italian Axis and the Reordering of International Cultural Exchange 1936–1943, Diss., Columbia University New York 2006.

[52] Da sich insbesondere in der Ausarbeitung des Wirtschaftskapitels bisweilen das Problem auftat, daß Dokumente voneinander abweichende Zahlenangaben lieferten, sei an dieser Stelle auf ein erhellendes Zitat des Ökonomen Gustav Cassel hingewiesen: „Soweit wie irgend möglich müssen wir danach streben, unsere wirtschaftlichen Schlußfolgerungen auf wirkliche Ziffern aufzubauen, auch wenn diese nur annähernd sein können. Eine geschätzte oder auch nur eine mutmaßliche Ziffer ist besser als gar keine Ziffer, weil sie uns hilft, unsere Gedanken zu fixieren, und uns in unseren Annahmen bezüglich anderer Quantitäten, die in das Problem eintreten, bindet und uns somit verhindert, ganz falsche Schlußfolgerungen zu ziehen." (Gustav Cassel, Grundgedanken der theoretischen Ökonomie. Vier Vorlesungen, Leipzig/Erlangen 1926, S. 16; zit. n. Sundhaussen, Wirtschaftsgeschichte Kroatiens, S. 15).

tien und Griechenland (Kap. 4). Insbesondere die gegenläufigen Wirtschaftsinteressen boten in dieser Region Konfliktstoff und sorgten dafür, daß die Achsenmächte von Anfang an wie „konkurrierende Besatzer" auftraten. Doch die Partner trafen sich nicht nur in den besetzten Gebieten oder an der Front. Seit dem „Anschluß Österreichs" mußten sie sich außerdem als unmittelbare Nachbarn an einer gemeinsamen Grenze miteinander arrangieren (Kap. 5). Um dieses „Nachbarschaftsverhältnis" auszuloten, faßt die Studie die Region Südtirol und den Ausbau der italienischen Verteidigungsanlagen in den Blick, eine Maßnahme, in der sich das Mißtrauen der faschistischen Regierung am sichtbarsten manifestierte – und daher auch messen und datieren läßt. Die Grenzregion blieb aber nicht die einzige Stätte der Begegnung, ab 1941 traf man den Bündnispartner auch zunehmend im eigenen Lande an. Die Auswirkung dieser steigenden Präsenz Deutscher in Italien und Italiener in Deutschland wird gesondert analysiert (Kap. 6) – mit dem Fokus auf zwei hervorstechende Reibungspunkte: Zum einen kamen gegenüber den italienischen Arbeitskräften die rassistischen Vorbehalte der Deutschen ans Tageslicht, zum anderen nutzten deutsche Truppen und Touristen das lückenhafte Rationierungssystem des faschistischen Regimes aus und kauften dem Bündnispartner das Land leer. Abschließend wird die Rezeption der deutsch-italienischen Beziehungen durch die Bevölkerung beleuchtet (Kap. 7). Da dies nur über die Berichterstattung der Geheimdienste erfolgen kann, bleibt die Ansicht verzerrt, bietet aber zumindest die bestmögliche Annäherung. Hinzu kommt, daß die Berichte die faschistische wie die nationalsozialistische Regierung in ihrer Entscheidungsfindung beeinflußten und somit trotz aller Verzerrung politische Wirksamkeit entfalteten. Ein Exkurs anhand der Dokumente des britischen *Foreign Office* und des amerikanischen Botschafters in Rom gibt Einblick in die anglo-amerikanische Sichtweise.

Zur Untersuchung der hier verfolgten Fragestellung wurden hauptsächlich Bestände aus den deutschen und italienischen Zentralarchiven (*Archivio centrale dello Stato*, Rom; Bundesarchiv, Berlin), den Außenministerien (*Archivio storico del Ministero degli Affari Esteri*, Rom; Politisches Archiv des Auswärtigen Amtes, Berlin) sowie den Militärarchiven (Bundesarchiv/Militärarchiv, Freiburg; *Ufficio storico dello Stato Maggiore dell'Esercito*, Rom) ausgewertet. Um Einzelfragen nachzugehen, wurde außerdem Material aus dem *Public Record Office*, London, der *Franklin D. Roosevelt Library*, New York, und dem *Ufficio storico dello Stato Maggiore dell'Aeronautica*, Rom, herangezogen.[53] Weiterhin stützt sich die Untersuchung auf die publizierten Akten der Auswärtigen Ämter Deutschlands und Italiens,[54] auf die Kriegstagebücher

---

[53] Zur jeweiligen Zitierweise vgl.: Quellen- oder Abkürzungsverzeichnis. Primär- wie Sekundärliteratur erhalten nach erster Nennung Kurztitel, die sich aus einem prägnanten Substantiv oder einer Wortfolge des Ursprungstitels eindeutig ergeben und anhand der Bibliographie aufgeschlüsselt werden können. Sie werden daher nicht jedesmal extra eingeführt.

[54] Akten zur Deutschen Auswärtigen Politik 1918–1945, Serie C: 1933–1937, Bd. I–VI, Göttingen 1971–1981, Serie D: 1937–1941, Bd. I–XIII, Baden-Baden/Frankfurt a.M. 1950–1970 u. Serie E:

der Wehrmachtführung, des *Comando Supremo* und der Seekriegsleitung[55] sowie auf private Aufzeichnungen, Tagebücher oder Erinnerungen einzelner Personen, die politisch, militärisch oder wirtschaftlich in das Geschehen eingebunden waren.[56]

1941–1945, Bd. I–VIII, Göttingen 1969–1979 (zit. als: ADAP); I Documenti Diplomatici Italiani, Serie 8: 1935–1939, Bd. XII–XIII, Rom 1952–1953 u. ebd., Serie 9: 1939–1943, Bd. I–VII, Rom 1954–1987 (zit. als: DDI).

[55] Kriegstagebuch des Oberkommandos der Wehrmacht (Wehrmachtführungsstab) 1940–1945, hrsg. v. Percy E. Schramm, 4 Bde, Frankfurt a.M. 1961–1965 (zit. als: KTB/OKW); Diario Storico del Comando Supremo, hrsg. v. Antonello Biagini/Fernando Frattolillo, 7 Bde, Rom 1986–1988 (zit. als: DSCS); Kriegstagebuch der Seekriegsleitung 1939–1945, hrsg. v. Werner Rahn/Gerhard Schreiber, 68 Bde, Herford/Bonn 1988–1997 (zit. als: KTB/Skl).

[56] Vgl.: Quellen- und Literaturverzeichnis. Sämtliche Zitate wurden von mir ins Deutsche übersetzt und finden sich in den Fußnoten im Original wieder.

1. Militärische Zusammenarbeit

a. Italien zwischen Neutralität und Kriegseintritt –
Kooperation als Utopie

Am 22. Mai 1939 unterzeichneten die Außenminister Joachim Ribbentrop und Galeazzo Ciano in Berlin den „Stahlpakt"; ein Abkommen, mit dem sich die Achsenmächte auf gegenseitigen Beistand und engste militärische Zusammenarbeit einschworen. Rom und Berlin verpflichteten sich, dem Bündnispartner mit allen militärischen Kräften zur Seite zu treten, falls dieser – aus welchen Gründen auch immer – „in kriegerische Verwicklungen mit einer anderen Macht" geriete. Um im gegebenen Fall die schnelle Durchführung zu gewährleisten, sollten die Regierungen außerdem „ihre Zusammenarbeit auf militärischem Gebiete und auf dem Gebiete der Kriegswirtschaft weiter vertiefen".[1]

Bereits einen Tag nach Unterzeichnung des Abkommens kündigte Hitler der deutschen Wehrmachtführung den Angriff auf Polen an, mit der ausdrücklichen Weisung, den Italienern nichts davon mitzuteilen.[2] Dies widersprach nicht nur dem Geist des Paktes, sondern enthüllte zugleich, wie sich der deutsche Regierungschef die militärische Zusammenarbeit mit Italien vorstellte. Der italienische Botschafter in Berlin, Bernardo Attolico, lag ganz richtig, als er wenige Monate später notierte:

„Das Bündnis war von den Deutschen niemals als gleichberechtigt gedacht gewesen. Und aus diesem Grund erwarteten alle […], daß Italien, nachdem Deutschland die Stunde geschlagen hatte, sich sklavisch ins Getümmel werfen müßte, ohne die eigenen Interessen zu berücksichtigen."[3]

Doch im September 1939 gelang es der faschistischen Regierung, sich dem Kriegseintritt zu entziehen. Mit einer ungeheuren Materialliste,[4] in der die Italiener alle Roh-

---

[1] ADAP, D, VI, Dok. 426, S. 466–469.
[2] Ebd., Dok. 433, S. 479 u. S. 482 – 23.5.1939, Besprechungsprotokoll Schmundt; Enno von Rintelen, Mussolini als Bundesgenosse. Erinnerungen des deutschen Militärattachés in Rom 1936–1943, Tübingen/Stuttgart 1951, S. 65.
[3] DDI, 9, III, Dok. 137, S. 103 – 16.1.1940, Attolico an Ciano: „L'alleanza non fu mai concepita dai tedeschi in condizioni di parità, epperò tutti si aspettavano da noi che quando l'ora fosse dalla Germania fatta suonare, l'Italia dovesse supinamente gettarsi nella mischia, senza alcun riguardo agli interessi proprii."
[4] ADAP, D, VII, Dok. 301, S. 258 – 26.8.1939, Mussolini an Hitler. Eine Liste, die „einen Stier umbringen würde, wenn er lesen könnte", so Ciano (Ciano, Diario, S. 334 – 26.8.1939).

stoffe aufzählten, die das Deutsche Reich zuvor liefern müßte, überzeugten die italienischen Diplomaten Berlin, daß die faschistische Rüstungsindustrie noch nicht bereit für einen Krieg war. Angesichts der immensen Forderungen an Kohle, Stahl, Treibstoff, Edelmetallen und Flakbatterien kapitulierte Hitler schließlich und befreite Mussolini von der vereinbarten Beistandspflicht.[5] Selbst nach der Kriegserklärung Englands und Frankreichs forderte Hitler die italienische Unterstützung nicht ein, so daß die vertragliche Verpflichtung des „Stahlpakts" unangetastet blieb. Rein formal wurde das Abkommen nicht beschädigt. Zur Kennzeichnung der italienischen Haltung prägte Mussolini den Begriff der *Nonbelligeranza*: Italien bezeichnete sich nicht als „neutral", sondern als „nichtkriegführend". Auf diese Weise deutete die italienische Regierung an, wo ihre Sympathie lag, ohne aber festzulegen, wie weit diese reichte.[6] Festlegen wollte Mussolini zunächst nur, daß der Frieden des faschistischen Italiens kein unkriegerischer (feiger) Frieden war, sondern ein bewaffneter.[7]

Mit dem Polenfeldzug verstrich somit die erste konkrete Möglichkeit einer militärischen Kooperation. Hinzu kam, daß der Krieg den Fortgang der deutsch-italienischen Generalstabsbesprechungen,[8] zu denen in den Monaten April, Mai und Juni 1939 die Generale Keitel und Pariani sowie die Admirale Raeder und Cavagnari zusammengekommen waren,[9] abrupt unterbrach. Im Februar 1940 mußte der deutsche Militärattaché zu Rom Enno von Rintelen daher feststellen, daß „eine wirklich vertrauensvolle Atmosphäre" zwischen den beiden Heeren nicht hergestellt worden war.[10] Ähnliches wußte Marineattaché Werner Löwisch zu berichten: Die Haltung

---

[5] ADAP, D, VII, Dok. 307, S. 262 f. – 26.8.1939, Hitler an Mussolini; vgl.: Siebert, Italiens Weg, S. 304–307; Ettore Anchieri, Italiens Ausweichen vor dem Krieg. Zur Aktenpublikation des römischen Außenministeriums (III), in: Außenpolitik V.10/1954, S. 653–662.

[6] Enzo Collotti, L'Italia dall'intervento alla „guerra parallela", in: Francesca Ferratini Tosi/Gaetano Grassi/Massimo Legnani (Hg.), L'Italia nella seconda guerra mondiale e nella Resistenza, Mailand 1988, S. 21–30; Siebert, Italiens Weg, S. 353–355.

[7] Opera Omnia di Benito Mussolini, hrsg. v. Edoardo u. Duilio Susmel, XXIX, Florenz 1963 (1959), S. 327 – 15.11.1939, Mussolini gegenüber der römischen Studentenschaft: „La pace dell'Italia fascista non è una pace imbelle: è una pace armata". Jede äußere Gleichstellung mit „neutralen" Mächten sei ihm unsympathisch, betonte er im Oktober (ADAP, D, VIII, Dok. 277, S. 250 – 19.10.1939, Clodius/Mackensen an AA).

[8] Vgl.: ADAP, D, VI, Anhang I: Deutsch-Italienische Generalstabsbesprechungen, S. 929–949; Mario Toscano, Le conversazioni militari italo-tedesche alla vigilia della seconda guerra mondiale, in: Rivista Storica Italiana 64.3/1952, S. 336–382.

[9] Vgl.: Schreiber, Revisionismus, S. 154–181.

[10] BA/MA, RH 2/2936, S. 165 – 13.2.1940, Rintelen an Kurt v. Tippelskirch; vgl. dazu: Toscano, Conversazioni militari, S. 381: „Le conversazioni militari italo-tedesche non andarono oltre ad una presa di contatto iniziale e furono considerate dai loro protagonisti soprattutto come il punto di partenza di un lavoro comune di cui il programma venne soltanto enunciato ma non realizzato. Nemmeno gli organi esecutivi del Patto d'Acciaio furono mai riuniti prima dell'inizio della seconda guerra mondiale."

der italienischen Außenpolitik, welche gegenwärtig jeglicher Entscheidung ausweiche und als hinhaltend zu bezeichnen sei, diktiere auch die offizielle Haltung der italienischen Wehrmachtführung:

> „Es besteht z. Zt. kein Wunsch weder im Generalstab noch im Admiralstab, mit den entsprechenden deutschen Stellen in Fühlung zu treten zwecks gemeinsamer Vorarbeit für eine gegebenenfalls spätere gemeinsame Kriegführung."[11]

Nichtsdestotrotz plante Hitler die italienischen Truppen ein für den Westfeldzug,[12] schließlich hatte ihm Mussolini persönlich am 18. März 1940 seine Bereitschaft zum Kriegseintritt signalisiert.[13] Etwa 20 italienische Divisionen sollten in der Operation „Oberrhein" (Deckname „Braun") von deutschem Territorium aus (Kehl–Basel) nach Frankreich einmarschieren, außerdem galt es, einen Teil der französischen Kräfte durch Aktivitäten an der italienischen Alpengrenze zu binden. Am 4. April 1940 ordnete Hitler an, die Wehrmachtsbesprechungen mit Italien wiederaufzunehmen. Fragen der gemeinsamen Befehlsführung waren dabei zunächst auszuschließen. Der „Fall Gelb" und die „Weserübung", d. h. die Operationen gegen die Niederlande, Belgien und Luxemburg sowie die Besetzung Norwegens und Dänemarks, sollten nicht erörtert werden. Statt dessen hatte das OKW „in einer grundlegenden Besprechung die strategisch-operative Zielsetzung der gemeinsamen Kriegführung zu klären". Insbesondere die Frage, ob sich Italien zu einer gemeinsamen Operation auf dem deutschen Kriegsschauplatz bereitfand, mußte beantwortet werden.[14]

Zwei Tage später wurde der italienische Militärattaché zu Berlin, Efisio Marras, ins OKW einbestellt. Dort führte ihm der Chef des Wehrmachtführungsstabs, Alfred Jodl, aus, wie sich die Deutschen die Operation „Oberrhein" vorstellten: Die Aktion würde zunächst im Kompetenzbereich des OKW bleiben, wo sich ein gemischter Generalstab unter der Leitung General Karl-Heinrich von Stülpnagels bilden sollte. Mit den üblichen Problemen eines Koalitionskrieges sei nicht zu rechnen, da sich der „Duce" und der „Führer" in ihren Zielen ja im wesentlichen einig seien. Den Augenblick des italienischen Kriegseintritts werde natürlich Mussolini festlegen. Für kon-

---

[11] BA/MA, T 77/Roll 585, S. 1765758 – 2.2.1940, Löwisch an OKM, OKW u. AA.

[12] Bereits im November 1939 hatte sich Hitler mit dem Gedanken beschäftigt, italienische Truppen als aktive Waffengefährten für die Westoffensive zu gewinnen (Franz Halder, Kriegstagebuch. Tägliche Aufzeichnungen des Chefs des Generalstabs des Heeres 1939–1942, hrsg. v. Hans-Adolf Jacobsen, I, Stuttgart 1962, S. 132 – 23.11.1939).

[13] ADAP, D, IX, Dok. 1, S. 8 f. – 18.3.1940, Aufzeichnung des Gesandten Paul Otto Schmidt; vgl.: Halder, KTB, I, S. 150 – 1.1.1940; Jacobsen, Hans-Adolf, Fall Gelb. Der Kampf um den deutschen Operationsplan zur Westoffensive 1940, Wiesbaden 1957, S. 120 u. S. 123.

[14] ADAP, D, IX, Dok. 46, S. 60–63 – 4.4.1940, Führerweisung; Halder, KTB, I, S. 237 – 27.3.1940.

krete Verhandlungen solle der stellvertretende Generalstabschef, Mario Roatta, Mitte April nach Berlin kommen.[15]

Doch die Selbstverständlichkeit, mit der man auf deutscher Seite vom Kriegseintritt Italiens ausging, fand auf italienischer nicht den erwarteten Rückhalt. Trotz der Versprechungen Mussolinis hatte sich der italienische Staatschef noch nicht endgültig entschieden. Hinzu kam, daß sich unter den italienischen Militärs inzwischen eine starke Gegenströmung gebildet hatte, die sich gegen den Kriegseintritt aussprach.[16] Um einem unliebsamen politischen Beschluß nicht vorzugreifen, warnte der Chef des Generalstabs daher vor einer allzu engen Zusammenarbeit mit dem Deutschen Reich. Am 9. April mahnte Pietro Badoglio seine Stabschefs:

„Wir müssen größte Vorsicht walten lassen bei den Kontakten mit den Deutschen. Das heißt, es ist notwendig, daß die Kontakte rein informatorischen Charakter haben, ohne jemals die Verpflichtung zu einer gemeinsamen Aktion einzugehen, denn wir dürfen die Entscheidung des Duce nicht im geringsten festlegen: Dies aber wäre, angesichts der aufdringlichen und dominierenden Natur der Deutschen, möglich, wenn wir irgendeine Verpflichtung – auch die kleinste – eingingen."[17]

Wenige Tage darauf folgte ein Brief an Mussolini, in dem Badoglio ausdrücklich von einer Mitwirkung an dem Unternehmen „Oberrhein" abriet. Den italienischen Truppen sei in der deutschen Planung eine zweitrangige, untergeordnete Rolle vorbehalten, zumal sie erst eingesetzt würden, wenn der Sieg der Deutschen sicher sei. Lediglich die Offensive an der Alpenfront solle man im Auge behalten.[18]

Entgegen dem deutschen Wunsch sandte das italienische Oberkommando General Roatta daher nicht zu näheren Absprachen nach Berlin. Rintelen, der am 10. April die Vorschläge des OKW in Rom vorlegte, traf dort nur auf ausweichende Antworten. Ein konkreter Plan für eine italienische Teilnahme am Krieg schien offensichtlich nicht zu existieren, meldete der Militärattaché nach Berlin. Gemeinsame Beratungen

---

[15] DSCS, I.2, Appendice N. 23/B, S. 202 f. – 7.4.1940, Marras an Capo Servizio Informazioni Militari; vgl.: Jacobsen, Fall Gelb, S. 128.

[16] Badoglio bekannte sich ganz offen zu seiner Deutschfeindlichkeit (Armellini, Diario, S. 22 f. – 8.6.1940; vgl.: Jacobsen, Fall Gelb, S. 128).

[17] DSCS, I.2, Appendice N. 19, S. 183 – 9.4.1940, Protokoll Versammlung d. Stabschefs, hier Badoglio: „Bisogna perciò fare la massima attenzione nei contatti con i tedeschi. Bisogna cioè che i contatti siano puramente di ordine informativo senza impegnarsi mai a fare qualche azione in comune perché noi non dobbiamo vincolare menomamente la decisione del Duce: cosa possibile se noi prendessimo qualche impegno, anche minimo, data la natura invadente e prepotente dei tedeschi."

[18] DSCS, I.2, Appendice N. 24, S. 204 f. – 15.4.1940, Badoglio an Mussolini.

über die Operation „Oberrhein" kamen letzten Endes gar nicht zustande. Anfang Mai beschlossen die Deutschen, das Unternehmen allein durchzuführen.[19]

Noch im Februar hatte Rintelen davor gewarnt, sich die Sympathie der Italiener durch eine Behandlung „von oben herab" zu verscherzen. Eine klare Aussprache von Heer zu Heer nach dem Motto „was erwartet ihr von uns, was erwarten wir von euch" hielt er für unabdingbar, um dem aufkeimenden Mißtrauen der Italiener entgegenzuwirken. Rom wollte sich als vollwertiger Partner behandelt wissen.[20] Doch auch bezüglich der Operation „Oberrhein" ließ die Kommunikation zwischen beiden Partnern zu wünschen übrig, mißtrauische Zurückhaltung beiderseits prägte die Vorgespräche.[21] So hatten etwa die Italiener auf den deutschen Vorschlag zunächst mit einer Bitte um Lieferung von Kriegsmaterial reagiert, auf die aber nicht geantwortet worden war. Rintelen hielt es für möglich, daß auch dies ein Grund für die ablehnende Haltung der faschistischen Militärs sein könnte. Doch fragen könne man nicht, stellte der Generalmajor fest, denn deutscherseits habe man sich ja auch nicht geäußert.[22]

Diese Sprachlosigkeit war symptomatisch und sollte die militärische Zusammenarbeit auch in Zukunft behindern. Ein effektiver Koalitionskrieg erforderte enge Abstimmung, und enge Abstimmung erforderte Vertrauen. Rintelen berührte daher am 1. Juni 1940 einen Kardinalpunkt, als er das OKW um Mitteilung bat, wie weit man nach dem italienischen Kriegseintritt in der Informationspolitik zu gehen gedenke, d. h. inwieweit Berlin dem Bündnispartner Einblick in die deutschen Projekte geben würde. Denn man könne auf keinen Fall davon ausgehen, daß „die Italiener [...] eine nähere Verbindung zulassen werden als wir".[23]

In den ersten Wochen der Westoffensive, die am 10. Mai mit der Invasion Belgiens und der Niederlande begann,[24] drängten Hitler und deutsche Politiker wie Weizsäcker, Göring und Goebbels noch auf militärische Absprachen, um die Zusammenarbeit mit den italienischen Truppen vorzubereiten.[25] Der deutsche Generalstab

---

[19] Knox, Mussolini, S. 94 f.; Jacobsen, Fall Gelb, S. 129 f.; vgl.: BA/MA, RH 2/2936, S. 191 – 1.6.1940, Rintelen an Tippelskirch: „Die Absendung von Divisionen nach Süddeutschland scheint ganz hinten heruntergefallen zu sein". Nach Ansicht Hitlers hatte Roatta den dt. Plan sabotiert (Hitlers Tischgespräche im Führerhauptquartier, hrsg. v. Henry Picker, Stuttgart 1979, S. 105 – 17.2.1942).
[20] BA/MA, RH 2/2936, S. 164 – 6.2.1940 u. S. 165 f. – 13.2.1940, Rintelen an Tippelskirch; ebd., S. 161 f. – 31.1.1940, Aufzeichnung Rintelen: Gespräch mit Gen. Pariani.
[21] Schreiber, Mittelmeerraum, S. 37 f.
[22] BA/MA, RH 2/2936, S. 191 f. – 1.6.1940, Rintelen an Tippelskirch.
[23] Ebd.
[24] Hans Umbreit, Der Kampf um die Vormachtstellung in Westeuropa, in: DRZW, II, S. 283 f.
[25] DDI, 9, IV, Dok. 516, S. 407 f. – 20.5.1940 u. Dok. 553, S. 432 f. – 23.5.1940, je Alfieri an Ciano; Bottai, Diario, S. 191 – 12.5.1940; vgl.: Knox, Mussolini, S. 107.

hingegen verlor mit dem zunehmenden Erfolg des Angriffs das Interesse an der italienischen Unterstützung,[26] die Seekriegsleitung sprach sich gar dagegen aus.[27] Als Mussolini Anfang Juni seine Absicht verkündete, am 5. des Monats in den Krieg einzutreten, war das deutsche Interesse an gemeinsamen Wehrmachtsbesprechungen bereits erloschen. Der plötzliche Kriegseintritt gefährdete vielmehr die Geheimhaltung der Operation „Rot", der „Schlacht um Frankreich", so daß Hitler Mussolini bitten mußte, den Angriff zu verschieben.[28]

Die überraschende Schnelligkeit des deutschen Vorstoßes sorgte dafür, daß die Interessenslage in der „Achse" umkippte: Plötzlich war es der „Duce", der auf eine engere Abstimmung der Militärs drängte und ankündigte, daß er Marschall Badoglio und die Generale Roatta und Favagrossa zu Gesprächen nach Berlin schicken wolle.[29] Jetzt war ausgerechnet Badoglio gezwungen, auf Rintelen zuzugehen, um ihn zwecks engerer Absprachen als Verbindungsoffizier einzusetzen.[30] Ratlos mußte Mussolini beobachten, wie die deutschen Truppen den Westfeldzug ohne italienische Mitwirkung gewannen. Zu lange hatte er auf den rechten Zeitpunkt für den Kriegseintritt gepokert. Hinzu kam, daß sich nach seiner offiziellen Kriegserklärung vom 10. Juni[31] die italienischen Truppen gar nicht bewegten, da der Angriff noch nicht vorbereitet war. Zwei Tage nach Kriegserklärung fuhr der „Duce" seine Generale daher an, sofort mit der Attacke an der Alpenfront zu beginnen, er brauche mindestens 1000 Tote, um sich bei den Friedensverhandlungen mit an den Tisch setzen zu können.[32] Doch zu spät. Am 17. Juni traf ein, was Mussolini am meisten befürchtet hatte: Der frischgebackene französische Regierungschef Philippe Pétain bat das Deutsche Reich um Waffenstillstand. Der Friede brach aus, und zu ernsthaften italienisch-französischen Kampfhandlungen war es noch gar nicht gekommen.[33]

Aus Gründen der Achsenpolitik versprach Hitler den Italienern jedoch am folgenden Tag, daß „der Waffenstillstand mit Deutschland erst bei einem Abschluß zwi-

---

[26] Halder, KTB, I, S. 304 f. – 19.5.1940 u. S. 307 – 21.5.1940.

[27] KTB/Skl, A, IX, S. 177 f. – 18.5.1940. Nach Ansicht der Skl sollte Italien den Status eines „Nichtkriegführenden" lieber nutzen, um seinen Rüstungs- und Wirtschaftsstand in Höchstform zu bringen, insbesondere durch verstärkte Einfuhr von kriegswichtigen Rohstoffen aus Übersee.

[28] Halder, KTB, I, S. 329 – 1.6.1940; Knox, Mussolini, S. 118; Schreiber, Mittelmeerraum, S. 41.

[29] ADAP, D, 9, Dok. 408, S. 445 – 10.6.1940, Mackensen an AA.

[30] Rintelen, Bundesgenosse, S. 87.

[31] Vgl. die Reaktion Hitlers, der Kriegserklärungen für überholt hielt: Heeresadjutant, S. 81 f. – 10.6.1940.

[32] ASMAE, Carte Dino Grandi, b. 164, fasc. 202.2, Nr. 6, unveröffentlichter Artikel, Grandi; Pietro Badoglio, Italien im Zweiten Weltkrieg. Erinnerungen und Dokumente, München/Leipzig 1949, S. 32; Giacomo Carboni, Memorie segrete 1935–1948. „Più che il dovere", Florenz 1955, S. 92.

[33] Ciano, Diario, S. 443 – 17.6.1940; Knox, Mussolini, S. 126.

schen Italien und Frankreich wirksam werden würde".³⁴ Die groteske Folge war, daß der italienisch-französische Krieg erst nach Pétains Waffenstillstandsangebot wirklich begann.³⁵ Frankreich war besiegt und hatte kapituliert, mußte aber weiterkämpfen, bis es auch Italien gegenüber kapitulierte.

Dieses Entgegenkommen Hitlers auf der politischen Ebene fand keine Entsprechung in der Zusammenarbeit der Militärs. Im Gegenteil, als die Italiener am 21. Juni das OKW um eine deutsche Offensive aus dem Bereich um Lyon baten, um somit dem eigenen Angriff über den kleinen St. Bernhard Vorschub zu leisten, lehnte der deutsche Wehrmachtsstab das Ansinnen rundweg ab.³⁶ Auf heftigen Widerstand stieß der Vorschlag General Roattas, einige italienische Bataillone auf dem Luftwege direkt bei Lyon und Grenoble abzusetzen; eben an den Punkten, bis zu denen Rom seine Besatzung auszudehnen wünschte, wie Franz Halder in seiner Notiz verärgert kommentierte. In den Augen des deutschen Generalstabschefs „ein Betrug gewöhnlichster Sorte".³⁷ Halder beruhigte allein, daß auch Badoglio diesen Vorschlag mißbilligte und seine Zustimmung bereits verweigert hatte.³⁸

Der mißglückte Kriegseintritt Italiens, dessen Kampfhandlungen erst einen Tag vor Unterzeichnung des deutsch-französischen Waffenstillstandes wirklich begannen, trübte das Bild, welches sich die Deutschen von den Italienern gemacht hatten, erstmals kräftig ein. Nicht allein, daß die ersten Operationen so lange auf sich hatten warten lassen, die Italiener kamen zudem in den vier Tagen, die ihnen bis zum Eintritt der Waffenruhe noch verblieben, nur wenige Kilometer in den Alpen voran. Spektakuläre Unternehmen blieben dem französischen Gegner vorbehalten, der Genua und Savona unter Beschuß nahm. Die italienischen Luftstreitkräfte kamen aufgrund des regnerischen Wetters gar nicht zum Einsatz.³⁹ Neben der Demütigung barg die Kürze der italienischen Offensive für Rom aber das Glück in sich, daß zu einem größeren Fiasko keine Zeit gewesen war. Zwar hatte der deutsche Generalstab die Schwäche des Achsenpartners bemerkt,⁴⁰ doch neigte man im Deutschen Reich

---

[34] ADAP, D, IX, Dok. 479, S. 504 – 18.6.1940, Aufzeichnung Schmidt; vgl.: Knox, Mussolini, S. 127 f.

[35] Vgl.: Ciano, Diario, S. 444 f. – 20.-22.6.1940; zu den militärischen Operationen im einzelnen vgl. die staatliche Darstellung: Le operazioni del giugno 1940 sulle Alpi occidentali, verf. v. Vincenzo Gallinari, hrsg. v. USSME, Rom 1981, S. 141–207.

[36] Halder, KTB, I, S. 366 f. – 21.6.1940. Die Vorstöße dt. Verbände nach Lyon wurden von der Bevölkerung ohnehin schon dahingehend ausgelegt, „daß Deutschland nun auch noch die französische Alpenfront zugunsten der Italiener von rückwärts aufrollt" (Meldungen aus dem Reich 1938–1945. Die geheimen Lageberichte des Sicherheitsdienstes der SS, hrsg. v. Heinz Boberach, IV, Hersching 1984, S. 1278 f. – 20.6.1940).

[37] Halder, KTB, I, S. 370 – 24.6.1940.

[38] Ebd.; DSCS, I.1, S. 74 – 24.6.1940.

[39] Umbreit, Kampf, S. 311 f.; Hillgruber, Strategie, S. 130.

[40] Halder, KTB, I, S. 370 – 24.6.1940; in Italien: Ciano, Diario, S. 446 – 25.6.1940.

zunächst eher dazu, über die „Erntehelfer" zu spotten,[41] als ernste Zweifel an dem Bundesgenossen zu hegen. Der Ärger über Mussolini, der es – nicht allein nach Ansicht Hitlers[42] – plötzlich so eilig mit seinem Kriegseintritt hatte, um noch an der Beute beteiligt zu werden, überwog.

b. Die „Achse" im Krieg – das Dilemma unverbindlicher Zusammenarbeit

Nach Abschluß des italienisch-französischen Waffenstillstands[43] drangen die Italiener verstärkt auf eine militärische Zusammenarbeit. Nachdem Mussolini bereits zuvor Hitler den Einsatz der gesamten am Po stationierten Armee – „je nach Wünschen des Führers" – angeboten hatte,[44] wies er Ende Juni/Anfang Juli ausdrücklich darauf hin, daß Rom mit Land- und Luftstreitkräften am Angriff auf Großbritannien teilnehmen wolle.[45] Gleichzeitig bat die italienische Marine „zwecks gemeinsamer Kriegführung" nun um persönliche Besprechungen.[46] Konkret wurde der Einsatz italienischer U-Boote im Atlantik in Erwägung gezogen: 25–40 U-Boote wollte der italienische Admiralstab von einem französischen Stützpunkt aus einsetzen. Auffällig war dabei v. a. der Vorschlag Roms, die italienischen Atlantikboote zum gemeinsamen U-Boot-Krieg der deutschen Gesamtleitung zu unterstellen.[47] Dies war ein bemerkenswertes Zugeständnis.

Wohl in der Überzeugung, im Gegenzug ebenfalls auf eine engere Kooperation bauen zu können, bat der italienische Generalstab im Hinblick auf eine eventuelle Operation gegen Jugoslawien um deutsche Unterlagen über die jugoslawischen Befe-

---

[41] Die Weizsäcker-Papiere 1933–1950, hrsg. v. Leonidas Hill, Frankfurt a.M./Berlin/Wien 1974, S. 212 – 10.7.1940 u. S. 207 – 21.6.1940: „‚Nous sommes les vainqueurs.' [...] In heroischer Bundesgenossenschaft haben heute auch die Italiener den Vormarsch auf die Alpenpässe angetreten.“; vgl.: Rintelen, Bundesgenosse, S. 89; vgl.: Kap. 7 b.

[42] Heeresadjutant, S. 81 f. – 10.6.1940; vgl.: Hitlers politisches Testament, S. 85 – 17.2.1945.

[43] DDI, 9, V, Dok. 95, S. 76–82 – 24.6.1940, Ital.-frz. Waffenstillstandsabkommen.

[44] ADAP, D, IX, Dok. 408, S. 445 – 10.6.1940, Mackensen an AA.

[45] Ebd., X, Dok. 26, S. 23 – 26.6.1940, Mussolini an Hitler; ebd., Dok. 129, S. 125 – 8.7.1940, Aufzeichnung Schmidt. Die Italiener boten ein Truppenkontingent von 10 Divisionen und ein Fliegerkontingent von 30 Staffeln an (DDI, 9, V, Dok. 200, S. 187 f. – 7.7.1940, Ciano an Mussolini; vgl.: Ciano, Diario, S. 450 – 5.7.1940; Rintelen, Bundesgenosse, S. 98).

[46] BA/MA, N 316/v.35, n.p. – 9.7.1940, KTB Weichold; KTB/Skl, A, XI, S. 149 – 13.7.1940 u. S. 202 – 18.7.1940; vgl.: Walter Baum/Eberhard Weichold, Der Krieg der „Achsenmächte" im Mittelmeerraum. Die „Strategie" der Diktatoren, Göttingen/Zürich/Frankfurt a.M. 1973, S. 57.

[47] KTB/Skl, A, XI, S. 282 – 24.7.1940; Karl Dönitz, Zehn Jahre und zwanzig Tage, Bonn 1958, S. 144 f.; vgl.: Michael Salewski, Die deutsche Seekriegsleitung 1935–1945, I, Frankfurt a.M. 1970, S. 295 f.

stigungen an der deutschen Grenze. Die italienische Planung sah dabei nicht nur den Vorstoß durch Kärnten und die Steiermark, d. h. über deutsches Territorium, vor, sondern plante zum Transport auch die deutsche Eisenbahn ein. Die Deutschen sollten die Aktion mit 5000 LKWs samt Fahrern unterstützen, was dem deutschen Oberkommando aber zunächst nicht mitgeteilt wurde.[48]

Die deutsche Führung reagierte sehr zurückhaltend auf die italienischen Ambitionen. Die Seekriegsleitung lehnte die gewünschten persönlichen Gespräche vorläufig ab. Statt dessen betonte der deutsche Admiralstab die Ansicht, daß es einen deutschen und einen italienischen Seekriegsschauplatz gebe. Allein dem italienischen Angebot, U-Boote unter deutschem Kommando im Atlantikkrieg einzusetzen, zeigte man sich aufgeschlossen.[49] Dem Einsatz italienischer Truppen bei der Operation „Seelöwe", dem Angriff auf Großbritannien, mochte Hitler hingegen nicht zustimmen. Aus technisch-militärischen Gründen könne er das Angebot nicht annehmen, schrieb er Mitte Juli an den „Duce", die Abstimmung der Verbände aufeinander erfordere zuviel Zeit.[50] Die Bitte um Informationen über die jugoslawischen Grenzanlagen erfuhr im August eine klare Absage. Deutsch-italienische Generalstabsbesprechungen zu diesem Thema seien überflüssig, hieß es. Das Deutsche Reich wünsche Ruhe und Frieden auf dem Balkan. Jugoslawien sei nicht anzugreifen.[51]

Die faschistische Regierung in Rom hatte sich geirrt, wenn sie glaubte, der italienische Kriegseintritt würde automatisch zu einer engen Koordinierung der militärischen Kräfte führen. Hatte sich vor dem 10. Juni Italien den deutschen Avancen versperrt, so behinderte nun das Deutsche Reich die militärische Zusammenarbeit. Aufschlußreich ist in dieser Hinsicht der Grund, der intern dazu führte, daß Hitler den Einsatz italienischer U-Boote im Atlantik zwar genehmigte, die Übernahme des direkten Kommandos aber ablehnte. Der Einwand, daß die taktische Unterstellung der italienischen U-Boote unter den deutschen Befehlshaber die Italiener zu gleichen Forderungen etwa für in Nordafrika einzusetzende deutsche Flieger animieren könnte, überzeugte den „Führer" von der Notwendigkeit, die deutsche und die italienische U-Boot-Führung völlig zu trennen.[52] Diese Angst vor Verpflichtungen sollte sich als das große Dilemma der „Achse" erweisen. Was bis zum Kriegseintritt das Credo

---

[48] Rintelen, Bundesgenosse, S. 105; Knox, Mussolini, S. 165–167.
[49] BA/MA, N 316/v.35, n.p. – 9.7.1940, KTB Weichold; KTB/Skl, A, XI, S. 203 f. – 18.7.1940 u. S. 282 – 24.7.1940.
[50] ADAP, D, X, Dok. 166, S. 173 – 13.7.1940, Hitler an Mussolini; BA/MA, RH 2/2936, S. 195 f. – 17.7.1940, Rintelen an Tippelskirch; Ciano, Diario, S. 452 – 16.7.1940; Rintelen, Bundesgenosse, S. 98.
[51] Rintelen, Bundesgenosse, S. 105 f.; Ciano, Diario, S. 458 – 17.8.1940; Halder, KTB, II, S. 63 f. – 14.8.1940; ADAP, D, X, Dok. 353, S. 408–410 – 17.8.1940, Aufzeichnung Schmidt; DDI 9, V, Dok. 431, S. 414 f. – 17.8.1940, Alfieri an Ciano; Knox, Mussolini, S. 171–175.
[52] Lagevorträge des Oberbefehlshabers der Kriegsmarine vor Hitler 1939–1945, hrsg. v. Gerhard Wagner, München 1975, S. 121 f. – 25.7.1940.

Badoglios gewesen war, wurde im Sommer 1940 zum Motto des deutschen Regierungschefs. „Keine Forderungen stellen, [weil] bei zu hohen Forderungen Gefahr, daß Italiener ihrerseits [...] unerwünschte Forderungen stellen", lautete die Formel, mit der Hitler seine Einstellung einige Monate später umriß.[53]

Die Unterstützung des Atlantikkrieges durch italienische U-Boote wurde dennoch angenommen. Im September wurden die Boote aus dem Mittelmeer nach Bordeaux verlegt. Die operative Leitung lag in der Hand des deutschen Befehlshabers. Zur Abstimmung taktischer und operativer Fragen tauschte man Verbindungsoffiziere aus.[54] Ebenso wurde nach einigem Zögern die Beteiligung eines Fliegerkorps am Angriff gegen Großbritannien akzeptiert. Zwei Kampfgeschwader (etwa 80 Flugzeuge), ein Jagdgeschwader (etwa 80–90 Flugzeuge) und eine Fern-Aufklärerstaffel (sieben Flugzeuge) stellten die Italiener der deutschen Luftwaffe zur Verfügung. Ende September 1940 wurden die ersten Verbände in Flandern stationiert, um von dort aus an den Angriffsflügen teilzunehmen.[55]

Generell sollte die Kommunikation zwischen den Oberkommandos nach dem Kriegseintritt Italiens durch militärische Verbindungsdienste erleichtert werden. Wie bereits erwähnt, wurde Rintelen als Verbindungsoffizier im *Comando Supremo* eingesetzt, als italienisches Pendant wirkte General Efisio Marras in Berlin. Durch eine gleichzeitige Verfügung erhielten beide am 20. September 1940 den Rang „Deutscher General im Hauptquartier der italienischen Wehrmacht" bzw. „Italienischer General im Hauptquartier der deutschen Wehrmacht". Damit unterstanden die Militärattachés nicht mehr der Botschaft, sondern berichteten von nun an direkt an ihr jeweiliges Oberkommando.[56] Es galt die Vereinbarung, daß alle mit dem Einsatz eigener Verbände auf dem Kriegsschauplatz des Bündnispartners zusammenhängenden Fragen direkt von diesen beiden Generalen behandelt wurden. Parallel dazu entsandte die deutsche Marine Admiral Eberhard Weichold, während die italienische

---

[53] Ebd., S. 181 – 8./9.1.1941, Besprechung Raeder u. Hitler.

[54] Ebd., S. 121 f. – 25.7.1940 u. S. 135 – 6.9.1940; KTB/Skl, A, XI, S. 292 – 25.7.1940; Dönitz, Zehn Jahre, S. 144 f.

[55] BA/MA, RL 9/52, n.p., Brief-Nr. 51/40 – 12.8.1940, Urbani an Pohl; USSMA, Superaereo, CAI, b.2., n.p. – 14.9.1940, Urbani an Ufficio di S.M. Aeronautica; PA/AA, Botschaft Rom – Geheimakten, 86/490, S. 480787–789 – 24.9.1940, Mackensen an AA; Albert Kesselring, Soldat bis zum letzten Tag, Bonn 1953, S. 103; vgl.: Corrado Ricci, Il Corpo Aereo Italiano (C.A.I.) sul fronte della Manica (1940–41), hrsg. v. USSMA, Rom 1980, S. 55–62; zu den Operationen des CAI im einzelnen: ebd., S. 119–141; Hans Werner Neulen, Am Himmel Europas. Luftstreitkräfte an deutscher Seite 1939–1945, München 1998, S. 36 f.

[56] Rintelen muß diesen unmittelbaren Dienstweg schon zuvor eingeschlagen haben, denn das deutsche Außenministerium erfuhr erst am 24. September 1940 – nach Abschluß der Verhandlungen mit den Italienern – von der Entsendung italienischer Flugzeuge und U-Boote in den Kampf gegen Großbritannien (PA/AA, Botschaft Rom – Geheimakten, 86/490, S. 480784 – 24.9.1940, Sonnleitner an Mackensen, S. 480787–789 – 24.9.1940, Mackensen an AA u. S. 480790 – 25.9.1940, Kramarz, AA, an Botschaft Rom).

Die „Achse" im Krieg 29

sich zunächst mit ihrem Marineattaché Graf Corso Pecori-Giraldi[57] begnügte. Göring ernannte Generalmajor Ritter Max von Pohl zum „Deutschen General bei der italienischen Luftwaffe", und in Deutschland übernahm Oberst Giuseppe Teucci die äquivalente Position.[58]

Erste Zweifel an der Kampfkraft der Italiener machten sich in den Sommermonaten 1940 breit, als die von der Wehrmacht ersehnten Militärschläge gegen Großbritannien auf sich warten ließen. Die Hoffnung, daß Italien nach dem Waffenstillstand mit Frankreich die Herrschaft über das Mittelmeer erobere, wurde nicht erfüllt. Statt dessen stellten die deutschen Verbindungsstäbe in Rom eine defensive Grundhaltung der italienischen Marine fest, während von den erwarteten Initiativen der italienischen Luftwaffe[59] im Mittelmeerraum wenig zu sehen war.[60] Die hohe Erwartungshaltung schlug deshalb – vor allem in der deutschen Seekriegsleitung – schnell in eine tiefe Enttäuschung um, und ab Juli 1940 kam es zu einem unverkennbaren Wandel in der Nuancierung der bis dahin relativ neutralen Berichterstattung der deutschen Verbindungsstäbe.[61]

Ein unglücklich verlaufendes Flottengefecht im ionischen Meer bei Punta Stilo hatte zur Folge, daß der „Deutsche Admiral beim Admiralstab der italienischen Marine" Weichold berichtete, die italienische Marine habe am 9. und 10. Juli „voraussichtlich ihre entscheidende Stunde verpaßt".[62] In der deutschen Seekriegsleitung,

---

[57] Im April 1941 übernahm Carlo de Angelis diese Position, um sie bereits im Juli 1941 an Giuseppe Bertoldi zu übergeben.

[58] Enno von Rintelen, Die deutsch-italienische Zusammenarbeit im 2. Weltkrieg, o.O., 1952, in: BA/MA, N 433/6, S. 18 f.; KTB/OKW, I, S. 95 – 30.9.1940; Armellini, Diario, S. 98 – 30.9.1940; Giuseppe Fioravanzo, L'organizzazione della Marina durante il conflitto (La Marina italiana nella seconda guerra mondiale, XXI), Rom 1975, II, S. 47; Baum/Weichold, Achsenmächte, S. 55 f.; zur Arbeit und Bedeutung der Verbindungsoffiziere vgl.: Hans Doerr, Verbindungsoffiziere, in: Wehrwissenschaftliche Rundschau 3.6/1953, S. 270–280.

[59] Zum Ansehen, welches die italienische Luftwaffe genoß, vgl.: Lucio Ceva/Andrea Curami, Luftstreitkräfte und Luftfahrtindustrie in Italien, 1936–1943, in: Horst Boog (Hg.), Luftkriegführung im Zweiten Weltkrieg. Ein internationaler Vergleich, Herford 1993, S. 113 f.

[60] Reichsmarschall Göring sagte am 2. Oktober 1940 während eines Besuchs in Rom zu General Pricolo, dem Chef des Generalstabes der italienischen Luftwaffe, daß er seinerzeit einer offiziellen Kriegserklärung gegen Großbritannien die rasche Besetzung Maltas vorgezogen hätte (De Felice, Alleato, S. 565 FN 5). Zu dieser war es aber trotz vereinzelter Luftangriffe auch in den folgenden Sommermonaten nicht gekommen, so daß es den Briten möglich gewesen war, die Insel zu einem vorgeschobenen Flottenstützpunkt im Mittelmeer auszubauen (vgl.: Karl Gundelach, Die deutsche Luftwaffe im Mittelmeer 1940–1945, Frankfurt a.M./Bern/Cirencester 1981, S. 21 u. S. 26 f.; Baum/Weichold, Achsenmächte, S. 59–62).

[61] Gundelach, Luftwaffe, S. 30–32. Insbesondere Pohl hatte sich in den Monaten Juli und August bisweilen auch bereit gefunden, der italienischen Marine und Luftwaffe sein Lob auszusprechen (vgl.: BA/MA, RL 9/52, n.p., KTB-Eintrag – 13.7.1940, Brief-Nr. 27/40 – 24.7.1940 u. Brief-Nr. 32/40 – 2.8.1940, Pohl an Luftwaffenführungsstab Ic).

[62] BA/MA, N 316/v.35, n.p., Brief-Nr. 55/40 – 10.7.1940, Militärischer Bericht Nr. 2, Weichold; KTB/Skl A, XI, S. 148 f. – 13.7.1940; zu den persönlichen Ressentiments Weicholds gegenüber

welche die Stärke der italienischen Flotte weit überschätzte, verstärkte sich angesichts der folgenden Berichte und der sichtbar ausbleibenden Erfolge im Laufe der kommenden Monate die Ansicht, daß die Schuld bei der militärischen Führung liegen müsse. Tenor der Kritik war, daß die italienische Marine die günstigen Vorbedingungen offenbar nicht zu nutzen wisse. Admiral Weichold warf der italienischen Führung in seinen Berichten Scheu vor dem Risiko, mangelnde Einsatzfreude und Minderwertigkeitskomplexe gegenüber der britischen Flotte vor. Er betonte zudem, daß es durchaus möglich sein müsse, die italienische Marine als militärisches Instrument zu vervollkommnen. Bereits Ende August, nachdem die Operation „Seelöwe" stillschweigend zu den Akten gelegt worden war und das Mittelmeer in den deutschen Planungen an strategischer Bedeutung gewann, fing die deutsche Seekriegsleitung deshalb an, ernsthaft über eine deutsche Einflußnahme auf die Supermarina nachzudenken.[63]

Ähnlich verschärfte sich der Ton in der Berichterstattung des „Verbindungsstabes der Luftwaffe", dessen Leiter, Generalmajor von Pohl, den Italienern Mitte September eine miserable Zusammenarbeit von Luftwaffe und Marine bescheinigte. Insbesondere die Untätigkeit der italienischen Flotte, die „offensichtlich die Gefechtsberührung mit dem Gegner planmäßig vermied[...]", erregte seine Kritik.[64] Ende September warf er den Italienern vor, daß sie es versäumt hätten, die Herrschaft im Mittelmeer zu erringen. Kernstück[65] in diesem Kampf um das Mittelmeer wäre nach seiner Ansicht die Offensive gegen Ägypten gewesen. Die aber war erst lange Zeit ausgeblieben und dann nach nur fünftägigem kampflosem Vormarsch in der Wüste versandet.[66] Allein, der Wehrmachtführungsstab war davon wenig überrascht worden, da man schon Ende Juli davon ausgegangen war, daß der Angriff auf Ägypten von den Italienern nicht allein durchgeführt werden könne. Rintelen beschrieb schon damals seinen „Gesamteindruck" mit den Worten:

„Mit den Italienern sind große Sachen nicht zu machen. [...] Die Abhängigkeit Italiens von wirtschaftlichen Sorgen und der Mangel an Gestaltungskraft verhindern eine entscheidende Leistung Italiens."[67]

---

dem militärischen Verbündeten, seiner herabsetzenden Berichterstattung und ihrem Einfluß auf die Ansichten der Seekriegsleitung vgl.: Schreiber, Revisionismus, S. 280–284.
[63] Schreiber, Revisionismus, S. 281–284.
[64] BA/MA, RL 9/52, n.p., Anlage zu Brief-Nr. 333/40 – 18.9.1940, Pohl an Luftwaffenführungsstab Ia u. Ic.
[65] Neben der Wegnahme Maltas, der Sperrung der Meerenge von Gibraltar, einer Besetzung Kretas und der Zerstörung der Ölanlagen in Haifa und des Suez-Kanals.
[66] BA/MA, RL 9/52, n.p., Brief-Nr. 162/40 – 27.9.1940, Pohl an Luftwaffenführungsstab Ia u. Ic; vgl.: ebd., Brief-Nr. 158/40 – 25.9.1940, Pohl an Luftwaffenführungsstab Ic; Gundelach, Luftwaffe, S. 31 f.
[67] Halder, KTB, II, S. 45 – 30.7.1940.

Der Chef des Generalstabes, Generaloberst Halder, hatte im August 1939 bei Manövern in Oberitalien festgestellt, daß es dem italienischen Heer an modernen Panzerverbänden mangelte, die für einen Krieg in Nordafrika unerläßlich waren. Er hatte darum am 31. Juli 1940 im Einklang mit der Berichterstattung Rintelens vorgeschlagen, die Italiener mit zwei Panzerdivisionen in Nordafrika zu unterstützen.[68]

Sowohl im Heer, in der Luftwaffe wie auch der Marine hatte man sich im Laufe des Sommers 1940 mit dem Gedanken abgefunden, Italien militärische Unterstützung im Mittelmeerraum leisten zu müssen.[69] Der am 13. September begonnene Vormarsch gegen Ägypten, der nach fünf Tagen nur 90 km hinter der libysch-ägyptischen Grenze zum Stillstand kam, ohne daß es überhaupt zu einem Gefecht gekommen war,[70] unterstrich den Eindruck der Schwäche, den die Italiener bei den Deutschen hervorgerufen hatten. Folge war, daß Rintelen am 1. Oktober eindringlich davor warnte, den Italienern den Krieg im Mittelmeerraum weiterhin allein zu überlassen, „da die italienische Wehrmacht die dort gestellten Aufgaben nicht bewältigen könne".[71]

Daß sich ausgerechnet zu diesem Zeitpunkt das italienische Fliegerkorps auf den Weg machte, um den Deutschen bei der Invasion Großbritanniens zu helfen, trug den Zug des Absurden. Selbst italienische Militärs bewerteten das Unterfangen als „größenwahnsinnig", Flugzeuge konnten sie im Mittelmeerraum schließlich selbst gebrauchen. In seiner Notiz vom 17. September 1940 bezeichnete Quirino Armellini, General im italienischen Oberkommando, die Aktion daher als reinen „Bluff" – militärtechnisch schlichtweg falsch. Die Teilnahme der italienischen Luftwaffe an der Operation „Seelöwe" werde Rom teuer zu stehen kommen und im Gegenzug zudem wenig Anerkennung finden, da sich der Beitrag von ca. 200 Maschinen im Vergleich zu etwa 6000 deutschen Flugzeugen spärlich ausnehme. General Francesco Pricolo, Chef des Generalstabes der italienischen Luftwaffe, ließ seinem Ärger freien Lauf und protestierte bei Mussolini gegen den unsinnigen Einsatz seiner Flieger. Doch er erreichte nichts, der Entschluß des „Duce" stand fest.[72] Ein rein politisch motivierter Entscheid, was auch daran deutlich wird, daß Badoglio sich selbst den deutschen Militärs gegenüber davon distanzierte: „Wenn er gefragt worden waere, haette er sich gegen [die] Entsendung des C.A.I. [*Corpo Aereo Italiano*] nach Belgien ausgesprochen", zitierte ihn Generalmajor Pohl am 9. Oktober.[73] Ebenso mißfiel dem Chef

---

[68] Rintelen, Bundesgenosse, S. 93 u. S. 54 f.; Halder, KTB, II, S. 47 – 31.7.1940.

[69] Gundelach, Luftwaffe, S. 71 f.

[70] Hillgruber, Strategie, S. 143 u. S. 279; zur Enttäuschung der deutschen Bevölkerung vgl.: Meldungen aus dem Reich, V, S. 1654 – 10.10.1940.

[71] Rintelen, Bundesgenosse, S. 112.

[72] Armellini, Diario, S. 88 – 17.9.1940; vgl.: KTB/OKW, I, S. 112 – 5.10.1940; Francesco Pricolo, La Regia Aeronautica nella seconda guerra mondiale (novembre 1939 – novembre 1941), Mailand 1971, S. 223.

[73] BA/MA, RL 9/52, n.p., Brief-Nr. 181/40 – 9.10.1940, Pohl an Luftwaffenführungsstab Ic; KTB/OKW, I, S. 118 f. – 10.10.1940.

des italienischen Oberkommandos die „ungenuegende Ausnutzung der italienischen U-Boote" im Atlantik. Diese kämen nämlich „gar nicht zur Wirkung, weil durch den ihnen zugewiesenen Operationsstreifen ueberhaupt kein Schiffsverkehr laufe".[74]

Die militärische Kooperation war nicht sinnvoll aufeinander abgestimmt. Bereits Ende September drängte Badoglio erneut auf eine engere Zusammenarbeit der Generalstäbe: Die Verwendung der Verbindungsoffiziere sei sicherlich dienlich, ersetze aber nicht die persönliche Zusammenkunft der Militärchefs, in der „eine einheitliche Kriegführung" vereinbart werden könne. Allein dies aber ermögliche ein effizientes Vorgehen.[75] Um konkret die Operationspläne für den Winter festzulegen, verwies Badoglio Anfang Oktober daher auf die Notwendigkeit einer „möglichst sofortigen Besprechung" mit Generalfeldmarschall Wilhelm Keitel.[76] Dieser stimmte dem Vorschlag zwar zu, wollte aber zunächst die Resultate der bereits anberaumten politischen Gespräche zwischen Hitler und Mussolini abwarten. Erst diese würden schließlich die Voraussetzungen für die künftige Kriegführung schaffen.[77] Da das nächste Treffen der beiden Diktatoren erst für den 3./4. November geplant war, bedeutete dies eine Verzögerung, über die sich Badoglio nicht sehr glücklich zeigte.[78]

Die folgenden Wochen des Monats Oktober sollten jedoch Ereignisse mit sich bringen, angesichts derer das Interesse des italienischen Militärchefs an engen Absprachen mit Keitel rasch erlahmte. Denn die Entsendung einer deutschen Militärmission nach Rumänien am 12. Oktober 1940 bildete den Auslöser für den italienischen Entschluß, den lang gehegten Plan eines Angriffs auf Griechenland in die Tat umzusetzen.[79]

Offiziell hieß es, diene die Entsendung deutscher Soldaten dem Zweck, dem befreundeten Rumänien beim Aufbau einer schlagkräftigen Wehrmacht zu helfen. Tatsächlich aber verfolgte Berlin vor allem das Ziel, die für Deutschland wichtigen Ölgebiete in der Region um Ploeişti zu schützen und zudem deutsche und rumänische Truppen auf den Einsatz gegen die Sowjetunion vorzubereiten.[80] Rom fühlte

---

[74] Ebd.

[75] DSCS, II.2, Dok. 30, S. 57 – 29.9.1940, Badoglio an Göring; Armellini, Diario, S. 97 – 30.9.1940; Rintelen, Bundesgenosse, S. 103.

[76] BA/MA, RL 9/52, n.p., Brief-Nr. 181/40 – 9.10.1940, Pohl an Luftwaffenführungsstab Ic; KTB/OKW, I, S. 118 – 10.10.1940.

[77] KTB/OKW, I, S. 121 – 14.10.1940.

[78] Martin L. van Creveld, Hitler's Strategy 1940–1941. The Balkan Clue, Cambridge 1973, S. 43; KTB/OKW, I, S. 121 FN 2 – 14.10.1940.

[79] Keinesfalls darf man die italienische Aggression gegen Griechenland als blindwütige Reaktion Mussolinis auf den deutschen Truppeneinmarsch in Rumänien interpretieren, wie dies etwa der Tagebucheintrag Cianos suggeriert (Ciano, Diario, S. 470 – 12.10.1940). Die Gründe für die Aktion lagen tiefer und waren älterer Natur. Die deutsche Militärmission in Rumänien war daher nicht Ursache (Sadkovich, Anglo-American Bias, S. 630), sondern Anlaß für den überstürzten Angriff auf Griechenland (Schreiber, Südosteuropa, S. 372–376; De Felice, Alleato, S. 297 f.; Knox, Mussolini, S. 209).

[80] Zu den wirklichen Aufgaben der deutschen Militärmission: ADAP, D, XI.1, Dok. 84, S. 123 f. – 21.9.1940, OKW an AA; vgl. auch: Jürgen Förster, Die Gewinnung von Verbündeten in Südost-

sich durch den deutschen Eingriff in den Balkan gedemütigt. Die Italiener wurden den Eindruck nicht los, ein weiteres Mal von ihrem Bundesgenossen übertölpelt worden zu sein.[81] Denn gerade die Deutschen, die den gesamten Sommer auf den Erhalt des *status quo* im Balkan gepocht hatten, zerstörten jetzt die gewünschte Ruhe durch den Einmarsch der eigenen Soldaten.[82] Die deutsche Militäraktion rückte zudem die ohnehin schwelende Rivalität der Achsenpartner im Südostraum in den Vordergrund; für die Italiener um so brisanter, als der Balkan die einzige Zone war, in welcher Mussolini noch versuchen konnte, ein Gegengewicht zur deutschen Vorherrschaft in Europa zu bilden.[83] Da die Italiener von ihrem Bundesgenossen zudem nicht über dessen Rußlandpläne informiert worden waren, konnten sie den deutschen Militäraufmarsch in Rumänien nur als Affront auffassen.[84] Mussolini mußte um sein Prestige in Italien fürchten, wenn er auf den Alleingang Hitlers nicht reagierte.

In diesem veränderten Kontext kam Badoglio ein Zusammentreffen mit Keitel höchst ungelegen; zumal Mussolini Weisung gegeben hatte, die deutschen militärischen Stellen bis zuletzt nicht über die bevorstehende Aktion zu informieren.[85] Jetzt war es daher am Italiener, das Treffen, um dessen Zustandekommen er sich wenige Wochen zuvor noch bemüht hatte, absichtlich zu verzögern. Ende Oktober bat er daher Rintelen, die Zusammenkunft auf Mitte November zu verschieben – auf einen Zeitpunkt, „an dem in Griechenland schon vollendete Tatsachen geschaffen sein können", wie der Verbindungsoffizier in seiner Mitteilung ans OKW kommentierte.[86]

---

europa, in: DRZW, IV, S. 333–336; Wilhelm Deist, Die militärische Planung des „Unternehmens Barbarossa", in: Roland G. Foerster (Hg.), „Unternehmen Barbarossa". Zum historischen Ort der deutsch-sowjetischen Beziehungen von 1933 bis Herbst 1941, München 1993, S. 110–113.

[81] Vgl. Alfieris Bericht vom 27. August 1940, in welchem er vermutete, daß Deutschland selbst Interesse an der Region habe und daher stets auf Zurückhaltung dränge (DDI, 9, V, Dok. 506, S. 490 f.).

[82] Knox, Mussolini, S. 208 f.; André, Politica estera, S. 123.

[83] Iltcho Dimitrov, La Bulgarie et l'agression italienne contre la Grèce, in: Guerres mondiales et conflits contemporains 146/1987, S. 56; Enzo Collotti, La politica dell'Italia nel settore danubiano-balcanico dal patto di Monaco all'armistizio italiano, in: ders./Teodoro Sala/Giorgio Vaccarino, L'Italia nell'Europa danubiana durante la seconda guerra mondiale, Florenz 1967, S. 25.

[84] De Felice, Alleato, S. 297; Sadkovich, Italo-Greek War, S. 452.

[85] Über die „Fait accompli"-Taktik, die im April 1940 nach den Militärschlägen gegen Dänemark und Norwegen vom damaligen italienischen Botschafter Attolico als der übliche Umgang der Deutschen mit Italien bezeichnet worden war (DDI, 9, IV, Dok. 30, S. 19 – 10.4.1940, Attolico an Ciano), hatten sich die Italiener in der Vergangenheit oft genug geärgert. Dieses Mal sollten die Deutschen vor vollendete Tatsachen gestellt werden (Ciano, Diario, S. 470 – 12.10.1940; Armellini, Diario, S. 142 – 8.11.1940).

[86] Bericht Rintelen vom 25.10.1940, in: BA/MA, Wi/I B 1.64, n.p., Brief-Nr. 1024/40 – 1.11.1940, OKW/Abt. Ausl. an Keitel; KTB/OKW, I, S. 126 – 25.10.1940. Keitel erklärte sich daraufhin mit einem Termin zwischen dem 10. und 15. November einverstanden (ebd., S. 143 – 1.11.1940).

Die Italiener wußten genau, daß die geplante Offensive den Deutschen nicht in die Pläne paßte.[87]

c. Der italienische „Parallelkrieg" – Autonomiestreben, Mißtrauen und blockiertes Zusammenspiel

Die Vorbereitungen des Griechenlandfeldzuges waren in ihrer Kurzfristigkeit oberflächlich und ungenügend ausgefallen. Mit abenteuerlichem Leichtsinn waren sämtliche potentiellen Schwierigkeiten in der entscheidenden Besprechung am 15. Oktober in einer unscharfen Diskussion mit Argumenten abgetan worden, die nahezu „kabarettistische Züge" trugen.[88] Allein die Tatsache, daß die Demobilisierung des italienischen Heeres daraufhin noch um einige Wochen parallel zur Remobilisierung der Truppen weiterlief, spricht Bände.[89] Verhaltener Einspruch von seiten des Militärs förderte zudem die allgemeine Verwirrung.[90] Noch am Abend des 27. Oktober kamen aus dem Admiralstab und dem Generalstab der Luftwaffe Anfragen, ob der Krieg gegen Griechenland wirklich am nächsten Tag beginne und ob er sich auf das ganze Land erstrecke.[91] Die Warnungen des Botschafters in Athen Emanuele Grazzi, daß die Griechen gegenüber den Angriffsabsichten Italiens all ihre Parteiungen vergaßen und geschlossen hinter dem Ministerpräsidenten Joannis Metaxas standen, verklangen in Rom unerhört. Dabei hatte der Gesandte noch am 3. Oktober ausdrück-

---

[87] Simoni, Berlino, S. 178 – 25.10.1941.

[88] Vgl. die etwas ironische, aber zutreffende Zusammenfassung des italienischen Kriegsrates am 15. Oktober, in: Schreiber, Südosteuropa, S. 376–379, weiterhin: ebd., S. 385–390. Als Beispiel für die italienische Gesprächsführung, ebd., S. 379: „Roatta Visconti Prasca [machte] darauf aufmerksam [...], daß das Pindos-Gebirge dem Vormarsch auf Athen wie ein gewaltiger Riegel im Wege stehe. Der Oberbefehlshaber in Albanien erledigte das Problem mit dem schier unglaublichen Argument, daß es im Pindos eine große Zahl von Maultierpfaden gebe, die er bestens kenne. Er sah also keine Schwierigkeiten, seine Divisionen wie ein moderner Hannibal nach Attika zu führen."; Originaltext in: DDI, 9, V, Dok. 728, S. 699–705.

[89] Dorelli Ferrari, La mobilitazione dell'esercito nella seconda guerra mondiale, in: Storia contemporanea XXIII.6/1992, S. 1018 f.; Schreiber, Südosteuropa, S. 372 f u. S. 386; Schramm-v. Thadden, Griechenland, S. 96 u. S. 124.

[90] Badoglio betonte Mussolini gegenüber am 10. November 1940 ausdrücklich, daß er und Roatta im kleinen Kreis die Meinung vertreten hatten, daß mehr Truppen benötigt würden (ACS, Carte Rodolfo Graziani, b. 58, fasc. 47.9, n.p. – 24.11.1940, Roatta an Graziani). Zum Versagen der Militärs, fehlender Courage und dem Problem, in Diktaturen seine Meinung zu vertreten, vgl.: André, Politica estera, S. 124.

[91] Armellini, Diario, S. 127 – 26.10.1940; zum Datum: Schreiber, Südosteuropa, S. 400 FN 113.

lich betont, daß die Griechen in Erwartung eines Angriffs bereits 250.000 Mann mobilisiert und zum größten Teil auch schon an der Grenze stationiert hatten.[92]

Die Unterschätzung des Griechenlandfeldzugs rächte sich unmittelbar. Der Angriff, welcher in den frühen Morgenstunden des 28. Oktober von Albanien aus begonnen hatte, erfuhr bereits vier Tage später im Raum Voruza–Kerasovon seinen ersten Rückschlag, als ein griechischer Gegenstoß den am weitesten auf griechisches Gebiet vorgedrungenen linken Flügel der 11. Armee zurückwarf. Am 4. November hatte sich die Offensive festgelaufen, und bereits am 8. November mußte sie eingestellt werden. Es war den Griechen gelungen, ihr Heer in der kurzen Zeit, in der sich der italienische Angriff abzeichnete, vollständig zu mobilisieren. Hinzu kam, daß sich die Bulgaren entgegen den Voraussagen Cianos[93] für neutral erklärten. Vergeblich hatte die faschistische Regierung versucht, den bulgarischen König Boris mit der Möglichkeit, Mazedonien zu annektieren und einen Zugang zum ägäischen Meer zu erhalten, zur Teilnahme an dem Feldzug zu bewegen. Eine Bedrohung von seiten Bulgariens hätte nach italienischen Schätzungen bis zu 100.000 Mann an der bulgarisch-griechischen Grenze gebunden,[94] so aber war es den Griechen möglich, ihre Truppen aus Westthrazien an die albanische Front zu verlegen. Geplante Landungen auf den Inseln Korfu und Kefallinía mußten wegen des ungünstigen Wetters ausfallen. Die Briten hingegen hatten schon am 29. Oktober mit der Besetzung Kretas auf die italienische Aktion reagiert. Die gesamte Operation war im ersten Anlauf gescheitert. Und als wäre ihnen dies nicht Erfolg genug, traten die griechischen Truppen am 14. November zudem die Gegenoffensive an und schlugen die italienische Armee noch im selben Monat über die griechisch-albanische Grenze ins Landesinnere zurück. Die Einnahme von Koritza (Korçë) durch die Griechen am 21. November besiegelte die überraschende Wende des italienischen Krieges gegen Griechenland, der von nun an auf albanischem Boden fortgeführt wurde.[95]

Der schmähliche Beginn des italienischen Griechenlandfeldzugs und die darauffolgenden Rückschläge hatten erhebliche Auswirkungen auf die deutsche Einstellung zu dem italienischen Achsenpartner. Nur widerwillig hatten die Deutschen sich mit den italienischen Angriffsplänen gegen Griechenland abgefunden, und auch Ende Oktober erregten der Zeitpunkt und die taktische Planung der Operation weiterhin ihre Kritik. Nichtsdestotrotz aber hatten sie einmütig mit ihrem Koalitionspartner

---

[92] DDI, 9, V, Dok. 667, S. 643 f. – 3.10.1940, Grazzi an Ciano.

[93] Zur Rolle Cianos bei der Initiierung der Griechenlandoffensive: Giordano Bruno Guerri, Galeazzo Ciano – una vita 1903/1944, Mailand 1979, S. 485–491.

[94] Dimitrov, Bulgarie, S. 58.

[95] Hillgruber, Strategie, S. 287 f.; zu den Operationen ausführlich: Mario Montanari, La Campagna di Grecia, hrsg. v. USSME, I, Rom 1980, S. 177–275; zu den Vorbereitungen der Griechen: Schreiber, Südosteuropa, S. 390–394.

einen italienischen „Blitzkrieg" erwartet.[96] Nach Ansicht der Deutschen waren die Briten das Problem, nicht die Griechen. Niemand, weder die beiden Achsenpartner[97] noch Griechenland[98] selbst, hatte ernsthaft erwartet, daß dieses kleine Land der italienischen „Großmacht" lange Widerstand leisten könne.

Im Monat November 1940 kam es daher zu einem tiefen Einschnitt in den deutsch-italienischen Beziehungen. Der rasche Zusammenbruch der Offensive gegen Griechenland hatte die schlimmsten Befürchtungen der Deutschen bestätigt. Hitler, dem es während des vorgezogenen Treffens[99] mit Mussolini noch gelungen war, seine Gefühle unter Kontrolle zu behalten, machte seiner Anspannung am 1. November schließlich Luft, als Erfolgsmeldungen aus dem Epirus weiter auf sich warten ließen und die Berichte seiner Verbindungsmänner[100] ihm die Hoffnung auf einen schnellen italienischen Sieg nahmen. Äußerst verärgert zeigte er sich jetzt über die „Machenschaften Italiens in Griechenland"[101] und stellte fest, daß er jede „Neigung zu einem engen militärischen Zusammenarbeiten mit Italien verloren habe".[102]

Die Kritik an den Italienern zog im Reich jetzt weitere Kreise, d. h. sie wurde nicht mehr allein militärintern geäußert, sondern fand auch vermehrt Eingang in die Notizen des Staatssekretärs Ernst von Weizsäcker oder des Reichspropagandaministers Joseph Goebbels. Der Meinungswandel, der sich in der militärischen Führungsschicht während der Sommermonate langsam vollzogen hatte, wurde hier, als sich die Schwäche des Bundesgenossen vor aller Augen offenbarte, in wenigen Wochen nachvollzogen. Am 1. November stellte Goebbels fest, daß es den Italienern am „rechten

---

[96] PA/AA, Büro Unterstaatssekretär, Griechenland, R. 29880, S. 47 f. – 28.10.1940, Aufzeichnung Kramarz: Militärische Lage Griechenlands; Creveld, Strategy, S. 50. Die Sorgen des OKW (KTB/OKW, I, S. 131 – 28.10.1940) und der Marine (KTB/Skl, A, XIV, S. 293 f. – 25.10.1940) drehten sich im wesentlichen um die Besetzung Kretas, welche die Italiener offenbar nicht planten. Nach Meinung der Deutschen unterschätzte Italien die strategische Bedeutung der Insel für den Krieg gegen Großbritannien; vgl.: Simoni, Berlino, S. 177 – 22.10.1940.

[97] In italienischen Kreisen war man gar der Meinung, es würde überhaupt nicht zu einem „richtigen Krieg" kommen, zumal der italienische Außenminister Ciano behauptete, wichtige politische Persönlichkeiten bestochen zu haben, so daß es zu einem Sturz der griechischen Regierung kommen werde (Badoglio, Erinnerungen, S. 47; Guerri, Ciano, S. 490); zu den geflossenen Geldern: Mario Cervi, Storia della guerra di Grecia, Mailand 1986, S. 76.

[98] Der griechische Diktator Metaxas sagte am 2. November in einem Rechenschaftsbericht über die Politik der vergangenen Monate: „Es gibt Augenblicke, in denen ein Volk, wenn es groß bleiben will, bereit sein muß, auch ohne Hoffnung auf Sieg zu kämpfen" (zit. n. Schramm-v. Thadden, Griechenland, S. 119 f). Griechenland kämpfte anfangs nicht auf Sieg, sondern für Ruhm und Ehre.

[99] Zu der umstrittenen Frage, ob es bei der Terminänderung um den sich abzeichnenden Griechenlandfeldzug ging, vgl.: Creveld, Strategy, S. 39–48; Schreiber, Südosteuropa, S. 380 f.; Knox, Mussolini, S. 227 f.; De Felice, Alleato, S. 307.

[100] Z. B.: ADAP, D, XI.1, Dok. 252, S. 362–363 – 28.10.1940, Aufzeichnung Rinteln.

[101] Halder, KTB, II, S. 158 f. – 1.11.1940.

[102] KTB/OKW, I, S. 144 – 1.11.1940.

Elan" fehle, einen Tag darauf meinte er abwertend, daß „der Blitzkrieg [...] doch eine deutsche Erfindung und bis heute ein deutsches Patent geblieben" sei. Weizsäcker erinnerte sich an die Worte eines englischen Diplomaten, nach welchem die Deutschen mit diesem Bundesgenossen wenig Freude haben würden.[103] Goebbels' Skepsis gegenüber den Italienern steigerte sich in den ersten zwei Novemberwochen zunehmend, bis er am 13. November schließlich entrüstet festhielt, daß die Sache in Griechenland „oberfaul" sei.[104] Der Staatssekretär hatte an diesem Tag bereits den Schluß gezogen, daß die Deutschen „in der Ehe mit Italien die Führung nunmehr strenger in die Hand nehmen müssen".[105] Deutliche Anzeichen sprechen dafür, daß dies nicht allein die Meinung Weizsäckers war. Das veränderte Verhalten Hitlers im Umgang mit dem Koalitionspartner zeigt vielmehr an, daß man in Deutschland ab Mitte November willens war, den deutsch-italienischen Beziehungen eine neue Basis zu geben.

Die Fehlmeldung, die Engländer seien auf Lemnos und Saloniki gelandet, legte die deutsche Angst um das damit gefährdete rumänische Erdölgebiet offen. Augenblicklich wurden eigene Vorbereitungen getroffen, um im Bedarfsfall gemeinsam mit den Bulgaren Griechisch-Mazedonien und Thrazien zur Verteidigung gegen die britischen Luftstreitkräfte in Besitz zu nehmen.[106] Hinzu kam, daß die schweren Schlachtschiffe der italienischen Marine in der Nacht vom 11. auf den 12. November im Hafen von Tarent von britischen Doppeldeckern zur Hälfte versenkt bzw. kampfunfähig gemacht wurden.[107] Ein Militärschlag, welcher als das „italienische Pearl Harbor" in die Literatur einging und sowohl bei Hitler als auch der deutschen Marine großen Eindruck hinterließ.[108] Bedenkt man, daß es die Kampfkraft der italienischen Flotte gewesen war, auf welche die deutsche Seekriegsleitung – trotz aller Zweifel an

---

[103] Die Tagebücher von Joseph Goebbels, Teil I: Aufzeichnungen 1923–1941, hrsg. v. Elke Fröhlich, Bd. VIII, München 1998, S. 398 – 1.11.1940 u. S. 403 – 3.11.1940; Weizsäcker-Papiere, S. 223 – 6.11.1940.
[104] Tagebücher Goebbels, VIII, S. 404 – 4.11.1940, S. 406 – 5.11.1940, S. 412 – 10.11.1940, S. 414 – 12.11.1940 u. S. 416 – 13.11.1940.
[105] Weizsäcker-Papiere, S. 223 f. – 13.11.1940.
[106] Hillgruber, Strategie, S. 335 f.
[107] Vgl. die anschauliche Darstellung von Giorgio Bonacina, Taranto 1940. La nostra Pearl Harbor, in: Storia illustrata 292/1982, S. 69–79; zur militärischen Bedeutung, die weit geringer eingeschätzt wird als zunächst vermutet: Schreiber, Südosteuropa, S. 408 f.; Sadkovich, Anglo-American Bias, S. 631. Die tatsächlichen Ausmaße des britischen Militärschlags sind aber für diese Untersuchung von geringerer Bedeutung als der Eindruck, welchen er bei den Deutschen hervorrief.
[108] Karl-Jesko v. Puttkamer, Die unheimliche See. Hitler und die Kriegsmarine, Wien/München 1952, S. 46; KTB/Skl, A, XV, S. 159–161 – 12.11.1940: „Der englische Erfolg muß als größter Seekriegserfolg dieses Krieges angesprochen werden und ist geeignet, die seestrategische Lage im gesamten Mittelmeer mit einem Schlage *entscheidend* zu Gunsten Englands zu verändern." (Hervorhebung im Original); für den ital. Eindruck vgl.: Armellini, Diario, S. 148 – 12.11.1940 u. S. 150 – 13.11.1940.

der italienischen Führung – gesetzt hatte,[109] so kann man sich die Schockwirkung dieses Ereignisses einigermaßen vorstellen.[110]

Als Marschall Badoglio am 14./15. November mit Generalfeldmarschall Keitel zusammentraf,[111] befand sich der Chef des italienischen Oberkommandos daher in einer höchst unvorteilhaften Position. Von Badoglios Gedanken, den Koalitionskrieg durch eine gemeinsame Kraftentfaltung effizienter zu gestalten, war nach dem italienischen Alleingang in Griechenland und der daraus erfolgten Schlappe nicht mehr viel übrig. Das Treffen von Innsbruck konnte unter diesen Umständen nicht zu den gewünschten engen militärischen Absprachen führen.[112] Alle Beteuerungen beiderseits, sich künftig öfter zu treffen und keine Geheimnisse mehr voreinander zu haben,[113] mußten substanzlos verklingen, wenn auf der anderen Seite keine konkreten Vereinbarungen für eine gemeinsame Kriegführung getroffen wurden.

Wie unwohl sich Badoglio in seiner Haut gefühlt haben muß, wird daran deutlich, daß er sich Keitel gegenüber von dem Angriff auf Griechenland distanzierte und behauptete, die italienische Wehrmacht habe von der Offensive abgeraten.[114] Trotz oder gerade wegen des guten Eindrucks, welchen die Person des Marschalls bei den Deutschen hervorrief,[115] kann man sich durchaus der Wertung Mussolinis anschließen, daß Badoglio die politische Führung Italiens in den Augen der Deutschen damit deutlich diffamierte.[116]

Als Außenminister Ciano am 18. November zu einer Unterredung mit Hitler nach Berlin kam, wurde er mit einem deutlich veränderten Tonfall konfrontiert.[117]

---

[109] Noch am 10. November 1940 beklagte die deutsche Marine vor allem das fehlende Engagement der italienischen Marine, deren schwere Einheiten ständig im Hafen lägen (KTB/Skl, A, XV, S. 129; vgl. ebd., XIV, S. 370 – 30.10.1940; die Hervorhebung im Original weist auf die deutsche Mißbilligung der ständigen Ruhepausen hin).

[110] Laut Petersen verursachte der britische Überfall auf Tarent die „erste tiefe Krise des Achsenbündnisses" (Jens Petersen, L'Africa-Korps, in: Romain H. Rainero/Antonello Biagini (Hg.), L'Italia in guerra: cinquant'anni dopo l'entrata dell'Italia nella 2a guerra mondiale; aspetti e problemi, Bd. I: Il 1° anno – 1940, Gaeta 1994, S. 387).

[111] Zusammenfassendes Protokoll der Besprechung: DSCS, II.2, Dok. 67, S. 144–152.

[112] Vgl.: Rintelen, Bundesgenosse, S. 113.

[113] Sergio Pelagalli, Il generale Efisio Marras, addetto militare a Berlino (1936–1943), hrsg. v. USSME, Rom 1994, S. 109.

[114] DDI, 9, VI, Dok. 123, S. 129 – 18.11.1940; KTB/Skl, A, XV, S. 224 – 18.11.1940; Enrico Caviglia, Diario (aprile 1925–marzo 1945), Rom 1952, S. 301 f. – 17.12.1940; vgl.: Lucio Ceva, L'incontro Keitel-Badoglio del novembre 1940 nelle carte del Generale Marras, in: Il risorgimento 29.1-2/1977, S. 32 f.

[115] Simoni, Berlino, S. 183 – 16.11.1940; Halder, KTB, I, S. 370 – 24.6.1940.

[116] Dies führte neben anderem im Dezember schließlich auch zur Ablösung Badoglios durch Ugo Cavallero; ausführlich zur Badoglio-Krise: De Felice, Alleato, S. 331–346.

[117] Aus Cianos Tagebucheintrag (Ciano, Diario, S. 479 – 18./19.11.1940) ist ersichtlich, daß er die Atmosphäre des Gespräches als erheblich belastender empfand, als er es Mussolini offiziell schilderte (DDI, 9, VI, Dok. 123, S. 126–129 – 18.11.1940).

Und auch Mussolini bekam den Ärger Hitlers unmittelbar zu spüren. In einem außergewöhnlich kritisch gehaltenen Schreiben[118] vom 20. November schilderte dieser ihm die neue Situation in Südosteuropa in den düstersten Farben, wobei er Mussolini nicht im Unklaren darüber ließ, wo der Schuldige seiner Meinung nach zu suchen sei. Die seitenlangen Ausführungen, in welchen er die psychologischen und militärischen Folgen der gescheiterten Operation ausmalte, waren in kühler Höflichkeit gehalten und vermittelten in ihrem belehrenden Tonfall ein deutliches Gefühl der Überlegenheit. Die unglücklich verlaufene Offensive gegen Griechenland habe England einen Mittelmeerverbündeten mit strategisch wichtigen Luft- und Seestützpunkten in die Hände gespielt. Die daraus resultierende Lage war, so Hitler, „militärisch gesehen, drohend. Wirtschaftlich gesehen, soweit es sich um das rumänische Petroleum-Gebiet handelt, geradezu unheimlich".[119] Daß die distanzierte Freundlichkeit des Schreibens in diesem Augenblick nur der Form halber gewahrt blieb, wird daran deutlich, daß die „empfohlenen" politischen und militärischen Gegenmaßnahmen durchweg als „notwendig" und „erforderlich" deklariert wurden. Es handelte sich beileibe nicht um einen Brief, der zur Diskussion einlud. Im Gegenteil zeigt der Tenor des Schreibens, daß Hitler mehr denn je entschlossen war, die Führung in der Achse zu übernehmen.[120]

Einen weiteren Anhaltspunkt für diese neue Schwerpunktsetzung bietet die Unterredung Hitlers mit dem jugoslawischen Außenminister Aleksandar Cincar-Marković am 28. November. In der Absicht, Jugoslawien zum Beitritt in den „Dreimächtepakt" zu bewegen, betonte der deutsche Regierungschef ausdrücklich, daß Italien sich in Zukunft den deutschen Entschlüssen fügen würde: „entscheidend [...] sei nicht, was Italien vielleicht in einem Jahr dächte, sondern was Deutschland heute zusage".[121] Deutlich geht aus dem Gesprächsprotokoll hervor, daß Hitler in dem italienischen Scheitern auch einen Vorteil sah und den Augenblick erwartete, in welchem er seine Truppen nach Griechenland schicken konnte.[122] Denn „wenn Deutschland jetzt eingreife, habe es das Recht, an seinen Bundesgenossen gewisse Forderungen zu stellen".[123] Mehrmals wies Hitler seinen Verhandlungspartner auf

---

[118] ADAP, D, XI.2, Dok. 369, S. 535–539.
[119] Ebd., S. 537.
[120] Vgl. Gundelach, der etwas überspitzt, aber in der Tendenz zutreffend schreibt: „Wenn irgendwann, dann hat in dieser Situation die Gewichtung der beiden Männer sich endgültig umzukehren begonnen, [...]. Hitler ist es, der nunmehr die Schwerpunkte setzt und die Aufgaben verteilt" (Gundelach, Luftwaffe, S. 77). Hitlers Schreiben vom 5.12.1940 sollte jedoch wieder zurückhaltender im Tonfall sein, der deutsche Diktator war noch nicht in der Position, seinem Alliierten zu diktieren, was er zu tun habe (ADAP, D, XI.2, Dok. 452, S. 659 f.).
[121] ADAP, D, XI.2, Dok. 417, S. 613 – 29.11.1940, Aufzeichnung Schmidt.
[122] Vgl. dazu Hitlers und Goebbels' Äußerungen im Dezember 1940: Halder, KTB, II, S. 212 – 5.12.1940; Tagebücher Goebbels, IX, S. 33 – 4.12.1940 u. S. 35 – 5.12.1940.
[123] ADAP, D, XI.2, Dok. 417, S. 613.

die „Rechte" hin, die Deutschland gegenüber Italien aus der kommenden Hilfeleistung ableiten können werde. Beinahe entschuldigend fügte er hinzu, daß das Deutsche Reich „sich nicht in die Einflußsphäre seines Bundesgenossen ein[mische], sondern [...] durch die Ereignisse dort hineingerufen" werde.[124] Es ist bezeichnend, in welcher Form gerade diese Zeilen in den Kreisen der Wehrmacht weitergegeben wurden. Denn Generaloberst Halder zitierte Hitler in seinen Aufzeichnungen ausdrücklich mit den Worten: „Die Ereignisse erlauben uns, in die italienische Sphäre hineinzugreifen."[125] Daß Hitler dies dem jugoslawischen Außenminister auf diese Weise gesagt hat, ist gänzlich auszuschließen. Die Tatsache jedoch, daß die Worte das Tagebuch Halders in dieser Form erreichten, lassen Rückschlüsse zu, welche Gedanken in der deutschen militärischen Führung kursierten.

Der Monat Dezember bildete mit der sich zuspitzenden Lage in Albanien und dem hinzukommenden Zusammenbruch der nordafrikanischen Front den eigentlichen Wendepunkt der deutsch-italienischen Beziehungen. Eng verknüpft mit der militärischen Notlage trat jetzt die wirtschaftliche Abhängigkeit Italiens von dem deutschen Achsenpartner mit in den Vordergrund des Geschehens und wurde zu einem politisch wie militärisch bedeutsamen Faktor, der sich entscheidend in der Achsenbeziehung und auf das Kriegsgeschehen auswirken sollte.[126] Sämtliche Strukturen, in denen sich schon zuvor das Ungleichgewicht der Achse abgezeichnet hatte, wurden im Laufe dieses Monats ans Tageslicht gebracht und zwangen Italien im Jahre 1941, sich dem stärkeren Bündnispartner unterzuordnen.

Nach der Eroberung von Koritza setzten die Griechen ihre Angriffe zunächst am Nordflügel fort, mit dem Ziel, die Italiener von der jugoslawischen Grenze ab- und dem Meere zuzudrängen. Ab Anfang Dezember begannen die Griechen auch an der Südfront ihre Offensive in Richtung auf Valona (Vlorë), gleichzeitig stießen sie im Norden auf den Ohridsee (Ohridskosee) durch.[127] Als die Griechen am 4. Dezember die Stadt Pogradec einnahmen, sorgte eine Meldung aus Albanien in Rom für Verwirrung. Denn der Oberbefehlshaber in Albanien, General Ubaldo Soddu, hatte mitteilen lassen, daß er jede weitere militärische Aktion für sinnlos halte und daß die Lage durch „eine politische Intervention" geklärt werden müsse. Die von Ciano geförderte Darstellung,[128] nach der Mussolini daraufhin von Panik ergriffen seinen Botschafter

---

[124] Ebd.
[125] Halder, KTB, II, S. 206 – 3.12.1940. In Halders Notizen sind drei Zitate ausdrücklich als Hitlers Worte gekennzeichnet, ansonsten paraphrasiert er die Unterredung.
[126] Vgl.: Kap. 2 c.
[127] Schreiber, Südosteuropa, S. 410 f.; Hillgruber, Strategie, S. 288 f.
[128] Laut Ciano (Ciano, Diario, S. 484 f. – 4.12.1940) verlor der „Duce" daraufhin den Kopf und spielte mit dem Gedanken, Hitler um die Vermittlung eines Waffenstillstands mit Griechenland zu bitten. Folgt man der Schilderung des italienischen Außenministers, so neigt man leicht dazu, hier einen Schnitt zu ziehen und festzustellen, daß dies offensichtlich der Punkt war, an welchem Mussolini sich dazu durchrang, „seine ‚Separat'- und ‚Parallelkriegs'-Konzeption aufzugeben und deutsche

Dino Alfieri[129] nach Berlin schickte, um Hilfe zu holen – „irgendwelche Hilfe, solange sie nur schnell kommt" –, entspricht nicht den Tatsachen.[130] Statt dessen beschränkte sich Mussolini darauf, Hitler allein um materielle und diplomatische Unterstützung anzugehen. Er gab Alfieri den Auftrag, in Berlin Transportfahrzeuge zu erbitten, den Beitritt Jugoslawiens zum Dreimächtepakt voranzutreiben und die Deutschen zu bitten, für einen verstärkten Truppenaufmarsch in Bulgarien oder Rumänien zu sorgen, um auf diese Weise die Griechen abzulenken und den Druck von der eigenen Front zu nehmen.[131] Keinesfalls war der „Duce" bereit, „irgendwelche Hilfe" der Deutschen anzunehmen. Doch der italienische Botschafter hielt sich nicht eng an die Absprache, sondern stellte am 7./8. Dezember in seinen Gesprächen mit Ribbentrop und Hitler die militärische Lage in Albanien in den „schwärzesten Farben" dar.[132] Tatsächlich erweckte Alfieri bei den Deutschen den Eindruck, daß die Italiener am Rande der Verzweiflung seien und nicht mehr recht wußten, was zu tun sei. Als Hitler daraufhin anbot, mit Mussolini den Einsatz deutscher Panzerdivisionen und Sturzkampfbomber in Albanien zu besprechen,[133] sah sich der „Duce" veranlaßt, noch am selben Tag zu antworten: Es sei in Berlin klar herauszustreichen, daß er sich unter militärischer Hilfe nichts als die Unterstützung durch 50 deutsche Transport-

---

Unterstützung sowohl für den ‚großen' Krieg im Mittelmeer als auch gegenüber Griechenland anzufordern" (Hillgruber, Strategie, S. 289). Tatsächlich weckt aber bereits die nüchterne Notiz im Kriegstagebuch des *Comando Supremo* Zweifel an dieser Darstellung (DSCS, II.1, S. 494). Die ausführliche Untersuchung Renzo De Felices gibt vielmehr Anlaß zu der Vermutung, daß Ciano die Sachlage in seinem Tagebuch bewußt anders dargestellt hat, um sich selbst als Retter zu präsentieren, als denjenigen, welcher Mussolini davon abhielt, Hitler um die schmachvolle Vermittlung zu bitten (De Felice, Alleato, S. 347–359).

[129] Der deutlich hellsichtigere Diplomat Bernardo Attolico hatte das Amt im April 1940 – auf dt. Ersuchen – an Alfieri übergeben müssen (vgl.: Siebert, Italiens Weg, S. 430 f.; Knox, Mussolini, S. 97 f.). Wie sehr auch Ciano seinen Mitarbeiter schätzte, geht aus seiner Tagebuchnotiz zum überraschenden Tod Attolicos hervor (Ciano, Diario, S. 588 f. – 9.2.1942).

[130] So etwa Knox, Mussolini, S. 273, wobei Knox in seiner ungenauen Satzkonstruktion beim Leser zudem den Eindruck erweckt, das Zitat stamme wirklich von Mussolini. Tatsächlich aber waren es die Worte Cianos, wie den Erinnerungen Alfieris – auf die sich auch Knox bezieht – zweifelsfrei zu entnehmen ist (Dino Alfieri, Due dittatori di fronte, Mailand 1948, S. 106); vgl. weiterhin zur üblichen Darstellung: Knox, Mussolini, S. 250; Hillgruber, Strategie, S. 289; Creveld, Strategy, S. 85 f. u. S. 102; Cervi, Guerra di Grecia, S. 157–160.

[131] Vgl. das nicht-editierte Dokument aus dem *Archivio Ansaldo*, zit. in: De Felice, Alleato, S. 358.

[132] KTB/OKW, Bd. I, S. 219 – 8.12.1940; zu dem unglücklichen Auftritt Alfieris in Berlin vgl.: Simoni, Berlino, S. 187 f. – 7./8.12.1940, der deutlich herausstreicht, daß Alfieri wegen der ungenauen Order durch Ciano gar nicht genau wußte, ob und was für militärische Hilfe er von den Deutschen erfragen sollte. Auf die konkrete Nachfrage Ribbentrops wußte Alfieri auch nichts mehr zu antworten: „Alfieri rimane interdetto. Non gli è stato detto con esattezza ciò che si vuole. Ha avuto istruzioni verbali da Ciano, proprio in pochi minuti, nel senso di ottenere genericamente ‚un aiuto immediato'."

[133] DDI, 9, VI, Dok. 258, S. 247 f. – 8.12.1940; im deutschen Protokoll wird das Angebot nicht explizit erwähnt, ADAP, D, XI.2, Dok. 477, S. 682–687.

flugzeuge vorgestellt habe, hieß es in seinen Instruktionen an den Botschafter. Zudem ermahnte Mussolini seinen diplomatischen Gesandten ausdrücklich, die Situation in Albanien nicht zu dramatisieren.[134] Der „Duce" wünschte keine deutsche Einmischung in seinen „Parallelkrieg" und stellte sich ihr, solange es ging, entgegen. Nichtsdestotrotz hatte der Auftritt Alfieris den Deutschen einen tiefen Einblick in die italienische Notlage gestattet, so daß auch die nachträgliche Korrektur Mussolinis nicht verhindern konnte, daß man sich in Berlin Gedanken zu machen begann.

Verstärkend wirkte, daß die Briten einen Tag nach dem Besuch des italienischen Botschafters ihre Offensive in Nordafrika starteten, die wesentlich zur Verschärfung der italienischen Lage beitragen sollte. Bereits am 11. Dezember waren eingekesselte italienische Truppen im Raum von Sidi Barrani zur Kapitulation gezwungen. In dem sich anschließenden Vormarsch gen Westen sollte es den Briten gelingen, das italienische Heer nach Libyen zurückzutreiben und nach der Einnahme der Festungen von Bardia und Tobruk im Laufe des Januar zum Rückzug aus der Cyrenaika zu zwingen.[135] War die militärische Lage der Italiener aufgrund der Niederlagen in Albanien bis dahin kritisch gewesen, so steigerte sie sich durch den britischen Überraschungsangriff ins Katastrophale und trieb Italien letztlich in die Arme der Deutschen, auf deren wirtschaftliche wie auch militärische Unterstützung man jetzt mehr denn je angewiesen war.[136]

Die italienische Bitte[137] um die Entsendung zweier deutscher Panzerdivisionen nach Nordafrika markiert die italienische Resignation vor der Notlage. Am 20. Dezember 1940 hatten die Niederlagen in Albanien und Libyen die Italiener so weit in die Knie gezwungen, daß sie genötigt waren, deutsche militärische Hilfe anzunehmen.

Um den politischen Stellenwert dieser Bitte zu verstehen, muß man die deutsch-italienischen Verhandlungen um Unterstützungsmaßnahmen seit dem Herbst 1940 rekapitulieren. Denn tatsächlich hatte man in Kreisen der deutschen Wehrmacht schon im Sommer 1940 mit dem Gedanken gespielt, deutsche Panzerdivisionen zur Unterstützung nach Nordafrika zu schicken, da das italienische Heer nach deutscher Ansicht gerade hier bedeutende Mängel aufwies.[138] Das erste deutsche Angebot wurde daher noch vor dem Beginn der italienischen Offensive gegen Ägypten ausgesprochen,[139] doch es blieb ohne Antwort; Rodolfo Graziani bereitete seinen Angriff

---

[134] DDI, 9, VI, Dok. 259, S. 248 – 8.12.1940, Anfuso an Ciano.

[135] Bernd Stegemann, Die italienisch-deutsche Kriegführung im Mittelmeer und in Afrika, in: DRZW, III, S. 594–598.

[136] Knox, Mussolini, S. 275.

[137] ADAP, D, XI.2, Dok. 541, S. 764 f. – 20.12.1940, Rintelen/Mackensen an AA.

[138] Rintelen, Bundesgenosse, S. 93 u. S. 54 f; Halder, KTB, II, S. 47 – 31.7.1940.

[139] KTB/OKW, I, S. 64 – 5.9.1940; DSCS, II.2, Dok. 3, S. 5 – 6.9.1940, Badoglio an Marras.

für den 13. September ohne Berücksichtigung der angebotenen deutschen Divisionen vor. Die deutsche Wehrmacht wiederholte am 11. September ihre Offerte und ließ Badoglio durch den italienischen Verbindungsoffizier mitteilen, daß man bereit sei, zwei Panzerdivisionen sowie Aufklärungs-, Nahkampf- und Flakkräfte der Luftwaffe zur Verfügung zu stellen. Um keine Zeit zu verlieren, begann man außerdem, alle in Deutschland möglichen Vorbereitungen zu treffen – ohne die italienische Antwort abzuwarten.[140] Eine Woche darauf wurde dann aber bekannt, daß der Chef des *Comando Supremo* sich gegen den Einsatz deutscher Panzerdivisionen in Nordafrika ausgesprochen hatte und statt dessen Sturzkampfbomber bevorzugte. Eine definitive Antwort hielt sich Badoglio aber noch offen.[141] Denn ursprünglich hatte die italienische Wehrmacht schließlich um eine deutsche Unterstützung durch Lastkraftwagen, Panzerabwehrwaffen und Zugmaschinen gebeten und war durch das deutsche Angebot der Panzerverbände überrascht worden.[142]

Hitler griff den Faden am 4. Oktober während seines Treffens mit dem „Duce" wieder auf, doch wollte dieser allenfalls deutsche Panzerwagen und Stukas für die dritte Phase des Angriffs akzeptieren, in der sich die italienischen Truppen Mitte November gegen Alexandrien richten sollten.[143] Anfang November wurde der deutschen Wehrmachtführung schließlich klar, daß die Italiener auch diese Unterstützung eigentlich nicht haben wollten.[144] Mussolini fürchtete um die italienische Stellung in Nordafrika: Denn wenn die Deutschen erst einmal in Ägypten seien, würde er sie nicht mehr los und müsse sich nach ihnen richten.[145] Unter dem Eindruck eines recht negativen Vortrags über die Lage in Libyen und angesichts der ausbleibenden italienischen Erfolge in Griechenland beschloß Hitler am 4. November dann bis auf weiteres von der Entsendung eines Panzerverbandes abzusehen.[146]

Ein ähnliches Wechselspiel von Hilfsangebot und Ablehnung fand am 28. Oktober 1940 in Florenz statt, wo Hitler eine Division Luftlandetruppen und eine Divi-

---

[140] KTB/OKW, I, S. 73 – 11.9.1940; Creveld, Strategy, S. 53.
[141] Ebd., S. 81 – 18.9.1940 u. S. 83 – 20.9.1940.
[142] Ebd., S. 64 – 5.9.1940. Wohl aufgrund eines Mißverständnisses hatte Marras – gegen den Willen Badoglios – Jodl um das Material gebeten und dann dafür den Einsatz der Panzerdivisionen in Aussicht gestellt bekommen (DSCS, II.2, Dok. 3, S. 5 – 6.9.1940, Badoglio an Marras).
[143] ADAP, D, XI.1, Dok. 149, S. 218 f. – 4.10.1940; DSCS, II.2, Dok. 38, S. 71 – 5.10.1940, Badoglio an Graziani; Halder, KTB, II, S. 138 – 15.10.1940.
[144] KTB/OKW, I, S. 143 – 1.11.1940; Halder, KTB, II, S. 162 – 2.11.1940 u. S. 149 – 24.10.1940.
[145] Armellini, Diario, S. 114 – 14.10.1940: „Direttive del duce: chiedere aerei e mezzi meccanici [ai tedeschi], ma niente riparti o unità. Siamo alleati, ma non se ne fida: se in Egitto andasse qualche unità tedesca, non ce ne libereremo mai più e noi passeremo ai loro ordini." Vgl.: ebd., S. 129 – 29.10.1940.
[146] Halder, KTB, II, S. 158 f. – 2.11.1940; KTB/OKW, I, S. 149 – 4.11.1940; vgl.: Halder, KTB, II, S. 211 – 5.12.1940.

sion Fallschirmjäger für die militärischen Operationen gegen Griechenland und zum Schutze Kretas gegen die Engländer anbot.[147] Mussolini ignorierte das Angebot, ließ aber angesichts der problematischen Entwicklung an der griechisch-italienischen Front einige Wochen darauf anfragen, ob die Deutschen 3000 Lastkraftwagen und außerdem Transportflugzeuge zur Verfügung stellen könnten.[148] Darauf folgte das bereits erwähnte Gespräch vom 8. Dezember, in dem Hitler auf Alfieris düstere Schilderung der Lage ohne zu zögern eine Gegenoffensive mit zwei deutschen Panzerdivisionen und Stukas in Albanien ins Auge faßte. Noch am selben Tag ließ Mussolini klarstellen, daß er keine militärische Einmischung deutscher Soldaten wünsche. Statt dessen bat er um die Entsendung weiterer Transportflugzeuge.[149]

Anhand dieser Beispiele wird deutlich, daß die Zusammenarbeit der „Achse" zu wünschen übrig ließ. Italienische Wünsche und deutsche Hilfsangebote griffen selten ineinander. Es gelang nicht, die potentielle Kraft, welche die Koalition im Grunde bot, zum Einsatz zu bringen. Mythos und Realität des Bündnisses klafften radikal auseinander.[150]

Mit den italienischen Niederlagen gerieten diese Mängel zunehmend in den Vordergrund. Die Sachzwänge des Koalitionskrieges brachten es mit sich, daß der vielfach beschworene Zusammenhalt des Bündnisses einerseits zusehends an Substanz verlor, während Deutschland und Italien auf der anderen Seite de facto zu einer „vermeintlich alternativlosen Notgemeinschaft"[151] zusammenwuchsen. Das ineffektive Angebot-und-Nachfrage-Spiel des Herbstes 1940, in welchem die Koalitionspartner stets die Unterstützung boten oder forderten, die nicht gefragt oder genehmigt wurde, ist beispielhaft für das gegenseitige Mißtrauen und die blockierte Zusammenarbeit innerhalb der „Achse".

Problematisch war insbesondere der Bedeutungsunterschied zwischen materieller und militärischer Unterstützung, welcher anfangs insbesondere das Handeln der Ita-

---

[147] ADAP, D, XI.1, Dok. 246, S. 348 – 28.10.1940.

[148] KTB/OKW, I, S. 183 – 20.11.1940; DSCS, II.1, S. 412 – 20.11.1940; Halder, KTB, II, S. 191 – 20.11.1940.

[149] DDI, 9, VI, Dok. 258, S. 247 u. Dok. 259, S. 248 – 8.12.1940; vgl. KTB/OKW, I, S. 225 – 11.12.1940.

[150] Vgl. Jens Petersen, Die Stunde der Entscheidung. Das faschistische Italien zwischen Mittelmeerimperium und neutralistischem Niedergang, in: Helmut Altrichter/Josef Becker (Hg.), Kriegsausbruch 1939. Beteiligte, Betroffene, Neutrale, München 1989, S. 134: „Was die europäische Linke als ein planvolles, bis in die Einzelzüge hinein aufeinander abgestimmtes Zusammenspiel zwischen den beiden Faschismen empfand und was nach der Selbstinterpretation der beiden Regime ein Handeln aus naturgegebener Solidarität darstellte, erwies sich in Wirklichkeit als ein vielfach durch Mißtrauen, Unkenntnis und absichtliches Verschweigen bestimmtes Nebeneinander. Die proklamierte, durch Information und Konsultation geprägte Koordinierung der Außen-, Rüstungs- und Militärpolitik kam nicht einmal in Ansätzen zustande."

[151] Schreiber, Mittelmeerraum, S. 43.

liener prägte. Diese wünschten sich nämlich stets nur eine Erhöhung der deutschen Rohstoff-, Waffen- bzw. Transportmittellieferungen, um die eigenen Bestandsmängel auszugleichen, die eigene Kampfkraft ausschöpfen zu können[152] und ihre „Parallelkriege" allein zu gewinnen. Auf keinen Fall wollte Mussolini deutsche Truppen in Nordafrika oder Albanien kämpfen sehen, so daß die angebotenen Panzerdivisionen für Libyen selbstverständlich nicht angenommen werden konnten. Vermutlich waren sich die Deutschen zu diesem Zeitpunkt nicht bewußt, wie sehr ihr Angebot als Einmischung in einen italienischen Krieg interpretiert wurde. Im wesentlichen[153] ging es ihnen nur darum, im Mittelmeerraum einen entscheidenden Schlag gegen die Briten zu führen.

Durch die Niederlagen in Albanien sahen sich die Italiener im Monat Dezember gezwungen, auf deutsche Hilfe zurückzugreifen. Doch sollte der deutsche Anteil an einem Sieg gegen die Griechen, wenn er nun einmal notwendig war, so gering und unscheinbar wie möglich gehalten werden. Mussolinis Bitte vom 8. Dezember um deutsche Truppenbewegungen in Rumänien[154] verdeutlicht dies: Da der „Duce" keine direkte Einmischung deutscher Truppen wünschte, versuchte er die deutschen Divisionen indirekt, d.h. allein taktisch-psychologisch zu nutzen. Eine deutsche Bedrohung im Nordosten hätte in Griechenland Truppenverschiebungen erzwungen und zudem die Moral der Griechen untergraben. Nichtsdestotrotz wäre ein darauffolgender Sieg in Albanien allein den kämpfenden Truppen der Italiener zugesprochen worden. Die deutsche Führung ließ sich auf dieses Spiel aber nicht ein, zumal Hitler seit November[155] selbst mit dem Gedanken spielte, im Balkan militärisch aktiv zu werden. In Rom befürchtete man zu diesem Zeitpunkt bereits, daß der Achsenpartner Ambitionen habe, in die italienische Einflußsphäre einzugreifen. Wie sehr, geht aus einer Notiz hervor, in welcher der Fabrikant Alberto Pirelli im November die Sorge festhielt, die in Regierungskreisen kursierte:

„Es ist zu befürchten, daß die Deutschen ihre Unterstützung durch Waffen, Munition und Rohstoffe einsparen, um uns ihre Truppen zu Hilfe zu schicken. [...] sie geben uns nicht die Hilfe, die wir brauchen."[156]

---

[152] Vgl.: DSCS, II.2, Dok. 78, S. 178 – 19./20.11.1940, Denkschrift, Roatta an Badoglio; Kap. 2.
[153] Hitler glaubte zudem, eine solche militärische Unterstützung in Libyen sei augenblicklich notwendig, um Mussolini stärker an die „Achse" zu binden (De Felice, Alleato, S. 292 f.).
[154] De Felice, Alleato, S. 358.
[155] Vgl. seine Unterredung mit dem jugoslawischen Außenminister: ADAP, D, XI.2, Dok. 417, S. 609–614 – 29.11.1940, Aufzeichnung Schmidt.
[156] Alberto Pirelli, Taccuini 1922–1943, Bologna 1984, S. 283 – 7.11.1940: „Quello che è da temere è che i tedeschi lesinino gli aiuti in armi, munizioni e materie prime per arrivare allo scopo di mandare loro truppe in nostro aiuto. [...] non ci danno gli aiuti che ci servirebbero."; vgl.: Armellini, Diario, S. 170 – 25.11.1940.

Als die Deutschen sich Anfang Dezember weigerten, das Kontingent ihrer Rohstofflieferungen zu erhöhen,[157] gewann dieser Verdacht an Gewicht. Pirelli vermutete in der Nacht zum 6. Dezember, daß die Deutschen bewußt mit ihren Rohstoffen geizten und ihre Lieferungen absichtlich verzögerten. Offensichtlich glaube man in Berlin, die Italiener auf diese Weise zwingen zu können, in Zukunft um militärische statt um materielle Unterstützung zu bitten.[158]

Unter diesen Umständen nimmt es nicht wunder, daß Transportflugzeuge die erste deutsche Hilfsleistung darstellten, welche die Italiener an der albanischen Front akzeptierten.

Die italienische Marine war mit dem Truppentransport über die Adria überfordert. Die beiden großen Häfen von Durazzo und Valona waren überlastet, da die gelandete Verstärkung infolge des Mangels an Kraftfahrzeugen und des schlechten Straßenzustandes sehr langsam abfloß. Um dem abzuhelfen, setzte die italienische Führung Flugzeuge ein, die es zudem ermöglichten, Soldaten dicht hinter der vordersten Front abzusetzen. Mit durchschnittlichen Tagesleistungen von etwa 400 Mann und 32 t Material hatte der italienische Lufttransport in den Tagen der Krise von Koritza zunehmend an Bedeutung gewonnen.[159] Aber letztlich war die Kapazität der italienischen Transportflugzeuge zu gering bemessen, um den rapide ansteigenden Anforderungen des albanischen Kriegsschauplatzes gewachsen zu sein. Infolgedessen erging am 19. November die Bitte an die deutsche Luftwaffe, eine Gruppe von Transportflugzeugen zur Verfügung zu stellen.[160] Dieser Anfrage wurde unmittelbar entsprochen. Bereits am 9. Dezember wurde die deutsche Lufttransportgruppe in Foggia stationiert, ausgestattet mit 48 Flugzeugen vom Typ Ju 52, dem Standardflugzeug der deutschen Lufttransportverbände.[161] Mussolini schränkte in einem Gespräch mit Generalfeldmarschall Milch am 6. Dezember zwar ein, daß er die Flugzeuge „nur etwa vier Wochen brauchen werde".[162] Tatsächlich aber sollte die Truppe ihre Einsätze bis in den Februar 1941 fliegen und sich als recht effektive Hilfe erweisen.[163] Eine Unterstützung dieser Art konnte die italienische Regierung leichten Herzens akzeptieren, weil sie nur eine rein logistische Funktion erfüllte und die Deutschen nicht auf den albanischen Kriegsschauplatz selbst führte. Der Krieg gegen Griechen-

---

[157] Vgl.: Kap. 2 c.
[158] Pirelli, Taccuini, S. 286 – 5./6.12.1940.
[159] Gundelach, Luftwaffe, S. 88 f.; Pricolo, Regia Aeronautica, S. 330 f.
[160] KTB/OKW, I, S. 183 – 20.11.1940 u. S. 188 – 25.11.1940.
[161] Ebd., S. 194 – 2.12.1940 u. S. 221 – 9.12.1940; BA/MA, RL 9/52, n.p., Brief-Nr. 1094/40 – 3.12.1940, Pohl: Befehl Nr. 1 für III/z.b.V.1; Gundelach, Luftwaffe, S. 89.
[162] ADAP, D, XI.2, Dok. 460, S. 667, Mackensen an AA.
[163] Pricolo, Regia Aeronautica, S. 332; Gundelach, Luftwaffe, S. 90–92.

land blieb in den Händen der italienischen Soldaten – da spielte es keine Rolle, wer sie im Kampfgeschehen absetzte.

Einen anderen Stellenwert aber hatte bereits die Verlegung des X. deutschen Fliegerkorps von Norwegen nach Sizilien. Denn hierbei handelte es sich um die erste militärische Hilfeleistung der Deutschen, die die Italiener annahmen. Wichtigste Aufgabe dieser Fliegerverbände war laut Weisung „die Bekämpfung der englischen Seestreitkräfte, vor allem im Hafen von Alexandria, sowie des feindlichen Schiffsverkehrs durch den Suez-Kanal und die Straße von Sizilien".[164] Damit begann der seit langem[165] erwogene Einsatz der deutschen Luftwaffe im Mittelmeer, im *mare nostro*-Raum der Italiener. Hitler hatte bereits in seinem Schreiben vom 20. November dem „Duce" mitgeteilt, daß er ein Zusammenwirken der Luftstreitkräfte im Mittelmeer für erforderlich halte und daher plane, ein Geschwader der Ju 88 sowie die notwendigen Aufklärer und Zerstörer zu entsenden.[166] Mussolini stimmte der Notwendigkeit einer intensiveren Zusammenarbeit gegen die Briten im Mittelmeer zu,[167] so daß sich Generalfeldmarschall Erhard Milch am 6. Dezember in Rom einfand, um mit der Führung der italienischen Luftwaffe die Einzelheiten der deutschen Fliegermission zu besprechen. Im Laufe des Gesprächs zeigte es sich, daß General Pricolo, der Chef der italienischen Luftwaffe, die zusätzlich angebotene Stuka-Gruppe Ju 87 lieber auf dem albanischen Kriegsschauplatz verwendet hätte, da er die Überwachung der Straße von Sizilien durch die italienische Luftwaffe und Marine für ausreichend hielt. Milch mußte dies jedoch mit dem Hinweis ablehnen, daß sich Deutschland mit Griechenland nicht im Krieg befinde.[168] Es ist mit Sicherheit anzunehmen, daß die Anfrage Pricolos nicht mit Mussolini abgesprochen war und auch auf keinen Fall seine Zustimmung gefunden hätte. Denn der „Duce" ließ wenige Tage darauf den Deutschen gegenüber noch ausdrücklich betonen, daß der Griechenlandfeldzug von den Italienern allein geführt werde.[169] Deutsche Hilfsmaßnahmen im Mittelmeerraum konnte Mussolini nur akzeptieren, solange diese im gemeinsamen Kampf gegen Großbritannien eingesetzt wurden und sich nicht direkt in den nordafrikanischen Kriegsschauplatz mischten. Schließlich beteiligten sich seit Oktober 1940 auch italienische Flieger und U-Boote am deutschen Angriff gegen das englische Mutterland, so daß dies als militärische Zusammenarbeit innerhalb der „Achse" durchgehen konnte.

---

[164] KTB/OKW, I, S. 223 – 10.12.1940.

[165] Frühestens seit der Denkschrift Jodls vom 30. Juni 1940, vgl.: Schreiber, Mittelmeerraum, S. 178–180.

[166] ADAP, D, XI.2, Dok. 369, S. 538; vgl.: DSCS, II.1, S. 452 – 27.11.1940.

[167] Ebd., Dok. 383, S. 562 – 22.11.1940, Mussolini an Hitler.

[168] USSMA, Superaereo, DCH1, b.2, n.p., Protokoll-S. 3 – 6.12.1940, Unterredung Pricolo/Milch.

[169] KTB/OKW, I, S. 225 – 11.12.1940.

Doch auch in diesem Fall hielt sich die Kooperation in engen Grenzen, denn die Deutschen zeigten sich nicht bereit, ihr Fliegerkorps der italienischen Luftwaffe unterzuordnen. Jetzt zahlte es sich aus, daß man im Juli auf die Unterstellung der italienischen U-Boote unter deutsches Kommando verzichtet hatte. Obwohl Pricolo eindringlich darauf verwies, daß der Luftkrieg im Mittelmeer von einer Stelle geführt werden müsse und der deutsche Fliegerverband nicht unkoordiniert für sich agieren könne, bestand Milch auf der deutschen Befehlsgewalt über das Korps. Letztlich einigte man sich darauf, daß jedes der beteiligten Kommandos im Rahmen deutsch-italienischer Richtlinien die Einzelheiten seines Einsatzes selbst festlegte:[170] Statt einer echten Koordination der Luftstreitkräfte wurde also lediglich an den guten Willen zu einer vertrauensvollen Zusammenarbeit appelliert.[171] Die Deutschen hielten sich die Möglichkeit offen, daß Göring jederzeit nach Gutdünken in den Einsatz eingreifen konnte.[172]

Richtungsweisend für die Beziehung innerhalb der Koalition war schließlich der italienische Hilferuf nach deutschen Panzerdivisionen, der am 20. Dezember erklang, als die ersten Vorkommandos der deutschen Luftwaffe Sizilien bereits anflogen.[173] Die Bitte um die Entsendung zweier Panzerdivisionen nach Libyen öffnete den deutschen Truppen den Weg auf den italienischen Kriegsschauplatz. Für Mussolini bedeutete dies das schmachvolle Eingeständnis, daß Italien nicht imstande war, seinen „Parallelkrieg" selbständig zu führen.[174] Bereits eine Woche später mußten die Italiener zugeben, daß die Cyrenaika nicht zu halten war, ohne deutsche Unterstützung ginge vermutlich „ganz Italienisch-Nordafrika verloren".[175] Hinzu kam, daß auch die albanische Front wider Erwarten[176] nicht zum Stehen gekommen war und der italienische Verbindungsoffizier auch für Albanien um militärische Unterstützung bitten mußte. Die Ansicht Marras', daß ein einziges deutsches Gebirgsjäger-Regiment

---

[170] USSMA, Superaereo, DCH1, b.2, n.p., Protokoll-S. 5–8 – 6.12.1940, Unterredung Pricolo/Milch; ADAP, D, XI.2, Dok. 494, S. 704 f. – 11.12.1940, Mackensen an AA; vgl.: USSMA, Superaereo, DCH1, b.3, n.p., – 28.12.1940, Pricolo an X. Fliegerkorps.

[171] Gundelach, Luftwaffe, S. 96; Santoni/Mattesini, Partecipazione tedesca, S. 29: „in pratica, voleva dire che gli italiani lasciavano ai tedeschi completa libertà di azione nel campo tattico".

[172] Ende Februar 1941 bat Pricolo General Guzzoni, sich für eine Änderung der Abmachung einzusetzen. Guzzoni mußte dem Chef der italienischen Luftwaffe aber mitteilen, daß nach Rücksprache mit den Deutschen alles bleibe wie abgemacht. Der X. Fliegerkorps war und blieb Göring direkt unterstellt (USSMA, Superaereo, DCH1, b.12, n.p. – 5.2.1941, Abkommen Keitel/Guzzoni bzgl. Einsatz dt. Truppen in Libyen und Albanien, handschriftlicher Vermerk u. ebd. – 25.2.1941, Guzzoni an Superaereo).

[173] ADAP, D, XI.2, Dok. 541, S. 765 – 20.12.1940; DSCS, II.1, S. 584 – 20.12.1940; Halder, KTB, II, S. 239 – 21.12.1940; KTB/OKW, I, S. 242 – 20.12.1940; Cavallero, Diario, S. 26 – 19.12.1940.

[174] Petersen, Africa-Korps, S. 389.

[175] KTB/OKW, I, S. 243 f. – 28.12.1940.

[176] Ebd., S. 241 – 20.12.1940.

ausreichen werde, um die Front zum Stehen zu bringen,[177] zeugt ein weiteres Mal davon, daß die Italiener die Hilfe aus Deutschland verschwindend gering halten wollten. Nichtsdestotrotz brach mit der italienischen Anfrage ein Damm: Rom bat den deutschen Bündnispartner offiziell, militärisch in den Krieg gegen Griechenland einzusteigen. Das „Parallelkrieg"-Konzept war gescheitert.

d. Das Berghoftreffen – Neuordnung des deutsch-italienischen Machtverhältnisses

Bereits Mitte Dezember waren im Stab des italienischen Heeres sowie im *Comando Supremo* Stimmen laut geworden, die eine engere Zusammenarbeit mit dem Deutschen Reich forderten. Dabei sollte aber nicht deutsche Hilfe, sondern eine effektive Bündelung der Kräfte das Ziel sein. Ganz im Sinne Badoglios, der inzwischen die Verantwortung für den mißlungenen „Blitzkrieg" gegen Griechenland übernommen und zum 26. November seinen Rücktritt eingereicht hatte,[178] wandten sich die Militärs ab von dem kräftezehrenden „Parallelkrieg" und propagierten die konzertierte Operation der Achsenmächte. Es handele sich schlichtweg darum, schrieb General Roatta am 13. Dezember an Ugo Cavallero, den neuen Chef des Oberkommandos, die gegenwärtigen, breit verstreuten Einzelaktionen Italiens und Deutschlands durch eine gemeinsame Operation gegen Großbritannien zu ersetzen.[179] In das gleiche Horn stieß General Alfredo Guzzoni, Untersekretär im *Comando Supremo*, tags darauf in einem Schreiben an Mussolini: Der Krieg werde im Mittelmeer entschieden, wo Italien allein nicht in der Lage sei, England zu schlagen. Eine „größere und viel engere militärische Kollaboration mit Deutschland" sei daher notwendig. Man benötige deutsche Flugzeuge, um die Lufthoheit wiederzugewinnen, der deutsche Eingriff in Griechenland müsse vorbereitet, ein Abkommen mit Spanien bezüglich Gibraltar getroffen und die Belieferung der italienischen Rüstungsindustrie mit Rohstoffen sichergestellt werden.[180] Da der deutsche Eingriff in Griechenland Ende Dezember ohnehin beschlossene Sache war, wies der italienische Verbindungsoffizier Marras auf die Notwendigkeit hin, „rechtzeitig politische und militärische Abkom-

---

[177] Ebd., S. 244; vgl. zu der geplanten Operation „Alpenveilchen": Martin van Creveld, In the Shadow of Barbarossa: Germany and Albania, January – March 1941, in: Journal of Contemporary History 7.3-4/1972, S. 221–230; Charles B. Burdick, „Operation Cyclamen", Germany and Albania, 1940–1941, in: Journal of Central European Affairs 19.1/1959, S. 23–31.
[178] Vgl.: De Felice, Alleato, S. 331–346.
[179] Pierpaolo Battistelli, La „guerra dell'Asse". Condotta bellica e collaborazione militare italo-tedesca, 1939–1943, Diss., Università di Padova 2000, S. 200. Battistelli verweist auf das Dokument: USSME, I-4/13, n.p., Nr. 345 – 13.12.1940, Denkschrift Roatta für Cavallero.
[180] DDI, 9, VI, Dok. 296, S. 281 – 14.12.1940, Guzzoni an Mussolini.

men mit Deutschland [zu treffen], um die zukünftigen Operationen gegen Griechenland zu koordinieren und zu verhindern, daß sie sich [...] unabhängig voneinander abspielen". Denn die Nachteile einer verpaßten Koordination würden allesamt zu Lasten Italiens gehen.[181]

Während sich die italienischen Militärs der Notwendigkeit einer engen Zusammenarbeit also ergaben, fiel es Mussolini weiterhin schwer, sich vom „Parallelkrieg"-Gedanken zu lösen. Auf Guzzonis Anstoß, eine engere Zusammenarbeit mit dem Deutschen Reich anzustreben, reagierte er nicht.[182] Guzzonis Drängen, der „Duce" selbst solle sich mit Hitler zu militärischen Besprechungen zurückziehen, fand wenig Anklang. Zu groß war die Gefahr, bei einem solchen Treffen wie der „arme, hilfsbedürftige Verwandte" aufzutreten.[183] Mit dem erniedrigenden Gedanken, deutsche Einheiten in Albanien einzusetzen, konnte sich Mussolini zudem gar nicht anfreunden. Anfang Januar wies er Cavallero darum ausdrücklich an, eine Hilfe der Deutschen durch Erfolge an der italienisch-griechischen Front überflüssig zu machen.[184] Am 17. Januar 1941 schlug Generaloberst Jodl dann den Italienern vor, gleich zwei Gebirgsdivisionen nach Albanien zu schicken,[185] damit die deutsche Hilfe nicht nur symbolischen, sondern entscheidenden Charakter haben würde. Mussolinis Begeisterung über diesen Vorschlag dürfte sich in Grenzen gehalten haben. Doch als Rom daraufhin Transportprobleme geltend machte und General Guzzoni opportunistisch hinzufügte, daß eine deutsche Unterstützung allenfalls wünschenswert, aber nicht wirklich notwendig sei, ließ man zu Mussolinis Erleichterung den Plan fallen.[186]

Wie auf deutscher Seite vermutet,[187] herrschte zwischen der italienischen Partei und der Armee eine „Kluft". Die Entscheidungen des „Duce" standen nicht in Einklang mit den Ratschlägen seiner militärischen Berater. Italienische Unterstützungsmaßnahmen wie die Entsendung der U-Boot-Flotte in den Atlantik oder des CAI nach Belgien waren reine Prestigeobjekte Mussolinis. Militärisch betrachtet überflüs-

---

[181] DSCS, III.2, Dok. 8, S. 31 – 4.1.1941, Marras an MinGuer: „Nella situazione ora prospettata si manifesta la *necessità di tempestivi accordi politici e militari con la Germania, per coordinare le future operazioni offensive contro la Grecia* e impedire che esse si svolgano da parte dei due alleati in modo indipendente. Gli svantaggi di questo mancato coordinamento sarebbero tutti per l'Italia." (Hervorhebung im Original); vgl.: ebd., Dok. 12, S. 53 – 12.1.1941, SIM-Bericht.

[182] Armellini, Diario, S. 219 – 15.12.1940.

[183] Ebd., S. 219 – 16.12.1940 u. S. 221 – 18.12.1940.

[184] Cavallero, Diario, S. 48 – 2.1.1940; DSCS, III.2, Dok. 8, S. 29 – 10.1.1941.

[185] Cavallero, Diario, S. 68 – 17.1.1940.

[186] Tatsächlich war deutscherseits ohnehin bereits ein Entlastungsvorstoß deutscher Truppen durch Bulgarien vorgesehen, so daß Hitler auf den Einsatz der Gebirgsdivisionen während des Januar-Treffens mit Mussolini von selbst verzichtete (ADAP, D, XI.2, Dok. 679, S. 953 – 21.1.1941; Creveld, Albania, S. 227–229; Knox, Mussolini, S. 280; Burdick, Cyclamen, S. 29–31).

[187] Halder, KTB, II, S. 227 – 13.12.1940 u. S. 235 – 17.12.1940; vgl.: die Äußerungen Oberst Bianis in: PA/AA, Büro Unterstaatssekretär, R. 29880, S. 152 f. – 2.12.1940, Aufzeichnung Grote.

sig, wenn nicht gar schädlich, verkörperten sie den Geltungswillen des „Duce", der sich profilieren wollte, indem er Berlin militärisch stärkte. Es spielte keine Rolle, daß Badoglio und Pricolo den Einsatz des Fliegerkorps für sinnlos hielten.[188] Die Meinung der „Techniker" – so diese denn wagten, frei zu reden – war für Mussolini nicht ausschlaggebend.[189] Selbst als Keitel und Hitler Mitte November empfahlen, das CAI vom Ärmelkanal zurückzuziehen, damit es in Griechenland oder Ägypten eine bessere Anwendung finden könnte,[190] lehnte der „Duce" den Vorschlag ab.[191] Militärisch begründbar war diese Entscheidung nicht. Bereits Anfang Dezember machte eine britische Offensive in Nordafrika offenkundig, daß die italienischen Flugzeuge dort nötiger gebraucht wurden. Notgedrungen entschied Rom daher Ende des Monats, das CAI doch aus Flandern abzuziehen. Ein Abzug, der jedoch erst im Mai 1941 endgültig zum Abschluß kam, als deutsche Flieger längst Einsätze im Mittelmeer flogen.[192] Die U-Boote hingegen blieben, so umstritten ihr Nutzen auch sein mochte,[193] bis zum italienischen Waffenstillstand im September 1943 im Atlantik engagiert.[194]

Daß das „Parallelkrieg"-Konzept am Ende und die Zeit für eine straffe Koordination der deutsch-italienischen Streitkräfte gekommen war, erkannte man Ende 1940 auch im Deutschen Reich. Zur Jahreswende 1940/41 mehrten sich die Berichte, die eine verstärkte Einflußnahme auf die italienische Kriegführung forderten. Überlegun-

---

[188] BA/MA, RL 9/52, n.p., Brief-Nr. 181/40 – 9.10.1940, Pohl an Luftwaffenführungsstab Ic; KTB/OKW, I, S. 118 f. – 10.10.1940; Armellini, Diario, S. 88 – 17.9.1940; vgl.: Kesselring, Soldat, S. 103.

[189] Vgl.: Armellini, Diario, S. 97 – 30.9.1940, S. 102 – 3.10.1940, S. 103 – 4.10.1940, S. 108 f. – 6.10.1940 u. S. 115 – 15.10.1940.

[190] Pelagalli, Marras, S. 109; ADAP, D, XI.2, Dok. 353, S. 511 – 19.11.1940, Aufzeichnung Schmidt u. ebd., Dok. 369, S. 538 – 20.11.1940, Hitler an Mussolini; KTB/OKW, I, S. 182 – 19.11.1940; DSCS, II.1, S. 452 – 27.11.1940.

[191] DSCS, II.1, S. 465 – 29.11.1940; DSCS, II.2, Dok. 97, S. 270 – 2.12.1940, Badoglio an Mussolini.

[192] Ricci, Corpo Aereo Italiano, S. 101–110; Baum/Weichold, Achsenmächte, S. 58; ADAP, D, XI.2, Dok. 538, S. 762 – 20.12.1940, Unterredung Hitler/Alfieri.

[193] Während der deutsche Befehlshaber der U-Boot-Flotte Karl Dönitz am 12.4.1941 noch die „völlige Nutzlosigkeit" des italienischen U-Boot-Einsatzes im Atlantik betonte (KTB/Skl, A, XX, S. 168 – 12.4.1941; vgl.: Salewski, Seekriegsleitung, I, S. 325), unterstrich er rückblickend, daß einzelne Boote durchaus hervorragende Leistungen vollbrachten, nachdem er den Versuch einer taktischen Zusammenarbeit aufgegeben hatte und die Italiener in ihrem Raum selbständig operieren ließ (Dönitz, Zehn Jahre, S. 146–150; vgl.: Jürgen Rohwer, Der U-Bootkrieg und sein Zusammenbruch 1943, in: Hans-Adolf Jacobsen/Jürgen Rohwer (Hg.), Entscheidungsschlachten des Zweiten Weltkrieges, Frankfurt a.M. 1960, S. 332).

[194] Zum Einsatz der U-Boote bis 1943 vgl. die staatliche Geschichtsschreibung: Ubaldino Mori Ubaldini, I sommergibili negli oceani (La Marina Italiana nella Seconda Guerra Mondiale, Vol. XII), Rom 1966.

gen, die bis dahin nur in Marinekreisen kursierten,[195] fanden nun breiteren Rückhalt. In der Aufzeichnung des Gesandten Otto v. Bismarck vom 30. Dezember findet sich die erste ausführliche Analyse[196] der deutsch-italienischen militärischen Zusammenarbeit, die ausdrücklich in diese Richtung weist. In einer kurzen Darstellung der bisherigen Kooperation stellte der Diplomat fest, daß ein Zusammenwirken der beiden Länder auf denselben Kriegsschauplätzen bislang nur in sehr bescheidenem Rahmen stattgefunden habe. Das italienische Vorgehen gegen Griechenland und die Ereignisse in Nordafrika hätten diesen Mangel an Zusammenarbeit offenkundig gemacht. Denn im ersten Fall sei man weder von politischer noch von militärischer Stelle über die Angriffspläne unterrichtet worden, im zweiten Falle sei die deutsche Hilfe abgelehnt worden, um weiterhin an einer getrennten Kriegführung nördlich und südlich der Alpen festzuhalten. Die veränderte Kriegslage bringe es jetzt aber mit sich, daß in Italien gezwungenermaßen die Bereitschaft wachse, „sich zur Erreichung des Endsieges deutscher Hilfe zu bedienen".[197] In vertrautem Kreise seien solche Gedankengänge immerhin schon vom Chef des italienischen Luftwaffenführungsstabes und einem höchsten Beamten des Außenministeriums geäußert worden. Hinzu komme, daß die Mißerfolge die pro-englisch und pro-französisch eingestellten Kreise im Lande stärkten. Eine Verschlechterung der Stimmung könne also auch den Deutschen nicht gleichgültig sein. Bismarck zog daher den Schluß, daß eine wesentlich engere Zusammenarbeit der Koalitionspartner dringend erforderlich sei. In Rücksprache mit den Chefs der Verbindungsstäbe und den Wehrmachtsattachés in Rom sei er zu der Überzeugung gekommen, „daß ein stärkerer deutscher Einfluß auf die italienische Kriegführung unbedingt notwendig" sei.[198] Auch wenn Bismarck ausdrücklich betonte, daß Rücksicht auf „die besondere Empfindlichkeit der Italiener" und das „Prestige des Duce" genommen werden müsse, so ließ er doch keinen Zweifel, daß er im Grunde die Unterstellung der italienischen Wehrmacht unter deutschen Oberbefehl anstrebte.

Wenige Tage darauf unterstrichen die Verbindungsoffiziere der Marine und des Heeres in weit deutlicherem Tonfall die Forderung der deutschen Botschaft. In seiner Lagebetrachtung vom 1. Januar 1941 beklagte Admiral Weichold ein weiteres Mal die defensive Haltung des italienischen Marinestabs. Durch den Führungswechsel[199] habe sich nicht viel geändert. Man müsse die Italiener daher von deutscher Seite zu einer offensiveren Kampfführung antreiben, sonst würden diese den Briten das Mit-

---

[195] Schreiber, Revisionismus, S. 283 f.
[196] ADAP, D, XI.2, Dok. 583, S. 819–822 – 30.12.1940.
[197] Ebd., S. 821.
[198] Ebd., S. 821 f.
[199] Auch die italienische Marineführung war im Winter 1940 ausgetauscht worden. Am 8. Dezember 1940 wurde Arturo Riccardi Chef des Admiralstabs und löste Domenico Cavagnari im Amt ab (Schreiber, Revisionismus, S. 301 f.; De Felice, Alleato, S. 338).

telmeer praktisch kampflos überlassen. Der Admiral hielt die Lage der Italiener inzwischen allerdings für so hoffnungslos, daß seiner Meinung nach deutscher Rat allein nicht mehr ausreiche. Statt „halber Maßnahmen" hielt er „die Schaffung eines einheitlichen Oberbefehls und die Übernahme des Kommandos durch deutsche Führung" für unabdingbar.[200]

General v. Rintelen ging in seinem Bericht vom 2. Januar u. a. auf die italienischen Bitten um Truppenverbände, Waffen und Rohstoffe ein und meinte:

„Wird diesem Ersuchen stattgegeben, muß von unserer Seite auch eine Einflußnahme auf die Führung der Operationen gefordert werden, damit die von uns gewährte Waffenhilfe auch in der richtigen Art zur Erreichung des Kriegszieles eingesetzt wird."[201]

Denn seiner Meinung nach war nicht der – von italienischer Seite herausgestellte[202] – Mangel an Waffen und Gerät jeder Art der ausschlaggebende Faktor, welcher das Versagen der italienischen Kriegführung verschuldete. Schuld an den italienischen Mißerfolgen sei vielmehr die militärische Führung, die bereits an der Westalpenfront gegen Frankreich „nicht imstande war, auch das mit beschränkten Mitteln Mögliche zu leisten".[203] Zu diesen Mängeln in der Führung traten laut Rintelen noch die Eingriffe in die militärischen Operationen von seiten inkompetenter Politiker. Weiterhin kam in seinem Bericht das alte Vorurteil gegenüber dem italienischen Soldaten wieder zum Tragen, der zwar nach Ansicht Rintelens durchaus bereit sei, „sein Leben für sein Vaterland zu opfern und im Angriff Heldentaten zu vollbringen". Doch „alleingestellt auf schwierigem Posten ausharren und sich auch bis zur letzten Patrone zu verteidigen, [sei] nicht seine Sache".[204] Dem italienischen Soldaten fehle es an Standfestigkeit.

---

[200] BA/MA, N 316/v.35, n.p., keine Briefnummer – 1.1.1941, KTB-Weichold; vgl.: KTB/Skl, A, XVII, S. 42 – 3.1.1941 u. S. 103 – 8.1.1941; KTB/OKW, I, S. 270 f. – 20.1.1941; Schreiber, Revisionismus, S. 303 f.

[201] ADAP, D, XI.2, Dok. 597, S. 840 – 2.1.1941, Rintelen an OKW. Abwegig waren die Befürchtungen Pirellis, daß die Deutschen über die Rohstofflieferungen den militärischen Eingriff erzwingen könnten, also keineswegs (Pirelli, Taccuini, S. 286 – 5./6.12.1940).

[202] Vgl. z. B.: Raspin, Italian War Economy, S. 210–215, wo die italienisch-deutschen Verhandlungen um Waffen und Rohstoffe Ende Dezember beschrieben werden; S. 214: „The Italian delegation [...] ascribed all their problems to shortages of raw materials. Once those were made good, Italy could fend for herself." Intern betonte auch Mussolini, daß allein die schlechte Bewaffnung für die italienischen Mißerfolge verantwortlich sei (Bottai, Diario, S. 271 – 7.6.1941). Lanza hatte die deutschen Zweifel schon Mitte Dezember festgehalten (Simoni, Berlino, S. 189 – 12.12.1940).

[203] ADAP, D, XI.2, Dok. 597, S. 839. Bereits im Juli 1940 hatte Rintelen kommentiert: „Die Schuld [an den geringen Leistungen der Italiener im Krieg gegen Frankreich] trifft weniger die Truppe, als die Führung, die diese Offensive zu spät und unzureichend vorbereitet hat." BA/MA, RW 4/326, n.p., Brief-Nr. 8673/40 – 13.7.1940, Rintelen an OKW.

[204] ADAP, D, XI.2, Dok. 597, S. 839 f.

Einhellig beklagten sowohl Bismarck, Weichold wie auch Rintelen den mangelhaften Informationsfluß zwischen den Achsenpartnern. Rintelen hielt fest, daß er von den zuständigen Stellen über beabsichtigte Operationen gar nicht und über laufende nur oberflächlich informiert werde. Es sei ihm daher unmöglich, in irgendeiner Weise beratend auf die Führung einzuwirken, deutsche Stellungnahmen seien offenbar gar nicht gewünscht. Größtes Hindernis sei die von den Italienern „stets gestellte Forderung auf Gegenseitigkeit".[205] Zu dieser waren die Deutschen, die selbst mit Informationen jedweder Art geizten, aber auf keinen Fall bereit. Im Gegenteil, bei einer Besprechung, die am 8./9. Januar 1941 auf dem Berghof stattfand, betonte Hitler ausdrücklich die Gefahr, die ein gemeinsames Oberkommando im Mittelmeer in sich barg: Man müsse den Italienern dann Einblick in die deutschen Pläne gewähren. Dies sei aber unbedingt zu vermeiden, denn Hitler vermutete, daß das italienische Königshaus Informationen nach Großbritannien weitergab.[206] Daß die Enigma-Chiffre ihrer eigenen Funksprüche von den Briten in zunehmendem Maße entschlüsselt wurde, war den Deutschen nicht bekannt.[207]

Angesichts der Berichterstattung der letzten Tage und der Entwicklungen im Monat Dezember war die Versammlung vom 8./9. Januar nicht zuletzt der Frage gewidmet, welche Haltung das Deutsche Reich in Zukunft gegenüber seinem Achsenpartner einnehmen sollte. Außenminister Ribbentrop und Botschafter v. Mackensen vertraten mittlerweile die Ansicht, daß es aus militärischer Sicht sinnvoll sei, einen deutschen Feldmarschall nach Rom zu entsenden, um direkten Einfluß auf die italienischen Streitkräfte auszuüben. Konteradmiral Kurt Fricke hielt es sogar für notwendig, diese unmittelbar dem deutschen Kommando zu unterstellen.[208] Hitler sperrte sich jedoch gegen diese Vorschläge. Zwar war auch er davon überzeugt, daß eine deutsche Einflußnahme vonnöten war, doch vertrat er gleichzeitig die Auffassung, daß man gegenüber den Italienern in den Führungsansprüchen nicht zu weit gehen dürfe. Angesichts der empfindlichen Mentalität der Italiener bestand bei zu hohen Forderungen die Gefahr, daß das bereits angeschlagene Gleichgewicht der „Achse" vollends aus dem Lot geriet und Italien aus der Koalition ausbrechen würde.

---

[205] Ebd., S. 840.

[206] Lagevorträge ObdM, S. 181; Knox, Mussolini, S. 279. Hinzu kam Hitlers Mißtrauen gegenüber dem italienischen Außenminister Ciano (vgl.: Hitlers politisches Testament, S. 96 – 20.2.1945).

[207] Seit Mai 1940 waren die Kryptoanalytiker in Bletchley Park in der Lage, Funksprüche der deutschen Luftwaffe und teilweise der Marine zu dechiffrieren, ab Juni 1941 konnte der Marinefunkverkehr laufend mitgelesen werden. Da die deutschen Fachleute die Möglichkeit einer Entschlüsselung ausschlossen, traf der Verdacht des Verrats u. a. die Italiener. (Andrew Hodges, Alan Turing. Enigma, Wien/New York 1994, S. 221 f. u. S. 233; Hugh Sebag-Montefiore, Enigma. The Battle for the Code, London 2000, S. 75–78.)

[208] KTB/OKW, I, S. 282 f. – 28.1.1941; Lagevorträge ObdM, S. 181 f. – 8./9.1.1941; Rintelen, Bundesgenosse, S. 126; vgl.: Knox, Mussolini, S. 279.

Der deutsche Regierungschef fürchtete, die Unterstützung Mussolinis zu verlieren;[209] er wollte nichts unternehmen, „was den Duce verletzen und damit zum Verlust des wertvollsten Bindegliedes der „Achse", nämlich des gegenseitigen Vertrauens der Staatschefs, führen könnte".[210]

Die persönliche Beziehung zwischen den beiden Diktatoren war ein wichtiger Faktor für Hitler, der persönliche Sympathie und Hochachtung für den „Duce" empfand. Keineswegs vergaß Hitler die politische Bedeutung, welche die faschistische Bewegung und die Person des „Duce" für den Nationalsozialismus gehabt hatten.[211] Hitler sah in Mussolini nicht allein seinen politischen Wegbereiter und den ersten Bekämpfer des Kommunismus, sondern außerdem den einzig ebenbürtigen Freund.[212] Dieser von Hitler empfundenen Freundschaft sollte auch der Sturz des „Duce" im Juli 1943 keinen Abbruch tun. Selbst im Jahre 1945 sprach Hitler noch voller Respekt von dem „echten Römer", während er für das italienische Volk nur noch Verachtung übrig hatte.[213]

Doch es wäre zu kurz gegriffen, die Zurückhaltung Hitlers allein auf sentimentale und ideologische Gründe zurückzuführen. Auch interessenpolitische Gesichtspunkte unterstützten seinen Beschluß. Die Unterstellung der italienischen Streitkräfte unter deutsches Oberkommando oder auch nur eine direkte Einflußnahme auf die italienischen Operationen hätten wahrscheinlich die innenpolitische Stellung Mussolinis gefährdet oder diesen selbst verärgert und in die Arme der Westmächte getrieben. In jedem Falle wäre die Stabilität der „Achse" in Frage gestellt worden, Deutschland hätte den Verlust des italienischen Partners riskiert.[214] Der militärische Vorteil einer deutschen Befehlsgewalt in Italien würde durch die politischen Komplikationen in einen militärischen Nachteil gekehrt.

Die Alternative, Nägel mit Köpfen zu machen, Italien direkt in einen Satellitenstaat zu verwandeln und die Kontrolle vollständig zu übernehmen, barg eine ebenso große Gefahr in sich. In den Augen der Welt galt die „Achse Berlin–Rom" bis zu diesem Zeitpunkt als ideologisch-politische Einheit, untrennbar miteinander verbun-

---

[209] Lagevorträge ObdM, S. 181.
[210] KTB/OKW, I, S. 283 – 28.1.1941; vgl.: Caviglia, Diario, S. 324 – 21.3.1941.
[211] Vgl. z. B.: Adolf Hitler, Monologe im Führerhauptquartier 1941–1944. Die Aufzeichnungen Heinrich Heims, hrsg. v. Werner Jochmann, Hamburg 1980, S. 43 – 21./22.7.1941 u. S. 144 – 20.11.1941.
[212] Joachim Fest, Hitler. Eine Biographie, Frankfurt a.M./Berlin/Wien 1974 (1973), S. 689 u. S. 946; De Felice, Alleato, S. 373 u. 376; Hitlers politisches Testament, S. 96 – 20.2.1945; vgl.: die Beschreibung der „Nibelungentreue" Hitlers nach dem Sturz Mussolinis, in: Speer, Erinnerungen, S. 321 u. die Aussagen des Leibarztes Hitlers, Theo Morell, in: DDI, 9, VIII, Dok. 307, S. 344 f. – 22.2.1942.
[213] Hitlers politisches Testament, S. 122 f. – 2.4.1945, S. 88 – 17.2.1945 u. S. 96 – 20.2.1945; zum italienischen Volk: ebd., S. 61 – 10.2.1945 u. S. 95 – 20.2.1945.
[214] De Felice, Alleato, S. 378.

den. Beide Diktatoren standen gleichwertig nebeneinander, Mussolini war unbestrittener Führer der italienischen Halbinsel. Der politische Schaden, den die Zerstörung dieses Bildes mit sich gebracht hätte, war durch militärische Vorteile schwer aufzuwiegen. Der Eindruck, den eine Unterwerfung des Achsenpartners auf andere verbündete Staaten gemacht hätte, war in seiner politisch-propagandistischen Tragweite nicht abzuschätzen.[215] Hinzu kam, daß Hitler gar keine Notwendigkeit für einen Eingriff dieser Tragweite sah, da er eine ungünstige Entwicklung der militärischen Lage in Europa nicht mehr für möglich hielt.[216]

Sowohl machtpolitische, ideologische als auch persönliche Gründe sprachen daher für die Rücksichtnahme Hitlers auf den geschwächten Koalitionspartner.[217] Die Fiktion der „Achse" war weiterhin aufrechtzuerhalten.

In der italienischen Botschaft zu Berlin hingegen hatte man längst den Eindruck gewonnen, unter deutschem Oberbefehl zu stehen. Sekretär Michele Lanza hielt in seinen Notizen fest, daß die deutsch-italienischen Wirtschaftsgespräche[218] des Monats Dezember deutlich gemacht hätten, daß Rom endgültig unter die Kontrolle des deutschen Generalstabes geraten sei. Als Preis für ihr Entgegenkommen in den Waffen- und Rohstofflieferungen forderte die deutsche Delegation nämlich, daß die Front in Libyen und Albanien „um jeden Preis" zu halten sei, bis die deutschen Truppen im Monat März ihren Vorstoß durch Bulgarien starten würden. Die deutschen begannen den italienischen Militärs Anweisungen zu geben.[219] Auch im *Comando Supremo* machte sich die Sorge breit, daß mit der Entsendung deutscher Offiziere nach Libyen und der Vorbereitung eines deutschen Eingriffs in Albanien die Kommandogewalt in deutsche Hand geriet. Italien sei im Begriff, den Krieg auf dem Balkan an die Deutschen zu verlieren, klagte Armellini am 13. Januar 1941.[220]

Der Druck auf die faschistische Regierung und damit auf Mussolini wuchs. Mit deutlicher Enttäuschung notierte der Erziehungsminister Bottai zum Jahreswechsel

---

[215] Ebd.

[216] Lagevorträge ObdM, S. 183 – 8./9.1.1941. Auch Mussolini war Anfang Januar noch überzeugt, daß Deutschland den Sieg über Großbritannien davontragen würde (Ciano, Diario, S. 497 – 6.1.1941).

[217] Die Annahme Hillgrubers, daß Hitler „die Wirklichkeit nur sehr langsam in sich aufnahm", „das volle Ausmaß der italienischen Schwäche noch nicht lange nicht wahrhaben wollte" und daß er deshalb an der Fiktion der „Achse" festhielt (Hillgruber, Strategie, S. 281), verengt den Blick, da Hillgruber nicht ausmalt, welche Konsequenzen eine Aufgabe der Fiktion der „Achse" mit sich gebracht hätte. Dies wird man im Deutschen Reich aber gemacht haben.

[218] Vgl.: Kap. 2 c.

[219] Simoni, Berlino, S. 191–194 – 30.12.1940; Knox, Mussolini, S. 276.

[220] Armellini, Diario, S. 261 – 12.1.1941 u. S. 263 – 13.1.1941: „Balcani: si procede o, meglio, sono i tedeschi che procedono, dimostrando l'intendimento di vernirci incontro. La nostra guerra è la loro."

die Worte des „Duce": „Wir können nicht besiegt werden. [...] Weil wir nicht eingenommen werden können, weder Deutschland noch wir." Dies waren Worte, die man vor einer Niederlage sprach, deutete der Minister. Das Jahr ende mit dem traurigen Rückschritt „vom ‚wir werden siegen' zum ‚wir können nicht besiegt werden'".[221] Im Offizierskorps registrierte man verärgert die zunehmend passive Haltung des „Duce".[222] Seit einigen Wochen drängten General Guzzoni und Teile des italienischen Generalstabes Mussolini, dem gewünschten Treffen mit Hitler endlich nachzukommen.[223] Seit der ersten Anfrage vom 9. Dezember 1940 war der „Duce" dem Treffen mit dem deutschen Staatschef bewußt ausgewichen. Durch immer neue Ausreden hatte er die ungeliebte Zusammenkunft bis in das neue Jahr verschleppt, wohl in der Hoffnung, daß sich die militärische Lage noch zu seinen Gunsten verschiebe.[224] Doch Mussolini hoffte vergebens. Anfang Januar verschärfte die Einnahme Bardias durch britische Truppen die italienische Notlage in Nordafrika.[225] Gleichzeitig unterstrichen die Berichte aus Berlin, daß ein weiterer Aufschub des Treffens nur den Italienern schade. Sowohl General Marras wie auch Botschafter Alfieri wiesen ausdrücklich darauf hin, daß das Deutsche Reich durch seine Aktivitäten im Balkanraum[226] zusehends mit den italienischen Interessen in Konflikt gerate. Marras vermutete, daß ein Einmarsch deutscher Truppen auf keinen ernstzunehmenden Widerstand treffen würde, während die Kämpfe an der albanischen Front bis zum bitteren Ende weitergeführt würden. Das deutsche Militär würde Athen vermutlich vor den Italienern erreichen.[227] Aus ähnlichen Gründen empfahl auch Alfieri, die politischen und militärischen Aktionen der „Achse" *vor* dem deutschen Eingriff in einem persönlichen Gespräch zu koordinieren. Nur auf diese Weise sei zu verhindern, daß Italien in

---

[221] Giuseppe Bottai, Vent'anni e un giorno, Mailand 1977, S. 198 – 31.12.1940, Mussolini: „‚noi non possiamo essere vinti. Sai perché? Perché non possiamo essere invasi, né la Germania né noi.' L'anno termina con questa formula prefallimentare. Dal ‚vinceremo' al non possiamo essere vinti.'"; vgl.: Bottai, Diario, S. 242, wo das Zitat kürzer ausfällt.

[222] So etwa Favagrossa und sein Stab in der italienischen Botschaft zu Berlin (Simoni, Berlino, S. 191 f. – 30.12.1940).

[223] De Felice, Alleato, S. 369.

[224] Ebd., S. 363 f.; Pricolo, Regia Aeronautica, S. 342; Ciano, Diario, S. 496 – 5.1.1941: „Finora Mussolini l'aveva procrastinato [l'incontro Hitler – Duce]. Non ama presentarsi al Führer sotto il peso dei numerosi insuccessi non riscattati almeno parzialmente."

[225] Stegemann, Kriegführung, S. 596.

[226] Mit Bulgarien fanden bereits Gespräche statt, um den Durchmarsch der deutschen Truppen für die Offensive gegen Griechenland vorzubereiten (vgl.: Enzo Collotti, Il ruolo della Bulgaria nel conflitto tra Italia e Germania per il nuovo ordine europeo, in: Il movimento di liberazione in Italia 24.108/1972, S. 53–90, S. 75–79; Schramm-v. Thadden, Griechenland, S. 157 f.).

[227] DSCS, III.2, Dok. 8, S. 29–32 – 4.1.1941, Marras an MinGuer; vgl.: Creveld, Albania, S. 225–227; Sergio Pelagalli, Le relazioni militari italo-germaniche nelle carte del generale Marras addetto militare a Berlino (giugno 1940 – settembre 1943), in: Storia contemporanea 21.1/1990, S. 13–15.

Zukunft mit vollendeten Tatsachen konfrontiert werde, die selbst beim besten Willen beider Seiten schwer rückgängig zu machen seien.[228] Am 5. Januar lenkte der „Duce" schließlich ein und gab sein Einverständnis zu einem Treffen mit dem „Führer".[229]

Sowohl im Deutschen Reich wie auch in Italien hielt man es zur Jahreswende also für erforderlich, eine engere Zusammenarbeit mit dem Achsenpartner anzustreben. Motive und Vorstellungen einer solchen Kooperation lagen aber so weit voneinander entfernt, daß ein echtes Zusammenspiel letzten Endes weiterhin ausgeschlossen blieb. Die Deutschen wollten ihren militärischen Einfluß auf die Gesamtkriegslage sicherstellen, während die Italiener ihre eigene Position zu sichern suchten. Für Rom war eine Zusammenarbeit mit den Nationalsozialisten notwendig, um einen alleinigen deutschen Sieg gegen Griechenland zu verhindern. Resigniert wurde man sich der eigenen Machtlosigkeit bewußt und nahm die deutschen Vorbereitung für den Einmarsch in Griechenland in böser Vorahnung zur Kenntnis. Lanza notierte am 5. Januar:

„Wir sehen alles kommen, was sich ereignen wird: Wir werden in Griechenland unsere absolute Unfähigkeit beweisen; die Deutschen werden handeln, wie es ihnen gefällt, und ohne uns siegen. Und dann werden wir laut aufschreien, nachdem wir eine traurige Figur gemacht haben."[230]

Doch im Augenblick blieb nichts anderes übrig, als dafür zu sorgen, daß der angestrebte Sieg gegen Griechenland wenigstens ein Sieg der „Achse" würde. Italien wurde eher zu einer engen Kooperation mit dem Deutschen Reich gezwungen, als daß es sie gesucht hätte. Die Zusammenarbeit wurde angestrebt, um sich vor den Ambitionen der Deutschen zu schützen.

Die Ansichten, wie ein engeres Zusammenspiel innerhalb der Koalition aussehen sollte, waren daher auf italienischer Seite auch wenig ausgereift: Man brauchte Rohstoffe, moderne Waffen und Zeit. Italien focht sowohl in Albanien als auch in Libyen einen „Krieg der Armen", in welchem nicht allein die Quantität, sondern auch die Qualität des verwendeten Rüstungsmaterials von entscheidender Bedeutung war. Die deutsche Ansicht, daß die fehlende Kampfmoral der Italiener für die Mißerfolge verantwortlich sei, verkleinert in unzulässigem Maße die Materialprobleme der Italiener.[231] Auf deutscher Seite war man sich dagegen absolut im klaren, wie die Zusam-

---

[228] DDI, 9, VI, Dok. 405, S. 397 f. – 5.1.1941, Alfieri an Ciano.
[229] Ebd., Dok. 408, S. 399 f. – 5.1.1941, Ciano an Alfieri; Ciano, Diario, S. 496 – 5.1.1941; Simoni, Berlino, S. 200 – 5.1.1941.
[230] Simoni, Berlino, S. 197: „Tutti quanti prevediamo cosa capiterà: daremo prova in Grecia di essere assolutamente incapaci; i tedeschi faranno a modo loro, vinceranno senza di noi. E noi strilleremo, dopo aver fatto una brutta figura."
[231] Sadkovich, Understanding Defeat, S. 32–35.

menarbeit in Zukunft aussehen sollte. Mehr Informationen über italienische Planungen und die Möglichkeit deutscher Einflußnahme auf die militärischen Operationen waren das Ziel, ohne Gleiches mit Gleichem vergelten zu wollen.

Unter diesen Voraussetzungen konnte aus dem Treffen der beiden Diktatoren trotz des Ernstes der Lage freilich weder eine operative noch eine strategische Zusammenarbeit resultieren. Erneut zeigte sich der Mangel an gegenseitigem Vertrauen, Probleme wurden innerhalb der „Achse" nicht diskutiert. Weder im politischen noch im militärischen Bereich gab es institutionalisierte Mechanismen, um Pläne und Interessen offenzulegen, zu diskutieren und gegenseitig abzustimmen.[232] Ein Exekutivorgan zur Abstimmung der gemeinsamen Kriegführung wie etwa die *Joint Chiefs of Staff* auf der anglo-amerikanischen Seite sollte es in der deutsch-italienischen Koalition nie geben.[233]

Das Treffen der beiden Staatschefs am 19./20. Januar 1941[234] war daher im wesentlichen bestimmt von dem Auftritt Hitlers, der bei dieser Gelegenheit den „Duce" offiziell in die Planungen der Operation „Marita", des deutschen Griechenlandfeldzugs, einweihte. Zwar war der Empfang weit herzlicher, als die Italiener geahnt hatten,[235] doch täuschte diese Freundlichkeit den „Duce", der „mild lächelnd"[236] den langen Ausführungen des „Führers" folgte, nicht über die veränderte Machtlage innerhalb der „Achse" hinweg. In den Gesprächen der Staatschefs und Militärs erwogen die Deutschen, die Italiener sowohl in Griechenland, in Libyen wie auch im Mittelmeer militärisch zu unterstützen. Das Treffen besiegelte daher das Ende des italienischen „Parallelkrieges", d. h. der Anstrengungen Mussolinis, Italien innerhalb der „Achse" politisch unabhängig zu halten.[237]

Am zweiten Tag des Treffens verblüffte Hitler seine italienischen Gäste mit einem zweistündigen Vortrag über die militärische Lage und deutsche Planungen. Zumindest bei Ciano und General Guzzoni verfehlte der mit Sachkenntnis gespickte Monolog des „Führers" nicht seine Wirkung.[238] Hitler hielt dem „Duce" lange, belehrende

---

[232] Kesselring bemerkte in seinen Memoiren: „Bei einer gemeinsamen Führungsorganisation der Achse hätte man wahrscheinlich auch die Freundschaftskomplexe Hitlers und die störenden Minderwertigkeitskomplexe des Duce überwinden können." (Albert Kesselring, Gedanken zum Zweiten Weltkrieg, Bonn 1955, S. 83).

[233] Enno v. Rintelen, Die Zusammenarbeit mit dem italienischen Verbündeten auf strategischem, organisatorischem, Ausbildungs- und Rüstungsgebiet, o.D. (Artikelentwurf), in: BA/MA, N 433/8, S. 2; Baum/Weichold, Achsenmächte, S. 111; Petersen, Africa-Korps, S. 391 f.

[234] Protokolle der Unterredung: ADAP, D, XI.2, Dok. 672, S. 938–943; ebd., Dok. 679, S. 952–957; DDI, 9, VI, Dok. 470–473, S. 471–481 – 19./20.1.1941.

[235] Ciano, Diario, S. 500 – 19.–21.1.1941.

[236] So der ironische Kommentar Hasso v. Etzdorfs (Halder, KTB, II, S. 253 – 25.1.1941).

[237] Vgl.: De Felice, Alleato, S. 309; Mario Montanari, Le operazioni in Afrika settentrionale, hrsg. v. USSME, Rom 1990, I, S. 415.

[238] Ciano, Diario, S. 501 – 21.1.1941.

Vorträge über das Wesen des modernen Panzerkrieges, wohl in der Hoffnung, daß dieser den anwesenden Generälen gleich die entsprechenden Anweisungen geben würde. Da der „Führer" gegenüber seinen Militärchefs selbst ausgeschlossen hatte, einen direkten Einfluß auf die italienischen Streitkräfte zu erzwingen, stellte er keine Bedingungen oder Forderungen nach einer deutschen „Obersten Kriegsleitung". Statt dessen versuchte er indirekt, über die persönliche Einflußnahme auf den „Duce" die Kriegführung im italienischen Sektor zu dirigieren.[239] Die belehrende Haltung, die Hitler dabei gegenüber Mussolini einnahm,[240] sollte von nun an typisch für das deutsch-italienische Verhältnis werden.

Dabei war sich der „Führer" durchaus bewußt, daß Rücksicht auf das italienische Prestigeempfinden zu nehmen war. Im Februar 1941 ließ Hitler eine Weisung zum „Verhalten deutscher Truppen auf italienischen Kriegsschauplätzen" verbreiten, in welcher seine Offiziere und Soldaten ausdrücklich auf ihre militärische und politische Verantwortung aufmerksam gemacht wurden: Die deutschen Truppen müßten „bei allem berechtigten und stolzen Gefühl ihres Wertes und ihrer vollbrachten Leistungen frei von jeder verletzenden Überheblichkeit sein". Allein durch Taten, durch militärisches Können, Disziplin und Tapferkeit sei die Anerkennung des Verbündeten zu erringen.[241] In ähnlichem Ton war ein Rundschreiben Martin Harlinghausens an die deutsche Luftwaffe in Italien gehalten. Angesichts der Stationierung deutscher Flieger auf Sizilien und in Foggia wies der Generalleutnant seine Soldaten nämlich an, sich nicht aufzuführen wie in „besetztem feindlichem Gebiet": „Wir müssen uns immer daran erinnern, daß wir uns in einem befreundeten Land befinden", mahnte Harlinghausen. Jede Beschlagnahme sei untersagt und werde hart bestraft. Grundsätzlich sei es besser, die Italiener einmal zu viel zu grüßen als einmal zu wenig.[242]

Doch Mahnungen wie diese konnten die schleichende Entwicklung der letzten Monate nicht mehr rückgängig machen. Bereits im November 1940 hatte das heftige Schreiben des „Führers", mit welchem dieser auf die erfolglose Offensive gegen Griechenland reagiert hatte, beim „Duce" den Eindruck erweckt, daß ihm Hitler „mit dem Lineal auf die Finger geschlagen" habe.[243] Die italienischen Niederlagen bewirkten, daß militärische Unterredungen zwischen Deutschen und Italienern im Jahre 1941 zunehmend wie zwischen Lehrer und Schüler geführt wurden. Hatte in der

---

[239] Rintelen, Bundesgenosse, S. 126; Schramm-v. Thadden, Griechenland, S. 162; zu Hitlers Ausführungen über moderne Kriegführung: KTB/OKW, I, S. 276 – 22.1.1941.

[240] Vgl.: Alfieri, Dittatori, S. 118.

[241] Hitlers Weisungen für die Kriegführung 1939–1945, hrsg. v. Walther Hubatsch, Frankfurt a.M. 1962, S. 99, Nr. 22 e.

[242] ACS, Segreteria particolare del Duce, Carte della valigia, b. 2, fasc. 14.4, S. 482 f. – 25.12.1940. Es handelt sich um eine italienische Übersetzung des – wahrscheinlich abgefangenen – deutschen Rundschreibens, welches Mussolini dem König zusammen mit anderen Dokumenten am 3.1.1941 zuschickte.

[243] Ciano, Diario, S. 481 – 22.11.1940.

Marine schon früh die Neigung geherrscht, die Italiener zu bevormunden,[244] so gab der deutsche Admiralstab diesem Wunsche jetzt trotz der mahnenden Worte Hitlers mehr und mehr nach. Nach einem Marinetreffen in Meran am 13./14. Februar[245] stellte der Chef des italienischen Admiralstabes daher mit ironischem Unterton fest, die Deutschen hätten ihm Unterricht in Seekriegslehre erteilt. Ganz gleich, ob Admiral Fricke über Schlachtschiffe, Minenkrieg oder U-Boote gesprochen hatte, alles war dem Deutschen zum Schulbeispiel geraten, um dem Italiener die Vorteile einer offensiveren Kriegführung im Mittelmeer begreiflich zu machen.[246] Als die italienische Marine dem psychologischen Druck nachgab und Ende März eine Offensive gegen die Briten im östlichen Mittelmeer durchführte, erlitt sie allerdings eine verheerende Niederlage in der sogenannten Seeschlacht von Matapan. Zwar ließ sich der Mißerfolg vorwiegend auf Fehlmeldungen über die Stärke des Gegners und rein materielle Unterlegenheit der italienischen Schiffe gegenüber der englischen Flotte zurückführen, doch schoben die Italiener einen Großteil der Schuld auf das ständige Drängen der Deutschen zur Offensive. Die Bereitschaft, in Zukunft weitere Ratschläge vom Bundesgenossen entgegenzunehmen, sank enorm, die psychologischen Auswirkungen auf die deutsch-italienischen Marinebeziehungen waren schwerwiegend. Am Tirpitz-Ufer hielt man sich infolgedessen mit weiteren Ratschlägen zunächst zurück.[247]

Beispiele für den veränderten Umgang mit dem Achsenpartner finden sich auch in den Korrespondenzen der deutschen Luftwaffe, die dem italienischen Generalstab im April 1941 ein „Arbeitspapier"[248] vorlegte, das bezeichnenderweise den Titel „Forderungen an die italienische Luftwaffe" trug. In einem weiteren Schreiben,[249] welches am 6. Mai folgte, wurde den Italienern ausführlich erläutert, wie man sich im Deutschen Reich eine italienische Luftkriegführung im zentralen Mittelmeer und Afrika vorstellte. Das schulmeisterlich gehaltene Schriftstück las sich wie eine einzige Belehrung und dürfte in den Reihen der Italiener, die selbst große Theoretiker des Luftkrieges vorzuweisen hatten, große Befremdung ausgelöst haben.[250] Die Erläuterungen gingen in ihren Ausführungen dermaßen ins Detail, daß die Fülle von „Ratschlägen" auf italienischer Seite nicht allein als ungewöhnlich, sondern vor allem als

---

[244] Schreiber, Revisionismus, S. 279 f.

[245] Vgl.: ADAP, D, XII.1, Dok. 65, S. 95–98 – 18.2.1941, Aufzeichnung Ritter; Lagevorträge ObdM, S. 185 – 4.2.1941.

[246] Schreiber, Revisionismus, S. 306 f.; vgl.: Salewski, Seekriegsleitung, I, S. 323 f.

[247] BA/MA, N 316/v.36, n.p., Brief-Nr. 6376/41 – 29.3.1941, Skl an Weichold; ebd., n.p., Brief-Nr. 1165/41 – 29.3.1941, Lagebetrachtung Weichold; KTB/Skl, A, XX, S. 312 – 21.4.1941; Schreiber, Revisionismus, S. 308 f.; Baum/Weichold, Achsenmächte, S. 118–124.

[248] BA/MA, RL 2 II/38, n.p., ohne Brief-Nr. – April 1941.

[249] Ebd., n.p., Brief-Nr. 6562/41 – 6.5.1941, Oberbefehlshaber der Luftwaffe, Führungsstab Ia an Verb.Stab Italuft und Oberst Teucci.

[250] Gundelach, Luftwaffe, S. 227.

taktlos und beleidigend wahrgenommen werden mußte. Die italienische Luftwaffe sah sich „in die Stellung einer nachgeordneten Kommandobehörde gerückt, der man vorschrieb, was sie zu tun hatte".[251]

Mit Informationen hingegen wurden die Italiener weiterhin kurzgehalten. Zwar forderte Rintelen im Februar und März 1941 den Generalstab des Heeres zu mehr Entgegenkommen auf, da man ja „nicht von den Italienern verlangen [könne], dass sie ‚an die vorgesetzte Dienststelle melden', aber selbst nichts erfahren".[252] Doch war man dort zu diesem Entgegenkommen nicht bereit. Oberquartiermeister Gerhard Matzky, der dem Verbindungsoffizier am 14. März zurückschrieb, betonte vielmehr, er persönlich stehe auf dem Standpunkt, daß „die Italiener sich allmählich daran gewöhnen müssen, nicht als in jeder Beziehung gleichberechtigt behandelt zu werden".[253]

Als Mussolini im Januar 1941 den Berghof verließ, muß er sich schon bewußt gewesen sein, das angestrebte Ziel nicht erreicht zu haben. Präzise Absprachen bezüglich Griechenland waren nicht getroffen worden, zum zukünftigen Verlauf der Einflußsphären gab es weder schriftliche Vereinbarungen, noch waren konkrete Beschlüsse hinsichtlich einer gemeinsamen militärischen Zusammenarbeit gefaßt worden.[254] Keiner der Punkte, die ihm Alfieri und Marras ans Herz gelegt hatten und mit welchen es ihnen gelungen war, den „Duce" zur Teilnahme an dem Treffen zu bewegen, war umgesetzt worden. Zwar kann nicht gesagt werden, daß Mussolini von nun an lediglich der „Befehlsempfänger" Hitlers[255] war, doch wurde der „Duce" durch die Zusammenkunft unleugbar an die zweite Stelle innerhalb der „Achse" verwiesen; keine Position, mit der er sich zufriedengeben konnte und wollte.[256]

Die Furcht, daß ein Sieg der „Achse" in Griechenland in den Augen der italienischen Bevölkerung und im internationalen Rahmen als alleiniger Sieg Deutschlands verstanden werden würde, trieb die Italiener in der Folgezeit zu verstärkten Anstrengungen in Albanien an. Da Hitler den Einsatz seiner Truppen erst für Ende März plante, um sicherzustellen, daß der deutsche Vorstoß von Bulgarien aus ein Erfolg würde, hielt der „Duce" seine Generäle nun dazu an, im Balkan verschärft anzugreifen, um den deutschen Truppen zuvorzukommen.[257] Im März kam es zu der

---

[251] Ebd., S. 229.
[252] BA/MA, RH 2/2936, S. 209 – 7.3.1941, Rintelen an Matzky.
[253] Ebd., S. 211 – 14.3.1941, Matzky an Rintelen.
[254] Vgl.: Sadkovich, Italo-Greek War, S. 450; Baum/Weichold, Achsenmächte, S. 111.
[255] So etwa: Schramm-v. Thadden, Griechenland, S. 162.
[256] Vgl.: Alfieri, Dittatori, S. 121; De Felice, Alleato, S. 361 u. S. 381.
[257] Cervi, Guerra di Grecia, S. 186–189; Sadkovich, Italo-Greek War, S. 449; Cavallero, Diario, S. 120 – 16.3.1941. Hitler wollte auf jeden Fall vermeiden, daß das deutsche Prestige durch Eingriffe in Afrika oder dem Balkan Schaden erleide, d. h., die deutsche Unterstützung hatte unbedingt effektiv zu sein.

von Mussolini geforderten Offensive, von der er sich eine Trendwende versprach, zumal sich die italienischen Truppen im Balkan seit Februar 1941 erstmals zahlenmäßig in der Überlegenheit befanden.[258] Doch der Erfolg blieb aus, was den prestigebewußten „Duce" um so härter treffen mußte, da er sich persönlich an die albanische Front begeben hatte, um im entscheidenden Moment, wenn sich das Blatt wenden sollte, anwesend zu sein. Nach knapp drei Wochen Aufenthalt verließ Mussolini am 21. März enttäuscht Albanien, ohne daß sich der Frontverlauf nennenswert verschoben hatte.[259]

In der deutschen Wehrmacht beobachtete man mit verärgerter Skepsis diese Bemühungen, die griechische Front vor dem deutschen Eingriff allein zu durchbrechen. Doch obwohl im deutschen Generalstab die Ansicht vertreten wurde, daß die Italiener an diesem Unternehmen gehindert werden müßten, da es sich auf die Gesamtkriegslage nur störend auswirke, lehnte Hitler einen Eingriff ab. „Sollen sich die Nase verbrennen", notierte Halder lakonisch in sein Tagebuch.[260] Das Verständnis des „Führers" für Mussolinis „Parallelkrieg"-Führung tendierte nach dem Berghoftreffen gegen null. Als er Anfang Februar über die ebenfalls schlechte Lage in Nordafrika informiert wurde, kommentierte Hitler:

„Das Verrückte sei, [...] daß einerseits die Italiener um Hilfe schrien und ihre schlechte Bewaffnung und Ausrüstung nicht scharf genug schildern könnten, andererseits aber so eifersüchtig und kindisch [seien], daß sie im Grunde deutsche Soldaten und deutsche Hilfe nicht wollten. Mussolini würde es wohl am liebsten sehen, wenn die Deutschen dort in italienischer Uniform kämpften".[261]

Das Mißtrauen gegenüber Rom stieg an.[262] Hitler rief die Verbindungsoffiziere zu erhöhter Aufmerksamkeit auf, um „die Loyalität der italienischen Führung zu überwachen".[263] Mit dem Einsatz der deutschen Truppen auf italienischen Kriegsschauplätzen wuchsen der Einfluß und die Bedeutung Rintelens, Weicholds und Pohls.

Mitte Februar trafen die ersten deutschen Verbände unter der Führung von Generalleutnant Erwin Rommel in Tripolis ein.[264] Theoretisch war das deutsche Afrikakorps dem dortigen italienischen Oberbefehlshaber taktisch unmittelbar unter-

---

[258] Cervi, Guerra di Grecia, S. 195; Lucio Ceva, Storia delle forze armate in Italia, Turin 1999 (1981), S. 302.
[259] Pricolo, Regia Aeronautica, S. 344 f.; Simoni, Berlino, S. 212 – 9.3.1941; Cervi, Guerra di Grecia, S. 200–213.
[260] Halder, KTB, II, S. 299–301 – 3.3.1941; KTB/OKW, I, S. 343 – 4.3.1941.
[261] Heeresadjutant, S. 94 – 1.2.1941.
[262] Vgl.: Kap. 7 c–d.
[263] Heeresadjutant, S. 94 – 1.2.1941.
[264] Rommel, Krieg, S. 13–15; KTB/OKW, I, S. 321 – 13.2.1941; Adalbert von Taysen, Tobruk 1941. Der Kampf in Nordafrika, Freiburg 1976, S. 55–61.

stellt, doch für die Praxis hatte die deutsche Führung sichergestellt, daß die Truppen nur als geschlossener Verband unter Rommel verwendet werden durften und der General im Zweifelsfall Hitlers persönliche Entscheidung einholen konnte.[265] Dieser Spielraum sollte von Rommel – von Anfang an bestrebt, sich „möglichst große operative und taktische Freiheit [zu] erkämpfen"[266] – eifrig genutzt werden. Rintelen, der nicht nur das Heer, sondern auch das OKW vertrat, erhielt jetzt unmittelbare Funkverbindung zu General Guzzoni und wurde von nun an vermehrt vom „Duce" im Palazzo Venezia empfangen.[267]

e. Der Balkanfeldzug – deutscher Führungsanspruch, militärische Einflußnahme und italienische Selbstbehauptung

Ende März 1941 führte der Putsch in Jugoslawien zu einem weiteren Umbruch in den militärischen Beziehungen der Achsenpartner. In der Nacht vom 26. zum 27. März ereignete sich der Staatsstreich in Jugoslawien, der den Beitritt des Landes zum „Dreimächtepakt", der zwei Tage zuvor erfolgt war, hinfällig machte. Der Sturz der jugoslawischen Regierung und die Machtübernahme durch entschiedene Gegner der Vertragspolitik des 25. März 1941 bedeuteten für Hitler eine empfindliche politische Niederlage. Von nun an war Jugoslawien als potentieller Verbündeter der Westmächte zu betrachten. Der Plan, durch den Einfall in Griechenland und die gleichzeitige Heranziehung der übrigen Balkanstaaten die wirtschaftliche Grundlage für den angestrebten Angriff gegen die Sowjetunion zu bilden, war so nur noch schwierig durchzuführen. Unmittelbar nach Eintreffen der Nachricht entschied daher Hitler, Jugoslawien militärisch zu zerschlagen.[268]

Für Rom war diese Entscheidung nicht ohne Bedeutung, da der deutsche Staatschef angesichts der Umstände seine Rücksichtnahme aufgab und tief in die militärische Souveränität des Partners eingriff. Hatte man im Deutschen Reich die italienische März-Offensive in Albanien bislang mit Häme abgetan, ohne sich weiter einzumischen, so erreichte den „Duce" nun, am 27. März, ein Brief Hitlers,[269] in welchem er gebeten wurde, den Angriff unmittelbar einzustellen. Statt dessen solle er

---

[265] Hitlers Weisungen, S. 99 f., Nr. 22 e; vgl. insbesondere S. 100: „Sollte der deutschen Truppe ein Auftrag gegeben werden, dessen Ausführung nach Überzeugung ihres Befehlshabers nur zu einem schweren Mißerfolg und damit zu einer Schädigung des Ansehens der deutschen Truppe führen würde, so hat der deutsche Befehlshaber das Recht und die Pflicht, [...] meine Entscheidung einzuholen."
[266] Rommel, Krieg, S. 25.
[267] Rintelen, Bundesgenosse, S. 131.
[268] Vgl.: Kap. 4 b.
[269] ADAP, D, XII.1, Dok. 224, S. 327 – 27.3.1941.

dafür sorgen, daß die albanisch-jugoslawische Grenze abgeschirmt werde. Bereits am darauffolgenden Tag antwortete Mussolini, gerade erst von seinem desillusionierenden Frontbesuch in Albanien zurück, daß die Offensive sofort beendet werde.[270]

Um so wenig eigene Verbände wie möglich einzusetzen und diese schnell wieder herausziehen zu können, wurden italienische Truppen in die Planungen des deutschen Balkanfeldzuges miteinbezogen.[271] Mussolini signalisierte Bereitschaft zu einem italienischen Einmarsch in Jugoslawien, doch das defensive Verhalten der Italiener in den folgenden Tagen erweckte bei den deutschen Militärs Zweifel;[272] mit einer effektiven Unterstützung von seiten Roms wurde bald nicht mehr gerechnet. Rumänien war in der Operation keine aktive Rolle zugedacht, Bulgarien lehnte eine Beteiligung aus politischen Gründen ab, nur Ungarn erklärte sich wie Italien zu begrenzter Mitwirkung bereit.[273]

Hitler beschloß, das militärische Oberkommando über den Feldzug in seine Hand zu nehmen. Offiziell verzichtete er zwar auf einen einheitlichen Oberbefehl über die verbündeten Truppen, um den Staatsoberhäuptern Italiens und Ungarns die Möglichkeit zu geben, „ihrem Volk und ihrer Wehrmacht gegenüber als souveräne Führer zu erscheinen".[274] Doch inoffiziell ließ er die Fassade der politisch begründeten Rücksichtnahme jetzt fallen und begann, die Einheitlichkeit der Operationen durch persönliche Schreiben an die Staatschefs sicherzustellen. In einem geheimen Schreiben teilte er Mussolini mit, daß er die für das Zusammenspiel der Streitkräfte notwendig erachteten Weisungen in der Form von „Empfehlungen" oder „Wünschen"[275] an ihn persönlich richten werde. Der „Duce" solle dann als Oberster Befehlshaber der italienischen Wehrmacht die entsprechenden Anordnungen treffen bzw. die erforderlichen Befehle erteilen. Selbstverständlich handele es sich dabei nur um eine Abmachung zwischen ihnen beiden, die der Welt gegenüber nicht in Erscheinung treten werde.[276]

In einem bescheidenen Satz stimmte Mussolini der von Hitler gewählten Form der gemeinsamen Kriegführung zu, ohne sie in seinem Antwortschreiben explizit zu erwähnen.[277] Denn im Grunde bedeutete die Akzeptanz des deutschen Vorschlags, daß Mussolinis einzige Aufgabe in Zukunft nur noch die sein würde, vorzugeben,

---

[270] Ebd., Dok. 226, S. 329.

[271] Olshausen, Zwischenspiel, S. 56 f.

[272] Halder, KTB, II, S. 337 – 30.3.1941: „Italien fällt als Partner völlig aus. Haben in Albanien nur Angst."

[273] Detlef Vogel, Das Eingreifen Deutschlands auf dem Balkan, in: DRZW, III, S. 448; Olshausen, Zwischenspiel, S. 76 f.

[274] ADAP, D, XII.1, Dok. 256, S. 363 – 3.4.1941, Führerweisung Nr. 26.

[275] Anführungsstriche im Original.

[276] ADAP, D, XII.1, Dok. 281, S. 395 – 5.4.1941, Hitler an Mussolini.

[277] Ebd., XII.2, Dok. 289, S. 403 – 6.4.1941, Mussolini: „Concordo anche pienamente con Voi per quanto concerne la condotta unitaria delle operazioni secondo la formula che Voi proponete al punto 4."

daß die Befehle von ihm stammten – zumindest im Rahmen der Offensive gegen Jugoslawien.[278]

Auch an anderen Orten des Kriegsgeschehens stellten die Deutschen im April die Rücksicht auf das italienische Empfinden zurück. So erhielt Rommel, als er sich am 3. des Monats mit seinem Vorgesetzten General Italo Gariboldi in einer heftigen Auseinandersetzung über das operative Vorgehen befand, einen Funkspruch des OKW, der ihm „volle Handlungsfreiheit" gewährte und ihm somit die Möglichkeit gab, sein Unterstellungsverhältnis zu dem italienischen Oberbefehlshaber zu ignorieren. Gegen den Willen Gariboldis baute Rommel daraufhin den Aufklärungsvorstoß des deutschen Afrikakorps nach Agedabia zu einer deutsch-italienischen Gegenoffensive quer durch die Cyrenaika aus.[279] In der Praxis drohte der italienische Operationsstab unvermittelt in das Schlepptau der Initiativen Rommels zu geraten.[280] Nicht der leitende Kommandostab gab die Strategie aus, sondern der Befehlsempfänger trat in Aktion und brachte seine Führung in Zugzwang.

Wenige Wochen darauf traf die Seekriegsleitung mit der italienischen Marine eine Übereinkunft über die Kompetenzverteilung im Ägäischen Meer,[281] mit der „der Führungsanspruch, den Italien im Mittelmeerraum erhob, erstmals klar durchbrochen" wurde.[282] Ohne dort über nennenswerte Kräfte zu verfügen, zog die deutsche Marine Mitte April kurzzeitig die Führungsverantwortung im ägäischen Raum an sich.[283]

Sowohl auf den Kriegsschauplätzen im Balkan, in Nordafrika wie auch im Mittelmeer mischten sich die Vertreter des deutschen Reichs im April 1941 also deutlich in die militärische Entscheidungskompetenz des italienischen Partners ein. Daß Rintelen im Mai 1941 zudem den Vorschlag einreichte, die Generale Cavallero, Guzzoni, Ambrosio und Gariboldi mit dem „Großkreuz vom deutschen Adlerorden mit Schwertern" auszuzeichnen, unterstreicht die veränderte Einstellung der Deutschen einmal mehr. Denn der deutsche Verbindungsoffizier begründete seine Anregung

---

[278] Am 8. April 1941 umriß Hitler in einem Telegramm seine „Vorschläge" bzgl. der italienischen Beteiligung an der Operation (DSCS, III.2, Dok. 127, S. 348 f.). Da der Postweg während des Feldzugs jedoch zu langsam war, um die entsprechenden „Ratschläge" rechtzeitig zu übermitteln, wurde Rintelen fortan telefonisch unterrichtet und – „an einzelnen Tagen mehrmals" – mit den Weisungen des OKW in den Palazzo Venezia geschickt (Rintelen, Bundesgenosse, S. 139).

[279] Taysen, Tobruk, S. 81–83; Montanari, Afrika, II, S. 92–94; Rommel, Krieg, S. 25 f.; Alfred Gause, Der Feldzug in Nordafrika im Jahre 1941, in: Wehrwissenschaftliche Rundschau XII.10/1962, S. 598 f.

[280] Montanari, Afrika, II, S. 94.

[281] KTB/Skl, A, XX, S. 265–267 – 18.4.1941; BA/MA, RM 7/234, S. 5–8 – [April 1941], Vereinbarung mit ital. Admiralstab u. Kommentar Weichold.

[282] Josef Schröder, Deutschland und Italien im Spiegel der deutschen Marineakten (1935–1941), in: QFIAB 52/1972, S. 859; vgl.: Salewski, Seekriegsleitung, I, S. 334.

[283] Hitler dämmte den Führungsanspruch der Skl eine Woche darauf wieder ein, da er weiterhin Wert auf das Wohlwollen der italienischen Regierung legte; vgl.: KTB/Skl, A, XX, S. 299 f. – 21.4.1941; Schröder, Marineakten, S. 859 f.; Salewski, Seekriegsleitung, I, S. 333 f.

damit, daß „die nach unseren Weisungen handelnden italienischen Führer [...] von ihrer ‚vorgesetzten Stelle' eine Auszeichnung erhalten müssen".[284]

Der deutsche Balkanfeldzug begann am 6. April 1941 und richtete sich gleichzeitig gegen Griechenland und Jugoslawien. Die Wünsche für eine militärische Zusammenarbeit waren an diesem Tag vom Oberkommando des Heeres noch einmal zusammengestellt worden, denn ursprünglich hatte man sich auf deutscher Seite vorgenommen, im Feldzug gegen Jugoslawien und Griechenland endlich ein harmonisches Zusammenspiel mit dem Achsenpartner zu verwirklichen.[285] Doch bereits zum Zeitpunkt der Niederschrift ahnte man in der militärischen Führung, daß die italienischen Truppen in Albanien kaum noch zu einem offensiven Entgegenkommen fähig waren. An einen Einsatz dieser Verbände außerhalb Albaniens war kaum zu denken.[286] Bereits nach wenigen Tagen wurde die Zusammenarbeit mit den italienischen Streitkräften im deutschen Generalstab daher als hinderlich empfunden. Nach der Einnahme von Skopje und dem geglückten Vorstoß über die griechisch-jugoslawische Grenze bis in den Raum von Florina und Beve sah Generaloberst Halder keine militärische Notwendigkeit zu der ursprünglich geplanten Vereinigung deutscher mit italienischen Truppen an der ostalbanischen Grenze. Die jugoslawischen Armeen in Südserbien waren praktisch aufgelöst, nach Ansicht des Chefs des Generalstabes bestand von dieser Seite keine Gefahr für Albanien. Halder hielt es daher für sinnvoll, alle verfügbaren Truppen direkt nach Süden in das griechische Landesinnere zu lenken. Doch Hitler bestand auf seiner Forderung: Den Italienern war in Albanien „die Hand zu reichen",[287] um die politische und militärische Allianz mit dem Achsenpartner zu stärken.[288] Aus politisch-propagandistischen Gründen fand daher am 11. April das Zusammentreffen der deutschen und italienischen Soldaten in Albanien statt. Die Geschlossenheit der „Achse" sollte demonstriert werden, der „Duce" eine Aufwertung erfahren. Daß Hitler anläßlich der gelungenen Fühlungnahme ein Grußtelegramm an Mussolini sandte, unterstreicht den politischen Charakter der Aktion.[289]

---

[284] BA/MA, RH 2/2936, S. 215 – 23.5.1941, Rintelen an Matzky.
[285] Hitlers Generale planten, daß die 2. italienische Armee gleichzeitig mit der 2. deutschen Armee, die von Österreich und Ungarn aus nach Jugoslawien einfallen würde, einen Vorstoß über die julischen Alpen in südöstlicher Richtung beginnen sollte. Außerdem sollten sich deutsche Kräfte aus Bulgarien mit den italienischen Truppen in Albanien vereinigen.
[286] Schreiber, Due popoli, S. 104 f.; Olshausen, Zwischenspiel, S. 100 f.
[287] Halder, KTB, II, S. 357 f. – 9.4.1941 u. S. 355 f. – 8.4.1941; Olshausen, Zwischenspiel, S. 101; Vogel, Balkan, S. 465.
[288] Vgl. die Führerweisung Nr. 26 zur „Zusammenarbeit mit den Verbündeten auf dem Balkan" vom 3.4.1941, ADAP, D, XII.1, Dok. 256, S. 364: „Schon während der Operationen ist in der Art der Zusammenarbeit mit den Verbündeten die Waffenbrüderschaft zum Erreichen eines gemeinsamen politischen Zieles in jeder Weise zu betonen."
[289] Schreiber, Due popoli, S. 105; Olshausen, Zwischenspiel, S. 101.

Neben Operationen wie dieser, die eher von der Ineffektivität, ja, Kontraproduktivität des gemeinschaftlichen Wirkens zeugen, gelang den Deutschen und Italienern im Krieg gegen Jugoslawien aber auch eine Zusammenarbeit, die militärisch gesehen Sinn ergab. In einem gemeinsamen, gestaffelten Vorgehen entlang der adriatischen Küste und im Bergland südlich der Save von Zagreb bis zur albanischen Nordgrenze rückten die Truppen der beiden Achsenpartner parallel vor. Gegenseitig stellte man dem Alliierten die Straßen im eigenen Armeegebiet zum Vormarsch zur Verfügung. Um Reibungen mit den aufrückenden italienischen Truppen zu vermeiden, zogen die Deutschen ihre Vorausabteilungen am 16. April absichtlich aus Mostar, Dubrovnik und Nikšić zurück. Ohne eine Vorwegnahme späterer territorialer Regelungen festzuschreiben, gab man sich gegenseitig die Möglichkeit, effektiv zu agieren. Es gelang den Italienern während dieser Aktion, den westlichen und südlichen Teil Sloweniens und fast das gesamte Küstengebiet von Nordostitalien aus zu besetzen. Jugoslawien kapitulierte am 17. April 1941 bedingungslos.[290]

Auf griechischem Boden selbst griffen die Italiener nicht in das Kampfgeschehen ein. Die Griechen, die den italienischen Invasoren nicht nur monatelang erfolgreich widerstanden hatten, sondern die feindlichen Truppen sogar weit nach Albanien hinein zurückgetrieben hatten, gaben keinen Schritt nach. Im Gegenteil, im griechischen Oberkommando war man entschlossen, die Stellung in Albanien so lange zu halten, bis ihnen die deutschen Truppen in den Rücken fallen würden. Die Griechen wollten demonstrieren, daß allein der deutsche Eingriff die Räumung der eroberten Gebiete erzwungen habe.[291] Als die griechischen Truppen dann gezwungen waren, das albanische Gebiet zu räumen, stellte sich zu allem Überfluß die deutsche XII. Armee einer Verfolgung durch italienische Divisionen in den Weg. Um eine geordnete Sammlung und Entwaffnung der griechischen Soldaten zu ermöglichen, verhinderten die Deutschen das Überschreiten der Grenze durch die italienischen Truppen.[292] Aus Sympathie für das griechische Heer[293] waren die kommandierenden

---

[290] Olshausen, Zwischenspiel, S. 103–105.

[291] Vogel, Balkan, S. 468.

[292] Olshausen, Zwischenspiel, S. 105.

[293] Durch seinen erbitterten und erfolgreichen Widerstand war das griechische Volk im Ansehen der deutschen Militärs gestiegen. Die Vorstellung, diesem kleinen Heer mit allen Machtmitteln des modernen Krieges in den Rücken zu fallen, löste daher keine Begeisterung in den Reihen der Offiziere aus. In der Bevölkerung würde der Einsatz auf griechischem Boden zudem höchst unpopulär sein (Schramm-v. Thadden, Griechenland, S. 157). Hitler machte aus seiner Sympathie und Bewunderung für die tapferen Hellenen kein Geheimnis (Tagebücher Goebbels, IX, S. 234 – 8.4.1941, S. 236 – 9.4.1941 u. S. 281 – 30.4.1941; Heeresadjutant bei Hitler, S. 88 – 28.10.1940; Hitler. Reden und Proklamationen 1932–1945, hrsg. v. Max Domarus, II.2, München 1965, S. 1704 – 4.5.1941). Wiederholt hatte er deshalb betont, daß Deutschland „nicht gegen Griechenland, sondern gegen die Engländer in Griechenland vorgehen" werde, die deutsche Armee sei nicht Feind der Griechen (ADAP, D, XI.2, Dok. 417, S. 611 – 29.11.1941; Tagebücher Goebbels, IX, S. 234 – 8.4.1941).

Offiziere der deutschen Wehrmacht bereit, den Achsenpartner bewußt zu brüskieren. Deutlich wurde das vor allem in der grotesken Form, welche die Kapitulationsverhandlungen mit der griechischen Armee annahmen.

Als das griechische Heer am 20. April dem deutschen Oberkommando am Metsovon-Paß die Kapitulation anbot, bat Georgios Tsolàkoglu, der kommandierende General der Armee des Epirus, daß seine kriegsgefangene Armee unter dem Schutz des „Führers" und der deutschen Wehrmacht bleibe. Denn sie sei nur von den Deutschen, nicht aber von den Italienern geschlagen worden.[294] Ausdrücklich betonte der griechische Oberbefehlshaber, „daß er sich nicht dem Italiener ergibt, den er besiegt hat".[295] Die Griechen wollten eine unmittelbare Kapitulation vor den Italienern um jeden Preis verhindern. Der verhandelnde Oberbefehlshaber der deutschen XII. Armee, Wilhelm List, zeigte Verständnis für das griechische Anliegen. Er unterrichtete das italienische Oberkommando in Albanien über die Waffenstillstandsgespräche und bat darum, „daß die italienische Armee ihren Vormarsch einstelle, um die Verhandlungen nicht zu stören".[296] Die Italiener sollten also nicht allein von den Verhandlungen ausgeschlossen werden, sondern ihnen wurden zudem Verhaltensvorschriften gemacht; dies übrigens nicht allein auf Initiative Lists, sondern auch auf Anordnung Hitlers. Dieser hatte nämlich, als er von dem griechischen Kapitulationsangebot hörte, den Oberbefehlshaber des Heeres mit der Durchführung der Verhandlungen „ohne Mitteilung an Italien" beauftragt.[297]

Es läßt sich nicht eindeutig sagen, ob Hitler auf diese Weise den griechischen Forderungen entgegenkommen wollte oder ob er die Situation nutzte, um dem italienischen Koalitionspartner für seinen unüberlegten Angriff auf Griechenland einen Denkzettel zu verpassen. Doch wie auch immer die Motive des „Führers" in dieser Entscheidung gewesen sein mögen, durchsetzen konnte er sich bei seinem Achsenpartner damit nicht. Zwar hatte sich das Gleichgewicht innerhalb der „Achse" zugunsten der Deutschen verschoben, und tatsächlich hatten die Italiener den Wünschen des starken Partners in den vergangenen Monaten zunehmend Folge leisten müssen, aber dennoch war Mussolini nicht bereit, sein Land als Vasallen- oder Satellitenstaat widerstandslos dem Deutschen Reich unterzuordnen. Das Berghoftreffen zwischen Mussolini und dem deutschen Diktator hatte vielleicht das Ende des italienischen „Parallelkriegs" besiegelt, ein endgültiges Ende der italienischen Unabhängigkeit bedeutete dies jedoch noch nicht.[298]

---

[294] Olshausen, Zwischenspiel, S. 125.
[295] Halder, KTB, II, S. 374 – 21.4.1941.
[296] ADAP, D, XII.2, Dok. 409, S. 535 f. – 26.4.1941, Bericht Rintelen.
[297] KTB/OKW, I, S. 383 – 21.4.1941; Halder, KTB, II, S. 375 – 22.4.1941; vgl.: Olshausen, Zwischenspiel, S. 125 f.
[298] Wenigstens der „Duce" sollte die untergeordnete Stellung innerhalb der „Achse" niemals wirklich akzeptieren (De Felice, Alleato, S. 309 f. u. 361; Sadkovich, Anglo-American Bias, S. 634 u. 639;

Die Italiener verweigerten sich der Bitte des Generalfeldmarschalls List um militärische Zurückhaltung. Der „Duce" griff ins Geschehen ein. Unmittelbar nachdem er über die Ereignisse in Griechenland und die Forderungen der 12. Armee unterrichtet worden war, telefonierte er mit seinem Außenminister, welcher bereits zu Besprechungen mit Ribbentrop in Wien weilte. Über Ciano ließ Mussolini mitteilen, daß er sich nur bereit zeige, das griechische Waffenstillstandsangebot zu akzeptieren, wenn es gleichzeitig auch an das italienische Heer gerichtet werde. Dies müsse schriftlich erfolgen. Aus Prestigegründen sei dies nach sechs Monaten Kampf unverzichtbar.[299] Hitler sah sich daraufhin gezwungen, einzulenken, denn ohne Zweifel konnte der „Duce" den Ablauf der gesamten Operation erheblich verkomplizieren. Er erteilte daher Befehl, „Feldmarschall List wissen zu lassen, er möge die Griechen auffordern, sich an die Italiener unmittelbar zu wenden".[300] Auf Nachfrage Mackensens verschärfte der „Führer" seine Weisung noch dahingehend, daß List die Verhandlungen auf keinen Fall ohne Beteiligung der Italiener zu einem Abschluß bringen dürfe. Tatsächlich war dies zu diesem Zeitpunkt aber bereits geschehen.

Vor die Wahl gestellt, entweder Mussolini zu verprellen oder den Oberbefehlshaber der 12. Armee vor den Augen der Griechen bloßzustellen, entschied sich Hitler gegen seinen General und ließ darauf hinweisen, daß ein Kapitulationsvertrag erst in Kraft trete, wenn er von ihm bestätigt worden sei. Daß List sich daraufhin aus verständlichem Ärger weigerte, weiterhin bei den Verhandlungen mitzuwirken, spiegelt nicht allein die persönliche Kränkung des Feldmarschalls wider, sondern versinnbildlicht auch die Mißstimmung, welche diese Entscheidung bei der Wehrmachtführung hinterließ.[301] Hier bewertete man die nachträgliche Beteiligung der Italiener an den Waffenstillstandsverhandlungen geradezu als „planmäßige Geschichtsfälschung", denn tatsächlich habe im Augenblick der Kapitulation zwischen Griechen und Italienern nach ausdrücklicher Feststellung des griechischen Oberbefehlshabers keine Gefechtsberührung bestanden.[302] Die inoffizielle Beschwichtigung Hitlers hinter den

---

vgl.: Schreiber, Revisionismus, S. 311). Es ist daher falsch anzunehmen, Mussolini sei ab dem deutschen Eingriff im Balkan nur noch willenlos den Entscheidungen des Führers gefolgt (Knox, Mussolini, S. 285, S. 288 f. u. S. 272). Auch die Bezeichnung „L'Italia, primo satellite del Reich" erscheint übertrieben (Mantelli, Camerati del lavoro, S. 54).

[299] ADAP, D, XII.2, Dok. 379, S. 499, FN 3 – 21.3.1941; ebd., Dok. 409, S. 536 – 26.4.1941. Parallel wurde List von Cavallero über die Forderungen Mussolinis unterrichtet (Cavallero, Diario, S. 162 f. – 21.4.1941).

[300] ADAP, D, XII.2, Dok. 379, S. 500.

[301] Ebd., S. 500 f.; DSCS, III.1, S. 790 – 21.4.1941; Schreiber, Due popoli, S. 108; Olshausen, Zwischenspiel, S. 127–130; eine Mißstimmung, die Mussolini mit einer gewissen Genugtuung zur Kenntnis nahm, vgl.: Ciano, Diario, S. 505 – 27.4.1941.

[302] Halder, KTB, II, S. 375 – 21.4.1941.

Kulissen, er hätte genauso gehandelt wie der Feldmarschall, nutzte nach Halders Ansicht wenig, wenn List gleichzeitig vor der Öffentlichkeit blamiert wurde.[303]

Nach langer Bedenkzeit boten die Griechen am späten Abend des 22. April 1941 gezwungenermaßen auch den Italienern die Kapitulation an. Während die nun gemeinsam geführten Waffenstillstandsverhandlungen am nächsten Tag in Saloniki noch anhielten, nutzte Mussolini die Gelegenheit, um über den italienischen Rundfunk bereits eine Sondermeldung über die vollzogene Kapitulation zu verbreiten – ohne vorherige Rücksprache mit den Deutschen. Mit großer Verstimmung nahm man dies im OKW zur Kenntnis.[304] Es ist zu vermuten, daß der gekränkte[305] „Duce" durch diese Aktion nicht allein die italienische Leistung in den Vordergrund schieben, sondern sich ebenfalls für das deutsche Vorgehen rächen wollte.[306] Der unglückliche Verlauf der Verhandlungen ließ daher auf allen Seiten Bitterkeit zurück. Denn auch die Griechen, die zunächst gehofft hatten, durch deutsche Unterstützung einer Kapitulation gegenüber Italien zu entgehen, fühlten sich im nachhinein von den Deutschen betrogen.

Unverhofft hatte der „Juniorpartner" in Rom den deutschen Bundesgenossen spüren lassen, daß Italien weiterhin eine Sonderrolle für sich beanspruchte und sich auf keinen Fall wie ein untergeordneter Satellitenstaat behandeln ließ. Die Verhältnisse in Griechenland durften nicht über die Köpfe der Italiener hinweg geordnet werden. Vergeblich warteten die Deutschen daher auf ein „Dankempfinden" für den deutschen Waffengang im Balkan.[307] In den kommenden Wochen sollte Rom vielmehr zäh um seinen wirtschaftlichen und politischen Einfluß in dieser Region ringen.[308]

f. Die Zusammenarbeit in Nordafrika und im Mittelmeerraum – Möglichkeiten und Grenzen der deutschen Einflußnahme

Nach Abschluß des Balkanfeldzuges vermieden die Deutschen nach Möglichkeit die Zusammenarbeit mit dem Partner. So wurde etwa die Mitwirkung italienischer Heeres- und Luftwaffenverbände beim Angriff auf Kreta von Göring sofort abgelehnt, das Angebot Mussolinis ausgeschlagen. Lediglich italienische Marineeinheiten sollten die

---

[303] Ebd., S. 376 – 22.4.1941.
[304] Ebd., S. 377 – 23.4.1941; Olshausen, Zwischenspiel, S. 128 f.; Montanari, Grecia, I, S. 819–822; Tagebücher Goebbels, IX, S. 367 – 24.4.1941.
[305] Ciano, Diario, S. 509 – 6.5.1941; Rintelen, Bundesgenosse, S. 141.
[306] ADAP, D, XII.2, Dok. 409, S. 538.
[307] Weizsäcker-Papiere, S. 254 – 4.5.1941.
[308] Vgl.: Kap. 4 a–b.

Sicherung der nachfolgenden Schiffstransporte übernehmen.[309] Dieser Entscheid erwies sich jedoch als voreilig. Der deutsche Luftangriff vom 20. Mai 1941 zeigte nicht den gewünschten Erfolg, und bereits sechs Tage später sah sich das OKW genötigt, Mussolini zu bitten, doch mit Heeresverbänden einzugreifen, um die deutschen Truppen in Kreta zu entlasten. Ohne ein Wort über die frühere Zurückweisung zu verlieren, erklärte sich der „Duce" zu der Hilfsmaßnahme bereit.[310] Doch als die italienischen Soldaten zwei Tage später im Osten der Insel landeten,[311] hatten die Deutschen die Krise schon überwunden, so daß die Italiener – diesmal völlig schuldlos – erneut als „Erntehelfer" in Aktion traten, was ihrem Ansehen weiteren Schaden zufügte.[312]

Wie im Fall Kreta, so bot der „Duce" auch für die Operation „Barbarossa", den Angriff auf die Sowjetunion, frühzeitig eine Beteiligung italienischer Truppen an. Hitler aber reagierte zurückhaltend und betonte, daß es mit der Unterstützung aus Rom nicht eile.[313] Er empfahl dem „Duce", seine Kräfte in Nordafrika und dem Mittelmeerraum zu stärken, statt Soldaten nach Rußland zu schicken.[314] Relativ unverhohlen forderte er Mussolini also auf, zunächst „seine Hausaufgaben im Süden zu erledigen und den Krieg im Osten den Deutschen zu überlassen".[315] Dem „Duce" entging die ablehnende Haltung des deutschen Regierungschefs nicht,[316] doch anstatt auf die italienische Mitwirkung an dem Feldzug zu verzichten, bestand er in diesem Fall auf der Beteiligung seines Korps.[317] Mitte Juli wurde das *Corpo di Spedizione Italiano in Russia* (CSIR) nach Ostrumänien verlegt und dort der deutschen 11.

---

[309] Rintelen, Bundesgenosse, S. 141; Romeo Bernotti, Storia della guerra nel mediterraneo (1940–43), Rom 1960, S. 170 f.; Hans-Otto Mühleisen, Kreta 1941. Das Unternehmen „Merkur" – 20. Mai bis 1. Juni 1941, Freiburg 1968, S. 77; zur strategischen Bedeutung Kretas vgl.: ebd., S. 9–18; Vogel, Balkan, S. 485–491.

[310] BA/MA, RL 2 II/38, n.p., Brief-Nr. 178/41 – 27.5.1941, Rintelen an OKW/Chef Amt Ausl. Abw.; DSCS, IV.1, S. 200 – 27.5.1941; Rintelen, Bundesgenosse, S. 142.

[311] KTB/OKW, I, S. 397 – 29.5.1941.

[312] Sowohl die deutsche Bevölkerung (Meldungen aus dem Reich, VII, S. 2368 – 5.6.1941) als auch die deutschen Generale (etwa: Julius Ringel, Hurra. Die Gams, Graz/Stuttgart 1975 (1956), S. 192), die nichts von Mussolinis frühzeitigem Angebot wußten, verurteilten den späten Eingriff der Italiener als „Nutznießerei". Eine Ansicht, die sich bis in die sechziger Jahre in der deutschen Geschichtsschreibung hielt (z. B.: Franz Kurowski, Der Kampf um Kreta, Herford/Bonn 1965, S. 227; Karl Gundelach, Der Kampf um Kreta 1941, in: Jacobsen/Rohwer, Entscheidungsschlachten, S. 129 f.; vgl. korrigierend: Mühleisen, Kreta, S. 77 f.).

[313] Hitlers Weisung vom 18. Dezember 1940 hatte Italien gar nicht als Verbündeten in Erwägung gezogen (Hitlers Weisungen, S. 85, Nr. 21).

[314] ADAP, D, XII.2, Dok. 660, S. 891 – 21.6.1941, Hitler an Mussolini.

[315] Gerhard Schreiber, Italiens Teilnahme am Krieg gegen die Sowjetunion. Motive, Fakten und Folgen, in: Jürgen Förster (Hg.), Stalingrad. Ereignis, Wirkung, Symbol, München/Zürich 1993, S. 253.

[316] Ciano, Diario, S. 527 – 22.6.1941 u. S. 529 – 30.6.1941.

[317] ADAP, D, XIII.1, Dok. 7, S. 7 f. – 23.6.1941, Mussolini an Hitler; vgl.: Halder, KTB, III, S. 27 – 29.6.1941.

Die Zusammenarbeit in Nordafrika und im Mittelmeerraum 73

Armee unterstellt.[318] Zeitgleich erfolgten weitere Angebote eines zweiten und eventuell eines dritten Armeekorps; Mussolini wünschte mit mehr Truppen am Ostfeldzug teilzunehmen. Doch Keitel und Hitler wichen den Offerten mit höflichen Floskeln und Danksagungen aus.[319]

In Berlin versprach man sich nicht mehr viel von einer Zusammenarbeit mit Italien, ja, in den Planungen des OKW, des OKH und der Seekriegsleitung lief ihm Frankreich im Frühsommer 1941 zeitweise sogar den Rang ab.[320] In einer „Denkschrift zum gegenwärtigen Stand der Seekriegführung gegen England" vom Juli 1941[321] spielte der Achsenpartner kaum noch eine eigenständige Rolle.[322] Statt dessen drängte der Oberbefehlshaber der Marine, Großadmiral Erich Raeder, am 5. des Monats erneut auf die Übernahme der Führung im Mittelmeerraum. In einem Beitrag zu einem Brief Hitlers an Mussolini betonte er, daß eine „wirksame Hilfe" nur möglich sei, wenn den deutschen Militärs „eine verantwortliche Mitbestimmung über Organisation und Einsatz der italienischen Wehrmacht eingeräumt" werde.[323] Gleichzeitig richtete er sich mit einem Schreiben direkt an Arturo Riccardi, den neuen Chef des Admiralstabs, um diesen dazu zu bewegen, Weichold „durch Einbeziehung in den Arbeitsstab der ital. Admiralität die Möglichkeit zur verantwortlichen Mitarbeit zu geben".[324] Über die Verbindungsstäbe in Rom sollte größerer Einfluß auf die italienische Führung gewonnen werden. Auch Rommel wies Ende Juli darauf hin, daß die Kampffähigkeit des deutschen Afrikakorps in der Cyrenaika nur erhalten werden könne, wenn die deutschen Verbindungsoffiziere in die „ital. Befehlsbefugnisse in Form von Anordnung [und] nicht wie bisher Anregung" eingrei-

---

[318] Le operazioni delle unità italiane al fronte russo (1941–1943), hrsg. v. Costantino De Franceschi/Giorgio De Vecchi/Fabio Mantovani (USSME), Rom 1993 (1977), S. 79–82; Giovanni Messe, Der Krieg im Osten, Zürich 1948, S. 41–48; vgl. weiterführend: Thomas Schlemmer (Hg.), Die Italiener an der Ostfront 1942/43. Dokumente zu Mussolinis Krieg gegen die Sowjetunion, München 2005.

[319] ADAP, D, XIII.1, Dok. 156, S. 186 – 24.7.1941, Mussolini an Hitler; DDI, 9, VII, Dok. 511, S. 508 – 26.8.1941, Mussolini an Hitler; ebd., Dok. 504, S. 494 f. – 25.8.1941, Unterredung Cavallero/Keitel; Bottai, Diario, S. 286 – 25.9.1941; vgl.: Schreiber, Sowjetunion, S. 262 f.; Lucio Ceva, La condotta italiana della guerra. Cavallero e il Comando supremo 1941/1942, Mailand 1975, S. 59 Anm. 15 u. S. 170 ff.

[320] Axel Dietrich, Die Auseinandersetzung in der deutschen Führung über die Haltung gegenüber der französischen Regierung in Vichy 1940/41, Universität Köln 1987 (Diss.), S. 161–177. Bereits im Juli 1941 sollte diese „zweite Phase der Collaboration" aber schon an ihre Grenzen stoßen (ebd., S. 178–200).

[321] Abgedruckt in: Salewski, Seekriegsleitung, III, S. 189–214.

[322] Schreiber, Revisionismus, S. 317.

[323] BA/MA, RM 7/234, S. 60 – 5.7.1941, Raeder an OKW/WFSt/L; vgl.: Schreiber, Revisionismus, S. 319; Salewski, Seekriegsleitung, I, S. 470.

[324] BA/MA, RM 7/234, S. 77 – 12.7.1941, Raeder an Riccardi.

fen könnten.[325] Insbesondere die Probleme im Geleit- und Transportwesen erfüllten die deutschen Militärs mit Sorge. Wenn die Nachschubfrage durch den Mittelmeerraum nicht gelöst wurde, würde Nordafrika über kurz oder lang verloren gehen. Seit Rommels Offensive im April 1941 lagen die Bedeutung und die Mängel der Materialzufuhr klar auf der Hand.[326]

Am 20. Juli kam Hitler den Bitten seiner militärischen Berater nach und bat Mussolini, sich für eine „engere Zusammenarbeit" mit den deutschen Verbindungsstäben einzusetzen.[327] Der „Duce" erklärte sich, wenn auch widerwillig,[328] einverstanden und versprach, die Verbindungsorgane in Dienststellen bei den italienischen Stäben umzuwandeln und ihnen fortan ein Mitspracherecht einzuräumen.[329] Die Euphorie auf deutscher Seite hielt sich in Grenzen. Man war sich sehr wohl bewußt, daß diese Zusage, die theoretisch vielleicht einen Fortschritt in der Einflußnahme auf die italienische Führung bedeutete, sich erst in der Praxis bewähren mußte.[330]

Obwohl auch die italienischen Verbindungsstäbe in Berlin eine Beförderung erfuhren und z. B. Marineattaché Giuseppe Bertoldi zum „Italienischen Admiral bei der Seekriegsleitung" ernannt wurde,[331] beruhte die Vereinbarung nicht auf Gegenseitigkeit: In den Augen der deutschen Marine galt die Kriegführung in der Nordsee und im Atlantik als eine rein deutsche Angelegenheit, während die im Mittelmeer zu einer Sache der „Achse" geworden war.[332] Während die deutschen Militärs eine laufende, offene und umfassende Unterrichtung über die Absichten, Stärke, Verteilung, Einsatzbereitschaft und Nachschublage der gesamten italienischen Streitkraft wünschten, waren sie im Gegenzug allenfalls bereit, Informationen über die im Mittelmeer eingesetzten Kräfte preiszugeben.[333] An einer wirklichen Einbindung der italienischen Verbindungsoffiziere in die deutschen General- und Admiralstäbe war im Reich niemand interessiert. Das Lehrer-Schüler-Verhältnis, welches die Beziehung zwischen deutschen und italienischen Militärs zunehmend prägte, ließ den Gedanken nicht zu, von italienischer Seite Rat einzuholen. Selbst als Mussolini nach dem Kreta-Unternehmen höchstpersönlich eine ähnlich geartete Luftlandeaktion gegen die Insel

---

[325] Ebd., S. 98 – 26.7.1941, Rommel an OKH/Gen.Qu.
[326] Salewski, Seekriegsleitung, I, S. 470.
[327] ADAP, D, XIII.1, Dok. 134, S. 160 f. – 20.7.1941, Hitler an Mussolini.
[328] Rintelen, Bundesgenosse, S. 156; vgl.: Gundelach, Luftwaffe, S. 330.
[329] ADAP, D, XIII.1, Dok. 156, S. 185 – 24.7.1941, Mussolini an Hitler; vgl.: PA/AA, Handakten Etzdorf, Schreibmaschinenumschriften aus Aufzeichnungen V.A.A., R. 27338, S. 428173 – 7.8.1941; BA/MA, RL 2 II/38, n.p., Brief-Nr.: 1204/41 – 15.8.1941, Vortragsnotiz Offz. z.b.V.d.Luftwaffe.
[330] KTB/Skl, A, XXV, S. 122 – 8.9.1941.
[331] Ebd. u. ebd., S. 381 – 23.9.1941.
[332] Baum/Weichold, Achsenmächte, S. 169.
[333] Vgl.: BA/MA, RL 2 II/38, n.p., Brief-Nr. 1554/41 – 26.9.1941, Pohl an Jeschonnek.

Zypern vorschlug, wurde die Anregung mehr oder minder übergangen.[334] Der Vorschlag fand kaum Beachtung, dem „Duce" wurde keinerlei Kompetenz in Strategiefragen zugeschrieben. Schon im März 1941 hatte Hitler geäußert, daß es „erschütternd [sei], sich mit Mussolini über militärische Dinge zu unterhalten". Er mochte zwar ein „genialer Volkstribun und Organisator" sein, aber vom Militärwesen verstünde er nichts.[335] Auch im späteren Rußlandfeldzug wurden Mussolinis Vorschläge über die einzuschlagende Strategie daher stets ignoriert.[336]

Ähnliche Erfahrungen machten die italienischen Kommandeure in Nordafrika. Ende Juli 1941 berichtete der General des V. italienischen Fliegerkorps, daß die italienischen Flieger auf Anfrage zwar stets an deutschen Aktionen mitwirkten, daß aber umgekehrt eine Gegenleistung selten erbracht würde. Italienische Anfragen beantworte das deutsche Fliegerkorps entweder ausweichend oder direkt ablehnend (mit Verweis auf andere Verpflichtungen), so daß man zusammenfassend sagen könne, daß sich „die Zusammenarbeit [...] zwischen deutschen und italienischen Luftstreitkräften faktisch nur in der Mitwirkung der letzteren [...] an den deutschen Operationen äußert".[337]

Nicht allein Rommel stellte also durch sein eigenwilliges Verhalten die italienische Kommandogewalt in Nordafrika in Frage, auch die deutschen Flieger unter Generalmajor Stefan Fröhlich agierten nicht im Einklang mit der Führung in Tripolis. Selbst auf diesem Kriegsschauplatz, der eindeutig unter italienischem Kommando stand, wurde die italienische Planung von den Deutschen übergangen. Seit Mai 1941 zirkulierte im Oberkommando des Heeres ohnehin der Gedanke, zwischen dem Afrikakorps und dem italienischen Oberkommando in Tripolis eine neue deutsche Kommandobehörde einzufügen, die dem OKH selbst unterstellt sein sollte und die zur italienischen Führung nur noch „Verbindung halten" würde.[338] Ziel dieser Maßnahme sollte nicht nur die Stärkung des operativen Einflusses sein, sondern auch die

---

[334] Ebd., n.p., Brief-Nr. 178/41 – 27.5.1941, Rintelen an OKW/Chef Amt Ausl. Abw.; ebd., Brief-Nr. 44872/41 – 3.6.1941, Niederschrift, WFSt, über Besprechung mit ital. Wehrmachtgeneralstab; ADAP, D, XII.2, Dok. 584, S. 788–790 – 3.6.1941, Aufzeichnung Schmidt; vgl.: Rintelen, Bundesgenosse, S. 143; Vogel, Balkan, S. 510.

[335] Heeresadjutant, S. 98 – 24.3.1941; vgl. auch Rintelens vernichtenden Kommentar zu Mussolinis militärischer Kompetenz (Rintelen, Bundesgenosse, S. 104) sowie Bismarcks Vergleich der beiden Diktatoren: „Di Hitler si può dire che ha fatto e fa errori, ma ha finito anche col divenire un competente di cose militari. Mussolini è rimasto dilettante." (ACS, Ambasciata tedesca in Roma, b. 1, fasc. C: Farinacci file, n.p. – 25.3.1943, Bericht der ital. Geheimpolizei).

[336] Rintelen, Bundesgenosse, S. 151.

[337] DSCS, IV.2, Dok. 55, S. 138 f., Aimone Cat an Bastico: „Cosicché di fatto la cooperazione sulla frontiera orientale tra forze aeree tedesche ed italiane si manifesta nel concorso di queste ultime, con tutta la consistenza della disponibilità, alle operazioni germaniche"; Bastico leitete diese Denkschrift, die er vermutlich wenige Tage zuvor erhalten hatte, am 28. Juli 1941 an das *Comando Supremo* weiter (ebd., Dok. 54, S. 137).

[338] Halder, KTB, II, S. 408 – 12.5.1941.

Bändigung General Rommels, der aus der Sicht vieler deutscher Militärs oft allzu unberechenbar und riskant handelte. Doch Hitler deckte die unabhängige Stellung Rommels, und das OKW wies die Anregung des OKH ab,[339] so daß als verwässerte Version des ursprünglichen Vorschlags dem italienischen Oberkommando schließlich nur ein zweiter Generalstabschef samt Stab zugeteilt wurde, der die Verbindung zu Rommel verbessern sollte und keinerlei Führungsfunktion einnahm.[340] An der Wirkung auf die italienischen Militärs änderte dies jedoch wenig. Als Generalmajor Alfred Gause Anfang Juni 1941 bei dem damaligen italienischen Oberbefehlshaber Gariboldi vorstellig wurde, lehnte dieser die Eingliederung des deutschen Stabes – 42 Offiziere und 120 Mann – unumwunden ab: Weder er noch Rommel hätten um die Einstellung eines solchen Organes gebeten, beschwerte sich der General in einem Schreiben an Mussolini. Bei ihm erwecke diese Maßnahme vielmehr den Eindruck, als richte man „eine Aufsicht über das italienische Oberkommando" ein.[341] In Rom wandte man sich daraufhin an Rintelen mit der Bitte um nähere Erläuterung. Folge war, daß nicht nur Rintelen die Aufgaben des neuen Stabes erklärte, sondern sich am 14. Juni auch Generaloberst Halder mit einem direkten Schreiben an General Gariboldi richtete, um persönlich die Lage zu klären: Generalmajor Gause sei zuständig für die Verbindung zwischen dem OKH und dem italienischen Oberkommando in Afrika; mit ihm könnten sämtliche Probleme bezüglich des Afrikakorps direkt besprochen werden; zudem solle er die Organisation der logistischen Versorgung vor Ort und im Mittelmeer verbessern.[342] Was Halder bei der Abfassung des Briefes allerdings übersah, war, daß er sämtliche Dienst- und Befehlswege mißachtete und Gariboldis Verdacht durch sein Vorgehen eher erhöhte als minderte. Wenige Tage später signalisierte Gariboldi daher nach Rom, daß er einen direkten Kontakt mit dem deutschen Generalstab nicht für opportun halte, da ihn dies in eine „irreguläre Abhängigkeit" bringe.[343] Inzwischen hatte Rintelen Cavallero aber schon versichert, daß das ursprünglich vereinbarte Unterstellungsverhältnis der in Afrika engagierten Streitkräfte unberührt bleibe. Im ersten Moment habe man zwar überlegt, dem Generalstab Gariboldis einen zweiten Generalstabschef beizufügen, doch habe das OKW diese Idee dann verworfen, „aus Furcht, man könne eine deutsche Einmischung in die Personalpolitik vermuten".[344] Gause habe sich ausschließlich um die organisatori-

---

[339] Ebd., S. 407 – 11.5.1941, S. 412 – 14.5.1941 u. S. 420 – 19.5.1941.

[340] Taysen, Tobruk, S. 183 f. Während der ganzen Diskussion wurde offenbar übersehen, daß mit Oberstleutnant Heggenreiner bereits seit Monaten ein Verbindungsoffizier aus dem Stab Rintelens bei Gariboldi tätig war (ebd., S. 185).

[341] Auszugsweiser Abdruck des Briefes in: Montanari, Afrika, II, S. 270 f.; vgl.: Taysen, Tobruk, S. 185.

[342] Abdruck in: Montanari, Afrika, II, S. 802 – Allegato 9.

[343] Auszugsweiser Abdruck des Briefes in: ebd., S. 272.

[344] Montanari, Afrika, II, S. 272 u. S. 803 – Allegato 10, Protokoll Cavalleros für Gariboldi und Roatta: „il generale von Rintelen ha dichiarato [...] che in un primo momento si era pensato di isti-

schen Fragen des Afrikakorps zu kümmern. Die oberste Kommandogewalt in Nordafrika liege einzig und allein in italienischer Hand.[345] Von dieser Bestätigung seiner Befehlskompetenz profitierte Italo Gariboldi freilich nicht lange, da er schon am 18. Juli 1941 seinen Posten an Armeegeneral Ettore Bastico übergeben mußte. Gariboldi, so vermutete Rintelen, war Rommel gegenüber wohl zu weich aufgetreten. Parallel seien auch die Befehlsbefugnisse Rommels eingeschränkt worden.[346] Dieser Zustand sollte aber nicht lange währen.

Seit dem Sommer 1941 entpuppte sich der Seeweg von Italien nach Nordafrika zusehends als die verwundbarste Stelle im Krieg der „Achse". Maßnahmen wie die Verlegung des X. Fliegerkorps von Sizilien nach Griechenland im Mai 1941[347] zeigten nun ihre Wirkung. Was zur Stabilisierung auf dem Balkan beigetragen hatte, fehlte jetzt im Mittelmeer. Die Streitkräfte der „Achse" waren vollständig ausgelastet, und die militärische Decke erwies sich als dünn und zu kurz. Großbritannien erhöhte zudem mit der Zahl seiner U-Boote den Druck, so daß die Italiener bald nicht mehr fähig waren, die Sicherheit der Transporte nach Nordafrika zu gewährleisten.[348] Durch Berichte und persönliche Vorsprache sorgte General Rommel dafür, daß Hitler die Bedeutung des Nachschubs für den nordafrikanischen Kriegsschauplatz nicht entging.[349] Bereits am 19. August 1941 rechnete die deutsche Seekriegsleitung damit, bald deutsche U-Boote ins Mittelmeer schicken zu müssen. Das „völlige Versagen der Italiener" mache die Entsendung von voraussichtlich sechs bis zehn eigenen Booten notwendig.[350] Da dies zu Lasten des Krieges im Atlantik gehen würde, kam der Marineführung diese neue Verpflichtung höchst ungelegen. Als Mussolini aber wider Erwarten seine Zustimmung zu dem deutschen Eingriff gab,[351] schickte die deutsche Marine sechs U-Boote ins Mittelmeer, die Ende September Gibraltar passierten und ab Anfang Oktober in Salamis stationiert waren.[352] Ergänzt wurden diese durch jeweils eine Räum- und Schnellbootflottille, die ebenfalls zur Sicherung des Transportweges Sizilien–Tripolis eingesetzt werden sollten.[353] Obwohl ein deutscher U-Boot-Krieg im Mittelmeer eigentlich allen Grundsätzen der Seekriegsleitung widersprach, sah sich diese in den kommenden Monaten zusehends genötigt, ihre

---

tuire un secondo Capo di Stato Maggiore del generale Gariboldi, ma si è poi scartata questa idea per timore che si potesse pensare a un'ingerenza tedesca nel campo impiego".

[345] Ebd.; vgl.: Cavallero, Diario, S. 199 – 14.6.1941.
[346] BA/MA, RH 2/2936, S. 238 – 25.7.1941, Rintelen an Matzky; Montanari, Afrika, II, S. 291; Taysen, Tobruk, S. 197.
[347] Gundelach, Luftwaffe, S. 224–234; Baum/Weichold, Achsenmächte, S. 162 f.
[348] Stegemann, Kriegführung, S. 641–657; Salewski, Seekriegsleitung, I, S. 470.
[349] Salewski, Seekriegsleitung, I, S. 472.
[350] KTB/Skl, A, XXIV, S. 306 – 19.8.1941.
[351] Ebd., S. 482 – 30.8.1941; vgl.: Salewski, Seekriegsleitung, I, S. 472 f.
[352] Santoni/Mattesini, Partecipazione tedesca, S. 117 f.; Schreiber, Revisionismus, S. 321 FN 376.
[353] Salewski, Seekriegsleitung, I, S. 471 f.

Prinzipien über Bord zu werfen. Anfang September verwies ein alarmierender Bericht Rintelens auf die zunehmende Verschlechterung der Seetransportlage und die ernste Lage in Nordafrika. Rintelen forderte ausdrücklich die Rückkehr des X. Fliegerkorps nach Sizilien.[354] Die Marineführung mußte sich seiner Warnung anschließen. Ihrer Ansicht nach würde der Verlust der Nordafrikaposition den Verlust des gesamten Mittelmeerraumes mit sich ziehen. Der Erhalt der Stellung in Nordafrika und dem Mittelmeer sei aber „als Voraussetzung für [den] Gewinn [des] Gesamtsieges anzusehen". Eine Rückverlegung der deutschen Luftstreitkräfte sei unumgänglich.[355] Damit hatte sich die Seekriegsleitung zu einer realistischen Einschätzung der Lage durchgerungen, die ihr auch selbst Opfer abverlangen würde. Mitte September befahl Hitler erstmals die Rückführung der deutschen Flieger nach Sizilien; ein Befehl, der durch Abänderungsvorschläge Görings zunächst bis zur Unkenntlichkeit verwässert wurde.[356] Im Oktober stand der Entschluß des „Führers", den Schwerpunkt der Kriegführung in den Mittelmeerraum zu verlagern, dann aber unwiderruflich fest: „als Grundlage für den weiteren Ausbau der eigenen Mittelmeerstellung [sei] ein Kraftzentrum der Achsenmächte im Mittelmeer zu schaffen".[357] Neben einer Verstärkung der deutschen Luftwaffe im Raum Sardinien–Sizilien und Kreta–Ägäis bedeutete das eine erhöhte Beteiligung deutscher U-Boote, auch wenn dies in Kreisen der Marine teilweise auf Widerstand stieß.[358]

Am 31. Oktober teilte Hitler dem „Duce" seinen Entschluß mit. Vorsichtig, doch bestimmt wies er auf die Notwendigkeit einer besseren Sicherung der Mittelmeertransporte, der Ausschaltung Maltas und Unterbindung des feindlichen Schiffsverkehrs hin und bot Mussolini die Unterstützung der deutschen Luftwaffe und weitere U-Boote an.[359] Gleichzeitig kündigte er die Ankunft eines erfahrenen Generalfeldmarschalls seiner Luftwaffe an, der die gemeinsamen Verbände in der Verteidigung des italienischen Kriegsschauplatzes leiten werde.[360] Die deutsch-italienischen Luftstreitkräfte im Mittelmeer sollten unter dem Oberbefehl Albert Kesselrings zusammengefaßt werden, der selbst wiederum die Richtlinien des „Duce" entgegenzuneh-

---

[354] Erwähnt in: Lagevorträge ObdM, S. 298, Anlage 2; vgl.: Santoni/Mattesini, Partecipazione tedesca, S. 119.

[355] Lagevorträge ObdM, S. 298, Anlage 2.

[356] Stegemann, Kriegführung, S. 645.

[357] Zit. n.: KTB/OKW, II.1, S. 96 (Hillgruber).

[358] KTB/Skl, A, XXVI, S. 474–477 – 27.10.41, Besprechung Fricke/Hitler; vgl.: Salewski, Seekriegsleitung, I, S. 476 f.; Stegemann, Kriegführung, S. 645.

[359] ADAP, D, XIII.2, Dok. 433, S. 584 f. – 29.10.1941, Hitler an Mussolini (Übergabe d. Schreibens am 31.10.1941 durch Rintelen).

[360] Die Entsendung Kesselrings wird im Schreiben vom 29.10.1941 zwar nicht erwähnt, ist aber über Rintelen oder Pohl mitgeteilt worden (Rintelen, Bundesgenosse, S. 156–158). In seinem Antwortschreiben vom 6. November nannte Mussolini den Generalfeldmarschall jedenfalls schon beim Namen (ADAP, D, XIII.2, Dok. 454, S. 617).

Die Zusammenarbeit in Nordafrika und im Mittelmeerraum 79

men habe.[361] Angesichts der kritischen Lage blieb Mussolini nichts anderes übrig, als das beschämende „Angebot" anzunehmen.[362] Doch der Einsatz eines deutschen Generals im Mittelmeerraum setzte ihm zu,[363] kennzeichnete er doch einen tiefen Einschnitt in die militärische Souveränität Italiens. Nominell behielt der „Duce" zwar den Oberbefehl über den neuen Oberbefehlshaber Süd, aber faktisch war der Einfluß des deutschen Kommandanten nicht zu verhehlen. Außenminister Ciano interpretierte die Ankunft Kesselrings und seines Fliegerkorps gar als Vorboten einer kommenden deutschen Invasion.[364]

Laut Führerweisung vom 2. Dezember war der Generalfeldmarschall befugt, den ihm zugewiesenen italienischen Flieger- und Flakverbänden Befehle zu erteilen und über den deutschen Admiral Wünsche an die italienische Kriegsmarine zu richten.[365] In der Praxis mußte der deutsche Generalfeldmarschall jedoch auf die direkte Unterstellung der italienischen Kräfte verzichten, da sich Cavallero mit der Regelung nicht abfinden konnte. Ende November, unmittelbar nach der Ankunft Kesselrings, einigte man sich statt dessen auf eine freiwillige enge Zusammenarbeit.[366] Zu Rintelen meinte der italienische Generalstabschef:

„Wir werden auf eine Art und Weise kollaborieren, daß die Erfahrung Generalfeldmarschalls Kesselring vollständig genutzt wird. Es ist aber nicht möglich, daß das Comando Supremo, nachdem es so lange daran gearbeitet hat, den Zusammenhalt der gesamten Streitkräfte zu garantieren, auf die erreichten Resultate verzichtet. Dies entspräche einem Prestigeverlust gegenüber dem Land."[367]

Cavallero war aber durchaus bereit, zuzusichern, daß „kein Befehl des Comando Supremo über Maßnahmen auf dem Kriegsschauplatz Italien–Afrika ohne [Kesselrings] Mitwirkung oder Gegenzeichnung ergehen würde".[368]

---

[361] KTB/SKl, A, XXVII, S. 83 – 5.11.1941.
[362] ADAP, D, XIII.2, Dok. 454, S. 617 – 6.11.1941, Mussolini an Hitler.
[363] Ciano, Diario, S. 556 – 13.11.1941.
[364] Bottai, Diario, S. 289 – 12.11.1941; zu den dt.-ital. Spannungen im Herbst 1941 vgl.: Kap. 5 b u. 7 e.
[365] ADAP, D, XIII.2, Dok. 535, S. 764 – 2.12.1941, Weisung Nr. 38. Die Lesart Stegemanns, laut der Kesselring nur die Kräfte der deutschen Luftwaffe unterstellt wurden, ist nicht korrekt (Stegemann, Kriegführung, S. 646).
[366] Cavallero, Diario, S. 266 – 29.11.1941; Kesselring, Soldat, S. 140 f.; Rintelen, Bundesgenosse, S. 158 f.; zur Quartiernahme des deutschen Generalkommandos bei Frascati, vgl.: ACS, MI, DGPS, A5G – IIa guerra mondiale, b. 124, n.p. – 30.11.1941, Questura Roma an MI, DGPS.
[367] DSCS, V.1, S. 656 f. – 29.11.1941: „Collaboreremo in modo che tutta la esperienza del Maresciallo Kesselring sia sfruttata in pieno, ma non è possibile che il Comando Supremo, dopo aver fatto un lungo lavoro per garantire l'unione di tutte le Forze Armate, rinunci ai risultati conseguiti. Sarebbe una perdita di prestigio di fronte al paese."
[368] Kesselring, Soldat, S. 140.

Parallel zur Installation Kesselrings und der Entsendung deutscher Flieger und U-Boote wurde im November 1941 die Stellung des Verbindungsstabes beim italienischen Admiralstab aufgewertet. Angesichts der veränderten Schwerpunktlage hatte sich die Seekriegsleitung entschlossen, die Führungsstelle personell aufzustocken. Zum 1. November wurde der „Marineverbindungsstab Rom" umbenannt in „Deutsches Marinekommando Italien".[369] Auf dem Papier unterstanden die deutschen Seestreitkräfte den italienischen Kommandobehörden, doch de facto wurden die „Vorschläge" für künftige Einsätze von einem gemischten deutsch-italienischen Beraterstab eingebracht, in dem ein deutscher Admiral die gesamte U-Boot-Kriegführung bearbeitete. Das Kriegstagebuch der Seekriegsleitung kommentierte daher am 12. November:

„Diese Regelung ist der seit langem beabsichtigte Einbruch in die italienische Führungsorganisation auf einem Teilgebiet und kann bei entsprechender Unterstützung von oben Vorläufer zu weiterer verantwortlicher dt. Beteiligung an der Führung der ital. Gesamtstreitkräfte werden."[370]

In Nordafrika sorgte Rommel derweil für eine Ausweitung seiner Befehlskompetenz. Schon Mitte September hatte der deutsche General den Italienern ausführliche Ratschläge zur Verbesserung des Geleitschutzes gegeben und seine Weisungsbefugnisse damit weit überschritten. Die Kontroverse, die er damit auslöste, gipfelte darin, daß Rommel die Ablösung des italienischen Generals der V. Luftflotte forderte, was einem deutschen Offizier natürlich nicht anstand. Der Forderung wurde daher auch nicht nachgekommen, doch Tatsache war, daß sich der italienische Kommandeur zwei Monate später nicht mehr auf seinem Posten befand.[371] Am 22. November 1941 ergab es sich dann, daß ihm General Gastone Gambara die Mitwirkung seines motorisierten Korps bei der geplanten Einkesselung britischer Panzerkräfte bei Sidi Rezegh versagte und nur Teilkräfte zur Verfügung stellte. Noch am selben Nachmittag wurde Rommel von Oberbefehlshaber Bastico zu einem persönlichen Gespräch einbestellt, da dieser keinerlei Informationen über die Pläne des Deutschen besaß. Inhalt und Verlauf der Unterredung sind nicht bekannt, doch sprechen die darauf folgenden Ereignisse für sich: Bereits am nächsten Morgen wurde Rintelen in Rom mit einem Telegramm vorstellig, in welchem Rommel den „Duce" höchstpersönlich um die Unterstellung Gambaras unter sein Kommando bat. Gleichzeitig beschwerte sich der deutsche General, daß Bastico seit Beginn der Kämpfe nicht auf dem Gefechts-

---

[369] KTB/Skl, A, XXVI, S. 513 – 29.10.1941 u. S. 553 – 31.10.1941; BA/MA, RM 7/234, S. 218 f. – 31.10.1941, Fricke an MPA: Verstärkung des Stabes des Dt. Admirals Rom.
[370] KTB/Skl, A, XXVII, S. 235 – 12.11.1941; vgl.: Salewski, Seekriegsleitung, I, S. 478–480; Schröder, Marineakten, S. 863.
[371] Gundelach, Luftwaffe, S. 292 f.

stand erschienen war und keinen persönlichen Einfluß auf die Kriegführung nehme.[372] Mit diesem Vorgehen mißachtete Rommel jegliche Form und Dienstwege, doch sein Handeln zeitigte Erfolg. Noch am Mittag desselben Tages entsprach Mussolini seinem Wunsch und übertrug Rommel per Funkspruch „die einheitliche Befehlsführung für die Schlacht in der Marmarica".[373] Möglich war dies allein, da Rommel nicht nur beim *Comando Supremo* in hohem Ansehen stand, sondern sich während eines Rom-Aufenthalts Mitte November auch die Unterstützung Mussolinis gesichert hatte.[374] In Tripolis löste die Order Mussolinis freilich Entsetzen aus.[375] Zwar hatte der „Duce" ausdrücklich betont, daß sich an Rommels Unterstellung unter Bastico nichts ändere,[376] doch welchen Wert hatte diese Aussage, wenn Rommel durch persönlichen Kontakt mit Mussolini die Kommandostruktur jederzeit unterlaufen konnte? Es überrascht daher nicht, daß der deutsche Verbindungsoffizier Heinz Heggenreiner auf eine hochexplosive Stimmung in Tripolis stieß, als er Ende Dezember auf seinen Posten zurückkehrte.[377] Um „einen Zusammenstoss zu vermeiden", sah sich Heggenreiner gezwungen, das Gespräch „auf das Gebiet einer *privaten* Aussprache" zu bringen.[378] An Mussolinis Beschluß und der daraus resultierenden Stellung Rommels änderte dies freilich nichts. Obschon Bastico auf dem Papier unterstellt, war es dem deutschen General gelungen, seinen italienischen Vorgesetzten aus der Kampfführung in Nordafrika mehr oder minder auszuschalten.[379]

Zusammenfassend läßt sich festhalten, daß der Monat November einen deutlichen Umbruch in den militärischen Beziehungen der Achsenpartner markiert. Deutsche Schiffe befuhren das Mittelmeer, in einem gemischten Gremium gewann das „Deutsche Marinekommando Italien" Einfluß auf die U-Boot-Kriegführung im Mittelmeer. Bei Frascati, in der unmittelbaren Umgebung Roms, quartierte sich Anfang

---

[372] Montanari, Afrika, II, S. 507 f.; Taysen, Tobruk, S. 246 f.

[373] KTB/Skl, A, XXVII, S. 421 – 23.11.1941; Cavallero, Diario, S. 260 f. – 23.11.1941; DSCS, V.1, S. 610 – 23.11.1941; vgl.: Montanari, Afrika, II, S. 509 f.

[374] Taysen, Tobruk, S. 186 u. 214. „Ich bin mir sicher, daß Sie die Truppen der Achse zum Sieg führen werden", endete Mussolinis Telegramm an den deutschen General (KTB/Skl, A, XXVII, S. 421 – 23.11.1941; vgl.: Ciano, Diario, S. 557 – 17.11.1941).

[375] Im Dezember meinte Gambara u. a. zum deutschen Verbindungsoffizier Heggenreiner: „Er stehe nicht an, auszusprechen, dass die Übernahme des Oberkommandos an der einzigen ital. Kampffront auf ital. Gebiet durch einen Ausländer an sich das nationale Empfinden der ital. Nation aufs tiefste verletzen müsse." (BA/MA, RH 2/2936, S. 250 – 31.12.1941, Heggenreiner an Rintelen).

[376] Erzürnt verwies der italienische Kommandant Rommel am 24. November auf diesen Punkt (Montanari, Afrika, II, S. 510). Zu dem problematischen Unterstellungsverhältnis vgl.: Rintelen, Bundesgenosse, S. 153 f.; Kesselring, Soldat, S. 141; Kesselring, Gedanken, S. 103.

[377] Rommel hatte inzwischen ein weiteres Mal den Befehlen Basticos zuwidergehandelt (Rommel, Krieg, S. 90–93).

[378] BA/MA, RH 2/2936, S. 249 – 31.12.1941, Heggenreiner an Rintelen.

[379] Ebd., S. 260 – 7.1.1942, Rintelen an Matzky.

Dezember der Stab des deutschen Oberbefehlshabers Süd ein.[380] Und in Nordafrika führte Rommel mit der Unterstützung des „Duce" die ursprüngliche Kommandostruktur ad absurdum. Die ungleiche Stellung der beiden Bündnispartner war nach diesem Einbruch in die italienische Führung nicht mehr zu verhehlen.

Doch der deutschen Seekriegsleitung ging dies noch nicht weit genug. Wie zu Beginn des Jahres brachte die Marineführung im November ihre Forderung nach einer Übernahme der operativen und strategischen Führung im Mittelmeerraum wieder vor. Anfang des Monats griff Weichold seine Kritik an der italienischen Einsatzführung und -planung erneut auf und plädierte mehr oder weniger eindeutig für eine personelle Durchsetzung der italienischen Seekriegsleitung.[381] Und als hätte es eines Beweises bedurft, gelang es den Briten am 9. November mit beschämend geringem Aufwand, die 51. Transportstaffel nach Afrika restlos zu vernichten, so daß der Nachschubverkehr vollends zusammenbrach. Diese Niederlage, notierte die deutsche Seekriegsleitung, sei „nur durch unverzeihliches Fehlverhalten der ital. Seestreitkräfte zu erklären".[382] Eine Lagebetrachtung kam anknüpfend zu dem Schluß, daß die „obere und mittlere Führung von der ital. in die deutsche Hand" übergehen müsse.[383] Letztlich dürfe keine italienische Einheit ohne einen deutschen Begleitoffizier bleiben, der dem italienischen Kommandanten „nach Dienstalter, Vorbildung und Können" mindestens „ebenbürtig" und „an Persönlichkeitswert möglichst überlegen" sein sollte:

„Unter diesen Umständen könnte nominell den ital. Befehlshabern, Chefs und Kommandanten die Befehlsführung überlassen, praktisch jedoch durch die deutschen Offiziere durchgeführt bzw. die Durchführung überwacht werden."[384]

Nachgekommen wurde dieser Forderung aber nicht. Der militärische Nutzen eines solchen Eingriffs stand immer noch in keinem Verhältnis zu dem politischen Schaden, den das Achsenbündnis durch eine solch tiefgreifende Maßnahme erleiden konnte. Die ersten Schwierigkeiten in Rußland machten vielmehr deutlich, daß man auf den italienischen Partner nicht verzichten konnte. So sah sich Hitler etwa gezwungen, die vom „Duce" angebotenen Truppen, die Keitel und er im Sommer wiederholt

---

[380] ACS, MI, DGPS, A5G – IIa guerra mondiale, b. 124, n.p. – 30.11.1941, Questura Roma an MI, DGPS u. ebd. – 9. 12.1941, Questura Roma an Capo Polizia.

[381] BA/MA, RM 36/151, n.p., ohne Brief-Nr. – 1.11.1941, Lagebeurteilung Weichold; dazu ausführlich: Schreiber, Revisionismus, S. 323 f.

[382] KTB/Skl, A, XXVII, S. 174 f. – 9.11.1941 u. S. 194 f. – 10.11.1941; Lagevorträge ObdM, S. 309 – 13.11.1941.

[383] BA/MA, RM 7/234, S. 257 – [Nov. 1941], Studie Reinicke; vgl.: Schreiber, Revisionismus, S. 325 f.

[384] BA/MA, RM 7/234, S. 258 f. – [Nov. 1941], Studie Reinicke.

abgelehnt hatten, Ende Dezember dankbar zu akzeptieren.[385] In der Zusammenarbeit der beiden Marinen änderte sich letztlich nur wenig. Insgesamt gab sich die italienische Supermarina weiterhin souverän und ließ sich durch die bisweilen harte Kritik des deutschen Verbindungsoffiziers nicht aus der Ruhe bringen.[386] Von dem erhofften Ausbau des deutschen Einflusses konnte keine Rede sein. In den kommenden zwei Jahren sollte sich vielmehr zeigen, daß die italienische Marine nicht bereit war, sich „ins Schlepptau einer deutschen maritimen Operationsführung nehmen zu lassen, die sie für unausgewogen, tollkühn und selbstmörderisch hielt".[387]

Auch die Möglichkeiten Kesselrings in seiner Funktion als Oberbefehlshaber Süd hielten sich in Grenzen. Reell unterstanden ihm im Mittelmeerraum und Nordafrika nur die Verbände der deutschen Luftwaffe und die – fallweise – zugestandenen italienischen Flieger. De facto war er nur Chef der Luftflotte 2, welche aber zu klein war, um den hochgegriffenen Titel „Oberbefehlshaber Süd" wirklich zu rechtfertigen. Statt der angestrebten straffen Führungsorganisation und Zusammenfassung der Streitkräfte im Mittelmeer war durch seine Entsendung nur ein neues Nebeneinander entstanden: Der Krieg im Mittelmeer wurde nun von zwei Kommandobehörden, dem *Comando Supremo* und dem OKW, getrennt geführt.[388] Über mehr als eine lose geführte taktische Zusammenarbeit – bei der es „weder einheitliche Rufzeichen innerhalb der fliegenden Verbände noch zwischen Bodenstellen und Verbänden" gab und jede Seite offenkundig bemüht war, „ihre Signaltafeln als Geheimnis voreinander zu hüten" – sollte die Luftwaffe der „Achse" nicht hinauskommen.[389] Und so kennzeichnet der Monat November zwar einen Einbruch der Deutschen in die italienische Führungsorganisation, markiert aber nicht den Durchbruch zu einer Übernahme der militärischen Leitung. Die italienische Führung blieb und handelte weiterhin souverän.

Als nachhaltig erwies sich allenfalls die Einflußnahme Rommels auf die Operationsführung in Nordafrika, was vornehmlich in der Person des Generals begründet lag. Im Januar 1942, nachdem sich die italienischen und deutschen Truppen vor der britischen Großoffensive (*Crusader*) hatten zurückziehen müssen, ging Rommel gar so weit, einen Gegenschlag zu planen, über den er weder das OKW noch Bastico informierte. Erst am Tag des Gegenangriffs, dem 21. Januar 1942, als Rommel den Befehl an alle Straßenwärterhäuser Tripolitaniens anschlagen ließ,[390] erfuhr der italie-

---

[385] ADAP, E, I, Dok. 62, S. 108 – 29.12.1941, Hitler an Mussolini; ebd., Dok. 53, S. 94, Mussolini an Hitler; zur Zusammenarbeit der Achsenpartner im Rußlandfeldzug vgl.: Schlemmer, Italiener an der Ostfront, S. 1–75.
[386] Schreiber, Revisionismus, S. 327.
[387] Salewski, Seekriegsleitung, II, S. 365.
[388] Gundelach, Luftwaffe, S. 338 u. S. 449.
[389] Ebd., S. 600.
[390] Rommel, Krieg, S. 97; Siegfried Westphal, Erinnerungen, Mainz 1975, S. 146; vgl.: Reinhard Stumpf, Der Krieg im Mittelmeerraum 1942/43: Die Operationen in Nordafrika und im mittleren

nische Oberbefehlshaber vom Zeitpunkt der Offensive.[391] Laut Rommel hatte die Erfahrung auf dem afrikanischen Kriegsschauplatz mehr als einmal gezeigt, daß „die italienischen Kommandostellen nicht dicht hielten und alles dem Engländer verpfiffen wurde, was auf dem italienischen Funkweg nach Rom gelangte".[392] Daß dies vornehmlich auf der exzellenten Arbeit der britischen geheimen Funkaufklärung[393] beruhte, kam dem General nicht in den Sinn. Zwei Tage darauf schritt Cavallero ein und überbrachte einen Befehl des „Duce",[394] in dem dieser aufgrund der prekären Nachschublage einen Abbruch der Attacke verlangte. Rommel aber ließ sich vom Chef des *Comando Supremo* und dem Schreiben nicht beirren, sondern führte die Operation zu Ende, wobei er darauf achtgab, sich zumindest formal in dem Handlungsspielraum, den ihm der Befehl Mussolinis ließ,[395] zu bewegen. Folge war, daß Rommel bei der Wiedereroberung der Cyrenaika, die am 5. Februar vor Ain el Gazala, am Golf von Bomba, zum Abschluß kam, größtenteils auf die Mitwirkung der italienischen Infanteriedivisionen verzichten mußte.[396] Schaden tat ihm sein Ungehorsam jedoch nicht. Im Gegenteil, mehr als auf jedem anderen Kriegsschauplatz galt in Nordafrika offenbar das Wort, daß allein „der Erfolg entscheidet".[397] Da spielte es keine Rolle, daß Rommel den italienischen Generalstabschef in Besprechungen brüskierte, daß er italienische Soldaten als „zu weich" charakterisierte[398] und dem italienischen Oberkommando in Tripolis durch seine unvorhersehbare, selbstherrliche Vorgehensweise jegliche Planung unmöglich machte. Mussolini ließ sich von den Erfolgen Rommels blenden und zeigte sich stets begeistert. Den eigentlichen Schaden trug Cavallero davon, dessen Stellung als Generalstabschef durch die ständigen Differenzen in Nordafrika stark belastet wurde.[399] Insbesondere nach der geglückten Ein-

---

Mittelmeer, in: DRZW, VI, S. 575 f.; Montanari, Afrika, III, S. 21–28; Gundelach, Luftwaffe, S. 347 f.

[391] Rommels Darstellung, laut der Bastico überhaupt nichts von dem Angriff ahnte, entspricht nicht den Tatsachen. Spätestens am 18. Januar wußte Bastico Bescheid; allein der Zeitpunkt muß ihn überrascht haben (Montanari, Afrika, III, S. 27 f.).

[392] Rommel, Krieg, S. 97; vgl.: Kesselring, Soldat, S. 162.

[393] Vgl.: Jürgen Rohwer, Der Einfluß der alliierten Funkaufklärung auf den Verlauf des Zweiten Weltkrieges, in: VfZ 27.3/1979, S. 325–369; Alberto Santoni, Il vero traditore. Il ruolo documentato di ULTRA nella guerra del Mediterraneo, Mailand 1981; Ronald Lewin, Entschied ULTRA den Krieg? Alliierte Funkaufklärung im 2. Weltkrieg, Koblenz/Bonn 1981; Jürgen Rohwer/Eberhard Jäckel, Die Funkaufklärung und ihre Rolle im Zweiten Weltkrieg, Stuttgart 1979.

[394] DSCS, VI.2, Dok. 10, S. 33 f.; Cavallero, Diario, S. 323 – 23.1.1942.

[395] Vgl.: Stumpf, Mittelmeerraum, S. 580.

[396] Ebd., S. 580–586; Rommel, Krieg, S. 97 f.; Seconda controffensiva italo-tedesca in Africa settentrionale da El Agheila a El Alamein (gennaio–settembre 1942), hrsg. v. USSME, Rom 1971, S. 23–48.

[397] BA/MA, RH 2/2936, S. 265 – 3.2.1942, Matzky an Rintelen.

[398] Ebd., S. 272 f. – 20.3.1942, Aktennotiz Rintelen.

[399] Ebd., S. 281 f. – 21.4.1942, Rintelen an Matzky.

nahme der Festung Tobruk im Juni 1942[400] reichte Mussolinis Vertrauen zu dem deutschen General so weit, daß er seine künftigen Vorhaben auch gegen den Rat des *Comando Supremo* unterstützte.[401] Rommel solle Oberbefehlshaber in Ägypten werden, schlug Mussolini in seiner Euphorie[402] im Juli 1942 vor, mit einem italienischen Zivilkommissar an seiner Seite.[403] Und mit Wirkung zum 16. August 1942 wurde Rommel schließlich der formalen Unterstellung unter Bastico entzogen und unterstand fortan direkt der operativen Leitung des *Comando Supremo*.[404]

Obschon das italienische Oberkommando streng darauf achtete, seine Souveränität gegenüber dem deutschen Anspruch zu wahren, kann man dennoch festhalten, daß ihm das OKW in den Jahren 1941 und 1942 mehr und mehr als Orientierungspunkt diente.[405] Die Tatsache, daß Cavallero am 5. September 1942 das deutsche Oberkommando bat, „eine allgemeine Weisung für die Absichten für das Jahr 1943 heraus[zu]geben, damit die italienische Wehrmacht sich auf die ihr vom OKW zugedachten Aufgaben vorbereiten könne",[406] verdeutlicht, daß vom italienischen Oberbefehlshaber kaum mehr eigene Initiativen im Krieg der „Achse" zu erwarten waren. Der von den deutschen Militärs gewünschten Einflußnahme entsprach die „Deutschhörigkeit" Cavalleros allerdings noch nicht. Doch der nächste tiefere Eingriff in die italienische Führung sollte erst im März 1943 gelingen, wiederum der Marine.

Dabei wurde der Wunsch nach einer Umorganisation der militärischen Leitung im Mittelmeerraum bereits im Herbst 1942 wieder laut.[407] Gründe dafür gab es genug: Seit August 1942 verzeichneten die Verluste im Nachschubverkehr einen deutlichen Anstieg,[408] Rommels Niederlage vor El Alamein leitete am 4. November das Ende der deutschen Erfolge in Nordafrika ein, und in Algerien landeten drei Tage

---

[400] Vgl.: Montanari, Afrika, III, S. 293–330; Stumpf, Mittelmeerraum, S. 623–629.

[401] Ciano, Diario, S. 632 – 22.6.1942 u. S. 632 f. – 23.6.1942; vgl.: Stumpf, Mittelmeerraum, S. 653, S. 635 u. S. 625. Laut Ciano verstieg sich der „Duce" bereits zuvor in die Äußerung, daß Rommel das Nildelta schon erreichen werde, wenn ihn die italienischen Generale nicht daran hinderten (Ciano, Diario, S. 623 – 26.5.1942).

[402] Der „Duce" freute sich allerdings zu früh und machte denselben Fehler wie einst in Albanien. Am 29. Juni flog er nach Libyen, um bei dem triumphalen Einzug in Kairo dabeizusein. Doch der Durchbruch bei El Alamein gelang nicht, so daß Mussolini nach drei Wochen wieder nach Rom zurückkehren mußte, ohne die erwartete Siegesfeier erlebt zu haben (Ciano, Diario, S. 634 – 29.6.1942 u. S. 637 f. – 20.–22.7.1942).

[403] ADAP, E, III, Dok. 59, S. 97 FN 2 – 3.7.1942, Aufzeichnung Ritter.

[404] Montanari, Afrika, III, S. 539–541; Stumpf, Mittelmeerraum, S. 671 f.

[405] Gundelach, Luftwaffe, S. 601.

[406] Zit.n.: KTB/OKW, II.1, S. 25 (Hillgruber).

[407] KTB/SKl, A, XXXIX.2, S. 660 f. – 25.11.1942; ebd., XL, S. 85 – 3.12.1942; Salewski, Seekriegsleitung, II, S. 170 f. u. S. 258; Schreiber, Revisionismus, S. 362 FN 87.

[408] Vgl. die Tabelle „Verluste und Transportleistungen im Verkehr nach Libyen (Dezember 1941–Januar 1943)", in: Stumpf, Mittelmeerraum, S. 753; zur Problematik bei Zahlenangaben dieser Art, vgl.: Stegemann, Kriegführung, S. 648 f.

darauf die Truppen der Alliierten.[409] Aber Rintelen und Kesselring lehnten jede weitergehende deutsche Einschaltung ab, um „gegensätzliche Strömungen nicht zu verstärken".[410] Mit den Austausch Cavalleros durch Generaloberst Vittorio Ambrosio war das Unabhängigkeitsstreben des *Comando Supremo* wieder gewachsen.[411] Erst Großadmiral Karl Dönitz, der am 30. Januar 1943 den Oberbefehl über die deutsche Marine übernahm,[412] setzte sich mit seinen Forderungen über die bis dahin dominierende Rücksichtnahme gegenüber Italien hinweg. Prestigegründe hätten in Zukunft zurückzutreten, ließ er verlauten.[413] Sekundiert wurde er bei diesem Ansatz von Göring, der am 8. März Ambrosio und Riccardi einen ganzen Forderungskatalog vorlegte, in dem er u. a. vorschlug, vermehrt deutsches Personal in der italienischen Marine und Luftwaffe einzusetzen, um die Schwierigkeiten im Nachschub nach Tunesien zu lösen.[414] Von Hitler mit dem Freibrief versehen, seine Gesichtspunkte beim „Duce" „rücksichtslos" zum Vortrag zu bringen,[415] gelang es Dönitz, seine Wünsche nahezu gänzlich bei Mussolini durchzusetzen. Gemäß der Vereinbarung vom 17. März wurde Friedrich Ruge als Chef des deutschen Stabes bei der Supermarina installiert, deutsche Stabsoffiziere in die italienischen Marinekommandos abgeordert, die deutsche Präsenz allgemein verstärkt.[416] Noch setzte Dönitz auf „den Weg der friedlichen Infiltration, einer planmäßigen Unterwanderung und Durchdringung der Kommandobehörden des Bundesgenossen".[417] Doch der italienische Marinestab verstand es, die Einblick- und Einflußmöglichkeiten Ruges durch passiven Widerstand und verkomplizierte Informationswege zu minimieren.[418] Dönitz' selbstmörderischer Forderung, Tunis „ohne Rücksicht auf Verluste" zu halten, widersetzte sich Riccardi schlichtweg und zu Recht.[419] Als im Juli 1943 zudem die Landung der Alliierten auf Sizilien folgte und die Wahrscheinlichkeit stieg, daß Italien

---

[409] Stumpf, Mittelmeerraum, S. 648–709 u. S. 710–739.
[410] KTB/Skl, A, XXXIX.2, S. 661 – 25.11.1942.
[411] Gundelach, Luftwaffe, S. 601. Ambrosio wurde am 1. Februar 1943 zum neuen Chef des *Comando Supremo* ernannt.
[412] Herbert Kraus, Großadmiral Dönitz, in: Gerd R. Ueberschär (Hg.), Hitlers militärische Elite, II, Darmstadt 1998, S. 47.
[413] KTB/Skl, A, XLIII, S. 144 – 8.3.1943.
[414] Ebd., S. 186 f. – 10.3.1943; zum dt.-ital. Brückenkopf in Tunesien und dem Nachschubproblem, vgl.: Stumpf, Mittelmeerraum, S. 720–725 u. S. 751–757.
[415] Lagevorträge ObdM, S. 473 – 14.3.1943.
[416] Vgl.: Dönitz, Zehn Jahre, S. 357 f.; Schröder, Kriegsaustritt, S. 88 f.; Salewski, Seekriegsleitung, II, S. 260.
[417] Schröder, Kriegsaustritt, S. 89.
[418] Vgl.: Schröder, Kriegsaustritt, S. 92–94; zum Ausbau des italienischen Bürokratismus, vgl.: Gundelach, Luftwaffe, S. 601 f.
[419] Salewski, Seekriegsleitung, II, S. 264–267; Santoni/Mattesini, Partecipazione tedesca, S. 349–359; Gundelach, Luftwaffe, S. 580 f.

über kurz oder lang aus dem Achsenbündnis abspringen könnte, schlug Dönitz schließlich vor, den Oberbefehl über die italienische Kriegsmarine persönlich zu übernehmen.[420] Eine ähnliche Linie verfolgte zu diesem Zeitpunkt auch der Wehrmachtführungsstab, der die Schaffung einer deutschen Befehlsführung in Süd- und Mittelitalien unter dem „Duce" und den personellen Austausch des *Comando Supremo*, der Supermarina und des Generalstabs des Heeres durch Militärs deutschen Vertrauens wünschte. Die Führung der gesamten Luftwaffe in Italien sei in deutsche Hände zu legen.[421] Die Nacht vom 24. Juli 1943 führte dann mit der Entmachtung Mussolinis jedoch zu einem drastischen Einschnitt, der die Weiterentwicklung der deutsch-italienischen Beziehungen auf neuen Boden stellte.[422]

---

[420] KTB/Skl, A, XLVII, S. 286 – 14.7.1943. In der Lagebesprechung mit Hitler schwächte Dönitz den Vorschlag dahingehend ab, daß er an seiner Statt einen vertrauenswürdigen italienischen Admiral mit deutschem Stab vorschlug (Lagevorträge ObdM, S. 522 – 17.7.1943; KTB/OKW, III.2, S. 799 – 17.7.1943).

[421] KTB/OKW, III.2, S. 789 f. – 15.7.1943 u. S. 798 – 17.7.1943; vgl. Schröder, Kriegsaustritt, S. 97–99.

[422] Vgl. weiterführend: Klinkhammer, Zwischen Bündnis und Besatzung; Schröder, Kriegsaustritt.

2. Wehrwirtschaft und Handel

a. Zwischen Autarkiestreben und Importabhängigkeit – Italien im handelspolitischen Tauziehen der kriegführenden Großmächte

Im Wissen um die Schwäche der italienischen Wirtschaft gab Außenminister Ciano im Jahre 1937 den Anstoß zu einem ersten deutsch-italienischen Handelsabkommen. Der niedrige Industrialisierungsgrad Italiens und die hohe Abhängigkeit von Rohstoffimporten aller Art machten das Land im Falle eines Krieges höchst verletzlich. Bereits im Abessinienkrieg hatte sich gezeigt, daß britische Kohle- und Ölsanktionen die italienische Produktion zu gefährden vermochten. Ciano hoffte, durch einen verstärkten Rohstoffaustausch innerhalb der „Achse" dem Ziel einer wehrwirtschaftlichen Autarkie näherzukommen.[1]

Den wunden Punkt der italienischen Kriegswirtschaft bildete insbesondere der Mangel an Brennstoffen. Drei bis vier Millionen Tonnen Rohöl brauchte die italienische Wirtschaft im Jahr, für den Kriegsfall wurde mit mehr als dem doppelten Bedarf von ca. 8.500.000 t gerechnet. Nur knapp über 153.000 t erhielt man im Jahre 1939 aus italienischer Produktion, wovon über 90 Prozent aus Albanien stammten. Der Rest mußte importiert werden. Besser fielen auch die Zahlen für Kohle nicht aus. Allein die zu importierende Steinkohle umfaßte für das Wirtschaftsjahr 1938 ca. 12.000.000 t, was über 85 Prozent des Gesamtbedarfs entsprach. Was die Stahlproduktion anbetraf – um zunächst die wichtigsten Grundstoffe der Rüstungsindustrie zu nennen –, so nahm sich das Ergebnis mit 2.321.000 t für das Jahr 1939 im Vergleich zu anderen Ländern eher bescheiden aus. Das Deutsche Reich, welches seine Rüstungsindustrie seit dem Jahre 1933 konsequent hochgefahren hatte, produzierte zu diesem Zeitpunkt bereits 22.319.000 t Rohstahl. Doch auch ein Vergleich mit Frankreich (1938: 6.135.000 t Rohstahl) und Großbritannien (1938: 10.745.000 t) macht sichtbar, daß das italienische Produktionsvolumen äußerst gering ausfiel.[2]

---

[1] ADAP, C, VI.1, Dok. 247, S. 531 – 5.3.1937, Hassell an AA; ebd., VI.2, Dok. 341, S. 735 – 27.4.1937, Aufzeichnung über den Stand der dt.-ital. Wirtschaftsbeziehungen; Fortunato Minniti, Le materie prime nella preparazione bellica dell'Italia (1935–1943), in: Storia contemporanea 17.1/1986, S. 26 f.; Angela Raspin, Wirtschaftliche und politische Aspekte der italienischen Aufrüstung Anfang der dreißiger Jahre bis 1940, in: Friedrich Forstmeier/Hans-Erich Volkmann (Hg.), Wirtschaft und Rüstung am Vorabend des Zweiten Weltkrieges, Düsseldorf 1975, S. 203–211; zum Abessinienkrieg und seinen Auswirkungen auf die deutsch-italienischen Beziehungen vgl.: Manfred Funke, Sanktionen und Kanonen. Hitler, Mussolini und der internationale Abessinienkonflikt, 1934–36, Düsseldorf 1970.

[2] Schreiber, Mittelmeerraum, S. 20–23; Minniti, Materie prime, S. 15.

Das deutsch-italienische Handelsabkommen³ vom 18. Dezember 1937 war der erste offizielle Schritt zur wirtschaftlichen Verbindung der beiden Regime. Auf italienische Initiative hin konzipiert, um dem faschistischen Staat im Falle eines Krieges die wirtschaftliche Unabhängigkeit zu sichern, band der Vertrag Italien zugleich enger an das Deutsche Reich und seine Rohstofflieferungen. Die somit eingeleitete verstärkte Anlehnung an Deutschland brachte in den folgenden drei Jahren eine zunehmende Abhängigkeit vom Achsenpartner mit sich, die auf lange Sicht die wirtschaftliche und politische Autonomie Italiens bedrohen sollte.⁴ Grundsätzlich wurde die Autarkiepolitik Roms⁵ vom Deutschen Reich zwar begrüßt, jedoch nur unter der Bedingung, daß Deutschland darin eine Sonderrolle eingeräumt wurde.⁶ Diese Privilegierung eines einzelnen Staates aber führte die Grundidee der Autarkiepolitik bereits ad absurdum.

Hinzu kam, daß die starke Importabhängigkeit den italienischen Autarkieplänen wie eine natürliche Schranke im Wege stand. Problematisch war dabei vor allem, daß der größte Teil der Wareneinfuhr über leicht unterbrechbare Schiffahrtswege lief. Während das Deutsche Reich mit Skandinavien, dem Baltikum und Südosteuropa ein „fast einheitliches Wirtschaftsgebiet" bildete, verfügte Italien angesichts seiner peninsularen Lage über keinen zusammenhängenden Wirtschaftsraum.⁷ Bereits im Mai 1937 kam eine Studie des Reichskriegsministeriums daher zu dem Schluß, daß „Italien im Kriegsfall für seine Verbündeten eine *ernsthafte wehrwirtschaftliche Belastung* darstellen" könne. In der rüstungspolitischen Beurteilung Italiens dürften „über dem imponierenden Eindruck des faschistischen *Wehrwillens* die begrenzten Möglichkeiten seiner wehrwirtschaftlichen Kraft nicht vergessen werden". Nur unter der Voraussetzung, daß ihr „ein *ausreichender* und *gesicherter* Rohstoffrückhalt" gegeben werde, sei mit einem erfolgreichen und nachhaltigen Einsatz der italienischen Rüstungsindustrie zu rechnen.⁸

Bis Ende der dreißiger Jahre konzentrierte sich die italienische Regierung mehr auf die Verwirklichung ihrer Autarkiepläne als auf den Ausbau ihrer Kriegswirt-

---

³ ADAP, D, I, Dok. 84, S. 115–120.

⁴ Minniti, Materie prime, S. 26–29; Mantelli, Camerati del lavoro, S. 450; Schreiber, Mittelmeerraum, S. 24.

⁵ Zur italienischen Autarkiepolitik vgl.: Rolf Petri, Von der Autarkie zum Wirtschaftswunder. Wirtschaftspolitik und industrieller Wandel in Italien 1935–1963, Tübingen 2001, S. 60–164.

⁶ Francesca Schinzinger, Kriegsökonomische Aspekte der deutsch-italienischen Wirtschaftsbeziehungen 1934–1941, in: Friedrich Forstmeier/Hans-Erich Volkmann (Hg.), Kriegswirtschaft und Rüstung 1939–1945, Düsseldorf 1977, S. 174.

⁷ Fabio Degli Esposti, L'industria bellica italiana e le commesse tedesche (1937–43), in: Rivista di storia contemporanea 2-3/1993, S. 203; Rieder, Wirtschaftsbeziehungen, S. 118.

⁸ BA/MA, Wi/IB 1.64, n.p., Brief-Nr.: 2940/37 – 15.6.1937, Analyse RKM: Übersicht über die wehrwirtschaftliche Lage von Italien – Mai 1937 (Hervorhebungen im Original).

schaft.⁹ Im Frühjahr 1939 betonten Mussolini und Ciano daher ausdrücklich, daß Italien noch zwei bis drei Jahre benötige, ehe die „Achse" für einen Krieg mit den demokratischen Großmächten gerüstet sei.¹⁰ Bis dahin, so einigten sie sich mit Göring und Ribbentrop, laute das Motto der beiden Länder: „Vom Frieden sprechen und den Krieg, d. h. den Sieg vorbereiten".¹¹ Anders als Berlin war Rom zu diesem Zeitpunkt schon seit über einem Jahrzehnt fast ohne Unterbrechung militärisch aktiv: 1923–34 in Libyen, 1935–36 in Abessinien, 1936–39 im Spanischen Bürgerkrieg und 1939 bei der Besetzung Albaniens. Kriegerische Unternehmungen, die zwar stets außerhalb des Landes stattfanden, aber dennoch Geld in Anspruch nahmen, Rüstungsmaterial verbrauchten und Menschenleben kosteten.¹² Der italienische Wunsch nach einer „möglichst langen Friedensperiode"¹³ war daher mehr als begreiflich. Doch obwohl vor Kriegsausbruch feststand, daß Italien rüstungspolitisch betrachtet keine Hilfe, sondern vielmehr eine Belastung darstellen würde,¹⁴ ging Hitler nach Abschluß des „Stahlpakts" fest von einer Beteiligung Italiens am Polenfeldzug aus. Erst angesichts der sogenannten „Molybdänliste",¹⁵ in der die italienischen Diplomaten unerfüllbare Materialforderungen an das Deutsche Reich stellten, sah sich Hitler gezwungen, Italien aus der Beistandspflicht zu entlassen.¹⁶

Wie bereits im Mai 1937 von der Studie des Reichskriegsministeriums empfohlen,¹⁷ drängte die Handelspolitische Abteilung des Außenministeriums nun darauf, die Neutralität des Bundesgenossen zur Versorgung Deutschlands zu nutzen.¹⁸ Mussolini, bemüht zu zeigen, daß die italienische Haltung der *Nonbelligeranza* nicht einer „Neutralität" im eigentlichen Sinne entsprach, wies in seinen Weisungen an Botschafter Attolico ebenfalls auf die Möglichkeit einer wirtschaftlichen Unterstützung hin.¹⁹ In den Wirtschaftsbesprechungen vom 11. bis 13. September 1939 erklärte sich die italienische Regierung daher bereit, kriegswichtige deutsche Güter, die noch in neutralen Häfen oder dem Ursprungsland lagerten, sowie ausländische Rohstoffe durch

---

⁹ Rieder, Wirtschaftsbeziehungen, S. 70.
¹⁰ ADAP, D, VI, Dok. 211, S. 217 – 18.4.1939, Unterredung Göring, Mussolini u. Ciano; ebd., Dok. 341, S. 372 – 18.5.1939, Unterredung Ribbentrop/Ciano.
¹¹ Ebd., Dok. 211, S. 219; vgl. ebd., Dok. 341, S. 374.
¹² Schieder, Das faschistische Italien, S. 49–51.
¹³ ADAP, D, VI, Dok. 341, S. 372 – 18.5.1939, Unterredung Ribbentrop/Ciano.
¹⁴ Rieder, Wirtschaftsbeziehungen, S. 118.
¹⁵ Allein die Forderung nach dem seltenen Veredelungsmetall Molybdän bewegte sich in astronomischer Höhe, daher der in der Literatur häufig verwendete Name.
¹⁶ Vgl.: Kap. 1 a.
¹⁷ BA/MA, Wi/IB 1.64, n.p., Brief-Nr.: 2940/37 – 15.6.1937, Analyse RKM: „Kriegswirtschaftlich wertvoll kann Italien als *Neutraler* sein, da dann die Möglichkeit gegeben ist, Waren im Transit über Italien zu beziehen".
¹⁸ ADAP, D, VIII, Dok. 33, S. 26 – 8.9.1939, Aufzeichnung Wiehl.
¹⁹ DDI, 9, I, Dok. 138, S. 84 f. – 10.9.1939, Mussolini an Attolico.

italienische Firmen einzukaufen und über Italien nach Deutschland zu bringen. Möglich sei dies freilich nur so lange, wie der Transitverkehr sich geheimhalten lasse bzw. keinen bewaffneten Konflikt mit Frankreich oder Großbritannien provoziere.[20] Die britischen Kontrollen zur See verschärften sich jedoch augenblicklich. So verlangten die Briten Mitte Oktober für die Einfuhr von Öl, Kautschuk und Nichteisenmetallen nach Italien die Abgabe einer Erklärung, daß diese Güter nicht nach Deutschland weitergeliefert würden. Italien fürchtete daraufhin um die eigene Versorgung und leitete schließlich selbst die bereits zugesagten Waren nicht weiter.[21] Trotz erhöhter Lebensmittellieferungen konnte die italienische Unterstützung daher die Erwartungen der Deutschen nicht erfüllen.[22] Die *Nonbelligeranza* Mussolinis bot aufgrund des eigenen Ressourcenmangels einen zu geringen Spielraum, um sich auffällig von einer „Neutralität" zu unterscheiden. Nur mit der Wirtschaftskraft einer echten Großmacht hätte Italien Deutschland stärken und sich trotzdem aus dem Krieg heraushalten können – so wie es etwa die USA 1941 im Rahmen des *Lend-Lease-Act* mit Großbritannien praktizierten.[23]

Ein handelspolitisches Tauziehen um Italien war die Folge, da sowohl das Deutsche Reich wie auch die Westmächte vermuteten, daß Roms Unterstützung demjenigen zufallen würde, der den Bedarf der italienischen Wirtschaft sichern konnte. Anfang Oktober 1939 bildete sich ein anglo-italienisches Wirtschaftskomitee, in dem die Wirtschaftsbeziehungen beider Länder neu geordnet werden sollten. Ohne Zweifel wollten die Briten die umfangreichen Handelsvereinbarungen[24] nutzen, um die

---

[20] ADAP, D, VIII, Dok. 149, S. 121 – 27.9.1939, Mackensen an Weizsäcker; ebd., Dok. 277, S. 249 f. – 19.10.1939, Mackensen an AA.

[21] Ebd., Dok. 260, S. 228 – 16.10.1939, Clodius/Mackensen an AA; vgl.: Schinzinger, Aspekte, S. 175 f.; W.N. Medlicott, The Economic Blockade, London 1959, I, S. 289–292.

[22] ADAP, D, VIII, Dok. 410, S. 374–376 – 2.12.1939, Mackensen an AA; vgl.: Rieder, Wirtschaftsbeziehungen, S. 129 f.

[23] Nach der Aufhebung des Waffenembargos im November 1939 befanden sich die USA zunächst in einem Status „wohlwollender Neutralität". Roosevelts Rede vom 10. Juni 1940, in der er auf eine Erweiterung der amerikanischen Hilfe für die westlichen Demokratien drängte, markierte den ersten Schritt zur Position des „non-belligerent ally", die am 11. März 1941 in der Verabschiedung des Leih- und Pachtgesetzes – welches es Präsident Roosevelt erlaubte, kriegswichtige Güter ohne Barzahlung an Staaten zu liefern, deren Schutz er für die Verteidigung der USA als lebenswichtig ansah – ihre Vollendung fand. Allein in der Zeit vom März bis Dezember 1941 wurde an das Britische Commonwealth *Lend-Lease*-Material im Werte von 1,082 Mrd. Dollar geliefert. Hinzu kam, daß auch der Sowjetunion am 2. August 1941 volle wirtschaftliche Unterstützung garantiert wurde, zum 23. Oktober 1941 wurde sie offiziell in das Leih- und Pachtprogramm aufgenommen (Wolfgang Schlauch, Rüstungshilfe der USA 1939–1945. Von der „wohlwollenden Neutralität" zum Leih- und Pachtgesetz und zur entscheidenden Hilfe für Großbritannien und die Sowjetunion, Koblenz 1985 (1967), S. 24–46, S. 96–98, S. 111–115 u. S. 149 Tab. 2).

[24] Die Briten wünschten verstärkte Lieferungen von u. a. Flugzeugmaterial, Maschinen, Hanf, Quecksilber, Schwefel, Nahrungsmitteln und Rohseide, während die italienischen Forderungen auf Kohle, Fisch, Merinowolle, Kautschuk, Kupfer, Nickel, Zinn, Jute, Ölsamen, Glimmer, Naturhäute,

Italiener enger an sich zu binden und den „provisorischen Charakter"[25] der italienischen Haltung in eine echte Neutralität zu verwandeln.[26] Und da auf italienischer Seite Wirtschaftsbosse wie Giovanni Agnelli, Giuseppe Volpi und Alberto Pirelli mit dem antideutschen Kurs Cianos[27] sympathisierten, trafen die Annäherungsversuche durchaus auf Entgegenkommen. Auch mit Frankreich wurde im September ein Geheimabkommen geschlossen, in dem sich Italien zur Lieferung von zum Teil kriegswichtigem Material[28] verpflichtete.[29] Gegenüber der deutschen Botschaft erwähnte Ciano zunächst nur, daß England und Frankreich versucht hätten, große Kriegsgerät-Aufträge nach Italien zu vergeben, darunter Geschütze, Tanks und über 1000 Flugzeuge. Italien habe selbstverständlich abgelehnt.[30] Ende November sah sich Botschafter Attolico dann aber mit dem Vorwurf konfrontiert, die faschistische Regierung exportiere nicht nur Rohstoffe und Lebensmittel nach Großbritannien, sondern liefere über Portugal sogar Flugzeugmotoren aus. Die mit Deutschland vereinbarten Hanfkontingente würden zudem offensichtlich nach England ausgefahren.[31] Seit November verfolgte die deutsche Botschaft Gerüchte, laut denen der Bundesgenosse erhebliche Mengen von Kriegsmaterial nach Frankreich lieferte. Flugzeuge und Flugmotoren, LKWs und Ausrüstungsstücke für das Heer wie z. B. Militärtuche, Decken und Stiefel würden neben anderen Rohstoffen offenbar nach England und Frankreich exportiert, meldete Botschafter Mackensen am 4. Januar nach Berlin.[32] Angesichts der daraus resultierenden Vorwürfe der deutschen Regierung zeigte sich Mussolini zunächst geneigt, die Exporte an die Alliierten zu unterbinden. Doch die Aussicht, bald ohne Devisen und ohne Rohmaterial zu sein, bewog den italienischen Staatschef, die ideologische Nähe zu Deutschland beiseite zu lassen und sich statt dessen eine größere Bewegungsfreiheit auf dem internationalen Parkett zu sichern.[33] Bereits im November blockte Attolico die erste deutsche Beschwerde ab,

---

indische und ägyptische Baumwolle, Silberfichte, Mineralöle und Getreide abzielten (Rieder, Wirtschaftsbeziehungen, S. 130).

[25] Georges Bonnet, Vor der Katastrophe. Erinnerungen des französischen Außenministers (1938–1939), Köln 1951, S. 315.

[26] Schreiber, Mittelmeerraum, S. 30; vgl.: DDI, 9, III, Appendice I, S. 631–639, Documenti sulle trattative economiche italo-britanniche nell'ottobre–dicembre 1939.

[27] Vgl.: Giordano B. Guerri, Galeazzo Ciano: una vita, 1903–1944, Mailand 1979, S. 442 f. u. S. 449–454.

[28] Aluminium, Bimsstein, Duralumin, Flugzeugmotoren, Hanf, Kesselwagen, Lastwagen, Schwefel, Schwefelkies, Seide und Tankschiffe.

[29] Schreiber, Mittelmeerraum, S. 30 f.; Rieder, Wirtschaftsbeziehungen, S. 131 f.; Amedeo Giannini, Il convegno italo-francese di San Remo (1939), in: Rivista di studi politici internazionali, XX.1/1953, S. 91–99; Ciano, Diario, S. 342 f. – 5.9.1939.

[30] ADAP, D, VIII, Dok. 231, S. 199 – 10.10.1939, Clodius/Mackensen an AA.

[31] DDI, 9, II, Dok. 359, S. 294 f. – 27.11.1939, Attolico an Ciano.

[32] ADAP, D, VIII, Dok. 509, S. 484 f. – 4.1.1940, Mackensen an AA.

[33] Ciano, Diario, S. 386 – 14.1.1940.

indem er darauf verwies, daß Italien die Exporte zur Devisenbeschaffung benötige, wobei er ausdrücklich auf die deutsche Verschuldung anspielte.[34] Mitte Januar erläuterte Ciano in einem offiziellen Schreiben, daß die Motorenlieferungen an Frankreich auf alte Verträge privater Firmen zurückgingen. Forderungen der Westmächte nach „Material zu unmittelbarem Kriegsgebrauch" habe Italien bislang zurückgewiesen. Doch da Rom sich in der Pflicht sehe, nach dem Kriegsausbruch die Rüstungsindustrie hochzufahren, bliebe der Regierung derzeit nichts anderes übrig, als sich über eine erhöhte Ausfuhr in Länder mit freier Valuta die notwendigen Devisen und Rohstoffe zu sichern. Laut Ciano gefährdeten diese Exporte aber nicht die Allianz mit Deutschland, sondern kämen dem Reich vielmehr zugute, da Italien auf diese Weise seine Rüstungsprogramme beschleunigen könne und somit das Kriegsgewicht der „Achse" erhöhe.[35] Dem hatte Staatssekretär Weizsäcker nur entgegenzusetzen, daß die „Feindmächte" durch die italienischen Lieferungen aber nicht gegen Deutschland gestärkt werden dürften und die wirtschaftliche Unterstützung des Deutschen Reichs trotzdem gewährleistet sein müsse.[36]

Um die Auflösung der „Achse" zu beschleunigen, scheute sich Großbritannien nicht, seine Vormachtstellung im Mittelmeerraum zu nutzen und erheblichen Druck auf die faschistische Regierung auszuüben. In den Monaten Dezember und Januar kündigte der britische Botschafter wiederholt ein Embargo der über die Häfen Rotterdam und Antwerpen importierten deutschen Kohle an. Zwei Drittel des deutschen Kontingents waren davon betroffen. Als Gegenleistung bot London eine Erhöhung der britischen Kohlelieferungen von 4 auf 8 Millionen t an.[37] Als der italienische Verhandlungsführer Amedeo Giannini daraufhin bemerkte, daß es Italien an den nötigen Devisen zur Bezahlung fehle, erklärte sich die britische Regierung bereit, zur Behebung der Zahlungsschwierigkeiten italienische Lieferungen von Kriegsmaterial zu akzeptieren: Eine Bestellung von 600–800 Flugzeugen, Panzerabwehrkanonen, Flakbatterien, Munition, Sprengstoff und optischer Instrumente im Wert von insgesamt 15 Millionen Pfund Sterling sollte zusammen mit weiteren Rohstoff- und Lebensmittellieferungen für das Jahr 1940 ein italienisches Budget von 22,25 Millionen Pfund Sterling ergeben.[38] Effektvoll nutzten die Briten ihre „Zange bei Gibraltar und Suez",[39] um durch Androhung einer Blockade die Italiener handelspolitisch zu

---

[34] DDI, 9, II, Dok. 359, S. 294 f. – 27.11.1939, Attolico an Ciano.
[35] ADAP, D, VIII, Dok. 542, S. 526 f. – 16.1.1940, Mackensen an AA.
[36] Ebd., Dok. 593, S. 580 f. – 3.2.1940, Weizsäcker an Botschaft Rom.
[37] DDI, 9, III, App.-Dok. 6, S. 635 f. – 16.12.1939, Britische Botschaft an Ciano; ebd., Dok. 131, S. 100 – 16.1.1940, Ciano an Attolico.
[38] Ebd., App.-Dok. 7, S. 638 f. – 29.12.1939, Giannini an Ciano; ebd., Dok. 144, S. 118–121 – 16.1.1940, Britische Botschaft an Ciano; vgl.: Siebert, Italiens Weg, S. 404 f.
[39] So die Bezeichnung des dt. Marineattachés, in: BA/MA, T-77/585, S. 1765754 – 2.2.1940, Löwisch an OKM, OKW u. AA.

erpressen. Rom fand sich vor die Wahl gestellt zwischen einem Wohlstand unter britischer Kontrolle und einer Bewahrung seiner politischen Entscheidungsfreiheit in Armut. Wirtschaftlich gesehen durchaus attraktiv, hätte die Akzeptanz des britischen Angebots zwangsläufig zu einer Kompromittierung des deutschen Bundesgenossen sowie einer zunehmenden Abhängigkeit vom guten Willen Londons geführt und nicht zuletzt der italienischen Rüstungsindustrie einen Großteil ihrer eigenen Produktion entzogen.[40] Gegen den Rat Cianos und zur Bestürzung des italienischen Außenhandelsministers Raffaello Riccardi entschied sich Mussolini am 7. Februar für das „Primat der Politik vor der Wirtschaft":[41] Die Verpflichtungen gegenüber Deutschland gingen vor und das italienische Rüstungspotential dürfe nicht weiter geschmälert werden, teilte er seinem Außenminister mit.[42]

Während der Entschluß deutscherseits mit Freude aufgenommen wurde, unterstrich der britische Botschafter Percy Loraine am 8. Februar die politische Dimension der italienischen Absage.[43] Zehn Tage später kündigte er die Unterbrechung der deutschen Kohlelieferungen für den 1. März 1940 an, bis dahin habe die italienische Regierung Zeit, sich um Alternativen zu kümmern.[44] Doch eine Alternative war schnell gefunden. Bereits am 24. Februar unterzeichneten Deutsche und Italiener ihr viertes Handelsabkommen,[45] in dem der Kohlefrage neben anderen Artikeln[46] eine herausragende Bedeutung zukam. Die deutsche Lieferung sollte fortan auf 12.000.000 t im Jahr steigen. Nach Inkrafttreten der britischen Blockade erklärte sich das Deutsche Reich in dem Geheimen Zusatzprotokoll vom 13. März außerdem bereit, die komplette monatliche Lieferung von 1.000.000 t auf dem Landweg durchzuführen.[47] Erstmalig begab sich Italien mit dieser Vereinbarung in die vollständige Abhängigkeit von nur einem Lieferanten. Statt sich „von Deutschland zu

---

[40] Siebert, Italiens Weg, S. 405 f.
[41] Ebd., S. 407.
[42] Ciano, Diario, S. 394 – 7.2.1940; vgl.: ebd., S. 394 f. – 8./9.2.1940.
[43] Ebd., S. 394 f. – 8./9.2.1940.
[44] Ebd., S. 397 – 18.2.1940 u. S. 398 – 20.2.1940; DDI, 9, III, Dok. 344, S. 298 f. – 20.2.1940, Loraine an Ciano; vgl.: ADAP, D, VIII, Dok. 652, S. 668 f. – 3.3.1940, Mackensen an AA.
[45] ADAP, D, VIII, Dok. 634, S. 637–639 – 24.2.1940; vgl.: Rieder, Wirtschaftsbeziehungen, S. 143 f.; Amedeo Giannini, L'accordo italo-germanico per il carbone (1940), in: Rivista di studi politici internazionali XXI.3/1954, S. 462–468.
[46] Deutschland verpflichtete sich zur Lieferung von 12.000.000 t Kohle, 10.000 t Benzol, 1500 t Toluol, 2500 t Naphthalin, 300 t Aceton und 200 t Magnesium, Italien hingegen auf den Versand von 25.000 t Hanf, 1500 t Kork, 1000 t Gerbstoffe, 53 t Schwämme, 100.000 t Bauxit, 35.000 t Zinkerzen, 50.000 t Schwefelkies, 50.000 t Schwefelkiesabbrände, 40.000 Flaschen Quecksilber, 70.000 t Schwefel, 300 t Borsäure, 2500 t rohen Weinstein, 105 t Zitrusfruchtöle, 5000 t Kastanienholzauszug, 3000 t Sumachauszug u. 1350 t Seide verschiedener Art sowie Tabaklieferungen im Wert von 3.500.000 RM und Käselieferungen im Wert von 2.000.000 RM.
[47] DDI, 9, III, App. II, Dok. 2, S. 642 – 13.3.1940; vgl.: ebd., Dok. 513, S. 444 – März 1940, Clodius an Giannini u. Dok. 514, S. 445 f. – 10.3.1940, Göring an Mussolini. Da die Transportfrage

lösen, ohne mit ihm zu brechen", wie man es sich im August 1939 noch zum Ziel gesetzt hatte,[48] band Rom sich nun – gedrängt von der britischen Blockade[49] – verstärkt an den Bündnispartner. Und diesem entging die politische Tragweite des Abkommens auch nicht, welche Ciano vergeblich zu kaschieren suchte.[50] Der Abschluß dieses Vertrags markierte eine deutliche Trendwende gegen die Kriegsgegner im italienischen Lager. Statt an die Briten hatte Rom seine Handlungsfreiheit an die Deutschen verkauft.[51] Mitte März signalisierte der „Duce" seine Bereitschaft zum Kriegseintritt an der Seite Deutschlands, allein die Wahl des rechten Augenblicks behielt er sich vor.[52]

Daß sich die Deutschen bewußt auf die Erhöhung der Kohlezufuhr einließen, um die italienische Wirtschaft von der britischen Konkurrenz zu lösen, liegt auf der Hand.[53] Doch die deutsche Haltung war zu diesem Zeitpunkt noch zu unbestimmt, um das daraus resultierende politische Druckmittel weiter zu verfolgen. Berlin boten sich zu dieser Zeit zwei Möglichkeiten, Rom in die künftige Planung einzubinden: Zum einen konnte Italien als Anbieter von Arbeitskräften und ähnlichen Diensten der deutschen Wirtschaft eine billige Stütze werden, zum anderen ließ sich der Bündnispartner als politisch-militärischer Gegenpart in die strategischen Pläne integrieren. In diesem Fall mußte man Italien aber zunächst wirtschaftliche Konzessionen machen.[54] Im Frühjahr 1940 neigte das nationalsozialistische Regime eher zu einer militärischen Einbindung des Achsenpartners,[55] doch blieb man sich der Alternative wohl bewußt.

---

weiterhin problematisch blieb, einigte man sich darauf, daß Deutschland 1500 und Italien 500 Eisenbahnwaggons täglich stellen sollten.

[48] „Sganciare senza rompere" hieß laut Attolico damals die Zielsetzung des „Duce" (DDI, 9, I, Dok. 20, S. 11 – 4.9.1939, Attolico an Ciano; vgl.: Siebert, Italiens Weg, S. 288–313).

[49] Ciano, Diario, S. 401 – 2.3.1940.

[50] Minniti, Materie prime, S. 29–31; Ciano ließ die Verhandlungen bewußt nur von Fachleuten aus der Wirtschaft führen, um ihnen einen „technischen Charakter" zu geben; zur deutschen Sichtweise vgl.: ADAP, D, VIII, Dok. 581, S. 562 f. – 28.1.1940, Clodius/Mackensen an AA.

[51] Giannini, Carbone, S. 467; Rieder, Wirtschaftsbeziehungen, S. 147; Schreiber, Mittelmeerraum, S. 33.

[52] ADAP, D, VIII, Dok. 669, S. 708 – 11.3.1940, Unterredung Ribbentrop/Mussolini; ebd., IX, Dok. 1, S. 8 f. – 18.3.1940, Unterredung Hitler/Mussolini; vgl.: Knox, Mussolini, S. 87–89.

[53] Vgl.: ADAP, D, VIII, Dok. 589, S. 572 f. – 1.2.1940, Aufzeichnung Wiehl; De Felice, Alleato, S. 568 f.

[54] Raspin, Italian War Economy, S. 136.

[55] Vgl.: Kap. 1 a.

b. Italien im Krieg – ausbleibende Absprachen, Ad-hoc-Lösungen und wirtschaftliche Abhängigkeit als Verhandlungsbasis

Seit dem Angriff auf Polen nahm die italienische Wirtschaft laut deutschen Angaben zusehends den Charakter einer reinen Kriegswirtschaft an. Die Autarkiepolitik wurde der Aufrüstung untergeordnet und militärische Bedürfnisse mehr und mehr denen des privaten Lebens vorangestellt.[56] Das im Jahre 1935 gegründete Generalkommissariat für die Herstellung von Kriegsgerät *Cogefag* wurde im Mai 1940 unter dem Namen *Fabbriguerra* zum Staatssekretariat umgebildet,[57] kriegswichtige Rohstoffe wie Eisen und Stahl waren jetzt der Kriegsbewirtschaftung unterstellt.[58] Die italienische Regierung machte dem deutschen Bündnispartner gegenüber keinen Hehl aus der Rohstoffknappheit, doch Mussolini versprühte Optimismus und deutete Ende März sogar an, daß das italienische Heer ab 1941 auf deutsche materielle Hilfe verzichten können werde.[59] Durch den Kriegseintritt gegen Frankreich und Großbritannien legte sich Italien am 10. Juni 1940 dann jedoch endgültig auf den Weg in die wirtschaftliche Abhängigkeit fest, da ohne eine Erhöhung der deutschen Rohstofflieferungen an eine verstärkte Rüstungsproduktion nicht mehr zu denken war. Legte man die Erfahrungen des Ersten Weltkrieges zugrunde, so hatte Italien z. B. mit einer Verdoppelung seines Friedensbedarfes an Eisen und Stahl zu rechnen. Deutsche Schätzungen gingen von einem Bedarf in Höhe von 6 Millionen Tonnen im Jahr aus, während auf eine Eigenproduktion von höchstens 3,6 Millionen Tonnen spekuliert wurde.[60] Da London fortan als Handelspartner wegfiel, erhöhte sich die einseitige Abhängigkeit von der deutschen Wirtschaft zwangsläufig. Verträge zur Regelung des deutsch-italienischen Handels folgten sogleich, ohne das italienische Problem des Rohstoffmangels jedoch jemals als Ganzes anzusprechen. Statt nach einer umfassenden Lösung der italienischen Mangellage zu suchen und eine echte wirtschaftliche Zusammenarbeit der „Achse" anzustreben, wurden von Vertrag zu Vertrag nur Einzelfragen behandelt und Ad-hoc-Lösungen gefunden.[61]

Diese Fehlentwicklung registrierte im August 1940 auch General Carlo Favagrossa, Unterstaatssekretär für Kriegsproduktion und Leiter der *Fabbriguerra*, in einem Schreiben an Mussolini, worin er zur Aushandlung eines übergreifenden Vertrages

---

[56] PA/AA, HaPol IV b, Italien, Wirtschaft: Allgemeine wirtschaftliche Lage, Bd. 2, R. 112420, n.p. – 29.4.1940, Dt. Generalkonsulat Mailand, Bene, an AA.
[57] Rieder, Wirtschaftsbeziehungen, S. 69 f.; Petri, Autarkie, S. 152 f.
[58] BA/MA, RW 4/326, n.p., Brief-Nr.: 8121/40 – 4.5.1940, OKW/WiRüAmt IIIa: Nachrichtenblatt: Wehrwirtschaft Italien Nr. 4.
[59] BA/MA, Wi/I B 1.64, n.p., Brief-Nr.: 33/40 – 27.3.1940, Bericht Rintelen.
[60] BA/MA, RW 4/326, n.p., Brief-Nr.: 8121/40 – 4.5.1940, OKW/WiRüAmt IIIa: Nachrichtenblatt: Wehrwirtschaft Italien Nr. 4.
[61] Mantelli, Camerati del lavoro, S. 40 f. u. S. 449; Minniti, Materie prime, S. 31; Raspin, Italian War Economy, S. 181.

riet, der den deutsch-italienischen Handelsbeziehungen eine geregelte Basis geben sollte. Favagrossa wollte verhindern, daß Italien immer wieder aufs neue in Berlin als Bittsteller vorstellig werden mußte und sich „gegenüber Deutschland in einer ständigen Lage der Unterlegenheit" befinde.[62] Bereits Mitte Juni hatten der „Duce" und er die deutsche Führung auf die Notwendigkeit einer engeren wirtschaftlichen Zusammenarbeit hingewiesen.[63] Doch der Kriegseintritt Roms war zu spät erfolgt, und Hitler, der allzu lange auf die militärische Unterstützung Mussolinis hatte warten müssen, wies seine Diplomaten an, den italienischen Rohstoffwünschen mit Zurückhaltung zu begegnen. Obwohl sich diese – wie Verhandlungsführer Carl Clodius bemerkte – im Vergleich zum August 1939 in „einigermaßen vernünftigen Grenzen" hielten, sollte ihnen nur teilweise und in beschränktem Umfange entsprochen werden.[64] Trotz des deutsch-italienischen Wirtschaftsabkommens vom 18. Juni 1940,[65] in dem die Achsenpartner anläßlich des italienischen Kriegseintritts die gegenseitigen Lieferungen kriegswichtiger Rohstoffe erhöhten, resultierte daraus, daß Italien aufgrund des britischen Embargos unterm Strich wirtschaftliche Einbußen hinnehmen mußte, während das Deutsche Reich seine Rohstoffversorgung durch das Wirtschaftspotential Frankreichs, Hollands und Belgiens auszubauen vermochte. Favagrossa drängte daher den „Duce", die wirtschaftlichen Interessensphären in Rücksprache mit dem deutschen Partner definitiv festzulegen, um künftige Konkurrenzkämpfe zu vermeiden.[66] Deutsche Pläne zur Neuordnung des europäischen Wirtschaftsraumes sorgten für Beunruhigung, da man sich in Rom zu Recht fragte, wo Italiens Platz in einem durch die Deutschen neuorganisierten Europa sein würde.[67] Die im Herbst 1940 folgenden Versuche der Italiener, sich durch Vereinbarung eines eindeutigen

---

[62] DDI, 9, V, Dok. 355, S. 344 – 4.8.1940, Favagrossa an Mussolini: „l'Italia [...] venga a trovarsi in condizioni costanti di inferiorità rispetto alla Germania e direi quasi di soggezione, perché costretta inevitabilmente ad inoltrare successivamente, e purtroppo a breve scadenza, continue richieste di materiale".

[63] BA/MA, T-77/585, S. 1765958 f. – 7.6.1940, Aufzeichnung Rintelen; PA/AA, HaPol geheim, Handel mit Kriegsgerät, Italien, Bd. 2, R. 106439, S. 398516 – 8.6.1940, Mackensen an AA; ADAP, D, IX, Dok. 408, S. 445 f. – 10.6.1940, Mackensen an AA.

[64] ADAP, D, IX, Dok. 420, S. 458 – 12.6.1940, Aufzeichnung Clodius; vgl.: ebd., FN 6 – 12.6.1940, Aufzeichnung Thomas.

[65] Ebd., Dok. 480, S. 505–507 – 18.6.1940, Fünftes Geheimes Protokoll zur Regelung der dt.-ital. Wirtschaftsbeziehungen.

[66] DDI, 9, V, Dok. 355, S. 344 f. – 4.8.1940, Favagrossa an Mussolini.

[67] ACS, Micup, Gab, b. 67, n.p. – 11.7.1940, Alfieri an MAE/Micup bzgl. eines Vortrags Dr. Windschuhs, Wirtschaftsexperte des AA: „Mentre però si era finora accennato anche all'esistenza di uno spazio economico mediterraneo, in cui l'Italia avrebbe dovuto assumere la parte direttiva, questa idea sembra ora essere stata lasciata cadere."; Vgl.: ADAP, D, X, Dok. 243, S. 272 – 27.7.1940, Mackensen an AA; Wolfgang Michalka (Hg.), Das Dritte Reich. Dokumente zur Innen- und Außenpolitik, Bd. 2: Weltmachtanspruch und nationaler Zusammenbruch 1939–1945, München 1985, S. 119, S. 127–129 u. S. 141.

Abkommens ihrer Gleichwertigkeit neben Deutschland[68] zu versichern, wurden von den Deutschen jedoch abgewehrt. Seit Anfang August hatte der italienische Außenhandelsminister Raffaello Riccardi eigene Konzepte für eine wirtschaftliche Neuordnung Europas vorbereitet, um sie den deutschen entgegenzusetzen.[69] Acht Tage lang führte er im Oktober Diskussionen mit Funk und Clodius und traf sich zudem mit Hitler und Ribbentrop. Doch die deutsche Führung wollte ihre Pläne nicht offenlegen. Vergeblich bemühte sich Riccardi, den Bündnispartner zu einer engeren wirtschaftlichen Zusammenarbeit zu bewegen, letzten Endes verließ er das Land mit leeren Händen.[70] Michele Lanza, zweiter Sekretär der italienischen Botschaft, notierte zu den gescheiterten Verhandlungen:

„Die Deutschen haben nichts davon wissen wollen, denn gerade in Wirtschaftsfragen haben sie sehr präzise, ausschließende Vorstellungen, die sie niemandem enthüllen wollen. Was die Gleichheit anbetrifft, so tritt sie jetzt wieder zurück in das Reich der Utopien (wenn sie jemals daraus hervorgetreten war)."[71]

Im Laufe des Jahres 1941 sollte die deutsch-italienische Rivalität um den Wirtschaftsraum Südosteuropa voll zum Ausbruch kommen.[72]

Kohle, Eisen und Öl waren laut Hitler die wichtigsten Rohstoffe, bei denen im Falle eines langen Krieges Probleme auftreten konnten. Kohle bilde dabei lediglich ein Transportproblem, und Eisen sei genug in Deutschland vorhanden, zumal dem Reich nun auch die Vorkommen in Schweden, Polen, Lothringen und Luxemburg zur Verfügung stünden. Selbst die Ölfrage bereitete dem deutschen Regierungschef kein Kopfzerbrechen, da ihm diese durch den Zugriff auf die rumänischen Ölquellen gelöst schien.[73] Zielsicher hob Hitler mit der Nennung dieser Rohstoffe exakt die

---

[68] Vgl.: Collotti, Bulgaria, S. 62: „L'Italia chiedeva una condizione di parità, non soltanto la gestione di una sottosfera nell'ambito dell'egemonia tedesca".

[69] Alfieri hatte die Ausarbeitung eines solchen Konzepts ausdrücklich empfohlen (ACS, Dino Alfieri, b. 7, fasc.: Diario Ambasciata Berlino 1940/41, n.p. – 1.8.1940).

[70] PA/AA, Handakten Wiehl, Italien, Bd. 12, R. 106176, S. 444971–974 – 16.10.1940, Aufzeichnung Clodius für RAM. Schon im Vorfeld des Besuchs bestand zwischen den deutschen Stellen Einverständnis darüber, „dass es verfrüht wäre, im gegenwärtigen Augenblick mit der Italienischen Regierung umfassende und konkrete Abmachungen über die wirtschaftliche Neugestaltung Europas nach dem Kriege zu treffen", ebd., S. 444930 – 30.9.1940, Aufzeichnung AA, o.V.; vgl.: Raspin, Italian War Economy, S. 194–200; Jean Freymond, Le IIIe Reich et la réorganisation économique de l'Europe 1940–1942. Origines et projets, Leiden 1974, S. 195 f.

[71] Simoni, Berlino, S. 176 – 19.10.1940: „I tedeschi non hanno voluto saperne perché soprattutto in materia economica, hanno idee ben precise, esclusiviste, che non vogliono rilevare a nessuno. Quanto alla parità, essa rientra ormai nel regno dell'utopia (se mai ne era uscita)."

[72] Vgl.: Kap. 4 a–b.

[73] ADAP, D, XI.1, Dok. 177, S. 254 f. – 15.10.1940, Aufzeichnung Hewel.

drei Elemente hervor, die in den deutsch-italienischen Wirtschaftsbeziehungen fortan eine herausragende Rolle spielen sollten.

Bereits im Herbst 1940 rückte der Eisenimport aus Deutschland in den Blickpunkt des Interesses – als erste Schwachstelle der verschärften italienischen Abhängigkeit. Lieferungen von 40.000 t Stahl und Gußeisen pro Monat waren im Wirtschaftsabkommen vom 18. Juni zugesagt worden.[74] Bereits Ende September standen Sendungen in der Höhe von 60.000 t aus. Fehllieferungen, durch welche die italienische Schwerindustrie in größte Schwierigkeiten gerate, wie Favagrossa der deutschen Botschaft sogleich mitteilte.[75] Mitte Oktober wies selbst Ciano im Auftrag des „Duce" auf die „untragbaren Rückstände" hin.[76] Doch auch am 26. des Monats waren von den für das zweite Halbjahr vereinbarten 240.000 t Stahl und Eisen erst 50.000 t auf der Halbinsel eingegangen. Statt der erwarteten Tageslieferung von 2000 t[77] erreichten Italien nur einige hundert. Auch der deutsche Botschafter bestätigte nun die „bedrohliche Lage" der kriegswichtigen Eisen- und Stahlindustrie und bat um beschleunigte Belieferung.[78] Aber noch im März 1941 sollte Favagrossa die deutsche Regierung ermahnen, das vorgesehene Kontingent für das Jahr 1940 zu erfüllen.[79]

Der Kohleimport entpuppte sich als der nächste Punkt, an dem das Zusammenspiel der beiden Wirtschaften Schwäche zeigte. Nachdem das deutsche Liefervolumen in den Monaten April bis September zuverlässig zwischen 1.023.215 und 1.086.819 t gelegen hatten, ging die Einfuhr im Monat Oktober auf 980.318 t zurück.[80] Der augenblicklich erklingende Protest aus der Leitung des italienischen Kohlemonopols und der Wirtschaftsabteilung des Außenministeriums versinnbildlicht, wie empfindlich die italienische Industrie auf die deutschen Lieferungen angewiesen war.[81] Denn tatsächlich erfolgte die Beschwerde etwas verfrüht, schließlich

---

[74] Ebd., IX, Dok. 480, S. 506 – 18.6.1940, Fünftes Geheimes Protokoll.

[75] PA/AA, Handakten Wiehl, Italien, Bd. 12, R. 106176, n.p. – 25.9.1940, Mackensen an AA; vgl.: ebd., HaPol IV b, Italien, Schiffahrt: Schiffbau, Bd. 1, R. 112365, n.p. – 26.7.1940, Host-Venturi an Clodius.

[76] PA/AA, Handakten Wiehl, Italien, Bd. 12, R. 106176, S. 444968 – 16.10.1940, Mackensen an AA.

[77] Der italienische Rüstungsbeauftragte ging davon aus, daß die Deutschen ihre Lieferungen steigerten, um den Rückstand aufzuholen.

[78] PA/AA, Handakten Wiehl, Italien, Bd. 12, R. 106176, n.p. – 26.10.1940, Mackensen an AA.

[79] Ebd., Bd. 13, R. 106177, S. 445363 – 29.3.1941, Mackensen an AA; vgl.: ebd., Bd. 12, R. 106176, n.p. – 8.11.1940, Mackensen an AA u. 15.11.1940, Aufzeichnung [vmtl. Wiehl] für RAM u. Weizsäcker.

[80] Zahlenangaben aus: PA/AA, HaPol XI, Rohstoffe und Waren, Bd. 1 u. 2, R. 116632 u. 116633, Gesamtbrennstoffausfuhrmeldungen der Prüfungsstelle Kohle an das AA; ebd., Rohstoffe Kohle geheim, Bd. 1, R. 116635.

[81] PA/AA, Handakten Wiehl, Italien, Bd. 12, R. 106176, n.p. – 9.11. u. 11.9.1940, jeweils Bismarck an AA.

waren in den Sommermonaten deutscherseits rund 270.000 t mehr geliefert worden als vereinbart.[82] Doch anstatt diese Frage zu vertiefen, wies das Auswärtige Amt die Kohlensyndikate zunächst an, die Lieferungen für den Monat November wieder auf 1.000.000 t zu steigern.[83]

Die Treibstofffrage avancierte mit dem Kriegseintritt zu einem Thema, mit dem in Zukunft zu rechnen war. Im Juni 1940 besaß die italienische Kriegsmarine einen Vorrat von 1.800.000 t Heizöl. Eine Produktion war in Italien praktisch nicht vorhanden, hinzu kamen Abgaben an die Luftwaffe und die Wirtschaft, so daß die Menge ohne weitere Zufuhren bestenfalls für neun Monate Krieg reichen würde.[84] Die italienische Luftwaffe meldete zu diesem Zeitpunkt gar, schon nach drei Monaten auf Lieferungen aus Rumänien angewiesen zu sein.[85] Da Mussolini jedoch nicht mit einem langen Krieg rechnete, galten die Mengen als ausreichend. Fünf Monate Treibstoffverbrauch später sah die Lage aber bereits anders aus. Im November 1940 wies der Chef der italienischen Waffenstillstandskommission während der Verhandlungen über Frankreich erstmals darauf hin, daß „in Italien eine grosse Rohölknappheit bestehe und dass sich diese Verknappung zu einer ernstlichen Gefahr für die Kriegführung in Afrika entwickeln könnte". Die Frage der Rohölkontingentierung Frankreichs sei daher nur unter Berücksichtigung des Rohölbedarfs Italiens und Deutschlands zu lösen.[86] Die italienische Regierung beantragte Verhandlungen über die Treibstofffrage,[87] schon wenige Wochen später engagierte sich Mussolini höchstpersönlich in der Angelegenheit.[88]

Zieht man im Herbst 1940 ein vorläufiges Resümee, so ist festzuhalten, daß Italien dem Deutschen Reich bereits vor der Griechenlandoffensive wirtschaftlich untergeordnet war. Zahlen des Statistischen Reichsamtes zufolge bezog Italien im Jahr 1939 bereits 29,5 Prozent seines Gesamtimports aus Deutschland, ein Anteil, der im Jahre 1940 auf 38,9 Prozent stieg, um im darauffolgenden Jahr 62,2 Prozent zu errei-

---

[82] Durch die erhöhten Lieferungen wollten die Deutschen dem für die Wintermonate zu befürchtenden Ausfall vorbeugen (PA/AA, Handakten Wiehl, Italien, Bd. 12, R. 106176, n.p. – 15.11.1940, Aufzeichnung [vmtl. Wiehl] für RAM und Weizsäcker).

[83] PA/AA, Handakten Wiehl, Italien, Bd. 12, R. 106176, n.p. – 11.11.1940, Clodius an Botschaft Rom.

[84] Wilhelm Meier-Dörnberg, Die Ölversorgung der Kriegsmarine 1935 bis 1945, Freiburg 1973, S. 63.

[85] BA/MA, RL 9/52, n.p., Brief-Nr. 1/40, Mikrofiche-Nr. 1 – 19.6.1940, Pohl an LW-Führungsstab.

[86] BA/MA, Wi/I B 1.64, n.p., Brief-Nr.: 187/40 – 11.11.1940, Stülpnagel, Dt. Waffenstillstandskommission, an OKW/Abt. L.

[87] BA/MA, RW 19/164, S. 94 – 29.11.1940, KTB-WiRüAmt/Stab.

[88] ADAP, D, XII.1, Dok. 27, S. 41 – 7.2.1941, Clodius/Mackensen an AA.

chen.⁸⁹ Insbesondere die Abhängigkeit von der deutschen Rohstoffbelieferung war dabei im Laufe von drei Jahren zu einem Faktor von politischer Tragweite angewachsen, auch wenn sie bis in den Winter 1940/41 nur unterschwellig als solcher behandelt wurde. Im Dezember 1940 sollte dieser Faktor von den Deutschen auf die politische Bühne geholt werden und die Beziehung der Achsenmächte fortan entscheidend mitprägen.

c. Das Wirtschaftsabkommen vom Februar 1941 – Offenlegung der wirtschaftlichen Notlage Italiens und Neuordnung des deutsch-italienischen Machtverhältnisses

Ausschlaggebend für diese Entwicklung waren das desaströse Scheitern des italienischen „Blitzkrieges" gegen Griechenland sowie die Rückschläge, welche das italienische Heer an der nordafrikanischen Front einstecken mußte. In der deutschen Führung wuchs das Bestreben, das Kommando in der „Achse" zu übernehmen, intern stufte man den italienischen Bündnispartner bereits als untergeordnet ein.⁹⁰ Die Verhandlungsbasis der Deutschen war in jeder Hinsicht gestärkt, so daß sich die Wehrmachtführung nun bereit fand, die wehrwirtschaftliche Zusammenarbeit zwischen Deutschland und Italien langfristig zu regeln. Am 14. Dezember wies Alfred Jodl, Chef des Wehrmachtführungsstabes, darauf hin, daß er angesichts der ständigen Einzelforderungen „die Aufstellung eines Unterstützungsprogramms für Italien auf längere Sicht für dringend nötig" halte.⁹¹ Das schien exakt dem Wunsche Favagrossas zu entsprechen, der ja erst im August die kurzfristigen Ad-hoc-Lösungen bemängelt und von Mussolini gefordert hatte, den Handelsbeziehungen eine langfristige, geregelte Basis zu geben.⁹² In der Intention jedoch konterkarierte der Vorschlag Jodls die Absichten Favagrossas, da er gerade die Gleichwertigkeit der beiden Partner, die der Italiener hatte sichern wollen, untergrub. Denn als erste Bedingung knüpfte Jodl „eine offene Darlegung der italienischen wehrwirtschaftlichen Lage und eine überzeugende Begründung der italienischen Forderungen durch die militärische Lage" an sein Hilfsprogramm.⁹³ Zunächst müsse Italien also den Deutschen seine Interna

---

⁸⁹ BArch, Statistisches Reichsamt, R 3102/alt R 24/870, Der Außenhandel Italiens 1939–1943, Stand Frühjahr 1944, Übersicht 2, Bl. 1–3.
⁹⁰ Vgl.: Kap. 1 d.
⁹¹ KTB/OKW, I, S. 229 f. – 14.12.1940.
⁹² DDI, 9, V, Dok. 355, S. 343–345 – 4.8.1940.
⁹³ KTB/OKW, I, S. 230; vgl.: Armellini, Diario, S. 170 – 25.11.1940.

offenbaren und über seine militärischen Pläne Rechenschaft ablegen; erst dann könne man über langfristige Unterstützungsprogramme sprechen.

Mitte Dezember verschärfte ein britischer Überraschungsangriff die Lage in Nordafrika. Mehr denn je war die italienische Regierung angewiesen auf deutsche Unterstützung.[94] In der Konferenz vom 16. Dezember stellten die Italiener daher eine Liste aller Rohstoffe auf, die benötigt wurden, um die italienische Rüstungsindustrie für mindestens ein Jahr mit dem Notwendigsten zu versorgen. Diese sandte Ciano dem italienischen Botschafter am folgenden Tage zu, mit der Auflage, direkt bei Hitler vorstellig zu werden.[95] Erst Anfang Dezember war eine ähnliche Anfrage von den deutschen Dienststellen klar und deutlich abgelehnt worden,[96] was Rom kommentarlos zur Kenntnis genommen hatte. Jetzt aber geriet die Not der italienischen Rüstungswirtschaft unübersehbar in den Vordergrund und zwang die Italiener, ihren Forderungen den notwendigen Druck zu verleihen – was in einem Moment der Schwäche natürlich umso unangenehmer war.[97] Denn indem sie sich mit der Bitte direkt an den deutschen Regierungschef wandten, verliehen sie dieser nicht nur politisches Gewicht, sondern betonten zudem das Ausmaß ihrer Notlage und ihrer wirtschaftlichen Abhängigkeit.

Unabsichtlich betonte die italienische Regierung in den Augen der Deutschen aber auch ein Drittes: Zu der Vermutung, daß die Griechenlandaktion in keinster Weise vernünftig geplant und anscheinend „ganz auf Bluff" ausgelegt war,[98] gesellten sich aufgrund der erneuten Materialanfragen nun Zweifel an der italienischen Rüstungsorganisation. Die Liste, welche Alfieri dem „Führer" vorlegte, entsprach in wenigem dem Papier, welches Giannini Anfang des Monats in Berlin präsentiert hatte. Tatsächlich wiesen die beiden Listen in ihren Forderungen erhebliche Diskrepanzen, ja zum Teil Widersprüche auf. Die Tatsache, daß auf dem neuen Papier teilweise sogar niedrigere Kontingente erfragt wurden, warf bei den überraschten Deutschen die Frage auf, ob es innerhalb der italienischen Regierung überhaupt zu Rücksprachen gekommen war. Erstmals wurden Bedenken wach, ob der Achsenpartner über ein ernstzunehmendes Rüstungsprogramm verfüge.[99]

---

[94] Vgl.: Kap. 1 c–d.
[95] Ciano, Diario, S. 489 – 16.12.1940; DDI, 9, VI, Dok. 308, S. 290–292 – 17.12.1940, Ciano an Alfieri; vgl.: Knox, Mussolini, S. 275; Raspin, Italian War Economy, S. 207 f. Der Diplomat Lanza hat bereits unter dem Datum des 16. Dezember festgehalten, daß der zuständige Militärattaché Marras den Befehl erhalten habe, „[di] acquistare all'istante tutto quanto c'è da comprare in fatto di carri armati e pezzi d'artiglieria a qualunque prezzo …". Die Notiz läßt vermuten, daß man offenbar nicht genau gewußt hat, wie man diesem Auftrag Folge leisten sollte (Simoni, Berlino, S. 189).
[96] Simoni, Berlino, S. 185 f. – 3.12.1940.
[97] Ciano, Diario, S. 489 – 16.12.1940.
[98] Tagebücher Goebbels, VIII, S. 419 – 15.11.1940.
[99] DDI, 9, VI, Dok. 331, S. 317 f. – 21.12.1940, Giannini an Ciano; Simoni, Berlino, S. 190 – 20.12.1940; vgl.: De Felice, Alleato, S. 363; Massignani, Industria bellica, S. 195.

In der Tat ist davon auszugehen, daß die italienische Verwaltung und Steuerung der Waffenproduktion nicht den Erfordernissen eines „totalen Krieges" entsprach. Zwar hatte Italien zwischen 1935 und 1938 11,8 Prozent seines Volkseinkommens für militärische Zwecke verwandt und damit sowohl die britischen (5,5 Prozent) als auch die französischen Investitionen (6,9 Prozent) dieser Jahre anteilsmäßig übertroffen.[100] Doch nach Ausbruch des Zweiten Weltkriegs konnte es im rüstungspolitischen Wettlauf mit den anderen Mächten nicht mithalten. Nur 23 Prozent des italienischen Bruttosozialprodukts flossen 1941 in die Aufrüstung, derweil die Anteile in Großbritannien bereits bei 53, im Deutschen Reich bei 52 und in Japan bei 27 Prozent lagen. Und während in diesen Ländern die Investitionen in den Folgejahren noch anstiegen, hatte die italienische Rüstungsindustrie damit ihren Höhepunkt erreicht.[101]

Tab. 1: Prozentanteil der militärischen Aufrüstung am Bruttosozialprodukt 1939–1943

	1939	1940	1941	1942	1943
Italien	8	12	23	22	21
Deutschland	23	40	52	64	70
Japan	22	22	27	33	43
Großbritannien	15	44	53	52	55
UdSSR*	–	17	28	61	61
USA	1	2	11	31	42

* bei konstantem Preisverhalten, ansonsten gemäß aktuellen Preisen
[Knox, Hitler's Italian Allies, S. 27]

Hinzu kam die Innovationsfeindlichkeit der italienischen Militärs, für die – wie in Zeiten des Ersten Weltkriegs – immer noch Quantität vor Qualität ging: Die numerische Überlegenheit der Infanterie wurde als kriegsentscheidender Faktor angesehen. Das Desinteresse an technologischen Neuheiten führte zu vermeidbaren Defiziten in der Ausrüstung. In italienischen Panzern mangelte es an Funkgeräten, und die Marine wurde nicht mit Flugzeugträgern ausgestattet, obwohl die Frage mehrmals diskutiert worden war. Gute Radartechnologie stand zur Verfügung, wurde aber lange Zeit nicht genutzt. In den Flugzeugen fehlten Instrumente für Nacht- und Blindflug, und trotz jahrzehntelanger Nordafrikaerfahrung waren die Motoren der Flieger nicht mit Sandfiltern ausgestattet, so daß der Verschleiß enorm war.[102] Ohne Zweifel

---

[100] Knox, Mussolini, S. 294 f., Tab. A2.2. In absoluten Zahlen lag die italienische Aufrüstung der Jahre 1935–1938 nur knapp über den französischen Ausgaben und erreichte etwa Dreiviertel der britischen Investitionen.
[101] MacGregor Knox, Hitler's Italian Allies. Royal Armed Forces, Fascist Regime, and the War of 1940–1943, Cambridge 2000, S. 25–27.
[102] Ebd., S. 51–67.

kämpfte Rom einen „Krieg der Armen",[103] doch bedeutende Mängel resultierten auch aus einer veralteten Militärkultur, die ihre eigene Innovationskraft nicht zu nutzen wußte,[104] und aus verwaltungstechnischen Defiziten.[105] Die deutsche Skepsis gegenüber der italienischen Rüstungsorganisation waren daher nicht ganz unangemessen.

Wie dramatisch Mitte Dezember die Situation in der italienischen Regierung gesehen wurde, spiegelt sich darin wider, daß Ciano seinen Botschafter mit Nachdruck darauf hinwies, daß es sich bei der übersandten Liste um die absolut notwendigsten Grundstoffe handele, welche die italienischen Rüstungsindustrie brauche, um die Produktion überhaupt aufrechtzuerhalten. Ohne diese Rohstoffe käme sie „unweigerlich und sofort" zum Stillstand.[106] Hitler zeigte sich aber zur Überraschung des Gesandten, der zunächst auf den Widerstand Ribbentrops gestoßen war, entgegenkommender als erwartet.[107] Jedoch machte er im gleichen Zug auch unmißverständlich klar, wie er sich eine deutsch-italienische wirtschaftliche Zusammenarbeit auf dem „Grundsatz der wirtschaftlichen Rentabilität" während des Krieges vorstellte:

„In den Fällen, wo die italienische Produktionskapazität frei wäre, und Deutschland die Rohstoffe zur Verfügung hätte, empfehle sich eine Rohstoffhilfe Deutschlands für Italien. In anderen Fällen jedoch, wo Deutschland Ersatzstoffe für knappe Rohstoffe gefunden habe und Italien nicht die notwendigsten Maschinen zur Verfügung habe, sei es besser, in Deutschland selbst zu produzieren und Italien mit dem Fertigerzeugnis zu beliefern. Es handle sich immer darum, die Gesamtkapazität der Achse auf die größtmögliche Höhe zu bringen."[108]

Die deutsche Rüstungsindustrie hatte für den deutschen Regierungschef selbstverständlich Vorrang, zumal er sie für effizienter hielt.

Das Vorhaben Hitlers, Italien in Zukunft zunehmend mit Fertigprodukten zu versorgen und zwar mit Fertigfabrikaten von der Qualität und dem Typ, welchen „deutsche Sachverständige ihm nach gemeinsamer Prüfung der Umstände angeben würden",[109] stieß in Italien auf Skepsis, drohte es doch, den Bündnispartner unwei-

---

[103] Sadkovich, Understanding Defeat, S. 34–36.

[104] Knox geht sogar so weit, diesen Punkt als den entscheidenden hervorzuheben: „Fascist Italy's military failure [...] was first and foremost a failure of Italy's military culture and military institutions" (Knox, Hitler's Italian Allies, S. X).

[105] Ceva, Forze armate, S. 266–269; Petri, Autarkie, S. 220.

[106] DDI, 9, VI, Dok. 308, S. 290 – 17.12.1940, Ciano an Alfieri.

[107] Simoni, Berlino, S. 190 – 19.12.1940.

[108] ADAP, D, XI.2, Dok. 538, S. 761 – 20.12.1940, Aufzeichnung Schmidt.

[109] Simoni, Berlino, S. 190 – 19.12.1940: „Senonchè Hitler calma subito il suo entusiasmo [di Alfieri] dichiarando che non invierà materie prime, bensì prodotti finiti nelle qualità e nei tipi ‚che dopo un comune esame delle circostanze, gli saranno indicati *dagli esperti tedeschi*.'"

gerlich in die wirtschaftspolitische Unmündigkeit zu führen.[110] Als Gegenleistung für die versprochenen Material- und Rohstofflieferungen forderte der „Führer" zudem die Entsendung weiterer Kontingente italienischer Arbeitskräfte, um auf diese Weise den Mangel in der deutschen Industrie aufzufangen und deren Produktionskapazität voll ausnutzen zu können. Unterschwellig deutete er Alfieri an, daß auch Italien davon profitiere, da ja auf diese Weise die „Gesamtkapazität der Achse" steige.[111] Tatsächlich aber unterstrich diese Forderung v. a. die neue Position Italiens innerhalb der „Achse", da sie die Italiener nicht nur symbolisch zu Handlangern der deutschen Rüstungsindustrie degradierte.

Erste Überlegungen über einen „Austausch" von Arbeitskräften hatte es bereits im Jahre 1937 gegeben. Schon zu Beginn wurde dabei deutlich, daß der italienische Wunsch nach deutschen Arbeitern eher formellen Charakter aufwies; er sollte in Zukunft nicht weiter verfolgt werden. Im Gegenteil stellte Mussolini im Mai 1939 Hitler gegenüber ausdrücklich fest, daß Italien eine „verhältnismäßig größere Anzahl von Männern" als Deutschland mobilisieren könne:

„Dieser Fülle von Männern entspricht eine Bescheidenheit von Mitteln. Italien wird also – im Kriegsplane – mehr Leute als Mittel liefern; Deutschland mehr Mittel als Leute."[112]

Ohne Zweifel dachte Mussolini bei diesen Worten ausschließlich an militärische Aktionen und wohl kaum an den Einsatz italienischer Arbeitskräfte in deutschen Fabriken, doch Hitler griff das Argument wenige Monate später in diesem Sinne auf. In dem Briefwechsel, welcher der italienischen Erklärung der *Nonbelligeranza* voran ging, bemerkte Hitler, der sich außerstande sah, Italien mit den gewünschten Rohstoffen für den Kriegseintritt tauglich zu machen, daß Deutschland alternativ wohl in der Lage sei, „bei Überweisung italienischer Arbeiter die [...] deutsche Munitionserzeugung so zu steigern, daß dadurch ein großer Teil der italienischen Munitionsfor-

---

[110] Ähnlich wie Pirelli und Armellini, die Ende November annahmen, daß Berlin die benötigten Rohstoffe zurückhielt, um den Einsatz deutscher Truppen auf italienischen Kriegsschauplätzen zu erzwingen (Pirelli, Taccuini, S. 283 – 7.11.1940 u. S. 286 – 5./6.12.1940; Armellini, Diario, S. 170 – 25.11.1940), so vermutete auch Favagrossa hinter Hitlers Vorschlag Kalkül: Durch den erhöhten Import von Fertigwaren sollten Italiens Stahl- und Chemieindustrie sowie die Metallurgie und der Maschinenbau geschwächt werden (Carlo Favagrossa, Perché perdemmo la guerra. Mussolini e la produzione bellica, Mailand 1947 (1946), S. 220; vgl.: Rieder, Wirtschaftsbeziehungen, S. 200 f.).
[111] ADAP, D, XI.2, Dok. 538, S. 760–762; schon im Jahre 1939 hatte Hitler Mussolini gegenüber behauptet, daß eine starke deutsche Industrie auch für den Bündnispartner von Vorteil sei (vgl.: Mantelli, Camerati del lavoro, S. 38 f.).
[112] ADAP, D, VI, Dok. 459, S. 516 – 31.5.1939, Ciano an Ribbentrop; DDI, 8, XII, Dok. 59, S. 50 f. – 30.5.1939, Mussolini an Hitler; vgl.: Mantelli, Camerati del lavoro, S. 37 f.

derungen gedeckt werden könnte".[113] Als tags darauf die italienische Position endgültig geklärt war, kam Hitler auf die Frage zurück, indem er sich mit „einer großen Bitte" direkt an Mussolini wandte:

> „Duce. Sie und Ihr Volk könnten mir in diesem schweren Kampf am meisten dadurch helfen, daß Sie mich mit italienischen Arbeitskräften unterstützen, Arbeitskräfte für industrielle sowohl als landwirtschaftliche Zwecke. Sollten Sie sich später durch den Lauf der Ereignisse gezwungen oder in der Lage sehen, doch noch einzugreifen, dann wird ja auch für Sie die weiterverstärkte autarke Basis des Reiches von größter Wichtigkeit sein."[114]

Die Zahl der italienischen Arbeitskräfte, die daraufhin auf wiederholte Anfragen nach Deutschland auswanderten, stieg von Anfang 1938 bis Mitte 1940 auf über 16.000 Personen an. In vierzehn kleinen Kontingenten erfüllte der faschistische Verband der Industriearbeiter CFLI,[115] der eine zentrale Rolle in der Organisation des Arbeiterversands spielte, bis Juli 1940 die deutschen Wünsche. Dann brach der italienische Kriegseintritt den Rhythmus und brachte die erste deutliche Niveauänderung in den deutsch-italienischen „Arbeiteraustausch": Das fünfzehnte Kontingent der Monate August und September 1940 belief sich auf 25.999 Arbeitskräfte, das sechzehnte auf 19.388. Beide für sich überstiegen bei weitem die Zahl der Italiener, die in den zwei vorangegangenen Jahren nach Deutschland emigriert waren.

Die entscheidende Wendung sollte der „Arbeiteraustausch" jedoch in den Monaten März 1941 bis Januar 1942 nehmen, als in der achtzehnten Welle 174.755 Arbeiter in das Deutsche Reich verschickt wurden.[116] Die Zusage dieses achtzehnten Kontingents wurde am 19. Dezember von Hitler in der erwähnten Unterredung mit Alfieri erstmals gefordert, wenige Tage darauf von Unterhändler Clodius vorangetrieben[117] und in einem Telegramm vom 10. Januar 1941 mit einer Zahl versehen: Der deutsche Bedarf liege bei 200.000 – 300.000 „Einheiten",[118] insbesondere wünsche man Metallarbeiter und Maschinenbauer.[119]

---

[113] ADAP, D, VII, Dok. 307, S. 262 – 26.8.1939, Hitler an Mussolini.
[114] Ebd., Dok. 341, S. 289 – 27.8.1939, Schmidt, AA, an Mackensen.
[115] Confederazione Fascista Lavoratori dell'Industria.
[116] Mantelli, Camerati del lavoro, S. 175–181.
[117] PA/AA, Handakten Clodius, Italien, Bd. 6, R. 105918, S. M013047–049, Telegramm Nr. 1908 – 23.12.1940, Clodius an Mackensen.
[118] Die verdinglichende Wortwahl der Nationalsozialisten macht es notwendig, darauf hinzuweisen, daß sich hinter jeder der hier erwähnten „Einheiten" ein Menschenleben verbarg – in all seinem Facettenreichtum.
[119] Vgl.: Mantelli, Camerati del lavoro, S. 345–347; Raspin, Italian War Economy, S. 286.

Tab. 2: Gruppen nach Deutschland abgereister italienischer Industriearbeiter 1938–1942

Jahr	Gruppe	Monat	Anzahl	Gesamt/Jahr	Total
1938	I	September	6.024		
	II	Dezember	1.500	7.524	7.524
1939	III/IV	Januar	1.382		
	V	Februar	864		
	VI/VII	März	1.600		
	VIII	April	615		
	IX	Mai	899		
	X/XI	November	1.345		
	XII	Dezember	298	7.003	14.527
1940	XIII	Mai	730		
	XIV	Juli	1.149		
	XV	August	17.838		
	XV	September	8.161		
	XVI	Oktober	424		
	XVI	November	13.201		
	XVI	Dezember	5.763	47.266	61.793
1941	XVII	Januar	4.147		
	XVIII	März	7.321		
	XVIII	April	31.736		
	XVIII	Mai	45.991		
	XVIII	Juni	43.929		
	XVIII	Juli	21.522		
	XVIII	August	10.310		
	XVIII	September	6.994		
	XVIII	Oktober	2.193		
	XVIII	November	2.172		
	XVIII	Dezember	1.508	177.823	239.616
1942	XVIII	Januar	1.079		
	XIX	Februar	112		
	XIX	März	772		
	XIX	April	12.290	*14.253	*253.869
		Mai	10.039		
		Juni	8.206		
		Juli/August	11.114		
		September	335		
		Oktober	3.412		
		November	2.352		
		Dezember	534	50.245	289.861

[Mantelli, Arbeiter, S. 360 f.; * Zahlen für 1. Vierteljahr]

Nicht allein quantitativ[120] beschritt man mit dieser Forderung neue Wege. Durch die Spezifizierung auf ausgebildete Arbeitskräfte für die metallverarbeitende Industrie erreichte die deutsche Anfrage auch qualitativ ein völlig neues Niveau. Hatte man sich im Deutschen Reich bislang mit der Unterstützung durch italienische Bauarbeiter, Bergmänner oder andere einfache Arbeitskräfte zufriedengegeben, die leicht aus dem Heer der italienischen Arbeitslosen rekrutiert werden konnten, so griff die deutsche Forderung jetzt explizit nach den ausgebildeten Spezialisten, die in die italienische Industrie integriert waren. Um dem deutschen Wunsche zu entsprechen, mußten die Italiener zumindest einen Teil der Arbeiter aus den eigenen Fabriken abziehen.[121] Auf deutscher Seite war man sich dessen auch von Anfang an bewußt, so schrieb etwa Clodius am 15. Januar 1941 in einem Bericht über „die Möglichkeit der Beschäftigung italienischer Arbeiter in Deutschland":

„Da für Deutschland jedoch in erster Linie nur Arbeitskräfte von Interesse sind, die wenigstens schon [...] in der Metallindustrie gearbeitet haben, kann auf die allgemeine Arbeitslosenreserve kaum zurückgegriffen werden."[122]

Dies entsprach selbstverständlich in keinster Weise mehr der ursprünglichen Intention Mussolinis, „mehr Männer als Mittel" im deutsch-italienischen Bündnis zur Verfügung zu stellen. Doch dem „Duce" blieb unter den gegebenen Umständen keine andere Wahl, als die Forderungen Hitlers zu akzeptieren. Die italienische Wirtschaft war im Winter 1940/41 auf Gedeih und Verderb auf die deutschen Rohstofflieferungen angewiesen.

Das „Siebente Geheime Protokoll" vom 26. Februar 1941[123] sollte die Wende der deutsch-italienischen Beziehungen auf der politisch-wirtschaftlichen Ebene aktentauglich besiegeln. Verschiedene Punkte, die charakteristisch für den Vertrag waren, verdeutlichen dies:
1. Das Abkommen umfaßte eine sehr breite Palette von Materialien, mit denen das Deutsche Reich Italien in Zukunft versorgen sollte. Sie reichte von Brennstoffen über die Grundelemente zur Eisen- und Stahlerzeugung, Legierungsmittel, Aluminium und Aluminiumerzeugnisse bis zu Stoffen der chemischen Industrie.

---

[120] Daß die geforderte Anzahl von Arbeitern ungewöhnlich hoch sein würde, war den Italienern schon im Dezember klar (vgl.: Simoni, Berlino, S. 190 – 19.12.1940).
[121] Mantelli, Camerati del lavoro, S. 349 f.
[122] PA/AA, Handakten Wiehl, Italien, Bd. 12, R. 106176, S. 445075 f. – 15.1.1941, Clodius an RAM.
[123] Ebd., S. 445081–106; vgl.: ADAP, D, XII.1, Dok. 91, S. 136 f. – 26.2.1941, Clodius/Mackensen an AA.

2. Durch die Zusage weiterer Kontingente von Schrott-, Gußeisen, Stahl und anderer Erzeugnisse der deutschen Eisenindustrie verdoppelte sich in diesem Bereich die Menge der bisherigen Lieferungen. Allein der Import von Roheisen und Schrott sollte im Laufe des Jahres 1941 von 5000 t auf 20.000 t im Monat steigen.
3. Eine Zufuhr von Mineralölprodukten wurde festgelegt, welche ausreichen sollte, den italienischen Bedarf eines Halbjahres sicherzustellen.
4. Im Gegenzug mußten die Italiener sich bereit erklären, 204.000 Arbeiter zum Einsatz in der deutschen Rüstungsindustrie zur Verfügung zu stellen, von denen 50.000 aus der Metallindustrie stammen sollten und 30.000 aus Berufen, die zum Einsatz in der Metallindustrie befähigen. Insgesamt war vereinbart, daß im Laufe des Jahres 1941 rund 315.000 italienische Arbeitskräfte in Deutschland eingesetzt werden konnten.[124]

Da sowohl Hitler als auch Mussolini persönlich in die Verhandlungen eingriffen, war der politische Stellenwert des Abkommens nicht mehr zu leugnen. Die deutsche Delegation gewann während der Vorgespräche den Eindruck, daß die Italiener „zum ersten Mal mit voller Offenheit [den] wirklichen Ernst ihrer Lage"[125] darlegten. Diese Aufrichtigkeit führte allerdings auch zu der Feststellung, daß die Versorgungsengpässe weit größer waren als bis dahin zugegeben. „Bisheriger Eindruck: Italien ist völlig unvorbereitet in den Krieg eingetreten", notierten die Vertreter des Wehrwirtschafts- und Rüstungsamtes des OKW (WiRüAmt) nach den ersten Besprechungen im Kriegstagebuch. Rohstoffe seien nicht vorhanden, die Vorräte reichten höchstens für zwei bis drei Monate, und die italienische Rüstungsindustrie arbeite nur mit 25 Prozent ihrer Kapazität.[126] General Favagrossa erklärte daraufhin, er habe Mussolini schon seit einem halben Jahr auf die bestehenden Schwierigkeiten aufmerksam gemacht und ohne Erfolg auf eine Aussprache mit Deutschland gedrängt.[127] So bremste etwa die eklatante Eisen- und Stahllage nicht nur die Rüstungsindustrie im allgemeinen, sondern führte ganz konkret zu einem Munitionsmangel,[128] der durch die deutschen Waffenlieferungen nicht ausgeglichen wurde. Mitglieder der italienischen Regierung und namhafte Sachverständige gingen laut Clodius so weit zu erklären, „es sei [...] ausgeschlossen, mit [einer] derartigen Versorgung überhaupt Krieg zu führen".[129] Ähnliches mußte sich der deutsche Gesandte über die Kautschuk- und Mineralölsituation notieren: „falls Deutschland die erbetenen Lieferun-

---

[124] Vgl.: Minniti, Materie prime, S. 32 f.; Mantelli, Camerati del lavoro, S. 351 f.
[125] PA/AA, Handakten Wiehl, Italien, Bd. 13, R. 106177, S. 445142 – 12.2.1941, Clodius an AA.
[126] BA/MA, RW 19/164, S. 101 – 2.-4.1.1941, KTB-WiRüAmt/Stab.
[127] Ebd.; Thomas, Rüstungswirtschaft, S. 264 f.
[128] Laut Clodius machte die Produktion von Munition eine Hauptmenge des italienischen Eisenbedarfes aus.
[129] PA/AA, Handakten Wiehl, Italien, Bd. 13, R. 106177, S. 445142 – 12.2.1941, Clodius an AA.

gen nicht durchführen könne, seien Italiens Vorräte an Heizöl Ende Juni erschöpft und die Marine damit völlig lahm gelegt".[130] Der Mangel an Pech- und Petrolkoks behinderte zudem die Herstellung von Aluminium,[131] die Produktion des gerade für die Flugzeugindustrie unverzichtbaren Metalls müsse mindestens um die Hälfte[132] gedrosselt werden.[133] Vor dem Hintergrund dieser erdrückenden Tatsachen ließen die Italiener aber auch durchblicken, wie peinlich berührt sie davon waren, daß der Einbezug der Tschechoslowakei, Polens, Luxemburgs, Belgiens und Hollands in den deutschen Wirtschaftsraum nicht zu einer erhöhten Sicherung der italienischen Importe, sondern im Gegenteil „in den meisten Fällen zur vollständigen Einstellung dieser Bezüge" geführt habe.[134] Die Anfrage um eine Erhöhung der Kohlezufuhr machte sich nicht zuletzt daran fest, daß die früheren Lieferungen aus Belgien und Holland nun wegfielen.[135]

Nachdem die italienischen Zahlenangaben zunächst auf die Skepsis Hitlers gestoßen waren,[136] gelang es Clodius, der in Rom einen tieferen Einblick in die Lage bekommen hatte, die deutsche Führung zu überzeugen, daß eine materielle Unterstützung Italiens aus militärischen, politischen und psychologischen Gründen unabdingbar war – selbst wenn dazu eine geringfügige Belastung der eigenen Versorgung in Kauf genommen werden mußte. Letztlich sei es schlichtweg sinnvoller, den Italienern etwa die Eigenproduktion von Aluminium und Stahl durch die rechtzeitige Lieferung von Petrolkoks und Manganerzen zu ermöglichen, als später noch mehr Aluminium und Stahl ausliefern zu müssen. Und hinsichtlich des Mineralöls müsse das Vertrauen in den Nachschub gestärkt werden, damit die Italiener ihre Treibstoffreserven in der Kriegführung auch einsetzten.[137]

Obwohl die italienischen Forderungen nicht in ihrer ursprünglichen Höhe erfüllt wurden und gerade die Heizölversorgung der italienischen Kriegsmarine noch Fragen

---

[130] Ebd., S. 445124 – 3.2.1941, Aufzeichnung Clodius; vgl.: Meier-Dörnberg, Ölversorgung, S. 63 f.

[131] In einem elektrochemischen Verfahren zur Aluminiumerzeugung werden diese Kokssorten als Elektroden eingesetzt.

[132] Wiehl spricht in einem Schreiben an Ribbentrop sogar von einer Drosselung der italienischen Aluminiumproduktion auf 37,5 Prozent (PA/AA, Handakten Wiehl, Italien, Bd. 13, R. 106177, S. 445145 – 15.2.1941, Wiehl an RAM).

[133] PA/AA, Handakten Wiehl, Italien, Bd. 13, R. 106177, n.p. – 13.2.1941, Clodius/Bismarck an Weizsäcker.

[134] Ebd., n.p. – 26.2.1941, Clodius/Mackensen an Wiehl; ebd., S. 445141–143, Clodius/Mackensen an Weizsäcker.

[135] PA/AA, Büro Staatssekretär, Diplomatenbesuche, Bd. 8, R. 29833, S. 276403 f. – 27.12.1940, Alfieri an Weizsäcker.

[136] BA/MA, RW 19/164, S. 110 – 22.1.1941, KTB-WiRüAmt.

[137] PA/AA, Handakten Wiehl, Italien, Bd. 13, R. 106177, S. 445121–132 – 3.2.1941, Aufzeichnung Clodius; ebd., S. 445141–143, Clodius/Mackensen an AA; ebd., n.p. – 13.2.1941, Clodius/Bismarck an Weizsäcker; ADAP, D, XII.1, Dok. 19, S. 28 f. – 6.2.1941, Aufzeichnung Thomas.

Tab. 3: Kohleimport Italiens 1938–42 (in Tonnen)

	1938	1939	1940	1941	1942
Belgien	203.682	208.986	68.236	–	–
Frankreich	–	–		58	8.352
Deutschland	7.003.450	6.464.729	10.615.601	11.244.466	10.392.747
Jugoslawien/ Kroatien	–	79.284	229.424	17.170	15.080
Niederlande	–	194.713	12.808	–	–
Polen	1.635.940	–	–	–	–
Großbritannien	2.289.647	2.772.649	1.497.462	–	–
Andere	*	1.434.861	4.645	166.269	46.269
Total	11.914.967	11.155.222	12.428.176	11.427.963	10.462.448

[Raspin, Italian War Economy, S. 405; * = Angabe fehlt]

offen ließ, zeigte sich der „Duce" mit dem Wirtschaftsabkommen nicht unzufrieden: Die fünf Schlüsselpositionen der italienischen Kriegswirtschaft, nämlich Kohle, Eisen und Stahl, Mineralöl, Aluminium und Kautschuk, schienen für das Jahr 1941 gesichert. Auf deutscher Seite wurde der Vertragsabschluß als diplomatischer und politischer Erfolg gewertet. So schrieb Clodius nach seiner Unterredung mit Mussolini an Ribbentrop:

„Ich bin überzeugt, daß das von uns angestrebte Ziel erreicht worden ist: Wir haben, ohne für unsere militärischen Interessen untragbare Opfer zu bringen, dafür gesorgt, daß das Funktionieren der italienischen Kriegswirtschaft mindestens für das erste Halbjahr 1941 gesichert ist, und haben ferner erreicht, daß der Duce selbst hiervon überzeugt ist und die deutschen Leistungen für Italien dankbar anerkennt. Wir haben damit nicht nur die Stellung des Duce, sondern auch die Stellung aller aktiven Kreise in Italien gestärkt, die die Träger der moralischen und militärischen Widerstandskraft und des Bündnisses mit Deutschland sind."[138]

Das Wirtschaftsabkommen vom 26. Februar 1941 bildete den Schlußpunkt eines Prozesses, der Italien seit dem Jahre 1937 kontinuierlich in die Abhängigkeit geführt hatte. Italien war jetzt eindeutig an Deutschland als seinen Hauptlieferanten gebunden. Im Jahre 1941 versorgte das Deutsche Reich Italien mit 62,2 Prozent aller importierten Güter, der zweitwichtigste Lieferant war Ungarn mit einem Anteil von 5,4 Prozent. Deutschland bestritt mit 99 Prozent praktisch den gesamten Kohleimport,

---

[138] ADAP, D, XII.1, Dok. 71, S. 106 f. – 22.2.1941, Clodius/Mackensen an AA.

lieferte 70 Prozent der eingeführten Fertigfabrikate und 73 Prozent der chemischen Grundstoffe. Der einzige wichtige Rohstoff, als dessen Hauptlieferant nicht Deutschland auftrat, war das rumänische Mineralöl. Doch hatte der deutsche Einfluß auf die rumänischen Exporte zu diesem Zeitpunkt bereits beträchtlich zugenommen.[139]

Die vereinbarte Einfuhr italienischer Arbeitskräfte minderte ein drängendes Problem der deutschen Rüstungsindustrie. Allgemein läßt sich für die Periode von 1936 bis 1945 sagen, daß es der deutschen Wirtschaft stets an Arbeitern mangelte. Doch insbesondere seit Ausbruch des Krieges wurde der Widerspruch zwischen den deutschen Expansionszielen und der Begrenztheit der wirtschaftlichen Kräfte und Ressourcen offensichtlicher.

Im Sommer 1940 brachten der Sieg über Frankreich, die Fortsetzung des Kampfes gegen Großbritannien und der Entschluß zum Angriff gegen die Sowjetunion es mit sich, daß eine „Umsteuerung der Rüstung" für notwendig erachtet wurde. Neue Schwerpunktprogramme wurden konzipiert, um die Luftrüstung und den U-Boot-Bau zu steigern und zudem eine Vergrößerung der schnellen Truppen und die Verdoppelung der Panzerdivisionen zu erreichen. Diese Programme überforderten schon bald das kriegswirtschaftliche Potential des Deutschen Reiches. Die großen zusätzlichen Rüstungsvorhaben legten den Mangel an Arbeitskräften offen.[140] Am 28. September 1940 setzte daher ein Befehl Hitlers die sogenannte Arbeitsurlaubsaktion „Rü 40" in Kraft, durch welche aktive Wehrmachtsangehörige zur Arbeit in der Rüstungsindustrie freigestellt wurden. Dieser „Arbeitsurlaub" sollte 300.000 zum Heer einberufene Metallarbeiter betreffen. Eine wirkliche Lösung bot diese Aktion allerdings nicht, da die Wehrmacht ungern auf ihre Soldaten verzichtete und auf die Rückberufung dieser Arbeiter bestand. Letztlich waren die Männer eben nur an einer Stelle einsetzbar.[141]

Der große Vorteil der italienischen Arbeitskräfte bestand im Vergleich zu Kriegsgefangenen und anderen ausländischen Zivilarbeitern darin, daß die Italiener ohne Bedenken in allen Bereichen der Rüstungsindustrie eingesetzt werden konnten. Gerade in der heiklen Waffenherstellung, wo Sabotageakte schwere Konsequenzen für die deutschen Soldaten nach sich ziehen konnten, beschäftigten die Deutschen mit Vorliebe den Bündnispartner. Die italienischen Arbeiter, welche im Laufe des Jahres 1941 in das Deutsche Reich übersiedeln sollten, fanden daher in ihrer Mehrheit, d. h. bis zu 77,3 Prozent, in der Industrie Verwendung. Die Gesamtheit der anderen „Fremdarbeiter", die zu diesem Zeitpunkt im wesentlichen aus Polen, Frankreich, Bel-

---

[139] Raspin, Italian War Economy, S. 222; vgl.: Sommario di statistiche storiche 1926–1985, hrsg. v. Istituto Centrale di Statistica, Tivoli 1986, S. 261 u. 263.

[140] Bernhard R. Kroener, Die personellen Ressourcen des Dritten Reiches im Spannungsfeld zwischen Wehrmacht, Bürokratie und Kriegswirtschaft 1939–1942, in: DRZW, V.1, S. 786 f.; Dietrich Eichholtz, Geschichte der deutschen Kriegswirtschaft 1939–1945, I, Berlin 1971 (1969), S. 212–217.

[141] Kroener, Ressourcen, S. 790 f.; Eichholtz, Kriegswirtschaft, S. 218 f.

gien und den Niederlanden rekrutiert wurden, war im Jahre 1940 hingegen nur zu 33 Prozent in den Fabriken eingesetzt worden. Diese Arbeitskräfte nutzten die Deutschen bevorzugt in der Landwirtschaft, dem Handwerk oder anderen Branchen, in welchen man auf diese Weise deutsche Arbeiter für die Industrie freisetzen konnte.[142]

Die politische Symbolkraft, die die Arbeiterrekrutierung für die deutsch-italienische Beziehung hatte, sollte nicht unterschätzt werden. Bereits zu Anfang stellte die deutsche Delegation klar, daß es sich bei der Arbeiterfrage „um einen der wichtigsten, wenn nicht um den wichtigsten Punkt" der Vereinbarungen handelte.[143] War man sich im Sommer 1940 im Deutschen Reich noch nicht im klaren gewesen, welchen Nutzen man in Zukunft aus dem Achsenbündnis ziehen sollte – ob eher einen militärischen oder eher einen ökonomischen –,[144] so war für Hitler am 19. Dezember die Entscheidung gefallen. Indem er erstmals einen Arbeiterversand von bisher nicht gekannten Ausmaßen anforderte, stellte er das deutsch-italienische Bündnis auf eine neue Grundlage. Was das für die zukünftige Position der Italiener in der „Achse" bedeutete, ist selten klarer formuliert worden als von dem deutschen Botschafter in Rom, Hans Georg von Mackensen. Als dieser am 14. Januar 1941 die angeforderten Daten über die Verfügbarkeit italienischer Industriearbeiter nach Berlin sandte, kam er nicht umhin, seine Vorgesetzten daran zu erinnern, daß sich nun die Frage stelle, wie die Italiener im gemeinsamen Kampf der „Achse" einzusetzen seien: als Arbeiter oder als Soldaten? Denn in den militärischen Kreisen Roms regte sich starker Widerstand gegen die Freigabe wehrpflichtiger jüngerer Arbeiter.[145]

Die nationalsozialistische Führung entschied sich für den Arbeiter und gegen den Soldaten. Mit der Rekrutierung von angestellten, bereits beschäftigten Arbeitskräften nahm das deutsche Regime zudem die Schwächung der italienischen Industrie in Kauf. Der von Mussolini einst gepriesene Reichtum an Menschen war zu diesem Zeitpunkt nicht mehr vorhanden. Zwei Millionen Männer waren im Jahre 1940 für die Armee, Marine oder Luftwaffe eingezogen worden, 1941 sollte die Zahl auf 2.900.000 steigen. Im Vergleich dazu nahmen sich die ausgehandelten 204.000 gewerblichen Arbeiter auf den ersten Blick nicht viel aus. Doch die deutsche Forderung nach Facharbeitern brachte es mit sich, daß diese aus laufenden Betrieben abgezogen werden mußten, zumal sich das italienische Militär erfolgreich dagegen sperrte, ausgebildete Kräfte freizugeben. Allein die metallverarbeitende Industrie war im Jahre

---

[142] Mantelli, Camerati del lavoro, S. 44–46.
[143] PA/AA, Handakten Wiehl, Italien, Bd. 12, R. 106176, S. 445061 – 11.1.1941, Clodius an Botschaft Rom; vgl.: ebd., S. 445070 – 14.1.1941, Mackensen an AA; BA/MA, RW 19/164, S. 103 – 8.1.1941, KTB-WiRüAmt/Stab.
[144] Raspin, Italian War Economy, S. 136.
[145] PA/AA, Handakten Wiehl, Italien, Bd. 12, R. 106176, S. 445072 f. – 14.1.1941, Mackensen an AA; vgl.: ebd., S. 445075 f. – 15.1.1941, Clodius an RAM.

1941 gezwungen, 50.000 Beschäftigte nach Deutschland abzugeben. Zwar wurde daraufhin versucht, den Verlust durch Überstunden wieder einzufahren, doch war die Knappheit an ausgebildeten Facharbeitern jetzt auch in Italien spürbar, und zwischen den verschiedenen Industriezweigen entbrannte der Konkurrenzkampf um die besten Arbeitskräfte.[146]

Ein weiteres Problem, welches sich durch die Beschäftigung italienischer Arbeitskräfte scheinbar lösen ließ, war die Verschuldung der Italiener, die im zweiten Halbjahr 1940 durch die deutschen Waffenlieferungen und die hohen Rohstoffanfragen entstanden war. Es bot sich daher an, im Rahmen des Clearing-Abkommens Arbeitskräfte anzufordern,[147] zumal ein baldiger Ausgleich des ausstehenden Betrags in Kriegszeiten nicht zu erwarten war.

Grundlage des deutsch-italienischen Zahlungsverkehrs bildete das Verrechnungsabkommen vom 26. September 1934. Gemäß dieser Vereinbarung sollte der Erlös aus der deutschen Warenausfuhr nach Italien bis auf eine freie Devisenspitze von 7,5 Prozent zur Bezahlung der deutschen Einfuhr aus Italien verwendet werden.[148] Zum 1. August 1939 wurde deutscherseits auf diese Devisenspitze[149] verzichtet, so daß fortan ein reiner Clearing-Verkehr im Mittelpunkt der deutsch-italienischen Wirtschaftsbeziehungen stand: Der Austausch von Waren bzw. Dienstleistungen wurde nur noch auf dem Papier gegengerechnet, eine direkte Bezahlung durch Geld fand nicht mehr statt.[150]

An sich verzeichnete Italien seit dem Jahr 1938 ein steigendes Aktiv in dem Clearing, d. h., der Wert der nach Deutschland ausgeführten Waren überstieg kontinuierlich den Wert der aus Deutschland importierten Waren. Doch mit dem Kriegseintritt Italiens kam es zu einer Schrumpfung und dem Verschwinden des deutschen Defizits,

---

[146] Raspin, Italian War Economy, S. 275–279; vgl. zum Arbeitermangel in Italien: Ciano, Diario, S. 583 – 25.1.1942; BA/MA, RW 19/166, S. 145 – 5.2.1942, KTB-WiRüAmt/Stab.

[147] Mantelli, Camerati del lavoro, S. 44; Raspin, Italian War Economy, S. 431, tab.32.

[148] BArch, R 2501/6851, S. 235 – 8.10.1941, Dt. Reichsbank, Volkswirtschaftl. Abt.: Material über Italien; vgl.: Brunello Mantelli, Vom „bilateralen Handelsausgleich" zur „Achse Berlin–Rom". Der Einfluß wirtschaftlicher Faktoren auf die Entstehung des deutsch-italienischen Bündnisses 1933–1936, in: Jens Petersen/Wolfgang Schieder (Hg.), Faschismus und Gesellschaft in Italien. Staat – Wirtschaft – Kultur, Köln 1998, S. 264–270.

[149] Zur Diskussion um die von den Italienern gewünschte Abschaffung der Devisenspitze vgl.: Rieder, Wirtschaftsbeziehungen, S. 100–106.

[150] Vgl.: Maximiliane Rieder, Zwischen Bündnis und Ausbeutung. Der deutsche Zugriff auf das norditalienische Wirtschaftspotential 1943–1945, in: QFIAB 71/1991, S. 647 f.; Brunello Mantelli, Zwischen Strukturwandel auf dem Arbeitsmarkt und Kriegswirtschaft. Die Anwerbung der italienischen Arbeiter für das „Dritte Reich" und die „Achse Berlin–Rom" 1938–1943, in: Cesare Bermani/Sergio Bologna/Brunello Mantelli, Proletarier der „Achse". Sozialgeschichte der italienischen Fremdarbeit in NS-Deutschland 1937 bis 1943, Berlin 1997, S. 375.

bis sich Rom im Winter 1940/41 schließlich sogar im Soll befand.[151] Der Einbezug der Arbeiterlöhne in den Verrechnungsverkehr versprach hier Abhilfe zu schaffen, die Beschäftigung der italienischen Arbeitskräfte sollte den erwünschten Gegenposten zu den deutschen Kohle- und Kriegsgerätlieferungen bilden.[152] Tatsächlich erwies sich aber schon im Sommer 1941, daß diese Rechnung nicht aufging.

Als zusätzliche Crux in diesem Zusammenhang entpuppte sich für die Italiener die Vereinbarung, daß während des Krieges alle kriegswichtigen Lieferungen oder Leistungen unabhängig vom Stand der Handelsbilanz und des Verrechnungsverkehrs vorgenommen werden sollten. Dieses Abkommen, das ebenfalls im Rahmen der Wirtschaftsgespräche vom Februar 1941 getroffen wurde, sollte die kriegswirtschaftliche Zusammenarbeit bis zum „endgültigen Sieg der Achsenmächte" sicherstellen. Erst drei Monate nach Beendigung des Krieges durfte das Defizit eines Bündnispartners als Grund dazu dienen, die vereinbarten Zufuhren oder Dienste einzuschränken oder gar einzustellen.[153]

d. Die Neustrukturierung der Zusammenarbeit – Kooperation zwischen Rivalität und Notwendigkeit

Nachdem die Vertreter des deutschen WiRüAmtes im Januar 1941 festgestellt hatten, daß die italienische Rüstungsindustrie mit nur einem Viertel ihres eigentlichen Potentials arbeitete,[154] und nachdem Hitler im Dezember 1940 klargestellt hatte, daß die Ausschöpfung der Gesamtkapazität der „Achse" das zu verfolgende Ziel sein mußte,[155] nahm im Frühjahr 1941 die Idee der „Auftragsverlagerung" Form an. Interesse an einer Verlagerung deutscher Rüstungsproduktion nach Italien lag dabei auf beiden Seiten vor. So bot das italienische Außenministerium im Februar 1941 an, der deutschen Flugzeugindustrie rund eine Million Arbeitsstunden monatlich in italienischen Fabriken zur Verfügung zu stellen.[156] Obwohl dieses Angebot offensichtlich

---

[151] Mantelli, Camerati, S. 64; ders., Arbeiter, S. 381; Rieder, Wirtschaftsbeziehungen, S. 123–125.

[152] PA/AA, Botschaft Rom – Geheimakten, 91, n.p. – 21.6.1941, Aufzeichnung Botschaft Rom; vgl.: Rieder, Wirtschaftsbeziehungen, S. 205 f.

[153] BArch, R 901/68723, S. 171 – 26.2.1941, Clodius an Giannini; PA/AA, Handakten Clodius, Italien, Bd. 7, R. 105919, S. 450261 – 8.3.1941, Reichsgruppe Industrie an Reichsstelle für den Außenhandel u. a.

[154] BA/MA, RW 19/164, S. 101 – 2.–4.1.1941, KTB-WiRüAmt/Stab.

[155] ADAP, D, XI.2, Dok. 538, S. 761 – 20.12.1940, Aufzeichnung Schmidt.

[156] PA/AA, HaPol IVb, Italien, Industrie, Bd. 15, R. 112225, n.p. – 14.2.1941, MAE an Clodius.

in den Untiefen des deutschen Beamtenapparates verschwand,[157] trat das Reichsluftfahrtministerium (RLM) Ende März 1941 mit den Italienern in Verhandlung.[158]

Eine Delegation des RLM unter der Leitung von General Lucht führte aus, daß sich aufgrund der Länge des Krieges ein Produktionswettstreit mit der anglo-amerikanischen Rüstungsindustrie[159] abzeichnete. Da die europäische Maschinenindustrie deutlich kleiner sei als die amerikanische, sei eine 100prozentige Ausschöpfung der vorhandenen Kapazitäten unabdingbar. Aus diesem Grunde wolle das Deutsche Reich seine Produktion nach Italien ausweiten, so wie es das beispielsweise schon in Rumänien und Ungarn praktiziere. Das RLM schlage daher vor, daß die italienischen Luftstreitkräfte künftig in großem Umfange deutsche Flugzeuge, Motoren und anderen Apparaturen nutzen und die Verwendung italienischer fortan einschränken sollten. Dies würde es ermöglichen, zahlreiche italienische Fabriken mit der Produktion deutschen Kriegsmaterials zu beschäftigen. Göring sei bereit, für die Lieferung der notwendigen Rohstoffe zu sorgen, wenn die Produktion zum Teil nach Deutschland ginge. Konkret sprach General Lucht den Bau des Jägers Messerschmidt 109 F, des Motors DB 601 sowie von Flugzeugzellen, Zubehör und Austauschteilen an. Einige Fabriken könnten die Reparatur deutscher Motoren und Zellen übernehmen.[160]

Obwohl das italienische Luftfahrtministerium es explizit ablehnte, in Zukunft auf die Nutzung deutscher Flugzeuge umzusteigen,[161] stieß der deutsche Vorschlag einer engeren industriellen Kooperation generell auf Zustimmung. Mussolini befahl, einen Vertrag auszuhandeln.[162]

Mitte Mai ergriff dann auch das WiRüAmt des OKW die Initiative: General Georg Thomas, Chef der Behörde, bat Favagrossa, ihm eine Übersicht über die freien Kapazitäten in der italienischen Industrie zu verschaffen, so daß die zuständigen Stellen unmittelbar mit den Fabriken in Kontakt treten konnten. Im Vordergrund dieser Anfrage stand v. a. die Herstellung von optischen und Meßgeräten, Zündern, Uhr-

---

[157] Vgl.: ebd. – 7.4.1941, AA, HaPol IVb, an RWM; ebd. – 24.4.1941, RWM an AA, HaPol VIb; ebd. – 29.4.1941, AA, HaPol IVb an OKW/WiRüAmt.

[158] Offensichtlich auf erneute Anregung des italienischen Luftfahrtministeriums (PA/AA, HaPol IVb, Italien, Industrie, Bd. 15, R. 112225, n.p. – 15.5.1941, WiRüAmt an AA, HaPol IV b).

[159] Wenige Tage zuvor, am 11. März 1941, hatte das US-Parlament den *Lend-Lease-Act* bewilligt (Schlauch, Rüstungshilfe, S. 45).

[160] ACS, MinAer, Gab, AG 1941, b. 146, fasc.: Germania – Collaborazione industriale italo-tedesca, 1° volume, n.p. – 26.3.1941, Promemoria MinAer; ebd. – März/April 1941, MinAer: Appunto per il Duce; ebd., fasc.: Germania – Collaborazione industriale italo-tedesca, 2° volume, n.p. – 23.7.1941, Teucci, Berlin, an MinAer, Gab. u. a.

[161] ACS, MinAer, Gab, AG 1941, b. 146, Collaborazione 2° vol., n.p. – 23.7.1941, Teucci an MinAer, Gab.

[162] Handschriftliche Randbemerkung Mussolinis in: ACS, MinAer, Gab, AG 1941, b. 146, Collaborazione 1° vol., n.p. – März/April 1941, MinAer: Appunto per il Duce.

werken und Panzerteilen.[163] Die Vorstöße des RLM und des WiRüAmtes erfolgten dabei unabhängig voneinander. Erst im Juni, als zusätzliche Rohstofforderungen aus Italien eintrafen, erfuhr der Chef des WiRüAmtes zu seiner Verärgerung von den Aufträgen, die der italienischen Industrie inzwischen nicht nur vom RLM, sondern auch vom Heereswaffenamt erteilt worden waren.[164] Angesichts dieser Umstände sah sich General Thomas genötigt, die Verlagerung von Aufträgen einzuschränken: Generell dürfe eine Auftragsvergabe in Zukunft nur noch mit Zustimmung des WiRüAmtes erfolgen, hieß es in seiner Weisung vom 18. Juli, zunächst kämen lediglich rohstoffarme und betriebsstoffsparsame Fertigungen dafür in Betracht, und die Verlagerungsabsichten seien bei Anmeldung außerdem genau zu präzisieren mit ungefährer Angabe über die benötigten Roh- und Betriebsstoffe.[165] Eine straffe Organisation der „Auftragsverlagerung" schien vonnöten, möglichst vor Ort.

Seit dem 14. Mai 1940 weilte Dr. Walter Cartellieri als Verbindungsmann des WiRüAmtes in Rom. Aufgrund des bevorstehenden Kriegseintritts Italiens hatte das Amt gewünscht, enger mit der italienischen Wehrwirtschaft und Rüstungsindustrie in Kontakt zu treten, Cartellieri wurde dem Militärattaché als wehrwirtschaftlicher Berater zugeteilt. Tatsächlich aber fehlte es dem neuen Verbindungsmann zunächst an einer klaren Aufgabenstellung, durch die er sich von der Wirtschaftsabteilung der deutschen Botschaft deutlich unterschieden hätte. Da es an konkreten Begründungen mangelte, wurde ihm der Besuch von italienischen Rüstungswerken in den meisten Fällen verwehrt. Sein Handlungsrahmen war begrenzt.[166]

Mit dem Ausbau der deutschen „Auftragsverlagerung" änderte sich 1941 die Lage: Zum 1. August 1941 ordnete das OKW die Einrichtung der Stelle eines „Wehrwirtschaftsoffiziers in Italien" (W.O.It.) an, zunächst unter der Leitung von Major Cartellieri, ab dem 1. Oktober unter Führung von Generalmajor Ritter Ernst von Horstig.[167] Ziel der neuen Dienststelle war die „zentrale Bearbeitung aller mit der Auftragsverlagerung zusammenhängenden politischen, militärischen, technischen, wirtschaftlichen sowie finanziellen Fragen".[168] D. h., dem Wehrwirtschaftsoffizier

---

[163] BA/MA, T-77/585, S. 1765861 – 14.5.1941, Thomas an Favagrossa; ebd., S. 1765874 – 24.5.1941, Keitel an Cartellieri.

[164] Ebd., S. 1765855 – 10.6.1941, Notiz Wi III.

[165] BA/MA, RW 19/2386, S. 4–5 – 18.7.1941, Thomas-Weisung: Wehrwirtschaftliche Ausnutzung von Italien; auch in: BArch, NS 19/2805, S. 2 f.

[166] BA/MA, RW 32/1, S. 4 – 1.8.–31.12.1941, KTB -W.O.It.; vgl.: Esposti, Industria bellica, S. 208; Rieder, Zwischen Bündnis und Ausbeutung, S. 645 f. u. Rieder, Wirtschaftsbeziehungen, S. 214.

[167] BA/MA, RW 32/1, S. 4 f. – 1.8.–31.12.1941, KTB -W.O.It.; vgl.: ebd., S. 56; PA/AA, Botschaft Rom – Geheimakten, 119/181, n.p. – 11.11.1941, Rintelen an Botschaft Rom.

[168] Rieder, Zwischen Bündnis und Ausbeutung, S. 644 f.; vgl.: Esposti, Industria bellica, S. 208 f.

oblag die Koordination der Auftragserteilung und -abwicklung, der Rohstoffbeschaffung, des Transportes sowie der Preisfestsetzung und -prüfung.[169]

Die angespannte Rohstofflage in Italien beeinträchtigte aber nicht nur die anvisierte „Auftragsverlagerung", sondern legte im Jahre 1941 zunehmend die italienische Rüstungsindustrie lahm. So lag aufgrund des Eisenerzmangels bereits im Februar ein Hochofen bei Neapel brach,[170] im April folgten Schließungen von Munitionsfabriken[171] und Walzwerken,[172] und im Juni wurde die Arbeit an Neubauten in den Werften von Genua eingestellt, das Produktionsvermögen der dort ansässigen Werke der Schwerindustrie konnte nicht mehr genutzt werden.[173] Laut Favagrossa war die Zahl der Fabriken, die ihre Produktion aufgrund von Rohstoffmangel einstellen mußten, im Juni/Juli 1941 auf insgesamt 338 angestiegen.[174] Allein aufgrund fehlender Kohle waren weitere Schließungen kriegswichtiger Betriebe absehbar.[175] Insgesamt sollten im Jahr 1941 ca. 729 Fabriken der Rüstungsindustrie ihre Produktion aus diesem Grund unterbrechen.[176]

Schuld an dieser Entwicklung trug zum Teil die deutsche Regierung, die ihrer Lieferpflicht nicht nachkam. Ende März/Anfang April wies Favagrossa die deutsche Botschaft auf die Lieferungsrückstände an Stahl und Roheisen hin. Nicht allein, daß noch Importe aus dem Jahre 1940 ausstanden, auch den Wirtschaftsvereinbarungen vom Februar 1941 wurde deutscherseits nicht oder nur teilweise nachgekommen.[177]

---

[169] BA/MA, RW 32/1, S. 57f. – 21.7.1941, Dienstanweisung für Leiter Dienststelle „WO Rom"; vgl.: Ernst v. Horstig, Aufgaben und Tätigkeit des Deutschen Wehrwirtschaft-Offiziers Italien (W.O.It) und Sonderbeauftragten des OKH Waffenamtes Italien (S.B.Wa. A.It.) zu Rom (1941–1943), Garmisch April 1947, Masch., in: BA/MA, N 329/8, S. 1–21.

[170] PA/AA, Handakten Wiehl, Italien, Bd. 13, R. 106177, n.p. – 15.2.1941, Clodius/Bismarck an AA; vgl.: ebd., S. 445141 f. – 12.2.1941, Clodius/Mackensen an Weizsäcker.

[171] BA/MA, RW 19/165, S. 11 – 8.4.1941, KTB-WiRüAmt/Stab.

[172] PA/AA, Handakten Wiehl, Italien, Bd. 13, R. 106177, n.p. – 16.4.1941, Mackensen an AA.

[173] PA/AA, Botschaft Rom – Geheimakten, 91, n.p. – 20.6.1941, Generalkonsulat Genua an Botschaft Rom.

[174] Favagrossa, Perché perdemmo la guerra, S. 162.

[175] BA/MA, RH 2/2936, S. 218 – 6.6.1941, Rintelen an Matzky; vgl.: PA/AA, Handakten Wiehl, Italien, Bd. 13, R. 106177, n.p. – 17.4.1941 u. S. 445371 – 10.4.1941, jeweils Mackensen an AA. Raspin weist darauf hin, daß die italienische Energieversorgung zu diesem Zeitpunkt weit besser war, als der Streit um die Kohlequoten suggerieren mag. Im Vergleich zum Jahre 1938 stand insgesamt sogar mehr Kohle zur Verfügung. Raspin läßt dabei allerdings außer Acht, daß sich Italien seit 1940 im Krieg befand und die Rüstungsindustrie nun einen Großteil der Kohlelieferung verschlang (Raspin, Italian War Economy, S. 259).

[176] Favagrossa, Perché perdemmo la guerra, S. 167; vgl.: Minniti, Materie prime, S. 270.

[177] Laut Favagrossa waren von den für 1940 vorgesehenen Mengen nur 19.721 t Roheisen eingetroffen und von den für das erste Halbjahr 1941 vereinbarten 45.000 t noch gar nichts. Im ersten Vierteljahr 1941 wären außerdem 175.000 t Stahl zu liefern gewesen, von denen lediglich 61.000 t in Italien eingetroffen seien (PA/AA, Handakten Wiehl, Italien, Bd. 13, R. 106177, S. 445363 – 29.3.1941 u. S. 445369 – 10.4.1941, jeweils Mackensen an AA).

So war am 10. April auch von den im Siebenten Protokoll vereinbarten Lieferungen an Petrolkoks, Propylalkohol, Azeton, Paraffin, Asbest, Korund und Kresylsäure noch gar nichts in Italien eingetroffen.[178] Hinzu kam, daß die aufgrund des Balkankrieges verschärfte Transportlage[179] das Deutsche Reich zwang, die Kohlelieferung um über 20 Prozent herunterzufahren. Statt der versprochenen Erhöhung auf 1.050.000 t pro Monat wurde die deutsche Kohlezufuhr also unter den Vorjahresstand gesenkt.[180] Dabei wußte Botschafter Mackensen im April zu berichten, daß die Italiener seit Juli 1940 bereits weit über die Hälfte ihres Kohlevorrates aufgebraucht hatten.[181] Viel Spielraum boten die Restbestände also nicht. Entsprechend reagierten die Italiener: Zwar erkannte Favagrossa die derzeitigen Transportprobleme der Deutschen an, doch verwiesen er und Giannini eindringlich auf die schwierige Lage der italienischen Kriegsindustrie.[182] In den Besprechungen vom Juni 1941 einigte man sich schließlich auf eine vorübergehende Zufuhr von 900.000 t im Monat, die dann im August wieder auf 1.000.000 t steigen sollte. Lieferungen im Umfang von 600.000 t standen bereits aus.[183]

Parallel wuchs das Problem der Heizölversorgung der italienischen Marine, das im Februar 1941 nur unzureichend gelöst worden war, bedrohlich an. Italienischerseits hatte man schon damals auf einen monatlichen Mindestbedarf von 110.000 t im Monat verwiesen, doch die deutschen Schätzungen lagen bei nur 80.000 t.[184] Die Vertreter der deutschen Seekriegsleitung trauten den italienischen Angaben nicht. Die hohen Verbrauchsziffern einzelner Aktionen wurden in den Gesprächen kritisch

---

[178] PA/AA, Handakten Wiehl, Italien, Bd. 13, R. 106177, S. 445370 – 10.4.1941, Mackensen an AA.

[179] Die Bahn transportierte nun auch deutsche Truppen nach Jugoslawien und Griechenland.

[180] PA/AA, Handakten Wiehl, Italien, Bd. 13, R. 106177, S. 445368 – 10.4.1941, Clodius an Botschaft Rom; ADAP, D, XII.2, Dok. 641, S. 871, FN 1 – 1.4.1941, Wiehl an Botschaft Rom.

[181] Gemäß einer italienischen Statistik waren die Vorräte der italienischen Staatsbahnen, die „zugleich als Geschäftsführerin des Kohlemonopols Lagerhalterin für die übrige Wirtschaft" war, von 2.000.000 t Mitte 1940 auf 750.000 t im März 1941 gesunken. Die Vorräte italienischer Kokereien waren im gleichen Zeitraum von 500.000 t auf 250.000 t und die Vorräte italienischer Gaswerke von 350.000 t auf 150.000 t gesunken (PA/AA, Handakten Wiehl, Italien, Bd. 13, R. 106177, S. 445371 – 10.4.1941, Mackensen an AA).

[182] PA/AA, Handakten Wiehl, Italien, Bd. 13, R. 106177, S. 445371 – 10.4.1941; DDI, 9, VI, Dok. 922, S. 860 – 17.4.1941, Giannini an Alfieri; vgl.: ebd., Dok. 958, S. 895 – 21.4.1941, Cosmelli an MAE.

[183] ADAP, D, XII.2, Dok. 641, S. 871 – 17.6.1941, Aufzeichnung Clodius; vgl.: DDI, 9, Dok. 220, S. 217 f. – 7.6.1941, Alfieri an Ciano.

[184] ADAP, D, XII.1, Dok. 71, S. 106 – 22.2.1941, Clodius/Mackensen an AA; vgl.: ebd., Dok. 65, S. 95–98 – 18.2.1941, Aufzeichnung Ritter.

hinterfragt.[185] Leugnen ließ sich aber nicht, daß mit den Geleitschiffen, die die deutschen Truppentransporte nach Nordafrika schützen sollten, seit Februar 1941 ein Faktor hinzukam, der den italienischen Heizölverbrauch erheblich erhöhte und ein neues Hilfegesuch der Italiener rechtfertigte.[186] Zwar beklagte man im WiRüAmt des OKW das Fehlen einer „straffen Rohstoff-Bewirtschaftung wie in Deutschland"[187] und forderte Favagrossa auf, entsprechende Maßnahmen zu treffen, kam aber nicht umhin, den Italienern kurzfristig mit Treibstofflieferungen aus den eigenen Beständen zu helfen.[188] Doch wie im Falle der Kohlezufuhr schränkte die begrenzte Leistungsfähigkeit der Bahn auch die Ölimporte im April 1941 deutlich ein.[189]

Die Leistungskapazität des Schienennetzes entpuppte sich zusehends als Schrittmacher des Ressourcenaustausches. Denn letzten Endes konnten die Züge ja nur entweder Kohle oder Mineralöl oder Soldaten transportieren. Die Bevorzugung des einen ging zu Lasten des anderen.[190] So führten die Vorbereitungen der Operation „Barbarossa" Mitte Mai dazu, daß „für etwa 6–8 Wochen" 2000–2500 Kesselwagen aus dem rumänisch-italienischen Mineralöl-Verkehr herausgezogen werden sollten. Das Kriegstagebuch des WiRüAmtes kommentierte:

„Unsere Bevorratung geht jetzt 100 %ig allen italienischen Forderungen vor. Da die Italiener keinen Kriegsschauplatz mehr haben, müssen sie sehen, wie sie durchkommen."[191]

Nach Ansicht des OKW sollten die Italiener das rumänische Öl mit Tankschiffen selbst vom Hafen Konstanza abholen.[192] Mit diesem Lösungsvorschlag der Wehrmacht war dem Problem aber nicht beizukommen. Schon wenige Tage später meldete Clodius, der Gesandte des Auswärtigen Amtes, daß Italien „mit allen Vorräten am

---

[185] Lagevorträge ObdM, S. 203 – 18.3.1941; vgl.: Meier-Dörnberg, Ölversorgung, S. 64; Rintelen, Bundes-genosse, S. 163.
[186] BA/MA, RW 19/164, S. 240 f. – 26.3.1941, KTB-WiRüAmt/Stab.
[187] Ebd., S. 242 – 27.3.1941, KTB-WiRüAmt/Stab.
[188] BA/MA, RW 19/165, S. 4 – 3.4.1941, KTB-WiRüAmt/Stab; PA/AA, Handakten Clodius, Italien, Bd. 7, R. 105919, n.p. – 15.4.1941, Aufzeichnung [vmtl. Wiehl] für Clodius.
[189] PA/AA, Handakten Wiehl, Italien, Bd. 13, R. 106177, n.p. – 17.4.1941, 2. Geheimes Protokoll d. ständigen dt.-ital. Mineralölkommission.
[190] So berichtete Transleit Berlin an das RWM und das AA: „Vom Deutschen Reich nach Italien werden einmalig 20.000 t Mineralöl in deutschen Kesselwagen gefahren […]. Durch solche Sonderanforderungen wird die Leistungsfähigkeit der Bahnen für italienische Kohlentransporte beeinträchtigt." (PA/AA, Handakten Clodius, Italien, Bd. 7, R. 105919, n.p. – 19.4.1941).
[191] BA/MA, RW 19/165, S. 53 f. – 20.5.1941, KTB-WiRüAmt/Stab; vgl.: ebd., S. 44 – 10.5.1941 u. S. 48 f. – 16.5.1941.
[192] Ebd., S. 53 f. u. S. 58 – 20.5.1941, KTB-WiRüAmt/Stab.

Ende" sei.[193] Ab dem 1. Juni müsse der volle Treibstoffbedarf[194] durch die Einfuhr gedeckt werden. Zwar sei der zivile Verbrauch inzwischen auf das Mindestmaß gedrosselt worden, doch falle dies gegenüber dem militärischen Bedarf kaum ins Gewicht, zumal die italienische Kriegsflotte und Luftwaffe wesentlich mehr verbraucht hätten als im Programm vom Februar veranschlagt. Der vom OKW vorgesehene Abzug der Kesselwagen sowie der Donautankschiffe würde dazu führen, daß die monatliche Einfuhrmenge aus Rumänien von 175.000 t auf 110.000 t sinke. Die verantwortlichen italienischen Stellen hätten dazu in aller Deutlichkeit bemerkt, *„es handele sich einfach um die Frage, ob Italien den Krieg weiterführen könne oder nicht"*.[195] Denn ohne adäquate Ölversorgung müsse die italienische Flotte binnen Monatsfrist stillgelegt werden, und eine Sicherstellung des Nachschubs in Nordafrika sei nicht mehr möglich.[196]

Clodius, der die Darstellung der Italiener in allen wesentlichen Punkten für korrekt hielt, bat angesichts der ablehnenden Haltung der deutschen Militärs schließlich um eine politische Entscheidung. Denn zwar erkannte die Seekriegsleitung die Forderungen der italienischen Marine grundsätzlich an, doch erklärte sie sich außerstande, aus ihren eigenen Beständen oder Zufuhren etwas abzugeben.[197] In Anbetracht der Tatsache, daß der Angriff auf die Sowjetunion unmittelbar bevorstand, mußten die deutschen Militärs ja auch berücksichtigen, daß die russischen Mineralölimporte in Zukunft wegfallen würden. Ein Drittel des Bedarfes wäre nach Schätzungen des WiRüAmtes ab Herbst 1941 also ungedeckt, da auch die deutschen Vorräte dann verbraucht seien.[198]

Trotz dieser Einwände befürwortete Hitler aber, daß den Italienern – „wenn irgend möglich" – in der Frage geholfen würde.[199] Das WiRüAmt beschloß darauf-

---

[193] PA/AA, Handakten Wiehl, Italien, Bd. 13, R. 106177, n.p. – 23.5.1941, Clodius/Bismarck an RAM u. Weizsäcker; Auszug in: ADAP, D, XII.2, Dok. 641, FN 2, S. 871; vgl.: Halder, KTB, II, S. 430 – 27.5.1941.

[194] Dieser Bedarf lag laut italienischen Angaben bei insgesamt 260.000 t Öl im Monat, wovon 100.000 t aus Rumänien mit der Bahn, 75.000 t aus Konstanza durch den Kanal von Korinth und 25.000 t aus Deutschland zugeführt werden sollten. Die Herkunft der restlichen 60.000 t war noch ungeklärt.

[195] PA/AA, Handakten Wiehl, Italien, Bd. 13, R. 106177, n.p. – 23.5.1941, Clodius/Bismarck an RAM u. Weizsäcker (Hervorhebung im Original); vgl.: BA/MA, RH 2/2936, S. 218 – 6.6.1941, Rintelen an Matzky.

[196] PA/AA, Handakten Wiehl, Italien, Bd. 13, R. 106177, n.p. – 23.5.1941, Clodius/Bismarck an RAM u. Weizsäcker; vgl.: DDI, 9, VII, Dok. 265, S. 256 – 17.6.1941, Giannini an Ciano: „Ho fatto presente a Clodius che non resta che o ridurre piano bellico o assicurarsi quantità deficiente su scorte tedesche. Se Goering non vuole toccare riserve aeronautiche e Raeder quelle Marina non resta che ridurre piano bellico".

[197] PA/AA, Handakten Wiehl, Italien, Bd. 13, R. 106177, S. 445527–529 – [Juni 1941], Clodius: Aufzeichnung für RAM; vgl.: Meier-Dörnberg, Ölversorgung, S. 64–66, auch: FN 188.

[198] BA/MA, RW 19/165, S. 47 – 16.5.1941 u. S. 131 f. – 4.7.1941, KTB-WiRüAmt/Stab.

[199] Ebd., S. 98 – 14.6.1941, KTB-WiRüAmt/Stab.

hin, die italienischen Forderungen für den Monat Juli vorerst zu genehmigen, allein schon, „um die Kommissionen loszuwerden".[200] Eine grundsätzliche Entscheidung blieb jedoch aus, zu den Monaten August und September wollte man erst später Stellung nehmen. Sowohl in der Mineralöl- wie auch der Kohlefrage konnte Clodius den italienischen Verhandlungspartnern daher am 17. Juni geringfügige Zugeständnisse[201] machen, die jedoch weder ausreichend noch nachhaltig waren. Selbst im günstigsten Fall konnten in den Monaten Juni und Juli nur 70 Prozent des geschätzten Gesamtbedarfs (260.000 t pro Monat) an Mineralöl geliefert werden.[202] Das Treibstoffproblem der italienischen Marine war keinesfalls vom Tisch, sondern allenfalls vertagt. Schon Anfang Juli kehrte Verbindungsoffizier Marras zu der Frage zurück.[203]

Parallel zu dieser Entwicklung analysierten die Mitarbeiter der italienischen Botschaft die deutschen Verlagerungsabsichten. Zum 23. Juli 1941 legte der Attaché des italienischen Luftfahrtministeriums Giuseppe Teucci seinen Vorgesetzten einen Bericht vor, in dem sein Mitarbeiter Mario Gasperi ausführlich Stellung zu der anvisierten Zusammenarbeit der Flugzeugindustrien nahm. Laut Gasperi war die von Lucht in Aussicht gestellte Konstruktion deutscher Flugzeuge in italienischen Fabriken höchst unwahrscheinlich, da sich die deutschen hochentwickelten Maschinen nur unter großen Schwierigkeiten in Fabriken niedrigeren Standards bauen ließen. Die Deutschen verfügten ohnehin über genügend moderne Flieger. Was man in Berlin eigentlich wolle, so Gasperi, das seien Reparaturarbeiten und die Produktion von Ersatzteilen, insbesondere Motoren, denn der falsch kalkulierte Motorenverschleiß führe im Augenblick dazu, daß die Motorenproduktion nicht Schritt halte mit dem eigenen Flugzeugbau. Auf keinen Fall habe die deutsche Seite Interesse daran, daß die italienische Industrie ihr Potential durch die Verlagerung bedeutend steigere, denn zum einen stehe sie nicht unter direkter deutscher Kontrolle und zum anderen würde sie nach dem Kriege die Konkurrenz stellen.[204] Moderne Maschinen würden daher sicherlich nicht nach Italien geliefert, die Deutschen verwendeten diese lieber selbst, um die Industrielandschaft im Reich auszubauen. Zusätzliche Rohstoffe könnten aufgrund von Liefer- und Transportschwierigkeiten vermutlich kaum gesandt werden. In der Quintessenz mahnte Major Gasperi daher, klare Bedingungen zu stellen, da

---

[200] Ebd., S. 100 – 16.6.1941, KTB-WiRüAmt/Stab.
[201] In den Monaten Juni und Juli sollten auf dem Donau- und Landwege statt der ursprünglich vorgesehenen 100.000 t nun 80.000 t Mineralöl transportiert werden. Über den Kanal von Korinth hofften die Deutschen zwischen 75.000 und 100.000 t monatlich verschiffen zu können.
[202] ADAP, D, Dok. 641, S. 871 – 17.6.1941, Aufzeichnung Clodius.
[203] BA/MA, RW 19/165, S. 132 – 4.7.1941; vgl.: ebd., S. 164 – 26.7.1941 u. S. 167 – 28.7.1941, jeweils KTB-WiRüAmt/Stab.
[204] Vgl. dazu: KTB/Skl, A, XXVII, S. 223 – 12.11.1941: „Wenn Rohmaterial überhaupt zur Verfügung steht, dann darf es keinesfalls dazu dienen, den Italienern eine Handelsflotte zu bauen, mit der sie mit der deutschen Seeschiffahrt nach dem Kriege in Wettbewerb treten wird".

sonst die italienischen Anlagen nur ausgenutzt würden, ohne vernünftig mit Rohstoffen versorgt oder auf den neuesten Stand der Technik gebracht zu werden.[205]

In einem Bericht vom 13. Mai 1942 faßte Gasperi jedoch auch zusammen, welche Vorteile er sich von einer geschickt durchgeführten „Auftragsverlagerung" dennoch erhoffte – eine Ansicht, die er mit Sicherheit stellvertretend für viele formulierte:

> „Eine solche Zusammenarbeit [...] bietet Italien den großen Vorteil, all die erwünschten Lizenzen zur Herstellung des modernsten deutschen Flugmaterials zu erhalten [und] mit den eigenen Technikern und Spezialisten in die geheimsten Sektoren der deutschen Flugzeugindustrie einzudringen, um wertvolles Wissen über die neuen Konstruktions-verfahren und neue Kriterien der Serienfertigung nach Italien zu tragen. Ein Programm enger deutsch-italienischer Zusammenarbeit, zweckorientiert und mit aller Geschick-lichkeit von italienischer Seite durchgeführt, kann es der italienischen Luftfahrtindustrie ermöglichen, in einem Jahr oder etwas mehr einen Schritt voran zu machen, der zehn Jahre eigener Entwicklung entspricht."[206]

Folgt man den Mutmaßungen des deutschen Wehrwirtschaftsoffiziers Horstig, so galt auch das italienische Interesse an den Lizenzen verschiedener deutscher Panzer und Zugkraftwagen lediglich der Weiterentwicklung der italienischen Industrie. Mit der Begründung, daß die italienischen Panzer nicht den Anforderungen eines modernen Panzerkampfes entsprächen, war Cavallero im Juli 1941 an Rintelen und Horstig herangetreten, um die Genehmigung für den Nachbau der Panzerkampfwagen III und IV in italienischen Fabriken zu erwirken. Die Zustimmung wurde nach einigem Zögern gegeben. Doch bereits bei den Verhandlungen gewannen deutsche Delegierte das Gefühl, daß es Italien mit dem Erwerb des Panzerkampfwagens IV nicht sehr ernst sei. Horstig vermutete, daß die Italiener einen eigenen Panzer dieser Größenordnung konzipierten, mit dem sie noch nicht zufrieden waren.[207] Die Feststellung,

---

[205] ACS, MinAer, Gab, AG 1941, b. 146, Collaborazione 2° vol., n.p. – 23.7.1941, Teucci/Gasperi an MinAer/Gab.

[206] ACS, MinAer, Gab, AG 1942, b. 139, Accordi 2° vol., n.p. – 13.5.1941, Allegato 1: Considerazioni sullo sviluppo della collaborazione industriale aeronautica italo-tedesca, Magg. Gasperi: „Tale collaborazione [...] dà all'Italia il grande vantaggio di ottenere tutte le desiderate licenze di riproduzione del più moderno materiale aereo tedesco, di penetrare coi propri tecnici e specialisti nei settori più segreti dell'industria aeronautica tedesca portando in Italia preziose conoscenze di nuovi procedimenti costruttivi, di nuovi criteri di moderna produzione di serie. Un programma di stretta collaborazione italo-tedesca condotto razionalmente e con tutta l'abilità da parte italiana può consentire nel tempo di un'anno o poco più di far fare all'industria aeronautica italiana un balzo in avanti corrispondente a dieci anni di proprio sviluppo."

[207] BA/MA, RL 2 II/38, n.p., Brief-Nr. 265/41 – 27.7.1941, Abschrift v. Brief-Nr. 15033/41 – 26.7.1941, Rintelen an OKW; ebd., RW 32/2, S. 67 f. – 31.3.1942, Horstig: Monatsbericht Nr. 8.

Die Neustrukturierung der Zusammenarbeit 125

daß man sich in Italien ganz „skrupellos der ausländischen, insbesondere deutschen Fabrikationserfahrungen bedient und hemmungslos fremde Modelle nachbaut", war nicht neu. So berichtete das Mailänder Generalkonsulat im Januar 1942, daß sich selbst große Werke nicht scheuten, „deutsche Maschinen ganz der Vorlage getreu zu kopieren".[208] Als die Verhandlungen um den Panzerkampfwagen IV im März 1942 dann daran scheiterten, daß die Italiener überraschend mitteilten, nicht über die benötigten Rohstoffe – Chrom, Nickel, Wolfram und Molybdän – sowie die speziellen Werkzeugmaschinen und Facharbeiter zu verfügen,[209] verdichtete sich die Mutmaßung Horstigs daher rasch zu einem handfesten Verdacht:

„Das starke Drängen der Italiener auf Besichtigung unserer deutschen Panzerwerkstätten durch Fachkonstrukteure der Firmen Breda, Ansaldo und Fiat, das in den Vordergrundstellen der fehlenden Rohstoffe erst in dem Augenblick, in dem der Vertrag abgeschlossen werden sollte, sowie die ganze Art der Verhandlungen mit den Herren der Firma Krupp zeigen ganz offen den Versuch, in die deutsche Fertigung Einblick zu erhalten und deutsche Erfahrungen zu übernehmen, o h n e sich vertraglich binden zu müssen."[210]

Mitten im Krieg rückte damit die Frage des Patentschutzes in den Vordergrund. Horstig empfahl, Maßnahmen zum Schutz des deutschen geistigen Eigentums zu treffen.[211] Und auch die Italiener trieb die Furcht vor Industriespionage um. Mit Anlaufen der ersten Verlagerungsaufträge wurde Sorge dafür getragen, die Deutschen aus dem Produktionsprozeß herauszuhalten.[212] Lediglich zur Endabnahme waren deutsche Kontrollen gestattet.[213] Im September 1942 stellte Horstigs Mitarbeiter Cartellieri völlig zu Recht fest, daß „italienischerseits eine deutsche Einsichtnahme in die ital[ienischen] Fertigungsmöglichkeiten unerwünscht ist und nach Möglichkeit

---

[208] Das Konsulat wies allerdings auch darauf hin, daß etwa bei Produkten der deutschen Werkzeugmaschinenindustrie „die langen deutschen Lieferzeiten (bis zu drei Jahren) geradezu zum Nachbau anreiz[ten]" (PA/AA, HaPol IVb, Italien, Wirtschaft: Allgemeine wirtschaftliche Lage, Bd. 2, R. 112420, n.p. – 23.1.1942, General-konsulat Mailand an AA; vgl.: BA/MA, RW 32/2, S. 71 – 31.3.1942, Horstig: Monatsbericht Nr. 8).
[209] BA/MA, RW 32/2, S. 57 – 31.3.1942, Horstig: Monatsbericht Nr. 8.
[210] Ebd., S. 69.
[211] Ebd., S. 57 u. S. 70 f.
[212] ACS, MinAer, Gab, AG 1941, b.147, fasc.: Germania – Cessione velivoli S. 82, 1° volume, n.p. – 4.10.1941, Bruno an MinAer/Gab.
[213] Ebd., b.146, fasc.: Germania – Collaborazione industriale italo-tedesca, 3° volume, n.p. – 24.10.1941, Bruno an Teucci; vgl. die Verhaltensregeln für dt. Kontrolleure in: ebd., AG 1942, b. 144, fasc.: Ufficio Centrale degli Uffici di collaudo tedeschi in Italia, n.p. – 26.11.1942, Aufzeichnung MinAer/Isp.

zu verhindern gesucht wird".[214] Die wirtschaftliche Rivalität der kommenden Nachkriegszeit schon vor Augen, war den beiden Bündnispartnern eine bedenkenlose Zusammenarbeit im Krieg verwehrt. Mißgunst und gegenseitiges Mißtrauen verhinderten eine Optimierung der wehrwirtschaftlichen Kooperation.

e. „Auftragsverlagerung", deutsch-italienisches Clearing und Rohstoffversorgung – deutsche Dominanz und italienische Selbstbehauptung

Im Herbst 1941 hatte die deutsche „Auftragsverlagerung" schon einen beträchtlichen Umfang angenommen. Allein die Luftwaffe, mit Abstand der größte Auftraggeber, beabsichtigte, für die Jahre 1941 und 1942 Arbeiten in Höhe von rund 382 Millionen RM nach Italien zu vergeben.[215] Die Marine hatte Bestellungen im Wert von etwa 30 Millionen RM erteilt, während das Heer mit monatlich 400.000 RM den geringsten Posten stellte.[216] Angesichts solcher Summen war es verständlich, daß die zuständigen italienischen Stellen ausdrücklich auf eine klare Regelung der Zahlungsmodalitäten drängten. So verlangten die Italiener während der Verhandlungen über die Marineaufträge explizit die Erstattung von Veredelungskosten und Arbeitslöhnen in Rohstoffen, im Falle der geplanten Tankerbauten sollte gar der gesamte Vertragspreis in Material entrichtet werden, was einer doppelten Rohstoffgestellung entsprach.[217] Deutscherseits aber war man allenfalls gewillt, die für die Produktion erforderlichen Rohstoffe bzw. Halbzeuge zu liefern; schon eine Extrazufuhr von Betriebs- und Hilfsstoffen (wie Kohle, Schmieröl usw.) lehnte man ab, eine Bezahlung durch Rohstoff-Sonderkontingente kam gar nicht in Frage.[218] Während die deutschen Verhandlungspartner zunächst offensichtlich von einer Verrechnung im deutsch-italienischen Clearing ausgingen, wollten die Italiener genau dies vermeiden. Laut Botschafter Mackensen hatte

---

[214] BA/MA, RW 32/2, S. 33 – 30.9.1942, Horstig: Monatsbericht Nr. 14; vgl.: ebd., S. 10 – März 1942, Horstig: Auszug Monatsberichte (1.–3.42).

[215] Laut italienischen Akten lag die Auftragsvergabe des RLM am 8.10.1941 bei 2,9 Mrd. Lire, was bei dem seit Ende Juni 1941 gültigen Umrechnungskurs von 1 RM = 7,6 Lire (BArch, R 2501/6851, S. 235 f. – 8.10.1941, Dt. Reichsbank, Volkswirtschaftl. Abt.: Material über Italien) eine Summe von 382 Millionen RM ergab (ACS, MinAer, Gab, AG 1942, b. 111, Forniture 3° vol., n.p. – 8.10.1941, Ministero per gli Scambi e per le valute an MAE u. MinAer).

[216] PA/AA, Handakten Wiehl, Italien, Bd. 14, R. 106178, n.p. – 14.10.1941, Junker, AA, an Botschaft Rom.

[217] Ebd., n.p. – 17.9.1941, Plessen, Rom, an AA; BA/MA, RW 32/1, S. 18 – 30.9.1941, Horstig: Monatsbericht Nr. 2; PA/AA, Handakten Clodius, Italien, Bd. 9, R. 105921, n.p. – 18.10.1941, Martius, AA, an Clodius, Rom.

[218] PA/AA, Handakten Wiehl, Italien, Bd. 14, R. 106178, n.p. – 14.10.1941, Junker, AA, an Botschaft Rom; BA/MA, RW 19/165, S. 257 – 1.10.1941, KTB-WiRüAmt/Stab.

die italienische Industrie die deutschen Rüstungsaufträge im Vertrauen darauf angenommen, daß „prompte Zahlungen" erfolgten und „nicht etwa Gutschriften auf später abzurechnende Konten vorgenommen" würden.[219]

Der Grund für diese Abkehr vom deutsch-italienischen Verrechnungsverkehr lag in dem wachsenden Defizit des Deutschen Reiches. Bereits am 7. Juli 1941 hatten die Beamten des Reichswirtschaftsministerium festgestellt, daß sich der Clearing-Stand gedreht hatte – und zwar zuungunsten Deutschlands. Zurückzuführen war diese Entwicklung zunächst auf zwei Faktoren: Zum einen wurden die italienischen Zahlungen für deutsche Kriegsgerät-Lieferungen nun direkt mit den Ausgaben der deutschen Truppen in Italien verrechnet[220] und waren somit aus dem Clearing herausgenommen. Und zum anderen – und das sollte sich langfristig als ausschlaggebend erweisen – erforderte die Bezahlung der italienischen Arbeiter immer größere Beträge.[221]

Die Reaktion auf den jähen Anstieg des deutschen Defizits folgte auf dem Fuße. Ende August bekundete der italienische Außenhandelsminister Riccardi der deutschen Botschaft, daß er die Entwicklung des deutsch-italienischen Waren- und Zahlungsverkehrs „mit Sorge" beobachte: Die italienischen Forderungen im Warenclearing seien schon jetzt auf über 600 Millionen Lire (ca. 79 Millionen RM) angewachsen.[222] Doch anstatt Einsicht zu zeigen, fiel die deutsche Antwort brüsk aus.[223] Clodius verwies auf einen Fehler in der italienischen Statistik, in der das deutsche Kriegsgerät nun gar nicht mehr berücksichtigt werde, da es seit Juni 1941 auf Sonderkonten geführt werde. Die italienische Auffassung, das Deutschland gegenüber Italien im Warenverkehr stark passiv sei, sei daher unzutreffend. Auf lange Sicht müsse diese Regelung rückgängig gemacht werden.[224] Obwohl sich Riccardi laut Clodius' Angaben einsichtig zeigte, war das rasch vorgebrachte Argument des deutschen Gesandten schwach und spiegelte nur wider, wie der deutsch-italienische Verrechnungsverkehr für alle Beteiligten zunehmend undurchsichtiger wurde. Der Warenverkehr, der Lohntransfer für die italienischen Arbeitskräfte, die Kriegsmaterialieferungen, die Ausgaben für die deutschen Truppen auf italienischem Territorium, die Finanzierung der verlagerten Aufträge und nicht zuletzt die finanzielle Abwicklung der Südtiroler Umsiedlung, alles das floß in Zukunft, je nachdem wer gerade

---

[219] PA/AA, Handakten Clodius, Italien, Bd. 9, R. 105921, n.p. – 9.10.1941, Mackensen an AA.

[220] Vgl.: ADAP, XII.2, Dok. 652, S. 881 – 20.6.1941, Clodius/Mackensen an AA; BA/MA, RW 19/165, S. 98 – 14.6.1941 u. S. 104 – 18.6.1941, KTB-WiRüAmt/Stab.

[221] BA/MA, T-77/585, S. 1765838 f. – 3.7.1941, Schultze-Schlutius, RWM, an AA.

[222] PA/AA, Handakten Wiehl, Italien, Bd. 13, R. 106177, S. 445575 f. – 21.8.1941, Graeff an AA; vgl.: Mantelli, Arbeiter, S. 378–381.

[223] Clodius kommentierte sein Vorgehen wie folgt: „Die Italiener waren etwas überrascht, daß der Brief Riccardis eine solche Gegenoffensive ausgelöst hat. Ich glaube aber, daß es psychologisch gesehen sehr nützlich war, ihnen aus diesem Anlaß unseren Standpunkt und die erheblichen deutschen Leistungen nachdrücklich vor Augen zu führen."

[224] ADAP, D, XIII.1, Dok. 269, S. 356 f. – 2.9.1941, Clodius/Mackensen an AA.

rechnete, in die Auseinandersetzung um das bilaterale Clearing ein. Die Verquickung der fremden Posten mit der Verrechnung des reinen Warenverkehrs und die Einrichtung verschiedener Sonderkonten[225] ermöglichten es, den Clearing-Verkehr auf sehr vielfältige Weise „ganzheitlich" zu betrachten. So glaubten Anfang Oktober selbst Mitarbeiter der Deutschen Reichsbank, daß der deutsche Saldo von ca. 128 Millionen RM (Ende September) durch die ausstehenden Forderungen aus den Kriegsgerät- und Beutelieferungen von rund 143 Millionen RM ausgeglichen werden könne. Daß sich das deutsche Reich zu diesem Zeitpunkt aber bereits 1–1,2 Millionen RM täglich für die Leistung der italienischen Arbeiter anschreiben ließ und daß Rom für die Präsenz der deutschen Truppen in Italien und Nordafrika allein im Jahre 1941 Ausgaben von etwa 237 Millionen RM zu tragen hatte, wurde bei dieser Rechnung in der langfristigen Wirkung unterschätzt bzw. gar nicht berücksichtigt.[226]

Erschwerend kam hinzu, daß die deutsche Regierung mit den vereinbarten Rohstofflieferungen zunehmend ins Hintertreffen geriet. Nachdem Favagrossa schon Anfang August auf fehlende Kontingente verwiesen hatte,[227] legte Riccardi am 26. des Monats eine Übersicht vor, in der die Fehlmengen der Monate Januar bis Juli 1941 komplett aufgelistet wurden. Bedeutende Lieferungen von Kohle, Eisen und Stahl, Mangan- und Chromerzen sowie Paraffin, Glycerin und Ätznatron und vielen anderen Grundstoffen waren im Rückstand;[228] auf allen wichtigen Gebieten waren die Regierungsvereinbarungen nur teilweise verwirklicht worden.[229] Mit einem Verweis auf die Kriegsumstände wies Clodius die italienischen Beschwerden am 2. September jedoch als unverhältnismäßig zurück und hob den Italienern gegenüber hervor, daß

---

[225] Seit Abschluß des Verrechnungsabkommens gab es ein Zwei-Konten-System, in dem deutsche Schuldner auf das in Deutschland geführte Reichsmark-Sammelkonto des Istituto Nazionale per i Cambi con l'Estero ein-zahlten, während italienische Schuldner Einzahlungen auf das in Rom geführte „Allgemeine Lirekonto" der Deutschen Verrechnungskasse leisteten. Parallel dazu gab es das RM-Interims-/Lirekonto „Alto Adige" und ein Zusatzkonto „Verschiedene Übertragungen". Seit Sommer 1941 wurden die deutschen Kriegsmaterial- und Kriegsbeutelieferungen auf den Lire-Sonderkonten A und B verbucht. (BArch, R 2501/6851, S. 235–239 – 8.10.1941, Dt. Reichsbank, Volkswirtschaftl. Abt.: Material über Italien).

[226] BArch, R 2501/6851, S. 235–239 – 8.10.1941, Dt. Reichsbank, Volkswirtschaftl. Abt.: Material über Italien; PA/AA, Handakten Wiehl, Italien, Bd. 14, R. 106178, n.p. – 23.1.1942, Clodius/Mackensen an AA.

[227] PA/AA, Handakten Wiehl, Italien, Bd. 13, R. 106177, S. 445546 – 3.8.1941, Mackensen an AA.

[228] Für die sieben Monate ergaben sich laut Riccardis Aufstellung folgende Fehlmengen: 674.713 t Kohle, 154.877 t Eisen und Stahl, 35.900 t Eisen- und Stahlschrott, 26.400 t Gußeisen, 6306 t Aluminium, 1890 t Kupfer, 140 t Nickel, 3194 t Manganerze, 3495 t Chromerze, 10 t Vanadium, 2 t Wismut, 140 t Antimon, 100 t Manganbioxid, 4875 t Pechkoks, 2563 t Paraffin, 1065 t Terpentin, 3830 t Ätznatron, 286 t Buna, 5063 t Papierholz, 25.063 t Zellulose, 2059 t Benzol, 1511 t Toluol, 175 t Aceton, 50 t Kresylsäure, 92 t Propylalkohol, 242 t Phtalsäureanhydrid, 455 t Centralit, 291 t Magnesium, 897 t Glycerin, 2624 t Naphthalin, 2264 t Nytrozellulose u. 2 kg Rhodium.

[229] ADAP, D, XIII.1, Dok. 245, S. 321–323 – 26.8.1941, Bismarck an AA.

auch sie mit einer Reihe von kriegswichtigen Lieferungen im Rückstand seien. Nur intern, in seinem Bericht an das Auswärtige Amt, räumte er ein, daß die Vorwürfe Favagrossas und Riccardis der Wahrheit entsprachen und tatsächlich „erhebliche Rückstände" vorlagen. Politisch und militärisch sei es in Zukunft daher geboten, „mit allem Nachdruck dafür Sorge zu tragen, daß die [...] übernommenen Verpflichtungen eingehalten werden".[230] Clodius' Abweisung brachte den Deutschen aber nicht einmal einen Zeitgewinn ein, geschweige denn ein Einlenken Roms. Knapp eine Woche später traf Favagrossa mit General Thomas zusammen und brachte die Problematik erneut zur Sprache: Nicht allein die zugesicherten Rohstoffe, sondern auch Kriegsgerätlieferungen ständen aus. Außerdem sei eine erhöhte Treibstoffzufuhr unabdingbar, ansonsten müsse der Geleitschutz nach Libyen eingestellt werden. Die Vertreter des WiRüAmtes bemühten sich daraufhin, die Differenzen zu klären, und gaben Zusagen, die Lieferungen soweit wie möglich zu leisten. Selbst in der Heizölfrage sahen sich die Deutschen zu Zugeständnissen genötigt: 30.000 t Heizöl aus eigenen Beständen stellte die deutsche Kriegsmarine der italienischen zur Verfügung. Eine provisorische Lösung, die zunächst allein für den Monat September galt.[231]

In dieser Situation, in der die Rohstoffdecke der „Achse" aufgrund des Rußlandfeldzuges spürbar dünn wurde und die italienischen Forderungen zunehmend an Schärfe gewannen, stieg das Mißtrauen gegenüber dem italienischen Koalitionspartner rapide an. So vermutete der deutsche Wehrwirtschaftsoffizier Ende Oktober, daß „in manchen Fällen die Rohstofflage ungünstiger dargestellt [werde], um für den zivilen Sektor noch umfangreichere Rohstoffmengen [...] zu erhalten".[232] Das Konsulat Turin empfahl, mit den verlagerten Aufträgen deutsche Überwachungsbeamte in die jeweiligen Städte zu schicken, „um einen Mißbrauch der [...] zur Verfügung gestellten Materialien zu verhindern".[233] Und in Berlin gab General Thomas in Auftrag, den Rohstoffbedarf der wichtigsten Produktionsgänge in Italien überschlägig zu berechnen. Im Kriegstagebuch des WiRüAmtes hieß es kommentierend:

„Auf diese Weise soll bewiesen werden, daß die Italiener ihre Rohstoffe nicht genügend für ihre Schwerpunktfertigungen einsetzen und daß sie bei richtiger Verwendung der Rohstoffe und entsprechender Umstellung ihre Schwerpunktprogramme selbst erfüllen können müßten."[234]

---

[230] Ebd., Dok. 268, S. 355 f. – 2.9.1941, Clodius/Mackensen an AA.
[231] BA/MA, RW 19/165, S. 233 f. – 9.9.1941, KTB-WiRüAmt/Stab: Besprechung mit Gen. Favagrossa; vgl.: ebd., S. 222 – 1.9.1941, S. 223 f. – 6.9.1941 u. S. 232 – 8.9.1941; Thomas, Rüstungswirtschaft, S. 265; ADAP, D, XIII.1, Dok. 308, S. 398 – 13.9.1941, Unterredung Alfieri/RAM.
[232] BA/MA, RW 32/1, S. 27 – 31.10.1941, Horstig: Monatsbericht Nr. 3.
[233] PA/AA, Botschaft Rom – Geheimakten, 91, n.p. – 3.10.1941, Von Langen, Turin, an Mackensen.
[234] BA/MA, RW 19/165, S. 286 f. – 20.10.1941, KTB-WiRüAmt/Stab; vgl.: Thomas, Rüstungswirtschaft, S. 279.

Die ersten Ergebnisse schienen Thomas' Verdacht zu bestätigen. Denn den Berechnungen seines Amtes zufolge benötigten die Italiener zur Durchführung der vorliegenden Planungen nur 26.000 t Eisen im Monat – bei aktuellen Lieferungen von 75.000 t.[235] Ähnliche Feststellungen machte die Marine, die drei italienische Tanker erwerben wollte, die unvollendet in den Werften standen. Baumaterial (Eisen, Stahl, Kupfer, Messing) von 26.000 t pro Schiff verlangten die Italiener für die Fertigstellung, obwohl nach deutschen Erfahrungen in Tankschiffen dieser Größenordnung nur 8.000 t Schiffbaumaterial Verwendung fand.[236] Die Vermutung lag nahe, daß die wertvolle deutsche Zufuhr für zivile Zwecke „verschwendet" wurde.[237] Bereits Ende August hatte das WiRüAmt zur Vorbereitung eines Gesprächs zwischen Keitel und Cavallero notiert, daß Italien aufgefordert werden müsse, alle nicht kriegswichtigen Bauten und Kapazitätserweiterungen unmittelbar einzustellen.[238] Außerdem sollte Keitel verlangen, daß den Deutschen „eine Verwendungs- und Verbleibskontrolle für alle von Deutschland an Italien gelieferten Rohstoffe" eingeräumt würde.[239] Doch laut Protokoll[240] brachte Keitel diese Forderungen bei der Unterredung nicht vor. Der direkte Einblick in die italienische Rohstoffverwendung blieb den Deutschen verwehrt.[241]

Da sich der Krieg gegen die UdSSR in die Länge zog, wurde – wie vom WiRüAmt vorhergesehen – im Herbst 1941 auch die deutsche Öllage kritisch. Die ganze weitere Kriegführung hänge davon ab, ob zusätzliche Treibstoffquellen aufgetan werden könnten, meldete der Chef der Abteilung Rohstoffe am 24. Oktober General Thomas, anderenfalls sei das deutsche Heer Ende 1941 „restlos am Ende".[242] Bereits zu diesem Zeitpunkt war die Treibstoffversorgung der eigenen drei Wehrmachtsteile

---

[235] BA/MA, RW 19/165, S. 292 – 22.10.1941, KTB-WiRüAmt/Stab.

[236] PA/AA, Handakten Clodius, Italien, Bd. 9, R. 105921, n.p. – 7.11.1941, Aufzeichnung [o.V.].

[237] Etwa in der Konsumgüterindustrie, wie das Generalkonsulat Mailand argwöhnte (PA/AA, HaPol IVb, Italien, R. 112420, n.p. – 22.12.1941, Generalkonsulat Mailand an AA; vgl.: BA/MA, RW 32/2, S. 36 – 28.2.1941, Horstig: Monatsbericht Nr. 7; KTB/Skl, A, XXXI, S. 291 – 15.3.1942; Thomas, Rüstungswirtschaft, S. 342).

[238] Gemeint waren damit v. a. der Ausbau von Kunstseidenfabriken, Stahlwerken und Industriezentren – obwohl vorhandene Werke gar nicht ausgelastet wurden – sowie der Bau repräsentativer Gebäude für Staat und Partei und die Arbeiten an den Grenzbefestigungen gegen das Deutsche Reich (vgl.: Kap. 5 b).

[239] BA/MA, RL 2 II/38, n.p., Brief-Nr. 441447/41 – 29.8.1941, Protokoll Treffen Keitel/Cavallero in Anwesenheit d. Duce, Beilage 3.

[240] Vgl.: DSCS, IV.2, Dok. 91, S. 280–284 u. Dok. 92, S. 285–289 – 25.8.1941, Protokoll Treffen Keitel/Cavallero.

[241] Noch im Dezember 1942 weigerten sich die Italiener, den Rohstoffbedarf ihrer drei Wehrmachtsteile aufzuschlüsseln (BA/MA, RW 19/169, S. 231 – 3.12.1942, KTB-WiRüAmt/Stab).

[242] BA/MA, RW 19/165, S. 296 f. – 24.10.1941, KTB-WiRüAmt/Stab; vgl.: ebd., RW 19/166, S. 2 f. – 1.11.1941.

nicht mehr in dem erforderlichen Umfang aufrechtzuerhalten.[243] Eine weitere Unterstützung Italiens stellte also eine ernsthafte Belastung dar,[244] doch war sie unvermeidlich. Nicht nur Admiral Arturo Riccardi, sondern auch der „Duce" wies am 25. Oktober darauf hin, daß alle Reserven der italienischen Marine verbraucht seien. Ohne ausreichende Zufuhren sei der Geleitschutz der Nordafrikatransporte nicht mehr durchführbar, ja, wenn 54.000 t Heizöl nicht sofort geliefert würden, müßten die Transporte im November eingestellt werden. Wobei die 54.000 t laut Riccardi lediglich dem absoluten Minimalbedarf entsprachen, mit dem die Transporte, nicht aber die Verteidigung gewährleistet werden konnte.[245] Bereits drei Tage später führte die verstärkte Präsenz britischer Schiffe im Mittelmeerraum dann tatsächlich zur Einstellung des Nachschubverkehrs auf der Linie Italien–Tripolis. Da auch das X. deutsche Fliegerkorps nicht mehr auf Sizilien stationiert war, konnte niemand den Schutz der Transporte übernehmen.[246] Infolge der dramatischen Brennstofflage hatte die italienische Kriegsmarine ihre Aktionsfähigkeit zum größten Teil verloren. Alarmiert rief die deutsche Seekriegsleitung zu einer sofortigen Belieferung der Italiener auf, zur Not aus eigenem Bestand.[247] Diesem Antrag wurde nach wenigen Tagen vom OKW stattgegeben: In den Monaten November und Dezember sollte die italienische Marine je 36.000 t Heizöl aus Rumänien und insgesamt 60.000 t aus den Reserven der deutschen Flotte erhalten.[248] Zwar deckte dies nur die Hälfte des eigentlichen Bedarfes,[249] doch die Erleichterung in der italienischen Militärführung war groß. Der Krieg im Mittelmeer konnte fortgesetzt werden.[250] Letzten Endes blieben die Lieferungen aus Rumänien jedoch hinter den Erwartungen zurück, so daß im November erneut auf die Reserven der deutschen Marine zurückgegriffen werden mußte.[251] Insgesamt erhielt die italienische Flotte bis Ende 1941 90.000 t Heizöl aus deutschem Bestand. Die Seekriegsleitung betonte im Dezember ausdrücklich, daß weitere Abgaben nicht

---

[243] KTB/Skl, A, XXVI, S. 500 – 29.10.1941.

[244] Insofern ist die Behauptung Sadkovichs, daß die italienischen Anfragen einfach ignoriert wurden, zu kurz gegriffen (vgl.: Sadkovich, Italian Navy, S. 134).

[245] ADAP, D, XIII.2, Dok. 421, S. 556–558 – 25.10.1941, Clodius/Jagow an AA; vgl.: BA/MA, 19/165, S. 303 f. – 24.10.1941, KTB-WiRüAmt/Stab.

[246] KTB/Skl, A, XXVI, S. 490 – 28.10.1941; vgl.: Meier-Dörnberg, Ölversorgung, S. 67.

[247] KTB/Skl, A, XXVI, S. 541 f. – 31.10.1941.

[248] Ebd., XXVII, S. 46 – 3.11.1941; Cavallero, Diario, S. 247 – 4.11.1941.

[249] KTB/Skl, A, XXVI, S. 501 – 29.10.1941; auch die italienische Luftwaffe bekam mit 10.000 t im Monat nur einen Teil der benötigten 18.000 t Flugbenzin (BA/MA, RW 19/166, S. 12 – 10.11.1941, KTB-WiRüAmt/Stab).

[250] DSCS, V.1, S. 459 – 4.11.1941; vgl.: ADAP, D, XIII.2, Dok. 454, S. 616 – 6.11.1941, Mussolini an Hitler.

[251] BA/MA, RW 19/166, S. 28 f. – 22.11.1941 u. S. 37 – 27.11.1941, KTB-WiRüAmt/Stab.

möglich seien.[252] Doch wenige Wochen später lieferte die rumänische Regierung dem Deutschen Reich Extrakontingente, und auch aus Ungarn trafen Lieferungen ein.[253]

Weil die italienischen Firmen aufgrund der mangelnden Auslastung großes Interesse an den deutschen Aufträgen zeigten und sich dem Wehrwirtschaftsoffizier, den deutschen Truppen und ihren Beauftragten selbständig anboten,[254] entwickelte die „Auftragsverlagerung" bald eine Eigendynamik, deren Ausmaße weder die Italiener noch die Deutschen überschauten. So sah sich Giannini, Generaldirektor der Wirtschaftsabteilung des italienischen Außenministeriums, am 15. Oktober gezwungen, der deutschen Botschaft mitzuteilen, daß die Verhandlungen italienischer Wehrmachtstellen und Privatfirmen „mangels zentraler italienischer Steuerung zu einem allgemeinen Durcheinander geführt hätten, was keiner italienischen Zivil- oder militärischen Stelle mehr ermögliche, zu übersehen, welchen Umfang diese Geschäfte überhaupt annehmen".[255] Zeitgleich berichtete Horstig, daß es auch ihm noch nicht gelungen sei, „restlose Klarheit über die nach Italien verlagerten Aufträge zu bekommen".[256]

Insbesondere in der Frage der Rohstoffgestellung führte dieses Auftragschaos zu Problemen, da die deutsche Dienststelle die notwendigen Lieferungen natürlich nur freigeben konnte, wenn ihr der Auftrag bekannt war.[257] Fehllieferungen gingen also nicht unbedingt auf deutsche Unwilligkeit oder Transportschwierigkeiten zurück, sondern auch auf die mangelhafte Organisation der Zusammenarbeit. Am 8. Oktober hatte Keitel ausdrücklich darauf hingewiesen, die erforderlichen Rohstoffmengen stets vor der Erteilung der Aufträge aus den Kontingenten der Wehrmachtteile zu überweisen.[258] Doch geliefert wurde ein Großteil dieses Rohmaterials nicht, wodurch die industrielle Zusammenarbeit schon in der Anfangsphase ausgebremst wurde.

So reifte im italienischen Luftfahrtministerium bereits Anfang November der Entschluß, die Auslieferung italienischer Flugzeuge des Typs Savoia Marchetti 82 absichtlich zu verzögern. An sich hatte man mit der deutschen Seite vereinbart, zehn dieser Maschinen gegen vierzig deutsche Motoren DB 601 zu tauschen.[259] Doch war bislang kein einziger Motor in Italien eingetroffen, während andererseits schon zwei SM 82

---

[252] Lagevorträge ObdM, S. 333 – 6.12.1941; laut Meier-Dörnberg belief sich die Abgabe aus deutschem Bestand auf insgesamt 81.000 t (Meier-Dörnberg, Ölversorgung, S. 105 Anl. 10).
[253] BA/MA, RW 19/166, S. 62 – 15.12.1941, KTB-WiRüAmt/Stab; PA/AA, Handakten Clodius, Italien, Bd. 9, R. 105921, n.p. – 21.12.1941, Aufzeichnung (vmtl. Clodius) für Weizsäcker.
[254] BA/MA, RW 32/1, S. 26 – 31.10.1941 u. S. 39 – 30.11.1941, Horstig: Monatsbericht Nr. 3 u. 4; PA/AA, HaPol IVb, Italien, Wirtschaft: Allgemeine wirtschaftliche Lage, Bd. 2, R. 112420, n.p. – 23.1.1941, Generalkonsulat Mailand an AA.
[255] PA/AA, Handakten Wiehl, Italien, Bd. 14, R. 106178, n.p. – 15.10.1941, Mackensen an AA.
[256] BA/MA, RW 32/1, S. 25 – 31.10.1941, Horstig: Monatsbericht Nr. 3.
[257] Ebd., S. 46 – 31.12.1941, Horstig: Monatsbericht Nr. 5.
[258] BA/MA, RW 19/177, S. 79 – 8.10.1941, Verfügung Keitel an OKW/WiRüAmt.
[259] ACS, MinAer, Gab, AG 1941, b. 147, fasc.: Germania – Cessione velivoli S. 82, 1° volume, n.p. – 11.8.1941, Bruno an MinAer/Gab; vgl.: ebd. – 17.4.1941, Appunto per il Duce.

geliefert und vier weitere fertiggestellt waren. Da Italien diese Flugzeuge selbst gut gebrauchen konnte, empfahl der Generalstab der italienischen Luftwaffe, den Versand der letzten vier Maschinen von der deutschen Lieferung abhängig zu machen.[260] Mitte des Monats hob eine Aufstellung des CIEA,[261] der Wirtschaftsgruppe für Exporte der Luftfahrtindustrie, hervor, daß allein in diesem Sektor die deutschen Bestellungen inzwischen ein Auftragsvolumen im Werte von 527 Millionen RM erreichten. Das Deutsche Reich war zum Hauptabnehmer der italienischen Flugzeugindustrie avanciert. In Anbetracht der immensen Höhe dieser Summe und der Tatsache, daß bislang weder die Zahlungsmodalitäten noch die Rohstoffversorgung präzise vereinbart worden waren, drängte der CIEA auf eine rasche Klärung der Verhältnisse – schließlich gefährde die augenblickliche Unsicherheit einige der wichtigsten Firmen.[262] Am 21. November 1941 reagierte das italienische Luftfahrtministerium dann mit einer deutlichen Ermahnung an die italienische Industrie: Grundsätzlich seien *alle* Rohmaterialien, die für einen Auftrag benötigt würden, vom Deutschen Reich einzufordern, d. h. nicht nur die, welche zur Konstruktion von Flugzellen und Motoren dienten, sondern auch diejenigen für den Bau aller Instrumente, Apparate und anderen Zubehörs; gleiches gelte für die benötigten Werkzeuge, Brenn- und Schmierstoffe. Detaillierte Angaben über den Gebrauch der einzelnen Rohstoffe an die Deutschen seien nicht gestattet. Die notwendigen Rohstoffe hätten außerdem rechtzeitig einzutreffen, der Bau mit eigenen Materialien im voraus sei untersagt. Dieser Punkt wurde ausdrücklich unterstrichen: Auf keinen Fall sollten die Firmen mit der Arbeit beginnen, wenn das deutsche Material noch nicht eingetroffen war.[263] Eine Forderung, die den Prozeß der „Auftragsverlagerung" erheblich verlangsamen sollte,[264] zumal *Fabbriguerra* im Januar 1942 dem Beispiel des Luftfahrtministeriums folgte und den Rohstoffvorschuß für alle deutschen Aufträge in allen Sektoren einschränkte.[265] Zu diesem Zeitpunkt war die Zusicherung des Rohstoffersatzes bereits in mehreren Fällen nicht eingehalten oder unter irgendeinem Vorwand „nach Auslieferung der Ware" zurückgezogen wor-

---

[260] Ebd. – 2.11.1941 u. 5.11.1941, Briefwechsel MinAer u. S.M. Aer.
[261] Consorzio Italiano Esportazioni Aeronautiche.
[262] ACS, MinAer, Gab, AG 1942, b. 111, Forniture 3 ° vol., n.p. – 14.11.1941, CIEA an MinScambi, MAE u. MinAer; vgl.: Fortunato Minniti, La politica industriale del Ministero dell'Aeronautica: mercato, pianificazione, sviluppo, 1935–1943: parte prima, in: Storia Contemporanea 12.1/1981, S. 50; außerdem die Übersicht des CIEA in: ACS, MinAer, Gab, AG 1943, b. 128, fasc.: Consorcio Italiano Esportazioni Aeronautiche – Varie, 2° volume, n.p. – 2.9.1943, Riepilogo: Materiale aeronautico esportato.
[263] ACS, MinAer, Gab, AG 1941, b. 146, Collaborazione 3° vol., n.p. – 21.11.1941, Bruno, MinAer, an CIEA sowie die Firmen Savoia Marchetti, Caproni, Alfa Romeo, Isotta Fraschini u. a.; vgl.: ebd. – 12.11.1941, Bruno an CIEA.
[264] Vgl.: Thomas, Rüstungswirtschaft, S. 280.
[265] BA/MA, RW 32/2, S. 12 – 31.1.1942, Horstig: Monatsbericht Nr. 6.

den.²⁶⁶ Ende Dezember 1941 hatte Favagrossa dem deutschen Wehrwirtschaftsoffizier eine Zusammenstellung aller bevorschußten Rohstoffe eingereicht, die der italienischen Wirtschaft durch dieses Verfahren bereits „entzogen" worden waren.²⁶⁷ Seine Maßnahme vom Januar 1942 war daher nur eine logische Konsequenz, um eine weitere Produktion auf italienische Kosten zu verhindern.²⁶⁸

Zum 10. Januar 1942 untersagte Favagrossa außerdem die direkte Kontaktaufnahme zwischen italienischen Firmen und deutschen Auftraggebern.²⁶⁹ Eine bessere Strukturierung der „Verlagerung" war unumgänglich, Auftragsannahme und -weitergabe mußten unter der Kontrolle der *Fabbriguerra* bzw. des italienischen Luftfahrtministeriums stehen, um das undisziplinierte Vorgehen einzelner Firmen einzudämmen. Schon um einem Imageschaden vorzubeugen, mußte verhindert werden, daß italienische Fabrikanten deutschen Bestellungen hinterherliefen. Denn ein solches Verhalten führte unweigerlich zu einer Abwertung des italienischen Einsatzes, bzw. wie Major Gasperi am 8. Januar meinte:

> „Es geht dazu über, das Bild der industriellen Leistung Italiens auf den Kopf zu stellen, indem es ihr fast das Aussehen gibt, eine finanzielle deutsche Hilfsmaßnahme für die italienische Industrie zu sein statt eine Unterstützung der italienischen Rüstungs-industrie für Deutschland."²⁷⁰

Ausdrücklich beklagte Gasperi das Fehlen eines italienischen Planungsbüros, das die technischen und bürokratischen Fragen für den Luftwaffenattaché in Berlin übernehmen und ihm so eine gleichwertige Verhandlungsbasis geben konnte.²⁷¹ Erst zum 1. Mai 1942 wurde das gewünschte Büro unter dem Namen *Ufficio di Collegamento Tecnico* gegründet.²⁷² In Rom war hingegen schon seit Ende 1940 eine Verbindungs-

---

²⁶⁶ BA/MA, RW 32/1, S. 30 – 31.11.1941, Horstig: Monatsbericht Nr. 4.
²⁶⁷ Favagrossas Aufstellung findet sich in: BA/MA, RW 32/1, S. 51 – 31.12.1941, Horstig: Monatsbericht Nr. 5.
²⁶⁸ Horstig hebt in seinen Notizen und Erinnerungen ausdrücklich hervor, daß die Fehlmengen oft durch „alte" Aufträge entstanden, die seiner Dienststelle erst bekannt wurden, als *Fabbriguerra* den Rohstoffersatz forderte (ebd., S. 46; vgl.: BA/MA, N 329/8, S. 5–7 – April 1947, Horstig: Aufgaben und Tätigkeit des dt. W.O.It.).
²⁶⁹ BA/MA, RW 32/2, S. 9 – März 1942, Horstig: Auszug Monatsberichte (1.–3.42); BA/MA, RW 32/3, S. 32 – 30.9.1942, Horstig: Monatsbericht Nr. 14.
²⁷⁰ ACS, MinAer, Gab, AG 1942, b. 138, Accordi 1° vol., n.p. – 8.1.1942, Gasperi: Promemoria – Collaborazione industriale bellica: „Ciò tende a capovolgere la figura della prestazione industriale italiana dandole quasi l'aspetto di un soccorso finanziario tedesco all'industria italiana anzichè di un aiuto industriale bellico italiano alla Germania".
²⁷¹ Ebd.
²⁷² ACS, MinAer, Gab, AG 1942, b. 106, fasc.: Addetto aeronautico a Berlino, 1° volume, n.p. – 12.5.1942, MinAer, Foglio d'ordini riservato N. 02; vgl.: ebd. – 15.2.1942 u. 3.3.1942, Briefwechsel MinAer – Luftwaffenattaché.

stelle des deutschen Generalluftzeugmeisters installiert,[273] und im Mai 1942 trat noch ein Koordinationsbüro zur deutschen technischen Überwachung bei der italienischen Luftfahrtindustrie hinzu.[274]

Interessant ist in diesem Zusammenhang, daß die offizielle Einrichtung einer zweiten deutschen GL-Verbindungsstelle in Mailand am Widerstand der italienischen Regierung scheiterte. Die Pläne dazu waren dem italienischen Luftfahrtministerium seit Ende Dezember 1941 bekannt.[275] Anfang Januar 1942 riet Alfredo Bruno, Generaldirektor des Ministeriums, jedoch von einer Genehmigung ab, da er vermutete, daß die Deutschen nur einen tieferen Einblick in die Kapazität, Arbeitsweise und eventuelle Verwertbarkeit der norditalienischen Industrie gewinnen wollten.[276] Da sein Vorgesetzter General Fougier diese Ansicht teilte, lehnte Mussolini die deutsche Initiative am 3. Januar ab.[277] Trotz klarer Absage mußten die Italiener im Laufe des März aber feststellen, daß die Deutschen ihren Mittelsmann, der das Amt hatte führen sollen,[278] dennoch nach Mailand entsandt hatten.[279] Und obgleich seine Anwesenheit von den italienischen Stellen nicht autorisiert worden war, arbeitete er fortan als Repräsentant der Wirtschaftsgruppe Luftfahrtindustrie – wenn auch unter sorgsamer Beobachtung der italienischen Geheimdienste.[280] Eine Ausweisung des Deutschen zogen die Italiener offensichtlich nicht in Betracht.

Obwohl oder vielleicht gerade weil die einseitige Ausrichtung der „Auftragsverlagerung" eindeutig war, legten die Verhandlungsführer des italienischen Luftfahrtministeriums großen Wert auf Ausarbeitung eines bilateralen Abkommens. Seit dem Besuch General Luchts im März 1941 wurden die Details des Vertrags besprochen, während die ersten Produktionen parallel schon anliefen. Mit warnendem Unterton hatte Major Gasperi sein Ministerium im September darauf hingewiesen, daß die Vertreter des Reichsluftfahrtministeriums ihm die gleichen Modellverträge vorlegten, die sie bereits mit besetzten Ländern geschlossen hatten. Der politische Stellenwert

---

[273] ACS, MinAer, Gab, AG 1942, b. 139, Accordi 2 ° vol., n.p. – 13.5.1942, Allegato 1: Considerazioni sullo sviluppo della collaborazione industriale italo-tedesca, Magg. Gasperi.

[274] Ebd., b. 144, fasc.: Ufficio Centrale degli Uffici di collaudo tedeschi in Italia, n.p. – 1.5.1942, Generalluftzeugmeister, Rundschreiben an alle Firmen; ebd. – 6.5.1942, Bruno an MinAer/Gab.

[275] Ebd., b. 146, Collaborazione 3 ° vol., n.p. – 22.12.1941, Botschaft Berlin an MinAer.

[276] Ebd., b. 144, fasc.: Rappresentanza del consorzio industriali aeronautici tedeschi a Milano, n.p. – 1.1.1942, Bruno: Promemoria per il Sottosegretario di Stato.

[277] Ebd. – 3.1.1942, Fougier, MinAer: Appunto per il Duce; handschriftl. am Rand die Ablehnung Mussolinis.

[278] Am 27.12.1941 war ein Herr Neumayer dem italienischen Luftfahrtministerium erstmals als Kandidat für den Posten benannt worden (ebd. – 27.12.1941, Schwencke, GL-Verbindungsstelle Rom, an Bruno, MinAer).

[279] Ebd. – 2.3.1942, Teucci, Botschaft Berlin, an MinAer u. 23.3.1942, Bruno an GL-Verbindungsstelle Rom.

[280] Ebd. – 6.9.1942 u. 15.9.1941, jeweils S.M.Aer, SIA, an MinAer (mit einer Auflistung der Aufenthaltsorte Neumayers).

dieses Vorgehens sei den Deutschen offensichtlich nicht bewußt. Hinzu komme, daß laut deutscher Überlegung die Preise durch eine deutsche Kommission kontrolliert werden sollten, damit das RLM nicht höhere Preise als das italienische Luftfahrtministerium zu zahlen habe. Das aber sei völlig unannehmbar, zumal man die Preise deutscher Firmen ja auch ohne Diskussion akzeptiere.[281] Mitte Januar 1942 lehnte Luftwaffenattaché Teucci daher die von den Deutschen anvisierte Unilateralität des Abkommens offiziell ab: In dem Vertrag dürften nicht nur die Arbeiten berücksichtigt werden, welche die italienische Industrie für die deutschen Streitkräfte verrichte. Außerdem blieb die Preiskontrolle in italienischer Hand.[282] Das abschließende Vertragswerk, das am 13. Juni 1942 in Berlin unterzeichnet wurde, sah schließlich eine gegenseitige Ausnutzung der freien Kapazitäten der Luftwaffenindustrie vor,[283] was trotz gegenteiliger Praxis die Bilateralität wenigstens auf dem Papier betonte. Für die Zukunft sagte das RLM die Lieferung deutscher Motoren, Waffen, Munition, Flugzeugtypen und verschiedener Lizenzen zu. Die Kontrolle und Regelung von Lieferungsanfragen, Produktionsplanung, Preisniveau und Terminerfüllung behielt sich das italienische Ministerium vor.[284]

Neben diesen Fragen der „Auftragsverlagerung" geriet im Januar 1942 auch das Problem des deutsch-italienischen Verrechnungsverkehrs wieder in die Diskussion. Das deutsche Defizit und sein kontinuierliches Wachstum ließen sich nicht mehr leugnen. Laut italienischer Rechnung lag der deutsche Clearing-Saldo des Jahres 1941 bei 1,7 Milliarden Lire, für das Jahr 1942 wurde eine Summe in gleicher Höhe erwartet. Dazu waren 1,7 Milliarden Lire Auslagen für die deutschen Truppen im Jahre 1941 zu zählen sowie geschätzte 1,8 Milliarden Lire für das laufende Jahr. Für die Finanzierung der verlagerten Aufträge veranschlagten die Italiener außerdem Kosten von 7 Milliarden Lire. Quintessenz war, daß die italienische Regierung, wenn das Zahlungsprogramm sich tatsächlich in diesem Rahmen abwickelte, Ende 1942 mit ca. 14 Milliarden Lire, d. h. 1,8 Milliarden RM, in Vorschuß getreten sein würde.[285]

---

[281] ACS, MinAer, Gab, AG 1941, b. 146, Collaborazione 2 ° vol., n.p. – 22.9.1941, Verhandlungsprotokoll Gasperi.

[282] ACS, MinAer, Gab, AG 1942, b. 138, Accordi 1 ° vol., n.p. – 16.1.1942, Teucci an MinAer; vgl.: ebd. – 22.1.1942, Promemoria: Convenzione italo-tedesca circa la collaborazione tecnico-industriale aeronautica.

[283] So heißt es im Abkommen: „I comuni scopi di guerra suggeriscono di utilizzare per l'armamento tedesco le capacità libere dell'industria italiana e viceversa per l'armamento italiano le capacità libere dell'industria tedesca".

[284] ACS, MinAer, Gab, AG 1942, b. 139, Accordi 2 ° vol., n.p. – 20.5.1942, Bruno an CS, Uff. Economia bellica; das Abkommen findet sich in: ebd. – 13.6.1941, Convenzione tra il Ministero dell'aeronautica italiano ed il Ministro dell'aeronautica del Reich e commandante supremo della Luftwaffe per la collaborazione nel campo degli armamenti aerei.

[285] PA/AA, Handakten Wiehl, Italien, Bd. 14, R. 106178, n.p. – 23.1.1942, Clodius/Mackensen an AA.

Wie der deutsche Gesandte Clodius richtig bemerkte, lösten sich die Italiener damit von der reinen Clearing-Kalkulation und betrachteten die gesamte Rechnung nun aus dem Blickwinkel der inneren italienischen Finanz- und Währungslage. Die italienischen Wirtschaftsexperten sahen ihre Währung und das Preisgefüge durch die erheblichen Vorfinanzierungen für das Deutsche Reich stark gefährdet.[286] Um den Kosten der laufenden Aufträge, der deutschen Truppen und des Lohntransfers für die Arbeitskräfte beizukommen, war die staatliche Kasse notwendigerweise gezwungen, den Notenumlauf zu erhöhen. Eine Erhöhung der Geldmenge durch den Staat führte aber unweigerlich in die Inflation, wenn sich das kaufbare Gütervolumen nicht gleichzeitig erhöhte. In einem Schreiben an Reichswirtschaftsminister Walther Funk wies Riccardi am 29. Januar ausdrücklich auf diese Gefahr hin und plädierte an ihn als „Finanzwissenschaftler", dem italienischen Staat die notwendige finanzielle Deckung zu bieten, um das Land vor den absehbaren Folgen zu schützen.[287] Doch im Berliner Finanzministerium sah man das italienischen Währungssystem noch nicht in Gefahr, in einer Stellungnahme vom 5. Februar 1942 hieß es vielmehr:

„Für die Kapazität des italienischen Geld- und Kapitalmarkts dürften die aus der Finanzierung des Lohntransfers, der Auftragsumlagerungen, soweit erforderlich, und der Liremittel für die deutschen Streitmächte sich ergebenden Belastungen durchaus tragbar sein; sie können auch in Anbetracht der nicht ungünstigen Entwicklung der italienischen Kriegsfinanzen der Italienischen Regierung zugemutet werden."[288]

Statt einer Entlastung der italienischen Währung schlugen die zuständigen Beamten nur eine neue Verrechnungsstruktur vor. Der Warenverkehr und die Ersparnisse der italienischen Arbeiter sollten in Zukunft voneinander gelöst werden, wobei die zu transferierenden Löhne von Rom aber trotzdem bevorschußt werden sollten. (Moralisch gerechtfertigt sei dies, so hieß es, da der Einsatz der italienischen Arbeiter in der deutschen Wirtschaft zur gleichen Zeit erfolge, in der deutsche Arbeiter als Soldaten unter anderem die Fronten des italienischen Imperiums verteidigten.) Abzüglich des Lohntransfers müßte der reine Warenverkehr dann einen Überschuß bringen, mit dem teilweise die verlagerten Aufträge bezahlt werden konnten. Was an Kosten übrigbleibe, solle die italienische Regierung vorstrecken. Die Kosten für die Stationierung von Truppen würden nach Kriegsende verrechnet.[289]

---

[286] Ebd.
[287] Ebd., S. 56410 f. – 29.1.1942, Riccardi an Funk.
[288] Ebd., n.p. – 5.2.1942, Lurtz an Clodius.
[289] Ebd.

Für die „Auftragsverlagerung" bedeutete dies im Endeffekt die Einräumung eines Kredits durch die italienische Regierung, der auf der Grundlage des deutschen Zinsniveaus (3,5 Prozent) verzinst werden konnte. Die Vorschüsse für die Arbeiterlöhne und die Versorgung der deutschen Wehrmacht hingegen galten als zinslos. Die Italiener erklärten sich bereit, mittels eines Bankenkonsortiums einen Kredit von 6 ½ Milliarden Lire, d. h. rund 855 Millionen RM, zu gewähren.[290] Ab Mai 1942 wurde ein guter Teil der monatlichen deutschen Schuld von der römischen Buchhaltung als Vorschuß geführt.[291] Gesamtwirtschaftlich betrachtet hatte sich für die Italiener nichts Grundlegendes verändert: Die Stabilität der italienischen Lira stand auf dem Spiel.

f. Versorgungsengpässe der „Achse" – Möglichkeiten und Grenzen der wehrwirtschaftlichen Nutzung Italiens

Der Einwand Raeders, daß weitere Treibstofflieferungen aus Marinebeständen nicht mehr möglich seien, wurde bereits im Januar 1942 von Hitler übergangen. Dabei hatte die Seekriegsleitung zu Beginn des Jahres noch betont, daß der Heizölmangel inzwischen auch die deutsche Kriegsmarine lähmte, die großen Kriegsschiffe könnten schon jetzt nicht mehr auf die offene See hinaus. Einer Berechnung des WiRüAmtes zufolge benötigten die Achsenpartner zur voll aktiven Kriegführung insgesamt 200.000 t Heizöl pro Monat. Im Jahr 1941 war die deutsche Marine mit einem durchschnittlichen Verbrauch von 86.000 t pro Monat gefahren, während die Erzeugung bei nur 62.000 t monatlich lag. Durch dieses konstante Minus griff man die eigenen Reserven schon selbst an. Italien aber verlangte gegenwärtig 80.000 t pro Monat, derweil ihm aus Rumänien höchstens 30.000 t geliefert wurden.[292] Die Mineralölversorgung beider Marinen wurde zu einem Hauptproblem der deutsch-italienischen Kriegführung im Mittelmeerraum, die Ölgewinnung zu einer der wichtigsten strategischen Komponenten.[293] Da für Hitler im Januar 1942 der Nachschub nach Libyen im Vordergrund stand, forderte er von der deutschen Seekriegsleitung, ihren Heizölbedarf mit der italienischen abzugleichen.[294] Doch diese Entscheidung symbolisierte nur den Einstieg in die Diskussion um den Schwerpunkt der künftigen Seekriegführung.[295] Schon am 16. März verlangte General Thomas von Generalfeld-

---

[290] Ebd., S. 56458 f. – 14.2.1942, Koenning: Instruktionen für Rom; PA/AA, Büro des Staatssekretärs, Italien, Bd. 7, R. 29633, S. 332058–066 – 6.2.1942, Clodius/Mackensen an AA.
[291] Vgl.: Mantelli, Arbeiter, S. 382 f., Tab. 26.
[292] BA/MA, RW 19/166, S. 90 f. – 3.1.1942, KTB-WiRüAmt/Stab.
[293] KTB/Skl, A, XXIX, S. 280 f. – 17.1.1942; vgl.: Meier-Dörnberg, Ölversorgung, S. 69 f.
[294] BA/MA, RW 19/166, S. 106 – 13.1.1942, KTB-WiRüAmt/Stab.
[295] Meier-Dörnberg, Ölversorgung, S. 72 f.

marschall Keitel, daß sich „die militärischen Operationen im Sommer 1942 [...] der Treibstoff-Lage anzupassen hätten".[296] Allgemein taten sich nun auch Lücken im deutschen Kraftstoffbereich auf. Anfang Juli wies Keitel Generaloberst Halder an, „keine Operation mehr zu planen ohne genaue Berechnung des entstehenden Treibstoff-Bedarfs".[297] Trotzdem weigerte sich die deutsche Kriegsmarine vergebens, den Italienern weitere Abgaben aus ihren Kontingenten zu leisten.[298] Die Kriegsumstände ließen nicht zu, den Bündnispartner im Stich zu lassen. Aus der provisorischen Hilfsaktion wurde daher eine Dauereinrichtung, in welcher die deutsche Marine bis zum Kriegsaustritt Italiens im September 1943 insgesamt rund 425.000 t Heizöl aus eigenem Bestand abgab[299] – wobei jede einzelne Lieferung die Bewegungsfreiheit der deutschen Flotte unweigerlich einschränkte.

Umstritten waren diese Abgaben unter den Deutschen zudem, da sich wie bei den anderen Rohstoffen auch hier die Vermutung breitmachte, daß „der Treibstoff nicht überall zu kriegswichtigen Aufgaben eingesetzt" wurde.[300] Deutsche Untersuchungen festigten im Laufe des Jahres 1942 diesen Verdacht: Zwar gingen die Lieferungen aus dem Deutschen Reich komplett in den Bestand der italienischen Flotte über,[301] doch würden von den Aufkäufen aus Rumänien vor der Aufbereitung Teile für die Landwirtschaft und die Rüstungsindustrie abgezweigt.[302] Am 25. August hieß es im Kriegstagebuch des WiRüAmtes:

„Um dies abzustellen, ist beabsichtigt, in Zukunft die Lieferungen ab Rumänien als deutsche Lieferungen an deutsche Empfänger in Triest gehen zu lassen. Dort wird von deutscher Seite unter Überwachung durch einen deutschen Chemiker die Vermischung vorgenommen und dann die fertige Mareinware direkt der ital[ienischen] Kriegsmarine ausgeliefert."[303]

---

[296] BA/MA, RW 19/166, S. 223 – 16.3.1942, KTB-WiRüAmt/Stab.
[297] BA/MA, RW 19/168, S. 93 – 4.7.1942, KTB-WiRüAmt/Stab.
[298] Die Appelle der Seekriegsleitung (z. B.: BA/MA, RW 19/166, S. 220 – 13.3.1942, KTB-WiRüAmt/Stab) hatten allenfalls kurzzeitig Erfolg: so etwa im Mai und Juni 1942, wo keine Lieferungen aus eigenem Kontingent erfolgten. Ab Juli 1942 half die deutsche Marine dann aber regelmäßig aus eigenem Bestand aus (vgl.: Meier-Dörnberg, Ölversorgung, S. 105, Anlage 10).
[299] Meier-Dörnberg, Ölversorgung, S. 67 f. u. S. 105, Anlage 10.
[300] Thomas, Rüstungswirtschaft, S. 340; vgl.: Rintelen, Bundesgenosse, S. 163; BA/MA, RW 19/167, S. 6–12 – 4.4.1942, KTB-WiRüAmt/Stab.
[301] Was nicht sonderlich verwundert, da die Auslieferung unter der Kontrolle des Deutschen Admirals in Rom stand (KTB/Skl, A, XVII, S. 110 – 6.11.1941).
[302] BA/MA, RW 19/169, S. 182 – 5.11.1942 u. S. 44 – 25.8.1942, KTB-WiRüAmt/Stab.
[303] Ebd., S. 44 – 25.8.1942, KTB-WiRüAmt/Stab.

Die Italiener widersetzten sich aber den deutschen Kontrollmaßnahmen[304] und verhinderten, daß der dafür abgestellte Offizier Einblick in den Verbleib der Lieferungen erhielt.[305]

Ähnlich ambitioniert wie in der Clearing-Frage stiegen die italienischen Verhandlungsführer Anfang Januar in die deutsch-italienischen Rohstoffgespräche ein, und ähnlich bescheiden fielen für sie auch in diesem Bereich die Ergebnisse aus. Schon nach den ersten zwei Verhandlungstagen berichtete der Gesandte Clodius nach Berlin, daß die Italiener nicht nur auf eine vollständige Erfüllung der bisherigen Vereinbarungen drängten, sondern mit Verweis auf die verschärfte Mangellage auf einer Erhöhung der Zufuhr bestanden. Da die Rohstofffragen „mit größter Zähigkeit" verfolgt würden, sei damit zu rechnen, daß ihm in einer Reihe von Fällen „nur eine glatte Ablehnung" übrigbleiben würde.[306] Die kompromißlose Haltung der Italiener ließe nur eine Akzeptanz ihrer Forderungen oder ein „offenes Diktat" von deutscher Seite zu.[307] Wie weit deutsches Angebot und italienische Nachfrage auseinanderklafften, veranschaulichte Clodius wenige Tage darauf anhand einer Aufstellung der wichtigsten Differenzpunkte. Ganz gleich ob Kohle, Eisen oder Stahl, ob Veredelungsmetalle oder Chemikalien, grundsätzlich verlangten die italienischen Delegierten erheblich mehr,[308] als die deutschen zu geben bereit waren.[309] Bei manchen Substanzen wie etwa dem metallveredelnden Molybdän fiel die Diskrepanz so groß aus, daß sich die Italiener schlichtweg weigerten, das deutsche Angebot zu diskutieren.[310]

Zusätzlich brachten schlechte Nachrichten aus Berlin den deutschen Gesandten in Verlegenheit. Schneefälle in Westdeutschland, Tauwetter und folgende Vereisung behinderten die Kohlelieferungen nach Italien. Und bedingt durch die erschwerten Transporte war auch die Versorgungslage in Deutschland so kritisch, daß der gesamte Kohleexport vorübergehend auf 50 Prozent gekürzt wurde.[311] Zwar waren die Italie-

---

[304] „Wir müssten alle 10 Tage ein genaues Bild bekommen", lautete die Zielsetzung General Thomas' (ebd.).

[305] Lagevorträge ObdM, S. 432 – 19.11.1942.

[306] PA/AA, Handakten Wiehl, Italien, Bd. 14, R. 106178, n.p. – 22.1.1942, Clodius/Mackensen an AA.

[307] ADAP, E, I, Dok. 173, S. 308 – 27.1.1942, Clodius/Mackensen an AA.

[308] Zahlenbeispiele: 5000 t Pech-/Petrolkoks, 2800 t Manganerz, 13 t Manganmetalle, 3000 t Kupfer, 30 t Antimon, 700 t Paraffin, 250 t Glycerin, 170 t Aceton, 4400 t Zellulose, 7700 t Ätznatron (jeweils Lieferung pro Monat) u. 300 t Ferromolybdän jährlich.

[309] Zahlenbeispiele: 3500 t Pech-/Petrolkoks, 500 t Manganerz, 5 t Manganmetalle, 1200 t Kupfer, 15 t Antimon, 300 t Paraffin, 100 t Glycerin, 25 t Aceton, 2500 t Zellulose, 2000 t Ätznatron (jeweils Lieferung pro Monat) u. 84 t Ferromolybdän jährlich.

[310] ADAP, E, I, Dok. 173, S. 304–308 – 27.1.1942, Clodius/Mackensen an AA.

[311] PA/AA, Handakten Wiehl, Italien, Bd. 14, R. 106178, n.p. – 26.1.1942, Martius an Clodius u. ebd. – 26.1.1942, Wiehl an Clodius.

ner von ihren eigenen Diplomaten bereits über die Lage informiert worden, doch mußte Clodius nach dem Gespräch dennoch melden, daß die Frage der deutschen Kohlelieferungen von allen verantwortlichen Stellen als „die entscheidende Frage für das weitere Durchhalten der italienischen Kriegswirtschaft bezeichnet" wurde.[312] Im Berliner Außenministerium plädierte man daraufhin für die größtmögliche Rücksichtnahme auf Italien, doch eine Senkung der Kohlezufuhr blieb nicht aus.[313]

Der Auftakt der Verhandlungen machte deutlich, daß die Italiener immer noch auf einem Niveau diskutierten, das eine Gleichwertigkeit in der „Achse" voraussetzte. Ihr Vorschlag, zur engeren Zusammenarbeit eine Art „interalliierten Rohstoff-Ausschuß" zu gründen – wie Italien ihn aus dem Weltkrieg 1914–18 kannte –, zeugt von diesem Denkansatz, der jedoch fern aller Realität lag. Für die Deutschen war die Umsetzung einer solchen Idee absolut unvorstellbar, hätte sie doch eine Offenlegung der eigenen Versorgungslage zur Folge gehabt.[314] Im Fortgang der Rohstoffgespräche verwies die ablehnende Haltung der Deutschen die Italiener nach und nach auf den ihnen zugedachten Platz. Trotz berechtigter Forderungen war den italienischen Vertretern bald bewußt, daß „sie sich einem deutschen Diktat in allen Punkten fügen" mußten.[315]

Nichtsdestotrotz entwickelten die Deutschen vor Ort aber auch zunehmend Verständnis für die italienische Position. Ausdrücklich betonten sie, daß – anders als in anderen Verhandlungen – die Italiener „tatsächlich nur das Mindestmaß dessen forder[te]n, was sie abstrichlos nötig" hatten.[316] Clodius unterstrich zudem, daß es für die Italiener etwas Beschämendes habe, wenn sich Berlin häufig wochen-, ja monatelang bitten ließe, ehe ihnen gegeben werde, was für die Existenz der italienischen Wirtschaft unerläßlich sei. Nicht um die Abwägung von Leistung und Gegenleistung ginge es im Augenblick, sondern um die Aufrechterhaltung der Kriegsmaschinerie der „Achse": „der jetzige Stand der Kohlelieferungen zwinge bereits zu einer 50prozentigen Stillegung des größten Teils der italienischen Kriegsindustrie".[317] Vom politischen Standpunkt aus betrachtet, empfahl Botschafter Mackensen daher, bei den noch ausstehenden Entscheidungen den italienischen Wünschen „bis an die Grenze des wirtschaftlich für uns Tragbaren entgegenzukommen".[318] Doch selbst die anschließende Berlin-Reise Clodius' erbrachte kein Entgegenkommen der zuständigen Ressorts. Zurück in Rom, mußte der Gesandte der italienischen Regierung mit-

---

[312] Ebd., n.p. – 27.1.1942, Clodius/Mackensen an AA.
[313] ADAP, E, I, Dok. 215, S. 390 f. – 7.2.1942, Aufzeichnung Wiehl.
[314] BA/MA, RW 19/166, S. 145 – 5.2.1942, KTB-WiRüAmt/Stab.
[315] ADAP, E, I, Dok. 235, S. 418 – 13.2.1942, Clodius/Jagow an AA.
[316] Ebd., Dok. 240, S. 428 – 15.2.1942, Mackensen an AA.
[317] Ebd., Dok. 235, S. 418 – 13.2.1942, Clodius/Jagow an AA.
[318] Ebd., Dok. 240, S. 429 – 15.2.1942, Mackensen an AA.

teilen, daß über die bisherigen deutschen Angebote nicht hinausgegangen werden könne. Eine weitere Diskussion sei zwecklos.[319]

Allein hinsichtlich der Kohlefrage liefen die Bemühungen des Auswärtigen Amtes noch weiter. Emil Wiehl, Leiter der Handelspolitischen Abteilung, schilderte Verkehrsminister Julius Heinrich Dorpmüller die italienische Kohlesituation mit dem Hinweis, daß die Zusage der deutschen Lieferungen „eine der wichtigsten Voraussetzungen für die Teilnahme Italiens am Krieg" gebildet habe. Abgesehen davon, daß Hitler dem „Duce" inzwischen eine Erhöhung auf 1.200.000 t monatlich versprochen habe, sei dem Befehl des „Führers", die Zufuhr während der gesamten Kriegsdauer aufrechtzuerhalten, unbedingt Folge zu leisten.[320] Gerade einmal 60 bis 70 Prozent der vereinbarten Lieferungen erreichten zu diesem Zeitpunkt noch Italien,[321] die rückläufigen Kohlelieferungen im Januar und Februar verursachten in zunehmendem Maße Betriebseinschränkungen und Stillegungen in der italienischen Industrie.[322] Intern zeigte sich Mussolini übrigens höchst verärgert über die Unzuverlässigkeit seines Bündnispartners.[323] Als Dorpmüller voreilig erklärte, in Zukunft wieder das komplette Kontingent nach Italien abzufahren, mischte sich Paul Pleiger, der Vorsitzende der Reichsvereinigung Kohle, in die Diskussion ein und stellte klar, daß eine 100prozentige Erfüllung des Italienexports unweigerlich zu Lasten der deutschen Versorgung ginge. Die Deutsche Reichsbahn sei vollständig ausgelastet. Nicht die Förderung der Kohle, sondern deren Transport war das Problem. Die Verkehrseinschränkungen hätten schließlich auch Stillegungen deutscher Betriebe zur Folge. Aktuell könne der Industriebedarf Deutschlands lediglich zu ca. 75 Prozent gedeckt werden. Eine weitere Drosselung erschien Pleiger angesichts der Tatsache, daß „praktisch nur noch Rüstungswerke" liefen, nicht vertretbar. Zur Veranschaulichung legte er dem Reichsaußenminister, an den er das Schreiben richtete, eine Liste der bereits stillgelegten Betriebe bei:[324] Werke der Panzerwagenfertigung, Pulver- und Gummifabriken, Metall- und Zellstoffwerke, die Nitrierkrepp für die Pulverfabrikation erzeugten, Lokomotivwerke und viele andere deutsche Betriebe hatten in den vergangenen Wochen wegen Kohlemangels schließen müssen. Vehement ging Pleiger gegen

---

[319] Ebd., Dok. 283, S. 531 f. – 24.2.1942, Clodius/Mackensen an AA; hier auch: FN 2.
[320] PA/AA, Handakten Wiehl, Italien, Bd. 14, R. 106178, n.p. – 18.2.1942, Wiehl an Dorpmüller; zu Hitlers Versprechen vgl.: PA/AA, Handakten Clodius, Italien, Bd. 9, R. 105921, n.p. – 21.12.1941, Aufzeichnung [vmtl. Clodius] für Weizsäcker.
[321] BA/MA, RW 19/166, S. 180 f. – 27.2.1942, KTB-WiRüAmt/Stab.
[322] BA/MA, RW 32/2, S. 26 – 28.2.1942, Horstig: Monatsbericht Nr. 7; Favagrossa, Perché perdemmo la guerra, S. 173; vgl.: Minniti, Materie prime, S. 270.
[323] Ciano, Diario, S. 593 – 20.2.1942.
[324] PA/AA, Handakten Wiehl, Italien, Bd. 15.2, R. 106180, S. 56591–594 – 28.2.1942, Pleiger an RAM; ADAP, E, II, Dok. 11, S. 22 f. – 5.3.1942, Aufzeichnung Wiehl.

die Zusage des Reichsverkehrsministers vor.[325] Und zur Verblüffung Weizsäckers[326] fand Pleigers Ansicht Ende März den Beifall des Reichswirtschafts-, des Rüstungs- und jetzt sogar des Reichsverkehrsministeriums, so daß er wider Erwarten die Position des Auswärtigen Amtes nicht durchsetzen konnte.[327] Hitler unterstrich indessen gegenüber Ribbentrop, daß mindestens 950.000 t Kohle monatlich zu garantieren seien.[328] Doch nur mit großer Mühe gelang es dem Außenministerium in den folgenden Monaten, die Lieferungen von 800.000 t monatlich (Januar bis April 1942)[329] wieder auf ein höheres Niveau zu drücken.[330] Im Durchschnitt wurden von Januar bis September 1942 schließlich 897.900 t je Monat geliefert – gut 150.000 t unter dem vereinbarten Kontingent und weit entfernt von den 1.200.000 t im Monat, die Hitler Mussolini in Aussicht gestellt hatte. Dabei war laut Clodius mit 900.000 t nicht einmal den dringendsten Anforderungen der italienischen Rüstungsindustrie Genüge getan. Tatsächlich beschrieb der deutsche Gesandte die italienische Kohleversorgung im November 1942 als „ganz unvergleichlich schlechter als die deutsche und als die fast aller europäischen Länder".[331]

Im Herbst 1942 registrierte Wehrwirtschaftsoffizier Horstig eine wachsende Zurückhaltung der italienischen Firmen, die seiner Ansicht nach aus der gesteigerten Blockadehaltung der Behörden resultierte.[332] Ein Grund für das zurückgehende Interesse an der „Auftragsverlagerung" wird die ansteigende Clearing-Verschuldung des

---

[325] PA/AA, Handakten Wiehl, Italien, Bd. 15.2, R. 106180, S. 56581–583 – 18.3.1942, Pleiger an Weizsäcker.

[326] Weizsäcker war am 21.3.1942 noch davon ausgegangen, daß Pleiger sich am Ende schon fügen würde (PA/AA, Handakten Wiehl, Italien, Bd. 15.2, R. 106180, S. 56580 – 21.3.1942, Aufzeichnung Weizsäcker), ausdrücklich hatte er diesen auf die Zusage Hitlers hingewiesen, die nicht eigenmächtig übergangen werden durfte (ebd., S. 56584 f. – 13.3.1942, Weizsäcker an Pleiger).

[327] Ebd., S. 56632 – 25.3.1942, Weizsäcker an RAM.

[328] ADAP, E, II, Dok. 169, S. 280 FN 6, Randbemerkung Ribbentrop. Grundsätzlich stand Hitler sogar auf dem Standpunkt, daß an 1.050.000 t im Monat festgehalten werden solle.

[329] Ebd., S. 279 f. – 27.4.1942, Aufzeichnung Clodius.

[330] Vgl.: PA/AA, Handakten Wiehl, Italien, Bd. 15.1, R. 106179, S. 56697–699 – 25.6.1942, Wiehl an Weizsäcker u. RAM, S. 474716 f. – 27.6.1942 u. S. 474714 f. – 27.6.1942, jeweils Weizsäcker an Speer.

[331] ADAP, E, IV, Dok. 192, S. 335 – 17.11.1942, Aufzeichnung Clodius. Die später kolportierte Behauptung, die Italiener hätten eine „Hortungspolitik" betrieben und nach dem deutschen Einmarsch habe man „ganz erhebliche, unausgenutzte Lagerbestände" gefunden (z. B.: Kesselring, Soldat, S. 143), erscheint unglaubwürdig. Es kann sich allenfalls um Einzelfälle gehandelt haben, die im Rahmen der wirtschaftlichen Gesamtlage Italiens keine wesentliche Rolle spielten (vgl.: Petri, Autarkie, S. 220).

[332] BA/MA, RW 32/4, S. 15 – 31.10.1942, Horstig: Monatsbericht Nr. 15; vgl. die ablehnende Haltung von Verkehrsminister Host Venturi bei der dt. Auftragsvergabe an ital. Werften: PA/AA, Handakten Wiehl, Italien, Bd. 15.1, R. 106179, n.p. – 13.10.1942, Clodius/Mackensen an Wiehl.

Deutschen Reiches gewesen sein. Denn der italienische Unmut über den hohen und stetig wachsenden Saldo der Deutschen, der sich bis dahin nur in „wiederholten Bemerkungen zuständiger und unzuständiger Stellen" niedergeschlagen hatte, mündete im November 1942 in den ersten konkreten Maßnahmen: Nach massiven Vorwürfen aus den eigenen Reihen hielt sich das italienische Außenhandelsministerium mit der Erteilung von Ausfuhrbewilligungen plötzlich spürbar zurück. Mackensen zufolge war es dabei schwer zu beurteilen, ob dies nun durch den Clearing-Stand, die innere Versorgungslage oder den Rohstoffmangel veranlaßt war. Doch der Grundsatz, daß keine kriegswichtige Lieferung im Hinblick auf den Clearing-Stand unterbleiben dürfe, war nunmehr reine Theorie.[333] Kurze Zeit später wurden die italienischen Kreditinstitute angewiesen, keine weiteren Vorschüsse an Exporteure zu bewilligen. Die italienische Regierung befürchtete bei weiterer Erhöhung der Clearing-Schulden und weiterer Fortzahlung von Vorschüssen inflationistische Auswirkungen – und das nicht zu Unrecht, wie Reichsbankdirektor Caravias im Januar 1943 zugab.[334] Der Preisverfall hatte im Jahr 1942 deutlich an Tempo gewonnen.

Abb. 1: Italien 1938–43. Wert von Aktien und Staatstiteln, Großhandelspreisen und Lebenshaltungskosten (1938 = 100)

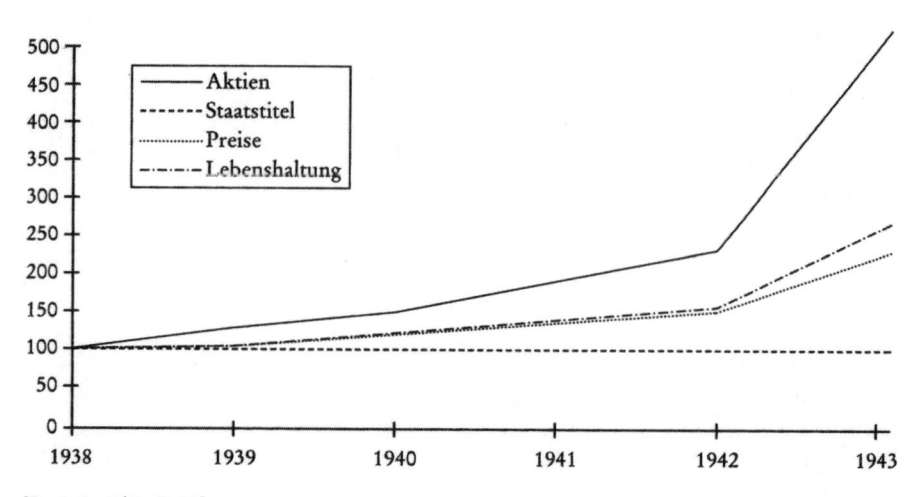

[Petri, Autarkie, S. 30]

---

[333] BArch, R 901/68623, S. 45–48 – 16.11.1942, Mackensen an AA.
[334] BArch, NS 6/702, S. 106 f. – 18.1.1942, Parteikanzelei [vmtl. Reichsbankrat Vellner] an Gauwirtschaftsberater Fromm, Oldenburg; vgl.: ebd., S. 102 – 17.12.1942, Fromm an Parteikanzelei; zur Entwicklung des Clearing-Saldos: Mantelli, Arbeiter, S. 379, Tab. 24.

Deutschen Angaben zufolge hatte das deutsche Defizit zu diesem Zeitpunkt allein im Clearing-Verkehr (immer noch inclusive des Lohntransfers gerechnet) die Summe von 500 Millionen RM überschritten. Hinzu kamen die Anleihen für die Finanzierung der „Verlagerungsaufträge" und der deutschen Truppen, der staatliche Kredit von rund 855 Millionen RM war längst erschöpft.[335] Es ist daher nicht falsch, unter diesem Aspekt den Schluß zu ziehen, daß das Deutsche Reich den italienischen Verbündeten „einem ähnlichen Schicksal [unterwarf] wie das feindliche und besetzte Frankreich, wo neben der Methode, das besetzte Land für die Okkupation zahlen zu lassen, das deutsche Defizit im Clearing eine besondere Art der Ausbeutung darstellte".[336] Denn:

> „Faktisch funktionierte das deutsche Defizit im Clearingverkehr als eine Art indirekte italienische Finanzierung der Wirtschaft des ‚Dritten Reichs', die über eine beträchtliche Zahl von Arbeitskräften verfügen konnte, die in der Realität äußerst gering bezahlt wurden, weil der wesentlich höhere Teil des Gesamtlohnes, der nach Italien transferiert wurde, auf dem Papier blieb und für Deutschland keine wirkliche Geldüberweisung bedeutete."[337]

Im Unterschied zu Frankreich war Italien aber noch in der Position, Gegenmaßnahmen einzuleiten; Gegenmaßnahmen, die sich nicht nur im Rückgang der Ausfuhr und der Zurückhaltung in der „Auftragsverlagerung" niederschlagen, sondern auch in der Frage des „Arbeiteraustausches". Nach etlichen Querelen bezüglich des deutschen Umgangs mit den „Fremdarbeitern"[338] deuteten die italienischen Diplomaten Ende Dezember 1942 an, daß sie den Rückzug einer gewissen Anzahl italienischer Arbeiter für sinnvoll hielten.[339] Die Führung in Rom versprach sich von diesem Schritt eine deutliche Entspannung des deutsch-italienischen Verrechnungsverkehrs, eine Annahme, die Clodius durchaus teilte, auch wenn er offiziell das italienische Ansinnen ablehnte.[340] Aber auch die italienischen Alternativvorschläge, die einen Clearing-Ausgleich durch Devisen, durch die Übergabe von Aktienanteilen deutscher Firmen, durch erhöhte Importe oder die Versorgung mit Waren aus Drittländern vorsahen, wurden von der deutschen Seite durchweg abgelehnt.[341] Erst am 20. Februar, nachdem sich Mussolini deutlich hinter den Wunsch seiner Verhandlungsführer gestellt hatte, lenkte Hitler die Verhandlungen aus der Sackgasse, indem er seine Ein-

---

[335] BArch, NS 6/702, S. 106 f. – 18.1.1942, Parteikanzlei an Fromm.
[336] Mantelli, Arbeiter, S. 376.
[337] Ebd., S. 375.
[338] Vgl.: Kap. 6 b.
[339] DDI, 9, IX, Dok. 448, S. 453 – 30.12.1942, Alfieri an Ciano.
[340] Simoni, Berlino, S. 303 – 13.1.1943; Mantelli, Arbeiter, S. 373 f.
[341] Mantelli, Arbeiter, S. 376 f.

willigung zur Rückführung der italienischen „Fremdarbeiter" gab.[342] Die Durchführung jedoch wurde in den Folgemonaten von der Reichsregierung beständig verschleppt, so daß zum Zeitpunkt des italienischen Kriegsaustritts über 120.000 Arbeiter im Deutschen Reich festsaßen.[343]

Die mangelhafte Koordination zwischen den Achsenpartnern führte dazu, daß das Konzept der „Auftragsverlagerung" nicht den gewünschten – eventuell möglichen – Erfolg zeigte. Bereits Anfang 1942 warnte General Thomas vor einem weiteren Ausbau der Zusammenarbeit. Aufgrund der großen Energiesorgen Italiens und des zunehmenden Mangels an Produktionsmitteln sei eine „Auftragsverlagerung in größerem Umfang [...] vollkommen illusorisch".[344] Der deutsche Rückstand im Clearing wie in den Rohstofflieferungen hatte auf italienischer Seite eine Bürokratisierung der Auftragsannahme und -bearbeitung provoziert, die die Ausführung der Aufträge zum Teil absichtlich in die Länge zog, wenn nicht sogar ganz blockierte. Trotz anhaltender Bereitwilligkeit der einzelnen Firmen verhinderte die Langsamkeit und Schwerfälligkeit des amtlichen Apparates eine rasche Erledigung der deutschen Bestellungen.[345] Tendenzen, die Zusammenarbeit in der „Auftragsverlagerung" aufgrund der ausbleibenden Lieferungen ganz einzustellen – wie etwa im August 1942 in Kreisen des italienischen Oberkommandos und der *Fabbriguerra* geäußert –, wurde jedoch nicht nachgegeben. Zum einen hatten sich die entsprechenden Fabriken schon auf die Ausführung der einzelnen Aufträge eingestellt, und zum anderen wollten die Italiener nicht riskieren, daß ihnen die deutschen Materiallieferungen und Lizenzkonzessionen am Ende entgingen.[346] Doch die Produktion wurde auf ein niedriges Niveau heruntergefahren und Auslieferungen vom Materialeingang aus Deutschland abhängig gemacht. Wie niedrig der Stand der Produktion im Endeffekt war, wird deutlich an einem Schreiben, welches Generalluftzeugmeister Milch am 23. Juli 1942 an General Fougier richtete: Bei einer Bestellung von 1005 Flugzeugen und 3325 Motoren[347] seien bislang *nur fünf Maschinen des Typs SM 82* und *kein einziger Motor* im Deutschen Reich eingegangen; deutscherseits hatte man bis zum

---

[342] ADAP, E, V, Dok. 131, S. 222 – 13.2.1943, Clodius/Mackensen an AA; ebd., Dok. 139, S. 241 FN 3 – 20.2.1943, Wiehl an Botschaft Rom.

[343] Mantelli, Arbeiter, S. 385–391; zum Zwangsarbeitereinsatz der italienischen Militärinternierten nach dem 8. September 1943 vgl.: Gerhard Schreiber, Die italienischen Militärinternierten im deutschen Machtbereich 1943–1945. Verraten – verachtet – vergessen, München/Wien 1990, S. 225 f. u. S. 339–572.

[344] BA/MA, RW 19/166, S. 145 – 5.2.1942 u. S. 101 f. – 10.1.1942, KTB-WiRüAmt/Stab; vgl.: ebd., RW 19/169, S. 204 – 19.11.1942.

[345] BA/MA, RW 32/4, S. 27 – 30.11.1942, Horstig: Monatsbericht Nr. 16.

[346] ACS, MinAer, Gab, AG 1942, b. 139, Accordi 2° vol., n.p. – 7.8.1942, Bruno: Bozza di Appunto al Duce.

[347] Im einzelnen belief sich die Bestellung auf 905 Flugzeuge des Typs CA 313 und 100 des Typs SM 82 sowie 2715 Motoren der Marke Delta RC 40, 470 AR 128 RC 18 und 140 AR 135 RC 32.

1. Juni 1943 eigentlich mit einer Zustellung von mindestens 133 Flugzeugen und 844 Motoren gerechnet.[348] Selbst die darauffolgende italienische Korrektur, daß in Wirklichkeit bereits 14 Flugzeuge und 126 Motoren geliefert und weitere genehmigt worden seien,[349] täuscht nicht darüber hinweg, daß der „Auftragsverlagerung" letztlich kein Erfolg beschieden war. Die kläglichen Zahlen unterstreichen vielmehr das Scheitern des deutsch-italienischen Projekts.

Ende 1942 war die wehrwirtschaftliche Zusammenarbeit der Achsenpartner in eine Sackgasse geraten. Durch die Kriegsumstände waren nun auch die Rohstoffreserven des Deutschen Reiches knapp geworden; zu knapp, als daß man den Bündnispartner bedenkenlos mitversorgen konnte. Die italienischen Forderungen wurden daher zu einer Belastung und mußten zunehmend abgewiesen werden. Hinzu kam, daß die deutschen Finanzexperten gemeinsame Projekte wie das Verrechnungsabkommen, den „Arbeiteraustausch" sowie die „Auftragsverlagerung" schonungslos zum Vorteil Deutschlands ausnutzten und dabei in Kauf nahmen, den Bündnispartner wirtschaftlich und finanziell zu ruinieren. Auf italienischer Seite wurde diese Tendenz erkannt, doch die Möglichkeiten waren angesichts des Krieges beschränkt; zu sehr hing man vom guten Willen Berlins ab. Die Tatsache, daß die Regierung in Rom im Januar 1943 die Rückkehr ihrer Arbeiter einforderte und die „Auftragsverlagerung" praktisch zum Erliegen kam, zeigt jedoch an, daß das Deutsche Reich die Grenzen der italienischen Nachgiebigkeit längst überschritten hatte. Italien sah sich gezwungen, die Notbremse zu ziehen und den Widerstand gegen die deutschen Ausbeutungsversuche zu erhöhen. Wirtschaftlich betrachtet konnte sich Italien im Jahre 1943 weder den Krieg noch das Bündnis mit Deutschland weiterhin leisten.

---

[348] ACS, MinAer, Gab, AG 1943, b. 153, Accordi 3° vol., n.p. – 23.6.1943, Milch an Fougier (Hervorhebung durch den Autor).
[349] Ebd., n.p. – 2.8.1943, Landalli, MinAer, an Milch.

3. Presse und Rundfunk

Am 29. Januar 1941 verbreitete das amerikanische Radio die Nachricht, daß „deutsche Techniker und Ingenieure sich gegenwärtig in Italien befinden, um den italienischen Rundfunk zu übernehmen".[1] Mitte Juli meldete London Kurzwelle auf italienisch, „daß alle italienischen Sendungen, ebenso die Presse unter deutscher Zensur stehen und jeder Artikel erst vom DNB geprüft wird".[2] Im August und September 1941 wußten der „Daily Telegraph" und die „New York Times" schließlich zu berichten, daß das italienische Radio bereits unter der direkten Kontrolle der Nationalsozialisten stehe.[3] Meldungen, die man leicht als Propaganda abtun könnte, wenn nicht der amerikanische Botschafter William Phillips am 16. September 1941 in einem Schreiben an seinen Präsidenten ebenfalls notiert hätte, daß die Propagandaämter Italiens (vermutlich) unter deutscher Kontrolle ständen.[4] Dies war eindeutig keine Feindpropaganda, sondern ein vertrauliches Schreiben, mit welchem Roosevelt über die innere Lage Italiens aufgeklärt werden sollte. Phillips – so sollte man annehmen – informierte seinen Präsidenten nach bestem Wissen und Gewissen. Waren die Amerikaner also ihrer eigenen Propaganda aufgesessen? Oder besaßen die zitierten Meldungen einen wahren Kern? Eine Notiz des britischen *Foreign Office* vom September 1941 weist in dieselbe Richtung.[5] Ein Jahr später findet sich außerdem im Tagebuch des Fabrikanten Alberto Pirelli die Aufzeichnung, ein komplettes Stockwerk des *Ministero della Cultura popolare*, des italienischen Volkskulturministeriums, sei bereits von Deutschen belegt.[6] Es nährt sich der Verdacht, daß das Deutsche Reich tatsächlich im Jahre 1941 Zugriff auf die italienische Medienlandschaft gewann. Ob und wie und in welchem Umfang, das gilt es zu untersuchen. Ausgangspunkt sind die deutschen Bemühungen um eine verstärkte Zusammenarbeit in Presse und Rundfunk im Jahre 1940.

---

[1] PA/AA, Büro RAM, R. 28890, S. 106 – 29.1.1941, Botschaft Rom an Dienststelle RAM.
[2] PA/AA, RuPol, Referat IV a: Italien, Bd. 3, R. 67547, S. 221 – 17.7.1941, Rühle-Fecht an Borries.
[3] The Daily Telegraph and Morning Post, No. 26885, London/Manchester, S. 1 – 7.8.1941; ASMAE, S. Affari politici 1931–45, Stati Uniti, b. 71, fasc.: Stampa americana nei confronti dell'Italia, n.p. – 2.9.1941, Notiz – New York Times.
[4] Roosevelt Library, PSF, DC, Italy: Phillips 1940–41, Box 42 – 16.12.1941, Phillips an Roosevelt (zusätzliche Aussagekraft hat die Tatsache, daß Phillips die Wörter „we believe" erst nachträglich per Hand in den Text eingefügt hat).
[5] PRO, FO 371/29929, R 8352/28/22, S. 150 – 5.9.1941, FO/Southern Department: Report on Italian Morale: „the Italian Minister of Propaganda undoubtedly took his instructions from the Germans, and a favourite trick of foreign journalists when they wanted permission for something was to say ‚but in Berlin they allow this', and the trick always worked".
[6] Pirelli, Taccuini, S. 372 – 5.11.1942.

a. Institution von Verbindungsstellen

Im Februar 1940 reiste der Italienreferent des Propagandaministeriums, Wolfgang Schaeffer, nach Italien, um Kontakt mit den Direktoren verschiedener Zeitungen und Zeitschriften aufzunehmen. Ziel seiner Reise war es, eine engere deutsch-italienische Zusammenarbeit herzustellen, d. h.:
1. die italienischen Direktoren zu einem Gegenbesuch zu bewegen,
2. der Gründung eines deutsch-italienischen Presseverbandes Vorschub zu leisten,
3. vorzuschlagen, junge italienische Korrespondenten in Deutschland ausbilden zu lassen, welche die aktuellen nach und nach ersetzen sollten.

Die Kosten würde das Deutsche Reich tragen.[7] Mussolini stimmte dem Vorschlag zu, jedoch sollte der italienische Staat die Kosten für die Ausbildung der Korrespondenten selbst übernehmen.[8] Nach dieser Initiative des Propagandaministeriums sandte der Pressechef des Auswärtigen Amtes, Dr. Paul Schmidt, im Juni desselben Jahres den Leiter seines Italien-Referats nach Rom, um die Zusammenarbeit auf dem Gebiet der Presse voranzutreiben. Im Gegenzug besuchte Guido Rocco, Presseabteilungsleiter im Volkskulturministerium, Berlin. Das Referat Italien unter der Leitung von Albrecht Urach wurde daraufhin zu einer Verbindungsstelle zur italienischen Pressepolitik ausgebaut.[9]

Zeitgleich unterzeichneten der Reichspressechef, Otto Dietrich, und der Minister für Volkskultur, Alessandro Pavolini, das Statut des deutsch-italienischen Presseverbandes.[10] Neben der gegenseitigen Förderung von Nachwuchs (deutscher Pressevertreter in Italien und italienischer in Deutschland), der Organisation regelmäßiger Zusammenkünfte und der Vergabe von Stipendien sah es einen regelmäßigen Artikelaustausch zwischen beiden Ländern vor.[11] Da diese Initiative jedoch auf das Propagandaministerium zurückging, nahm Ribbentrop bald Kontakt zu Ciano auf, um Änderungen anzubringen und zu verdeutlichen, daß die Presseabteilung des Auswärtigen in diesen Fragen federführend sei.[12] Der Vorstoß des Reichsaußenministers verlief offensichtlich erfolgreich, denn Pavolini betrachtete das Statut ab August als sus-

---

[7] ACS, Micup, Gab, b. 66, fasc.: Germania – varie personalità, n.p. – 20.2.1940; vgl. Pavolini in der Pressekonferenz: ACS, Micup, Gab, b. 49, n.p. – 22.2.1940.

[8] Ebd., b. 66, n.p. – 20.2.1940, Mussolini handschriftlich im Original. Schaeffer hatte angekündigt, daß die Reichsregierung den italienischen Journalisten monatlich 400–500 RM zahlen würde.

[9] PA/AA, Handakte Schmidt, Aufzeichnungen für RAM, R. 27876, S. 95 f. – 3.6.1940; ebd., S. 150 – 3.7.1940, jeweils Notiz Schmidt; zum Besuch Roccos: PA/AA, Handakte Schmidt, Aufzeichnungen für RAM, R. 27876, S. 99–101.

[10] ACS, Micup, Gab, b. 70, fasc.: Associazione della stampa italo-tedesca, n.p. – Juni 1940, Statut; BArch, R 901/60498, S. 34 f. – 22.7.1940, Aufzeichnung über die Gründungsveranstaltung der dt.-ital. Pressevereinigung, Urach.

[11] Ebd.

[12] BArch, R 901/60498, S. 39 – 16.7.1941, Mackensen an AA.

Institution von Verbindungsstellen 151

pendiert, Ansprechpartner war fortan das Außenministerium. Ribbentrop hatte Goebbels die Initiative genommen.[13]

Parallel dazu – ebenfalls im Monat Juni – wurde ein Rundfunkreferat an der deutschen Botschaft in Rom eingerichtet, welches unter Leitung des Rundfunk-Attachés, Rudolf von Borries, Kontakt zum *Ministero della Cultura popolare* und der Eiar,[14] der italienischen Rundfunkgesellschaft, aufnahm. Nachdem im April 1940 die Achsenmächte übereingekommen waren, die italienischen Sendungen aus Deutschland und die deutschen Sendungen aus Italien bis auf je 15 Minuten einzustellen, galt es für die Deutschen, neue Wege zu finden, um „das deutsche Interesse in Bezug auf die politische Meinungsbildung der italienischen Öffentlichkeit zu wahren".[15] Vor allem der italienische Kriegseintritt machte es notwendig, die zukünftige politisch-militärische Kooperation durch eine möglichst enge Zusammenarbeit der beiden Rundfunknetze zu stützen.[16] Die Einrichtung einer direkten Fernschreibeverbindung zwischen Berlin und Rom sollte einen schnellen Austausch der beiderseitigen Sprachregelungen, Wehrmachtsberichte, Nachrichten und Anregungen verschiedenster Art erleichtern.[17] Ab dem 1. September 1940 wurde zudem der Dina[18]-Dienst aufgebaut, der den Nachrichtenaustausch zumindest in die Richtung Berlin–Rom perfektionierte. Den Italienern wurden die Notizen mundgerecht zubereitet:

„Bei den Dina-Meldungen handelt es sich um mikrofonfertige Nachrichten in ital. Sprache, die – abgestellt auf italienische Diktion und Mentalität – propagandistisch in unserem Sinne wirken, wobei selbstverständlich die deutsch-italienische Solidarität in gebührender Weise herausgestellt wird. Die Dina-Meldungen werden im Italien-Referat von Kult R verfertigt und per Fernschreiber nach Rom geschrieben, wo sie an die einzelnen Länder-Referenten der Rundfunkabteilung des ital. Volkskulturministeriums verteilt werden. Sie werden aber auch von

---

[13] Ebd., S. 33 – 26.7.1940, Aufzeichnung Lohse; PA/AA, Handakte Schmidt, Aufzeichnung für RAM, R. 27876, S. 180 – 6.8.1940, Aufzeichnung Schmidt.

[14] Ente Italiano Audizioni Radiofoniche.

[15] PA/AA, RuPol, Verbindungsmann RAM, Bd. 2: Finnland–Türkei, R. 67483, S. 247527 – 20.6.1941, Aufzeichnung Rühle an RAM; vgl.: Martin Moll, „Das neue Europa". Studien zur nationalsozialistischen Auslandspropaganda in Europa 1939–1945, 2 Bde, Graz 1986, Dissertationsschrift (MS), S. 869 f.; ein Exemplar befindet sich in der Bibliothek des Deutschen Historischen Instituts zu Rom. Diesen Hinweis verdanke ich Jens Petersen, L'organizzazione della propaganda tedesca in Italia 1939–1943, in: Bruna Micheletti/Pier Paolo Poggio (Hg.), L'Italia in guerra 1940–43, Brescia 1990–91, S. 706 FN 45.

[16] Vgl.: BArch, R 901/48008, S. 42–45 – 8.6.1940, Aufzeichnung Dr. Thimmler: Zusammenarbeit mit dem italienischen Rundfunk für den Fall, dass Italien an der Seite Deutschlands in den Krieg eintritt.

[17] PA/AA, RuPol, Verbindungsmann RAM, Bd. 2: Finnland–Türkei, R. 67483, S. 247527–530 – 20.6.1941, Aufzeichnung Rühle an RAM.

[18] Deutsch-italienischer Nachrichtenaustausch.

dem Ministerium an die staatliche ital. Rundfunkgesellschaft ‚Eiar' weitergegeben, um im Inlandsfunk Verwendung zu finden."[19]

Sowohl in der Presse wie auch im Rundfunk ging die Initiative zu einer engeren Zusammenarbeit von den Deutschen aus.[20] Während in Berlin schon im Juni 1940 die Organisation zur Pressekoordinierung stand, zeigten sich in Rom noch Schwierigkeiten. Die Italiener würden gewisse organisatorische Notwendigkeiten nicht erkennen und seien erst langsam zu einer schlagkräftigen, den Erfordernissen entsprechenden Arbeitsweise zu bringen, notierte der Pressechef des Auswärtigen.[21] Der Anstoß zur Kooperation kam eindeutig aus Deutschland, und dies sollte sich im Laufe des Jahres 1941 auch nicht ändern.

b. Deutsche Einflußnahme auf die italienische Medienlandschaft

Um einen wirklichen Austausch, um eine Zusammenarbeit im eigentlichen Sinne ging es den Deutschen aber gar nicht. Nirgends wird dies deutlicher als in dem Schreiben „Deutsche Einflußnahme auf italienische Rundfunkpropaganda", in welchem der Leiter des Rundfunkreferats Italien dem Außenminister im Juni 1941 die bisherige „Kooperation" schildert. Anders als in den unter deutscher Führung stehenden Ländern des europäischen Kontinents erfordere die Einflußnahme auf den Rundfunk Italiens nämlich ganz andere Maßnahmen. Gerhard Rühle-Fecht erläuterte:

> „Auf indirektem Wege, nämlich durch Beeinflussung der redaktionellen Arbeit, mußte versucht werden, eine Verbesserung der noch sehr unentwickelten Rundfunkpropaganda unseres Achsenpartners zu erreichen. Es galt, mit sehr viel Takt und Einfühlungsvermögen das Vertrauen der Italiener zu gewinnen und dann Zug um Zug die notwendigen Änderungen, Verbesserungen, Erweiterungen auf organisatorischem und redaktionellem Gebiet durchzusetzen. Hand in Hand mit dieser Hilfestellung sollte schließlich der Einsatz des italienischen Rundfunks für unsere Zwecke sichergestellt werden."[22]

---

[19] PA/AA, RuPol, Verbindungsmann RAM, Bd. 2: Finnland–Türkei, R. 67483, n.p. [zwischen S. 247536 u. S. 247537] – 11.6.1941, Rühle-Fecht an RAM.

[20] So ist etwa ein Rundfunk-Attaché an der italienischen Botschaft in Berlin in den untersuchten Aktenbeständen gar nicht aufgetaucht. Und auch Cristano Ridòmi, der Presseattaché der italienischen Botschaft, tritt in den Unterlagen selten in Aktion.

[21] PA/AA, Handakte Schmidt, Aufzeichnungen für RAM, R. 27876, S. 146 f. – 25.6.1940.

[22] PA/AA, RuPol, Verbindungsmann RAM, Bd. 2: Finnland–Türkei, R. 67483, n.p. – 11.6.1941, Rühle-Fecht an RAM – 11.6.1941.

Punkt für Punkt handelte der Leiter des Rundfunkreferats daraufhin ab, wie gewährleistet werden sollte, daß deutsche Meldungen in Italien gesendet werden. Er beschrieb den Aufbau des Rundfunkreferats an der Deutschen Botschaft, die Einrichtung der direkten Fernschreibverbindung und des Dina-Dienstes. Um die psychologische Aufgeschlossenheit gegenüber dem deutschen Material sicherzustellen, werde mit deutscher Hilfe zudem ein italienischer Dina-Dienst aufgebaut, hieß es. Umgekehrt sei aber eine Einflußnahme durch die Italiener nicht zu befürchten. Der „Kontrahent" verfüge über so geringe Nachrichtenquellen, daß er sehr stark vom deutschen Informationsmaterial abhänge, ein gleichwertiger Austausch könne nicht zustande kommen.[23]

Der Brief läßt keinen Zweifel offen, daß der Ausbau der deutsch-italienischen „Zusammenarbeit" allein ein Ziel verfolgte: den deutschen Einfluß auf die italienische Propaganda zu erweitern. Das Schreiben vom 11. Juni 1941 sollte Ribbentrop beweisen,

„daß es möglich ist, durch gute Organisation der eigenen Nachrichtenbeschaffung, Berücksichtigung der Interessen und der psychologischen Verhältnisse des zu bearbeitenden Landes *auf einen nicht-deutschen Rundfunk, der im vollen Besitz seiner Souveränität ist, einzuwirken und ihn der deutschen Propaganda dienstbar zu machen*".[24]

Nach der Institution in der italienischen Medienlandschaft überschwemmte das Deutsche Reich Italien mit Nachrichtenmaterial.[25] Auf diese Weise sollte die italienische Berichterstattung beeinflußt werden.[26] Verfolgt man die Pressekonferenzen Pavolinis, so stellt man fest, daß diese Strategie zum Teil aufging. Denn ab Mai 1941 häuften sich die Beschwerden des Ministers, laut denen italienische Journalisten die deutschen Berichte kritiklos kopierten.[27] Bereits im November 1939 hatte Pavolini gerügt, die italienische Presse neige dazu, sich Mitteilungen aus dem Ausland einfach

---

[23] Ebd.
[24] Ebd. (Hervorhebung durch den Autor); in einem Schreiben vom 15.7.1941 weist Rühle-Fecht darauf hin, daß Italien aufgrund seiner Souveränität „einen Sonderfall darstellt, bei dem sehr vorsichtig zu verfahren werden müßte. Wenn überhaupt zu erreichen sein sollte, daß ein populärer Rundfunksprecher der Eiar laufend in unserem Sinne und unter Ihrer [von Borries] Einflußnahme berichtet" (PA/AA, RuPol, Referat IV a: Italien, Bd. 3, R. 67547, S. 227).
[25] Ein Großteil befindet sich in: ACS, Micup, Gab, b. 20–35: Istruzioni data alla stampa ed alla radio tedesca dal Governo del Reich; außerdem: PA/AA, RuPol, Referat IV a: Italien, Bd. 6–7, R. 67550–67551: DINA-Berichte für den Italienischen Rundfunk (7. Juli 1940 – 22. Juli 1943).
[26] Vgl.: Willi A. Boelcke, Die Macht des Radios. Weltpolitik und Auslandsrundfunk 1924–1976, Frankfurt a.M./Berlin/Wien 1977, S. 360 f.; Monticone, der von einer „kaum verschleierten Kontrolle des italienischen Radios" ab 1941 schreibt, übertreibt. In seiner Fußnote gibt er zu, die zitierten Berliner Dokumente selbst nicht gesehen zu haben (Alberto Monticone, Il fascismo al microfono. Radio e politica in Italia (1924–1945), Rom 1972, S. 185 f.).
[27] ACS, Micup, Gab, b. 50, n.p. – 7.5.1941, 17.5.1941 u. 25.6.1941.

anzuschließen. Zu diesem Zeitpunkt meinte er damit allerdings vornehmlich Meldungen britischer oder französischer Herkunft.[28] Seit dem Kriegseintritt Italiens waren diese aber dem feindlichen Lager zuzurechnen, so daß sich die italienischen Journalisten in der Nachrichtenbeschaffung zunehmend nach Deutschland ausrichteten.[29] Mehr und mehr hielten sich die italienischen Blätter an die Berliner Quelle, von der sie großzügig mit Nachrichten aus aller Welt versorgt wurden. So meinte Pavolini in seiner Pressekonferenz vom 17. Mai 1941:

> „Es hat etwas die faule Angewohnheit um sich gegriffen, das Nachrichtenpanorama der deutschen Agenturen haargenau nachzuahmen [...], um so dem italienischen Publikum das vollständige Panorama der Ereignisse zu bieten. Nach und nach entwickeln sich einige unserer Zeitungen dahingehend, eine Art gut genährter Nachrichtendienst zu werden, alles datiert auf Berlin, in dem man über die unterschiedlichsten Themen berichtet, nicht bloß über die Beziehungen zwischen Deutschland oder anderen Ländern, sondern tatsächlich über Ereignisse, die Amerika, das Mittelmeer, den Irak, Japan usw. betreffen – alles aus dem deutschen Blickwinkel."[30]

Im italienischen Rundfunk sah es nicht besser aus. Laut dem Rühle-Fecht-Papier vom Juni 1941 hatte eine Kontrolle, die sich über eine halbes Jahr (1.10.1940 – 31.3.1941) erstreckte, ergeben, daß die 965 Meldungen, die in diesem Zeitraum nach Rom geschickt worden waren, in 661 Sendungen Verwendung gefunden hatten. 70 bis 80 Prozent der mikrofonfertigen Meldungen würden vom italienischen Rundfunk ausgestrahlt, wenn man die fremdsprachlichen Sendungen Roms hinzuzählte.[31]

---

[28] Ebd., b. 49, n.p. – 14.11.1939; vgl.: ebd., b. 50, n.p. – 10.7.1940 und ebd. – 2.8.1940.

[29] Wie unkritisch dabei teilweise vorgegangen wurde, zeigt die mehrfache Ermahnung Pavolinis, auf keinen Fall Meldungen der deutschen Agentur „Transozean" zu zitieren. „Transozean" verbreite nämlich manipulierte Nachrichten, die von den Deutschen ausdrücklich für Südamerika und den Mittleren Orient hergestellt würden. Wenn man mit Meldungen deutscher Agenturen arbeite, solle man sich darum unbedingt an die Nachrichten des DNB halten (ACS, Micup, Gab, b. 52, fasc.: Comunicazioni – Ministero della Cultura popolare: Ordini alla stampa, n.p. – 6.8.1940 u. 21.12.1940; ACS, Agenzia Stefani, Carte Morgagni, b. 71, fasc.: Istruzioni del Ministero della Cultura popolare, n.p. – 18.3.1941; PA/AA, Botschaft Rom – offen, 1424 a Pr 2 Nr. 1, n.p. – 19.3.1941, Leithe-Jaspers an Italpress Berlin).

[30] ACS, Micup, Gab, b. 50, n.p. – 17.5.1941, Pressekonferenz, Pavolini: „E' invalsa un po' l'abitudine di pigrizia, di rifarsi pari pari a quello che è il panorama di notizie delle agenzie tedesche come su un comodo appoggio per dare al pubblico italiano il panorama completo degli avvenimenti. A poco a poco diversi dei nostri quotidiani si risolvono con l'essere una specie di notiziario molto nutrito, tutto datato da Berlino, in cui si parla degli argomenti più svariati, non già di rapporti fra la Germania o altri paesi, ma proprio di avvenimenti che riguardano l'America, il Mediterraneo, l'Iraq, il Giappone, ecc. tutto attraverso l'angolo visuale tedesco".

[31] PA/AA, RuPol, Verbindungsmann RAM, Bd. 2: Finnland–Türkei, R. 67483, n.p. – 11.6.1941, Rühle-Fecht an RAM.

Diese Zahlenangabe muß allerdings mit Vorsicht genossen werden, da sie auf Dokumenten beruht, in denen die Rundfunkabteilung dem Reichsaußenminister ihre bisher erbrachte Leistung präsentierte.[32] Schriftstücke dieser Art sind zur Rechtfertigung der eigenen Arbeit verfaßt und entsprechend angelegt. Ein Blick in die Briefwechsel zwischen der Rundfunkabteilung Berlin und dem Rundfunk-Attaché, Borries, ergibt ein anderes Bild. Denn knapp eine Woche vor dem zitierten Schreiben an den Reichsaußenminister hatte Rühle-Fecht nach Rom geschrieben, daß die Dinas sowohl in den Fremdsprachendiensten des Ministeriums als auch bei der Eiar nur noch in ganz minimalem Umfang Verbreitung finden. Von einer 60- bis 70prozentigen Verwendung des deutschen Materials könne gar keine Rede sein.[33] Am 13. Juni, also lediglich zwei Tage nach seinem Schreiben an den Reichsaußenminister, mußte Rühle-Fecht sogar feststellen, daß „in der Zeit vom 8. bis zum 12.6. nur *eine* von den durchgegebenen 34 Dinas gelaufen"[34] war. Den hohen Zahlen, welche man Ribbentrop genannt hatte, mangelte es intern an Rückhalt.[35]

Schon im Januar hatte Rühle-Fecht nach Rom geschrieben, daß nach seinen Unterlagen „der größte Teil der Dina-Meldungen *nicht* verwendet"[36] würde. Borries solle in Zukunft die Verwendung der Dinas im italienischen Rundfunk kontrollieren.[37] Der Rundfunk-Attaché sah sich aber außerstande, dieser Aufgabe nachzukommen, da die Italiener einen Nachrichtenspiegel, wie man ihn in Berlin kannte, nicht herstellten.[38]

Eine klare Übersicht über den italienischen Rundfunk zu gewinnen fiel den Deutschen daher schwer. Zwar konnten die inländischen Sendungen der Eiar durch den Rundfunk-Abhördienst[39] einigermaßen erfaßt werden,[40] doch der Einblick in das Tun des italienischen Auslandsfunks[41] blieb ihnen größtenteils verwehrt. Die fremd-

---

[32] Martin Moll übernimmt die Angabe kritiklos und schreibt, daß die Nachrichten „zu rund 80 % auch tatsächlich gesendet wurden" (Moll, Europa, S. 870; ebenso: Petersen, L'organizzazione, S. 688).
[33] PA/AA, RuPol, Referat IV a: Italien, Bd. 3, R. 67547, S. 417 – 4.6.1941.
[34] Ebd. – 13.6.1941; vgl.: 5.6. und 10.6.1941 (!).
[35] Trotzdem wurde Ribbentrop gegenüber am 20. des Monats erneut behauptet, daß „rund 80 % der mikrofonfertigen Meldungen" in Italien Verwendung finden würden (PA/AA, RuPol, Verbindungsmann RAM, Bd. 2: Finnland–Türkei, R. 67483, S. 247530 – 20.6.1941, VLR Rühle an RAM).
[36] PA/AA, RuPol, Referat IV a: Italien, Bd. 1, R. 67545, S. 247 – 9.1.1941.
[37] Ebd., S. 234 – 7.1.1941, S. 247 – 9.1.1941 u. S. 282 – 21.1.1941.
[38] PA/AA, RuPol, Referat IV a: Italien, Bd. 5, R. 67549, S. 683 – 15.3.1941.
[39] Vgl.: Willi A. Boelcke, Das „Seehaus" in Berlin-Wannsee. Zur Geschichte des deutschen „Monitoring-Service" während des Zweiten Weltkrieges, in: Jahrbuch für die Geschichte Mittel- und Ostdeutschlands, 23/1974, S. 231–269.
[40] PA/AA, RuPol, Referat IV a: Italien, Bd. 3, R. 67547, S. 417 – 4.6.1941, Rühle-Fecht an Borries.
[41] Radio giornale per l'estero.

sprachlichen Sendungen Roms konnten infolge technischer und personeller Schwierigkeiten nur zu 18 Prozent erfaßt werden.[42] Im August 1941 mußte daher Rühle-Fecht gegenüber Dr. Thimmler, dem Verbindungsmann des Reichsaußenministers, zugeben, daß die Tätigkeiten des italienischen Auslandsfunks weiterhin undurchsichtig blieben:

> „Man kennt beim italienischen Auslandsfunk weder die Einrichtung der bei uns gebräuchlichen Sendespiegel noch eine sorgfältige Registrierung des in den einzelnen Fremdsprachendiensten gesendeten Materials. Daher ist eine prompte Feststellung über die Behandlung eines bestimmten Themas unmöglich. Bei besonderen Anlässen [...] muß, um der Bitte unseres Rundfunk-Attachés zu entsprechen, ein Herr des Ministeriums eigens für mehrere Tage abgestellt werden, um die erforderlichen Nachforschungen anzustellen. Es ist daher erklärlich, wenn Vollzugsmeldungen über die Behandlung von uns gewünschter Themen im italienischen Rundfunk immer erst nach Ablauf mehrerer Tage erstattet werden können, zumal sie ganz von der Bereitwilligkeit unseres italienischen Partners abhängen."[43]

Interessant war der italienische Auslandsrundfunk für Rühle-Fecht aber, da Sendungen aus Rom „als dem Zentrum der katholischen Welt" in allen katholischen Ländern eine besondere Resonanz erfuhren und den Deutschen somit die Möglichkeit boten, dem vatikanischen Rundfunk entgegenzuarbeiten. Von dieser Plattform aus ließe sich manches schärfer sagen, als es im eigenen Rundfunk möglich sei.[44]

Wie hoch der Anteil der mikrofonfertigen deutschen Meldungen im italienischen Rundfunk letztlich zu veranschlagen ist, ist heute so schwer zu erfassen wie damals. Am 15. Oktober 1941 meldete Berlin, die Dinas würden wieder „gut laufen", am 12. Dezember hieß es, seit über zwei Wochen sei kaum eine Dina-Meldung vom Abhördienst gefunden worden.[45] Daß der Anteil der Dinas im italienischen Rundfunk alles in allem trotzdem erheblich gewesen sein muß und in guten Zeiten wahrscheinlich über 50 Prozent lag, läßt sich aus folgenden Überlegungen herleiten:
1. Es liegt zwar auf der Hand, daß dem Reichsaußenminister gegenüber die Erfolgsquote übertrieben wurde. Doch einen völligen Mißerfolg des Unternehmens hätte man ihm nicht verschweigen können. Die Zahlen im Rühle-Fecht-Papier sind daher sicherlich übertrieben hoch, doch besitzen sie einen wahren Kern.
2. Borries wurde vermutlich immer dann informiert, wenn der Dina-Dienst schlecht lief. Da sich im Jahre 1941 im vorhandenen Material aber nur zwei Beschwerde-

---

[42] PA/AA, RuPol, Verbindungsmann RAM, Bd. 2: Finnland–Türkei, R. 67483, n.p. – 11.6.1941, Rühle-Fecht an RAM.
[43] Ebd., S. 247520 – 8.8.1941, Aufzeichnung Rühle-Fecht.
[44] Ebd., n.p. – 11.6.1941.
[45] PA/AA, RuPol, Referat IV a: Italien, Bd. 3, R. 67547, S. 2 u. ebd., Bd. 4, R. 67548, S. 357.

wellen in den Monaten Januar und Juni[46] nachweisen lassen, ist anzunehmen, daß Rühle-Fecht in den Monaten, für die keine Beschwerden vorliegen, mit dem Verlauf des Nachrichtenaustauschs mehr oder weniger zufrieden war.

3. Die bereits zitierten Pressekonferenzen Pavolinis verweisen darauf, daß der deutsche Einfluß auf die italienische Medienlandschaft so gewaltig war, daß man im Ministerium nicht einmal wußte, wie man ihm begegnen sollte.

Hinzu kommt, daß die Dinas nicht nur vom italienischen Rundfunk, sondern auch von der italienischen Presse verwandt wurden. Nach einem Abkommen mit dem Berliner Büro der Stefani-Agentur[47] wurde diese nämlich jeden Abend mit Durchschlägen sämtlicher Dinas versorgt. Bereits Ende März 1941 stellte Rühle-Fecht begeistert fest, daß sich die deutschen Nachrichten teils wörtlich, teils abgewandelt sowohl im „Giornale d'Italia", dem „Popolo d'Italia" wie auch dem „Corriere della sera" wiederfinden ließen.[48] Zur Gründung eines Ausschnittsdienstes, der auf Anregung Rühle-Fechts die italienische Presse durchsuchen sollte, kam es zwar offensichtlich nicht,[49] doch auch im Dezember 1942 verfolgte der Leiter der Rundfunkabteilung noch, wie seine Nachrichten von der Stefani-Agentur weitergetragen wurden.[50]

c. Unterlegenheit und Unterordnung des italienischen Propagandaapparates

Der Grund, aus dem sich die italienische Presse – und vermutlich auch der Rundfunk – zusehends an die Nachrichten des DNB[51] hielt, geht aus einer Unterredung hervor,[52] die sich am 17. Mai an die Pressekonferenz Pavolinis anschloß. Hier entschuldigte sich der Direktor der Stefani damit, daß die deutschen Militärberichte

---

[46] Ebd., Bd. 1, R. 67545, S. 234 – 7.1.1941, S. 247 – 9.1.1941 u. S. 282 – 21.1.1941; ebd., Bd. 3, R. 67547, S. 417 – 4.6.1941, S. 411 – 5.6.1941, S. 379 – 10.6.1941, S. 366 – 13.6.1941; hinzu kommt für das Jahr 1941 noch eine Beschwerde im Dezember: ebd., Bd. 4, R. 67548, S. 357 – 12.12.1941.

[47] Ital. Nachrichtendienst; zur Geschichte der Stefani allgemein vgl.: Sergio Lepri/Francesco Arbitrio/Giuseppe Cultrera, L'agenzia Stefani da Cavour a Mussolini. Informazione e potere in un secolo di storia italiana, Florenz 2001; Romano Canosa, La voce del Duce. L'agenzia Stefani: l'arma segreta di Mussolini, Mailand 2002.

[48] PA/AA, RuPol, Referat IV a: Italien, Bd. 2, R. 67546, S. 232 – 21.3.1941, Rühle-Fecht an Borries.

[49] Ebd., Bd. 3, R. 67547, S. 233 – 14.7.1941 u. ebd., S. 183 – 29.7.1941, stets: Rühle-Fecht an Borries.

[50] PA/AA, RuPol, Handakte Rühle-Fecht, R. 67554, n.p. – 3.12.1942, Rühle-Fecht, Aktennotiz für Dr. Thimmler.

[51] Deutsches Nachrichtenbüro.

[52] ACS, Micup, Gab, b. 50, n.p. – 17.5.1941.

zumeist schlichtweg aktueller seien bzw. aus italienischer Hand oft nichts existiere.[53] Virginio Gayda, der Direktor des „Giornale d'Italia", fügte hinzu:

> „Während der Operationen in Libyen hatten die Deutschen z. B. ihre eigenen Korrespondenten und wir nicht, und als wir sie dann hatten, haben sie uns die Berichte gestoppt, welche die Deutschen hingegen im großen Maßstab publizierten."[54]

Sowohl der Direktor der Stefani als auch Gayda schlugen schließlich als Behelfslösung vor, deutsche Berichte fortan mit italienischer Quellenangabe zu zitieren: „Was aus Berlin kommt, geben wir raus als Rom", meinte Gayda.[55] Aber der Minister konnte sich wenig für diesen Vorschlag erwärmen. Er sei überzeugt, daß die italienische Presse den deutschen Nachrichten einfach mehr Aufmerksamkeit schenke als den italienischen, selbst wenn sie zeitgleich einträfen. Doch seiner Aufforderung, in Zukunft zunächst auf die italienischen Berichte zurückzugreifen oder zur Not selbst einen Kontakt herzustellen, wurde erwidert, dies dauere einfach zu lange.[56]

Unzufriedenheit mit der Langsamkeit und Ineffizienz des italienischen Propagandaapparates herrschte auch in der Aufsichtsbehörde des Rundfunks. Gabriele Paresce, Direktor der zweiten Division dieser Behörde, verfertigte im März 1941 ein Schreiben, in dem er alle notwendigen Verbesserungsmaßnahmen auflistete. Grundsätzlich,

---

[53] Über die Langsamkeit der italienischen Berichterstattung klagten auch die Deutschen (z. B.: Braun-Stumm an Botschaft Rom, PA/AA, Botschaft Rom – offen, 1424 a Pr 2 Nr. 1 – 17.2.1941, Goebbels zu Alfieri, ACS, Micup, Gab, b. 105, fasc.: Dino Alfieri – 9.3.1942). Auch die BBC merkte an, daß die Eiar Kriegsberichterstattung immer mit Verspätung kam (Maura Piccialuti Caprioli, Radio Londra 1940/1945. Inventario della trasmissioni per l'Italia, 2 Bde, Rom 1976, S. 79 – 3.2.1941).

[54] Giorgio Pini, italienischer Kriegsberichterstatter, berichtet hingegen in seinen Memoiren, daß er in Nordafrika mehr Restriktionen durch italienische als durch deutsche Militärs erfahren hat. Um die Front besichtigen zu dürfen, habe er sich an Rommel wenden müssen (Giorgio Pini, Filo diretto con Palazzo Venezia, Mailand 1967, S. 262 f. – 17.7.1941).

[55] Auch Mackensen empfahl im März, die deutschen Propagandaschriften in Italien so erscheinen zu lassen, daß die deutsche Herkunft äußerlich möglichst wenig in Erscheinung trat. Die Texte sollten nicht unter dem Namen der Verfasser herausgegeben werden, sondern unter italienisch klingenden Pseudonymen (PA/AA, Botschaft Rom – offen, 1414 a Kult 13/1, Deutsche Propaganda – Allgemeines, n.p. – 14.3.1941, Mackensen an AA).

[56] ACS, Micup, Gab, b. 50, n.p. – 17.5.1941. Daß Pavolini sich diesen Einwand zu Herzen nahm, geht aus einem Telegramm hervor, in dem er kurz darauf den Kommandanten Italo Gariboldi aufforderte, die in Nordafrika stationierten Korrespondenten zu größerer Eile anzutreiben; andernfalls sei man gezwungen, stets auf die schnelleren, ausführlicheren Berichte der Deutschen zurückzugreifen (ACS, Micup, Gab, b. 122, fasc.: Corrispondenze di guerra, n.p. – 20.6.1941). Der Präsident der Stefani wandte sich kurz nach der Unterredung an Mussolini und betonte in einem Memorandum, daß das Nachrichtenmaterial deutscher Herkunft in Zukunft durch italienische Meldungen ersetzt werden müsse. Aus diesem Grunde sei das Zusammenspiel zwischen Militär und Presse zu verbessern (ACS, Agenzia Stefani, Carte Morgagni, b. 68, Relazione Nr. 90 – 24.5.1941, Promemoria per il Duce, Manlio Morgagni).

hieß es in der Denkschrift, müsse man sich vor Augen halten, daß z. B. der deutsche Rundfunk im Jahr fünfmal soviel für Auslandspropaganda ausgebe wie der italienische. Am niedrigen Niveau des italienischen Auslandsfunks ändere sich nichts, wenn man nicht für einen kompletten Personalbestand sorge, mit fest angestellten Mitarbeitern. Es gelte daher, die besten Sprecher, Journalisten und Redakteure zu verpflichten, welche das Land zu bieten habe. Um auf das Level der deutschen, britischen und amerikanischen Ausstrahlungen in Reichweite und Anzahl zu kommen, müsse die technische Ausrüstung aufgestockt werden. Außerdem brauche man angemessene Räume, viele kompetente Hilfskräfte und Geräte wie Schreibmaschinen, Umdrucker etc.[57] Paresce schloß mit den Worten:

„Falls man wünscht, unsere Propaganda effektiv zu steigern, so daß sie sich dem annähert, was man in Deutschland oder England tut [...], wird man nicht umhinkommen, sowohl die Kosten als auch die Arbeit auf sich zu nehmen. Andernfalls, erlaube ich mir zu bemerken, müssen wir auch in Zukunft als Zielscheibe der heftigsten Kritiken herhalten und müssen diese, ohne zu klagen, akzeptieren."[58]

In diesem Zusammenhang ist es interessant zu wissen, daß der Berlin-Korrespondent der Stefani[59] im September 1940 über keinen eigenen Fernschreiber verfügte und trotz Anfrage auch keinen bekommen sollte. Die Anschaffung war der Agentur zu teuer. Der Journalist war daher gezwungen, mit Dr. Schmidt vom deutschen Außenministerium zusammenzuarbeiten.[60]

Trotz dieser Mißstände fielen Paresces Verbesserungsvorschläge nicht auf fruchtbaren Boden. Sein entschuldigendes Schreiben vom 29. April läßt vielmehr vermuten, daß sein Vorgesetzter die Schuld eher beim Überbringer der schlechten Nachrichten suchte als anderenorts.[61]

---

[57] Zur schlechten Ausrüstung vgl.: ACS, Micup, Gab, b. 119, fasc.: Corrispondenti di guerra, n.p. – 19.11. u. 22.11.1941, wo die Eiar über fehlende Aufnahmegeräte klagt, mit denen Berichte von der afrikanischen Front übersendet werden könnten. Alle Anfragen an Deutschland seien im Sande verlaufen.

[58] ACS, Micup, Gab, b. 328, fasc.: Gabriele Paresce, n.p. – 9.3.1941, Appunto per l'Eccellenza l'Ispettore per la Radiodiffusione e la Televisione, Giuseppe Pession: „Ove si desideri di incrementare effettivamente la nostra propaganda e fare qualcosa che si avvicini a quanto si fa in Germania o in Inghilterra [...], bisognerà affrontare sia la spesa, sia il lavoro. Altrimenti, mi permetto di osservare che dovremo continuare ad essere bersaglio delle più vivaci critiche e dovremo accettarle con rasseganzione".

[59] Roberto Suster.

[60] ACS, Carte Roberto Suster, b. 1, fasc.: Morgagni 1940–41, n.p. – 24.8., 27.8. u. 7.9.1940, Briefwechsel Suster – Morgagni. Suster hält u. a. fest, daß Schmidt sich sehr gewundert hat, als er von dem fehlenden Fernschreiber erfuhr.

[61] ACS, Micup, Gab, b. 328, fasc.: Gabriele Paresce, n.p. – 29.4.1941, Paresce an Pession.

Interessanterweise wurde bezüglich der Langsamkeit der italienischen Dienste auch von deutscher Seite aus sanfter Druck auf die Italiener ausgeübt. Denn gern hätte man in der Rundfunkabteilung italienische Meldungen verwendet. Es gab nur keine, bzw. wenn es welche gab, wurden sie zu spät übermittelt. Der deutsch-italienische Nachrichtenaustausch stand auf ungleichen Füßen. Denn während die italienischen Stellen seit September 1940 mit sendefertigen, d. h. übersetzten, Meldungen überflutet wurden, mußten sich die Deutschen entsprechende Berichte aus Rom erfragen und zunächst auch selbst übersetzen.[62] Im März 1941 war der italienische Dina-Dienst immer noch nicht in Betrieb. Offensichtlich setzte man sich im Volkskulturministerium erst im April, nachdem Borries das Ministerium wiederholt auf den deutschen Bedarf hingewiesen hatte,[63] ernsthaft mit der Frage auseinander.[64] Folge war, daß Rühle-Fecht am Ende des Monats erfreut mitteilen konnte, daß „die Dinatropfen aus Rom" nun etwas reichlicher fielen, wenn auch zum Teil immer noch auf italienisch.[65] Einen Monat später verzeichnete er einen deutlichen Anstieg der Lieferungen.[66]

Das von Pavolini bemerkte eigenartige Verhalten der Deutschland-Korrespondenten änderte sich auch in Zukunft nicht. Dies geht aus dem Protokoll der Pressekonferenz vom 10. Januar 1942 hervor.[67] Mehrere Male hatte Pavolini in diesen Tagen die Direktoren der verschiedenen Zeitungen angerufen: Sie sollten ihre Berliner Berichterstatter auffordern, nicht immer über das gesamte Weltpanorama zu berichten, sondern ausschließlich und allein über Deutschland! Die Korrespondenten dürften nicht die deutsche Propaganda abschreiben.

Ob in dieser Hinsicht von deutscher Seite Druck ausgeübt wurde, ist bisher nicht nachweisbar.[68] Zwar lag in der Presse- und Nachrichten-Abteilung des Auswärtigen Amtes schon im Februar 1940 ein 24-Punkte-Papier vor, in dem minutiös durchgegangen wurde, wie die Haltung eines Auslandsberichterstatters kontrolliert werden könne: Hierzu gehörten persönliche Betreuung der Korrespondenten, der Stammtisch im Deutschen Auslandsklub, Sonderkonferenzen, gemeinsame Besichtigungen

---

[62] PA/AA, RuPol, Referat IV a: Italien, Bd. 1, R. 67545, S. 322 – 28.1.1941; ebd., Bd. 2, R. 67546, S. 130 – 3.3.1941 u. ebd., S. 140 – 5.3.1941, stets: Rühle-Fecht an Borries.

[63] Ebd., Bd. 2, R. 67546, S. 176 – 13.3.1941, S. 217 – 18.3.1941, S. 266 – 29.3.1941 u. S. 288 – 7.4.1941, stets: Rühle-Fecht an Borries.

[64] Ebd., Bd. 5, R. 67549, S. 615 – 10.4.1941, Borries an Rühle-Fecht; vgl. ebd., Bd. 2, R. 67546, S. 310 – 12.4.1941, Rühle-Fecht an Borries.

[65] PA/AA, RuPol, Referat IV a: Italien, Bd. 2, R. 67546, S. 349 – 26.4.1941, Rühle-Fecht an Borries.

[66] Ebd., S. 388 – 15.5.1941, Rühle-Fecht an Borries.

[67] ACS, Micup, Gab, b. 50, n.p. – 10.1.1942.

[68] Alternativ könnte es sich um die Korrespondenten gehandelt haben, die vom Deutschen Reich ausgebildet worden waren. Schließlich war es doch ein deutsches Anliegen gewesen, sie nach und nach auszutauschen.

Unterlegenheit des italienischen Propagandaapparates 161

und eine Zensurstelle im Haupttelegrafenamt, damit Rückfragen ausländischer Zeitungen schon bearbeitet werden konnten, ehe sie gestellt wurden.[69] Doch waren dies lediglich suggestive Maßnahmen, denen sich ein Journalist auch entziehen konnte.[70]

Allenfalls die Vermutung Pavolinis vom August 1940 bietet einen konkreteren Anhaltspunkt, daß die Berlin-Korrespondenten von den staatlichen Stellen regelmäßig „Vergütungen für die Zusammenarbeit" kassierten.[71] Botschafter Alfieri, der mit der Überprüfung dieses Verdachts beauftragt war, mußte im Oktober bestätigen, daß es von seiten der Deutschen tatsächlich „die Tendenz zu übertriebenen Erleichterungen" gegenüber italienischen Journalisten gebe. Hinzu komme, daß freie Journalisten vom Außenministerium mit gut bezahlten Aufträgen versehen würden, etwa im Hörfunk oder der Propaganda. Alfieri empfahl daher, die Ausreise von Berichterstattern nach Deutschland besser zu kontrollieren. Das Gehalt eines Auslandskorrespondenten müsse so hoch sein, daß es seine Unabhängigkeit gewährleiste.[72] Im November 1940 traf das Volkskulturministerium die entsprechenden Maßnahmen.[73]

Während hier ein eindeutiger Beweis für eine deutsche Einflußnahme also fehlt, läßt sich aber interessanterweise aufzeigen, daß im Jahre 1941 von italienischer Seite aus Restriktionen ausgeübt wurden, und zwar kurioserweise aus Pavolinis Amt selbst. Nach einer Deutschlandreise im Herbst 1941 berichtete der Marchese Benedetto Capomazzo von Beschwerden italienischer Journalisten in Berlin, die ihrer Arbeit nicht mehr nachkommen könnten, weil sie „aufgrund der letzten Anweisungen" die deutsche Presse mehr oder weniger abschreiben müßten.[74] Der italienische Botschaf-

---

[69] PA/AA, Presseabteilung, Organisation der Presseabteilung 1939–1941, R. 123650 – 1.2.1940; zum Umgang mit ausländischen Korrespondenten in Deutschland vgl.: Peter Longerich, Propagandisten im Krieg. Die Presseabteilung des Auswärtigen Amtes unter Ribbentrop, München 1987, S. 279–298.

[70] Wie kam es aber, daß der Stefani-Korrespondent Gentili – nach einer fehlerhaften Stefani-Meldung über deutsche Erfolge in Malta – den Vertretern des Außenministeriums „zum Beweis seiner Unschuld sämtliches Material der Tage 18. und 19.2.[1941]" vorlegte (PA/AA, Botschaft Rom – offen, 1424 a Pr 2 Nr. 1 – 22.2.1941, Berger an Deutsche Botschaft, Rom)? Vielleicht sollte man dies nicht überbewerten, aber ähnliche Rechtfertigungen deutscher Journalisten gegenüber der italienischen Regierung sind mir im Laufe meiner Recherche nicht untergekommen. Im Gegenteil, als dem deutschen Korrespondenten Eberlein im Februar 1942 vom Volkskulturministerium verboten wurde, über deutsche Truppen, die bei Rom stationiert waren, zu berichten, wies er die italienischen Stellen auf eine Ausgabe des „Popolo di Roma" hin, in welcher längst darüber geschrieben worden war (ACS, Micup, Gab, b. 50, n.p. – 9.2.1942, Appunto per il Ministro).

[71] ACS, Micup, Gab, b. 52, fasc.: Giornalisti italiani, varie, n.p. – 31.8.1940, Pavolini an Alfieri.

[72] Ebd. – 6.10.1940, Alfieri an Pavolini.

[73] Ebd. – 2.11.1940, 3.11.1940 u. 12.11.1940.

[74] ASMAE, Micup, b. 314, fasc.: Stampa estera, n.p. – 8.10.1941 Capomazzo, Appunto per il Ministro: „Nel corso di conversazioni di carattere generale, alcuni giornalisti italiani mi hanno espresso la loro preoccupazione di poter continuare efficacemente i loro servizi dopo recenti istruzioni che sarebbero loro pervenute ed in base alle quali essi non potevano avanzare commenti, precisazioni e giudizi, ma dovevano riprendere fra virgolette la stampa tedesca."

ter in Berlin, Dino Alfieri, schrieb zeitgleich an Pavolini, daß übertriebene Einschränkungen dieser Art nicht nötig seien, ja selbst von den Deutschen abgelehnt würden.⁷⁵ In den Unterlagen der deutschen Botschaft finden sich die Weisungen Pavolinis zitiert, wortwörtlich heißt es da:

> „Die militärischen Korrespondenzen aus Berlin oder aus anderen alliierten und kriegführenden Ländern müssen sich auf die Wiedergabe jener Nachrichten beschränken, welche bereits in der dortigen Presse erschienen sind, wobei die Quelle zu zitieren und der Inhalt unter Anführungsstrichen zu setzen ist. Keine Erweiterungen, Betrachtungen, Deduktionen oder Vermutungen von seiten des Korrespondenten. Jeder Verstoß wird bestraft mit der sofortigen Zurückziehung des Korrespondenten und mit Verbot, ihn zu ersetzen."⁷⁶

Die Beschwerden der Korrespondenten waren also keinesfalls aus der Luft gegriffen. Schon wenige Monate zuvor hatte Pavolini die Kompetenzen der italienischen Kriegsberichterstatter beschnitten, indem er ihre Meldungen der deutschen Zensur unterordnete. Unmißverständlich legte die Weisung vom 8. April 1941 fest:

> „Die Berichte von den deutschen Fronten müssen einer präventiven Zensur der deutschen Militärbehörden unterstellt werden. Die Korrespondenten, die sich nicht diesen Weisungen unterwerfen oder Indiskretionen begehen, werden ohne weiteres abberufen. Die Photographien deutscher militärischer Operationen werden in Berlin mit einem Sichtvermerk versehen und können ohne die Genehmigung des Volkskulturministeriums von den italienischen Zeitungen veröffentlicht werden."⁷⁷

---

⁷⁵ ASMAE, Micup, b. 123, fasc.: Rapporti italo-tedeschi, n.p. – 9.10.1941, Alfieri an Micup: „In relazione alle istruzione di servizio inviate dalle direzioni dei giornali italiani ai loro corrispondenti di Berlino, mi risulta che stesse Autorità tedesche ritengono che disposizioni in parola siano eccessivamente restrittive e tolgano a nostri corrispondenti ogni possibilità di fare un servizio vivace e personale, cosa non desiderabile perché atta a diminuire interesse del lettore italiano per le corrispondenze dalla Germania."

⁷⁶ PA/AA, Botschaft Rom – offen, 1424 b Pr 2 Nr. 1, n.p. – 30.9.1941, Leithe-Jasper an Italpress – Berlin.

⁷⁷ ACS, Micup, Gab, b. 19, fasc. 235: Giornali italiani: Disposizioni varie, n.p. – 8.4.1941, Polverelli, Micup, an Alfieri: „I servizi dai fronti tedeschi dovranno essere sottoposti alla censura preventiva delle autorità militari germaniche. I corrispondenti che non si atterranno a tali disposizioni o che faranno delle indiscrezioni saranno senza altro richiamati. Le fotografie sulle operazioni militari tedesche saranno vistate a Berlino e potranno quindi essere pubblicate dai giornali italiani senza il nulla osta del Ministero della Cultura Popolare".

Die Zensur der italienischen Kriegsberichterstatter an deutscher Front wurde im Jahre 1941 definitiv dem deutschen Kommando untergeordnet.[78] Bereits im Jahr zuvor hatten italienische Korrespondenten, welche über den gemeinsamen Englandeinsatz der deutschen und italienischen Flieger berichteten, ihre Meldungen dem Zensuroffizier des Luftgaukommandos zur Durchsicht vorgelegt. Doch hatte man sich in diesem Fall offensichtlich vor Ort auf dieses Verfahren geeinigt, eine klare Order wie das Schreiben vom April 1941 lag nicht vor.[79] Auf die freiwillige Unterstellung unter die deutsche Zensur folgte im September die Degradierung der Korrespondenten zu Kopisten der deutschen Presse. Die Tragweite dieser Maßnahmen wird besonders deutlich, wenn man sich vor Augen führt, daß in den Archiven bislang keinerlei Hinweise gefunden wurden, die auf ähnliche Maßnahmen gegen deutsche Journalisten in Italien oder auf italienischen Kriegsschauplätzen schließen lassen. Die Beschwichtigung Pavolinis, daß sich seine Weisungen nur auf die Militärberichterstattung bezögen und nicht auf den Rest,[80] war in Kriegszeiten sicher ein schwacher Trost.

Inwiefern sich Pavolini in seinen Entscheidungen von deutscher Seite beeinflussen ließ, läßt sich nur vermuten. Ein Blick in die Unterredung mit Fürst Urach im Juni 1940 rückt ihn in ein schlechtes Licht, da er sich – wie das Protokoll verdeutlicht – gegenüber dem Deutschen rein passiv verhielt, die vorgetragenen Vorschläge lediglich registrierte und sich allenfalls zu Rechtfertigungen bereitfand. Der Leiter des Referats Italien notierte daher schon damals, daß „die Initiative [zur Vertiefung der Kooperation] in erster Linie der deutschen Seite überlassen" werde.[81] Aufzeichnungen Goebbels' zufolge zeigte sich Pavolini offen für deutsche Kritik. So notierte Goebbels im Juni 1941 anläßlich eines Berlin-Besuchs des Ministers:

„Unterredung mit Pavolini. Über unsere Arbeitsgebiete. Ich mache ihm sehr deutliche Ausstellungen an der italienischen Pressepolitik. Er sieht die bisher gemach-

---

[78] Vgl.: Paolo Murialdi, La stampa quotidiana del regime fascista, in: Nicolo Tranfaglia/Paolo Murialdi/Massimo Legnani (Hg.), La stampa italiana nell'età fascista, Rom/Bari 1980, S. 235; bzgl. der Ostfront ist belegt, daß die Presseabteilung des AA verlangte, daß Auslandsjournalisten sämtliche Berichte vorlegten (PA/AA, Handakte Schmidt, Aufzeichnungen für RAM, R. 27877, S. 142–144 – 15.7.1941, Schmidt: Notiz für RAM).

[79] ACS, Micup, Gab, b. 122, fasc.: Corrispondenze di guerra, n.p. – 14.10.1940, Comando Uff. Stampa e Propaganda an Luciano. Die Tatsache, daß das Volkskulturministerium aus Brüssel über die Maßnahme informiert wird, läßt darauf schließen, daß keine Weisung vorlag (vgl.: PA/AA, Handakten Luther, R. 27625, S. 109–111 – 4.11.1940, Notiz für Herrn Gesandten Luther; BArch, R 901/58160, S. 43 – 21.12.1940, Dienststelle AA, Brüssel, an AA u. RAM).

[80] ASMAE, Micup, b. 314, fasc.: Stampa estera, n.p. – 10.10.1941.

[81] BArch, R 901/60498, S. 87–91 – 24.6.1940, Aufzeichnung Urach.

ten Fehler ein, besonders die der Leichtfertigkeit in der Handhabung militärischer Geheimnisse."[82]

Der Reichspropagandaminister bewertete die italienische Presse in den Ministerkonferenzen wie in seinen Aufzeichnungen ohnehin als unseriös. Im Mai 1941 klagte er, daß man die Zitierung derselben leider nicht gänzlich einstellen könne. Man solle aber den Umfang begrenzen.[83] Laut zahlreicher SD-Berichte wurden nämlich alle aus Italien stammenden Nachrichten von der Bevölkerung inzwischen sehr skeptisch aufgenommen.[84] Schon unmittelbar nach Kriegseintritt hatten die Wehrmachtsberichte der Italiener den Unwillen der deutschen Bevölkerung hervorgerufen. „Zu viel Wesens" machten die Italiener um ihre Feldzüge, zu viele „unwichtige Dinge" würden erwähnt, „große Worte" beschrieben „kleine Erfolge".[85] Bereits im Januar 1941 sprach man im Volksmund daher von den „Spaghetti-Berichten" – sie seien lang und dünn.[86] Diese Kritik schlug zur Jahreswende in Verärgerung und blanken Unglauben um.[87] Selbst den deutschen Berichten über italienische Kriegsschauplätze mißtraute die Bevölkerung mittlerweile, sie wurden als Propagandamaßnahmen durchschaut und vermochten allenfalls, ein „verstehendes Lächeln" zu erwecken.[88]

Der Besuch Pavolinis, der auf Einladung Goebbels' erfolgte, hatte übrigens Konsequenzen im Machtkampf, der zwischen dem Außenministerium und dem Propagandaministerium hinsichtlich der Kompetenzen um die Auslandspropaganda tobte.[89] Pavolinis Visite führte zu einem ausufernden Brief Ribbentrops, in welchem

---

[82] Goebbels-Tagebücher, 9, I, S. 394 f. – 22.6.1941.

[83] Willi A. Boelcke, Kriegspropaganda 1939–1941. Geheime Ministerkonferenzen im Reichspropagandaministerium, Stuttgart 1966, S. 715 – 1.5.1941; Goebbels-Tagebücher, 9, I, S. 385 – 18.6.1941; außerdem: ebd., S. 218 – 2.4.1941.

[84] Vgl.: Boelcke, Kriegspropaganda, S. 715.

[85] Meldungen aus dem Reich, V, S. 1355 – 8.7.1940, S. 1491 f. – 22.8.1940 u. S. 1728 – 4.11.1940; vgl. auch: ebd., IV, S. 1262 – 17.6.1940 u. ebd., V, S. 1433 – 1.8.1940 u. S. 1550 – 9.9.1940.

[86] Meldungen aus dem Reich, VI, S. 1938. Italienische Berichte, die auf den üblichen Wortreichtum verzichteten, fanden bei der deutschen Bevölkerung automatisch mehr Anklang (vgl.: Meldungen aus dem Reich, VIII, S. 2826 – 2.10.1941). Aus den Unterlagen der Rundfunkabteilung geht hervor, daß die Übersetzer aufgefordert wurden, bei der Übersetzung italienischer Meldungen „die blumenreiche Ausschmückung der italienischen Sprache fortzulassen und das wesentliche knapp und klar zum Ausdruck zu bringen. Der Übersetzer sollte sich immer vorstellen, daß seine Ausarbeit einem dt. Hörer- oder Leserpublikum vorgelegt werden kann" (PA/AA, RuPol, Referat IV a: Italien, Bd. 2, R. 67546, S. 245 – 24.3.1941, Vom Bruch an Borries).

[87] Vgl.: Kap. 7 c.

[88] Meldungen aus dem Reich, VI, S. 1887 f. – 9.1.1941; außerdem: ebd., S. 1860 – 12.12.1940, S. 1906 – 16.1.1941, S. 1916 – 20.1.1941, S. 1955 – 30.1.1941 u. S. 2195 – 10.4.1941.

[89] Vgl. dazu: Longerich, Propagandisten, S. 126–148; Moll, Europa, S. 146–157 u. Boelcke, Macht, S. 84–110.

dieser dem deutschen Botschafter und damit der italienischen Regierung die Kompetenzenverteilung in Deutschland erneut Punkt für Punkt erklärte.[90] Roberto Farinacci, der Deutschland als nächster hoher Repräsentant Italiens im September besuchen wollte, erkundigte sich daraufhin gründlich, bei wem er wann und wo vorstellig werden müsse, um letzten Endes Goebbels zu treffen.[91]

Fragen der Auslandspropaganda lagen eben laut Ribbentrop allein in seinem Zuständigkeitsbereich:

„Auf den Gebieten der Presse, des Rundfunks und der sonstigen politischen Außenpropaganda arbeitet das Auswärtige Amt im In- und Ausland mit seinen eigenen Einrichtungen. Auf dem Gebiet des Films, des Theaters, der Musik sowie sonstiger kultureller Veranstaltungen erfolge dagegen die Gestaltung der Propaganda durch das Reichspropagandaministerium nach den Direktiven des Auswärtigen Amtes."[92]

Dies hatte der italienische Botschafter auch im September 1939 ausdrücklich anerkannt und sich bereit erklärt, künftig nur mit der Presseabteilung des Außenministeriums zu verhandeln.[93] Doch Goebbels und sein Ministerium mischten sich weiterhin in die Auslandspropaganda ein und ignorierten den Führerbefehl[94] vom 8. September 1939, den Ribbentrop bei jeder Gelegenheit zückte, geflissentlich.[95] Nach dem Besuch Pavolinis hielt es der Außenminister daher für notwendig, die Kompetenzenverteilung erneut zu klären.

Auf italienischer Seite hingegen lag die Zuständigkeit eindeutig beim Volkskulturministerium. Zwar hoffte man im deutschen Außenministerium anfangs, Cianos Interesse für die Pressearbeit zu gewinnen.[96] Doch offensichtlich ließ Ciano dem Minister für Volkskultur im wesentlichen freie Hand.

---

[90] PA/AA, Botschaft Rom – Geheimakten, 114/139, n.p. – 16.7.1941.
[91] Ebd. – 8.8., 11.8., 8.9. und 9.9.1941; außerdem: PA/AA, Presse-Abteilung, Schriftwechsel innerhalb des AA, R. 123698, n.p. – 9.9.1941.
[92] PA/AA, Botschaft Rom – Geheimakten, 114/139, n.p. – 16.7.1941, RAM an Mackensen.
[93] Moll, Europa, S. 87.
[94] Abgedruckt in: „Führer-Erlasse" 1939–1945. Edition sämtlicher überlieferter, nicht im Reichsgesetzblatt abgedruckter, von Hitler während des Zweiten Weltkrieges schriftlich erteilter Direktiven aus den Bereichen Staat, Partei, Wirtschaft, Besetzungspolitik und Militärverwaltung, zusammengestellt u. eingeleitet v. Martin Moll, Stuttgart 1997, S. 91 f.; vgl.: Moll, Europa, S. 85–89.
[95] Zum Ärger der Presseabteilung des Außenministeriums bzgl. Einmischungen und Indiskretionen in die Propaganda in Italien vgl.: PA/AA, Botschaft Rom – offen, 1424 a Pr 2 Nr. 1 – 24.2.1941; ebd., 1424 b Pr 2 Nr. 1 – 25.4. und 14.5.1941; PA/AA, RuPol, Referat B, Allg. Propaganda, Verbindungsstelle des AA zur Reichsrundfunkgesellschaft, Bd. 2: Berichte 1940–1941, R. 67486 – 7.6.1941; bzw. umgekehrt: Goebbels über Ribbentrop nach Pavolini-Besuch: Goebbels-Tagebücher, 9, I, S. 394 f. – 22.6.1941 u. S. 397 f. – 23.6.1941.
[96] PA/AA, Handakte Schmidt, Aufzeichnungen für RAM, R. 27876, S. 168 f. – 18.7.1941, Aufzeichnung Urach.

d. Grenzen des deutschen Einflusses und „Disziplinlosigkeit" der italienischen Medien

In der Militärberichterstattung zeigen sich die Grenzen des deutschen Einflusses auf die italienische Medienlandschaft am deutlichsten. Denn sicherlich ist es möglich, den Presse- oder Rundfunkberichten eines Staates, der im vollen Besitz seiner Souveränität ist, durch ausgiebigen Nachrichtenzuschuß eine gewisse Richtung zu geben. Schwieriger ist es aber, solche Medien zu bremsen, d. h., sie von der Veröffentlichung bestimmten Materials abzuhalten.

Sogenannte Sprachregelungen sollten die Berichterstattung beider Länder auf eine Linie bringen. Selbstverständlich basierte dies formal auf Gegenseitigkeit; um einen *Austausch* von Sprachregelungen sollte es sich handeln. Fürst Urach wies Pavolini am 24. Juni 1940 in einem persönlichen Gespräch ausdrücklich darauf hin. Die Presseabteilung bitte um Sprachregelungen für die deutsche Presse, man sei auf italienischer Seite recht zurückhaltend und äußere selten eigene Wünsche, meinte der Leiter des Italienreferats. Erst auf Urachs Drängen gab der italienische Minister Weisung, die pressepolitischen Richtlinien fortan direkt an die deutsche Botschaft durchzugeben.[97] Fürst Urach drängte weiter, doch die italienischen Sprachregelungen gingen bei den deutschen Stellen zunächst nur unpünktlich und unzuverlässig ein.[98]

Parallel zum Erlaß von Sprachregelungen tat sich nun die Möglichkeit des Regelverstoßes und der Ermahnung auf. Hinweise auf etwaige Verstöße sind für das Jahr 1940 noch knapp gesät, sowohl die Deutschen als auch die Italiener hielten sich im ersten Halbjahr der Kooperation offenbar mit Mahnungen zurück. Nennenswert sind allenfalls die wenigen italienischen Verweise der Monate Oktober, November und Dezember,[99] da sich italienischer Tadel in den Dokumenten danach kaum mehr nachweisen läßt.[100] Die Zahl der Verstöße, welche die Deutschen ab dem Jahre 1941 anmahnten, ist hingegen hoch und steigt zur Jahresmitte an.[101] Wie schon der

---

[97] BArch, R 901/60498, S. 87–91 – 24.6.1940, Aufzeichnung Urach.

[98] PA/AA, Handakte Schmidt, Aufzeichnung für RAM, R. 27876, S. 168 f. – 18.7.1940, Aufzeichnung Urach.

[99] PA/AA, Botschaft Rom – offen, 1424 a Pr 2 Nr. 1, n.p. – 2.10.1940, Aufzeichnung Leithe-Jasper; ebd. – 4.11.1940, Leithe-Jasper an Italpress u. ebd. – 5.12.1940, Luciano an Mollier; PA/AA, RuPol, Referat IV a: Italien, Bd. 1, R. 67545, S. 172 – 30.11.1940, Vom Bruch an Borries.

[100] Offensichtlich wurden sie in den gleichen Aktenbeständen gesammelt (wie die genannten Fälle zeigen), müßten darin also auch häufiger vertreten sein.

[101] Allein für die fünf Monate April bis August habe ich in den vorliegenden Dokumenten 21 deutsche Mahnungen gezählt, wobei ich Wiederholungen ausließ (PA/AA, Botschaft Rom – offen, 1424 b Pr 2 Nr. 1 – 25.4., 29.4., 2.5., 13.5., 14.5., 16.5., 26.6., 4.7., 26.7.1941, PA/AA, RuPol, Referat IV a: Italien, Bd. 2, R. 67546 – 9.4., 12.4., 8.5.1941, ebd., Bd. 3, R. 67547 – 6.6., 11.6., 1.7., 7.7., 16.7., 7.8., 21.8.1941 u. PA/AA, Presse-Abteilung, Schriftwechsel innerhalb des AA, R. 123698, n.p. – 25.6., 25.7.1941).

Abschnitt bezüglich der Dina-Kontrolle zeigt, überprüfte man deutscherseits sehr gründlich, was der Koalitionspartner in Presse und Rundfunk publizierte.

Am 4. Januar wandte sich Dr. Schmidt von der Presseabteilung des Auswärtigen Amtes erstmals sehr deutlich an die italienische Botschaft und bat, darauf hinzuwirken, daß die „immer wiederkehrenden Verstöße doch nun endlich einmal aufhörten".[102] Auch im Rundfunk häuften sich seit Dezember 1940 die Beschwerden, die nun immer regelmäßiger bei Rundfunk-Attaché von Borries eintrafen.[103] Daß der deutsche Protest dabei gewöhnlich sehr heftig ausfiel, vermerkt Dr. Hans Mollier, der deutsche Verbindungsmann für Pressearbeit, in einem Schreiben vom 22. April 1941. Ausnahmsweise sah sich die deutsche Presseabteilung an diesem Tag der italienischen Kritik ausgesetzt, nachdem von Berlin aus Indiskretionen über den Verlauf der Wiener Konferenz in Umlauf geraten waren. Dies war angesichts der ständigen Ermahnungen der Italiener äußerst peinlich, wie Mollier fand. Er machte sich Sorgen, daß „bei den italienischen amtlichen Stellen das Gefühl aufkommen [könne], als ob sie von uns scharf am Gängelband geführt würden, während wir uns selbst souverän über die Abmachungen hinwegsetzten".[104] Die deutschen Mahnungen wurden nämlich immer deutlicher, direkter und auch schärfer vorgetragen.

Anfang März beschloß Dr. Schmidt, selbst nach Rom zu fahren, um mit Rocco, dem Leiter der italienischen Presseabteilung, und Filippo Anfuso, dem Sekretär Cianos, über die „groben Verstöße" und die „italienische Desorganisation" zu sprechen.[105] Erst kurz zuvor hatte sich Baron Braun von Stumm, Stellvertreter Schmidts, auf der italienischen Pressekonferenz öffentlich beschwert.[106] Und parallel ergriff am 15. März auch der Chef des OKW, Wilhelm Keitel, das Wort und richtete sich persönlich an das italienische Oberkommando, um auf die Unannehmlichkeiten hinzuweisen, die durch die Veröffentlichung von Militärgeheimnissen entstünden. Mehrere Beispiele aus der italienischen Presse führte er auf, in denen vorzeitig über den

---

[102] PA/AA, Botschaft Rom – offen, 1424 a Pr 2 Nr. 1, n.p. – 4.1.1941, Schmidt an Italpress Rom.

[103] Z. B.: PA/AA, RuPol, Referat IV a: Italien, Bd. 1, R. 67545, S. 214 – 19.12.1940, S. 236 – 7.1.1941, S. 236 – 11.1.1941, S. 264 – 15.1.1941, immer: Rühle-Fecht an Borries.

[104] PA/AA, Botschaft Rom – offen, 1424 b Pr 2 Nr. 1, n.p. – 22.4.1941. Der Protest der Italiener wurde vom Italpress-Büro in Berlin zurückgewiesen. Die Indiskretionen wurden auf die Korrespondenten vor Ort geschoben. Sie seien nicht zu vergleichen mit der Disziplinlosigkeit der italienischen Presse (ebd. – 25.4.1941, Berger an Mollier).

[105] PA/AA, Handakte Schmidt, Aufzeichnungen für RAM, R. 27876, S. 354 f. – 5.3.1941, Schmidt an Raykowski – zur Vorlage bei RAM. Aus dem Referat Pressezensur erreichte ihn zeitgleich die Anfrage eines Mitarbeiters, der eine eingehende Untersuchung der italienischen Verhältnisse für notwendig hielt. Es sei der Eindruck entstanden, daß „die italienischen Zensurverhältnisse wenig durchdacht und nicht glücklich geregelt" seien (BArch, R 901/58160, S. 7–10 – 6.3.1941, GenKsl. Reinhardt an Abteilungsleiter Presse).

[106] ACS, Micup, Gab, b. 144, fasc.: Tutela del segreto militare, Dok. Nr. 9c u. 13 c – 5.3.1941, Cosmelli an MAE. Die italienische Botschaft bat daraufhin das Volkskulturministerium (und das ital. Außenministerium) um mehr Zurückhaltung in der Nachrichtenpolitik.

Aufmarsch deutscher Truppen in Tripolis, den Einmarsch deutscher Soldaten in Bulgarien oder fälschlicherweise über eine Landung britischer Truppen auf Saloniki berichtet wurde. Auf den Vorstoß Keitels reagierte man an höchster Stelle: Der „Duce" verfügte, daß in Zukunft eine präventive Kontrolle eingeführt werden müsse, um die Verbreitung von Nachrichten militärischer Tragweite fortan zu unterbinden.[107] Das Ministerium forderte daraufhin Offiziere des *Comando Supremo* an.[108] Gleichzeitig rief man die Direktoren und Redakteure der Zeitungen zur Ordnung und bat, Militärgeheimnisse künftig mit größerer Vorsicht zu behandeln.[109] Neben den nationalen Interessen gebiete dies die Verpflichtung gegenüber dem Bundesgenossen.[110] Zwei Ausgaben der „Stampa" und des „Popolo d'Italia" wurden – möglicherweise um Präzedenzfälle zu schaffen – beschlagnahmt.[111]

Trotzdem nahmen die italienischen Verstöße gegen die Sprachregelung nicht ab. Im Gegenteil, mit der Ausweitung der militärischen Zusammenarbeit, d. h. des gemeinsamen Kriegsschauplatzes, stieg nun erst recht die Möglichkeit, Meldungen zu senden, welche dem deutschen Bündnispartner unangenehm waren. Denn gerade die Veröffentlichung von Militärgeheimnissen machte den deutschen Stellen schwer zu schaffen. Unter keinen Umständen dürfe man militärische Zahlenangaben verbreiten, selbst wenn sie widerlegt oder glossiert würden, mahnte Rühle-Fecht Ende März den italienischen Rundfunk,[112] um bereits am 9. April wieder festzustellen, daß vom Sender Bari exakte Zahlenangaben zu deutschen U-Booten und Fallschirmjägern im Kampf gegen England verbreitet wurden. Borries mußte umgehend beim Leiter des italienischen Rundfunks vorstellig werden.[113] Doch auch politische Meldungen, wie etwa eine Veröffentlichung zum Englandflug Rudolf Heß', führten dazu, daß die deutschen Vertreter in Rom persönlich bei Pavolini vorsprachen und die Beschlagnahmung der entsprechenden Zeitung erwirkten.[114]

---

[107] ACS, Micup, Gab, b. 144, fasc.: Tutela del segreto militare, Dok. Nr. 74 – 27.3.1941, Guzzoni an Polverelli.

[108] Ebd., Dok. Nr. 71–72 – 29.3.1941, Appunto per il Duce, Micup (Verfasser nicht genannt).

[109] Z. B. wurde explizit darauf hingewiesen, daß man vom Rang eines in der Presse genannten Kommandeurs leicht auf die Größe eines Trupps schließen könne.

[110] ASMAE, Micup, b. 346, n.p. – 29.3.1941, Disposizioni telefoniche date ai giornali.

[111] ACS, Micup, Gab, b. 144, fasc.: Tutela del segreto militare, n.p. – 30.3.1941; vgl.: ebd., Nr. 8c – o.d., Polverelli an Alfieri.

[112] PA/AA, RuPol, Referat IV a: Italien, Bd. 2, R. 67546, S. 221 – 19.3.1941, Rühle-Fecht an Borries.

[113] Ebd., S. 295 – 9.4.1941, Rühle-Fecht an Borries. „Ziemlich aufgebracht" sei man im Berliner Außen-ministerium über die ständigen Verstöße, schrieb Rühle-Fecht kurz darauf (ebd., S. 311 – 12.4.1941).

[114] PA/AA, Botschaft Rom – offen, 1424 b Pr 2 Nr. 1, n.p. – 13.5.1941, Mollier an Italpress Berlin. Auch die sich wiederholenden Polemiken gegen Roosevelt und die USA waren den deutschen Stellen vollkommen unverständlich, da sie doch nur dazu dienen konnten, den amerikanischen Kriegsein-

Goebbels rügte Pavolini bei seinem Berlin-Besuch am 22. Juni 1941 wegen der leichtfertigen Handhabung militärischer Geheimnisse. Doch obwohl sich der Minister laut Goebbels einsichtig zeigte,[115] vermehrten sich die Verstöße mit Beginn des Rußlandfeldzuges rapide. Presse und Rundfunk Italiens verbreiteten detaillierte Meldungen über die militärischen Vorgänge an der russischen Front.[116] Im Zuge der zahlreichen Beschwerden überlegte man daraufhin in Rom, den Stefani-Korrespondenten in Bukarest der deutsch-rumänischen Zensur vor Ort zu unterstellen.[117] Doch trotz solcher Anzeichen guten Willens wurden weiterhin nicht-autorisierte Meldungen vom russischen Kriegsschauplatz veröffentlicht. Am 30. September teilte Reichspressechef Dietrich dem italienischen Botschafter schließlich mit, Hitler persönlich wünsche, daß die italienische Presse keine deutschen Truppen mehr nenne, die nicht ausdrücklich in den deutschen Heeresberichten erwähnt seien.[118] Wenige Monate darauf wurde auch Außenminister Ciano auf einen militärpolitischen Artikel hingewiesen, der dem „Führer" unangenehm aufgefallen war.[119] Die Durchlässigkeit der italienischen Presse erregte das Mißfallen der obersten deutschen Führung, und diese ließ es sich nicht nehmen, persönlich auf die Gegenseite einzuwirken.

Was die fehlende Disziplin der italienischen Journalisten anbetrifft, so finden sich auch italienintern, d. h. unabhängig von der deutsch-italienischen Kooperation, Klagen und Kritik. So hielt etwa Oberst Cesare Amè vom Kriegsministerium im Januar 1941 fest, daß die italienische Presse Meldungen veröffentliche, die dem Feind Rückschlüsse auf das italienische Kriegspotential erlaubten. Es sei bekannt, daß die ausländischen Konsulate diese Meldungen aus militärischem Interesse sammelten. Die Weisungen des Volkskulturministeriums würden von der Presse nicht gewissenhaft umgesetzt.[120] Im Februar mahnte der „Duce" höchstpersönlich zu absoluter Ver-

---

tritt heraufzubeschwören (ebd. – 14.5.1941, Braun-Stumm an Italpress Rom; PA/AA, RuPol, Referat IV a: Italien, Bd. 3, R. 67547, S. 376 – 11.6.1941, Goltdammer an Borries).

[115] Goebbels-Tagebücher, 9, I, S. 394 f.

[116] Vgl.: PA/AA, Presse-Abteilung, Schriftwechsel innerhalb des AA, R. 123698, n.p. – 25.6.1941, Killinger, Bukarest, an AA u. ebd. – 25.7.1941, Killinger an AA; PA/AA, Botschaft Rom – offen, 1424 b Pr 2 Nr. 1, n.p. – 26.6.1941, Urach an Italpress u. 4.7.1941, AA an Italpress Rom; PA/AA, RuPol, Referat IV a: Italien, Bd. 3, R. 67547, S. 299 – 1.7.1941, Rühle-Fecht an Gasbarra, ebd., S. 273 – 7.7.1941, Rühle-Fecht an Borries u. ebd., S. 224 – 16.7.1941, Rühle-Fecht an Borries.

[117] ACS, Micup, Gab, b. 122, fasc.: Corrispondenze di guerra, n.p. – 28.7.1941, Appunto per il Gabinetto del Ministro.

[118] Ebd., b. 19, fasc. 235: Giornali italiani: Disposizioni varie, n.p. – 30.9.1941, Alfieri an Micup.

[119] ADAP, E, I, Dok. 213, S. 385 – 6.2.1942, RAM an Botschaft Rom.

[120] ACS, Micup, Gab, b. 144, fasc.: Tutela del segreto militare, Dok. Nr. 59 – 14.1.1941, Amè an Unterstaatssekretär. So sei etwa zum Dreikönigsfest mancherorts die Menge an Geschenken erwähnt worden, welche die Truppen der einzelnen Garnisonen erhielten, bzw. Photos von italienischen Staudämmen und Elektrizitätswerken im Militärbereich erschienen.

schwiegenheit in Militärfragen.[121] Doch Mitte Mai notierte man im Ministerium, daß die Presse weiterhin nicht-autorisierte Meldungen verbreite. Dies betraf immer die Militärberichterstattung. An sich gab es klare Weisung, sich ausschließlich an die Bulletins der Streitkräfte oder die Meldungen der Stefani zu halten[122] bzw. Kriegsberichte dem Ministerium vor der Veröffentlichung vorzulegen.[123] Überschreitungen konnten mit der Beschlagnahmung der jeweiligen Zeitung sanktioniert werden.[124] Diese Disziplinarmaßnahmen schlugen jedoch nicht an, so daß sich im Herbst 1941 plötzlich die Beschwerden häuften.

Giuseppe Valentini, Presse-Attaché in Buenos Aires, forderte das Ministerium z. B. auf, die italienische Presse schärfer zu kontrollieren, da sie mit ihren unvorsichtigen Äußerungen der Feindpropaganda Material in die Hände spiele.[125] Am 20. September sandte Carlo Favagrossa, Unterstaatssekretär der Kriegsindustrie, Pavolini ein Schreiben, in welchem er Artikel und Zeitungen auflistete, die Daten zur italienischen Rüstungsindustrie und zur Rohstofflage veröffentlicht hatten. Aus zwei Gründen erschien Favagrossa die Verbreitung von Meldungen dieser Art absolut unangemessen: Zum einen gefährdeten sie das Militärgeheimnis[126] (vor allem wenn die Meldung einen wahren Kern enthielt), zum andern erweckten fehlerhafte Daten[127] einen falschen Eindruck hinsichtlich der italienischen Materiallage. Dies konnte gerade in Verhandlungen mit Deutschland zu einem Problem ausarten, wie

---

[121] ACS, PCM 1940/41, G 9/6, Nr. 8549 – 19.2.1941, Commissione Suprema di Difesa an Micup u. a.

[122] ACS, Micup, Gab, b. 19, fasc. 235: Giornali italiani: Disposizioni varie – 15.5.1941, ohne Adressat oder Absender. Namen von Kommandanten oder vor allem Orte, an denen italienische Truppen stationiert waren, durften z. B. nicht publiziert werden (ebd. – 22.9.1941).

[123] ACS, Micup, Gab, b. 52, fasc.: Comunicazioni – Ministero della Cultura popolare: Ordini alla stampa, n.p. – 4.12.1940; PA/AA, Botschaft Rom – offen, 1424 b Pr 2 Nr. 1, n.p. – 30.9.1941, Leithe-Jasper an Italpress Berlin.

[124] Z. B.: ACS, Micup, Gab, b. 19, fasc. 235: Giornali italiani: Disposizioni varie, n.p. – 23.8.1941 und 17.4.1942; ebd., b. 144, fasc.: Tutela del segreto militare – 30.3.1941; PA/AA, Botschaft Rom – offen, 1424 b Pr 2 Nr. 1, n.p. – 13.5.1941; ASMAE, Micup, b. 346 – 29.3.1941.

[125] ACS, Micup, Gab, b. 19, fasc. 235: Giornali italiani: Disposizioni varie, n.p. – 27.9.1941. Ausdrücklich spielte Valentini auf die Disziplin der dt. Presse an: „Al riguardo si ha l'onore di far presente che dalla stampa tedesca non filtra assolutamente e mai nessuna notizia che possa, sia pur lontanamente, dare qualche opportunità ai nemici."

[126] „L'Unione Sarda" gab etwa am 8. August präzise an, wo auf Sardinien Molybdän produziert wurde.

[127] Z. B.: „L'Unione Sarda" berichtete am 2. Juni 1941 über die Kupferproduktion auf Sardinien und meldete, daß diese auf 7000 t angestiegen sei statt wie in Wirklichkeit auf 700 t. „Il Monitore Tecnico" teilte im August mit, daß im Jahre 1941 in Italien etwa 2000 t Zinn produziert werden würden. Favagrossa korrigiert dies auf 129 t. „Il Bollettino Economico Stefani" meldete am 24. August 1941, daß Italien im Jahr 800 t Nickel und Kobalt herstellen könne. Dem Unterstaatssekretär zufolge waren im Jahre 1940 aber lediglich 100 t Nickel produziert worden, die Menge an Kobalt war verschwindend gering.

Favagrossa bemerkte.[128] Schon im Februar 1941 hatte der Unterstaatssekretär sich an das Ministerium gewandt, damit Artikel dieser Art nicht ohne seine Zustimmung erscheinen durften.[129] Dies war in den darauffolgenden Presseanweisungen auch festgelegt worden.[130] Doch offensichtlich war die Order im Laufe des Jahres wieder in Vergessenheit geraten, wie wohl auch die anderen Einschränkungen bezüglich der Kriegsberichterstattung. So heißt es im Oktober 1941 in einer internen Notiz für Pavolini:

„Viele Zeitungen folgen noch nicht der Weisung, welche die Kriegsberichterstattung regeln soll. Allein gestern mußte diese Generaldirektion alle führenden Tageszeitungen streng tadeln für die begangenen schweren Verstöße."[131]

Es handelte sich also nicht um Kapriolen des einen oder anderen Blattes, sondern betraf die Presselandschaft in ihrer ganzen Breite.[132] Aus diesem Grunde empfahl der Mitarbeiter aus der Presseabteilung, unbedingt mit scharfen Sanktionen zu antworten: Wenn man die häufigen und auch rechtmäßigen Proteste der deutschen und italienischen Militärs in Zukunft verhindern wolle, sei dies eine Notwendigkeit.[133]

Zeitgleich erreichte Pavolini ein Bericht des SIM,[134] in welchem mitgeteilt wurde, daß die Presseanweisungen seines Ministeriums sowohl den ausländischen Journalisten wie auch den diplomatischen Vertretern bekannt seien. „Angesichts der Brisanz dieser Weisungen, gerade unter den gegenwärtigen Kriegsumständen", werde das Ministerium daher gebeten, „der Möglichkeit nachzugehen, die Geheimhaltung der genannten Instruktionen durch angemessene Sicherheitsvorkehrungen zu gewährleisten."[135] Ein Blick in den Briefwechsel des amerikanischen Botschafters mit dem Präsidenten bestätigt diesen Verdacht; zumindest den Amerikanern lagen zu diesem Zeitpunkt Kopien der Presseanweisungen vor.[136] Offensichtlich reagierte das Ministerium auf die Aufforderung des SIM aber zunächst nicht, denn am 10. November folgte ein Anschlußschreiben, diesmal an Celso Luciano, den Kabinettschef,

---

[128] ACS, Micup, Gab, b. 19, fasc. 235: Giornali italiani: Disposizioni varie, n.p. – 20.9.1941; vgl.: Ebd. – 13.9.1941, Favagrossa an Pavolini.
[129] Ebd. – 27.2.1941.
[130] Ebd. – 6.3.1941.
[131] Ebd. – 8.10.1941, Dir. Gen. Stampa Italiana – Div. II, Appunto per il Ministro.
[132] Die Notiz listet die entsprechenden Zeitungen auf: Messagero, Popolo di Roma, Piccolo, Giornale d'Italia, Tribuna, Lavoro Fascista, Corriere della Sera.
[133] Ebd.
[134] Servizio Informazioni Militari.
[135] ACS, Micup, Gab, b. 19, fasc. 235: Giornali italiani: Disposizioni varie, n.p.
[136] Roosevelt Library, PSF, DC, Italy: Phillips 1940–41, Box 42 – 16.9.1941, Phillips an Roosevelt: „From time to time we have been able to obtain copies of the instructions given to the press by the Ministry concerned, which of course are not supposed to get into the hands of foreigners."

adressiert. Hier hieß es, aus sicherer Quelle sei bekannt, daß die Presseanweisungen den ausländischen Diplomaten „im originalen Wortlaut" vorlägen. Dagegen sei vorzugehen.[137] Erst jetzt reagierte der Minister und schickte am 17. November ein Rundschreiben an die Direktoren sämtlicher Zeitungen, die Stefani-Agentur, die Eiar und alle weiteren Organisationen, die mit Presseanweisungen versorgt wurden.[138]

Angesichts solcher Vorkommnisse kann man sich vorstellen, daß Verstöße gegen die deutsch-italienischen Absprachen gang und gäbe waren. Das *Ministero della Cultura popolare* hatte die Presseagenturen, den Rundfunk und die Zeitungen nicht unter Kontrolle. Wie sollte man also deutsche Sprachregelungen durchsetzen, wenn die Weisungen des eigenen Generalstabs nicht befolgt wurden? Hinzu kamen die Presseorgane des Vatikans, die sich der italienischen Zensur gänzlich entzogen und deren Auflage und Verbreitung unter dem Faschismus deutlich zunahmen. So wird geschätzt, daß allein die Auflage des „Osservatore romano" im Laufe des Krieges von 60.000 auf ca. 250.000 Exemplare anstieg.[139] Tolerierte man aber die Freiheit der katholischen Blätter,[140] so war es selbstverständlich schwierig, der italienischen Presse straffe Zügel anzulegen.

Eine Beeinflussung deutscherseits konnte daher – wenn überhaupt – allenfalls durch die ausgiebige Versorgung mit Nachrichtenmaterial stattfinden. In dieser Hinsicht baute die Presseabteilung ihr Terrain auch weiter aus. So kündigte etwa Dr. Mollier im September 1941 an, daß auch für das Generalkonsulat in Mailand in Zukunft ein eigener Verbindungsmann vorgesehen sei. Seine Aufgabe würde es sein, den Kontakt mit Zeitungen und Journalisten in Mailand und der Presse Norditaliens aufrechtzuerhalten, da diese von Rom aus nicht in angemessener Form mit Material versorgt werden könnten.[141]

Daß sich die Italiener der deutschen Nachrichtenflut oft nicht zu erwehren wußten bzw. sich nicht unbedingt geschickt verhielten, geht aus einem Briefwechsel aus dem Jahre 1942 hervor. Ein Schreiben vom 26. Januar, mit welchem Alfieri ursprünglich hatte verhindern wollen, daß Goebbels italienischen Journalisten seine Artikel „aufzwang", erreichte exakt das Gegenteil. Der Botschafter schrieb an das Volkskulturministerium:

---

[137] ACS, Micup, Gab, b. 19, fasc. 235: Giornali italiani: Disposizioni varie, n.p. – 10.11.1941.

[138] Ebd. – 17.11.1941.

[139] Murialdi, Stampa quotidiana, S. 229 u. S. 208; Angelo Majo, La stampa cattolica in Italia. Storia e documentazione, Casale Monferrato 1992, S. 179 u. S. 182–185; Daniele Menozzi, Stampa cattolica e regime fascista, in: Storia e problemi contemporanei 33/2003, S. 6–9.

[140] Im Zuge der deutschen Beschwerden über die Veröffentlichung von Militärgeheimnissen werden die katholischen Zeitungen allerdings gar nicht erwähnt. Daniele Menozzi weist darauf hin, daß die der Kirche gewährte Pressefreiheit nicht zwangsläufig zu Reibungen führte, da zwischen Vatikan und faschistischem Regime hinsichtlich der Pressezensur häufig Gleichklang herrschte (Menozzi, Stampa cattolica, S. 12–15).

[141] ASMAE, Micup, b. 123, fasc.: Rapporti italo-tedeschi, n.p. – 19.9.1941.

„Wie in dem kgl. Ministerium bekannt, hat man im Reichspropagandaministerium die Gewohnheit angenommen, dem einen oder anderen Journalisten den Text des wöchentlichen Artikels Dr. Goebbels' in ‚Das Reich' zu übermitteln und die vollständige Veröffentlichung in dieser oder jener italienischen Zeitung zu *verlangen*[142]. Die hiesige kgl. Botschaft hat nun dem Reichspropagandaministerium die Unangemessenheit dieses Verhaltens signalisiert und darum gebeten, daß die Artikel Dr. Goebbels' im voraus angekündigt werden, so daß sie an das kgl. Ministerium weitergeleitet werden können, welches über die Kompetenz verfügt, über ihre Reproduktion, ungekürzt oder zusammengefaßt, in einer oder mehreren Zeitungen des Königreiches zu entscheiden."[143]

Den entsprechenden Artikel legte Alfieri gleich bei, mit der Bitte um eine adäquate Form der Veröffentlichung. In der Direktion des Ministeriums wußte man daraufhin nicht, was man von dieser Maßnahme halten sollte. So heißt es in einem Schreiben an Luciano:

„Es scheint mir, als habe unsere Botschaft eine sehr eigenartige Initiative ergriffen, und zwar:
1. hat sie die Regierung zu einer regelmäßigen Veröffentlichung dieser Artikel verpflichtet, während dies vorher eine Gefälligkeit war, die einzelne Korrespondenten, vom Reichspropagandaministerium hofiert, je nach Fall erwiesen.
2. hat man eine Verantwortung und die entsprechenden Verpflichtungen übernommen, die zuvor gar nicht existierten.
3. bürdet sie uns diesen deutschen Kram auf, den wir nun übersetzen und verteilen müssen."[144]

---

[142] Im Originaltext mehrfach unterstrichen und am Rande mit zwei Fragezeichen versehen.

[143] ACS, Micup, Gab, b. 105, fasc.: Dino Alfieri, n.p. – 26.1.1942: „Come è noto a codesto R. Ministero, da parte del Ministero della Propaganda del Reich si era presa l'abitudine di passare all'uno o all'altro dei giornalisti il testo dell'articolo settimanale del dr. Goebbels in ‚das Reich', *esigendone* la pubblicazione integrale su questo o quel quotidiano italiano. Questa R. Ambasciata ha allora segnalato al Ministero della Propaganda del Reich l'inopportunità di tale sistema, chiedendo che gli articoli del dr. Goebbels venissero consegnati ad essa in anticipo, in modo da poterli trasmettere a codesto R. Ministero, competente a decidere per la loro riproduzione, in esteso o in riassunto, su uno o più quotidiani del Regno." (Hervorhebung im Original)

[144] ACS, Micup, Gab, b. 105, fasc.: Dino Alfieri, n.p. – 1.2.1942, Unterschrift Absender unleserlich: „Mi pare che la nostra Ambasciata abbia preso una curiosa iniziativa, e cioè: 1. Ha impegnata il Governo ad una regolare pubblicazione di questi articoli, mentre prima era un favore che i singoli corrispondenti, officiati dal Ministero della Propaganda tedesca, facevano volta per volta. 2. Si è assunta la responsabilità e gli oneri relativi, che prima non esistevano. 3. Ci appioppa questi malloppi in tedesco che noi dobbiamo tradurre e distribuire."

Statt sich in der Sache durchzusetzen, hatte Alfieri sich auf die Frage der Dienstwege konzentriert. Die Einhaltung gewisser Formalien sollte Italien erlauben, in der Frage der Goebbels-Artikel das Gesicht zu wahren. Wie in der militärischen Zusammenarbeit, wo deutsche Kommandanten wie Rommel nur noch pro forma italienischen Oberbefehlshabern untergeordnet waren,[145] stand auch hier der Erhalt des faschistischen Prestiges im Vordergrund. Auf die Idee, den Abdruck der Artikel zu verbieten oder einer echten Kontrolle zu unterstellen, kam der Botschafter nicht. Seine Maßnahme kratzte nur an der Oberfläche und förderte allenfalls die Illusion, Rom habe die Kontrolle in der Hand.

e. Unausgewogenheit der gegenseitigen Propagandamaßnahmen

Auf deutscher Seite hingegen zeigte man immer weniger Interesse an italienischem Nachrichtenmaterial.[146] Ein Vertrauensmann berichtete im Februar 1942, daß faschistische Truppen gar nicht mehr in den deutschen Medien auftauchten. Eine Propaganda-Aktion, ähnlich wie die, welche die Deutschen in den italienischen Zeitschriften vollzögen, fehle in Deutschland völlig. Und so würde in Italien über deutsche Leistungen geschrieben, während in Deutschland nichts über italienische zu erfahren sei.[147] In einem Schreiben Alfieris aus dem März 1942 an Pavolini heißt es hierzu:

„Ich versichere Dir, daß ich ohne Unterlaß dafür kämpfe, das italienische Material in der ‚Wochenschau‘ unterzubringen. Aber Goebbels hält mir entgegen, das italienische Material komme zu spät und zu unregelmäßig, sei nicht sehr gut etc. etc."[148]

Ganz anders hatte das noch im Dezember 1940 ausgesehen, als der deutschen Presse die Weisung erteilt wurde, ihre „ganze publizistische Unterstützung [dem] Bundesgenossen zur Verfügung zu stellen".[149] Ziel war es, die anglo-amerikanische Propaganda abzuwehren. Dieser Ansatz wurde auch im Februar 1941 noch weiterver-

---

[145] Vgl.: Kap. 1 d–f.
[146] Man schickte lieber eigene Korrespondenten, vgl.: ACS, Micup, Gab, b. 119, fasc.: Corrispondenti di guerra, n.p. – 17.7., 19.7., 24.7. u. 26.7.1941: dt. Anfrage, ob ein deutscher Presse-Verbindungsmann das CSIR an die russische Front begleiten darf.
[147] ACS, Micup, Gab, b. 105, fasc.: Dino Alfieri, n.p. – 27.2.1942.
[148] Ebd. – 9.3.1942, Alfieri an Pavolini: „ti assicuro che io mi batto continuamente e vivacemente per ottenere nella ‚Wochenschau‘ settimanale l'inclusione di materiale italiano. Ma Goebbels mi oppone che il materiale italiano è poco frequente, arriva tardi, non è molto buono, ecc. ecc."
[149] PA/AA, Botschaft Rom – offen, 1438 c P13/2f, Bd. 2 – 18.12.1941, Durchruck für Presseabteilung Rom, vgl.: Goebbels in: Kriegspropaganda, S. 589 – 19.12.1941; zur dankbaren Kenntnisnahme durch den italienischen Botschafter vgl.: PA/AA, Büro Staatssekretär, Diplomatenbesuche,

folgt,[150] kam aber erwiesenermaßen schlecht an bei der deutschen Bevölkerung, die die proitalienischen Artikel als „Beschönigungsversuche" entlarvte und entsprechend schlecht aufnahm.[151] Schon im April mußten die Italiener den Bündnispartner daher auffordern, ihre militärische Unterstützung in Jugoslawien mehr zu betonen.[152] Selbst in den für Italien verfaßten Propagandaschriften vergaßen oder vermieden die Deutschen zunehmend, die italienischen Leistungen zu berücksichtigen. Die Texte behandelten im wesentlichen die Auseinandersetzung Deutschlands und Englands auf militärischem, wirtschaftlichem und anderem Gebiet und ließen Italien und seine Einflußsphäre oft ganz außer acht, wie Botschafter Mackensen bemerkte. Warnend fügte er hinzu:

„Wenn derartiges Propagandamaterial hier eingesetzt wird, so ergibt sich gleichzeitig mit einem etwaigen Erfolg eine unerwünschte Gegenwirkung. Der sehr ausgeprägte Stolz der Italiener wird verletzt, da sie empfinden, zu wenig wichtig genommen zu werden, um überhaupt ausreichend Erwähnung zu finden. Zugleich wird damit aber der Verdacht verstärkt, daß Italien für Deutschland nur ein Hilfsinstrument in der Kriegführung sei statt ein vollwertiger Bundesgenosse. Hieraus ergeben sich in vielen Kreisen wieder Rückschlüsse auf eine zweitrangige Stellung Italiens im Frieden."[153]

Nichtsdestotrotz ließ das Interesse der Deutschen, Italien in der eigenen Presse zu stützen, merklich nach. Zwar gab es vereinzelt weiterhin Ansätze, die italienischen Leistungen zu würdigen,[154] doch die Grundtendenz ging in die entgegengesetzte Richtung. Der italienische Wehrmachtsbericht wurde von der „Berliner Börsen Zeitung" im Sommer 1941 nur noch ganz klein auf Seite zwei gebracht oder schlichtweg

---

Bd. 8, R. 29833, n.p., Mikrofiche-Nr. 1549 – 16.12.1940, Aufzeichnung Weizsäcker; ACS, Micup, Gab, b. 105, fasc.: Dino Alfieri – 4.1.1941, Alfieri an Ciano.

[150] Vgl.: PA/AA, Botschaft Rom – offen, 1424 a Pr 2 Nr. 1, n.p. – 10.2.1941 u. 19.2.1941.

[151] Meldungen aus dem Reich, VI, S. 1860 – 12.12.1940, S. 1887 f. – 9.1.1941, S. 1906 – 16.1.1941, S. 1916 – 20.1.1941, S. 1955 – 30.1.1941 u. S. 2195 – 10.4.1941.

[152] Goebbels-Tagebücher, 9, I, S. 244 f. – 13.4.1941.

[153] PA/AA, Botschaft Rom – offen, 1414 a Kult 13/1, Deutsche Propaganda – Allgemeines, n.p. – 26.4.1941, Mackensen an AA. Es sei an dieser Stelle bemerkt, daß das italienische Einfuhrverbot, welches die deutschen Zeitungen ab September 1941 betraf, auf einem Versehen beruhte und sogleich wieder aufgehoben wurde. Das entsprechende Dekret war aus Zollgründen gegen sämtliche ausländische Zeitungen erlassen worden. Die zuständigen Stellen hatten lediglich vergessen, die deutschen Blätter davon auszunehmen (vgl.: Gazzetta Ufficiale del Regno d'Italia 209/1941, S. 3487 f. – 28.8.1941, Decreto Ministeriale; PA/AA, RuPol, Referat IV a: Italien, Bd. 3, R. 67547, S. 75 – 8.9.1941; ebd., Bd. 5, R. 67549, S. 170 – 8.9.1941 u. S. 160 – 16.9.1941).

[154] Z. B.: PA/AA, Botschaft Rom – offen, 1424 a Pr 2 Nr. 1, n.p. – 6.5.1941.

übergangen, wie der Presse-Attaché der italienischen Botschaft feststellte.[155] Die italienischen Truppen verschwanden zusehends aus der Wochenschau.[156] Italienische Leistungen an der Nordafrikafront wurden in den Notizen des DNB nicht mehr erwähnt.[157] Die „Münchner Illustrirte Presse" druckte im Oktober 1942 gar Photos von italienischen Transportschiffen ab, die im Untertitel kurzerhand zu deutschen erklärt wurden.[158]

Abschließend läßt sich sagen, daß die deutsch-italienische Zusammenarbeit im Propagandabereich nicht ausgewogen war, sondern vorwiegend von deutscher Seite genutzt wurde, um auf die italienische Berichterstattung einzuwirken. Zu diesem Zweck hatten die Deutschen die engere Zusammenarbeit auch vorgeschlagen und vorangetrieben. Die gewünschte Einflußnahme ließ sich jedoch nicht so verwirklichen, wie man es sich deutscherseits wünschte. Ein sanftes Einwirken durch Nachrichtenzuschuß war in einem gewissen Rahmen möglich, Verbote durch Sprachregelungen ließen sich aber nur schwer durchsetzen. Im Laufe des Jahres 1941 wurden die deutschen Proteste in dieser Hinsicht zwar immer schärfer. Doch selbst die Tatsache, daß Pavolini den Deutschen oft zuarbeitete, bändigte die italienischen Medien nicht. Die mangelnde Disziplin der italienischen Journalisten und die Langsamkeit und Ineffizienz der italienischen Dienste machte der deutschen wie auch der italienischen Regierung gleichermaßen zu schaffen. Parallel ließ die publizistische Unterstützung des Achsenpartners in der deutschen Presse drastisch nach.

---

[155] PA/AA, Presseabteilung, Schriftwechsel innerhalb des Auswärtigen Amtes, R. 123698, n.p. – 5.8.1941, Fürst Urach an LR Lohse.

[156] ACS, Micup, Gab, b. 105, fasc.: Dino Alfieri, n.p. – 9.3.1942, Alfieri an Pavolini.

[157] Ebd., b. 112, fasc.: D.N.B., n.p. – 14.6., 24.6., 29.6., 8.7.1942 u. 23.9.1942; vgl.: ebd., b. 67, n.p. – 1.8.1942 u. 17.7.1942, Appunto per il Capo di Gabinetto: „L'addetto aeronautico a Berlino ha comunicato al Ministero dell'Aeronautica che la stampa tedesca, parlando delle azioni che si svolgono in Africa Settentrionale, non accenna mai alla presenza attiva dell'aviazione italiana, limitandosi a citare soltanto l'attività della Luftwaffe."

[158] ACS, Micup, Gab, b. 19, fasc.: Giornali italiani: Disposizioni varie, n.p. – 5.–15.10.1941; was sicher ein pures Versehen war, bei der Presseabteilung des *Comando Supremo* aber zu dem Aufschrei führte, die Deutschen schrieben sich wohl alle Leistungen im Mittelmeerraum selbst zu (vgl. auch: ebd., b. 70, fasc.: Rurali e lavoratori italiani in Germania, n.p. – 2.10.1941, in welchem die Ansicht vertreten wird, daß über die Leistungen der italienischen Arbeiter in der deutschen Presse gar nichts berichtet wird, während alle anderen (Ukrainer, Russen, Kroaten und Franzosen) dort Erwähnung finden).

4. Gemeinsames Besatzungsgebiet

a. Griechenland

Noch ehe der erste deutsche Soldat griechischen Boden berührt hatte, war den Italienern klar, daß ein deutscher Eingriff in den Griechenlandkrieg die Lage sowohl auf dem Balkan als auch im östlichen Mittelmeer von Grund auf ändern würde. Nicht zufällig hatte Mussolini sich lange gegen jegliche deutsche Hilfe verwahrt. Sobald das Deutsche Reich nur einen Fuß in die italienische Interessensphäre gesetzt habe, würde es automatisch eine dominante Rolle einnehmen, warnte Botschafter Alfieri im Januar 1941. Der sogenannte „italienische Lebensraum" würde eine substantielle Veränderung erfahren.[1]

Die Tatsache, daß Hitler bereits vor dem Abschluß der Operation die Anweisung gab, die deutschen Verbände so bald als möglich wieder abzuziehen,[2] entkräftet diesen Verdacht nicht. Denn obwohl sich der „Führer" bereit erklärte, den Italienern die politische Vorherrschaft in dem griechischen Besatzungsgebiet zu übergeben,[3] sollten die deutschen zivilen und militärischen Dienststellen in Zukunft einen direkten Einfluß auf die griechische Wirtschaft ausüben.

Deutscherseits sah man in diesem Vorgehen keinen Widerspruch. Im Gegenteil, Stimmen wie die Botschafter Ulrich von Hassells betonten in aller Öffentlichkeit, daß „eine politische Vormachtstellung nicht gleichbedeutend sein [dürfe] mit einem Wirtschaftsmonopol".[4] Jede nüchtern betriebene italienische Wirtschaftspolitik würde „das natürliche deutsche Übergewicht" im südosteuropäischen Raum akzeptieren.[5] Was das in der Praxis bedeutete, brachte Göring in einem Vortrag am 5. Mai auf den Punkt, als er sagte:

> „Es erscheint wichtig, gewisse Unternehmen in Griechenland dem Zugriff der Italiener zu entziehen, um dadurch zu gewährleisten, daß diese Arbeitsstätten uneingeschränkt der deutschen Wirtschaft zur Verfügung stehen."[6]

---

[1] DDI, 9, VI, Dok. 405, S. 398 – 5.1.1941, Alfieri an Ciano.
[2] BA/MA, RW 4/588, S. 214f. – 18.4.1941, Schreiben des OKW/WFSt/Abt. L.
[3] Hitlers Weisungen, S. 117–119 – 17.5.1941, Nr. 29.
[4] Ulrich von Hassell, Leitgedanken für den künftigen wirtschaftlichen Austausch Deutschlands mit Südosteuropa und die deutsche Mitarbeit an der wirtschaftlichen Entwicklung dieser Länder – September 1941, in: BArch, R 901/68687, S. 8.
[5] Ulrich von Hassell, Deutschlands wirtschaftliche Interessen und Aufgaben in Südosteuropa, in: Zeitschrift für Politik 31.8/1941, S. 485f.
[6] BA/MA, Wi/IC 1.8, n.p., Brief-Nr.: 1461/41 – 5.5.1941, WiRüAmt: Vortragsnotiz für Göring.

Die deutsche Besatzungspolitik in Griechenland glich daher bald einem Balanceakt, in welchem versucht wurde, einerseits dem Achsenpartner die politische und militärische Verantwortung für die Region zuzuspielen und andererseits die eigenen Wirtschaftsinteressen durchzusetzen. Parallel zur schrittweisen Übergabe des Landes an die italienischen Truppen führten Vertreter des deutschen Wehrwirtschaftsamtes[7] und deutscher Konzerne Verhandlungen in allen Zweigen der griechischen Wirtschaft, um sich vorab den Löwenanteil der griechischen Produktion zu sichern. Die Aneignung von bergbaulichen und rüstungswirtschaftlichen Rohstofflagern sowie Rüstungsbetrieben bildete dabei den Schwerpunkt.[8] Allein in den ersten Maitagen gelang es Bergassessor Sohl im Auftrag der Firma Krupp, „die gesamte griechische Produktion an Schwefelkies (Pyrit), Eisenerz, Chromerz, Nickelerz, Magnesit, Braunstein und Gold langfristig für Deutschland zu sichern. Insgesamt wurden mit 26 Unternehmen entweder Kauf- oder Pachtverträge abgeschlossen oder verlängert oder langjährige Liefervereinbarungen getroffen".[9] Hinzu kam die Beschlagnahme oder der Aktienerwerb wichtiger griechischer Betriebe. Dazu gehörten etwa Rüstungsbetriebe wie die Griechischen Pulver- und Geschoßfabriken S.G. (Bodossakis-Konzern) samt Tochtergesellschaften, aber auch die Athener Elektrizitätsgesellschaft S.A., die Elektrische Transportgesellschaft sowie die Baumwollbetriebe Kopais A.G. und Flugzeugwerke und -verkehrsbetriebe.[10]

Die deutschen Wirtschaftsfachleute wußten ihren geringen Zeitvorsprung zu nutzen. Als die ersten Vertreter der italienischen Firma AMMI[11] zwecks Ankaufs von Erzen in Griechenland eintrafen, stießen sie bei den griechischen Produzenten auf verschlossene Türen. Der deutsche Wirtschaftsrüstungsstab hatte die gesamte Produktion der nächsten fünf Jahre aufgekauft und sich Vertragsverlängerungen für einen Zeitraum von bis zu 25 Jahren gesichert.[12] Der italienische Regierungsbevollmächtigte Giovanni Fornari protestierte augenblicklich gegen das deutsche Vorgehen und verlangte eine Quotenbeteiligung an den deutschen Einkäufen von Nickel, Chrom, Mangan, Eisen und Magnesit.[13] Wenige Tage darauf landete der italienische Finanzminister Graf Volpi persönlich in Griechenland, begleitet von einer umfangrei-

---

[7] Vgl. den Befehl zur „Erkundung, Ausnutzung und Verwaltung der griechischen Rüstungsindustrie" vom 29.4.1941, in: BA/MA, RW 19/2386, S. 22, OKW/WiRüAmt/Rü II an WiKdo Saloniki.

[8] Olshausen, Zwischenspiel, S. 299; Eckert, Fall Marita, S. 78.

[9] Olshausen, Zwischenspiel, S. 299; vgl. Sohls zusammenfassenden Bericht, in: BA/MA, Wi/IC 1.8, n.p., Brief-Nr. 1303/41 – 16.5.41, Sohl an AA/RWM/OKW u. a.

[10] PA/AA, Handakten Clodius, Griechenland, Bd. 4, R. 105896, S. 468966–977 – 31.5.1941, Oberst Wendt: Bericht über die Tätigkeit der Abteilung Rohstoff-Allgemein, Unterabteilung Immobilien, Übernahme wichtiger Betriebe in Besitz und Eigentum.

[11] Azienda Minerali Metallici Italiani.

[12] Vgl.: BA/MA, Wi/IC 1.8, n.p., Brief-Nr. 1303/41 – 16.5.41, Sohl an AA/RWM/OKW u. a.

[13] PA/AA, Handakten Clodius, Griechenland, Bd. 4, R. 105896, S. E226730 – 4.5.1941, Altenburg an AA.

chen Wirtschaftskommission. Laut Günther Altenburg, dem am 28. April eingesetzten Bevollmächtigten des Reiches für Griechenland,[14] versuchte Graf Volpi, „mit scharfem Druck auf griechische Wirtschaftskreise durch Aktienkauf alle bedeutenden Werke der griechischen Industrie an Italien zu bringen".[15] Doch zu spät. Die deutschen Dienststellen hielten die militärischen Sicherungsmaßnahmen, mit denen sie Hand auf alle wirtschaftlich wichtigen Objekte im Lande gelegt hatten, aufrecht und verwiesen die Italiener nach Berlin. Die Lage vor Ort spitzte sich zu, und Altenburg ersuchte das Außenministerium um Verhaltensrichtlinien, um den Griechen nicht das Bild „wirtschaftlich rivalisierender Achsenpartner" zu vermitteln.[16]

In der Handelspolitischen Abteilung des Auswärtigen Amtes reagierte man prompt und schlug den Italienern vor, beiderseits die militärischen und zivilen Wirtschaftsbeauftragten zurückzuziehen und vorerst vom Abschluß weiterer Verträge abzusehen. Statt dessen solle im Juni durch deutsch-italienische Verhandlungen eine Einigung erzielt werden.[17] Auf den sich anschließenden Vorschlag der Italiener, dann auch alle bisherigen Geschäftsabschlüsse zu annullieren, ließ sich Emil Wiehl, Leiter der Wirtschaftsabteilung, allerdings nicht ein, obwohl die Italiener ihre eigenen Erwerbungen miteinschlossen.[18] Ohne Zweifel hegte Wiehl die Absicht, die deutsch-griechischen Verträge soweit wie irgend möglich zu verteidigen.[19] Im Wehrwirtschaftsamt vertrat man ohnehin die Auffassung, „daß der Sieger mit Recht in der glücklichen Lage ist, wirtschaftlich schneller zu handeln als die Besatzungsarmee eines befreundeten Staates".[20]

Die Italiener sahen ihre Felle davonschwimmen. Pellegrino Ghigi, der seit dem 15. Mai als italienisches Pendant zu Altenburg in Athen amtierte, betonte, daß keine Zeit zu verlieren sei. Um dem italienischen Anspruch Gehör zu verschaffen, müsse die faschistische Regierung ohne zu zögern und mit maximaler Energie jede Möglichkeit ergreifen, um die eigenen politischen und wirtschaftlichen Interessen in der Region zu verteidigen und durchzusetzen.[21] Doch Athen stand zunächst noch unter deutscher Kontrolle, und sowohl Ghigi als auch Marras vertraten die Ansicht, daß die Deutschen

---

[14] ADAP, D, XII.2, Dok. 444, S. 580 – 3.5.1941, Weizsäcker an Gesandtschaft Athen.
[15] PA/AA, Büro Staatssekretär, Griechenland, Bd. 2, R. 29612, S. 128 – 8.5.1941, Altenburg an AA.
[16] Ebd.
[17] PA/AA, Handakten Wiehl, Italien, Bd. 13, R. 106177, S. 445389 f. – 13.5.1941, Wiehl an Botschaft Rom; PA/AA, Büro Staatssekretär, Griechenland, Bd. 2, R. 29612, S. 156 – 14.5.1941, Aufzeichnung Wiehl; BA/MA, RW 19/165, S. 41 – 10.5.1941, KTB-WiRüAmt/Stab.
[18] PA/AA, Büro Staatssekretär, Italien, Bd. 5, R. 29631, S. 904 f. – 19.5.1941, Aufzeichnung Wiehl.
[19] Olshausen, Zwischenspiel, S. 301.
[20] BA/MA, Wi/IC 1.8, n.p., ohne Brief-Nr. – 7.6.1941, WiRüAmt/Ro Ia: Aktenvermerk.
[21] DDI, 9, VII, Dok. 120, S. 113 – 16.5.1941, Ghigi an Ciano.

mit dem Besatzungsgebiet um Athen und Saloniki den vitalen Kern des Landes in der Hand hielten und somit praktisch ganz Griechenland beherrschten.[22]

Die Italiener hatten in den ersten Besatzungsmonaten keinen leichten Stand. Sowohl von Griechen wie von Deutschen wurden sie lediglich als Besatzer von deutschen Gnaden wahrgenommen. Da spielte es keine Rolle, daß Mussolini die Ansicht vertrat, der rasche deutsche Sieg sei nur möglich gewesen, weil die gesamte griechische Armee an der italienischen Front gebunden war.[23] Die griechischen Truppen hatten sich zuerst den Deutschen ergeben – nur den Deutschen. Erst als die deutsche Führung ausdrücklich darauf bestand, kapitulierten sie widerwillig auch vor den Italienern.[24] Wenn nun eine Okkupation unausweichlich sein sollte, dann bevorzugten die Griechen eine deutsche Besatzung. General Tsolàkoglus frühzeitiges Angebot, eine griechische Regierung „im deutschen Sinne" zu bilden, resultierte v. a. aus der Hoffnung, eine völlige Auslieferung des Landes an die italienischen Truppen zu verhindern.[25] „Von den Deutschen ertragen wir alles, aber liefert unser Land nur nicht den Italienern aus", war laut Altenburg eine stehende Formel, die unter der griechischen Bevölkerung kursierte. Der deutsche Gesandte befürchtete daher, daß die Übergabe der Besatzung an die Italiener den deutsch-griechischen Beziehungen moralisch wie politisch schaden würde.[26]

Die gegenseitige Sympathie, die zunächst zwischen Griechen und Deutschen herrschte, mußte auf italienischer Seite Mißtrauen erwecken. Allein wie die Nationalsozialisten sich für die neue Regierung unter General Tsolàkoglu einsetzten, empfand Außenminister Ciano als zwiespältig.[27] Ende Mai berichtete General Marras zudem, daß der deutsche Minister und der deutsche Militärattaché den gesamten Krieg ungestört in Athen verbracht hatten. Die Vertreter der deutschen Regierung hätten ihren Sitz nie verlassen, sondern seien trotz Ausbruchs des deutsch-griechischen Krieges im stillschweigenden Einvernehmen mit der griechischen Regierung vor Ort geblieben.[28] Die Gefahr einer deutsch-griechischen Verbrüderung lag in der Luft, zumal

---

[22] Ebd., S. 112–114; USSME, G-29, Nr. 59/Racc. 14 – 30.5.1941, Marras an MinGuer.

[23] Giuseppe Gorla, L'Italia nella seconda guerra mondiale. Diario di un milanese, Ministro del Re nel governo di Mussolini, Mailand 1959, S. 178 f. – 8.5.1941, Mussolini vor dem Ministerrat.

[24] Vgl.: Kap. 1 e.

[25] ADAP, D, XII.2, Dok. 410, S. 539–541 – 27.4.1941, Aufzeichnung Mackensen. Die Gründung dieser Regierung erwies sich als schwierig, weil die geeigneten Minister stets verlangten, daß sich Deutschland nicht völlig aus Griechenland zurückziehen dürfe (PA/AA, Büro Staatssekretär, Griechenland, Bd. 2, R. 29612, S. 84 f. – 29.4.1941, Benzler, Athen, an RAM; ebd., S. 104 f. – 4.5.1941, Altenburg an AA; zur Gründung der griechischen Regierung, vgl.: Etmektsoglou, Axis Exploitation, S. 100–108).

[26] PA/AA, Büro Staatssekretär, Griechenland, Bd. 2, R. 29612, S. 97 f. – 2.5.1941, Altenburg an AA.

[27] Ciano, Diario, S. 505 – 27.4.1941 u. S. 505 f. – 28.4.1941.

[28] USSME, G-29, Nr. 59/Racc. 14 – 30.5.1941, Marras an MinGuer.

die deutschen Militärs keinen Hehl aus ihrer Überzeugung machten, Sieg und Herrschaft über Griechenland werde an die italienischen Verbündeten verschenkt. Selbst in der griechischen Öffentlichkeit spotteten die deutschen Besatzer über die Schlappe des Bündnisgenossen.[29]

Letzten Endes konnte die deutsche Regierung aber nicht umhin, sich eindeutig von den Griechen zu distanzieren. Wenn Italien das Land übernehmen sollte, war es politisch in seiner Rolle als Besatzungsmacht zu stärken. Auf ausdrückliche Anordnung Hitlers nahmen daher italienische Truppen am 3. Mai an der Siegesparade durch Athen teil.[30] General v. List, der sich schon in den Waffenstillstandsverhandlungen[31] die Finger verbrannt hatte, wies Tsolàkoglu brüsk die Tür, als dieser ihn bat, auf das italienische Regiment zu verzichten.[32] Bei aller Sympathie mußte vermieden werden, daß die griechische Regierung die Bündnispartner gegeneinander ausspielte. Hitler schloß daher in seinem Vortrag vom 10. Mai kategorisch aus, daß Deutschland „den Schiedsrichter" zwischen Griechenland und Italien spiele. Die griechische Regierung dürfe sich nicht mit allen Fragen grundsätzlich an den deutschen Oberbefehlshaber wenden. Die Verantwortung für den Raum trage in Zukunft Italien. Ob die italienischen Besatzungstruppen dabei mit der griechischen Regierung zu Rande kämen oder nicht, gehe das Deutsche Reich nichts an. Griechenland bildete keine militärische Bedrohung mehr, und das war die Hauptsache.[33] Hitler wollte seine Truppen nicht an Griechenland gebunden sehen. Das deutsche Besatzungsgebiet war so klein wie möglich zu halten, um den Großteil der in Griechenland stationierten Soldaten wieder freizustellen.[34]

Doch der militärische Rückzug ließ sich nicht reibungslos mit einem Rückzieher aus der politischen Verantwortung verbinden. Zu den Querelen in der Wirtschaftspolitik gesellte sich bald ein neues Problem, das vom humanitären Gesichtspunkt aus viel schwerer wog: Griechenland, das stets vom Getreideimport abhängig gewesen war und dessen Infrastruktur durch den Krieg erheblichen Schaden genommen hatte, steuerte auf eine verheerende Hungersnot zu, die im Winter 1941/42 ihren grausamen Höhepunkt erreichen sollte.

---

[29] Hagen Fleischer, Im Kreuzschatten der Mächte. Griechenland 1941–1944. (Okkupation – Resistance – Kollaboration), Bd. I, Frankfurt a.M./Bern/New York 1986, S. 64 f.
[30] KTB/OKW, I, S. 384 – 22.4.1941; Etmektsoglou, Axis Exploitation, S. 112; Olshausen, Zwischenspiel, S. 241.
[31] Vgl.: Kap. 1 e.
[32] Gorla, Diario, S. 178 f. – 8.5.1941.
[33] ADAP, D, XII.2, Dok. 510, S. 663 f. – 13.5.1941, Aufzeichnung Ritter. Als die griechische Regierung kurz darauf Beschwerden bezüglich der italienischen Besatzungspolitik vorlegte, verwies Altenburg die Griechen an die italienischen Dienststellen (DDI, 9, VII, Dok. 105, S. 96 f. – 14.5.1941, Fornari an Ciano).
[34] Eckert, Fall Marita, S. 75.

Keine der Besatzungsmächte wurde von dieser Entwicklung überrascht. Kaum eine Woche nach seiner Ankunft wies Altenburg das Außenministerium auf die angespannte Ernährungssituation hin.[35] Auch seinen italienischen Amtskollegen Ghigi machte er beim ersten Zusammentreffen auf den Ernst der Lage aufmerksam.[36] Am 7. Mai 1941 erkundigte sich der deutsche Gesandte bereits, ob das Reich Getreide aus eigenem Bestand oder Drittländern liefern könne.[37] Neben der deutschen „organisatorischen Erfahrung" benötige das Land eine „gewisse materielle Hilfe", um bis zum Anschluß an die neue Ernte durchhalten zu können.[38]

Altenburgs Bitte um deutsche Hilfsmaßnahmen wurden im Laufe des Monats immer dringlicher im Ton. Ende Mai bat er ausdrücklich um den sofortigen Einsatz des Hilfszuges Bayern, um in Athen und Umgebung die tägliche Speisung von rund 60.000 Menschen zu garantieren. Weiterhin wünschte er sich eine Arzneispende des Roten Kreuzes, v. a. gegen die Krankheiten Cholera und Malaria. Bis Mitte Juni müsse das Reich 30.000 t Brotgetreide liefern und außerdem ausreichend Kohle und Schiffsraum zur Verfügung stellen, um das Transportproblem zu beheben.[39] Ghigi gab Altenburgs Warnungen nach Rom weiter. Die beiden Bevollmächtigten waren sich einig, daß „das Ernährungsproblem den entscheidenden Punkt für die Aufrechterhaltung der Ruhe" in Griechenland darstellte.[40]

Doch Altenburgs alarmierende Berichte erzeugten in Berlin nicht das gewünschte Echo. In einer Ressortbesprechung im Auswärtigen Amt wurde am 15. Mai vielmehr der Standpunkt vertreten, daß Griechenland in den italienischen Verantwortungsbereich gehöre und eine Belieferung aus deutschem Bestand nicht in Frage komme.[41] Der deutsche Gesandte, der die Not in Athen direkt vor Augen hatte, drängte daraufhin auf einen „Führerentscheid", um unabhängig von Berliner Ressortkämpfen und deutsch-italienischen Verwaltungsfragen das Versorgungsproblem zu lösen.[42] Ende Juni bat die griechische Regierung dann selbst um deutsche und italienische Hilfe in

---

[35] PA/AA, Büro Staatssekretär, Griechenland, Bd. 2, R. 29612, S. 102 – 4.5.1941, Altenburg an AA.

[36] DDI, 9, VII, Dok. 120, S. 112 – 16.5.1941, Ghigi an Ciano.

[37] PA/AA, Büro Staatssekretär, Griechenland, Bd. 2, R. 29612, S. 117 f. – 7.5.1941, Altenburg an AA.

[38] Ebd., S. 140 f. – 14.5.1941, Altenburg an AA.

[39] Ebd., S. 169 – 22.5.1941 u. S. 175–177 – 25.5.1941, jeweils Altenburg an AA; Halder, KTB, II, S. 405 – 9.5.1941.

[40] PA/AA, Büro Staatssekretär, Griechenland, Bd. 2, R. 29612, S. 195 f. – 31.5.1941, Altenburg an AA; DDI, 9, VII, Dok. 164, S. 161 f. – 24.5.1941, Ghigi an Ciano. Auch Marras wies die italienische Regierung auf die besorgniserregende Ernährungslage hin (USSME, G-29, Nr. 59/Racc. 14 – 30.5.1941, Marras an MinGuer).

[41] Eckert, Fall Marita, S. 143.

[42] PA/AA, Büro Staatssekretär, Griechenland, Bd. 2, R. 29612, S. 177 – 25.5.1941 u. S. 169 – 22.5.1941, jeweils Altenburg an AA. Vermutlich spekulierte Altenburg auf die oft propagierte Griechenlandfreundlichkeit Hitlers (Fleischer, Kreuzschatten, S. 119).

der Brotversorgung.⁴³ Clodius, der stellvertretende Leiter der Handelspolitischen Abteilung, bekräftigte jedoch die Haltung des Außenministeriums, wonach die Sorge für Griechenland zunächst bei Italien liege. Im Augenblick könne Deutschland angesichts der eigenen Versorgungslage und der Lieferungsausfälle aus Südosteuropa ohnehin nichts liefern. Zudem sei der kritische Zeitpunkt für die Ernährung Griechenlands nach Auffassung deutscher Experten auch überwunden, da nun die neue Ernte beginne. Erst für das nächste Getreidewirtschaftsjahr, d. h. ab Februar oder März 1942, sah Clodius die Notwendigkeit von zusätzlichen Importen ein und stellte deutsche und italienischen Lieferungen in der Höhe von insgesamt 160.000 t in Aussicht, die zum größten Teil aus dem bulgarisch besetzten Gebiet Thrakien eingeführt werden sollten.⁴⁴ Mit diesem Versprechen konnte sich die griechische Regierung aber nicht zufriedengeben und legte daher Mitte Juli ein ausführliches Memorandum vor, in welchem sie u. a. darlegte, daß es wegen der kriegsbedingten Organisations- und Verkehrsstörungen keinen Anschluß an die neue Ernte geben werde.⁴⁵

Inzwischen hatten sich die Vertreter der handelspolitischen Abteilungen des deutschen und italienischen Außenministeriums getroffen, um – wie von Wiehl vorgeschlagen – die Wirtschaftsinteressen in Griechenland eindeutig voneinander abzugrenzen. Die Verhandlungen,⁴⁶ die vom 3. bis zum 19. Juni 1941 in Berlin stattfanden, kamen jedoch kaum von der Stelle, da die deutsche Seite nicht bereit war, auf die bereits „gesicherten" griechischen Unternehmen zu verzichten, und die italienische Seite sich nicht auf die Anerkennung der deutschen Verträge festlegen ließ.⁴⁷ Clodius, der als Leiter der Handelspolitischen Abteilung des Auswärtigen Amtes das Reich in der Angelegenheit vertrat, hatte schon im Vorfeld bezweifelt, daß es gelingen könnte, die Zustimmung der Italiener zu den neu abgeschlossenen Verträgen zwischen der griechischen und deutschen Privatwirtschaft zu erlangen. Die Lage des deutschen Verhandlungsführers war insofern verzwickt, da er selbst die Ansicht vertrat, daß sich Hitlers Grundsatzentscheidung, Griechenland zur italienischen Interessensphäre zu zählen, auch im wirtschaftlichen Bereich niederschlagen müsse.⁴⁸ Das Wehrwirtschaftsamt hatte zwar Hitlers Weisung vom 17. Mai⁴⁹ so gedeutet, daß die „rüstungs-

---

⁴³ PA/AA, Büro Staatssekretär, Griechenland, Bd. 2, R. 29612, S. 238 – 28.6.1941, Graevenitz an AA.
⁴⁴ PA/AA, Handakten Clodius, Griechenland, Bd. 5, R. 105897, S. E226750 f. – 3.7.1941, Clodius an AA.
⁴⁵ Ebd., S. E226756–765 – 15.7.1941, Griechisches Memorandum; ebd., S. E226766 – 19.7.1941, Graevenitz an AA.
⁴⁶ Vgl.: PA/AA, Handakten Wiehl, Italien, Bd. 13, R. 106177, S. 445472–486.
⁴⁷ Eckert, Fall Marita, S. 80 f.; Olshausen, Zwischenspiel, S. 304.
⁴⁸ BA/MA, Wi/IC 1.8, n.p., ohne Brief-Nr. – 7.6.1941, WiRüAmt/Ro Ia: Aktenvermerk; vgl.: Olshausen, Zwischenspiel, S. 303 f.
⁴⁹ Vgl.: Hitlers Weisungen, S. 117–119 – 17.5.1941, Nr. 29.

wirtschaftliche Ausnutzung von Griechenland mit Ausnahme des Raumes um Saloniki Italien zu überlassen" sei.[50] D. h., es hatte eingesehen, daß aus politischen Gründen auf Beschlagnahmungen und Zwangsmaßnahmen verzichtet werden mußte. Doch da man im Wehrwirtschaftsamt nicht auf die Produktivkraft der griechischen Industrie verzichten wollte, hatten die Militärs fortan auf die Initiativen der deutschen Privatwirtschaft gesetzt,[51] deren „legale" Vertragsabschlüsse es nun in Berlin zu verteidigen galt. In den Vorgesprächen mit dem Außenministerium wich das Wehrwirtschaftsamt daher nicht ab von der Position, daß „der mit deutschem Blut erkaufte Sieg auf dem Balkan dem Reich wirtschaftliche Vorteile" bringen müsse.[52]

Doch der italienische Verhandlungsführer Amedeo Giannini ließ sich nicht ein auf die Anerkennung der deutschen Verträge und erwirkte vielmehr im einzigen konkreten Verhandlungspunkt, der Nickelerzgrube Lokris, daß die deutsche Beschlagnahme der Aktien rückgängig gemacht wurde.[53] Giannini, der erst in Berlin begann, das Ausmaß der deutschen Sicherungsmaßnahmen zu überschauen, ahnte bereits, daß der Streit um die Lokris-Aktien bloß der Anfang der Auseinandersetzungen war.[54]

Mit der etappenweisen Übernahme des Besatzungsgebiets gewann der italienische Anspruch auf die dort ansässigen Rohstofflager, Betriebe und Industrien an Kraft. Ab Sommer 1941 waren die Deutschen gezwungen, zunehmend Zugeständnisse an die wirtschaftlichen Interessen Italiens zu machen. Nachdem im Mai das Gebiet westlich des Pindus bis zum Golf von Patras übergeben worden war und die wichtigsten ionischen Inseln,[55] die südlichen Sporaden und die östlichen Kykladen von italienischen Einheiten besetzt worden waren, folgten Mitte Juni der Peloponnes und die Hauptstadt Athen sowie Thessalien, Attika und sämtliche Inseln südlich von Skyros und Mytilene. Allein der Raum um Saloniki, der Hafen von Piräus, der größte Teil Kretas und die Inseln Skyros, Mytilene (Lesbos), Lemnos und Euböa blieben in deutscher Hand. Das getreidereiche Thrakien war bereits Ende April von bulgarischen Truppen besetzt worden.[56] Am 10. Juni 1941 erklärte Mussolini Griechenland offiziell zum Teil des „Italienischen Lebensraums".[57]

---

[50] BA/MA, RW 19/2386, S. 12 – 29.5.1941, OKW/WiRüAmt/Rü II.
[51] Eckert, Fall Marita, S. 79.
[52] BA/MA, Wi/IC 1.8, n.p., ohne Brief-Nr. – 7.6.1941, WiRüAmt/Ro Ia: Aktenvermerk; vgl.: Etmektsoglou, Axis Exploitation, S. 291; Eckert, Fall Marita, S. 78.
[53] PA/AA, Handakten Wiehl, Italien, Bd. 13, R. 106177, S. 445476 – 19.6.1941, Verhandlungsprotokoll.
[54] DDI, 9, VII, Dok. 249, S. 243 – 12.6.1941, Alfieri an Ciano.
[55] Korfu, Leukas, Kefalonia und Zakynthos (Zante).
[56] Olshausen, Zwischenspiel, S. 242 f.; Eckert, Fall Marita, S. 76. Eine hervorragende Übersicht bietet die Karte in: Olshausen, Zwischenspiel, Skizze 7.
[57] Opera Omnia di Benito Mussolini, XXX, S. 97 – 10.6.1941; vgl.: DDI, 9, VII, Dok. 263, S. 254 – 16.6.1941, Alfieri an Ciano; ebd., Dok. 264, S. 255 – 17.6.1941, Ciano an Ghigi.

Von nun an traf der beabsichtigte Ausbau der deutsch-griechischen Wirtschaftsbeziehungen auf vehementen Widerstand. Bereits im Juni forderten die Italiener die Übergabe des gesamten griechischen Eisenbahnnetzes, im Juli folgte eine Auseinandersetzung über die Aufteilung des Schrotts der versenkten alliierten Schiffe. Sowohl bei den Exporten pflanzlicher Rohstoffe wie auch griechischen Tabaks setzten die Italiener durch, daß ihren Ansprüchen vorrangig nachgekommen werden mußte.[58] Die faschistische Regierung sei nun bestrebt, „auf allen Gebieten, besonders auf dem Wirtschaftsgebiet, [Deutschland] gegenüber an Boden zu gewinnen", stellte Altenburg Anfang August fest. Entgegenkommen sei von den Italienern in Griechenland nicht mehr zu erwarten.[59] Deutlich wurde dies in den deutsch-italienischen Wirtschaftsverhandlungen vom 5./6. August, in denen es Giannini gelang, generell durchzusetzen, daß in allen von Italien genannten Fällen „die Beschlagnahmeverfügungen oder die deutsch-griechischen Liefer-, Kauf- und Pachtverträge daraufhin geprüft werden sollten, ob ein Teil der Waren an Italien abgetreten werden konnte".[60]

Hitlers Verzicht auf Griechenland und der Übergang in die italienische Militärhoheit hatte zur Folge, daß mehr Rücksicht auf die italienischen Interessen genommen und der deutsche politische Einfluß zurückgeschraubt wurde. „Das A und O unserer Politik im Mittelmeerraum [muß] das Bündnisverhältnis mit Italien sein", schrieb Außenminister Ribbentrop am 18. August 1941 an Altenburg. Dieser Grundsatz sei niemals aus den Augen zu verlieren. Die Befolgung einer Linie, die das Deutsche Reich mit den italienischen Machtbestrebungen in Griechenland in Widerspruch bringe, komme nicht in Frage.[61] Folge war, daß etwa die Freiwilligenlegion, welche die griechische Regierung für den Kriegsschauplatz in Rußland zur Verfügung stellen wollte, auf italienischen Wunsch hin abgelehnt werden mußte.[62]

Gleichzeitig ordnete Hitler, der auf militärischem Wege über die kritische Ernährungslage in Griechenland informiert war, an, die Möglichkeit eventueller Lieferungen zu überprüfen. Dies war zwar nicht der von Altenburg erwünschte „Führerentscheid". Doch immerhin fragte Wiehl jetzt im Reichsministerium für Ernährung und

---

[58] Eckert, Fall Marita, S. 81; Olshausen, Zwischenspiel, S. 305.
[59] PA/AA, Handakten Clodius, Griechenland, Bd. 5, R. 105897, S. E226771 – 1.8.1941, Altenburg an AA; vgl.: BA/MA, Wi/IC 1.10, n.p., Brief-Nr. 8184/41 – 11.8.1941, Oberstleutnant Gross: Wirtschaftsbericht über Griechenland: „Starke italienische Konkurrenz in chemischen Artikeln wird aus Athen gemeldet. Die Italiener bedienen sich unlauterer Mittel und behaupten, dass die deutschen chemischen Firmen die Bestellungen nicht effektuieren und nicht liefern können".
[60] Eckert, Fall Marita, S. 81; Olshausen, Zwischenspiel, S. 304 f.
[61] ADAP, D, XIII.1, Dok. 212, S. 271 – 18.8.1941, Ribbentrop an Altenburg und AA; vgl.: ebd., Dok. 246, S. 323 f. – 26.8.1941, RAM an Altenburg.
[62] DDI, 9, VII, Dok. 480, S. 467 – 14.8.1941, Ghigi an Ciano; ADAP, D, XIII.1, Dok. 201, S. 259 f. – 14.8.1941, Ritter an AA u. Botschaft Athen; PA/AA, Büro Staatssekretär, Griechenland, Bd. 2, R. 29612, S. 254 – 15.8.1941, Woermann an Weizsäcker, Ritter u. a.

Landwirtschaft nach, ob nicht eine gewisse Hilfeleistung gegeben werden könne, „wenn dies aus politischen Gründen von höherer Stelle [...] erwünscht" werde.[63]

Die Hauptschwierigkeit lag beim Brotgetreide. Griechenland war auf diesem Sektor niemals autark gewesen: Im Jahr 1938 waren 474.562 t, im Jahr 1939 364.298 t Weizen importiert worden.[64] In der Handelspolitischen Abteilung schätzte man, daß die bevorstehende griechische Ernte 240.000 t Getreide erbringen würde, während der Jahresbedarf des Landes bei 400.000 t liege.[65] Ab März 1942 sollten darum von Bulgarien 140.000 t geliefert werden, da der Getreideüberschuß aus dem früher griechischen und jetzt bulgarischen Thrakien etwa 120.000 t betragen hatte.[66] Die Italiener hatten sich bereit erklärt, Getreide zu liefern, waren dem aber bislang nicht nachgekommen, weil die Griechen nicht bezahlen konnten. In der Handelspolitischen Abteilung des deutschen Außenministeriums überlegte man daher, den Italienern in den kommenden Verhandlungen vorzuschlagen, die Bezahlung in einer Dreiecksverrechnung zu übernehmen, da die Clearing-Schuld gegenüber Griechenland aufgrund der Tabakbezüge immens gewachsen war. Sollte dies nicht möglich sein, so müsse in Betracht gezogen werden, eventuell 10.000 bis 15.000 t Getreide aus Deutschland leihweise zur Verfügung zu stellen.[67] Als die Italiener Ende August darauf bestanden, nur Lebensmittelhilfe zu leisten, wenn das Deutsche Reich mindestens das gleiche Quantum liefere, einigten sich die Achsenmächte zunächst auf eine einmalige Lieferung von jeweils 10.000 t Getreide.[68]

Trotz dieses Zugeständnisses erwies sich die deutsche Seite letztlich aber doch als lieferunwillig. Bulgarien konnte die deutsche Getreidelieferung aufgrund eigener Versorgungsprobleme nämlich nicht übernehmen, so daß das Kontingent schließlich durch eine Lieferung aus dem Banat ersetzt werden mußte. Das Banat-Getreide war aber ursprünglich für das Deutsche Reich gedacht gewesen, so daß das griechische Versorgungsproblem nun plötzlich nach den deutschen Reserven griff. Das Reichsernährungsministerium sperrte sich aber vehement gegen Lieferungen aus deutschen Beständen, da diese zu Lasten der deutschen Lebensmittellage gingen. Am 12. September 1941 beschloß der Handelspolitische Ausschuß daher, von weiteren Lieferungen, die über die zugesagten 10.000 t hinausgingen, vorläufig abzusehen. Der Vertre-

---

[63] PA/AA, Handakten Clodius, Griechenland, Bd. 5, R. 105897, S. E226769 – 24.7.1941, Wiehl an Reichministerium für Ernährung und Landwirtschaft.

[64] Fleischer, Kreuzschatten, S. 118.

[65] Altenburg gab den Importbedarf Griechenlands in Friedenszeiten sogar mit 600.000 t Brotgetreide im Jahr an (PA/AA, Büro Staatssekretär, Griechenland, Bd. 2, R. 29612, S. 176 – 25.5.1941, Altenburg an AA). Bei der Schätzung der Handelspolitischen Abteilung muß es sich also um das absolute Minimum handeln.

[66] ADAP, D, XIII.1, Dok. 155, S. 183 f. – 25.7.1941, Aufzeichnung Wiehl.

[67] Ebd.

[68] PA/AA, Handakten Clodius, Griechenland, Bd. 5, R. 105897, S. E226780 – 22.8.1941, Altenburg an AA.

ter des Vierjahresplanes Göring betonte zudem, daß „vom kriegswirtschaftlichen Standpunkt" aus die Belieferung von Belgien und wahrscheinlich auch von Holland und Norwegen ohnehin wichtiger sein werde als die Griechenlands.[69]

Die Ernährungslage in Griechenland wurde indes nicht besser. Ende September waren von deutscher Seite erst 5000 t des zugesagten Getreides geliefert, von italienischer hatten bisher nur 3600 t Mehl die Hauptstadt erreicht. Zum 9. Oktober mußte in Athen die ohnehin knapp bemessene Brotkarte von 192 gr. auf 96 gr./tgl. herabgesetzt werden.[70] Deutsche und italienische Militärs waren gezwungen, Sicherheitsmaßnahmen zum Schutz der örtlichen Bäckereien zu treffen und den Publikumsverkehr vor den Läden zu regeln.[71] Trotz der anklagenden Berichte Altenburgs, der die deutsche Regierung angesichts der verheerenden Lage in der Pflicht sah,[72] schob die nationalsozialistische Führung Italien nun auch offiziell die Verantwortung für die Region zu. Am 3. Oktober übergab Baron Johann von Plessen dem italienischen Außenministerium „eine recht scharfe Note", um darauf hinzuweisen, daß das Volk von Griechenland Hunger leide und Italien verantwortlich sei für alles, was in der Region geschehe.[73] In der faschistischen Führung, die hilflos hatte zusehen müssen, wie Deutschland den Wettlauf um die griechischen Ressourcen gewann, löste dieser Vorstoß Empörung aus. „Erst tragen die Deutschen den Griechen selbst die Schnürsenkel aus dem Land, und dann wollen sie uns die wirtschaftliche Verantwortung aufdrücken!", erboste sich Mussolini, als ihm sein Außenminister das Dokument vorlegte.[74]

Die griechische Wirtschaft näherte sich dem Kollaps. Am 12. Oktober 1941 meldete Handelsattaché Höfinghoff aus der Dienststelle Altenburg, daß Griechenland nicht mehr imstande sei, irgendwelche Warenmengen an die Achsenmächte auszuführen, da dies unwiderruflich die Auflösung der griechischen Wirtschaft zur Folge habe würde.[75] In einem Vermerk für das Auswärtige Amt führte Höfinghoff aus:

„Griechenland ist seit Beginn der Besetzung successive von allen Waren entblößt worden. Die Wegnahme der Waren als Beute und Prise, der Ausverkauf des Landes durch die Wehrmachtsgelder der Besatzungsmächte, die Ausfuhr der Ware

---

[69] ADAP, D, XIII.2, Dok. 323, S. 419 f. – 15.9.1941, Aufzeichnung Wiehl.

[70] Die italienische Brotkarte lag zu diesem Zeitpunkt bei 200 gr./tgl., die deutsche bei über 300 gr./tgl. (vgl.: Kap. 6 a).

[71] PA/AA, Handakten Clodius, Griechenland, Bd. 5, R. 105897, S. E226801 – 30.9.1941, Altenburg an AA; ebd., Italien, Bd. 9, R. 105921, n.p. – 1.10.1941, Eisenlohr an Botschaft Rom; Ciano, Diario, S. 543 – 9.10.1941.

[72] PA/AA, Büro Staatssekretär, Griechenland, Bd. 2, R. 29612, S. 280 f. – 26.9.1941, Altenburg an Wiehl.

[73] Ciano, Diario, S. 541 f. – 3.10.1941; ADAP, D, XIII.2, Dok. 420, S. 555 – 24.10.1941, Aufzeichnung Eisenlohr.

[74] Ciano, Diario, S. 542 – 4.10.1941.

[75] BArch, R 901/68721, S. 68–70 – 12.10.1941, Vermerk Handelsattaché Höfinghoff.

über Clearing hat Zustände geschaffen, die in kurzer Zeit, falls nicht energische Gegenmaßnahmen getroffen werden, zur Katastrophe führen müssen. Ungeheure Aufblähung des Notenumlaufes einerseits, stärkste Verminderung der Gütermenge andererseits haben zur Zerstörung jeden Preisgefüges geführt."[76]

Sowohl das Deutsche Reich wie auch Italien hatten die griechische Wirtschaft durch die Einführung von Reichskreditkassenscheinen (RKK-Scheinen) und italienischen Drachmennoten (*Cassa Mediterranea di Credito*), durch hohe Besatzungskosten und durch den steten Mißbrauch des Clearings systematisch ausgenommen.[77]

Angaben des Statistischen Reichsamts zufolge stieg die deutsche Clearing-Schuld von 5,9 Milliarden Reichsmark (1940) über 59,1 Milliarden RM (1941) auf 65,5 Milliarden RM im Jahre 1942 an.[78] Die nach Deutschland ausgeführten Waren wurden dabei nur scheinbar, d. h. rein rechnerisch auf dem Papier bezahlt. Eine reale Kompensation der Schuld durch Gegenlieferungen fand nicht statt, praktisch handelte es sich um eine Zwangskreditierung des griechischen Exports.[79] Wie hoch der wirtschaftliche Verlust Griechenlands dabei wirklich zu veranschlagen ist, läßt sich heute kaum mehr ermessen, da man es durchgehend mit manipulierten Zahlenangaben zu tun hat.[80] Die italienisch-griechische Handelsbilanz hingegen wurde von der griechischen Regierung im August 1942 als ausgeglichen bezeichnet. Erst nach der italienischen Kapitulation stellte sich heraus, daß auch die Italiener Schulden gemacht hatten.[81]

Weniger subtil trug auch die Einführung der Besatzungsmark und der italienischen Drachme zum „Ausverkauf Griechenlands" bei. Sowohl das deutsche wie auch das italienische Besatzungsgeld waren parallel zum Einmarsch in Umlauf gebracht worden, um den Kapitalbedarf der Okkupationstruppen zu decken.[82] Im Juli 1941 verzeichneten die in Griechenland zirkulierenden RKK-Scheine bereits einen Wert von 105 Millionen Reichsmark (6,3 Milliarden Drachmen), während die italienischen Drachmen eine Gesamtsumme von 80 Millionen Reichsmark (5 Mil-

---

[76] Ebd., S. 83 f. – 13.10.1941, Vermerk Höfinghoff.
[77] Eckert, Fall Marita, S. 116; zum systematischen Einsatz der RKK-Scheine in besetzten Ländern, erläutert v. a. am Beispiel Frankreichs, vgl.: Götz Aly, Hitlers Volksstaat. Raub, Rassenkrieg und nationaler Sozialismus, Bonn 2005, S. 103–113.
[78] BArch, R 3102/3552, S.1, Angaben Statistisches Reichsamt.
[79] Rainer Eckert, Die wirtschaftliche Ausplünderung Griechenlands durch seine deutschen Okkupanten von dem Beginn der Besetzung im April 1941 bis zur Kriegswende im Winter 1942/43, in: Jahrbuch für Geschichte 36/1988, S. 244.
[80] So verzeichnet das Statistische Reichsamt in den Jahren 1943 und 1944 plötzlich Clearing-Aktiva von 69,3 Mill. RM und 261,9 Mill. RM, die nur durch Rechenspiele zu erklären sind (vgl.: Etmektsoglou, Axis Exploitation, S. 372–375. Etmektsoglous Werte für die Jahre 1940 u. 1944 differieren leicht von den Angaben des Statistischen Reichsamts, sie beruft sich auf eine griechische Quelle).
[81] Etmektsoglou, Axis Exploitation, S. 365 u. S. 375–378.
[82] Ebd., S. 475 f.; Fleischer, Kreuzschatten, S. 119.

liarden Drachmen) erreichten.[83] Am 5. August 1941 einigten sich die beiden Achsenpartner darauf, die neuen Währungen zugunsten der Drachme wieder aus dem Verkehr zu ziehen. Die griechische Regierung hatte die Noten einzuziehen und „entschädigungslos" an Deutschland und Italien abzuliefern.[84] Die Auslagen für die in Griechenland stationierten Truppen sollte das Land fortan durch die direkte Zahlung von Besatzungskosten begleichen.

Diese Anforderung, die für den Monat August auf je 1,5 Milliarden Drachmen festgelegt worden war,[85] stieg angesichts der sich abzeichnenden Inflation rasant und erreichte im Monat November bereits einen Stand von insgesamt 4 Milliarden Drachmen. Die innere Kaufkraft der Drachme nahm ab. Hatte Griechenland vor dem Krieg einen Notenumlauf von 6 bis 8 Milliarden Drachmen, so war er im Herbst 1941 bereits auf über 30 Milliarden gestiegen. Clodius befand daher am 9. November, daß Griechenland die von den militärischen Stellen geforderten Besatzungskosten eigentlich gar nicht leisten könne. Es sei schließlich klar, schloß der deutsche Finanzexperte, daß Griechenland nicht monatlich Zahlungen aufbringen könne, die etwa der Hälfte des Friedens-Notenumlaufs entsprächen.[86]

Bereits Ende Oktober hatte Clodius zudem Bedenken in der Frage der Getreideversorgung angemeldet. Seiner Meinung nach waren diese Probleme nicht dadurch aus der Welt zu schaffen, daß man kurzerhand Italien die Verantwortung übertrug. In der Verteilung der Deutschland zugänglichen Getreidevorräte Europas könne das Deutsche Reich nicht umhin, die Bedürfnisse und Wünsche des Achsenpartners zu berücksichtigen. Jede Zuweisung an irgendein Land gehe im Augenblick unweigerlich zu Lasten der Gesamtversorgung. Wenn also Italien Getreide an Griechenland liefere, so würden automatisch seine Anforderungen an die deutsche Regierung wachsen. Zum Teil treffe die Versorgung Griechenlands daher so oder so das Deutsche Reich.[87]

Daß Clodius gerade im Oktober zu dieser Einsicht gelangte, war kein Zufall. Wenige Tage zuvor hatte Außenhandelsminister Riccardi den deutschen Gesandten konkret um Getreide- und Maislieferungen gebeten, um eine „Hungersnot und Revolten" in Italien zu verhindern. Zur Überraschung der Deutschen gestand der faschistische Partner plötzlich ein, daß auch Italien in eine bedrohliche Versorgungslage hineinsteuerte.[88]

---

[83] Etmektsoglou, Axis Exploitation, S. 478.
[84] PA/AA, Büro Staatssekretär, Griechenland, Bd. 2, R. 29612, S. 306 f. – 9.11.1941, Aufzeichnung Clodius.
[85] Eckert, Fall Marita, S. 117.
[86] PA/AA, Büro Staatssekretär, Griechenland, Bd. 2, R. 29612, S. 306 f. – 9.11.1941, Aufzeichnung Clodius.
[87] Ebd., S. 300 f. – 24.10.1941, Clodius/Bismarck an AA.
[88] PA/AA, Büro Staatssekretär, Italien, Bd. 6, R. 29632, S. 372846 – 21.10.1941, Clodius/Mackensen an AA; vgl.: Kap. 6 a.

Ausschlaggebend für die neue Linie des Außenministeriums war also nicht das Eingeständnis der moralischen Verantwortung, Griechenland zu helfen, sondern die bloße Erkenntnis der politisch und wirtschaftlich bedingten Notwendigkeit. Schließlich sei auch nicht zu vergessen, daß Deutschland rund zwei Drittel der griechischen Ausfuhr beziehe, gab Clodius zu bedenken. Sollte Deutschland tatsächlich die gesamte Versorgungspflicht auf Italien abwälzen, würden die Italiener im Gegenzug die griechische Ausfuhr nach Deutschland sperren. Das Deutsche Reich riskiere daher eine „erhebliche wirtschaftliche Schädigung", ohne letzten Endes der Belastung durch die griechische Versorgung zu entgehen.[89]

Und tatsächlich kündigte Ghigi, der in der deutsch-italienischen Gewaltenteilung ohnehin die Wurzel allen Übels sah,[90] am 15. November an, daß Italien die Kontrolle über den griechischen Verwaltungsapparat übernehmen würde, wenn Deutschland ihm die Verantwortung für die Ernährung allein aufbürde.[91]

Inzwischen verschlimmerte sich die Lage in Griechenland. Mit dem Einsatz des Winters begann sich die Hungersnot in voller Schärfe auszuwirken. In Athen starben die Menschen auf offener Straße.[92] Als Graf Ciano das Problem während der deutsch-italienischen Gespräche Ende November thematisierte, gab sich Ribbentrop unwissend und desinteressiert.[93] Lediglich Göring nahm dem italienischen Außenminister gegenüber kein Blatt vor den Mund, sondern erklärte frank und frei, von deutscher Seite aus sei nichts zu machen. Das Reich könne sich nicht über Maß mit dem Hunger der Griechen beschäftigen. Dies sei ein Unglück, das noch viele andere Völker treffen würde.[94]

Zählungen des italienischen Militärs zufolge beklagten die Städte Athen und Piräus im Dezember 1941 täglich etwa 70 Tote. Allein im Monat Dezember verstarben in den beiden Städten 2170 Menschen, nicht weniger als 60 davon im öffentlichen Raum.[95] Laut Angaben des Internationalen Roten Kreuzes stieg im Winter

---

[89] PA/AA, Büro Staatssekretär, Griechenland, Bd. 2, R. 29612, S. 300 f. – 24.10.1941, Clodius/Bismarck an AA. In das gleiche Horn stieß Altenburg: in der Gesamtbilanz würde sich für Deutschland „ein starkes Verlustgeschäft" ergeben (ebd., S. 313 f. – 15.11.1941, Altenburg an AA).
[90] Ciano, Diario, S. 543 – 9.10.1941 u. S. 553 – 5.11.1941.
[91] PA/AA, Büro Staatssekretär, Griechenland, Bd. 2, R. 29612, S. 313 f. – 15.11.1941, Altenburg an AA.
[92] Ebd., S. 315 – 16.11.1941, Altenburg an AA; DDI, 9, VII, Dok. 708, S. 727 – 3.11.1941, Venturini an Ciano.
[93] DDI, 9, VII, Dok. 786, S. 800 – 24.–27.11.1941, Ciano an Mussolini; im deutschen Protokoll ist kein Kommentar Ribbentrops zu der Frage vermerkt (ADAP, D, XIII.2, Dok. 501, S. 678).
[94] DDI, 9, VII, Dok. 786, S. 802 – 24.–27.11.1941, Ciano an Mussolini.
[95] USSME, I-4, Racc. 33, fasc.: Situazione alimentare in Grecia, n.p. – 22.1.1942, Rundschreiben MAE. Der Journalist Patuelli spricht von 200 Toten täglich, und in Pirellis Aufzeichnungen wird von mehreren Hunderten pro Tag berichtet. Aus keiner der beiden Quellen geht jedoch hervor, ob mit der Zahlenangabe Athen oder ganz Griechenland gemeint ist (ACS, Micup, Gab, b. 77, fasc.:

1941/42 die Sterblichkeitsrate in den 127 großen Stadtgebieten[96] – mit einer Einwohnerschaft von insgesamt 2.294.509 – um 7800 bis 8500 Personen pro Monat an. D. h., in dem statistisch erfaßten Gebiet[97] starben im Zeitraum Dezember 1941 bis März 1942 pro Tag über 260 Menschen des Hungers.[98]

Das Immunsystem stärkende Nahrungsmittel wie Milchprodukte, tierisches Fett, Eier, Fleisch, Früchte usw. fehlten nahezu komplett, während die vorhandenen kalorienreichen Lebensmittel wie Brot, Gemüse, Zucker und pflanzliche Fette mengenmäßig nicht das notwendige Minimum abdeckten. Infolge der chronischen Unter- und Mangelernährung litten viele Griechen neben der Abmagerung an Hungerödemen, Geschwüren und anderen Vitaminmangelkrankheiten. Die Tuberkulose griff zunehmend um sich. Laut italienischen Militärärzten stieg angesichts des Vitaminmangels die Gefahr einer epidemischen Ausbreitung der Grippe und der Lungenentzündung. Sollte sich die Ernährungslage zum Frühjahr nicht verbessern, sahen die Ärzte eine Verschlimmerung der Malariaseuche und die Zunahme von Typhusinfektionen voraus.[99] Gleichzeitig erschwerte eine Kältewelle den Griechen das Überleben. Da die Transportprobleme zudem nicht nur die Getreide-, sondern auch die Kohleversorgung betrafen, konnte Athen zeitweise nicht mit Strom versorgt werden.[100]

Trotz der Not im eigenen Land bemühte sich Italien, seine Hilfslieferungen fortzusetzen. Ende September waren aus eigenem Bestand 12.556 t Getreide geliefert oder wenigstens verschifft worden. Dies entsprach der doppelten Menge dessen, was

---

Lettere al Prefetto Luciano, n.p. – 16.1.1942, Patuelli an Luciano; Pirelli, Taccuini, S. 318 – 3.11.1941).

[96] Athen u. Umgebung (34 Gemeinden), das griechische Festland und Euböa (19), Peloponnes (19), Thessalien (9), Makedonien (14), Epirus (9), Kreta (3), die Inseln (20).

[97] Mit den Zahlen kann nicht ganz Griechenland erfaßt sein, da die Gesamtbevölkerung nach der Volkszählung vom 16. Oktober 1940 bei 7.350.000 lag (Dimitri Kitsikis, La famine en Grèce (1941–1942). Les conséquences politiques, in: Revue d'histoire de la Deuxième Guerre mondiale 19.74/1969, S. 17).

[98] Ravitaillement de la Grèce pendant l'occupation 1941–1944 et pendant les premiers cinq mois après la libération. Rapport final de la Commission de Gestion pour les Secours en Grèce sous les auspices du Comité International de la Croix-Rouge, redigiert v. Bengt Helger, Athen 1949, S. 36–38. Brunello Mantelli zitiert die Zahlen falsch, wenn er von 10.000 Hungertoten monatlich allein in der Hauptstadt spricht: Irrtümlicherweise bezieht er die Angaben des IRK nur auf Athen und vergißt zudem, die natürliche Todesrate abzuziehen (Brunello Mantelli, Die Italiener auf dem Balkan 1941–1943, in: Christof Dipper/Lutz Klinkhammer/Alexander Nützenadel (Hg.), Europäische Sozialgeschichte. Festschrift für Wolfgang Schieder, Berlin 2000, S. 60).

[99] USSME, I-4, Racc. 33, fasc.: Situazione alimentare in Grecia, n.p. – 22.1.1942, Rundschreiben MAE; vgl. den ausführlichen Bericht „Die Folgen der Unterernährung in Griechenland" von Prof. Dr. Gregor P. Hadjivassiliou, in: PA/AA, HaPol IV a, Griechenland, Landwirtschaft 26,1, R. 110427, n.p. – Dez. 1941 (Athen).

[100] ACS, Micup, Gab, b. 77, fasc.: Lettere al Prefetto Luciano, n.p. – 16.1.1942, Patuelli an Luciano; zur Brennstoffversorgung und dem Kohlemangel vgl.: Olshausen, Zwischenspiel, S. 250–253.

das Deutsche Reich bis dahin aus dem Banat hatte kommen lassen.[101] Im November verließen weitere fünf Schiffe Italien, zwei waren im Beladen begriffen, zwei zur Beladung vorgesehen.[102] Am 17. November versprach auch Clodius weitere deutsche Lieferungen von u. a. 10.000 t Weizen zum Ende des Jahres,[103] doch lediglich 2824 t Getreide trafen in den Monaten November und Dezember in Griechenland ein. Italien lieferte in denselben Monaten 10.128 t Brotgetreide, 2950 t Saatgetreide und 450 t Reis.[104] Im Januar 1942 wurden zwei italienische Schiffe mit ca. 14.000 t Getreide, Medizin und Treibstoff auf ihrem Weg nach Griechenland von den Briten versenkt.[105] In einer spontanen Geste gab Mussolini Ende Januar Weisung, 200 t Mehl, 20 t Käse, 50 t Zwieback und 100.000 Dosen Fleisch aus dem militärischen Vorrat zu nehmen und an die griechische Bevölkerung zu verteilen.[106] Deutsche Lieferungen aus Serbien konnten derweil aufgrund von starken Schneeverwehungen nicht durchgeführt werden.[107] Auf die Zusagen Clodius' wurde daher im römischen Außenministerium nicht mehr viel gegeben. Das von Italien gesandte Getreide müsse eben so lange ausreichen wie nur möglich, schrieb Ciano dem italienischen Bevollmächtigten Anfang März. Hilfe für Griechenland erwartete der Außenminister jetzt eher vom Roten Kreuz.[108]

Dieses konnte im Jahre 1942 endlich die lang anvisierten Maßnahmen einleiten: die einzige internationale Hilfsaktion, die im Zweiten Weltkrieg stattfand.[109] Den gesamten Winter 1941/42 waren Lieferungen durch das Mittelmeer nicht möglich gewesen, da die Briten trotz wiederholter Bitte des Vatikans ihre Blockadepolitik aufrechterhielten.[110] Erst als sich die griechische Regierung sowie Vertreter der Exilregie-

---

[101] PA/AA, Büro Staatssekretär, Griechenland, Bd. 2, R. 29612, S. 288–291 – 10.10.1941, Mackensen an AA. Der größte Teil dieser Lieferungen ging allerdings nicht an das griechische Festland, sondern an die Ionischen Inseln, Shamuria und die Inselgruppen Sporaden und Kykladen.

[102] DDI, 9,VII, Dok. 782, S. 794 f. – 25.11.1941, Host Venturi an Mussolini. Insgesamt handelte es sich um einen Transport von 7435 t Getreide, 3021 t Mehl, 80 t Teigwaren, 60 t Reis und 50 t Mais.

[103] PA/AA, Handakten Clodius, Griechenland, Bd. 5, R. 105897, S. E226839 – 17.11.1941, Clodius an Altenburg.

[104] BArch, R 901/68610, S. 3 – 18.2.1942, Altenburg an AA.

[105] Medlicott, Economic Blockade, II, S. 266, FN 2.

[106] DDI, 9, VIII, Dok. 202, S. 216 – 26.1.1941, Ciano an Ghigi; ebd., Dok. 214, S. 239 – 29.1.1941, Venturini an Ciano. Eine ähnliche Order hatte Mussolini schon wenige Monate zuvor gegeben (Angelo Martini, La fame in Grecia nel 1941 nella testimonianza dei documenti inediti vaticani, in: La Civiltà cattolica 118.2799/1967, S. 226 FN 35).

[107] BArch, R 901/68624, S. 8 – 29.1.1941, Martius an HaPol.

[108] DDI, 9, VIII, Dok. 323, S. 356 – 1.3.1942, Ciano an Ghigi.

[109] Vgl.: Conrad Roediger, Die internationale Hilfsaktion für die Bevölkerung Griechenlands im Zweiten Weltkrieg, in: VfZ 11.1/1963, S. 49–71.

[110] ADSS, VIII, Dok. 157, S. 288 f.; ebd., Dok. 174, S. 313 f. – 17.10.1941; ebd., Dok. 177, S. 319 f.; ebd., Dok. 198, S. 343 f.; ebd., Dok. 207, S. 353–358 – 20.9.1941–24.11.1941, Brief-

rung direkt an Churchill und Roosevelt wandten und energisch für die Aufhebung der Mittelmeerblockade plädierten, sah sich die britische Regierung gezwungen, ihre Einstellung zu ändern.[111] Offiziell hatte Großbritannien bis dahin die Auffassung vertreten, daß nach der Haager Landkriegsordnung von 1907 die Besatzer eines Landes die Verantwortung für dessen Ernährung übernehmen müßten. Dieser bürokratische Ansatz war freilich nicht ohne Kalkül: Intern hatte das *Foreign Office* nämlich darauf spekuliert, daß Hunger, Seuchen und eventuelle Aufstände den Achsenmächten in den besetzten Gebieten Schwierigkeiten bereiten würden.[112]

Nach dem britischen Einlenken war es Ende März erstmals möglich, daß ein neutraler schwedischer Dampfer mit einer Hilfssendung von 7000 t Getreide in Griechenland anlegte.[113] Laut Planung des Internationalen Roten Kreuzes sollten fortan jeden Monat 15.000 t Weizen oder Mehl aus Kanada geliefert werden.[114] Da sich jedoch die USA, Großbritannien, Deutschland und Italien zunächst auf eine Verfahrensform einigen mußten, sollten noch Monate vergehen, bis die Hilfsaktion kontinuierlich durchgeführt werden konnte.[115] Erst ab September 1942 kam es zu den regelmäßigen und umfangreichen Lieferungen des Roten Kreuzes, die im Winter 1942/43 die Ernährungslage der Griechen erheblich verbessern sollten.[116]

Wieviele Menschen der Hungersnot letztlich zum Opfer fielen, ist heute schwer einzuschätzen, zumal manche Familien ihre Toten heimlich in der Nacht begruben, um die Lebensmittelkarten nicht zu verlieren.[117] Im Oktober 1942 lancierte die BBC

---

wechsel zwischen dem vatikanischen Staatssekretariat und der britischen Legation am Heiligen Stuhl. Im Einzelfall gelang es dem rührigen IRK allerdings öfter, London Geleitscheine für Lieferungen von Getreide, Milchprodukten, Vitaminen und Medizin abzuringen (Roediger, Hilfsaktion, S. 57).

[111] Etmektsoglou, Axis Exploitation, S. 447–450; Fleischer, Kreuzschatten, S. 123. Zeitgleich verstärkte auch der Vatikan seine Bemühungen (DDI, 9, VIII, Dok. 223, S. 249 f. – 31.1.1942, Babuscio Rizzo an Ciano). Unangenehm verzerrt und fehlerhaft gibt Götz Aly die Geschehnisse wieder, wenn er die erfolgreiche Einleitung der Hilfsaktion allein den Bemühungen des deutschen Sonderbeauftragten Hermann Neubacher zuschreibt (Aly, Hitlers Volksstaat, S. 280).

[112] Fleischer, Kreuzschatten, S. 121; Eckert, Fall Marita, S. 141.

[113] Eckert, Fall Marita, S. 147 f.; vgl.: DDI, 9, VIII, Dok. 323, S. 356 – 1.3.1942, Ciano an Ghigi.

[114] DDI, 9, VIII, Dok. 372, S. 417 f. – 16.3.1942, Schwedische Legation, Rom, an MAE.

[115] Vor allem die Tatsache, daß die italienische Regierung nicht einem schwedischen Komitee die Verteilung des Getreides vor Ort überlassen wollte, sondern die bereits vorhandene griechische IRK-Gruppe bevorzugte, führte zu einer erheblichen Verzögerung (vgl.: DDI, 9, VIII, Dok. 517, S. 570 – 5.5.1942; ebd., Dok. 523, S. 574 – 7.5.1942; ebd., Dok. 529, S. 577 f. – 11.5.1942; ebd., Dok. 570, S. 624 – 28.5.1942; ebd., Dok. 647, S. 707 – 23.6.1942; außerdem: Fleischer, Kreuzschatten, S. 124 f.).

[116] Etmektsoglou, Axis Exploitation, S. 454 f.; Eckert, Fall Marita, S. 148–150; Fleischer, Kreuzschatten, S. 126. Im Rahmen der Aktion wurden bis März 1945 über 611.608 t Lebensmittel nach Griechenland eingeschifft (Ravitaillement de la Grèce, S. 239).

[117] ACS, Micup, Gab, b. 77, fasc.: Lettere al Prefetto Luciano, n.p. – 22.2.1942, Patuelli an Luciano; vgl.: Etmektsoglou, Axis Exploitation, S. 436 u. S. 442.

eine Zahl von über 500.000 Hungertoten, die aber bereits im Folgemonat vom Vatikan als übertrieben eingestuft wurde[118] und als Kriegspropaganda bewertet werden muß. Im Schnitt gehen historische Studien heute von ca. 360.000 Griechen aus, die in der deutsch-italienischen Besatzungszeit an Hunger starben,[119] wobei der gesundheitliche Schaden, den Teile der Bevölkerung aufgrund der chronischen Mangelernährung davontrugen, statistisch nicht zu erfassen ist.[120]

Ebenso kaltblütig wie in die Hungersnot ließ Berlin Griechenland auch in die Inflation laufen. Im Außenministerium, in dem Clodius die Katastrophe bereits im November 1941 angekündigt hatte, ergriff man trotz aller Bedenken keine Gegenmaßnahmen.[121] Griechenland diente jetzt als Durchgangs- und Versorgungsbasis für das deutsche Afrikakorps. Zusätzlich zu der Versorgung der in Griechenland stationierten Truppen mußten die an Deutschland zu zahlenden Besatzungskosten daher auch die Finanzierung strategischer Bauten und Reparationen der Marine und der Luftwaffe decken.[122] Veränderungen der Kriegslage schlugen unmittelbar in einer Erhöhung der Besatzungskosten zu Buche. So trugen etwa der britische Vormarsch in Nordafrika vom 18. November bis zum 6. Januar 1942 und der deutsch-italienische Gegenstoß im Januar 1942 dazu bei, daß die deutsche Wehrmacht Besatzungskosten nachforderte. Allein für den Monat Dezember 1941 hatten die Griechen eine Milliarde, für den Monat Januar 1942 drei Milliarden Drachmen nachzubezahlen.[123] Die deutschen Militärs nahmen keine Rücksicht auf die Tatsache, daß Griechenland wirtschaftlich und finanziell längst am Ende war. Es waren die Italiener, die im Januar 1942 darauf drängten, die Besatzungskosten auf ein Maximum von monatlich 1,5 Milliarden Drachmen zu reduzieren, d. h. 725 Millionen pro Besatzungsmacht.[124]

---

[118] ADSS, VIII, Dok. 498, S. 671 – 3.10.1942, Note der britischen Legation; ebd., Dok. 549, S. 722 – 24.11.1942, Roncalli, Athen, an Kardinal Maglione.

[119] Alle diese Studien stützen sich – direkt oder über Umwege – auf die staatliche Schätzung, die im Rahmen der Friedenskonferenz von 1946 erschien (Les sacrifices de la Grèce pendant la guerre (1940–1945), hrsg. v. Édition de la Ligue „La Paix par la justice", Athen 1946, S. 13; vgl. z. B.: Etmektsoglou, Axis Exploitation, S. 442–443; Kitsikis, Famine en Grèce, S. 17). Es muß darauf hingewiesen werden, daß der groteske Bilderbuchcharakter der Schrift keinen vertrauenswürdigen Eindruck hinterläßt. Doch wird in der Einleitung ausdrücklich darauf verwiesen, daß die Zahlen von der UNRRA (*United Nations Relief and Rehabilitation Administration*), dem Roten Kreuz und anderen unabhängigen Organisationen geprüft wurden. Allein der Historiker Hagen Fleischer vertritt die These, daß die Zahl der Toten unter 100.000 gelegen haben müsse (Fleischer, Kreuzschatten, S. 118).

[120] Etmektsoglou, Axis Exploitation, S. 443.

[121] PA/AA, Büro Staatssekretär, Griechenland, Bd. 2, R. 29612, S. 306 f. – 9.11.1941, Aufzeichnung Clodius.

[122] Gabriella Etmektsoglou, Gli alleati dissonanti. L'Asse e i costi dell'occupazione della Grecia, in: Italia contemporanea 209–10/1997/1998, S. 115; Eckert, Ausplünderung, S. 256 f.

[123] Eckert, Fall Marita, S. 120 f. u. S. 131.

[124] PA/AA, HaPol IV a, Griechenland, Finanzwesen 16-1, Bd. 8, R. 110293, n.p. – 21.1.1942, Clodius/Mackensen an AA. Tatsächlich schlugen die Italiener zunächst eine Beschränkung auf 1 Milliarde Drachmen vor und erklärten sich erst auf deutsche Einwände hin bereit, den Betrag zu erhöhen.

Obwohl Clodius das Ansinnen befürwortete,[125] gelang es dem OKW in den folgenden Wochen den Vorschlag so weit zu verwässern,[126] daß der Betrag schließlich nur noch als „Abschlagszahlung" galt. Eine endgültige Regelung würde nach dem Krieg getroffen, hieß es. In den deutsch-italienischen Verhandlungen vom März 1942 wurden die Besatzungskosten daher nicht nur auf die gewünschte Höhe reduziert, sondern zugleich vereinbart, daß die griechische Regierung darüber hinausgehende Kosten künftig als zinsfreies Darlehen auf ein zweites Konto einzuzahlen habe.[127] Im Endeffekt entsprach die Vereinbarung daher nur einer Schönheitskorrektur, die allenfalls verschleiern konnte, daß Deutschland mit seinen unangemessenen Forderungen die Haager Landkriegsordnung brach.[128]

Auch in den Folgemonaten stiegen die deutschen Besatzungskosten weiter an. Obwohl Italien in Griechenland mit fast doppelt so vielen Soldaten wie das Deutsche Reich vertreten war,[129] trieb es bis zum 31. Juli 1942 nur 22 Milliarden Drachmen Besatzungskosten ein, während Deutschland im selben Zeitraum 73 Milliarden erhielt. Ende 1942 sollte Griechenland insgesamt 264 Milliarden Drachmen an die Achsenmächte bezahlt haben.[130]

Als die Griechen feststellten, daß sie mit ihren Protesten in Berlin auf taube Ohren stießen, wandten sie sich Mitte des Jahres zunehmend an die italienische Regierung.[131] Diese erhöhte daraufhin den diplomatischen Druck auf Berlin, indem sie die deutschen Stellen in Rom und Athen wiederholt darauf hinwies, daß die Drachme und das griechische Wirtschaftssystem auf einen Zusammenbruch zusteuerten.[132] Doch selbst das persönliche Schreiben Mussolinis vom 22. Juli 1942, in welchem dieser Hitler eindringlich schilderte, daß Griechenland am Rande einer finanziellen und damit wirtschaftlichen und politischen Katastrophe stehe, welche allein durch eine Senkung der

---

[125] Clodius: „Meine Auffassung ist, daß es politisch und psychologisch sowohl Italienern als auch Griechen gegenüber nicht klug wäre, auf Festsetzung einer höheren Monatsleistung als 1,5 Milliarden Drachmen zu bestehen." (ebd.)

[126] Etmektsoglou, Axis Exploitation, S. 492–494.

[127] PA/AA, Handakten Wiehl, Italien, Bd. 15.2, R. 106180, S. 405677 f. – 14.3.1942, Verhandlungsprotokoll.

[128] Vgl.: Zwölf auf der Zweiten Haager Friedenskonferenz abgeschlossene Abkommen, in: Reichsgesetzblatt 1910, S. 148 § 49: „Erhebt der Besetzende in dem besetzten Gebiet [...] Auflagen in Geld, so darf dies nur zur Deckung der Bedürfnisse des Heeres oder der Verwaltung dieses Gebietes geschehen".

[129] Die italienischen Truppen erreichten eine Anzahl von 160.000 Mann, die deutschen gerade 80.000 (Etmektsoglou, Alleati, S. 116).

[130] Eckert, Fall Marita, S. 130. Eckert weist darauf hin, daß die Angaben in den verschiedenen Quellen variieren. Es kann sich folglich nur um Näherungswerte handeln, die einen Eindruck von der Verteilungslage vermitteln sollen.

[131] PA/AA, Büro Staatssekretär, Griechenland, Bd. 3, R. 29613, S. 39–40 – 9.7.1942, Mackensen an AA.

[132] DDI, 9, IX, Dok. 53, S. 61–63 – 21.8.1942, Pietromarchi an Giannini.

Besatzungskosten verhindert werden könne,[133] erntete nur warme Worte. Er teile die Sorge um die griechische Währung und das griechische „Problem", antwortete Hitler am 4. August ausweichend. Doch müsse der „Duce" wissen, daß die deutschen Besatzungskosten im wesentlichen in die Wiederherstellung von Straßen, Brücken und Eisenbahnanlagen, in die Ausgestaltung von Flugplätzen und die Wiederherstellung von zerstörten Hafenanlagen fließe – Baumaßnahmen, die dem griechischen Volk letztlich selbst zugute kämen. Aus diesem Grunde, so Hitler, sei der Terminus „Besatzungskosten" völlig irreführend.[134]

Letzten Endes führte die aus dem Briefwechsel resultierende Umbenennung der Abgaben in „Aufbaukosten"[135] aber nicht zu einer Stabilisierung der griechischen Finanzlage. Sämtliche Versuche des Auswärtigen Amtes, beim OKW eine Reduzierung der Besatzungskosten zu erreichen, scheiterten trotz vorläufiger Zusagen.[136] Obwohl sowohl Hitler als auch dem Außenministerium das Argument Mussolinis[137] einleuchtete, daß die Erhaltung von Ruhe und Ordnung in Griechenland von strategischer Bedeutung sein konnte, hatte die Finanzierung der kriegswichtigen Ausgaben, v. a. der Marine, Ende 1942 weiterhin oberste Priorität.[138] Italienische Einwände gegen dieses Vorgehen wurden von der deutschen Führung übergangen.[139]

Wirkliche Zugeständnisse an den Achsenpartner rang sich die deutsche Regierung in Griechenland nur schwer ab. Wie im Falle des übereilten Waffenstillstandsabkommens, der wirtschaftlichen Sicherungsmaßnahmen und nicht zuletzt der Besatzungskosten waren es zumeist die deutschen Militärs, die den italienischen Wünschen nicht eine Handbreit entgegenkommen mochten. In welche Absurditäten sich die Blockadehaltung der Militärs bisweilen verstieg, wird besonders deutlich am Beispiel des Hafens von Piräus, der trotz der Übergabe Athens und der Attika unter deutscher Kontrolle stand.

Wiederholt hatten die Italiener darum gebeten, ihnen in dem bedeutenden Hafen ausreichende Aus- und Einlademöglichkeiten zur Verfügung zu stellen. Der von den

---

[133] ADAP, E, III, Dok. 122, S. 212 f. – 22.7.1942, Mussolini an Hitler; vgl.: Ciano, Diario, S. 637 f. – 22.7.1942.
[134] ADAP, E, III, Dok. 153, S. 263 f. – 4.8.1942, Hitler an Mussolini.
[135] Ebd., Dok. 268, S. 457 – 4.9.1942, Rintelen an AA.
[136] Etmektsoglou, Axis Exploitation, S. 501–506; Eckert, Fall Marita, S. 123–132.
[137] ADAP, E, III, Dok. 122, S. 213 – 22.7.1942, Mussolini an Hitler; ebd., Dok. 276, S. 469 – 9.9.1942, Mackensen an AA.
[138] DDI, 9, IX, Dok. 123, S. 128 f. – 14.9.1942, Alfieri an Ciano; ADAP, E, III, Dok. 287, S. 491 – 14.9.1942, Aufzeichnung Ritter; ebd., Dok. 301, S. 517, Rintelen an AA.
[139] DDI, 9, IX, Dok. 218, S. 225 f. – 13.10.1942 u. Dok. 224, S. 231 f. – 15.10.1942, jeweils Giannini an Ciano; PA/AA, Büro Staatssekretär, Griechenland, Bd. 3, R. 29613, S. 250–253 – 11.10.1942, Ribbentrop an Mackensen. Giannini, der befürchtete, daß die Konsequenzen gänzlich zu Lasten Italiens gehen würden, überlegte sogar, ob es Italien nicht günstiger käme, die griechischen Besatzungskosten ans Deutsche Reich selbst zu bezahlen.

Deutschen zugestandene Abschnitt war zu kurz, zumal die Zufahrt durch versunkene Schiffe erschwert wurde.[140] Teilweise müßten italienische Dampfer wochenlang mit der Ausladung warten, teilte der italienische Verkehrsminister mit.[141] Ein völlig überflüssiges Problem, verfügte Piräus doch über eine Kaimauer von mindestens 17 km Länge. Botschafter von Mackensen, der im Januar 1942 die offizielle Bitte der italienischen Regierung weiterleitete, betonte daher, daß es seiner Meinung nach schon in der Vergangenheit nicht berechtigt gewesen sei, „Italien von diesen 17 km nur 100 m im Vorhafen und zwar an der ungünstigsten Stelle" einzuräumen. Die Italiener hätten berechtigten Grund zur Klage.[142] Doch in den Kreisen der deutschen Seekriegsleitung sah man dies nicht so. Über vier Wochen mußte Mackensen verfolgen, wie die Marine seiner Anfrage unter den verschiedensten Begründungen auswich. Offenbar sei diese Frage von den militärischen Stellen nicht zu klären, hielt der Botschafter schließlich lakonisch fest. Ihm bleibe folglich nichts anderes übrig, als der italienischen Regierung eine endgültige Ablehnung auszusprechen, warnte er das Außenministerium.[143] Daraufhin aber reagierten die Berliner Diplomaten, so daß den Italienern Mitte März endlich eine eigene Kaimauer von 275 Metern Länge gewährt wurde.[144]

Zugeständnisse an die Italiener wurden nur aus politischen Gründen gemacht und gingen daher stets vom Auswärtigen Amt aus. In der Handelspolitischen Abteilung der Behörde entwickelte Clodius seit Oktober 1941 zunehmend Verständnis für die italienische Position. Im Februar 1942 mußte er selbst zugeben, daß

„es natürlich ein zwischen Bundesgenossen anfechtbarer Vorfall [ist], wenn der eine Partner unmittelbar vor Überlassung eines Gebiets an den anderen derartig langfristige Verträge über wichtige Rohstoffvorkommen abschließt, wie wir dies unmittelbar vor Abtretung [der] Besetzung Griechenlands an Italien getan haben".[145]

Die Italiener fühlten sich von den Deutschen wirtschaftlich übervorteilt und schlugen eine aggressivere Gangart ein. Im Dezember 1941 versuchten sie, deutsch-griechische Verträge zu unterlaufen, indem sie den Lieferanten günstigere Angebote machten. Statt der deutschen Clearing-Abrechnung sollten die Produzenten für ihr Chromerz

---

[140] BArch, R 901/68623, S. 18 f. – 23.1.1942, Clodius/Mackensen an AA.
[141] PA/AA, Büro Staatssekretär, Italien, Bd. 7, R. 29633, S. 332099 f. – 24.2.1942, Mackensen an AA.
[142] BArch, R 901/68623, S. 18 f. – 23.1.1942, Clodius/Mackensen an AA.
[143] PA/AA, Büro Staatssekretär, Italien, Bd. 7, R. 29633, S. 332099 f. – 24.2.1942, Mackensen an AA.
[144] PA/AA, Handakten Wiehl, Italien, Bd. 15.2, R. 106180, S. 405690 – 14.3.1942, Protokoll der dt.-ital. Vereinbarungen über Griechenland.
[145] Ebd., Bd. 14, R. 104178, n.p. – 5.2.1942, Clodius/Mackensen an AA.

Lebensmittel, Treibstoff, Eisen- und Stahlmaterialien aus Italien erhalten.[146] Für den Februar 1942 verlangten sie Nachverhandlungen über die Aufteilung der griechischen Wirtschaft, insbesondere der Bergwerksinteressen. Die italienischen Verhandlungsführer forderten die Überlassung sämtlicher Rechte in Griechenland.[147]

Obwohl die Forderung in diesem Ausmaß abgelehnt wurde, war man auf deutscher Seite zu Konzessionen bereit. So wurden den Italienern zunächst die landwirtschaftlichen Kopais-Betriebe abgetreten[148] und nach langwierigen Verhandlungen im März 1942 sämtliche Blei-, Zink- und Eisenminen, Braunkohle-, Bauxit- und Barytgruben, die im italienischen Besatzungsgebiet lagen. Die Produktion von Chromerz, Schwefelkies und Magnesit wurde fortan – bei Sicherung der deutschen Bedürfnisse – geteilt. Letztlich mußten den Italienern bei den Verhandlungen größere Zugeständnisse gemacht werden als beabsichtigt, denn ursprünglich hatte Clodius die Kontrolle über die Bauxit- und Chromerzförderung auf keinen Fall preisgeben wollen.[149]

Trotz dieses Verhandlungserfolgs der Italiener blieb Deutschland zunächst der wichtigste Handelspartner der Griechen. Insgesamt 76 Prozent des griechischen Exports flossen im Jahre 1942 ins Deutsche Reich, während nur 17 Prozent nach Italien gingen. Erst in den anschließenden acht Monaten zahlte sich die Hartnäckigkeit der Italiener aus. Zum Zeitpunkt der Kapitulation Italiens (8. September 1943) waren die Ausfuhranteile der beiden Länder etwa gleich.[150]

In der Schlußbilanz ist festzustellen, daß Italien wirtschaftspolitisch weit schonender mit Griechenland umging als das Deutsche Reich. Anders als Deutschland hatte die faschistische Regierung ein langfristiges Interesse an der Region. Griechenland war zum Teil des „Italienischen Lebensraums" erklärt worden und sollte wirtschaftlich funktionsfähig bleiben. Ziel war schließlich eine „intime Kollaboration" im neugeordneten Europa.[151] Die Italiener verfuhren daher weitaus diskreter beim Aufkauf griechischer Produkte[152] und protestierten heftigst gegen die hohen Besatzungskosten der Deutschen, welche die griechische Drachme in die Inflation trieben. In Rom wußte man genau, daß der Hauptleidtragende von politischen Krisen und Aufständen in der Region die italienische Regierung und nicht der deutsche Partner sein wür-

---

[146] PA/AA, Handakten Clodius, Griechenland, Bd. 5, R. 105897, n.p. – 23.12.1941, Clodius an AA.
[147] BArch, R 901/68612, S. 14 – 26.1.1942, Müller, HaPol, an Dr. Fest, Athen; Eckert, Fall Marita, S. 82 f.
[148] BArch, R 901/68959, S. 3 f. – 29.1.1942 u. S. 5 – 5.2.1942, jeweils Clodius/Mackensen an AA.
[149] Eckert, Fall Marita, S. 83 f.
[150] Fleischer, Kreuzschatten, S. 66. Dieser späte Ausgleich resultiert wahrscheinlich daraus, daß sich die Deutschen großzügige Übergangsfristen einräumten. So wurden die Kopais-Betriebe dem italienischen Verwalter z. B. erst am 1. Oktober 1942 komplett übergeben (BArch, R 901/68959, S. 5 – 5.2.1942, Clodius/Mackensen an AA).
[151] DDI, 9, VII, Dok. 264, S. 255 – 17.6.1941, Ciano an Ghigi.
[152] Eckert, Fall Marita, S. 70.

de.¹⁵³ Aus dem gleichen Grund war Italien während der Hungersnot auch eher zu Hilfsmaßnahmen bereit.

Verwaltungstechnisch hätte die faschistische Regierung Griechenland dagegen gern enger an sich gebunden, stieß aber auf den Widerstand der Nationalsozialisten, die um ihren wirtschaftlichen Einfluß in der Region fürchteten. Die geteilte Herrschaft über Griechenland erwies sich langfristig als steter Quell von Unfrieden, zumal die deutsche Wehrmacht auf Griechenland stärker Einfluß nahm, als ihr proportional zum besetzten Gebiet zustand. Daß zudem ausgerechnet Thrakien, die Kornkammer Griechenlands, in bulgarische Hand fiel, verkomplizierte die Versorgungsfrage, steter Streitpunkt im Winter 1941/42, zusätzlich.

Der Versuch der deutschen Regierung, einerseits wirtschaftlichen Profit aus dem besetzten Gebiet zu schlagen und andererseits die negativen Folgeerscheinungen auf den italienischen Partner abzuwälzen, schlug in der Quintessenz fehl. Die „fiktive Trennung von wirtschaftlichen Interessen auf der einen und politischen Einfluß- und militärischen Besatzungszonen auf der anderen Seite"¹⁵⁴ erwies sich als undurchführbar. Zu eng war das Deutsche Reich mit Italien liiert, als daß es seine wirtschaftlichen Ziele in dem gesteckten Rahmen hätte durchsetzen können. Die politischen Umstände diktierten eine nicht eingeplante Rücksichtnahme auf italienische Belange: Um die eigenen Truppenverbände freizusetzen, war Italien als Besatzungsmacht zu installieren und politisch zu stärken. Eine Maßnahme, mit der sich die deutsche Führung wenig Sympathie bei den Griechen sowie bei den eigenen Militärs erwarb. Der Versorgungspflicht konnten sich die Deutschen nicht entziehen, da sie feststellen mußten, daß sie auf jeden Fall – indirekt über den deutsch-italienischen Handel – Getreide an die Griechen liefern würden. Und selbst die frühzeitige Sicherung der griechischen Produktion und Wirtschaftsleistung war nicht aufrechtzuerhalten, als das Besatzungsgebiet unter italienische Kontrolle kam.

Die deutsche Wehrmacht zeigte sich diesen politisch motivierten Zugeständnissen oft nicht zugänglich und fuhr gegenüber dem Bündnispartner eine härtere Linie, die sie bisweilen – wie etwa in der Frage der Besatzungskosten – intern auch durchsetzte. Von den Italienern jedoch als „Okkupanten zweiter Klasse" zu sprechen oder sie eventuell die besseren Besatzer zu nennen,¹⁵⁵ verbietet sich von selbst, wenn man verfolgt, wie neben den nationalsozialistischen¹⁵⁶ auch die faschistischen Truppen v. a. ab dem

---

¹⁵³ DDI, 9, IX, Dok. 218, S. 225 f. – 13.10.1942, Giannini an Ciano.

¹⁵⁴ Olshausen, Zwischenspiel, S. 299.

¹⁵⁵ Unter den Griechen schwenkte die Sympathie nach den ersten Anfangsmonaten bald zugunsten der Italiener um (Fleischer, Kreuzschatten, S. 126, S. 78 f. u. 178).

¹⁵⁶ Zu den brutalen Übergriffen und Massenmorden der deutschen Wehrmacht vgl.: Martin Seckendorf, Ein einmaliger Raubzug. Die Wehrmacht in Griechenland – 1941 bis 1944, in: Johannes Klotz (Hg.), Vorbild Wehrmacht? Wehrmachtsverbrechen, Rechtsextremismus und Bundeswehr, Köln 1998, S. 99–115; ders., Verbrecherische Befehle. Die Wehrmacht und der Massenmord an griechischen Zivilisten 1941 bis 1944, in: Bulletin für Faschismus- und Weltkriegsforschung

Jahr 1942 zur direkten Repression der griechischen Bevölkerung schritten und für zahlreiche Massaker und Morde in Griechenland verantwortlich zeichneten.[157]

b. Kroatien

Der Staatsstreich vom 27. März 1941 in Belgrad traf die Achsenmächte völlig überraschend. Erst zwei Tage zuvor hatten die Jugoslawen das Beitrittsprotokoll zum „Dreimächtepakt" unterzeichnet, in Berlin hielt man die Balkanfrage für geregelt.[158] Wie Griechenland, so war auch Jugoslawien ursprünglich kein Ziel deutscher Expansionsabsichten gewesen. Etwa zwei Drittel der jugoslawischen Ausfuhr wurden bereits nach Deutschland und Italien geliefert, eine Ausweitung der Wirtschaftsbeziehungen war kaum noch möglich. Politisch wie wirtschaftlich hatte sich die jugoslawische Regierung eng an die „Achse" gebunden; ein Anlaß, in diese Entwicklung einzugreifen, bestand daher nicht.[159]

Doch der abrupte Führungswechsel in Belgrad änderte die Lage. Plötzlich sah die deutsche Regierung ihre Position auf dem Balkan gefährdet. Hitler beschloß augenblicklich, Jugoslawien niederzuwerfen und als Staatsgebilde zu zerschlagen.[160] Der Vormarsch der deutschen Truppen aus dem bulgarischen Raum sollte aus dem politischen und strategischen Dilemma heraushelfen, welches durch den Putsch entstanden war. Jugoslawien mußte erobert werden, um die Flanke für den Ostfeldzug zu sichern

---

13/1999, S. 3–32; Karl Giebeler/Heinz A. Richter/Reinhard Stupperich (Hg.), Versöhnung ohne Wahrheit? Deutsche Kriegsverbrechen in Griechenland im Zweiten Weltkrieg, Mannheim/Möhnesee 2001.

[157] Les atrocités des quatre envahisseurs de la Grèce, hrsg. v. Office National Hellénique des Criminels de Guerre, Athen 1946, S. 80–124; Rodogno, Nuovo ordine mediterraneo, S. 414 u. S. 428–430; Philip Argenti, The Occupation of Chios by the Germans and their Administration of the Island 1941–1944, Cambridge 1966, S. 304 f.; Mantelli, Balkan, S. 61–63. Eine ausführliche Arbeit zu diesem Thema steht aufgrund der schlechten Quellenlage leider noch aus.

[158] Vogel, Balkan, S. 442–447; Olshausen, Zwischenspiel, S. 38–57. Noch am 26. März erhielt das römische Außenministerium die Meldung, daß es zwar aufgrund der Unterzeichnung zu Unruhen in Jugoslawien gekommen sei, die Regierung die Lage aber völlig im Griff habe (DDI, 9, VI, Dok. 784, S. 752 f. – 26.3.1941, Mameli, Belgrad, an MAE). Dann folgte der Putsch (ebd., Dok. 789, S. 756 u. Dok. 790, S. 757 – jeweils 27.3.1941, Mameli an MAE).

[159] Sundhaussen, Wirtschaftsgeschichte Kroatiens, S. 60 f.; Olshausen, Zwischenspiel, S. 220; vgl. Halder, KTB, II, S. 86 – 3.9.1940: „Nach Ansicht T.[oussaints] kann durch eine militärische Handlung Italiens der Nutzen Jugoslawiens für uns nur geschmälert werden. Jug. steht heute 100 % für unsere Kriegswirtschaft zur Verfügung."

[160] Hitlers Weisungen, S. 106–108 – 27.3.1941, Nr. 25; Halder, KTB, II, S. 330 f. – 27.3.1941; KTB/OKW, I, S. 368 – 27.3.1941. Hitler hatte keine territorialen Ansprüche, wünschte aber, daß es „nie mehr ein Jugoslawien geben dürfe" (ADAP, D, XII.1, Dok. 215, S. 305 – 28.3.1941, Aufzeichnung Hewel).

und ein Überlaufen in das Lager der Alliierten zu verhindern. Angesichts dieser Umstände nimmt es nicht wunder, daß die anschließende „Neuordnung" im jugoslawischen Raum eher „das Ergebnis von Improvisationen und Kompromissen als die Realisierung konkreter Großraumplanungen" war.[161] Jugoslawien wurde nach seiner Eroberung aufgeteilt in ein „buntscheckiges Mosaik verschiedener Interessenszonen mit unterschiedlichem staatsrechtlichem Status".[162] Laut Weizsäcker schienen Hitler und Ribbentrop bei der Neuordnung des Balkans nach dem Prinzip zu verfahren, daß sich keiner mit seinem Nachbarn vertragen dürfe. Dies solle die Bildung der früheren Allianzen verhindern. Der Staatssekretär fragte sich allerdings schon Ende April, wer diesen „Sack voll von Flöhen" im Kriege hüten solle.[163]

Geht man zwei Jahre zurück, scheint es, als beantworte sich diese Frage von selbst: Nach dem „Anschluß" Österreichs hatte Hitler den Italienern gegenüber mehr als einmal betont, daß die Adria und das Mittelmeer in die italienische Interessensphäre fielen. Deutschland würde, so bekräftigte Ribbentrop im März 1939, in den Mittelmeerländern niemals eine von Italien unabhängige Politik betreiben. „Ebenso wie sich [...] der Duce an der Tschechei desinteressiert hat, sind wir an der kroatischen Frage desinteressiert", schrieb er seinem italienischen Kollegen.[164] Göring unterstrich diese Haltung wenige Wochen später: Jugoslawien gehöre „hundertprozentig" zum italienischen Interessengebiet, Deutschland verfolge in der Region nur „seine normalen wirtschaftlichen Interessen".[165]

Im Rahmen der *mare nostro*-Politik, die darauf abzielte, aus der Adria ein italienisches Meer zu machen, richtete sich der Hauptaugenmerk der italienischen Regierung auf Kroatien und die dalmatische Küste. Trotz eines Freundschaftsvertrags mit Jugoslawien kursierte im italienischen Außenministerium auch Anfang 1940 noch der Plan, Kroatien durch einen initiierten Aufstand in ein italienisches Protektorat zu verwandeln[166] – ähnlich wie es mit Albanien bereits gelungen war. Die italienische Intention, Jugoslawien anzugreifen, stieß jedoch im Vorfeld des Griechenlandfeldzuges stets auf das harsche Veto der deutschen Regierung, welche die „Ruhe auf dem

---

[161] Sundhaussen, Wirtschaftsgeschichte Kroatiens, S. 61; Srdjan Trifković, Rivalry between Germany and Italy in Croatia 1942–1943, in: Historical Journal 36.4/1993, S. 879.
[162] Hans Ulrich Wehler, „Reichsfestung Belgrad". Nationalsozialistische Raumordnung in Südosteuropa, in: VfZ 11/1963, S. 73.
[163] Weizsäcker-Papiere, S. 248 – 21.4.1941.
[164] ADAP, D, VI, Dok. 55, S. 53 – 20.3.1939, Ribbentrop an Ciano; vgl.: Ciano, Diario, S. 267 – 17.3. u. S. 269 – 20.3.1939.
[165] ADAP, D, VI, Dok. 205, S. 207 – 15.4.1939, Aufzeichnung der Unterredung Göring – Ciano; ebd., Dok. 211, S. 219 – 18.4.1939, Aufzeichnung der Unterredung Göring – Mussolini – Ciano.
[166] Ciano, Diario, S. 389 – 21.1.1940 u. S. 269 – 20.3.1939; Bottai, Diario, S. 177 – 1.3.1940 u. S. 185 f. – 10.4.1940; Gert Fricke, Kroatien 1941–1944. Der „Unabhängige Staat" in der Sicht des Deutschen Bevollmächtigten Generals in Agram, Glaise v. Horstenau, Freiburg i.B. 1972, S. 15; Ladislaus Hory/Martin Broszat, Der kroatische Ustascha-Staat 1941–1945, Stuttgart 1964, S. 34.

Balkan" unbedingt aufrechterhalten wollte.[167] So groß war das deutsche „Desinteresse" an der Region nicht, daß man den Italienern dort freie Hand gelassen hätte. So mußte etwa Handelsminister Riccardi, als er im Herbst 1940 mehrere Versuche startete, mit Berlin eine Zusammenarbeit in der Großraumwirtschaft herbeizuführen, feststellen, daß ihm seine Gesprächspartner in Detailfragen stets auswichen und eine konkrete territoriale Abgrenzung vermieden.[168] Die deutschen Wirtschaftsinteressen in Jugoslawien waren zu gewichtig, als daß man den italienischen Wünschen entsprechen konnte. In einem Sondergutachten vom Januar 1941 bezeichnete Wirtschaftsexperte Ulrich von Hassell das Gebiet Jugoslawien als „besonders kritischen Punkt". Der Gedanke, Jugoslawien wirtschaftlich aufzuteilen, also etwa Kroatien Italien zuzuweisen und die übrigen Teile Deutschland, erschien ihm nicht nur schwer durchführbar, sondern unter den gegebenen Umständen auch bedenklich.[169] Wenn die deutsche Regierung sich auf die – von italienischen Wirtschaftskreisen gewünschte[170] – gleichberechtigte Zusammenarbeit in Fragen der Industrialisierung und Nutzung der Bodenschätze einließe, dann dürfe dies nur zum Schein geschehen, d. h., „die äußere Parität [müsse] durch das tatsächliche deutsche Übergewicht ungefährlich gemacht werden."[171]

Ähnlich wie im Fall Griechenland vollführte die deutsche Regierung nach der „Zerschlagung" des jugoslawischen Staates daher auch in Kroatien eine Gratwanderung zwischen dem offiziell bekundeten Desinteresse an der Region und den tatsächlich vorhandenen Wirtschaftsinteressen. Nach der Gründung des „Unabhängigen Staates Kroatien" (USK) akzeptierte die deutsche Führung ohne Einwände, daß sich der italienische Wunschkandidat Ante Pavelić gegen den deutschfreundlichen Slavko Kvaternik als Regierungschef durchsetzte.[172] Pavelić war der Gründer der kroatischen *Ustaša*-Bewegung und hatte zwölf Jahre lang im italienischen Exil gelebt. Eine italienfreund-

---

[167] Schreiber, Südosteuropa, S. 353–367.

[168] PA/AA, Handakten Wiehl, Italien, Bd. 12, R. 106176, S. 444971–974 – 16.10.1940, Aufzeichnung Clodius für RAM; ebd., S. 444930 – 30.9.1940, Aufzeichnung AA, o.V.; vgl.: Freymond, Réorganisation économique, S. 195 f.); Kap. 2 b.

[169] Ulrich von Hassell, Südosteuropa. Bemerkungen zum Ausgleich der deutschen und italienischen Wirtschafts-interessen. Sondergutachten, o.O., Januar 1941, (Masch.), S. 42 f.

[170] Dies geht aus Gesprächen hervor, die Hassell Ende September, Anfang Oktober 1940 mit Vertretern der IRI führte. Hassell hebt hervor, daß man davon ausgehen könne, daß „aus der Leitung der Iri die massgebende Stimme der Wirtschaft und des sie kontrollierenden Staates spricht" (ebd., S. 23–29, Zitat: S. 25; vgl. dazu bestätigend: Enzo Collotti/Teodoro Sala, Le potenze dell'Asse e la Jugoslavia. Saggi e documenti 1941/43, Mailand 1974, S. 54 u. S. 169–172 – 20.4.1941, AMMI-Bericht für Mussolini).

[171] Hassell, Südosteuropa, S. 47 f.; vgl. Sundhaussen, Wirtschaftsgeschichte Kroatiens, S. 56: „Wie auch immer man das politische Gewicht dieser Ausführungen beurteilen mag, – sie beschreiben ziemlich exakt das tatsächliche spätere Kräfteverhältnis Deutschlands und Italiens und die daraus resultierenden Konflikte im kroatischen Raum."

[172] Olshausen, Zwischenspiel, S. 162–165.

liche Orientierung seiner Politik war anzunehmen.[173] Doch den Italienern war in der kroatischen Frage der Vortritt zu gewähren, so die Weisung Ribbentrops.[174] Auch dem italienischen Plan, die neugeschaffene kroatische Königswürde an einen Prinzen aus dem Hause Savoia oder an Vittorio Emanuele III. selbst zu übergeben, stellten sich die Deutschen nicht in den Weg.[175] Das italienische Übergewicht sollte sich in Kroatien so weit auswirken dürfen, als es mit den deutschen Interessen vereinbar war.[176]

Daß dies nicht bedeutete, den Raum ganz und gar dem politischen und militärischen Einfluß Italiens zu unterstellen, zeigt sich darin, daß Hitler bereits Mitte April Siegfried Kasche zum deutschen Gesandten für Kroatien ernannte sowie Edmund Glaise von Horstenau zum „Deutschen General in Agram".[177] Insbesondere die Wahl des Österreichers Glaise, dessen Italienfeindlichkeit Hitler wohlbekannt war,[178] spricht für sich. Und auch die deutsche Unterstützung der kroatischen „Unabhängigkeit" hatte ihren Grund. Die „Scheinsouveränität" einer kroatischen Regierung unter Pavelić sollte verhindern, daß das Land zu einer Provinz Italiens wurde. Anstatt Kroatien den italienischen Truppen auszuliefern, wurde es in zwei Besatzungszonen unterteilt, welche durch eine Demarkationslinie voneinander getrennt waren.[179] Die wichtigsten Straßen- und Eisenbahnverbindungen in Nord-Süd-Richtung, die Hauptstadt Zagreb (Agram) sowie die Zentren Banja Luka und Sarajevo lagen im deutschen Gebiet, gleiches galt für die Schlüsselindustrien, die im Raum Zagreb, im Save-Tal und in Zentralbosnien (Sarajevo-Zenica-Tuzla) angesiedelt waren.[180] Die Festlegung der deutsch-italienischen und der italienisch-bulgarischen Demarkationslinie wurde dabei von der deutschen Absicht geprägt, „die Berg- und Hüttenwerke im Gebiet von Sarajevo, die Blei- und Zinkgruben von Trepča und die Chromvorkommen am Ljuboten außerhalb der italienischen Interessen- beziehungsweise Besat-

---

[173] Fricke, Kroatien, S. 25; zur Vorgeschichte der Ustaša-Bewegung im italienischen Exil vgl.: Pasquale Iuso, Il fascismo e gli ustascia 1929–1941. Il separatismo croato in Italia, Rom 1998.
[174] ADAP, D, XII.2, Dok. 328, S. 444 – 12.4.1941, Ribbentrop an Generalkonsulat Agram (Zagreb).
[175] PA/AA, Büro Staatssekretär, Diplomatenbesuche, Bd. 8, R. 29833, S. 276485 – 23.4.1941, Aufzeichnung Weizsäcker; Hans Umbreit, Die Deutsche Herrschaft in den besetzten Gebieten 1942–1945, in: DRZW, V.2, S. 88.
[176] ADAP, D, XII.2, Dok. 384, S. 505 – 22.4.1941, Anmerkung Weizsäcker.
[177] Olshausen, Zwischenspiel, S. 167 f.; Rudolf Kiszling, Die Kroaten. Der Schicksalsweg eines Südslawenvolkes, Graz/Köln 1956, S. 171 f.; ADAP, D, XII.2, Dok. 378, S. 497 FN 5 – 16.4.1941, Notiz Rintelen.
[178] Peter Broucek (Hg.), Ein General im Zwielicht. Die Erinnerungen Edmund Glaises von Horstenau, Bd. III, Wien/Köln/Graz 1988, S. 95 – 20.4.1941: „Über mich erzählt der Führer dem neuen Gesandten, ich duze mich mit allen Kroaten bis zur Drina hinab und esse täglich einen Italiener zum Gabelfrühstück"; zur Biographie des Generals vgl.: Peter Broucek, Der Deutsche Bevollmächtigte General in Kroatien. Edmund Glaise von Horstenau, in: Militärgeschichte, NF 2.1/1992, S. 3–9.
[179] Zu den dt.-ital. Verhandlungen und zum Verlauf der Demarkationslinie vgl.: Olshausen, Zwischenspiel, S. 193–203 u. ebd., Skizzen 1–3.
[180] Trifković, Rivalry, S. 886; Hory/Broszat, Ustascha-Staat, S. 65 f.

zungszone zu halten".[181] Eine Absicht, die auf italienischer Seite natürlich durchschaut wurde,[182] gegen die es aber angesichts der eigenen militärischen Schwäche kein Mittel gab. Selbst die wirtschaftlich interessanten Bauxitvorkommen Dalmatiens, die sich in der italienisch kontrollierten Zone befanden, wurden von der deutschen Führung frühzeitig ins Auge gefaßt und gesichert: In den Wiener Verhandlungen wies Ribbentrop auf die vitale Bedeutung des dalmatischen Bauxits für die deutsche Aluminiumindustrie hin und vereinbarte mit Ciano, daß Deutschland „in Bezug auf seine Bauxitversorgung ungefähr die gleiche Position wie früher" haben sollte.[183]

Angesichts dieser Maßnahmen hielten italienische Diplomaten das so vollmundig proklamierte deutsche „Desinteresse" bereits im April für eine Farce. Tatsächlich wolle die deutsche Regierung Kroatien unter eigener Kontrolle halten, notierte Michele Lanza, der 2. Botschaftssekretär, Ende des Monats: „Im Auswärtigen Amt posaunen sie zwar in alle Winde, daß Deutschland überhaupt kein Interesse an Kroatien habe, doch zwischen den Zeilen geben sie den Italienern Ratschläge, die wahre Anweisungen sind."[184]

Gleichzeitig bemühte sich die deutsche Führung, keine Zweifel an der Souveränität des jungen Staates aufkommen zu lassen. Am 29. April gab das Wehrwirtschaftsamt Weisung, daß die rüstungswirtschaftliche Inanspruchnahme Kroatiens „ohne jeglichen Zwangscharakter im Wege friedensgleicher wirtschaftlicher und kaufmännischer Verhandlungen und Vereinbarungen zu erfolgen" habe. Eine „Betriebsbetreuung" finde nicht statt.[185] Auf keinen Fall wollte man den Italienern einen Anlaß bieten, die innere Konsolidierung des neuen Regimes zu gefährden.[186] Bewußt wurde der „Unabhängige Staat Kroatien" vom Deutschen Reich wie ein gleichberechtigter Partner behandelt, um seine Position gegen italienische Forderungen zu stärken. Daß diese Taktik fruchtete, zeigt sich nicht zuletzt darin, daß der italienische Gesandte Raffaele Casertano Anfang Mai nicht nur vom optimalen, respektvollen Benehmen der deutschen Besatzungstruppen berichtete, sondern zugleich forderte, daß sich die italienischen Truppen daran ein Beispiel nehmen und sich nicht aufführen sollten wie in einem eroberten Land.[187]

---

[181] Olshausen, Zwischenspiel, S. 294.

[182] Diario Pietromarchi – 21.4.1941, zit. in: Felice, Alleato, S. 425; vgl. auch: Ruth Nattermann (Hg.), Die Aufzeichnungen des Diplomaten Luca Pietromarchi (1938–1940), erscheint 2007 in der vom Deutschen Historischen Institut in Rom herausgegebenen Reihe „Ricerche dell'Istituto Storico Germanico di Roma". Eine Edition der Tagebücher von 1941 bis 1943 steht noch aus.

[183] ADAP, D, XII.2, Dok. 385, S. 507 – 22.4.1941, Unterredung Ribbentrop – Ciano.

[184] Simoni, Berlino, S. 219 f. – 28. u. 29.4.1941: „All'Auswärtiges Amt gridano ai quattro venti che la Germania si disinteressa totalmente della Croazia, ma poi sottovoce ci fanno pervenire consigli che sono veri ordini".

[185] BA/MA, RW 19/2386, S. 27 – 29.4.1941, OKW/WiRüAmt/Rü IIc an Wwi O Agram.

[186] Olshausen, Zwischenspiel, S. 280 f.

[187] ASMAE, AP 28, fasc.: Croazia: aprile – dicembre 1941, n.p. – 8.5.1941, Buti, MAE, an CS SME.

Pavelić, der von Anfang an geschickt zwischen den Achsenmächten taktierte,[188] ergriff diese Chance und sperrte sich in den kroatisch-italienischen Gesprächen Anfang Mai erfolgreich gegen die von Italien vorgebrachten Wünsche – die Abtretung Dalmatiens, den Eintritt in die italienisch-albanische Zoll- und Währungsunion und die militärische Anbindung an Italien.[189] Der kroatische Regierungschef sträubte sich, die neuerrungene Souveränität preiszugeben. Statt dessen hoffte er, den „Duce" durch „optische Erfolge" – wie etwa die Berufung eines italienischen Prinzen auf den kroatischen Thron – zufriedenzustellen.[190]

Obwohl die Richtlinie des deutschen Außenministeriums vorschrieb, sich nicht zum Schiedsrichter der italienisch-kroatischen Meinungsverschiedenheiten machen zu lassen,[191] lag die Sympathie der deutschen Diplomaten eindeutig auf Seite der Kroaten. Den italienischen Anspruch auf die dalmatische Küste, die einst zur Republik Venedig gehörte und die in der Vergangenheit daher immer wieder Thema faschistischer Kampagnen geworden war,[192] hielt man im Auswärtigen Amt für unangemessen. „Dass noch vor 4 Wochen Italien an einen Zugriff auf die ehemals jugoslawischen Gebiete nicht denken konnte und dass ohne die deutschen Waffen davon auch heute noch keine Rede wäre", schien dem italienischen Botschafter wohl entfallen zu sein, notierte Weizsäcker, als er von diesem wiederholt auf die dalmatische Frage angesprochen wurde.[193] Doch offiziell hielten die Deutschen ihren Unmut zurück.

---

[188] Nachdem Pavelić am 10. April 1941 von Mussolini nach Zagreb entsandt wurde, schrieb er sogleich am nächsten Tag eine Dank- und Ergebenheitsadresse an Hitler, was erstmals andeutete, wie der kroatische Staatschef zum Vorteil Kroatiens zwischen den Achsenpartnern zu lavieren versuchte (ADAP, D, XII.2, Dok. 317, S. 432 f. – 12.4.1941, Aufzeichnung Chef d. Protokolls). Anfang Mai signalisierte er italienischen Diplomaten dann, daß er Kroatien vom „deutschen Alptraum" befreien (DDI, 9, VII, Dok. 65, S. 60 – 6.5.1941, Casertano an Ciano) und Kvaternik dem dt. Einfluß entziehen wolle (ASMAE, AP 28, fasc.: „Croazia: aprile – dicembre 1941", n.p. – 9.5.1941, Casertano an MAE). Im Juli wiederum sprach er Glaise v. Horstenau gegenüber mit so einer Bitterkeit über Italien, daß dieser „nur hinhorchen, aber nicht antworten konnte" (BA/MA, RH 31 III/1, S. 64–65 – 10.7.1941, Glaise v. Horstenau: Bericht an OKW, Abt. Ausl.).

[189] Olshausen, Zwischenspiel, S. 186 f.

[190] Ebd., S. 186; PA/AA, Büro Staatssekretär, Kroatien, Bd. 1, R. 29665, S. 161808 – Kasche an AA.

[191] ADAP, D, XII.2, Dok. 384, S. 505 – 22.4.1941, Anmerkung Weizsäcker.

[192] Fricke, Kroatien, S. 13; Wörsdörfer betont, daß die langgestreckte ostadriatische Küstenregion viel stärker als die Berge der Julischen Alpen oder das Isonzotal mit der sogenannten „Italianità" identifiziert wurde. Insbesondere Anfang der dreißiger Jahre rückte die adriatische Frage etwa im „Dalmatischen Denkmalkrieg" oder als Kernthema der „Mostra della rivoluzione fascista" ins Zentrum faschistischer Kampagnen. Irredentistisches Vereinswesen in Italien hielt die Erinnerung an das „unerlöste" Terrain wach (Rolf Wörsdörfer, Krisenherd Adria 1915–1955. Konstruktion und Artikulation des Nationalen im italienisch-jugoslawischen Grenzraum, Paderborn 2004, S. 138–143, S. 173–177 u. S. 215; vgl.: ebd., S. 86, S. 44, S. 35–38).

[193] PA/AA, Büro Staatssekretär, Diplomatenbesuche, Bd. 8, R. 29833, S. 276496 – 3.5.1941, Weizsäcker an Ribbentrop u. a.; vgl.: Weizsäcker-Papiere, S. 254 – 4.5.1941.

Von großer Tragweite für die künftigen Beziehungen mit Kroatien war die Auseinandersetzung um die italienisch-kroatische Zoll- und Währungsunion, die der kroatische Regierungschef während der Konferenz von Monfalcone[194] für sich entschied. Pavelić, der sich Rom gegenüber zuerst einverstanden mit dem italienischen Wunsch gezeigt hatte,[195] spürte womöglich den politischen Rückenwind aus dem Deutschen Reich, das ihm offiziell jede Hilfe verweigern mußte.[196] Da der „Duce" aber zunehmend Verständnis für die schwierige Lage der neuen kroatischen Regierung entwickelt hatte,[197] gelang es Pavelić, Mussolini die angestrebte Zoll- und Währungsunion auszureden[198] – sehr zum Entsetzen der italienischen Wirtschaftsexperten.

Diese sahen nämlich in einer Zoll- und Währungsunion das einzig adäquate Mittel, dem deutschen Einfluß im kroatischen Wirtschaftsgebiet Kontra zu geben. Eine enge wirtschaftliche Zusammenarbeit, wie Pavelić sie versprach,[199] konnte keine ernstzunehmende Alternative sein. In einem eindringlichen Schreiben an Mussolini brachte der Generaldirektor der IRI,[200] Donato Menichella, seine Sorge am 17. Mai 1941 auf den Punkt:

„Mittels unserer Wirtschaftskraft werden wir niemals in Kroatien eindringen können, denn wir haben weder Devisen noch Produkte, die mit den deutschen konkurrieren könnten. Darum dringen wir entweder über den klaren und offenen Weg einer Zoll- und Währungsunion dort ein, oder wir dringen niemals dort ein, und Deutschland […] wird sich dort an unserer Stelle einrichten."[201]

Den Vertrag zur Zoll- und Währungsunion unterzeichne man daher entweder heute oder nie mehr. Einen Aufschub dürfe es nicht geben. Nur in Kroatien und in Dalmatien könne Italien einen eigenen „Lebensraum" erhalten. Deutschland verfüge auf

---

[194] Stadt nordwestlich von Triest.
[195] Pirelli, Taccuini, S. 298 – 15.–17.5.1941.
[196] Olshausen, Zwischenspiel, S. 188.
[197] Ciano, Diario, S. 505 – 26.4.1941, S. 506 – 29.4.1941 u. S. 506 f. – 30.4.1941.
[198] Ebd., S. 509 f. – 7.5.1941. Laut Pirelli verglich Pavelić die Zollunion mit einer „Knechtschaft" Kroatiens. Da seine Regierung zur politischen Stabilisierung aber auf die Unterstützung der Bevölkerung angewiesen war, mußte dieser Eindruck verhindert werden (Pirelli, Taccuini, S. 293 – 13.5.1941). Glaise v. Horstenau notierte, daß Pavelić „wie ein Triumphator" aus Monfalcone zurückkam (Broucek, Erinnerungen Glaise v. Horstenau, III, S. 113 – 30.5.1941).
[199] Pirelli, Taccuini, S. 293 – 13.5.1941.
[200] Istituto di Ricostruzione Industriale.
[201] DDI, 9, VII, Dok. 131, S. 123 f. – 17.5.1941, Menichella an Mussolini: „Per forza nostra economia, non potremo mai penetrare in Croazia perché non abbiamo né valuta, né prodotti che possano competere con quelli tedeschi. Pertanto o vi penetriamo per la via chiara ed aperta dell'unione doganale monetaria, o non vi penetreremo mai e al nostro posto vi si instaurerà la Germania".

dem Balkan schon über Rumänien, Bulgarien und in Kürze auch über Serbien. Wenn Italien sich also nicht Kroatien und Dalmatien sichern würde, verlöre es den einzigen Lungenflügel, der ihm noch zum Atmen bliebe.[202]

In den Augen des Generaldirektors verspielte die faschistische Regierung gerade die einzige Möglichkeit, Kroatien wirtschaftlich an sich zu binden. Um die Dringlichkeit seines Anliegens zu unterstreichen, legte Menichella seinem Brief ein vorskizziertes Schreiben Mussolinis an Hitler bei, in welchem diesem die Notwendigkeit einer italienisch-kroatischen Zoll- und Währungsunion erklärt und die Bekanntgabe derselben für den Folgetag angekündigt wurde.[203] Jedoch das Schreiben fand keine Anwendung.

Dabei zeichnete Menichellas Bericht ein höchst realistisches Bild der Lage. Denn selbst als die Vertreter der deutschen Außenpolitik mit Rücksicht auf die italienischen Interessen noch zögerten,[204] Kroatien zu einem deutsch-kroatischen Handelsvertrag zu bewegen, ergriff die Privatwirtschaft bereits die Initiative. Die wirtschaftliche Kraft des Deutschen Reiches bahnte sich von ganz allein ihren Weg. Am 3. Mai 1941 meldete der Gesandte Kasche die „starke Einreise" zahlreicher Interessenten aus der deutschen Wirtschaft und bat darum, zur strafferen Kontrolle eine Meldepflicht bei der Gesandtschaft einzuführen.[205] Deutsche Unternehmen versuchten ihre Stellung in Kroatien auszubauen, teilweise im Konkurrenzkampf miteinander.

In Berlin warteten die deutschen Diplomaten aber die Ergebnisse der italienisch-kroatischen Gespräche ab. Erst als feststand, daß die Italiener in Monfalcone auf die Festlegung einer Zoll- und Währungsunion verzichtet hatten, gab das Auswärtige Amt „grünes Licht" für die deutsch-kroatischen Wirtschaftsbesprechungen[206] und schickte Clodius zu Verhandlungen nach Zagreb. Wie berechtigt Menichellas Sorge war, konnte der Generaldirektor der IRI nur ahnen, als er seinen Brief an Mussolini verfaßte. Denn die Gespräche verliefen in streng vertraulichem Rahmen. Doch wußte Menichella, der selbst in Zagreb weilte, zumindest von der Ankunft des deutschen Wirtschaftsexperten und von der großen Tragweite, die Pavelić den Verhandlungen beimaß.[207] Am 16. Mai 1941, noch ehe der Italiener seinen Brief an Mussolini hatte abfassen können, unterzeichneten Außenminister Mladen Lorković und der Gesandte Carl Clodius bereits ein Wirtschaftsabkommen, in welchem sich das Deut-

---

[202] Ebd., S. 124.
[203] Ebd., S. 125 FN 1.
[204] Sundhaussen, Wirtschaftsgeschichte Kroatiens, S. 125; Olshausen, Zwischenspiel, S. 281.
[205] PA/AA, Handakten Wiehl, Kroatien, Bd. 1, R. 106185, S. 461868 f. – 3.5.1941, Kasche an AA.
[206] Ebd., S. 461876 f. – 9.5.1941, Wiehl an Gesandtschaft Agram.
[207] DDI, 9, VII, Dok. 108, S. 103 – 15.5.1941, Casertano an Ciano. Trifković liegt also falsch, wenn er behauptet, die Italiener hätten von dem deutsch-kroatischen Abkommen nichts gewußt (Trifković, Rivalry, S. 885).

sche Reich der einseitigen Meistbegünstigung[208] Kroatiens versicherte. Die kroatische Regierung versprach, die deutschen Wirtschaftsinteressen fortan besonders zu berücksichtigen. Deutschland sollte die von ihm bereits eingeleitete Ausbeute an industriellen Rohstoffen, insbesondere an Mineralien und Erdöl, uneingeschränkt weiterbetreiben dürfen, neue Konzessionen und der Export von Rohstoffen würden dem Deutschen Reich in Zukunft bevorzugt gewährt.[209]

Die Römischen Verträge, die als Ergebnis der Besprechungen von Monfalcone am 18. Mai unterzeichnet wurden, griffen in wirtschaftlicher Hinsicht hingegen zu kurz – zu sehr konzentrierten sie sich auf dürftige Territorialgewinne. Ein breiter Küstenstreifen von Zadar (Zara) bis Split (Spalato) fiel an Italien, ebenso der Großteil der dalmatischen Inseln. Die italienisch-kroatische Grenze wurde im Gebiet von Fiume bis zur Insel Susak vorgezogen, und auch der Raum um die Bucht Kotor (Cattaro) bis zur montenegrinischen Grenze ging in italienischen Besitz über. Die Verpflichtung Kroatiens, in der Organisation des eigenen Heeres sowie in Währungs-, Zoll- und Verkehrsfragen mit Italien zusammenzuarbeiten, fiel dagegen zu vage aus, um mehr als symbolischen Wert zu haben.[210] Gleiches galt für die feierliche Ernennung Aimone di Savoia-Aostas, des Herzogs von Spoleto, zum künftigen König von Kroatien.[211] Den entscheidenden, den substantiell wertvollsten Schritt, nämlich die wirtschaftliche Anbindung des neuen Staates an Italien, hatte die faschistische Regierung verpaßt.

In den kommenden Wochen erreichten den „Duce" zunehmend Berichte, aus denen hervorging, daß die Deutschen ihren Einfluß in Kroatien sowohl auf wirtschaftlicher als auch politischer Ebene ausdehnten. Manlio Morgagni, Präsident der Nachrichtenagentur Stefani, schilderte am 20. Mai die überwältigende Präsenz der Deutschen auf allen Gebieten. Nicht nur sei das deutsche Kapital mit den deutschen Truppen einmarschiert, nein, auch die deutsche Propaganda sei bereits auf dem Vormarsch: Längst existiere ein Nachrichtenblatt mit dem Namen „Deutsche Zeitung in Kroatien".[212] Mit einer Flugschrift über die „Wirtschaftliche Bedeutung Dalmatiens"[213] mache die deutsche Propaganda zudem Stimmung gegen Italien. Tausende von deutschen Geheimagenten seien im ganzen Land verteilt. Gegenüber der „fieber-

---

[208] Olshausen, Zwischenspiel, S. 282. Laut Trifković wurde Kroatien mit der Unterzeichnung zum Wirtschaftssatelliten des Deutschen Reichs (Trifković, Rivalry, S. 885).

[209] ADAP, D, XII.2, Dok. 526, S. 692 f. – 16.5.1941, Vertrauliches Protokoll der dt.-kroat. Wirtschaftsbesprechungen.

[210] Die Römischen Verträge im Wortlaut in: Monatshefte für Auswärtige Politik, 8.6/1941, S. 468–473.

[211] Ebd., S. 474 f.

[212] Dies war so schnell möglich gewesen, da die Deutschen das bereits vorhandene „Morgenblatt" übernahmen und umbenannten (vgl.: ACS, Micup, Gab, b. 313, fasc. 65, S. 14206 – 7.10.1942, Bericht MAE: Propaganda tedesca ed italiana in Croazia).

[213] Ein Exemplar dieser Flugschrift in: ASMAE, AP 39, fasc.: Croazia. Stampati e pubblicazioni, n.p. – 14.5.1941.

haften Aktivität" der Deutschen – im Kampf um die besten Positionen im neuen Staat – falle das Desinteresse und die Passivität der Italiener geradezu auffällig ins Auge. Man könne es den Deutschen daher gar nicht übelnehmen, meinte Morgagni, sich bereits so gut wie möglich positioniert zu haben.[214]

So viel Verständnis für die deutschen Maßnahmen brachte Eugenio Coselschi, der oberste Vertreter der faschistischen Partei in Kroatien, nicht auf.[215] In seinem Bericht vom 4. Juni 1941 unterstellte er den Deutschen vielmehr „systematische Feindseligkeiten", mit denen sie sich einem italienischen Erfolg in Kroatien in den Weg stellten:

„Die deutschen Feindseligkeiten uns gegenüber äußern sich vor allem von seiten zahlreicher Personen, die das Heer begleiten oder sich an das Heer anschließen oder zumindest mit dem Heer eingefallen sind: Personen, die oft unkontrollierbar und unergreifbar sind. Und diese Feindseligkeiten sind kontinuierlich, quälend, ausdauernd, so daß sie Grund geben zu glauben, daß sie nicht einzelnen Köpfen entspringen, sondern einer *allgemeinen Richtlinie*, von der man nicht sagen kann, bis auf welche Rangstufen und auf welche politische und militärische Zirkel sie zurückgeht."[216]

Als Urheber dieser Aktionen identifizierte Coselschi Mitglieder der SA, der SS und der Gestapo. Seinen Angaben zufolge hielten sich derzeit über 2000 Agenten der Gestapo in Kroatien und Dalmatien auf, d. h. zum Teil auch in der italienischen Besatzungszone. Für die Hauptstadt Zagreb habe der kroatische Polizeichef ihre Anzahl auf 900 geschätzt. Dem kommenden Abzug deutscher Truppenteile sah Coselschi darum mit Skepsis entgegen, denn offensichtlich würden die abziehenden Soldaten durch Geheimpolizisten ersetzt.

Wie Morgagni wies auch Coselschi auf italienfeindliche Propaganda aus deutscher Feder hin. Viele Kroaten seien mittlerweile fest davon überzeugt, daß Hitler ihnen die von Italien annektierten Gebiete in Dalmatien nach dem Endsieg zurück-

---

[214] ACS, Agenzia Stefani, Carte Morgagni, b. 68, Relazione Nr. 89 – 16.–20.5.1941, Morgagni an Mussolini; vgl. DSCS, IV.2, Dok. 10, S. 18 f. – 10.5.1941, SIM-Bericht.

[215] Coselschi hatte übrigens schon Anfang 1915 die *Unione pro-Dalmazia* ins Leben gerufen und war auch nach dem Ersten Weltkrieg propagandistisch in diese Richtung aktiv (Wörsdörfer, Krisenherd Adria, S. 173 u. S. 175).

[216] ASMAE, AP 40, fasc.: Croazia. Istanze individuali e PNF in Croazia: maggio 1941 – agosto 1943, n.p. – 4.6.1941, Coselschi an MAE: „Le ostilità tedesche contro di noi si manifestano soprattutto da parte di numerosissimi elementi che accompagnano l'Esercito o si accodano all'Esercito o comunque sono piovuti coll'Esercito: elementi spesso incontrollabili e inafferrabili. E tali ostilità sono continue, assilanti, persistenti, sicché danno ragione a credere che non siano opera di mentalità isolate, ma di una *direttiva generale* che non si può dire fino a quali gradi e a quali particolari ambienti politici e militari possa risalire" (Hervorhebung durch den Autor); eine gekürzte Fassung des Berichts ging am 19.6.1941 an den „Duce".

erstatten werde. Als äußerst effektiv bewertete er außerdem das deutsche Vorgehen im Wirtschaftsbereich: Die Militärs hätten mit den Wirtschaftskräften Hand in Hand gearbeitet und auf diese Weise einen großen Zeitvorteil gegenüber den Italienern herausgeschlagen.[217]

Coselschi war nicht der einzige Beobachter, der dem Deutschen Reich eine systematische Unterwanderung Kroatiens unterstellte. Der Generalinspektor des Innenministeriums Ciro Verdiani meldete bereits am 25. Mai, daß die Deutschen in einer „zweiten Arbeitsphase" dazu übergingen, die Reihen der Gestapo durch politisch versierte „Techniker" auszutauschen, um auf diese Weise in die wichtigsten Nervenknoten der Nation einzudringen.[218] Casertano unterstützte diesen Bericht, da er sich mit den Informationen der italienischen Gesandtschaft deckte, und leitete ihn an das Außenministerium weiter.[219] Obschon zu dieser Frage keine deutschen Zeugnisse vorliegen, kann man davon ausgehen, daß die Infiltration Kroatiens durch die deutsche Gestapo kein Hirngespinst der Italiener war. Denn auch den Kroaten gingen die deutschen Maßnahmen zu weit. In einem Treffen mit Hitler sprach Marschall Kvaternik das Thema direkt an und bat den „Führer" um den Rückzug der deutschen Gestapo aus Kroatien, insbesondere aus Zagreb. Zwar nahm Hitler das Anliegen nicht mit Begeisterung auf, versprach aber eine Verminderung der Gestapo-Präsenz, insbesondere im Bereich der Polizei und im öffentlichen Dienst. Leugnen tat er die Anwesenheit der deutschen Agenten nicht.[220]

Eine festgeschriebene „allgemeine Richtlinie", die italienfeindliche Maßnahmen auf dem Balkan vorschrieb, ist nicht nachweisbar und gab es wahrscheinlich auch nicht. Doch die Tendenz der deutschen Führung war unschwer zu erraten und glich daher in ihrer Wirkungskraft einer unterschwelligen Strömung, die unter der Oberfläche die Richtung angab. Für Hitler rangierten die Kroaten, denen er germanische Züge zuerkannte, „rassisch" ohnehin über den Italienern.[221] In Diplomatenkreisen ärgerte man sich, daß die Faschisten den Einsatz der deutschen Truppen zu wenig

---

[217] ASMAE, AP 40, fasc.: Croazia. Istanze individuali e PNF in Croazia: maggio 1941 – agosto 1943, n.p. – 4.6.1941, Coselschi an MAE.

[218] ASMAE, AP 28, fasc.: Croazia: aprile – dicembre 1941, n.p. – 25.5.1941, Verdiani an MI.

[219] Ebd. – 27.5.1941, Casertano an MAE; vgl.: Egidio Ortona, Diplomazia di guerra. Diari 1937–1943, Bologna 1993, S. 157 – 22.6.1941; ASMAE, AP 34, fasc.: Croazia 1941, n.p. – 15.7.1941, MI, DGPS, an MAE: „i tedeschi, i quali [...] hanno sostituito i soldati con una estesa e numerosa organizzazione civile, politica-economica".

[220] DDI, 9, VII, Dok. 451, S. 431 – 2.8.1941, Casertano an Ciano; Gian Nicola Amoretti (Hg.), La vicenda italo-croata nei documenti di Aimone di Savoia, 1941–43, Rapallo 1979, S. 6 – 20.8.1941. Die hier zitierten Berichte über die Lage in Kroatien wurden vom Stab Aimone di Savoias ab August 1941 regelmäßig erstellt. Allem Anschein nach dienten sie zunächst der Unterrichtung des designierten Königs von Kroatien, um von diesem dann – mit einem Kommentar versehen – an Vittorio Emanuele weitergesandt zu werden (ebd., S. VIII–XII).

[221] Broucek, Erinnerungen Glaise v. Horstenau, III, S. 82 – 14.4.1941.

würdigten.[222] Und unter der deutschen Bevölkerung herrschte kaum Verständnis für die Ansprüche der Italiener und die Meldung, daß Kroatien nun unter italienischem Einfluß stehe.[223] Der Entwicklung einer italienfeindlichen Propaganda in Kroatien wurde daher kein Hindernis in den Weg gestellt, sie wurde vielmehr stillschweigend gefördert. Aussagekräftig in dieser Hinsicht ist eine Notiz Glaise von Horstenaus, welche dieser Mitte Juni nach einem Treffen mit Keitel zu Papier brachte:

„Im übrigen verriet er [Keitel] das, was ich den Kroaten schon öfter sagte. Der Führer werde sich auf weiteres von ihnen zugunsten des Duce distanzieren, es aber nicht ungern sehen, wenn sie aus sich selbst einen gewissen, wenigstens passiven Widerstand hervorbrächten."[224]

Bemerkenswert ist dabei nicht allein der Standpunkt Hitlers, sondern auch und vielleicht vor allem der Hinweis, daß Glaise ähnliches den Kroaten „schon öfter" gesagt hatte. Man kann sich leicht vorstellen, daß italienfeindliche Parolen und Aktivitäten in Kroatien um sich griffen, wenn selbst der ranghöchste deutsche General vor Ort solche Töne anschlug.

Auch wenn Hitler Anfang Juni in einem Gespräch mit Pavelić erneut betonte, daß das Reich keine politischen, sondern nur wirtschaftliche Interessen an Kroatien habe,[225] weist das Vorgehen der deutschen Regierung in vieler Hinsicht in eine andere Richtung. So wurde etwa mit der Proklamierung des USK die deutsche Minderheit, zu der die „Volksdeutsche Mittelstelle" der SS schon zuvor Kontakte geknüpft hatte, politisch mobilisiert.[226] Bereits im Mai 1941 versprach ihr die Pavelić-Regierung auf deutsche Veranlassung hin eine besondere Rechtsstellung. Sie seien keine Minderheit, sondern wie die Kroaten Unterstützer des Staates, betonte Pavelić, mit denselben Rechten und denselben Pflichten. Gerade in den Gebieten, die vorwiegend von Volksdeutschen bewohnt würden, sollten sie daher in Zukunft Beamte für den staatlichen Dienst stellen dürfen.[227]

---

[222] PA/AA, Botschaft Rom – Geheimakten, 114/141, n.p. – 8.8.1941, Generalkonsul Triest, v. Druffel, an Botschaft Rom; PA/AA, Büro Staatssekretär, Diplomatenbesuche, Bd. 8, R. 29833, S. 276496 – 3.5.1941, Weizsäcker an Ribbentrop u. a.
[223] Meldungen aus dem Reich, VII, S. 2330 – 22.5.1941 u. S. 2532 – 17.7.1941.
[224] Broucek, Erinnerungen Glaise v. Horstenau, III, S. 120 – 16.6.1941.
[225] DDI, 9, VII, Dok. 227, S. 223 – 8.6.1941; Amoretti, Vicenda italo-croata, S. 49 – Januar 1942; ADAP, D, XII.2, Dok. 603, S. 813 – 9.6.1941, Aufzeichnung Schmidt.
[226] Marie-Janine Calic, Die Deutsche Volksgruppe in Kroatien 1941–1944, in: Südostdeutsches Archiv, 30-31/1987–88, S. 148.
[227] ASMAE, AP 28, fasc.: Croazia: aprile – dicembre 1941, n.p. – 23.5.1941, Fonobolletino Berlino; USSME, G-29, Nr. 59/Racc. 14: Addetti militari – Germania, Bericht Nr. 154 – 27.5.1941, Marras an MinGuer; vgl. Wilhelm Sattler, Die Deutsche Volksgruppe im Unabhängigen Staat Kroa-

Obwohl die ca. 150.000 Volksdeutschen bei einer Gesamtbevölkerung von insgesamt 6.043.000 gerade einen Bevölkerungsanteil von 2,3 Prozent stellten,[228] wuchs ihr politischer Einfluß in der Folgezeit rasch an. Bald durfte in Gemeinden, in denen der volksdeutsche Bevölkerungsanteil mehr als 10 Prozent betrug, die deutsche Sprache im Behördenverkehr benutzt werden. Lag der Anteil über 20 Prozent, so galten Deutsch und Kroatisch als gleichberechtigt, öffentliche Verlautbarungen waren zweisprachig abzufassen und die kroatische Ortsbezeichnung durch eine deutsche zu ersetzen.[229]

In der Gesetzesverfügung zur „vorläufigen Rechtsstellung" vom 21. Juni 1941 wurde die „Deutsche Volksgruppe im Unabhängigen Staat Kroatien" zur juristischen Person öffentlichen Rechts erklärt. Die Volksdeutschen genossen fortan nicht nur die volle Gleichberechtigung, sondern durften sich außerdem ungehindert zur nationalsozialistischen Weltanschauung bekennen und die Beziehung zum Mutterland pflegen. Uneingeschränkt wurde ihnen das „Recht zu politischer, kultureller, wirtschaftlicher und verwaltungsmäßiger Arbeit" zugestanden.[230] Mit dem Gesetzesdekret vom 31. Juli erhielten sie die Erlaubnis, innerhalb der kroatischen Heimwehr eine eigenständige Einsatzstaffel zu errichten.[231]

Ende Oktober erschienen die Gesetzesdekrete,[232] welche die Sonderstellung der deutschen Minderheit im Detail regelten: Die Ehre des deutschen Volkes, die deutsche Fahne, die deutsche Sprache, die Embleme, Abzeichen und Uniformen der „Deutschen Volksgruppe in Kroatien" genossen von nun an denselben Schutz wie die des kroatischen Volkes. Der Volksgruppenführer[233] erhielt gegenüber der kroatischen Regierung den Rang eines Staatssekretärs mit eigenem Verordnungsrecht. Die Zahl der volksdeutschen Beamten sollte erhöht werden, ihren Amtseid hatten sie in deutscher Sprache und zwar zuerst auf „das deutsche Volkstum und den Führer" und dann auf „den kroatischen Staat und den Poglavnik" abzulegen. Deutsche Volksschulen waren in allen Orten zu gründen, wo wenigstens 20 Kinder deutscher Zugehörigkeit lebten. Eine

---

tien. Ein Buch zum Deutschtum in Slawonien, Syrmien und Bosnien, Graz 1943, S. 52 f.; DSCS, IV.2, Dok. 27, S. 67 – 5.6.1941, SIM-Bericht.

[228] BA/MA, RH 31 III/13, S. 2 – 23.4.1941, Bericht Arthur Haeffner. Haeffner zählt allerdings nur 100.000 Volksdeutsche, während laut Sattler die amtlichen Zählergebnisse des Jahres 1931 bei 150.000 lagen (Sattler, Deutschtum, S. 35). Andere Quellen bestätigen dies (DDI, 9, VIII, Dok. 29, S. 26 – 16.12.1941, Lanza D'Ajeta an Farace; vgl.: Hory/Broszat, Ustascha-Staat, S. 70 (140.000); Calic, Deutsche Volksgruppe, S. 148).

[229] Gesetzesdekret im Wortlaut in: Sattler, Deutschtum, S. 77 f.; vgl.: Calic, Deutsche Volksgruppe, S. 149 f. Diese ungleiche Behandlung erfuhr noch eine Steigerung, da der deutsche Bevölkerungsanteil zudem im Verhältnis zur Anzahl der Kroaten berechnet wurde, die selbst gerade 50 Prozent der Bevölkerung ausmachten.

[230] Gesetzesverfügung im Wortlaut in: Sattler, Deutschtum, S. 68 f.

[231] Gesetzesdekret im Wortlaut in: ebd., S. 69 f.

[232] Gesetzesdekrete im Wortlaut in: ebd., S. 70–79.

[233] Branimir Altgayer.

Übergangsregelung von fünf Jahren erlaubte es, auf Vorschlag der „Deutschen Volksgruppe" deutsche Staatsangehörige im öffentlichen Dienst zu beschäftigen.[234]

Verglichen damit war die Designation des Herzogs von Spoleto zum künftigen König von Kroatien politisch ohne Relevanz. Denn während die deutsche Minderheit ihren Einfluß als Einheimische von unten langsam ausbauen konnte, wäre Aimone di Savoia Vergleichbares von der Spitze einer aufgezwungenen, wurzellosen Monarchie aus nur schwer möglich gewesen – so er denn jemals den Thron bestiegen hätte. Tatsächlich wurde dem Amt vom ersten Tag an kaum eine politische Bedeutung zugemessen. Pavelić hatte dem Haus Savoia die Krone angeboten,[235] um Mussolini einen „optischen Erfolg" zu ermöglichen.[236] Der „Duce" hatte im Gegenzug zugestanden, daß der König nur eine „Scheinfigur" zu sein brauche.[237] Selbst der designierte Prinz zeigte wenig Interesse am kroatischen Thron. Erst unter dem Druck des Königs willigte er ein, das Amt zu übernehmen.[238]

Im grundlegenden Gesetzeserlaß zur Organisation des Beamtenapparates führte Pavelić die politische Stellung des italienischen Prinzen dann ad absurdum: Das Dekret vom 24. Juni 1941 räumte dem König keinerlei Einfluß, nicht einmal formellen, auf die Wahl der Minister ein. Diese wurden allein vom Poglavnik, dem kroatischen Führer, eingesetzt und hatten sich auch nur ihm gegenüber zu verantworten.[239] Damit war der König praktisch machtlos.

Zum gleichen Zeitpunkt formulierte Aimone in einem Schreiben an Vittorio Emanuele III. seine Einwände gegen die Annahme der kroatischen Königswürde: Der Dynastie und den Kroaten mangele es an einer gemeinsamen Geschichte, es gebe keine solide wirtschaftliche Verbindung, und das *Ustaša*-Regime werde sich niemals politisch stabilisieren, zumal die Mehrheit der Bevölkerung ohnehin kommunistisch orientiert sei. Kurz, Aimone sah sich in eine Lage gedrängt, in der er bald wieder entthront werden würde. Was konnte Italien, was konnte die Krone dabei gewinnen?[240]

Im privaten Gespräch mit Coselschi Ende Juli spitzte Aimone seine Bedenken allein auf ein Argument zu: den deutschen Einfluß in Kroatien. Laut Coselschi

---

[234] Vgl.: Amoretti, Vicenda italo-croata, S. 24 f. – Ende Okt. 41 u. S. 30–32 – Ende Nov. 1941; Calic, Deutsche Volksgruppe, S. 150 u. S. 154 f.; Sattler, Deutschtum, S. 54–60.

[235] DDI, 9, VII, Dok. 22, S. 23 – 28.4.1941, Pavelić an Mussolini; vgl.: ebd., Dok. 23, S. 23 f. – 28.4.1941, Pavelić an Ciano.

[236] Olshausen, Zwischenspiel, S. 186.

[237] Broucek, Erinnerungen Glaise v. Horstenau, III, S. 113 – 30.5.1941.

[238] Stevan K. Pavlowitch, The King Who Never Was. An Instance of Italian Involvement in Croatia 1941–43, in: European Studies Review, 8.4/1978, S. 468. Als Aimone am 8./9. Mai von seiner Ernennung erfuhr, konnte er diese zunächst gar nicht ernst nehmen. Am meisten amüsierte ihn sein künftiger Name Tomislav II.

[239] Collotti/Sala, Jugoslavia, S. 58 f. u. 174 f.

[240] Pavlowitch, Italian Involvement, S. 471–473.

erklärte der Herzog „klar und deutlich, daß er Kroatien nicht betreten werde, ehe dort nicht [...] alle deutschen Elemente definitiv entfernt worden seien".[241]

Inzwischen bauten die Deutschen ihren Einfluß auf der Wirtschaftsebene aus. Ohne irgendwelche Absprachen mit den maßgeblichen Stellen zu treffen, reisten Vertreter aus Dienststellen der Wehrmacht sowie privaten Betrieben nach Kroatien ein, um „Beschlagnahmungen durchzuführen, Aufträge bei der kroatischen Industrie unterzubringen oder Ankäufe aller Art zu tätigen".[242] Die Tatsache, daß dies in einem Wildwuchs um sich griff, den selbst Kasche und Glaise als „unerträglich" empfanden,[243] weist darauf hin, daß „weder vom Wehrwirtschafts- und Rüstungsamt des OKW noch von den übrigen Wirtschaftsbehörden des Reiches [...] Vorbereitungen für den Fall eines Feldzuges gegen Jugoslawien getroffen worden" waren.[244] Es lag also kein grundlegender Wirtschaftsplan der deutschen Regierung vor, wie italienische Stellen immer wieder vermuteten.[245]

Abwegig war die Annahme der Italiener dabei keinesfalls, wie die deutsch-italienischen Verhandlungen vom 12. Juni 1941 zeigen sollten. Der Gesandte Giannini mußte nämlich zu seinem Erstaunen feststellen, daß Clodius die Wiener Vereinbarungen weit großzügiger auslegte als er selbst. Laut deutschem Protokoll hatte sich Ciano in Wien einverstanden erklärt, daß im ehemaligen jugoslawischen Staat „die deutschen Wirtschaftsinteressen in den an Italien fallenden Gebieten besonders berücksichtigt werden" sollten.[246] Gemäß der Hitler-Weisung vom 16. April hatten die deutschen Diplomaten damit sicherzustellen, daß Deutschland nach der Aufteilung auf keinen Fall weniger Rohstoffe aus Jugoslawien erhalte als zuvor.[247] Doch als Giannini angesichts der deutschen Aktivitäten Clodius nun darum bat, in Kroatien einige Unternehmen auch für die italienische Industrie aufzubewahren, erläuterte der deutsche Verhandlungsführer, was er unter der „Sicherstellung der deutschen Wirtschaftsinteressen" verstand: nämlich nicht allein die Konservierung des vorgefunde-

---

[241] ASMAE, AP 40, fasc.: Croazia. Istanze individuali e PNF in Croazia: maggio 1941 – agosto 1943, n.p. – 2.8.1941, Coselschi an Mussolini: „In un primo tempo rimasi un po' colpito dell'atteggiamento assai ‚smontato' del Duca, il quale mi dichiarò nettamente che non avrebbe messo piede in Croazia, finchè non fossero stati, per superiori interventi, che Egli auspicava, fatti allontanare definitivamente tutti gli elementi tedeschi."

[242] BA/MA, RW 19/2386, S. 11 – 30.5.1941, OKW/WiRüAmt/Rü IIc: Aufzeichnung Thomas.

[243] Ebd.

[244] Sundhaussen, Wirtschaftsgeschichte Kroatiens, S. 119; vgl.: Trifković, Rivalry, S. 883; Thomas, Rüstungswirtschaft, S. 262.

[245] Simoni, Berlino, S. 238 – 13.6.1941; vgl.: Collotti/Sala, Jugoslavia, S. 177.

[246] PA/AA, Büro Reichsaußenminister, Kroatien, R. 28867, S. 108 f. – 24.4.1941, Aufzeichnung Schmidt.

[247] BA/MA, RW 4/588, S. 218 – 18.4.1941, Schreiben des OKW/WFSt/Abt.L; ebd., Wi/IC 28: OKW/WiRüAmt, Fall 25, S. 6–8 – 19.4.1941, Aufzeichnung Major Rudelsdorff.

nen Zustands, sondern auch den Erhalt des prozentualen Anteils an der künftigen Entwicklung.[248]

Giannini, der außerdem erfuhr, daß sich Deutschland bereits die Ein- und Ausfuhr in der Höhe von je 500 Millionen Dinaren für die nächsten vier Monate hatte garantieren lassen und damit die Möglichkeit italienischer Einkäufe im vorhinein unterband,[249] protestierte. Clodius müsse verhindern, daß die italienische Wirtschaft in Kroatien alle Wege durch die Deutschen blockiert vorfände. Andernfalls habe man Grund zu der Annahme, daß es überhaupt keine „Lebensräume" für Italien geben.[250]

In der italienischen Botschaft kommentierte Botschaftssekretär Lanza:

„Nach Griechenland ist jetzt Kroatien an der Reihe. Dieses unglückselige Land wird von deutschen Kommissionen mit wissenschaftlicher Gründlichkeit jeder Habseligkeit beraubt, bevor es uns zur Aufsicht übergeben wird."[251]

Menichella, der Generaldirektor der IRI, hatte mit seiner Voraussage recht behalten. Der Verzicht auf die Zoll- und Währungsunion erwies sich als schwerwiegender Fehler. Ende Juni versuchten die Italiener in den italienisch-kroatischen Wirtschaftsbesprechungen das Versäumte nachzuholen. Sie forderten im Warenverkehr die gleichen Lieferungen, die Deutschland zugestanden worden waren, und versuchten, den Plan einer dalmatischen Freihandelszone durchzusetzen, welche den annektierten Teil Dalmatiens und große Gebiete des kroatischen Küstengebiets umfassen sollte. Doch die Kroaten lehnten ab und gingen auch auf die italienischen Verflechtungsinteressen im kroatischen Bergbau und in der Industrie nicht ein.[252]

In Rom wuchs der Unmut. Als Giovanni Host Venturi, der italienische Verkehrsminister, bei einem Bankett von Wiehl angesprochen wurde, „wie denn die Dinge in Kroatien laufen", konnte dieser nicht umhin, „als Privatmann" seinem Ärger Ausdruck zu verleihen. In Kroatien finde ein wirtschaftlicher Wettkampf statt, frei nach dem Motto: Wer zuerst kommt, mahlt zuerst. Und da die Deutschen als erste in Kroatien eingerückt seien, ziehe Italien eben den kürzeren. Was „Lebensraum" und unverzichtbare, ökonomische Ergänzung Italiens hätte werden müssen, sei ihnen genommen

---

[248] DDI, 9, VII, Dok. 248, S. 242 – 12.6.1941, Alfieri/Giannini an Ciano: „Correggendo però quanto mi aveva precedentemente accennato [Clodius] ha interpretato tale salvaguardia non con criterio conservativo precedenti situazioni ma come partecipazione percentuale anche ai futuri sviluppi"; vgl.: ebd., Dok. 247, S. 241 f. – 12.6.1941, Alfieri/Giannini an Ciano.
[249] DDI, 9, VII, Dok. 247, S. 242 – 12.6.1941, Alfieri/Giannini an Ciano.
[250] Ebd., Dok. 248, S. 242 – 12.6.1941, Alfieri/Giannini an Ciano.
[251] Simoni, Berlino, S. 238 – 13.6.1941: „Dopo la Grecia è ora la volta della Croazia. Quel disgraziato paese viene scientificamente spogliato di ogni suo avere per opera di commissioni tedesche, prima di consegnarcelo a guardia."
[252] BA/MA, Wi/IC 24, n.p., Telegramm-Nr. 630 – 30.6.1941, Kasche an AA; vgl.: Olshausen, Zwischenspiel, S. 296.

worden. Auf wirtschaftlicher Ebene habe man praktisch keinerlei Ergebnisse zu verzeichnen, während die der Deutschen offensichtlich konkret und wichtig seien.[253]

Host Venturi lag mit diesem Vorwurf ganz auf der Linie Mussolinis, der sich intern sehr über die Deutschen erboste, die Italiens Ansprüche in Kroatien zwar „auf dem Papier" anerkannten, doch „in der Praxis" alles abräumten und den Italienern „nur einen Haufen Knochen" übrig ließen. Ob der Herzog von Spoleto den kroatischen Thron besteige, halte er daher für fraglich.[254] Mitte Juli war der „Duce" aufgrund der zahlreichen Berichte bereits zu der Überzeugung gelangt, daß die Intrigen in Kroatien allesamt von deutscher Hand geschmiedet würden. Eine deutsch-italienische Krise sei unausweichlich.[255] Ständig rede man von der Kameradschaft der beiden Streitkräfte, doch wenn es wirklich darauf ankomme, d. h. in wirtschaftlichen Fragen, ließen die Deutschen einen mit leeren Händen stehen: „Wir haben z. B. nicht eine Mine in Kroatien erhalten."[256]

Seit Ende Juli meldeten italienische Beobachter zudem eine Verschlechterung der italienisch-kroatischen Beziehungen. Als Auslöser galten vornehmlich die italienfeindliche Propaganda ausländischer Agenten, irredentistische Tendenzen in Dalmatien, Gerüchte über eine serbenfreundliche Haltung und Zwischenfälle zwischen italienischen Militärs und *Ustaša*-Milizen. Diese Entwicklung fiel den Italienern um so mehr ins Auge, da sich die deutsch-kroatischen Beziehungen offenkundig gut entwickelten.[257] Dabei bemühten sich die italienischen Militärs zunächst, eine Verstimmung der kroatischen Regierung zu vermeiden. Die Massaker, welche die Kroaten seit Juni 1941 unter Serben und Juden anrichteten, wurden bewußt übersehen, die Hilferufe der Zivilbevölkerung ignoriert.[258]

Mitte August war es mit der italienischen Rücksichtnahme auf die kroatische Regierung dann vorbei. Am 16. August 1941 übernahm Italien überraschend den gesamten Küstenstrich von Fiume bis Montenegro und unterstellte ihn der eigenen Zivil- und Militärverwaltung. Begründet wurde dies mit Aufstandsbewegungen in diesem Gebiet und der Möglichkeit englischer Landungen.[259] Im deutschen Rü-

---

[253] DDI, 9, VII, Dok. 446, S. 426 – 1.8.1941, Host Venturi an Mussolini.
[254] Ciano, Diario, S. 523 – 10.6.1941; vgl.: Cavallero, Diario, S. 197 – 10.6.1941.
[255] Ebd., S. 535 – 20.7.1941; zu den Intrigen vgl.: Cavallero, Diario, S. 364 – 31.3.1942: „Situazione in Croazia. Opinione del Duce: tutti nemici."
[256] Ortona, Diari, S. 157 – 12.8.1941, Mussolini zu Bastianini.
[257] ASMAE, AP 28, fasc.: Croazia: aprile – dicembre 1941, n.p. – 12.8.1941, Casertano an MAE; ebd. – 15.8.1941, Consolato Generale d'Italia, Sarajevo, an MAE; DDI, 9, VII, Dok. 443, S. 416–418 – 1.8.1941, Casertano an Ciano; ASMAE, AP 34, fasc.: Croazia 1941, n.p. – 10.8.1941, Pietromarchi an CS/MI/Governo della Dalmazia; ebd. – 22.7.1941, Aufzeichnung Verdiani.
[258] Rodogno, Nuovo ordine mediterraneo, S. 232–240.
[259] BA/MA, RH 31 III/1, S. 124 f. – 17.8.1941, Glaise v. Horstenau an OKW, Abt. Ausl.; zur Entwicklung der Aufstandsbewegung in Kroatien vgl.: Klaus Schmider, Partisanenkrieg in Jugoslawien 1941–1944, Hamburg 2002, S. 89–98 u. S. 104–192; H. James Burgwyn, Empire on the Adriatic:

stungsstab argwöhnte man, daß die reichen Bauxitvorkommen im Hinterland der wahre Grund seien.[260] Doch obschon Hitler den italienischen Vorstoß eindeutig mißbilligte,[261] reagierte die deutsche Regierung auf Pavelić' Hilfsgesuch nicht. Von zu geringer Bedeutung war die kroatische Frage, als daß man für sie das Bündnis mit Italien durch eine offene Konfrontation gefährdet hätte.[262]

Als General Ambrosio am 7. September die Übernahme der Militär- und Zivilverwaltung öffentlich bekanntgab, wurde damit die ursprüngliche territoriale Maximalforderung, auf deren Durchsetzung die faschistische Regierung zugunsten Pavelić' zunächst verzichtet hatte, de facto erfüllt. Der neue Status Dalmatiens und der II. Besatzungszone kam einer Annexion gleich.[263] Letzten Endes war diese Inbesitznahme der gesamten Adriaküste samt Hinterland nichts als die konsequente Umsetzung der lang anvisierten *mare nostro*-Politik. Ursprünglich hatten die Faschisten schließlich auf ein kroatisches Protektorat spekuliert. Pavelić' Vermutung, daß die italienische Politik zielstrebig darauf aus sei, den kroatischen Staat ad absurdum zu führen,[264] barg insofern einen wahren Kern.

Die von den Deutschen gestützte Souveränität der kroatischen Regierung war der faschistischen Regierung ein Dorn im Auge. Bereits im August fragte sich Mussolini, ob er mit dem vermeintlich italienfreundlichen Pavelić nicht zudem auf die „falsche Karte" gesetzt hatte.[265] Entgegenkommen zeigte der kroatische Staatschef nur in Fragen geringer Tragweite. Diese nutzte er dann allerdings, um außenpolitisch „gut Wetter" zu machen. So zeigten Kreise der kroatischen Regierung und der *Ustaša*-Bewegung Anfang September auf einmal Interesse an der Frage der Monarchie. Nachdem Pavelić die politische Impotenz des Amtes gesichert hatte, setzte er sich plötzlich mit Verve für die Inthronisierung Aimone di Savoias ein: Das Datum der Thronbesteigung solle festgelegt werden, mit den formellen Einzelheiten mache man sich bereits vertraut.[266] Ausgerechnet zu einer Zeit, in der die faschistische Presse zunehmend auf

---

Mussolini's Conquest of Yugoslavia 1941–1943, New York 2005, S. 49–85, S. 114–144, S. 181–185 u. S. 197–254.

[260] BA/MA, RW 19/165, S. 213 – 22.8.1941, KTB-WiRüAmt/Stab: Vortrag Oberstlt. Troitzsch beim Amtchef.

[261] Tatsächlich bezeichnete der deutsche Diktator die Italiener spontan als „gehirnkrank" (ADAP, D, XIII.1, Dok. 217, S. 282 FN 4 – 20.8.1941, Aufzeichnung RAM, Handschriftliche Anmerkung Hewel).

[262] ADAP, D, XIII.1, Dok. 219, S. 282 f. – 21.8.1941, RAM an Kasche.

[263] BA/MA, RH 31 III/1, S. 159 f. – 15.9.1941, Glaise v. Horstenau an OKW, Abt. Ausl.; Fricke, Kroatien, S. 48 f.; vgl. das Laibacher Treffen zwischen Pavelić und Ciano am 25.4.1941 und die anschließenden Verhandlungen bis zu den Besprechungen von Monfalcone: Olshausen, Zwischenspiel, S. 185–188.

[264] BA/MA, RH 31 III/1, S. 164 – 23.9.1941, Glaise v. Horstenau an OKW, Abt. Ausl.

[265] Ortona, Diari, S. 157 – 12.8.1941, Mussolini zu Bastianini.

[266] DDI, 9, VII, Dok. 539, S. 545 f. – 5.9.1941, Casertano an Ciano; ebd., Dok. 699, S. 718 f. – 30.10.1941, Pietromarchi an Ciano.

Begriffe wie „designierter König von Kroatien" oder „das Königreich Kroatien" verzichtete,[267] wurde die Frage der Monarchie auf kroatische Initiative hin aktuell. Der faschistischen Regierung nutzte das jedoch wenig. Denn der Herzog von Spoleto weigerte sich beharrlich, Kroatien auch nur zu besuchen.[268]

Nach der Besetzung der kompletten Adriaküste mehrten sich in Rom Meldungen, daß deutsche Persönlichkeiten wie Glaise v. Horstenau, Keitel und Hitler versprochen hätten, die italienische Okkupation nach dem Sieg über die Sowjetunion rückgängig zu machen. Die Besatzung sei nur ein vorläufiger, den Umständen geschuldeter Zustand.[269] Selbst wenn diese Informationen des italienischen Sicherheitsdienstes nichts als aufgebauschte Gerüchte sein sollten, so spiegeln sie doch wider, wie von seiten der Faschisten die Lage in Kroatien wahrgenommen wurde. Hinzu kam, daß der Bevollmächtigte General Glaise von Horstenau seine Italienfeindlichkeit so unverhohlen zur Schau trug, daß sich selbst die deutschen Vertreter in Rom veranlaßt sahen, das OKW darauf aufmerksam zu machen. Am 9. Oktober faßte Rintelen die Beschwerde in folgende Worte:

„Ich kenne General v. Glaise-Horstenau nicht, sehe nur, dass er den Italienern alle möglichen Dinge vorwirft, für die er aber nicht gerade stehen wollte, als das OKW nähere Unterlagen forderte, damit ich Cavallero darüber informiere. […]
Auch Botschafter von Mackensen erklärte mir heute, dass er der anti-italienischen Tätigkeit des Generals von Glaise-Horstenau in Agram mit Sorge zusähe und bat mich, doch den Generalstab des Heeres darauf aufmerksam zu machen, dass *von hier aus gesehen* der Deutsche General in Agram sich für die Zusammenarbeit mit unserem Bundesgenossen schädlich auswirkt."[270]

---

[267] ACS, Carte Agenzia Stefani/Manlio Morgagni, b. 74, n.p. – 24.9.1941, Segnalazioni riservate: „è stato notato che non solo non si parla più del Duca di Spoleto come designato Re di Croazia, ma non si parla più neppure del Regno di Croazia, com'era detto in principio. Oggi la Croazia è ridiventata il nuovo Stato indipendente".

[268] Oddone Talpo, Aimone di Savoia, Re di Croazia. Una figura da rivalutare, in: La Rivista Dalmatica, 51.3-4/1980, S. 197. Wenn Pavlowitch behauptet, niemand in Kroatien habe Aimone di Savoia gewollt, so ist das auch nicht falsch. Grundlegend für die diplomatische Démarche der kroatischen Regierung waren allein außenpolitische Ziele und sicher nicht der Wunsch nach einem König italienischer Provenienz (Pavlowitch, Italian Involvement, S. 476).

[269] ASMAE, AP 28, fasc.: Croazia: aprile – dicembre 1941, n.p. – 27.8.1941, MI an MAE; ebd. – 8.9.1941, MAE an CS/Ambasciata Berlino u. a.; Goebbels betonte in einem Treffen mit kroatischen Künstlern ausdrücklich, daß Deutschland und Kroatien nun für ewig miteinander verbunden seien, im Guten wie im Bösen. Daher müsse man sich so gut wie möglich kennenlernen und einigen, um gemeinsam die Probleme zu lösen, welche die Geschichte stelle, ASMAE, AP 40, fasc.: Croazia. Questioni culturali: giugno 1941 – marzo 1942, n.p. – 29.8.1941, Legation Agram an MAE.

[270] BA/MA, RH 2/2936, S. 245 f. – 9.10.1941, Rintelen an Matzky (Hervorhebung im Original).

Nach Ansicht italienischer Informanten griff das Reich in Kroatien absichtlich auf die Generation alter österreichischer Offiziere wie etwa Glaise zurück, da diese traditionell italienfeindlich gesinnt waren.[271]

Auch wirtschaftlich hatte Rom allen Grund, die eigene Position in Kroatien gefährdet zu sehen. Die Tatsache, daß Deutschland Ende 1941 zu 46,33 Prozent an allen neugegründeten Aktiengesellschaften in Kroatien beteiligt war, während es Italien gerade auf 1,91 Prozent brachte, wirft ein grelles Licht auf die Dynamik, mit der sich die deutsche Wirtschaft das neue Terrain zu eigen machte.[272] Mitte November überschlugen sich die Warnungen der italienischen Berichterstatter: Das Deutsche Reich bemächtige sich aller Sektoren,[273] verhalte sich in Kroatien „mehr wie ein Konkurrent als wie ein Alliierter",[274] im Grunde gebe es kein italienisch-kroatisches Problem, sondern ein italienisch-deutsches in Kroatien.[275]

Ende November sah sich die faschistische Regierung zum Handeln gezwungen. Mussolini entsandte seinen Außenminister nach Berlin, um die Lage offiziell zu klären.[276] Doch ohne Erfolg. Ribbentrop bestätigte Ciano lediglich, daß sich an den Wiener Absprachen nichts geändert habe, Kroatien gehöre zur italienischen Einflußsphäre. Daß lokal begrenzt deutsche Elemente eventuell auch in eine andere Richtung gearbeitet hätten, wollte der deutsche Außenminister nicht ausschließen, doch sei dies ohne Weisung von oben erfolgt, d. h. nicht autorisiert. Wenn ihm die italienische Regierung Beweise liefere, würde er den Fällen gern nachgehen.[277]

Trotz dieser Höflichkeitsfloskel war nach dem Gespräch klar, daß die Entscheidungsgewalt in Kroatien in deutscher Hand lag. Nach einem anschließenden Treffen mit Pavelić notierte Ciano am 16. Dezember:

---

[271] ASMAE, AP 28, fasc.: Croazia: aprile – dicembre 1941, n.p. – 6.9.1941, Legation Agram an MAE; Amoretti, Vicenda italo-croata, S. 15 – Ende Sept. 1941; vgl.: BA/MA, RH 2/2936, S. 245 f. – 9.10.1941, Rintelen an Matzky.

[272] SOEG, Der italienische Einfluß auf die Industriewirtschaft in Südost-Europa seit Kriegsbeginn (Schriften der Südosteuropa Gesellschaft. Die Industrie im Südosten), Wien 1943, S. 33; trägt den Aufdruck „geheim".

[273] ASMAE, AP 28, fasc.: Croazia: aprile – dicembre 1941, n.p. – 11.11.1941, Verdiani an MI.

[274] ASMAE, AP 34, fasc.: Croazia 1941, n.p. – 17.11.1941, Gen. G. Oxilia, Chef der Militärmission in Kroatien, an MAE.

[275] Ciano, Diario, S. 558 – 19.11.1941.

[276] Ebd., S. 560 – 22.11.1941. Ciano bekam für die Fahrt nach Berlin kaum Instruktionen: Er sollte auf den Einsatz italienischer Truppen in Rußland bestehen und eben die deutschen Absichten in Kroatien und Griechenland klären.

[277] DDI, 9, VII, Dok. 786, S. 800 – 24.–27.11.1941, Ciano an Mussolini. Auch Kasche verschanzte sich Mitte Juli 1942 hinter dem Argument, daß die deutschen Bank- und Handelsleute auf eigene Faust agierten und folglich nicht kontrollierbar seien (Collotti/Sala, Jugoslavia, S. 178 – 28.7.1942).

„Alles hängt von den Deutschen ab: Wenn sie, wie es den Anschein hat, ihren Verpflichtungen treu bleiben, nach denen Kroatien italienische Einflußsphäre ist, dann kann von uns noch viel getan werden. Wenn sie, im Gegenteil, die Schraube wieder anziehen und ihre Infiltration weiter vorantreiben, bleibt uns nichts anderes übrig, als unsere Fahnen einzurollen und nach Hause zu gehen."[278]

Das neue Jahr sollte zeigen, daß die Deutschen nicht gewillt waren, Kroatien wirklich zur italienischen Einflußsphäre zu zählen.

In den ersten Monaten des Jahres 1942 mußten die Italiener feststellen, daß sich die Aktivitäten der Gestapo in Kroatien, v. a. in der italienischen Besatzungszone, verstärkt hatten. Den italienischen Unterlagen zufolge lag der Hauptsitz der Sektion „Südöstlicher Balkan" in Sarajevo, unter der Leitung eines Major S.M. Heimrich. Eine Gruppe der Gestapo war in Mostar, eine weitere, größere in Ragusa (Dubrovnik) und einzelne Agenten in Metković gesichtet worden. Mitte April hatten italienische Beobachter außerdem eine Zusammenkunft der Gestapo in Ragusa bemerkt, die offensichtlich der Agentenrekrutierung und der Erteilung von Propagandaanweisungen galt.[279]

Leichter zu verfolgen war die Instrumentalisierung der deutschen Minderheit durch die nationalsozialistische Regierung. Die Oktober-Dekrete, mit welchen der „Deutschen Volksgruppe" in unverhältnismäßigem Ausmaß Sonderrechte zugestanden wurden, schrieben den gestiegenen Einfluß dieser Gruppe fest. In den Augen der Italiener bildete sie nun „einen Staat im Staate", einen Stellvertreter Deutschlands, der bei jedem wichtigen Ereignis die Interessen des Reiches direkt vor Ort wahrnahm.[280] Da jetzt zudem nicht nur Volksdeutsche, sondern sogar deutsche Staatsbürger im öffentlichen Dienst beschäftigt werden konnten, stieg die Gefahr, daß der kroatische Staatsapparat zunehmend von Deutschen unterwandert wurde. Die abwiegelnd gemeinten Worte Außenministers Lorković', daß diese Möglichkeit allein auf die Lehrerschaft und den Polizeiapparat beschränkt sei, unterstrichen in den Augen der Italiener nur, in welch wichtigen Bereichen die Deutschen ihren Einfluß erweitert hatten.[281] Auffällig war auch der Zulauf, den die „Deutsche Volksgruppe" erhielt. So stieg etwa in Banja Luka die Zahl der eingeschriebenen Mitglieder innerhalb eines Jahres von 148 auf über 7000 Personen (Dezember 1941) an.[282] Zwar waren die Angaben Mussolinis, laut denen die deutsche Minderheit zu diesem Zeitpunkt bereits

---

[278] Ciano, Diario, S. 567 – 15./16.12.1941: „Tutto dipende dai tedeschi: se, come sembra, tengono fede agli impegni per cui la Croazia è zona d'influenza italiana, molto potrà ancora da noi venire fatto. Se al contrario, riprendessero a forzare la mano ed a spingere innanzi la loro penetrazione, non ci rimane che ripiegare le bandiere e tornarcene a casa."

[279] ASMAE, AP 31, fasc.: Penetrazione tedesca in Croazia, n.p. – 28.6.1942, Oberstleutnant Andrea Maderni, Gouvernement Montenegro, an den SME.

[280] Amoretti, Vicenda italo-croata, S. 26 – Okt. 1941.

[281] Ebd., S. 32 – Nov. 1941.

[282] Ebd., S. 47 – Dez. 1941.

300.000 Mitglieder zählen sollte,[283] ohne Zweifel übertrieben. Doch bekannten sich im Jahre 1943 immerhin 180.000 zu ihrem Deutschtum.[284] Im Juni 1942 verzeichneten italienische Beobachter bereits einen deutlichen Zuwachs von Deutschen in öffentlichen Ämtern.[285] Die Oktober-Dekrete begannen zu greifen. Theoretisch führe nicht mehr Pavelić den Staat, sondern Hitler, schloß eine vertrauliche Notiz der Nachrichtenagentur Stefani schon im Dezember 1941.[286]

Die politische Bedeutung Aimone di Savoias verlor sich derweil im Absurden. Designiert, aber nicht proklamiert, fristete er ein Leben als unwilliger Prinz im Wartestand. Im November 1941 krönte sich der Herzog in einem Restaurant zur Freude seiner Freunde und des Wirts schließlich selbst – mit einer zurechtgesteckten Serviette.[287] In dieser ironischen Geste[288] spiegelte sich die gesamte Lächerlichkeit der Situation. Ende des Jahres tauschten Pavelić und Aimone Neujahrsgrüße aus, der letzte offizielle Kontakt. Dann geriet die Königsfrage in Vergessenheit.[289]

Auf dem Feld von Presse und Propaganda nutzte das Deutsche Reich geschickt den Vorteil, den ihm die Anwesenheit der deutschen Minderheit in Kroatien bot. Bereits im August 1941, als Italien auf diesem Gebiet noch nichts vorzuweisen hatte, existierten zwei Zeitungen, die der deutschen Kontrolle unterstanden.[290] Anders als

---

[283] DDI, 9, VIII, Dok. 29, S. 26 – 16.12.1941, Lanza D'Ajeta an Farace.

[284] Sattler, Deutschtum, S. 44. Das Deutsche Reich förderte die Etablierung der Volksdeutschen. So gewährte etwa die Reichsbank großzügige Kredite an Deutschstämmige, die in Kroatien Land kaufen wollten (ASMAE, AP 31, fasc.: Penetrazione tedesca in Croazia, n.p. – 28.6.1942, Oberstleutnant Andrea Maderni, Gouvernement Montenegro, an SME).

[285] ASMAE, AP 31, fasc.: Penetrazione tedesca in Croazia, n.p. – 28.6.1942, Maderni, Montenegro, an SME.

[286] ACS, Carte Agenzia Stefani/Manlio Morgagni, b. 74, n.p. – 2.12.1941, Segnalazioni riservate. Gleichzeitig beobachtete die Agentur, daß italienfreundliche Politiker nun entweder entfernt oder auf unwichtigen Posten kaltgestellt wurden. So verlor etwa Milkovich, Untersekretär im kroatischen Propagandaministerium, sein Amt unmittelbar nach einem offiziellen Italienbesuch.

[287] Ciano, Diario, S. 557 f. – 17.11.1941. König Vittorio Emanuele wünschte daraufhin, daß Aimone Rom augenblicklich verlasse.

[288] Trotz Aktionen wie dieser war Aimone di Savoia mitnichten der politisch desinteressierte Playboy, als der er in der Forschung aufgrund der Notizen Cianos gern dargestellt wird. Im Gegenteil, schon die Tatsache, daß er unmittelbar nach seiner Designation bereits über einen gut funktionierenden Informationsdienst in Kroatien verfügte, bezeugt seine Intelligenz und sein politisches Verantwortungsgefühl. Rückblickend festigt sich der Eindruck, daß es sich um einen äußerst realistisch denkenden Menschen handelte, der keinen verlorenen Posten übernehmen wollte und sich nicht scheute, Mussolini und dem König die Wahrheit zu sagen (Talpo, Aimone di Savoia, S. 185 f. u. S. 206; Pavlowitch, Italian Involvement, S. 482; Amoretti, Vicenda italo-croata, S. XIX f.).

[289] Pavlowitch, Italian Involvement, S. 477; Ciano, Diario, S. 567 – 15./16.12.1941. Nur Ciano hoffte immer noch, Kroatien oder wenigstens Dalmatien in einer Personalunion unter die Krone des italienischen Königs zu stellen (Bottai, Diario, S. 292 – 22.12.1941; vgl.: ADAP, E, II, Dok. 279, S. 476–478 – 9.6.1942, Mackensen an AA).

[290] ASMAE, AP 40, fasc.: Croazia. Istanze individuali e PNF in Croazia: maggio 1941 – agosto 1943, n.p. – 16.8.1941, Coselschi an MAE/Micup.

die Nationalsozialisten konnten sich die Italiener eben nicht auf ein vorhandenes Netz einheimischer Faschisten stützen. Die Grundstruktur mußte erst mühsam errichtet werden.[291]

Ein zurückblickender Bericht des italienischen Außenministeriums vom 7. Oktober 1942 machte daher keinen Hehl daraus, daß man den Deutschen propagandatechnisch völlig unterlegen war. Die „Deutsche Zeitung in Kroatien", die Wochenzeitung „Neue Ordnung", die Arbeiterzeitung „Rad" und der „Europa Verlag" würden von deutscher Hand gesteuert. Allein die italienische Wochenzeitung „Preporod" bilde ein geringes Gegengewicht, verkaufe sich aber schlecht. Zügig hätte sich die Nachrichtenagentur Stefani in Zagreb installiert, werde aber von den Kroaten abgelehnt.[292] Die Radiostation der Hauptstadt gehorche nahezu exklusiv den deutschen Wünschen, ohne auch nur den Schein zu wahren. Sogar eigene Kommentatoren hätten die Deutschen. Italienische Nachrichten seien kaum unterzubringen. In den besten Kinos Zagrebs liefen vorwiegend deutsche Filme, v. a. Kriegsberichte, welche die deutschen Erfolge propagierten. Erst Ende 1941 sei es gelungen, selbst einen guten Kinosaal zu übernehmen. Hinzu komme, daß die deutsche Propaganda Italien gegenüber eine feindliche Haltung einnehme und daß Druck und Verteilung italienischer Zeitungen von Deutschen behindert würden.[293]

Zunehmend distanzierte sich Rom von der *Ustaša*-Regierung in Zagreb. Die früh zirkulierenden Gerüchte über die serbenfreundliche Haltung der Italiener fanden nun ihre Bestätigung, als italienische Militärs trotz deutscher Einwände Übereinkünfte mit irregulären *Četnik*-Verbänden trafen, um diese im Kampf gegen die Partisanen zu instrumentalisieren.[294] In der besetzten Zone nahmen die italienischen Truppen Säuberungsaktionen vor, die faschistische Repressionspolitik radikalisierte sich. Anordnungen wie das Rundschreiben *Circolare 3C* des Generals Roatta vom März 1942 hießen neben dem bedingungslosen Vorgehen gegen die Partisanen auch die wahllose Erschießung von Zivilisten gut. Gewaltexzesse, ja die Zerstörung ganzer Dörfer wurden in Vergeltungsaktionen ausdrücklich genehmigt.[295]

---

[291] ASMAE, AP 34, fasc.: Croazia 1941, n.p. – 11.9.1941, MAE an Micup.

[292] Dem Bericht zufolge überzeugten die Deutschen die Kroaten, daß die Stefani der einheimischen Nach-richtenagentur Velebit schade und damit der kroatischen Unabhängigkeit. Der deutsche Versuch, auf die Velebit direkt einzuwirken, scheiterte ebenfalls am kroatischen Widerstand.

[293] ACS, Micup, Gab, b. 313, fasc. 65, S. 14206–215 – 7.10.1942, Bericht des MAE: Propaganda tedesca ed italiana in Croazia; vgl.: ACS, Agenzia Stefani/Manlio Morgagni, b. 75, fasc.: Servizi esteri, n.p. – 5.11.1942, Stefani-Bericht: Relazione sull'attività della filiale „Stefani" a Zagabria; ASMAE, AP 31, fasc.: Penetrazione tedesca in Croazia, n.p. – 11.5.1943, Notiz des MAE: Appunto per l'Eccelenza il Sottosegretario di Stato.

[294] Rodogno, Nuovo ordine mediterraneo, S. 372–380; Fricke, Kroatien, S. 105–109.

[295] Rodogno, Nuovo ordine mediterraneo, S. 401–407; Enzo Collotti, Sulla politica di repressione italiana nei Balcani, in: Leonardi Paggi (Hg.), La memoria del nazismo nell'Europa di oggi, Florenz 1997, S. 198 f.

Im Vergleich mit der deutschen aber galt die italienische Zone unter den Flüchtenden dennoch als weniger brutal und blieb als Zufluchtsort attraktiv. Und insbesondere für viele Juden zahlte sich die Flucht in das italienisch dominierte Gebiet auch aus. Sowohl kroatische wie auch deutsche Anfragen auf Auslieferung dieser jüdischen Flüchtlinge wurden von den Italienern nämlich verweigert bzw. verschleppt, so daß eine große Anzahl von Menschen tatsächlich den Vernichtungslagern entgingen. Anders als oft hervorgehoben, war dies allerdings weniger einer „größeren Humanität" der Italiener zu verdanken[296] als vielmehr Überlegungen politischer Opportunität. Die Auslieferung der Juden entwickelte sich nämlich zu einer Machtfrage, in welcher die Italiener gegenüber Deutschen, Kroaten und serbischen Četniks ihre Souveränität unter Beweis stellen konnten. Roatta, der die Verschleppung der Anfragen veranlaßte, fürchtete eine Beschädigung des italienischen Prestiges im Balkan. Eine Auslieferung der Juden würde die Loyalität der Četniks gefährden, die dann glauben müßten, eines Tages ebenfalls den Deutschen oder der Ustaša übergeben zu werden.[297]

Parallel zu diesen Ereignissen erhöhten die Italiener im Frühjahr 1942 den wirtschaftlichen Druck auf die kroatische Regierung.[298] Erneut wurden Forderungen nach einer Zollunion laut. Außenhandelsminister Riccardi erklärte den Kroaten mit scharfen Worten, daß ihr Land zum italienischen Wirtschaftsraum gehöre und keine weitgehenden Absprachen mit Dritten treffen könne, ohne Italien vorher zu unterrichten.[299] Jede Industrieverflechtung im kroatischen Raum dürfe nur mit italienischer Genehmigung erfolgen.[300] Der kroatische Wirtschaftsminister Dragutin Toth sprach gegenüber den deutschen Diplomaten von einem Wirtschaftskrieg, der sich auf die Autorität des jungen Staates zersetzend auswirke.[301]

Bereits Ende 1941 war Berlin signalisiert worden, daß wirtschaftlich gesehen eine „gesteigerte Aufmerksamkeit" gegenüber den Italienern notwendig sein werde.[302] Dabei stieß die aggressive Wirtschaftspolitik der Faschisten im deutschen Außen-

---

[296] Zur Förderung und Festigung dieser Interpretation beigetragen hat insbesondere: Jonathan Steinberg, Deutsche, Italiener und Juden. Der italienische Widerstand gegen den Holocaust, Göttingen 1997 (1994); zum beliebten Gemeinplatz des „anständigen Italieners" vgl. auch: Filippo Focardi, „Bravo italiano" e „cattivo tedesco": riflessioni sulla genesi di due immagini incrociate, in: Storia e memoria 5.1/1996, S. 55–84; David Bidussa, Il mito del bravo italiano, Mailand 1994.
[297] Rodogno, Nuovo ordine mediterraneo, S. 434–436 u. S. 451–459; Mantelli, Balkan, S. 70; Collotti, Historiker, S. 67 f.; vgl.: Klaus Voigt, Zuflucht auf Widerruf. Exil in Italien 1933–1945, II, Stuttgart 1993, S. 299–323.
[298] Vgl.: Collotti/Sala, Jugoslavia, S. 71–73.
[299] ADAP, E, II, Dok. 179, S. 301 – 1.5.1942, Kasche an AA.
[300] PA/AA, Handakten Wiehl, Kroatien, Bd. 1, R. 106185, S. 462227 – 27.4.1942, Troll an AA.
[301] ADAP, E, II, Dok. 170, S. 281 f. – 27.4.1942, Aufzeichnung Sonderbeauftragter Veesenmayer.
[302] PA/AA, Büro Staatssekretär, Kroatien, Bd. 2, R. 29666, S. 161578, Kasche an AA.

ministerium aber durchaus auch auf Verständnis. Clodius, der sich zeitgleich auch für Zugeständnisse in der Griechenlandfrage einsetzte,[303] hielt im Januar 1942 sogar ein deutsch-italienisches Zusammengehen in Kroatien für angezeigt.[304] Doch Wiehl, der Leiter der Handelspolitischen Abteilung, zeigte sich skeptisch: In Kroatien könne Deutschland durch eine Zusammenarbeit mit Italien nur verlieren. Seine Formel lautete: „[Zusammenarbeit] von Fall zu Fall, wo für uns günstig, ja, sonst zurückhaltend."[305]

Von grundsätzlichen Verhandlungen mit den Italienern in bezug auf eine stärkere Koordinierung im Südosten sollte Abstand genommen werden, ohne die deutsch-italienische Freundschaft zu gefährden. Im November 1942, als im Länderausschuß Kroatien die Klage laut wurde, die deutsche Wirtschaft werde von der italienischen zurückgedrängt, betonte das Auswärtige Amt diese Gangart noch einmal:

> „Deutscherseits solle man [...] bemüht sein, in jedem Falle sowohl eine den deutschen als auch den italienischen Interessen entsprechende freundschaftliche Regelung durchzuführen, da unsererseits Interesse daran bestünde, bei den Italienern nicht den Eindruck aufkommen zu lassen, als ob wir sie im Südosten ausschalten wollten."[306]

Allen italienischen Vorstößen zum Trotz hatte die deutsche Wirtschaft in der Gesamtbilanz ohnehin kaum Grund zur Klage. Das Deutsche Reich war sowohl Hauptkunde wie auch Hauptlieferant des „Unabhängigen Staates Kroatien", die wirtschaftliche Dominanz unbestritten.

In der Zeitspanne vom 1. Oktober 1941 bis zum 30. September 1942 gingen 57,6 Prozent der kroatischen Gesamtausfuhr nach Deutschland und 19,6 Prozent nach Italien, während die Gesamteinfuhr zu 59,2 Prozent aus Deutschland und 30,4 Prozent aus Italien kam. Gegenüber einer deutschen Beteiligung an neugegründeten Aktiengesellschaften von 46,33 Prozent im Jahre 1941 und 30 Prozent im Jahre 1942 fiel der italienische Anteil von 1,91 Prozent und 3,61 Prozent kaum ins Gewicht. Insgesamt umfaßte der Kapitalwert aller kroatischen Aktiengesellschaften im Jahre 1942 3960 Millionen Kuna (früher Dinar[307]). Deutschland war mit 2002 Millionen Kuna, d. h. 50,51 Prozent, Hauptanteilseigner. Die italienischen Investitionen betrugen

---

[303] Vgl.: Kap. 4 a.

[304] PA/AA, Handakten Wiehl, Kroatien, Bd. 1, R. 106185, S. 462129 f. – 3.1.1942, Clodius an AA.

[305] Ebd., S. 462127 – 18.12.1941, Kasche an AA, handschriftlicher Vermerk Wiehls.

[306] Gerhart Hass/Wolfgang Schumann (Hg.), Anatomie der Aggression. Neue Dokumente zu den Kriegszielen des faschistischen deutschen Imperialismus im Zweiten Weltkrieg, Berlin (Ost) 1972, S. 179 – 11.11.1942, Protokoll der 6. Sitzung Südostausschuß der Reichsgruppe Industrie gemeinsam mit dem Länderausschuß Kroatien.

[307] Am 8. Juli 1941 verabschiedete die kroatische Regierung ein Gesetz, durch welches die Geldeinheit Dinar (= 100 Para) durch die neue Währung Kuna (= 100 Para) ersetzt wurde (vgl.: BA/MA,

73,8 Millionen Kuna und machten damit 1,81 Prozent des Gesamtwertes aus. Konkret kontrollierte das Deutsche Reich Mitte des Jahres 1942 somit 503 Aktiengesellschaften, Italien hingegen lediglich 18.[308]

Auf lange Sicht sollte sich die Wirtschaftshoheit des Deutschen Reiches aber nicht auszahlen. Im Gegenteil, je länger der Krieg dauerte, um so mehr entpuppte sich der USK als reines Zuschußgeschäft. Entgegen den Erwartungen der nationalsozialistischen Wirtschaftsexperten entwickelte sich der junge Staat zu einem „Kostgänger" des Deutschen Reiches, der die ohnehin schwierige Versorgungslage im deutschen Großraum zusätzlich belastete. Zwar stieg die Clearing-Verschuldung der Deutschen bis Ende 1944 auf eine Summe von 1,05 Milliarden RM an,[309] was zweifellos zu Lasten der Stabilität der kroatischen Volkswirtschaft ging. Doch darf diese Angabe nicht über die realen Verhältnisse hinwegtäuschen. Eine Analyse des reinen Warenverkehrs führt nämlich unzweideutig zu dem Ergebnis, daß Deutschland im Laufe des Kriegs wesentlich mehr Waren nach Kroatien exportierte, als es von dort empfing:[310]

Tab. 4: Deutschlands Außenhandel mit Kroatien 1941–44
(reiner Warenverkehr in Mill. RM)

	1941	1942	1943	1944
Einfuhr	34,96	74,72	104,24	48,87
Ausfuhr	54,79	174,96	319,39	490,20

Stand der deutschen Clearing-Verschuldung:

	23,8	99,8	563,2	1051,6

[Müller, Rüstungspolitik, S. 524; vgl.: Sundhaussen, Wirtschaftsgeschichte Kroatiens, S. 368 u. S. 204]

Anders als im Falle Griechenlands verfolgten die Nationalsozialisten in Kroatien nicht die brutale Politik des bloßen „Kahlfressens", sondern spekulierten auf eine zukünftige „Abschöpfung des Mehrprodukts".[311] Doch diese Rechnung ging nicht auf.

Wi/IC 24, n.p., Abschrift aus Ausl. VIIIa Nr. 5544/41 – 18.8.1941, Bericht über das neue kroatische Geld).

[308] SOEG, Der italienische Einfluß auf die Industriewirtschaft in Südost-Europa seit Kriegsbeginn (Schriften der Südosteuropa Gesellschaft. Die Industrie im Südosten), Wien 1943, S. 32 f.

[309] Bei Müllers Angabe von 1,5 Milliarden RM handelt es sich zweifellos um einen Tippfehler, denn bereits auf der nächsten Seite spricht er wieder von 1,05 Milliarden RM (Rolf Dieter Müller, Albert Speer und die Rüstungspolitik im totalen Krieg, in: DRZW, V.2, S. 523 f.).

[310] Sundhaussen, Wirtschaftsgeschichte Kroatiens, S. 342 f.; Müller, Rüstungspolitik, S. 523; Willi A. Boelcke, Die Kosten von Hitlers Krieg. Kriegsfinanzierung und finanzielles Kriegserbe in Deutschland, 1933–1948, Paderborn 1985, S. 112.

[311] Sundhaussen, Wirtschaftsgeschichte Kroatiens, S. 325. Ziel war es laut Reichsfinanzminister Schwerin von Krosigk, „ein Höchstmaß an wirtschaftlichen Leistungen aus diesen Ländern heraus-

Das italienische Außenministerium konnte in einem Bericht vom 11. Mai 1943 hingegen nur zusammenfassen, daß sämtliche wichtigen Ressourcen Kroatiens in deutscher Hand waren. Trotz des immer wieder betonten Desinteresses habe das Deutsche Reich eine Politik militärischer, politischer und wirtschaftlicher Infiltration betrieben, nicht nur unabhängig und ohne jegliche Absprachen mit dem Bundesgenossen, sondern zumeist in klarer Konkurrenz zu den italienischen Interessen. Die Polizei, überwacht durch die Gestapo, sei eines der effizientesten Instrumente dieser Infiltration. Die Volksdeutschen bildeten zudem ein feines Netz, über das der Einfluß und die Kontrolle auf das wirtschaftliche wie kulturelle Leben gewährleistet werde. Die kroatischen Streitkräfte ständen unter deutschem Kommando. Eigentlich hätte Italien das Land militärisch besetzen müssen, um seine Ziele durchzusetzen. Deutscherseits habe man dies im Grunde getan.[312]

---

zuholen, ohne dadurch die finanzwirtschaftliche Ordnung zu zerstören und ohne die deutsche Wirtschaft mit immer stärkeren Hypotheken zu belasten" (zit. n.: ebd., S. 124).

[312] ASMAE, AP 31, fasc.: Penetrazione tedesca in Croazia, n.p. – 11.5.1943, Appunto per l'Eccellenza il Sottosegretario di Stato.

5. Deutsch-italienische Grenzregion

Im April 1942 bezeichnete Anton Brunner, Sonderbeauftrager des Reichsführers SS in Bozen, Südtirol als „eine der dünnsten Stellen der Achse"[1]. Das Alto Adige bzw. Oberetsch – so seit Mai 1938 die offizielle Bezeichnung in Deutschland[2] – war seit dem „Anschluß Österreichs" zu einem der Brennpunkte der deutsch-italienischen Beziehungen geworden und sorgte von da an kontinuierlich für Zündstoff zwischen den Bündnispartnern. Die großangelegte Umsiedlungsaktion der Südtiroler Bevölkerung, welche ursprünglich zur Entspannung der Situation in Gang gebracht worden war, erwies sich in der Durchführung als problematisch und kehrte sich in ihrer Wirkung bald ins Gegenteil um. Was der Entschärfung der Lage hatte dienen sollen, entpuppte sich im Verlauf der Jahre 1940–43 als schwelender Brandsatz, der vor allem die Nerven der faschistischen Regierung strapazierte.

a. Südtirol – eine Region und ihre Bewohner im Wechselbad der deutsch-italienischen Beziehungen

Im Friedensvertrag von Saint-Germain-en-Laye war das ehemals österreichische Gebiet im Jahre 1919 Italien zugesprochen worden, obwohl der italienische Bevölkerungsanteil zu diesem Zeitpunkt bei etwa 3 Prozent lag.[3] Auf italienischer Seite war man zufrieden: Der Griff nach der Brenner-Linie war geglückt, eine „natürliche", militärstrategisch günstige Nordgrenze gewonnen, die nicht wieder geräumt werden durfte. Nach dem Machtantritt der Faschisten[4] wurde daher die Entgermanisierung und Italianisierung der Region stark vorangetrieben: Italienisch wurde zur Unterrichts[5]- und Gerichtssprache[6] erklärt, die deutsche Volksschule zwischen 1923 und

---

[1] PA/AA, Botschaft Rom – geheim, 128, n.p. – 1.9.1942, Mayr-Falkenberg an Botschaft Rom.

[2] ADAP, D, IV, Dok. 453, S. 507 f. – 24.2.1939, AA an Propagandaministerium.

[3] Laut Volkszählung des Jahres 1910 kamen zu diesem Zeitpunkt 6950 Italiener auf 237.825 Einwohner. (Adolf Leidlmair, Bevölkerung und Wirtschaft in Südtirol, Innsbruck 1958, S. 39); zum Friedensvertrag von Saint-Germain-en-Laye vgl.: Richard Schober, Die Friedenskonferenz von St. Germain und die Teilung Tirols, in: Klaus Eisterer/Rolf Steininger (Hg.), Die Option. Südtirol zwischen Faschismus und Nationalsozialismus, Innsbruck 1989, S. 33–50.

[4] Zur ital. Südtirolpolitik der Jahre 1919–22 vgl.: Rudolf Lill, Südtirol in der Zeit des Nationalismus, Konstanz 2002, S. 49–65; Rolf Steininger, Südtirol im 20. Jahrhundert. Vom Leben und Überleben einer Minderheit, I, Innsbruck/Wien 1997, S. 41–68.

[5] Gazzetta Ufficiale del Regno d'Italia 250/1923, S. 6505–6507 – 1.10.1923, Reggio Decreto, n. 2185 (Lex Gentile).

[6] Gesuche, Akten, Einsprüche und allgemeine Schriftstücke, die in einer anderen Sprache als dem Italienischen vorgelegt wurden, mußten fortan behandelt werden, als seien sie nie eingereicht wor-

1929 stufenweise abgeschafft,[7] deutsche Familiennamen italianisiert,[8] deutsche Aufschriften und Ortsnamen verboten und ersetzt,[9] die deutsche Presse diskreditiert und mundtot gemacht und das Vereinswesen zerschlagen.[10] Indem man das Oberetsch mit dem Trentino zu einer Provinz, der Venezia Tridentina, zusammenlegte, begrub man jegliche Hoffnungen der deutschen Minderheiten, die regionale Autonomie zurückzugewinnen.[11] Eine massenhafte Zuwanderung von Italienern sollte außerdem die Vorherrschaft der deutschsprachigen Bevölkerung untergraben. Von 1910 bis 1939 stieg die Anzahl der italienischen Bevölkerung von 6950 auf 80.743 an (bei über 234.650 deutschsprachigen Südtirolern – 1939).[12] Mit allen Mitteln bemühte sich die faschistische Regierung, die Region unwiderruflich an Italien zu binden und raubte den Südtirolern dazu, ohne zu zögern, politisch, kulturell und sozial die Heimat.

In den deutschen Regierungskreisen drückte man ab 1933 beide Augen zu.[13] Stillschweigend wurde das Schicksal der deutschstämmigen Südtiroler den Bündnisbeziehungen mit Italien untergeordnet. Obwohl offenkundig im Widerspruch mit der nationalsozialistischen Volkstumsidee, war Hitler entschlossen, die Südtiroler dem Wunschpartner Italien zu opfern. Die nationalsozialistische Regierung ignorierte

---

den. Protokolle, Gutachten, Plädoyers, Entscheidungen, alle Akten und Maßnahmen, welche einen Bezug zu Zivil- und Strafangelegenheiten hatten und in einer anderen Sprache als dem Italienischen abgefaßt waren, waren von nun an nichtig. Wer kein Italienisch sprach, durfte nicht in die Liste der Geschworenen aufgenommen werden (Gazzetta Ufficiale del Regno d'Italia 250/1925, S. 4329 f. – 15.10.1925, Reggio Decreto-Legge, n. 1796).

[7] Gazzetta Ufficiale del Regno d'Italia 250/1923, S. 6505–6507 – 1.10.1923, Reggio Decreto, n. 2185 u. ebd. 303/1923, S. 7354–7356 – 27.9.1923, Reggio Decreto, n. 2665; vgl.: Maria Villgrater, Die „Katakombenschule": Symbol des Südtiroler Widerstandes, in: Eisterer/Steininger, Die Option, S. 85–105. Dt. Kindergärten und Spielstuben wurden im Mai 1924 abgeschafft (ebd., S. 87 f.).

[8] Gazzetta Ufficiale del Regno d'Italia 11/1926, S. 135 f. – 10.1.1926, Reggio Decreto-Legge, n. 17; vgl.: Walter Freiberg, Südtirol und der italienische Nationalismus. Entstehung und Entwicklung einer europäischen Minderheitenfrage, I, Innsbruck 1989, S. 127–132. Einzelne Fanatiker unter der italienischen Beamtenschaft gingen gar so weit, deutsche Grabinschriften rückwirkend zu verbieten und ausmeißeln zu lassen (Mathilde de Block, Südtirol, Groningen/Djakarta 1954, S. 65).

[9] Gazzetta Ufficiale del Regno d'Italia 99/1923, S. 3333–3354 – 29.3.1923, Reggio Decreto, n. 800.

[10] So verschwanden etwa die Zeitungen „Der Landsmann", die „Brixener Chronik" und die „Meraner Zeitung", um durch das faschistische Blatt „Alpenzeitung" ersetzt zu werden (De Block, Südtirol, S. 65; Steininger, Südtirol, I, S. 83 f.).

[11] De Block, Südtirol, S. 62; vgl.: Andrea Di Michele, L'italianizzazione imperfetta. L'amministrazione pubblica tra Italia liberale e fascismo, Alessandria 2003.

[12] Leidlmair, Bevölkerung, S. 39 f.; Freiberg, Südtirol, I, S. 162; die Zahlen sind allerdings mit einem kritischen Auge zu betrachten, da alle Personen mit italienischem Familiennamen ab 1921 als Italiener registriert wurden (De Block, Südtirol, S. 55).

[13] Nach dem Abschluß der Locarno-Verträge (1925) hatten deutsche Interventionen zugunsten der Südtiroler Bevölkerung zunächst zugenommen. Insbesondere im Jahre 1926 führte die Südtiroler Frage zu deutsch-italienischen Spannungen, die aber aufgrund gesamtpolitischer Überlegungen beider Seiten nicht lange anhielten (Lill, Südtirol, S. 93–99).

daher die Südtirol-Frage in den ersten Jahren ihrer Herrschaft und ließ die Region endgültig fallen, als der „Anschluß Österreichs" das Deutsche Reich unmittelbar an die italienische Grenze rückte und die Stabilität der „Achse" gefährdet war. Hitler schrieb zum deutschen Einmarsch an Mussolini:

> „Ich habe eine klare deutsche Grenze gegenüber Frankreich gezogen und ich ziehe jetzt eine ebenso klare gegenüber Italien. Es ist der Brenner. Diese Entscheidung wird niemals weder in Zweifel gezogen noch angetastet werden. Diese Entscheidung habe ich nicht im Jahre 1938 vorgenommen, sondern sofort nach Beendigung des Großen Krieges, und niemals habe ich daraus ein Geheimnis gemacht."[14]

In der Tat läßt sich nachweisen, daß Hitler schon vor 1922 einen Verzicht auf Südtirol als unabdingbare Basis einer deutsch-italienischen Koalition akzeptiert hatte und die NSDAP in der Folgezeit auf seine Position zwang.[15] Doch war die Region mit den Willensbekundungen des deutschen Kanzlers keinesfalls beruhigt, zumal dort untergründig nationalsozialistische Strömungen längst Fuß gefaßt hatten und etwa der „Volksbund für das Deutschtum im Ausland" die Südtiroler heimlich, aber finanziell aufwendig von Berlin aus stützte.[16] Die „Zerschlagung der Resttschechei", die deutsche Einverleibung Böhmens und Mährens im März 1939, tat ein übriges, um den Achsenpartner zu beunruhigen.[17]

Der Gedanke der „ethnischen Radikallösung" hatte seit 1937/38 sowohl auf italienischer wie auf deutscher Seite seine Befürworter gefunden.[18] Die Umsiedlung der deutschstämmigen Südtiroler wurde in der italienischen Regierung mehr und

---

[14] ADAP, D, I, Dok. 352, S. 470 – 11.3.1938. In seiner Romrede vom 7. Mai erkannte Hitler die Grenze in aller Öffentlichkeit an (Hitler. Reden und Proklamationen, I.2, S. 860 f.; vgl.: ADAP, D, I, Dok. 767, S. 905 f. – 19.5.1938, Aufzeichnung Sitzung bzgl. Südtirol). Durch eine Reihe von Anordnungen und Rundschreiben wurde anschließend jegliche Propaganda für die Rückkehr Südtirols in das Deutsche Reich verboten (vgl.: Verfügungen, Anordnungen, Bekanntgaben, I, hrsg. v. d. Partei-Kanzlei, München 1943, S. 413 f. – 20.5.–1.11.1938).

[15] Lill, Südtirol, S. 139–145; Steininger, Südtirol, I, S. 139–144; Jens Petersen, Deutschland, Italien und Südtirol 1938–1940, in: Eisterer/Steininger, Die Option, S. 130–133; Petersen, Außenpolitische Konzeption, S. 212–218.

[16] Petersen, Südtirol, S. 133–136.

[17] Karl Stuhlpfarrer, Umsiedlung Südtirol. 1939–1940, I, Wien/München 1985, S. 49–51; Klaus Eisterer, „Hinaus oder hinunter!" Die sizilianische Legende: eine taktische Meisterleistung der Deutschen, in: Eisterer/Steininger, Die Option, S. 180; bzgl. Mussolinis Verstimmung vgl.: Ciano, Diario, S. 264–269 – 15.–20.3.1939.

[18] Vgl.: ADAP, D, I, Dok. 199, S. 311 – 16.1.1937, Aufzeichnung v. Hassell u. ebd., Dok. 384, S. 490 – 14.3.1938, Aufzeichnung v. Weizsäcker; Görings Äußerung zu Renzetti am 8.4.1938 in: Mario Toscano, Storia diplomatica della questione dell'Alto Adige, Bari 1968, S. 155; Jens Petersen weist darauf hin, daß in der dt.-ital. Geschichtsschreibung jede Seite nach dem Krieg versucht war, der anderen die Entstehung dieses Gedankens in die Schuhe zu schieben (Petersen, Südtirol, S. 140 f.).

mehr als unabdingbar zur Befriedung der Region und zur Entspannung der deutsch-italienischen Beziehungen angesehen. So notierte etwa Ciano im April 1938:

> „Wenn die Deutschen in Südtirol eine Unvorsichtigkeit begehen, kann die Achse von einem Augenblick zum anderen auffliegen. Man wird den Deutschen andeuten müssen, daß es angebracht wäre, ihre Leute wieder aufzunehmen, weil das Oberetsch geographisch ein italienisches Land ist. Und da man Berge und Flußläufe nicht versetzen kann, müssen sich eben die Menschen bewegen."[19]

Im Januar des folgenden Jahres wandte sich Ciano mit diesem Anliegen direkt an Ribbentrop,[20] woraufhin Hitler sich entschloß, das Problem endgültig aus dem Wege zu räumen. Im März 1939 überantwortete er Himmler und der SS die Aufgabe, die Ausbürgerung von zunächst 30.000 Südtirolern vorzubereiten.[21] In der deutsch-italienischen Konferenz vom 23. Juni überraschte der Reichsführer SS darauf die italienischen Teilnehmer mit einer umfassenden Generallösung, in welcher er den kompletten Abzug der Reichs- und Volksdeutschen in drei Etappen plante.[22] Für die Italiener überraschend, da sie bis dahin nur auf die Umsiedlung der Reichsdeutschen und der politischen „Querulanten" spekuliert hatten, um die somit „befriedete" Region leichter in ihre Gewalt zu bringen.[23] Bis zum Herbst einigte man sich auf die „Richtlinien für die Rückwanderung der Reichsdeutschen und Abwanderung der Volksdeutschen aus dem Alto Adige ins Deutsche Reich" und unterzeichnete das Abkommen am 21. Oktober 1939.[24] Die Volksdeutschen der Provinzen Bozen, Trient, Belluno und Udine wurden nun kurzerhand zur Wahl zwischen deutscher und italienischer Staatsangehörigkeit aufgefordert, Nichtwähler mit Optanten für Italien gleichgesetzt.

Deutsche wie italienische Propaganda stießen daraufhin ins gleiche Horn, um den Südtirolern die Umsiedlung schmackhaft bzw. das Dableiben leidig zu machen. Bald kursierte z. B. das Gerücht einer möglichen Zwangsdeportation, die sogenannte

---

[19] Ciano, Diario, S. 120 f. – 3.4.1938: „Se i tedeschi faranno gesti imprudenti in Alto Adige, l'Asse può saltare da un momento all'altro. Converrà far cenno ai tedeschi circa l'opportunità di riassorbirsi i loro uomini: poichè l'Alto Adige è a terra geograficamente italiana e, poichè non si può cambiare posto ai monti o corso ai fiumi, bisogna che si spostino gli uomini"; vgl.: ebd., S. 233 – 2.1.1939 u. S. 270 f. – 22.3.1939.

[20] ADAP, D, IV, Dok. 427, S. 482 – 9.1.1939, Ciano-Notiz für Ribbentrop.

[21] Ulrich von Hassell, Die Hassell-Tagebücher 1938–1944: Aufzeichnungen vom Andern Deutschland, Nach d. Handschr. rev. u. erw. Ausg., hrsg. v. Friedrich Frhr. Hiller von Gaertringen, Berlin 1988, S. 94–96 – 21.6.1939; Steurer, Südtirol, S. 321 f.

[22] ADAP, D, VI, Dok. 562, S. 650 f. – 24.6.1939, Aufzeichnung Woermann; zur Überraschung der Italiener vgl.: Latour, Südtirol, S. 38–40.

[23] Steurer, Südtirol, S. 363; Latour, S. 38–40.

[24] Abdruck in: Latour, Südtirol, Anhang II, S. 129–135.

„sizilianische Legende", in welcher propagiert wurde, daß die nicht-umsiedlungswilligen Südtiroler später nach Sizilien oder Abessinien deportiert würden. Die tatsächliche Wahl laute also nicht „auswandern oder dableiben", sondern „hinaus oder hinunter".[25] Die faschistische Regierung unterstützte angstmachende Stimmen dieser Art, bis sie feststellte, daß die Zahl der Deutschlandoptanten das erwünschte Maß bei weitem übersteigen würde und eine ökonomische Gefährdung der Provinz absehbar war. Die darauffolgende Kehrtwendung der italienischen Propaganda kam aber zu spät und wirkte unglaubwürdig.[26] Zwischen 69,4 und 92,8 Prozent der Wahlberechtigten entschieden sich bis Ende des Jahres für Deutschland.[27] Laut den „Richtlinien" verpflichtete sich das Deutsche Reich damit, über 200.000 Südtiroler bis zum 31. Dezember 1942 aus dem Gebiet auszusiedeln.

Zunächst wurde die Umsiedlung von Berlin beträchtlich vorangetrieben, so daß Ende des Jahres 1940 bereits 52.358 Volksdeutsche und 3903 deutsche Staatsbürger auf deutsches Gebiet transportiert worden waren. Doch bereits im Sommer 1940 ebbte die Auswanderungswelle ab, und nach offiziellen italienischen Angaben verließen im gesamten Jahr 1941 nur noch 7584 Personen das Oberetsch.[28] Da Wilhelm Luig, der Leiter der ADERST[29], 1939 in einer Audienz beim „Duce" aber „250 Personen pro Tag, d. h. 7500 pro Monat, als Durchschnittsziffer für die Abwanderung angegeben" hatte, entstand bei den italienischen Stellen und nicht zuletzt bei Mussolini nun der Eindruck, daß auf deutscher Seite die Abwanderung absichtlich verzögert wurde.[30] Die Furcht, daß das Deutsche Reich nicht ernsthaft auf Südtirol verzichtet hatte, war nie gewichen. Berichte, nach denen man im Deutschen Reich diesen Verzicht längst bereute,[31] fielen daher auf fruchtbaren Boden.

Nun war das Dritte Reich aber in den Kriegsjahren keineswegs in der Lage, auf das Bündnis mit Italien verzichten zu können, d. h., deutscherseits kam eine Revision des Entschlusses gar nicht in Frage. Richtig an der italienischen Wahrnehmung ist aber dennoch, daß die Südtiroler Umsiedlung ab Mitte 1940 von Berlin möglicherweise als zweitrangig gehandhabt wurde oder zumindest gehandhabt werden konnte. Die

---

[25] Leopold Steurer, Der Optionsverlauf in Südtirol, in: Eisterer/Steininger, Die Option, S. 213–217; Eisterer, Sizilianische Legende, S. 186–197; Ettore Tolomei, Trentiner Nationalist und Leiter des „Archivio per l'Alto Adige", schlug öffentlich vor, den Südtirolern die Staatsangehörigkeit zu entziehen, um eine höhere Bereitschaft zur Umsiedlung zu erzwingen (Steurer, Südtirol, S. 364).

[26] Steurer, Südtirol, S. 363 f. u. S. 369–371.

[27] Von den zahlreichen divergierenden Optionsergebnissen, die aus politischen Gründen beiderseitig frisiert wurden, sind dies der niedrigste (ital. Angabe) und der höchste Wert (dt. Angabe) (Steurer, Südtirol, S. 385; Latour, Südtirol, S. 69 f. u. 139).

[28] Stuhlpfarrer, Umsiedlung, II, S. 542; Latour, Südtirol, S. 74 f.

[29] Amtliche deutsche Ein- und Rückwanderungsstelle.

[30] ADAP, D, XIII.2, Dok. 362, S. 470–475 – 27. 9.1941, Mackensen an AA.

[31] ASMAE, Affari politici, Germania, b. 75, fasc.: Alto Adige, n.p. – 11.8.1941, It. Generalkonsulat München an MAE; DDI, 9, VII, Dok. 509, S. 503 f. – 25.8.1941, Pavolini an Ciano.

politische Großwetterlage überschattete die Südtirol-Frage. Mit dem Kriegseintritt hatte sich Italien endgültig an Deutschland gebunden, Rom mußte nicht mehr von der nationalsozialistischen Regierung umworben werden. Der treibende politische Faktor, welcher für die Deutschen hinter dem Umsiedlungsgedanken gestanden hatte, fiel im Sommer 1940 weg.[32] Und wirft man einen Blick auf die Zahlen, so ist es in der Tat bezeichnend, daß bis zum September 1940 zwar bereits über 46.000 Personen Südtirol verlassen hatten, in den folgenden drei Monaten aber nur noch ca. 10.000 folgten. Die Zahl der Auswanderer war im ersten Viertel des Jahres auf einen Wochendurchschnitt von 1609 gestiegen, um schon in den Folgemonaten (31.3.–29.6.1940) auf 1398 zu sinken. In der Zeit vom 30. Juni bis zum 14. September fiel die Ziffer weiter: Nur noch 923 Umsiedler pro Woche wurden von der ADERST registriert.[33]

Neben dem politischen Motiv läßt sich das steile Abfallen der Abwanderungskurve aber auch und vielleicht vor allem damit erklären, daß alle besitzlosen Deutschlandoptanten, welche das Land sofort und ohne Komplikationen verlassen konnten, dies bis zum Sommer 1940 getan hatten.[34] Diejenigen, die leicht von Südtirol Abschied nahmen und die als Arbeiter oder Angestellte reibungslos in das Deutsche Reich einzugliedern waren, hatte man bereits umgesiedelt.[35] Und wohin mit den besitzgebundenen Volksdeutschen, wußten die deutschen Behörden eben nicht.[36] Es fehlte an einem geschlossenen Siedlungsgebiet, welches für die Umsiedler attraktiv war. Die ambitiösen Vorschläge in den deutschen Regierungskreisen reichten zwar von Polen über die Freigrafschaft Burgund bis zur Krim, doch all diese Vorschläge waren unausgegoren und blieben unverwirklicht liegen. Als im Jahre 1941 der Krieg immer größere Ausmaße annahm, geriet das Südtiroler Umsiedlungsprojekt zusehends ins Hintertreffen.[37]

Mitte Dezember 1940 begann die Südtiroler Bevölkerung bereits zu zweifeln, ob eine Auswanderung überhaupt notwendig war. Es kursierten Gerüchte, daß Deutschland Südtirol nach einem gewonnenen Krieg ohnehin annektieren würde.[38] Zuneh-

---

[32] Petersen, Südtirol, S. 147 f.
[33] Stuhlpfarrer, Umsiedlung, II, S. 542 u. S. 545.
[34] Latour, Südtirol, S. 75.
[35] Es ist in dieser Hinsicht bezeichnend, daß 85 Prozent der im ersten Jahr Abgewanderten unselbständig Tätige waren (Leidlmair, Bevölkerung, S. 75).
[36] PA/AA, Botschaft Rom – geheim, 116/150, S. 482580–588 – 23.9.1941; Dt. Generalkonsulat Bozen an Botschaft Rom. Die Volkszählung des Jahres 1910 hatte ergeben, daß 61,4 Prozent der Erwerbstätigen in der Land- oder Forstwirtschaft arbeiteten. Südtirol war ein Bauernland (Leidlmair, Bevölkerung, S. 104).
[37] Latour, Südtirol, S. 74–76; zu den Siedlungsgebieten im einzelnen: Stuhlpfarrer, Umsiedlung, II, S. 617–708; vgl. Hitlers Kommentar zum Vorschlag der Krim: Hitlers Tischgespräche, S. 406 – 2.7.1942; außerdem: Broucek, Erinnerungen Glaise v. Horstenau, III, S. 137 – August 1942.
[38] Latour, Südtirol, S. 75–82.

mend argwöhnte man Mitte 1941 auch in der italienischen Regierung, daß Berlin das Gebiet bald zurückfordern würde.[39] Die italienischen Stellen reagierten jetzt höchst sensibel auf alle Indizien und registrierten ab Juni 1941 mit großem Mißtrauen deutsche Ungeschicklichkeiten wie etwa den Abdruck des „Liedes vom Ortler" in dem Soldatenliederbuch des IV. Armeekorps[40] oder die Veröffentlichung des Artikels „Menschen der Südmark" in den „Münchner Neuesten Nachrichten";[41] aus italienischer Sicht häuften sich die Anzeichen, daß Deutschland seinen Gebietsanspruch auf Südtirol nicht aufgegeben hatte. Der Präfekt Agostino Podestà berichtete dem „Duce" nach einem Besuch in Berlin im Frühjahr 1941, seiner Ansicht nach dächten die Deutschen gar nicht mehr ernsthaft an eine Umsiedlung.[42] Mussolinis Sorge wuchs. Ende Juni meinte er zu seinem Außenminister, daß er Südtirol zur Not auch mit Waffengewalt verteidigen werde.[43]

Als die Italiener daraufhin mahnten, den zurückgehenden Abzug der Deutschlandoptanten wieder voranzutreiben, zeigten sich die Deutschen zunächst einsichtig.[44] Guido Buffarini, Leiter des italienischen Innenministeriums,[45] stellte die deutschen Stellen in Bozen vor die Alternative, entweder die Abwanderung wirklich auszuführen oder den Vertrag bis nach dem Kriege zu suspendieren und in dem Falle alle deutschen Einrichtungen, die zur Durchführung der Vereinbarungen im Lande installiert worden waren, abzuziehen:

„Die Vereinbarung in Geltung lassen und praktisch zu suspendieren – und dieser Zustand ist bereits eingetreten –, das geht nicht. Ein solcher Zustand ist geeignet, Anlaß für allzuviel Auslegungen zu geben."[46]

---

[39] ADAP, D, XIII.2, Dok. 362, S. 470–475 – 27.9.1941; DDI, 9, VII, Dok. 509, S. 503–505 – 25.8.1941; Ciano, Diario, S. 525 – 18.6.1941, S. 529 – 30.6.1941 u. S. 533 – 13.7.1941; vgl.: Pietro Pastorelli, L'esaurimento dell'iniziativa dell'Asse. Parte I: L'estensione del conflitto (giugno–dicembre 1941), (Annuario di politica internazionale (1939–1945), vol. VI), Mailand 1967, S. 120 f.
[40] ASMAE, Affari politici (1931–45), Germania, b. 72, fasc.: Alto Adige e questione degli optanti 1941, n.p. – 11.6.1941, 6.8.1941 u. 2.9.1941, Briefwechsel Generalkonsulat München/MAE; ebd., b. 75, fasc.: Alto Adige, n.p. – 19.3.1942, Generalkonsulat München an Außenministerium.
[41] PA/AA, Büro Staatssekretär, Italien, Bd. 5, R. 29631, S. 1083 f. – 15.6.1941, Botschaft Rom an AA; vgl.: Meldungen aus dem Reich, VII, S. 2532 – 17.7.1941.
[42] Latour, Südtirol, S. 84.
[43] Ciano, Diario, S. 529 – 30.6.1941; vgl.: ebd., S. 525 – 18.6.1941 u. S. 533 – 13.7.1941.
[44] DDI, 9, VII, Dok. 242, S. 237 – 11.6.1941, Alfieri an Ciano.
[45] Formell hatte Mussolini das Amt des Innenministers selbst inne. Buffarini fungierte offiziell als der zuständige Stellvertreter Mussolinis und war in der Praxis daher der eigentliche Chef des Ministeriums.
[46] PA/AA, Botschaft Rom – Geheimakten, 116/150, S. 249686–688 – 5.7.1941, Protokoll Rücksprache Buffarini/Luig.

SS-Brigadeführer Ulrich Greifelt sagte daraufhin den Abzug von 16.000 Personen innerhalb der nächsten sechs Monate zu.[47] Intern wurde an deutsche Italien-Reisende von nun an mit dem Reisepaß die Parole „Kein Wort über Südtirol" ausgegeben,[48] um zu verhindern, daß die kursierenden Gerüchte durch einreisende Reichsdeutsche genährt wurden.[49] Sowohl im Deutschen Reich wie auch in Südtirol munkelte man in Kreisen der Bevölkerung, die Umsiedlung sei endgültig ausgesetzt.[50]

Greifelts besänftigendes Versprechen erwies sich aber als schwer umsetzbar. Schon im September 1941 war auf deutscher Seite abzusehen, daß sich die Zusage nicht einhalten ließ.[51] Ein geschlossenes Siedlungsgebiet stand nicht zur Verfügung. Problematisch war allein die Tatsache, daß man der Südtiroler Bevölkerung ein Terrain anbieten mußte, das ihrem betonten Selbstbewußtsein entsprach. Denn eine „unstandesgemäße" Umsiedlung, so fürchtete man in Greifelts Stabshauptamt, würde die ganze Bereitschaft zur Umsiedlung zunichte machen. Da ein entsprechendes Gebiet aber nicht zur Verfügung stand und Ende 1941/1942 zudem ärgste Wohnungnot im Deutschen Reich herrschte, sah man sich in der Praxis gezwungen, einen Großteil der Umsiedler provisorisch in eilig angelegten Durchgangslagern unterzubringen. Zu Tausenden sollten sich die entwurzelten Südtiroler Mitte 1942 in Barackensiedlungen zusammendrängen, die quer über Deutschland verstreut lagen.[52]

Angesichts dieser Umstände mußte man sich im Außenministerium im Dezember 1941 eingestehen, daß der vereinbarte Termin für die Beendigung der Umsiedlung (31. Dezember 1942) nicht eingehalten werden könne. Zu einem geeigneten Zeitpunkt müsse der italienischen Regierung auf diplomatischem Wege hierüber Mitteilung gemacht werden. Was die Zusage Greifelts anbetraf, so meinte Unterstaatssekretär Ernst Woermann, solle der Deutsche Hohe Kommissar in Bozen die Frage „leicht" behandeln. Er solle einfach „davon ausgehen, daß eine feste Zusage überhaupt nicht gemacht worden" sei.[53] Der Hohe Kommissar Ludwig Mayr-Falkenberg hatte hingegen Zweifel, ob sich die Italiener die deutsche „Passivität" weiterhin gefallen lassen würden.[54]

---

[47] ADAP, D, XIII.1, Dok. 175, S. 231 f. – 2.8.1941, Mackensen an AA.

[48] So ein Bericht aus dem italienischen Generalkonsulat in München: ASMAE, Affari politici, Germania, b. 75, fasc.: Alto Adige, n.p. – 11.8.1941, Pittalis, München, an MAE.

[49] Vgl.: ADAP, D, XIII.2, Dok. 362, S. 470 f. – 27.9.1941, Mackensen an AA.

[50] Latour, Südtirol, S. 87; vgl.: USSME, H-9, Racc. 11, n.p. – Januar 1942, Promemoria per il Duce; ebd. – März 1942.

[51] PA/AA, Botschaft Rom – Geheimakten, 116/150, S. 482580–588 – 23.9.1941, Dt. Generalkonsulat Bozen an Botschaft Rom.

[52] Latour, Südtirol, S. 87 f.; vgl.: ADAP, E, I, Dok. 191, S. 351 FN 8 – 27.1.1942, Notiz Greifelt.

[53] ADAP, E, I, Dok. 28, S. 49–52 – 17.12.1941, Aufzeichnung Woermann.

[54] Ebd., Dok. 10, S. 13–15 – 13.12.1941, Mayr-Falkenberg an Mackensen.

Günstig für die Deutschen wirkte sich nun aus, daß es auf italienischer Seite keine klare Linie in der Südtirol-Frage gab.[55] Der Kurs der faschistischen Südtirol-Politik schlingerte, war unsicher und in sich widersprüchlich. Am deutlichsten manifestierte sich das Dilemma der italienischen Regierung in der Person des Präfekten Podestà, der bis November 1941 auf der einen Seite als Beauftragter Buffarinis für die Durchführung der Umsiedlung zuständig war (und somit für die radikale ethnische Lösung einzutreten hatte), der aber auf der anderen Seite als Präfekt Bozens eine großes Interesse daran hatte, den wirtschaftlichen Weiterbestand der blühenden Provinz zu erhalten, was ohne die Südtiroler kaum zu bewerkstelligen war.[56] Selbstverständlich wäre man die „widerspenstigen, nicht assimilierbaren Elemente lieber heute als morgen losgeworden", doch fürchtete man eben auch „den Verlust von loyalen Staatsbürgern, guten Steuerzahlern und ökonomisch aktiven Individuen und Gruppen".[57]

In der Praxis führte das dazu, daß Podestà wiederholt versuchte, das Optionsergebnis nachträglich zugunsten Italiens umzuändern. Seit Anfang 1941 bot er den Südtirolern an, durch eine einfache Eingabe bei den italienischen Behörden ihre Wahl rückgängig zu machen, eine Praxis, die von den deutschen Stellen nicht anerkannt wurde, von den reuigen Einwohnern aber gern in Anspruch genommen wurde. In einem Kompromiß einigte man sich im August 1941 schließlich darauf, daß die Option nur rückgängig gemacht werden könne, „wenn die Änderung aus Gründen der Menschlichkeit dringend geboten" erscheine, eine vage Formulierung, mit der Podestàs Behörden gut arbeiten konnten.[58] Durch Bezuschussung des Wohnungsbaus in Südtirol, die Verminderung der Sozialabgaben für Bergbauern und weitere Propagandamaßnahmen wurde ab November 1941 darauf hingearbeitet, die Südtiroler Bevölkerung auf die Seite Italiens zu ziehen. Dagegen aufzubegehren fiel den Deutschen schwer, erfüllten sie doch ihre Vertragsverpflichtungen nicht.[59]

Als nun die Umsiedlung im Winter 1941/42 weiterhin nicht von der Stelle kam, schmerzte dies die Italiener vor allem, weil die Südtirol-Frage somit offen blieb und immer noch Raum für Spekulationen bot. Die Italianisierung der Region konnte nicht zum Abschluß kommen. Auf der anderen Seite waren sich die zuständigen Stellen vor Ort und das Außenministerium aber einig, daß man die Bauern der Region

---

[55] Die beiden Repräsentanten der italienischen Südtirol-Politik konnten sich auch persönlich nicht leiden (vgl.: PA/AA, Büro Staatssekretär, Italien, Bd. 6, R. 29632, S. 372823 f. – 15.10.1941, wo Mackensen ausdrücklich davon abrät, beide zu einem gemeinsamen Frühstück einzuladen).
[56] ADAP, D, XIII.1, Dok. 231, S. 232 – 2.8.1941. Im November 1941 wurde Podestà zum Alto Commissario der Provinz Bozen ernannt und war von da an unabhängig von Buffarini (Latour, Südtirol, S. 87). Der „Duce" hatte sich für ihn gegen einen anderen Kandidaten Buffarinis stark gemacht (PA/AA, Botschaft Rom – Geheimakten, 116/150, S. E249663–664 – 13.11.1941, Mackensen an AA).
[57] Petersen, Südtirol, S. 143.
[58] Latour, Südtirol, S. 89 f.
[59] Ebd., S. 90.

bei der herrschenden Ernährungskrise[60] ohnehin nicht ziehen lassen durfte.[61] Italien benötigte den landwirtschaftlichen Überschuß der fruchtbaren Region, und die Erfahrung des vergangenen Jahres hatte gezeigt, daß es nicht gelang, die wenigen von ihren deutschen Besitzern verlassenen Höfe mit italienischen Bauern neu zu besetzen.[62] Unterschwellig zielte die italienische Propaganda daher nun darauf ab, „möglichst viel Besitzende und besonders die landwirtschaftliche Bevölkerung unter den deutschen Optanten von der Abwanderung zurückzuhalten".[63] Offiziell teilten Buffarini und Podestà den deutschen Stellen mit, daß „die Bauern jetzt nicht herausgenommen werden" könnten, die „anderen Berufskategorien" das Land aber zu verlassen hätten. Zwar unterstrich der Unterstaatssekretär bei diesem Anlaß vehement die Notwendigkeit einer radikalen ethnischen Lösung, doch die deutschen Vertreter nahmen diese Aussage nicht mehr für voll.[64] Jeglichem italienischen Protest fehlte es fortan an Biß und Überzeugungskraft.

Anläßlich der Besprechung zwischen Hitler und Mussolini vom 29. April bis 2. Mai 1942 in Salzburg erwähnte Ribbentrop gegenüber Ciano die Südtirol-Frage und erklärte, daß die Umsiedlung aufgrund des Krieges unterbrochen und die Frist um ein Jahr verlängert werden müsse.[65] Angesichts der wirtschaftlichen und sozialen Situation im Oberetsch, der Kriegsumstände und des machtpolitischen Ungleichgewichts, von dem die deutsch-italienischen Beziehungen zu diesem Zeitpunkt längst geprägt waren, blieb den Italienern nichts anderes übrig, als einzuwilligen. Bitter vermerkte Alfieri die „Unverfrorenheit", mit der ihm Ribbentrop mitteilte, daß es zu der Terminverschiebung gekommen sei,[66] widersprechen konnte er ihm nicht. Nur den Vorstoß des deutschen Außenministers, den Abzug der Südtiroler ganz abzubrechen, mußten die Italiener unbedingt abwehren.[67] Wurde ihnen die Umsiedlung der Südtiroler zum Dezember 1942 verweigert, so mußten sie zumindest auf eine „symbolische" Weiterführung bestehen, um bei der Bevölkerung das Gesicht zu wahren.[68] Eine „Abbeförderung von etwa 1000 bis 1500 Köpfe je Monat"[69] wünschte sich

---

[60] Vgl.: Kap. 6 a.

[61] ADAP, E, I, Dok. 191, S. 350 – 31.1.1942, Mayr-Falkenberg an AA.

[62] PA/AA, Botschaft Rom – Geheimakten, 116/150, S. 482580–588 – 23.9.1941, Dt. Generalkonsulat Bozen an Botschaft Rom; ADAP, D, XIII.2, Dok. 362, S.471 – 7.9.1941, Mackensen an AA.

[63] PA/AA, Botschaft Rom – Geheimakten, 128 – 1.9.1942, Mayr-Falkenberg an Botschaft Rom: Bericht Brunner vom 1.4.1942.

[64] ADAP, E, I, Dok. 191, S. 350 – 31.1.1942, Mayr-Falkenberg an AA.

[65] Latour, Südtirol, S. 95.

[66] DDI, 9, VIII, Dok. 539, S. 589 – 13.5.1942, Alfieri an Ciano.

[67] Ebd., Dok. 528, S. 577 – 10.5.1942, Ciano an Alfieri.

[68] PA/AA, Botschaft Rom – Geheimakten, 128, n.p. – 25.6.1942, Mackensen an AA; ADAP, E, III, Dok. 44, S. 72 f. – 27. 6.1942, Mayr-Falkenberg an AA; DDI, 9, VIII, Dok. 623, S. 679 f. – 15.6.1942, Alfieri an Ciano.

[69] PA/AA, Botschaft Rom – Geheimakten, 128, n.p. – 25.6.1942, Mackensen an AA.

daher der „Duce" – eine Ziffer, die in den ersten fünf Monaten des Jahres eigentlich nur einmal erreicht worden war: 1054 Volksdeutsche hatten Südtirol im Januar verlassen, 984 im Februar, 964 im März, 510 im April und 888 im Mai. Insgesamt waren laut italienischen Angaben bis zu diesem Zeitpunkt 69.865 Südtiroler umgesiedelt worden, über 130.000 befanden sich noch im Land.[70] „Symbolische Maßnahmen" verlangte auch Ettore Tolomei, der sich nicht nur als Herausgeber der Zeitschrift „Archivio per l'Alto Adige" seit der Jahrhundertwende für die Italianisierung der Region eingesetzt hatte.[71] Zwar wisse er um die Verlängerung der Rückwanderungsfrist, doch empfehle er, nichtsdestotrotz ein Zeichen zu setzen und einige Bauern aus jeder Kommune abwandern zu lassen, schrieb der Senator im Juli an den deutschen Botschafter.[72]

Nach dem Notenwechsel vom 23. Juli 1942,[73] in dem Alfieri und Ribbentrop die Abwanderungsfrist offiziell auf den 31. Dezember 1943 verlegten, schwand auf deutscher Seite das Interesse an symbolischen Maßnahmen aber augenblicklich. Laut einem Monatsbericht für den „Duce" sank die Zahl der Aussiedler bereits im Juli auf nahezu „Null".[74] In der Note zur Fristverlängerung war es den Deutschen zudem gelungen, die Bedingung einer „möglichst geschlossenen Umsiedlung" unterzubringen, obwohl im italienischen Außenministerium vor dieser Formulierung ausdrücklich gewarnt worden war, da sie einem kontinuierlichen Fortgang der Umsiedlung im Wege stand.[75] Desweiteren hatten sich die deutschen Diplomaten die Möglichkeit einer weiteren Fristverlängerung offengehalten, was nach italienischer Ansicht auf keinen Fall in Südtirol bekannt werden durfte.[76] In keiner der Bekanntmachungen fanden die beiden Aspekte daher Erwähnung.[77]

Nach der vereinbarten Fristverlängerung kam die Abwanderung praktisch zum Erliegen. Die italienische Regierung enthob ihren Hohen Kommissar für die Umsied-

---

[70] DDI, 9, VIII, Dok. 626, S. 681 – 16.6.1942, Vitetti an Ciano; den deutschen Quellen zufolge waren bis zum 30. Juni 1942 76.824 Südtiroler umgesiedelt worden (Latour, Südtirol, S. 143, Anhang VI).

[71] Zu Tolomei und seiner Zeitschrift ausführlich vgl.: Gisela Framke, Im Kampf um Südtirol. Ettore Tolomei (1865–1952) und das „Archivio per l'Alto Adige", Tübingen 1987.

[72] PA/AA, Botschaft Rom – Geheimakten, 128, n.p. – 25.7.1942, Tolomei an Mackensen. Außerdem setzte sich Tolomei für die Überführung der Statue Walther von der Vogelweides von Bozen nach Eisenach ein.

[73] ADAP, E, III, Dok. 128, S. 221 f. – 23.7.1942, RAM an Alfieri.

[74] USSME, H-9, Racc. 11, n.p. – Juli 1942, Promemoria per il Duce.

[75] ASMAE, Affari politici (1931–45), Germania, b. 75, fasc.: Alto Adige, n.p. – 20.6.1942, Appunto MAE.

[76] Ebd. – 14.6.1943, Appunto MAE.

[77] Vgl.: Alpenzeitung – Politisches Tagblatt der Provinz Bolzano, 17. Jahrgang, Nr. 202 – 25.8.1942, S. 3; La Provincia di Bolzano – Quotidiano Fascista dell'Alto Adige, 16. Jahrgang, Nr. 202 – 25.8.1942, S. 2.

lung im Januar 1943 seines Amtes[78] und forderte Berlin auf, diesem Beispiel zu folgen und die übrigbleibenden Aufgaben auf das Konsulat zu übertragen. Die Aufrechterhaltung der deutschen Dienststelle ergebe keinen Sinn mehr.[79] Trotz unmittelbarer Zusage aus der Wilhelmstraße[80] befand sich Mayr-Falkenberg mit seinem gesamten Stab von etwa 500 Leuten im Mai 1943 aber immer noch auf seinem Posten. Erst auf die erneute Anfrage aus Rom wurde die Abreise des deutschen Gesandten eingeleitet.[81]

Der Sturz Mussolinis und der darauffolgende Frontwechsel Italiens führten rasch zu einer Rückkehr der deutschen Beamten. Südtirol wurde nach dem Einmarsch der deutschen Truppen im Herbst 1943 zur „Operationszone Alpenvorland" erklärt, die offiziell zwar zur Republik von Salò gehörte, aber in Wirklichkeit fest in deutscher Hand war.[82] Unter dem Einfluß des Gauleiters von Tirol und Vorarlberg, Franz Hofer, wurde die Verschmelzung mit dem Gau Nordtirol in den Folgemonaten vorangetrieben. Systematisch ersetzte der Deutsche italienische Bürgermeister und Amtspersonen und führte Deutsch als offizielle Unterrichtssprache wieder ein. Ab Januar 1944 brauchten deutsche Staatsbürger zur Einreise keine Pässe mehr vorzuweisen, im Februar 1944 wurde die Bozener Polizei sogar auf das Deutsche Reich vereidigt. Schritt für Schritt wurde die Entgermanisierungspolitik der Faschisten wieder rückgängig gemacht.[83]

b. Vallo del littorio – die italienischen Verteidigungsanlagen an der Nordfront

Am 16. März 1938, vier Tage nach dem „Anschluß Österreichs", versprach Mussolini in einer Kammerrede, daß die Alpengrenze nunmehr an den Punkten, wo sie verletzbar geworden war, durch den *Vallo del littorio* unüberwindlich gemacht werde: Alle

---

[78] Podestà wurde als Präfekt nach Fiume versetzt. Sein Amt als „Hoher Kommissar in Südtirol" wurde nicht wiederbesetzt (Latour, Südtirol, S. 100).
[79] DDI, 9, X, Dok. 86, S. 121 – 7.3.1943, Bastianini an Alfieri; ADAP, E, V, Dok. 195, S. 386 – 10.3.1943, Aufzeichnung Weizsäcker.
[80] DDI, 9, X, Dok. 127, S. 162 – 17.3.1943, Alfieri an Bastianini.
[81] Ebd., Dok. 314, S. 412f. – 12.5.1943, Bastianini an Alfieri; ebd., Dok. 330, S. 439f. – 16.5.1943, Alfieri an Bastianini; ebd., Dok. 513, S. 661f. – 15.7.1943, Alfieri an Bastianini; ADAP, E, VI, Dok. 37, S. 69f. – 14.5.1943, Steengracht an Rintelen.
[82] Steininger, Südtirol, S. 189–193.
[83] Latour, Südtirol, S. 119f.; vgl. weiterführend: Michael Wedekind, Nationalsozialistische Besatzungs- und Annexionspolitik in Norditalien 1943 bis 1945. Die Operationszonen „Alpenvorland" und „Adriatisches Küstenland", München 2003; Gerald Steinacher (Hg.), Südtirol im Dritten Reich. NS-Herrschaft im Norden Italiens, 1943–1945, Innsbruck 2003.

Grenzen des faschistischen Italiens seien heilig.[84] Nach der sogenannten „Wiedervereinigung Österreichs mit dem Deutschen Reich" war aus dem Nachbarstaat die Ostmark, eine Provinz des Dritten Reiches, geworden. Deutschland stand unmittelbar am Brenner.[85] Einem deutschen Beobachter stellte sich die italienische Sichtweise rückblickend wie folgt dar:

> „Die Nordgrenze ist für Italien etwa das, was für Deutschland die Ostgrenze ist: Es ist die Grenze gegen den mächtigsten Nachbarstaat, dessen Militärmacht am gefährlichsten erscheint."[86]

Der „Anschluß" sei daher vom „Duce" auch als ein Ereignis hingestellt worden, das Italien um das einzig positive Ergebnis des Ersten Weltkrieges bringen würde: nämlich das Verschwinden des übermächtigen Habsburger Reiches.[87]

Der „Wiedervereinigung" mit Österreich folgten im September 1938 die deutsche Annexion des Sudetengebietes und im März 1939 die Unterstellung der tschechischen Länder unter direkte deutsche Kontrolle sowie der Einmarsch ins litauische Memelgebiet.[88] Das Deutsche Reich war jetzt nicht nur unmittelbarer Nachbar Italiens, sondern verlor offensichtlich zusehends die Scheu, skrupellos sein Territorium auszuweiten. Ende April 1939 gab Mussolini dem Generalstabschef des Heeres, Alberto Pariani, schließlich Weisung, „die Türen des Hauses zu schließen".[89] Ausgedehnte Befestigungsarbeiten an der deutsch-italienischen Grenze, die später an manchen Stellen eine Tiefe von nahezu 200 km erreichten, sollten das Gebiet zwischen dem Brenner, Tarvis und Treviso vor einer möglichen Invasion schützen.[90]

Wenige Monate später betonte Pariani in einem Schreiben an das XIV. Armeekorps, daß das Gebiet von Tarvis „die stärkste Verteidigungszone Italiens" werden müsse. Tarvis, das östlich vom Brenner den zweiten Hauptpaß durch die Alpen bildete, war in seinen Augen die „gefährlichste Tür" des Landes.[91] Der General trieb im

---

[84] Opera Omnia di Benito Mussolini, XXIX, S. 67–71 – 16.3.1938.

[85] In Rom wurde das Ereignis als schwerer Schlag empfunden, mangels Alternativen jedoch als unvermeidlich geduldet. Eine Stellungnahme gegen die Maßnahme des Deutschen Reiches kam nicht in Frage (ADAP, D, I, Dok. 399, S. 499 – 25.3.1938, Plessen an AA; Ciano, Diario, S. 112 – 13.3.1938; vgl.: Siebert, Italiens Weg, S. 67; Bosworth, Mussolini, S. 331).

[86] PA/AA, Inland II g, R. 100977: Volkstum und Grenzfragen: Beobachtungen italienischer Aktivitäten an Alpengrenze durch Publikationsstelle, n.p., Mikrofiche-Nr.: 2522 – 24.10.1941, Dr. Steinacker, Bericht der Alpenländischen Forschungsgemeinschaft auf der volkspolitischen Tagung des AA.

[87] Ebd.

[88] Manfred Messerschmidt, Außenpolitik und Kriegsvorbereitung, in: DRZW, I, S. 771–804 u. S. 817.

[89] Bottai, Diario, S. 147 – 29.4.1939.

[90] ACS, Agenzia Stefani, Carte Morgagni, b. 74, n.p. – 14.5.1940, Segnalazioni riservate.

[91] NARS, T-821/358/000005–06 – 31.10.1939, Pariani an XIV. Armeekorps (Treviso).

Oktober 1939 daher zur Eile an: Das Projekt sollte rasch in allen Einzelheiten studiert werden, um den Herbst noch auszunützen für die Grundrisse und die Aussteckung, so daß die Anlegung der Bauplätze vorangetrieben werden konnte. Anfang 1940 sollte mit den eigentlichen Arbeiten begonnen werden; wo möglich, schon im Winter.[92] Die Anlagen waren in der Planung unterteilt in drei Befestigungssysteme, von denen wenigstens das dritte (hinterste) und – wenn möglich – auch das zweite im Mai 1940 vollendet sein sollten. Zum 15. Dezember 1939 übernahm General Edoardo Monti die Leitung der Baumaßnahmen an der italienisch-deutschen und italienisch-schweizerischen Grenze.[93] Mitte Januar waren die Arbeiten in vollem Gange.[94]

Im Berliner Außenministerium lagen bereits Mitte Oktober 1939 Meldungen über den italienischen Ausbau des Nordwalls vor. Die Sprengungen, mit denen das Terrain vorbereitet wurde, hallten kilometerweit über die Grenze.[95] Hinzu kamen die Gerüchte, welche durch ausgewanderte Südtiroler vor allem in der Ostmark Verbreitung fanden.[96] Ende Januar 1940 brachte der deutsche Militärattaché Enno von Rintelen das Thema bei der ersten günstigen Gelegenheit auf den Tisch. Unter dem Hinweis, daß das Deutsche Reich keinerlei Befestigungsarbeiten an der italienischen Grenze vornehme,[97] sprach er General Pariani direkt auf die italienischen Baumaßnahmen an. Dieser rechtfertigte die Bauten wie folgt:

„[Pariani] erklärte diese Arbeiten als eine reine Defensivmaßnahme zur Beruhigung der öffentlichen Meinung, ebenso wie die Bauten an der jugoslawischen Grenze. Italien fühle sich doch eben nicht so stark, daß es auf Grenzbefestigungen verzichten könne; im übrigen geschehe dort nicht sehr viel. Gefährlicher als Befestigungen, die immer defensiven Charakter hätten, seien Straßenbauten im Grenzgebiet, die offensiven Charakter haben könnten."[98]

Auf Rintelen wirkten diese Argumente wenig überzeugend. Eigentlich strebe die deutsche Regierung ja eine Verbesserung der Eisenbahn- und Straßenverbindungen

---

[92] Ebd.

[93] NARS, T-821/228/000381 – 8.12.1939, Denkschrift des MinGuer, Uff.Op. I – Sez. 2/a, o.V.; ebd./45/000010 – 15.12.1939, Graziani an Gen. Monti u. die Kommandeure d. Armeekorps Bozen u. Treviso; vgl. Knox, Mussolini, S. 61.

[94] Bottai, Diario, S. 174 – 23.1.1940, Mussolini vor dem Ministerrat.

[95] PA/AA, Büro Staatssekretär, Schriftwechsel mit Beamten, Bd. 4, R. 29854, n.p., Mikrofiche-Nr. 1666 – 13.10.1939, Graf Welczeck an Weizsäcker; Weizsäcker gab die Meldung an Woermann weiter (ebd. – 16.10.1939, Weizsäcker an Welczeck); vgl.: BA/MA, RH 2/2936, S. 130 – 17.11.1939, Rintelen an Tippelskirch.

[96] Meldungen aus dem Reich, III, S. 554 – 11.12.1939; ebd., S. 644 – 15.1.1940.

[97] Mussolini behauptete vor dem Ministerrat das Gegenteil, doch gibt es keinerlei Hinweise für deutsche Befestigungsarbeiten (Bottai, Diario, S. 174 – 23.1.1940).

[98] BA/MA, RH 2/2936, S. 162 – 31.1.1940, Aufzeichnung Rintelen.

zwischen Italien und Deutschland an, erwiderte er. Das Deutsche Reich halte daher „jede Lire, die für Befestigungen ausgegeben würde anstatt für Straßen, für nutzlos". Denn die Grenzfragen zwischen dem Reich und Italien seien durch die Erklärung des „Führers" ja ein für allemal geregelt.[99]

Doch Rintelens Vorstoß hatte keinerlei Einfluß auf die italienische Planung, trotz seines Einwands liefen die Arbeiten am *Vallo del littorio* weiter wie zuvor. Offiziellen Charakter[100] hatte das Gespräch ohnehin nicht gehabt, denn Pariani war Anfang 1940 bereits aus seinem Amt entlassen.[101] Allein, vor dem nächsten Brenner-Treffen der beiden Diktatoren wurde die italienische Presse angewiesen, auf keinen Fall über den Nordwall zu berichten, um die Empfindlichkeit der Deutschen nicht unnötig zu verletzen.[102] An den Bauvorhaben selbst änderte sich jedoch nichts. Mitte Mai arbeiteten italienische Bautrupps an der Alpenfront Tag und Nacht.[103]

Um das Ausmaß der Befestigungsanlagen an der deutsch-italienischen Grenze in einen vergleichbaren Rahmen zu setzen, bietet es sich an, die dortigen Baumaßnahmen mit denen an den Grenzen zu Frankreich, Jugoslawien und der Schweiz zu konfrontieren. Schon die ersten Berechnungen des Jahres 1940, in denen ein Budget von 1 Milliarde Lire für die deutsche, 700 Millionen Lire für die jugoslawische, 600 Millionen Lire für die französische und 200 Millionen Lire für die schweizerische Grenze veranschlagt wurde, zeigen deutlich, wo die Prioritäten lagen. Im Sommer 1940 wurde das Programm für Bauten Richtung Jugoslawien zudem reduziert, und nach dem Waffenstillstand mit Frankreich wurden die Arbeiten an dieser Grenze (nachdem das Budget zuerst um 500 Millionen Lire erhöht worden war) ganz eingestellt, dann in kleinerem Umfang fortgeführt. Eine Bilanz aus dem Februar 1941 gibt an, daß das Gesamtbudget für den Ausbau der befestigten Linie an der französischen Grenze schließlich bei 690 Millionen Lire, an der jugoslawischen bei 300 Millionen Lire und an der deutschen bei 2,56 Milliarden Lire lag.[104]

Hinzu kam, daß nur an der deutsch-italienischen Grenze die Leitung der Baumaßnahmen einzig und allein unter die Aufsicht *eines* Direktors gestellt wurde. Im Januar 1940 mußte General Monti die Direktion über den Bau der schweizorientier-

---

[99] Ebd., S. 162 f.; Rintelen spielt an auf Hitlers Erklärung im März 1938 (vgl.: ADAP, D, I, Dok. 352, S. 470 – 11.3.1938; Kap. 5 a).

[100] Rintelen hielt eine offizielle Anfrage nicht für opportun (BA/MA, RH 2/2936, S. 130 – 17.11.1939, Rintelen an Tippelskirch).

[101] BA/MA, RH 2/2936, S. 164 – 6.2.1940, Rintelen an Tippelskirch. Pariani bat außerdem „um *vertrauliche* Behandlung seiner freimütigen Äußerungen" (ebd., S. 163; Hervorhebung im Original).

[102] ACS, Agenzia Stefani, Carte Morgagni, b. 74, n.p. – 22.3.1940, Segnalazioni riservate.

[103] Ebd. – 14.5.1940, Segnalazioni riservate.

[104] USSME, L-10, Racc. 2, fasc.: Fortificazione permanente alle frontiere alpine, n.p. – 28.2.1941, Aufzeichnung Uff. Sottocapo SME, vmtl. Roatta; DSCS, I.1, S. 166 – 10.7.1940, Mitteilung Heeresstab; vgl.: Knox, Mussolini, S. 61 u. S. 315 FN 78.

ten Anlagen[105] abgeben, um sich fortan ausschließlich der befestigten Linie gegen das Deutschen Reich zu widmen.[106] Im März 1941 konnte Mario Roatta, der neue Generalstabschef des Heeres, daher feststellen, daß „die einzige Grenze, an der eine in sich geschlossene Regelung mit wirklich einheitlichen Kriterien verwirklicht worden ist, eben die deutsche ist, an welcher die Dringlichkeit weit größer war als an den anderen".[107]

Daß dies nicht gerade von Vertrauen in den deutschen Bündnispartner zeugte, befanden auch die Diplomaten im britischen *Foreign Office*. Seit September 1939 verfolgte man in London den Ausbau der Verteidigungsanlagen am Brenner.[108] Mit kaum einer Maßnahme hätten die Italiener ihren Argwohn besser signalisieren können. Dies war der faschistischen Regierung auch bewußt. Anfang Juli 1940 wies Mussolini General Monti daher nicht nur an, die drei Befestigungslinien bis Ende 1941 zu beenden, sondern bat gleichzeitig, dabei nicht zuviel Aufsehen zu erregen.[109] Mitte des Monats verbot Ubaldo Soddu, Unterstaatssekretär im Kriegsministerium, die auffällige Nachtarbeit bei Flutlicht.[110] Trotz dieser Einschränkungen trieb Rom weiter zur Eile an. Der Heeresstab empfahl Anfang Juli, die Arbeiten an der französischen Grenze einzustellen, u. a. um Kapital und Material konzentriert an den Bauten zum Deutschen Reich einzusetzen.[111]

Angesichts dieser Maßnahmen verblüfft die Feststellung, daß die Arbeiten am *Vallo del littorio* einen Monat darauf plötzlich drastisch zurückgefahren wurden.[112] Laut einer Aussage Soddus lag dies wahrscheinlich an einer persönlichen Intervention Hitlers. Obwohl in den offiziellen Protokollen nicht verzeichnet, hatte der deutsche Regierungschef Mussolini offensichtlich direkt auf den Nordwall angesprochen und gefragt, warum Italien immer noch an der deutschen Grenze baue.[113] Wie auch

---

[105] Die Baumaßnahmen an dieser Grenze spielten sich vergleichsweise in sehr kleinem Rahmen ab. Bis Februar 1941 hatte man dort erst 36 Millionen Lire ausgegeben.

[106] USSME, L-10, Racc. 2, fasc.: Fortificazione permanente alle frontiere alpine, n.p. – 8.3.1941, Roatta an MinGuer; NARS T-821/45/000052–53 – 29.1.1940, Graziani an Monti u. a.

[107] USSME, L-10, Racc. 2, fasc.: Fortificazione permanente alle frontiere alpine, n.p. – 8.3.1941, Roatta an MinGuer: „[…] la sola frontiera sulla quale è stata realizzata una sistemazione organica con vera uniformità di criteri è proprio quella germanica sulla quale l'urgenza è stata di gran lunga maggiore che sulle altre."

[108] PRO, FO 371/24965, S. 115 f., R 7470/6565/22 – 24.9.1940, Notiz Nichols.

[109] ACS, Carte Rodolfo Graziani, b. 58, fasc. 47.9, n.p. – 14.7.1940, Roatta an Graziani.

[110] NARS T-821/45/000225 – 28.7.1940, Monti an MinGuer/Gab; Knox, Mussolini, S. 315 FN 78.

[111] NARS T-821/19/000866–68 – 7.7.1940, Roatta an SME/Uff.Op. I; Cavallero, Diario, S. 197 – 10.6.1940.

[112] NARS T-821/45/000198 – 23.8.1940, Roatta an Monti; ACS, Carte Rodolfo Graziani, b. 58, fasc. 47.9, n.p. – 27.8.1940, Roatta an Graziani.

[113] ACS, Carte Rodolfo Graziani, b. 58, fasc. 47.9, n.p. – 27.8.1940, Roatta an Graziani: „Da Ecc. Soddu ho saputo che lo stesso Hitler avrebbe chiesto al Duce per quale motivo continuassimo a

immer die entsprechende Notiz Roattas zu bewerten ist, Tatsache bleibt, daß der Ausbau der Befestigungen ab August 1940 stark eingeschränkt wurde.[114]

Erst im Frühjahr 1941 wandte sich der italienische Heeresstab der Frage des Nordwalls wieder verstärkt zu. Da man die Arbeiten an dieser Grenze überstürzt und in großer Eile begonnen hatte, waren die Anlagen in einem chaotischen Zustand. Angesichts der klimatischen Umstände hatten die Italiener im Winter 1939/1940 mit der Arbeit in allen Systemen gleichzeitig eingesetzt, so daß jetzt im Endeffekt, nachdem die Baumaßnahmen zudem nur noch mit halber Kraft vorangetrieben wurden, keine der drei Befestigungslinien fertiggestellt worden war. Im März 1941 gab Roatta daher Weisung, die Arbeiten künftig auf den Ausbau des zweiten Systems zu konzentrieren, da dieses im Aufbau am weitesten fortgeschritten war. Zumindest eine der Anlagen müsse endlich abgeschlossen und damit wirksam werden.[115]

Auch im Sommer 1941 betrieben die Italiener die Baumaßnahmen weiterhin auf Sparflamme. Im Zuge der Weisungen von oben arbeite man derzeit nur noch an den notwendigen Ergänzungen, um die Anlagen vor dem Verfall zu schützen und zu tarnen, hielt Roatta am 25. Juli in einer Denkschrift fest:

„Wir arbeiten hingegen mit voller Kraft an den Straßen. Aber da diese auch zivilen Zwecken dienen und in das Programm des regionalen Straßenausbaus eingefügt werden können, müssen deutsche Beobachter überzeugt sein, daß wir darauf verzichtet haben, die Nordfront weiter zu befestigen."[116]

Rom befand sich im Zwiespalt. Einerseits wollte die faschistische Regierung den starken Bündnispartner nicht provozieren, andererseits durfte sie nicht riskieren, ihm im Falle eines Angriffs schutzlos ausgeliefert zu sein. Folgt man den Aufzeichnungen Cianos, so war Mussolini im Juni 1941 fest davon überzeugt, daß Deutschland eines Tages der Feind sein würde. Der Aufbau des Nordwalls habe fortzuschreiten, meinte

---

lavorare a quella frontiera. In definitiva, la fine dei lavori prevista in due anni è ora procrastinata a quattro."

[114] USSME, L-10, Racc. 2, fasc.: Fortificazione permanente alle frontiere alpine, n.p. – 5.2.1941, Roatta an SME u. MinGuer; PA/AA, Büro Staatssekretär, Schriftwechsel mit Beamten, Bd. 6, R. 29856, S. 123028 – 4.1.1941, Generalkonsulat Genua an Weizsäcker; NARS T-821/500/000678 – 30.10.1942, Promemoria CS/SME/Uff. Op.I.

[115] USSME, L-10, Racc. 2, fasc.: Fortificazione permanente alle frontiere alpine, n.p. – 8.3.1941, Roatta an SME/MinGuer; ebd. – 28.2.1941, Aufzeichnung Uff. Sottocapo SME, vmtl. Roatta.

[116] DSCS IV.2, Dok. 53, S. 134 – 25.7.1941, Denkschrift Roatta: „Nel momento attuale, giusta gli ordini superiori, si lavora soltanto ai completamenti necessari per premunire le opere da deterioramenti e per il mascheramento, che è in genere molto ben fatto e sovente veramente indovinato. Si lavora invece in pieno alle strade. Siccome però queste ultime servono anche a scopi civili e possono rientrare nel programma di potenziamento stradale di quelle regioni, osservatori tedeschi debbono essere convinti che abbiamo rinunciato a fortificare ulteriormente la frontiera nord."

der „Duce", die Befestigungen würden noch von Nutzen sein.[117] Dabei stellte sich aber die Frage, ob es Sinn habe, die Baumaßnahmen im derzeitigen Schneckentempo fortzuführen. Roatta brachte das Dilemma in seinem Memorandum auf den Punkt:

> „Ich bin der Meinung, daß uns, wenn wir dem Reich nicht den Eindruck vermitteln wollen, daß wir uns zur Verteidigung gegen [Deutschland] vorbereiten, nichts anderes übrig bleibt, als die Dinge so zu lassen, wie sie sind; wenn wir aber, im Gegenteil, beabsichtigen, uns vor dieser Seite zu schützen, dann können wir die Arbeiten auch wieder in vollem Umfang aufnehmen, entsprechend dem ursprünglichen Programm."[118]

Allem Anschein nach wurden die Arbeiten am Nordwall spätestens Ende August 1941 wieder verstärkt aufgegriffen.[119] Und bald darauf kursierten im Reich die Gerüchte. Reisende aus Deutschland, denen die Baumaßnahmen nicht entgehen konnten, verbreiteten die Neuigkeit in Windeseile. Die Zuverlässigkeit des italienischen Bundesgenossen stand ohnehin zur Diskussion. Berichte über den fortschreitenden Ausbau der Befestigungsanlagen fielen daher auf fruchtbaren Boden und nährten die längst umlaufende Vermutung, daß sich Italien auf einen Sonderfrieden mit Großbritannien vorbereite.[120]

Bewußt vermieden es die Deutschen, das Thema anzusprechen. Der Deutsche General in Zagreb, Glaise von Horstenau, erfuhr bei einem Aufenthalt in Berlin, daß „strikte Weisung erteilt worden sei, beim [kommenden] Mussolinibesuch keiner italienischen Persönlichkeit gegenüber ein Sterbenswörtlein wegen der Befestigungen zu verlieren".[121] Dabei stand „der beschleunigte Ausbau der Grenzbefestigungen gegen Deutschland" beim OKW schon als eigener Punkt auf der Tagesordnung. Im Protokoll des Treffens zwischen Keitel, Cavallero und dem „Duce" vom 29. August 1941

---

[117] Ciano, Diario, S. 524 – 10.6.1941.
[118] DSCS IV.2, Dok. 53, S. 136 – 25.7.1941, Denkschrift Roatta: „Sono di avviso che se non si vuole dare al Reich la persuasione che ci prepariamo a difenderci da lui, non c'è che da lasciare le cose come stanno; se, viceversa, intendiamo di premunirci da quella parte, tanto vale riprendere i lavori in pieno, secondo il programma originale."
[119] USSME, M-3, Racc. 6, fasc. 3: Sistemazione difensiva alla frontiera germanica 1941, n.p. – 17.8.1941, Aufzeichung CS Uff. Op. – Scacchiere orientale, handschriftl. Randbemerkung v. 23.8.1941, Unterschrift unleserlich; PRO, FO 371/29930, S. 14, R 8853/28/22 – 3.10.1941, Kelly, Bern, an FO.
[120] Meldungen aus dem Reich, VII, S. 2579 – 28.7.1941; ebd., VIII, S. 2949 – 6.11.1941; DDI, 9, VII, Dok. 618, S. 628 – 3.10.1941, Alfieri an Ciano; ACS, Micup, Gab, b. 69, fasc. Germania. Rapporti e contatti tra il Ministero della Cultura popolare e il Ministero Propaganda del Reich. Anni 1939–1941, n.p. – 7.10.1941, Reisebericht Capomazza; Weizsäcker-Papiere, S. 274 – 22.10.1941.
[121] Broucek, Erinnerungen Glaise v. Horstenau, III, S. 128 f. – 27.8.1941.

tauchte die Frage dann aber nicht auf.[122] Schwierig war es, dem Thema in den Sitzungen der deutsch-italienischen Grenzkommission, die über den Grenzverlauf in den Höhenzügen rund um die Region Laibach diskutierte, auszuweichen. Deutscherseits war in der Vergangenheit immer dafür gesorgt worden, daß die Grenze auf dem italienischen Hang der beherrschenden Höhenzüge gebaut wurde. In den Gesprächen Ende August forderten die Italiener nun aber einen gemeinsamen Höhenbesitz als „Ausdruck der Gleichberechtigung unter Achsenfreunden". Der deutsche Delegationsleiter sah sich schließlich gezwungen, die Debatte abzubrechen, „um zu vermeiden, daß wahre militärische Gründe mit Hinweis auf anhaltende italienische Befestigungsarbeiten an der alten Reichsgrenze zur Sprache" kämen.[123]

Trotz der Anweisung von oben blieb es nicht aus, daß sich der italienische Botschafter Alfieri zunehmend mit höflichen, aber vielsagenden Nachfragen zum Nordwall konfrontiert sah. Seine Anfragen vom Oktober 1941, wie er auf die in Berlin kursierenden Gerüchte reagieren solle, ließ Rom letztlich unbeantwortet.[124] Ganz gleich, welchen Umfang die Bauten nun hatten oder in welchem Ausmaß an ihnen gearbeitet wurde, allein die Tatsache, daß sie errichtet wurden, konnten die Italiener dem Bündnispartner eben nicht erklären, ohne die Wahrheit zu sagen. Cianos Hinweis, daß in der Provinz Bozen gerade mal 10 Prozent der Arbeiter, die derzeit Grenzen befestigten, beschäftigt waren, war daher nicht nur irreführend, sondern völlig irrelevant.[125]

Im Spätsommer 1941 waren die Spannungen in der deutsch-italienischen Koalition auf einem Höhepunkt angelangt.[126] Berichten des italienischen Geheimdienstes SIM zufolge hatten die Deutschen in den wichtigsten Städten Italiens bereits bewaffnete Zellen eingerichtet.[127] Im Oktober erfuhr die italienische Botschaft in Berlin zudem von deutschen Planungen einer Operation „Walküre", die auf eine vollständige Besetzung Italiens abzielte, falls das Regime Mussolinis weitere Schwächen zeigen sollte. Drei deutsche Divisionen stünden angeblich schon in Innsbruck bereit.[128]

---

[122] BA/MA, RL 2 II/38, n.p., Brief-Nr. 441447/41, Anlage 3 – 29.8.1941, Protokoll Treffen Keitel, Cavallero in Anwesenheit des „Duce".

[123] PA/AA, Büro Staatssekretär, Italien, Bd. 6, R. 29632, S. 372653 f. – 29.8.1941, Kamphoevener/Kroemer an OKW u. AA.

[124] DDI, 9,VII, Dok. 618, S. 628 – 3.10.1941 u. Dok. 647, S. 652 – 14.10.1941, jeweils Alfieri an Ciano.

[125] Ebd., Dok. 623, S. 632 f. – 6.10.1941, Ciano an Alfieri (FN 1: Anzahl der eingesetzten Arbeitskräfte je Provinz). Irreführend waren Cianos Angaben, da auch der Ausbau der Befestigungen bei Belluno, Udine und Görz (Goriza) direkt oder indirekt gegen das Deutsche Reich gerichtet war. Zählt man die dort beschäftigten Arbeiter mit, so arbeiteten schon 60,13 Prozent an einer befestigten Linie gegen einen möglichen Angriff Deutschlands (vgl.: Pastorelli, Esaurimento, I, S. 124).

[126] Vgl.: Kap. 7 d–e.

[127] Ciano, Diario, S. 538 – 25.9.1941.

[128] Simoni, Berlino, S. 256 – 5.10.1941 u. S. 258 f. – 15.10.1941; vgl. dazu ergänzend die Indiskretion eines dt. Diplomaten zit. in: Massimo Borgogni, Mussolini e la Francia di Vichy. Dalla dichiara-

Anglo-amerikanische Zeitungen schlugen mit ihrer Berichterstattung bereitwillig in dieselbe Kerbe.[129] Und auch im deutschen Außenministerium notierte Staatssekretär Ernst von Weizsäcker am 30. Oktober:

> „Wir fürchten für Mussolini. Die Stimmung in Italien schätzen wir so ein, daß der Duce eines Tages verschwinden könnte. Was nützt uns dann der Atlantik-Krieg, wenn Italien klein beigibt. Wir würden dann über den Brenner marschieren und Italien als besetztes Gebiet behandeln müssen."[130]

Angesichts dieser Stimmungslage nimmt es nicht wunder, daß der Chef des italienischen Generalstabs, Ugo Cavallero, am 11. Oktober den Befehl gab, alle Vorbereitungen zu treffen, um die Arbeiten an der deutschen Front im kommenden Frühjahr „im großen Stil" wiederaufzunehmen.[131]

Interessanterweise erfolgten nun Einwände von italienischer Seite. Carlo Favagrossa, Unterstaatssekretär für Kriegswirtschaft, hielt den weiteren Ausbau des Nordwalls nicht mehr für sinnvoll. Ende Oktober wies er in einer Denkschrift Mussolini darauf hin, daß es statt dessen angebracht sei, die Befestigungsarbeiten, die viel Zement verbrauchten, vorerst ruhen zu lassen. Angesichts der Ergebnisse, die die deutschen Truppen gegen die französischen, griechischen, jugoslawischen und russischen Befestigungslinien erzielt hatten, solle man lieber bis Kriegsende mit dem Aufbau der Anlagen warten, damit die neuesten technischen Erkenntnisse angewandt werden könnten, je nach den dann gebräuchlichen Angriffswaffen.[132] Der Umfang der an der deutschen Grenze vorgesehenen Arbeiten erfordere einen großen Verbrauch von Zement, Eisen und vielen anderen zur Fortführung des Krieges unentbehrlichen Materialien. Zudem könne man davon ausgehen, daß Arbeiten in so großem Umfang der Regierung des Deutschen Reiches zur Kenntnis kommen würden, was unabsehbare Folgen nach sich ziehen könnte. Aus diesen Gründen empfahl Favagrossa, keinerlei neue Befestigungen vor Kriegsende in Angriff zu nehmen, nur bei den wichtigsten angefangenen Bauten die Mauerarbeiten zu beenden, zwecks Erhaltung des

---

zione di guerra al fallimento del riavvicinamento italo-francese (giugno 1940 – aprile 1942), Siena 1991, S. 209 FN 57: „[…] nel caso di un crollo del regime fascista il governo germanico avrebbe provveduto a ‚inglobare' l'Italia nel Terzo Reich".

[129] Vgl. z. B. den Artikel „Nazi Menace Italy. Troops Reported On Brenner", in: The Daily Telegraph and Morning Post, No. 26941, London/Manchester, S. 1 – 11.10.1941. Der Bericht stützt sich allerdings auf den Korrespondenten in Chicago.

[130] Weizsäcker-Papiere, S. 274 f. – 30.10.1941.

[131] USSME, M-3, Racc. 6, fasc. 3: Sistemazione difensiva alla frontiera germanica 1941, n.p. – 11.10.1941, Cavallero an SME Uff. Op. I – Sez. 2.

[132] Vgl.: NARS T-821/500/000695 – [9.]9.1942, Bericht Ambrosio: „[i lavori] risentono inoltre del fatto di essere stati concepiti alla vigilia delle principali esperienze di guerra".

schon Gebauten, und die Ausrüstung der schon fertigen Werke bis Kriegsende zurückzustellen.[133]

Angesichts der großen Rohstoffknappheit und des verheerenden Mangels an Rüstung jeder Art[134] war der Einwand Favagrossas höchst berechtigt. Schon im Januar 1940 hatte Rintelen gegenüber Pariani die hohen Kosten und die – aus deutscher Sicht – unnütze Materialverschwendung beklagt.[135] Daß die meisten Rohstoffe zumal aus dem Deutschen Reich importiert wurden, gab der Angelegenheit zusätzlich eine pikante Note. „Charakteristischerweise bauen [die Italiener] – *mit dem von uns gelieferten Stahl!* – die Befestigungen auf dem Brenner und bei Tarvis weiter aus", notierte Glaise von Horstenau am 27. August 1941.[136]

Trotz der Einwände Favagrossas gab Roatta am 1. November den zuständigen Pioniertruppen den Befehl, alle Vorbereitungen zu treffen, um im kommenden Frühjahr das gesamte Programm der Arbeiten durchzuführen.[137] Erst Mitte Dezember kam die zuständige Stabsstelle auf die Denkschrift zurück und bat um eine Entscheidung in der Sache. Denn wenn ein gegenteiliger Befehl ausbliebe, würde mit den vorgesehenen Winterbefestigungsarbeiten nun begonnen werden.[138] Anfang 1942 erfolgte dann die Weisung, laut der nur noch die nötigsten laufenden Arbeiten „unter minimalem Einsatz von Zement und Brennstoffen" abgeschlossen werden sollten.[139] Erst im August 1942 gab Mussolini den Befehl, die Arbeit zum Ende der Saison niederzulegen, so daß mit Wirkung zum 15. Oktober 1942 schließlich alle Baumaßnahmen an der deutschen Grenze definitiv eingestellt wurden.[140]

Fertiggestellt und ausgerüstet waren die Anlagen zu diesem Zeitpunkt freilich noch nicht.[141] Angesichts der fehlenden Bemannung und Bewaffnung hätten sie daher keinen Schutz gegen das Einrücken der deutschen Truppen am 8. und 9. September 1943 geboten. Die Unschlüssigkeit, mit der die Arbeiten an den Grenzbefesti-

---

[133] USSME, M-3, Racc. 6, fasc. 3: Sistemazione difensiva alla frontiera germanica 1941, n.p. – 28.10.1941, Aufzeichnung CS Uff. Op. Scacch. Orient., o.V.

[134] Vgl.: Kap. 2.

[135] BA/MA, RH 2/2936, S. 162 f. – 31.1.1940, Aufzeichnung Rintelen.

[136] Broucek, Erinnerungen Glaise v. Horstenau, III, S. 128 f. – 27.8.1941 (Hervorhebung durch den Autor).

[137] USSME, M-3, Racc. 6, fasc. 3: Sistemazione difensiva alla frontiera germanica 1941, n.p. – 1.11.1941, Roatta an Sig. Gen. Isp./Dir. Arma del Genio.

[138] Ebd. – 13.12.1941, Aufzeichnung CS Uff. Op. Scacch. Orient., o.V.

[139] NARS T-821/500/000711 – 18.1.1942, Cavallero an SME; ebd., 000712 – 23.4.1942, Ambrosio an CS.

[140] DSCS, VII.1, S. 954 – 16.8.1942, Direttive ed ordini impartiti; USSME, M-3, Racc. 6, fasc. 3: Sistemazione difensiva alla frontiera germanica 1941, n.p. – 4.10.1942, Cavallero an SME; vgl.: NARS T-821/16/000881 – 20.8.1942, Zivaco, Comando genio, an Comando difesa territoriale, Udine, u. ebd., 000890 – 29.8.1942, Ambrosio an Comando difesa territoriale Treviso/Udine und XIX. Armeekorps.

[141] Vgl.: NARS T-821/500/000695 – [9.]9.1942, Bericht Ambrosio.

gungen verlangsamt, unterbrochen, wiederaufgenommen und dann erneut ausgesetzt wurden, hatte zur Folge, daß sich der Ausbau des *Vallo del Littorio* erfolgreicher in den Ausgabenposten des italienischen Staatshaushaltes niederschlug, als daß er militärisch wirksam geworden wäre.[142]

Hinzu kam, daß sich die Anlage der befestigten Linie letzten Endes als völlig sinnlos erwies, da die Deutschen den Nordwall schlichtweg unterliefen, als nach dem Sturz Mussolinis absehbar war, daß Italien früher oder später die Fronten wechseln würde. Bereits in der Nacht vom 25. zum 26. Juli 1943 begann der Aufmarsch der „Alarich"-Verbände nach Norditalien, wo sich bis Ende August nicht nur vier deutsche Generalkommandos ansammelten, sondern zudem acht deutsche Divisionen.[143] Ohne Absprache, ja teilweise sogar gegen den Willen des italienischen Oberkommandos marschierten die deutschen Truppen über den Brenner. Als der italienische General Alessandro Gloria am 1. August der 44. deutschen Division „mit bewaffnetem Eingreifen" drohte, wurde dies auf deutscher Seite einfach ignoriert. Die Infanterie-Division überschritt den Brennerpaß, ohne sich einen Deut um den Protest der Italiener zu kümmern. Und diese wagten es nicht, ihre Drohung wahr zu machen.[144]

Als Begründung für diese Maßnahme führten die deutschen Militärs an, daß der Kampf gegen die Alliierten auf Sizilien beinahe ausschließlich von deutschen Soldaten geführt werde und diese geschützt werden müßten. Durch die Luftangriffe auf Bahnlinien, das Auftreten feindlicher Fallschirmjäger und Sprengtrupps sowie die Unterstützung, welche die Alliierten bei der aufständischen Bevölkerung in den italienischen Städten fänden, werde der deutsche Nachschub aber zunehmend gefährdet. In einer dem *Comando Supremo* übermittelten Erklärung vom 1. August 1943 hieß es daher:

> „Das OKW ist [...] nicht gewillt, der Gefahr untätig zuzusehen, daß seine Truppen in Süd- und Mittelitalien abgeschnitten werden. Jeder deutsche Soldat, der nach Italien marschiert oder transportiert wird, ist ein Geschenk für Italien, ist eine zusätzliche Sicherung für einen Raum, der z. Zt. überall von innen und außen bedroht ist."[145]

In einer „bewußt sinnverdrehenden Deutung ihres Wollens" stellte die deutsche Regierung ihren Wunsch, die Alpenpässe zu kontrollieren, nicht als Forderung, sondern als großzügiges Anerbieten dar.[146] Am 6. August gelang es Keitel sogar, dem Chef des ita-

---

[142] Umberto Corsini/Rudolf Lill, Südtirol 1918–1946, Bozen 1988, S. 378.

[143] Josef Schröder, Italiens Kriegsaustritt 1943. Die deutschen Gegenmaßnahmen im italienischen Raum: Fall „Alarich" und „Achse", Göttingen/Zürich/Frankfurt a.M. 1969, S. 231.

[144] Ebd., S. 227; KTB/OKW, III, S. 873 – 1.8.1943; vgl. ähnlicher Ablauf bei der Stationierung der 71. Infanterie-Division: Schröder, Kriegsaustritt, S. 236 f.

[145] KTB/OKW, III, S. 870 – 1.8.1943.

[146] Schröder, Kriegsaustritt, S. 238 u. S. 220.

lienischen Oberkommandos Vittorio Ambrosio die Zustimmung zu der Feststellung zu entlocken, daß „die Sicherung der Alpenübergänge eine Aufgabe auch der Deutschen Wehrmacht sei".[147] Bereitwillig wollten die Deutschen – „als Freunde der jetzigen Regierung" – den Schutz der Objekte und Bahnen in Norditalien übernehmen.[148] Als die Italiener daraufhin aber ebenfalls ihre Truppen im Norden zusammenzogen, reagierten die Deutschen beinahe empört: Psychologisch sei es nicht zu verantworten, wenn „deutsche Truppen nach Süden gegen den gemeinsamen Feind und italienische gegen die deutsche Grenze marschierten", teilten sie dem italienischen Oberkommando mit.[149] Doch die Badoglio-Regierung war nicht bereit, ihre Soldaten aus dem Raum südlich des Brenners wieder zurückzuziehen.[150] Zu groß war das Mißtrauen gegenüber den Plänen des deutschen Achsenpartners.

Was die italienischen Befestigungsanlagen anbetrifft, so waren sie durch das deutsche Vorgehen bereits zur Nutzlosigkeit verdammt, ehe es auch nur zu kriegerischen Auseinandersetzungen kam. Im August 1943 hatten die deutschen Soldaten genügend Standorte in Oberitalien errichtet, wie etwa nordwestlich von La Spezia (305. Infanterie-Division), nördlich von Genua (94. Infanterie-Division), zwischen dem Brennerpaß und Bozen (44. Infanterie-Division) sowie Reggio und Parma (SS-Panzer-Grenadier-Division „Leibstandarte Adolf Hitler").[151] Der kostspielige *Vallo del littorio* erfüllte bei der Verteidigung Italiens letztlich keinerlei Funktion.

---

[147] KTB/OKW, III, S. 909 – 6.8.1943.
[148] Ebd., S. 856 – 29.7.1943.
[149] Ebd., S. 913 – 7.8.1943.
[150] Schröder, Kriegsaustritt, S. 234.
[151] Ebd., S. 219–231; zum dt. Einmarsch und der Auflösung der ital. Armee vgl. auch: Klinkhammer, Zwischen Bündnis und Besatzung, S. 36–51.

6. Im Freundesland

a. Deutsche in Italien – über den „Ausverkauf" Italiens im Jahre 1941

Die bitteren Niederlagen in Griechenland und Nordafrika zwangen die italienische Regierung Ende 1940, ihr Land den deutschen Truppen zu öffnen. Im Dezember wurde die deutsche Lufttransportgruppe in Foggia stationiert, kurz darauf das X. Fliegerkorps nach Sizilien verlegt. Ab Februar 1941 durchzogen deutsche Truppentransporte ganz Italien mit großer Regelmäßigkeit. Das deutsche Afrikakorps unter General Rommel griff in den Nordafrikakrieg ein, und der Nachschub wurde über die italienischen Häfen geregelt.

Diese verstärkte Präsenz deutscher Truppen sorgte unter der italienischen Bevölkerung für Mißstimmung und Ängste. Gerüchte kursierten über eine immense Anzahl von Deutschen in Italien, zumal die deutschen Soldaten auf dem Weg zu den Verschiffungshäfen in Neapel und Tarent das gesamte Land passierten. In Mailand munkelte die Bevölkerung – nach Angaben der italienischen Sicherheitspolizei –, auf Sizilien gebe es inzwischen mehr Deutsche als Orangenbäume. Weiterhin hieß es, die deutschen Soldaten trügen in Kalabrien und Apulien soviel Nahrungsmittel weg wie nur möglich.[1] Die Vorstellung, daß es ein organisiertes Aufkaufen italienischer Produkte gab, war weit verbreitet.[2] Ein Informant aus Florenz berichtete, daß die vielen Pakete, die nach Deutschland verschickt würden,[3] Raum für Spekulationen und Diskussionen gäben. Der deutsche Soldat werde, selbst wenn er nur ein einfacher Soldat sei, weit fürstlicher bezahlt als ein Italiener,[4] die Gefahr von Hamsterkäufen sei also gegeben.

---

[1] ACS, MI, DGPS, Polizia politica, per materia, b. 236 – 17.3.1941: „Si dice che in Sicilia siano più tedeschi che gli aranci, che in Calabria e in Puglia abbiano portato via tutto quanto era possibile di generi alimentari."
[2] Vgl. z. B.: ACS, MI, DGPS, Polizia politica, per materia, b. 236 (Sesto San Giovanni) – 24.10.1940, b. 234 (Gorizia) – 22.9.1941, b. 229 bis (Florenz) – 28.12.1940 u. 2.10.1940, b. 234 (Livorno) – 24.1.1941, b. 232 (Genua) – 9.10.1941, 5.10.1941 u. 30.10.1941.
[3] Vgl. dazu: PA/AA, Botschaft Rom – Geheimakten, 117/156 – 20.9.1941, Dt. Konsulat Neapel an Botschaft Rom.
[4] ACS, MI, DGPS, Polizia politica, per materia, b. 230, fasc. 3 – 7.2.1941. Daß deutscherseits auf Reibungspunkte dieser Art geachtet wurde, zeigt das Schreiben des Oberstleutnants von Mellenthin an Marras, in welchem dieser mitteilt, daß deutsche Flieger in Italien zukünftig nicht besser bezahlt würden als ihre italienischen Kollegen (USSME, G-29, Racc. 59, fasc. 2: Rapporti febbr. 1941 – 3.2.1941).

Tatsächlich hatte der Militärattaché an der italienischen Botschaft in Berlin, Efisio Marras, schon im Januar 1941 angekündigt, der Aufkauf italienischer Produkte durch die Deutschen sei absehbar. Denn viele Produkte seien in Deutschland längst rationiert[5] und in Italien nicht:

„Es stellt sich bereits jetzt heraus, daß deutsche Soldaten Textilien und Schuhe in Italien einkaufen – so ist mir der Fall eines Soldaten gemeldet worden, der sich zwei Kleidungsstücke bestellt hat. Und ich möchte daran erinnern, daß der Versand von Butterpaketen aus Italien nach Deutschland, als der Butterhandel noch frei war, von Abteilungen der nationalsozialistischen Partei in Italien organisiert wurde."[6]

Der General empfahl daher eine baldige Rationierung von Textilien und Schuhwerk, um dieses Problem im Vorfeld aus dem Wege zu räumen. Er befürchtete, daß eine fehlende Rationierung die im Deutschen Reich kursierende Meinung bestätigen könne, in Italien lebe man im Überfluß.[7] Dabei konnte die italienische Schuhindustrie im Februar 1941 den Militärbedarf aufgrund des Ledermangels gerade noch zur Hälfte erfüllen. Die Produktion von Freizeit- und Gymnastikschuhen war längst aufgeschoben, der Ersatz von Stiefeln durch Halbstiefel für alle nicht berittenen Soldaten veranlaßt und eine rigide Einschränkung des Verkaufs an Zivilisten in Aussicht genommen.[8] Intern beklagte sich die italienische Bevölkerung seit November 1940 über den Mangel an Grundlebensmitteln.[9] Im Februar 1940 war der Zucker rationiert worden, im Oktober die Speisefette, und seit November wurden auch Teigwaren nur noch auf Lebensmittelkarte ausgegeben.[10] Andere Produkte wie Kartoffeln, Hülsenfrüchte, Fleisch, Stockfisch, Eier und Milchprodukte waren kontingentiert worden, d. h. nicht die Einzelvergabe wurde kontrolliert, sondern jeder Provinz eine

---

[5] Zur Einführung der Reichskleiderkarte im November 1939 und der dt. Verbrauchsdrosselung allgemein vgl.: Willi A. Boelcke, Die deutsche Wirtschaft 1930–1945. Interna des Reichswirtschaftsministeriums, Düsseldorf 1983, S. 253–259.

[6] USSME, G-29, Racc. 59: Addetti militare, fasc. 2 – 15.1.1941: „Mi risulta già che militari tedeschi stanno acquistando stoffe e calzature in Italia – mi è stato citato il caso di un militare che ha ordinato due vestiti. E ricordo che, quando era libero il commercio del burro la spedizione di pacchetti contenenti burro dall'Italia in Germania era organizzata dalle sezioni del partito nazista in Italia".

[7] Ebd.; vgl.: Meldungen aus dem Reich, VII, S. 2339 – 22.5.1941: Beschwerde aus der deutschen Bevölkerung angesichts der Kürzung der Fleischration: „Es sei einfach nicht zu fassen, daß z. B. in Italien die Bevölkerung besser mit Lebensmitteln versorgt werde".

[8] USSME, H-9, Racc. 10, Ministero della Guerra, Promemoria per il Duce – 13.2.1941.

[9] Angelo Michele Imbriani, Gli italiani e il Duce. Il mito e l'imagine di Mussolini negli ultimi anni di vita del fascismo (1938–1943), Neapel 1992, S. 118; Simona Colarizi, L'opinione degli italiani sotto il regime 1929–1943, Bari 1991, S. 375.

[10] Collezione Celerifera delle leggi, dei decreti, circolari, atti del P.N.F., Norme corporative, hrsg. v. Michele La Torre, Anno 119/1941, Roma 1941, S. 738–740 – 1.10.1940; ACS, Agenzia Stefani, Carte Morgagni, b. 74: Segnalazioni riservate – 24.1.1940; Alexander Nützenadel, Landwirtschaft, Staat und Autarkie: Agrarpolitik im faschistischen Italien (1922–1943), Tübingen 1997, S. 402.

bestimmte Menge des jeweiligen Produkts zugewiesen.[11] Im Vergleich zu den Vorkehrungen im Deutschen Reich nahm sich dies freilich bescheiden aus. Schon seit 1933 waren dort ernährungswirtschaftliche Maßnahmen angesetzt – doch nicht aus der Not geboren wie die italienischen. Anders als die Italiener hatten nationalsozialistische Agrarpolitiker aus den Erfahrungen des Ersten Weltkrieges den Schluß gezogen, daß die Ernährungssituation ein entscheidender Kriegsfaktor sein konnte. Um die Fehler des Kaiserreichs daher nicht zu wiederholen, mußte ein möglicher Krieg unbedingt ernährungspolitisch vorbereitet werden[12] – und das eben so frühzeitig wie möglich. Das deutsche System der Lebensmittelrationierung wurde infolgedessen unmittelbar vor dem Angriff auf Polen, nämlich mit der Verordnung vom 27. August 1939, eingeführt. Dem deutschen Normalverbraucher standen gemäß der ersten Karten pro Woche 700 gr Fleisch, 280 gr Zucker plus 110 gr Marmelade (bzw. insgesamt 335 gr Zucker), 63 gr Kaffee, 150 gr Graupen, Grieß, Sago oder sonstige Nährmittel und täglich 0,2 Liter Milch und 60 gr Fett zu. Kartoffeln, Hülsenfrüchte, Eier und Kakao verblieben zunächst frei verfügbar.[13] Die Brotration wurde einen Monat später auf 2400 gr wöchentlich festgesetzt.[14]

Obwohl die Ernährungspolitik im Deutschen Reich rigoroser gehandhabt wurde, lebte das italienische Volk bereits zu diesem Zeitpunkt viel bescheidener als das deutsche. In Regierungskreisen war dies bekannt.[15] Doch das Wissen um die Ernährungslage des Bündnispartners änderte nichts am Verhalten der deutschen Regierung, die ausschließlich die Bedürfnisse der eigenen Bürger im Blick hatte. Auch im Deutschen Reich war die Ernährungslage im Winter 1940/41 heikel.[16] In den Wirtschaftsverhandlungen vom Februar 1941 wurde darum Wert darauf gelegt, die Importe aus Italien noch zu steigern. Man kam überein, daß die Italiener ihre Reislieferungen von 108.000 t auf 135.000 t im Jahre 1941 erhöhen sollten.[17] Da die italienische Regierung diese Exportsteigerung davon abhängig machte, daß in Italien keine ernsthaften Ernährungsschwierigkeiten auftraten, versprach die deutsche Delegation, Italien den Bezug von 200.000 t Mais aus Südosteuropa zu ermöglichen. In einem Telegramm vom 21. Januar empfahl Clodius dieses Vorgehen, damit die italienische Bevölkerung

---

[11] Nützenadel, Landwirtschaft, S. 402. Diese lockere Handhabung wurde bis zu den deutschen Steuerungsversuchen im italienischen Ernährungssektor, Ende 1943, aufrechterhalten (vgl.: Klinkhammer, Zwischen Bündnis und Besatzung, S. 239).
[12] Gustavo Corni/Horst Gies, Brot. Butter. Kanonen: Die Ernährungswirtschaft in Deutschland unter der Diktatur Hitlers, Berlin 1997, S. 399–404; vgl.: Aly, Hitlers Volksstaat, S. 34 u. S. 196; Arnulf Huegel, Kriegsernährungswirtschaft Deutschlands während des Ersten und Zweiten Weltkrieges im Vergleich, Konstanz 2003.
[13] Reichsgesetzblatt I, 149/1939, S. 1502–1505.
[14] Deutscher Reichsanzeiger 221/1939, S. 1 – 21.9.1939.
[15] BArch, R 43 II/303 g, S. 8–9 – 5.3.1941, Süßkind, RWM, an Reichskanzlei.
[16] Corni/Gies, Brot. Butter. Kanonen, S. 560.
[17] Ebd.; ADAP, D, XII.1, Dok. 91, S. 136 – 26.2.1941.

wenigstens einigermaßen versorgt würde und die deutsche Wehrmacht ihren Reis bekomme.[18] Da Maisgerichte zumindest im Norden Italiens zu den Grundnahrungsmitteln zählten, war der Tausch von Mais gegen Reis einleuchtend.[19]

Tab. 5: Italienische Ausfuhr. Lebende Tiere und Nahrungsmittel 1939–42

	1939		1940		1941		1942	
	Mill. Lire	Prozent	Mill. Lire	Prozent	Mill. Lire	Prozent	Mill. Lire	Prozent
Gesamtausfuhr	3.370,0	100,0	3.985,1	100,0	5.813,5	100,0	5.085,1	100,0
Europa	2.187,2	64,9	3.169,2	79,5	5.423,5	93,3	4.099,1	80,6
Deutschland	989,8	29,4	1.887,2	47,4	3.474,5	59,8	3.270,9	64,3

[Zusammengestellt u. berechnet nach: BArch, Statistisches Reichsamt, R 3102/alt R 24/870, Der Außenhandel Italiens 1939–43, Stand Frühjahr 1944, Übersicht 4 u. 6]

Doch nicht allein Reis wurde aus Italien eingeführt. Auch Obst (Weintrauben, Äpfel, Birnen, Zitrusfrüchte u. a.), Gemüse, Käse, Wein, Mandeln und Kartoffeln wurden in beträchtlichen Mengen an das Deutsche Reich geliefert. Laut einer deutschen Statistik aus dem Jahre 1944 stieg die italienische Gesamtausfuhr von lebenden Tieren und Lebensmitteln im Jahr 1941 von 3985,1 Millionen Lire (1940) auf 5813,5 Millionen Lire an. Sicherlich sind diese Lire-Angaben mit Vorsicht zu genießen, da parallel auch die italienischen Großhandelspreise anzogen. Doch ist eindeutig ablesbar, daß der deutsche Anteil an den italienischen Nahrungsmittelexporten in wenigen Jahren von 29,4 (1939) über 47,4 (1940) auf 59,8 Prozent (1941) kletterte und im Jahre 1942 sogar 64,3 Prozent erreichte. Schon 1939 war Deutschland der Hauptabnehmer der italienischen Agrarindustrie gewesen, mit deutlichem Abstand vor der Schweiz und Großbritannien.[20] Nun aber ging weit über die Hälfte der italienischen Lebensmittelausfuhr nach Deutschland. Betrachtet man den Handel in Mengenangaben, so ist zudem festzuhalten, daß sich die deutschen Kartoffel- und Tomatenimporte aus Italien zwischen 1939 und 1941 verdoppelten, die Käse-, Wein- und Wermuteinfuhr verdreifachte, Fisch in achtfacher Menge geliefert wurde und Mar-

---

[18] ADAP, D, XII.1, Dok. 71, S. 106 – 22.1.1941, FN 10.

[19] Es ist allerdings interessant zu bedenken, daß in Italien seit dem 1. Dezember 1940 Brot bereits mit Mais verlängert wurde, d. h. aus einem Gemisch von 75 Prozent Weizen- und 25 Prozent Maismehlanteil bestand. Die italienische Bevölkerung mußte also schon Einbußen in Kauf nehmen (Collezione Celerifera, 119/1941, S. 864 – 20.11.1940, Comunicato; vgl.: ACS, PCM 1940–43, 3/1-9, Nr. 1790 – 20.9.1941, Ministero delle Corporazioni: Appunto per il Duce; Imbriani, Duce, S. 118).

[20] BArch, Statistisches Reichsamt, R 3102/alt R 24/870, Der Außenhandel Italiens 1939–43, Stand Frühjahr 1944, Übersicht 4 u. 6; die Exporte in die Schweiz erreichten im Jahre 1939 einen Wert von 325,4 Mill. Lire, diejenigen nach Großbritannien 194,6 Mill. Lire.

melade sogar in dreißigfacher. Sowohl Obst wie Zitrusfrüchte wurden 1941 zu einem Drittel mehr ins Deutsche Reich importiert als 1939, obwohl insgesamt der Export rückläufig war.

Tab. 6: Italienische Nahrungsmittelausfuhr ins Deutsche Reich (Angaben in Tonnen)

	1939	1940	1941	1942
Käse	1.336	7.955	3.928	4.249
Fisch	614	4.284	4.938	4.252
Fleischextrakt	–	681	2.688	3.569
Weizen	–	–	–	97.201
Reis	76.448	85.242	59.875	56
Kartoffeln	91.189	100.694	196.567	22.670
Zitrusfrüchte	173.304	188.651	244.622	165.761
Tomaten	47.888	58.643	83.989	54.999
Küchengewächse	137.669	119.096	150.232	170.369
Frische Früchte	169.719	210.300	208.809	97.147
Getrocknete Früchte	27.472	38.427	21.111	20.171
Früchte- und Gemüsekonserven	1.578	12.526	35.056	44.486
Marmelade	177	1.613	5.527	8.232
Tabak	2.281	3.626	11.266	13.252
Wein und Wermut (hl)	305.236	597.148	1.015.792	771.569

[BArch, Statistisches Reichsamt, R 3102/alt R 24/870, Der Außenhandel Italiens 1939–43, Stand Frühjahr 1944, Übersicht 12]

Ein solcher Exportanstieg war in Zeiten der Nahrungsmittelknappheit selbstverständlich nicht populär. Schon im Dezember 1940 hatte daher Pavolini, der Minister für Volkskultur, in seinen Anweisungen an die Presse gemahnt, niemals von Lebensmittelexporten in andere Länder zu berichten.[21] Am 5. Dezember 1940 bekräftigte er anläßlich eines deutsch-italienischen Landwirtschaftsabkommens seine Order und wies ausdrücklich an, auf keinen Fall zu erwähnen, daß sich die italienische Ausfuhr im Krieg erhöht habe.[22] Trotzdem konnten seine Weisungen natürlich nicht verhindern, daß sich die italienische Bevölkerung im Jahre 1941 fragte, warum sie eigentlich Hunger

---

[21] ACS, Micup – Gab, b. 52, fasc.: Communicazioni – Ministero della Cultura popolare: Ordini alla stampa – 4.12.1940. Doch laut britischen Informationen wurde der Nahrungsmittelexport nach Deutschland wenige Wochen später auf einem Faschistentreffen in Triest öffentlich kritisiert (PRO, FO 371/29924, S. 184, R 584/28/22, FO-Minute: Italian Morale, Mr. Knight – 22.1.1941).
[22] ACS, Micup – Gab, b. 52, fasc.: Communicazioni – Ministero della Cultura popolare: Ordini alla stampa – 5.12.1940. Es sollte auch nicht der Eindruck entstehen, daß es sich um eine Arbeitsteilung zwischen dem *landwirtschaftlichen* Italien und dem *industriellen* Deutschland handele.

litt. Die Ernte war gut gewesen.[23] Die Vermutung, daß die fehlenden Lebensmittel nach Deutschland gingen, breitete sich aus.[24] Bereits im Dezember 1940 hieß es in einem Bericht der deutschen Sicherheitspolizei, daß Rationierungsmaßnahmen in Italien zu Mißstimmungen gegen Deutschland führten. Die Bevölkerung wisse, daß der streng rationierte Reis ins Reich gehe.[25] Im Laufe des Jahres bekräftigte sich diese Ahnung, und ein ausländischer Beobachter, der amerikanische Botschafter William Phillips, schrieb am 16. September 1941:

> „Zweifellos wachsen hier in Italien die Spannungen zwischen den Deutschen und den Italienern. Niemand darf wissen, wieviel Nahrungsmittel nach Deutschland verschifft werden, doch jeder merkt, daß die Nahrung sich verknappt, die Preise kontinuierlich steigen und die Menschen in manchen Bezirken sehr hungrig sind. Und generell muß man sagen, daß die Ernte dieses Jahr gut ausgefallen ist. Unter diesen Umständen tut das Regime wahrscheinlich gut daran, den Nahrungsmittelexport geheimzuhalten, andernfalls würde es den Ärger der Öffentlichkeit erwecken."[26]

Allerdings täuschte der Eindruck der guten Ernte, denn tatsächlich war im Jahre 1941 erheblich weniger Land bestellt worden. Von 1939 bis 1941 war die Fläche von 5,229 Millionen auf 4,970 Millionen Hektar geschrumpft und die Weizenproduk-

---

[23] ACS, Agenzia Stefani, Carte Morgagni, b. 74: Segnalazioni riservate – 27.6.1941: „Ottimo raccolto del grano: 76 milioni di Quintali! La Puglia soltanto ha raddoppiato la produzione da 1,8 milioni, che era nell'anno scorso, a 3,5 milioni. Buona è pure la produzione nel Veneto, Romagna, Emilia. Qualche deficienza in Piemonte e Lombardia a causa del maltempo. Rallegriamocene, ma non facciamo dell'euforia, non strombazziamo le cifre, cerchiamo anzi di ridurle ... o i tedeschi s'incaricheranno di portarcene via una parte, anche se noi dobbiamo ... alimentare la Grecia."
[24] PA/AA, RuPol, Verbindungsmann RAM, Bd. 2: Finnland–Türkei, R. 67483, S. 247512 – 8.9.1941, Drei-Wochenbericht Italien; ACS, MI, DGPS, Polizia politica, per materia, b. 234, fasc. 3 (Livorno) – 8.1.1941; ebd., b. 236 (Mailand) – 10.3., 17.3., 24.5., 18.6.1941; ebd., b. 228, fasc. 3 (Bozen) – 8.9.1941, b. 232 (Genua) – 5.10. u. 9.10.1941; ebd., b. 234, fasc. 2 (Gorizia) – 22.9.1941; ebd., b. 230, fasc. 3 (Florenz) – 4.5. u. 15.9.1941.
[25] PA/AA, Inland II geheim, R.101084, S. 284017 f. – 14.12.1940, Heydrich an Luther; vgl.: ebd., Botschaft Rom – Geheimakten, 91, n.p. – 17.6.1941, Generalkonsulat Bozen an Botschaft. Schon im Januar 1940 notierte die Agenzia Stefani: „Si vocifera che il razionamento dello zucchero è stato deciso anche per permetterne l'esportazione in Germania." (ACS, Agenzia Stefani, Carte Morgagni, b. 74: Segnalazioni riservate – 24.1.1940)
[26] Roosevelt Library, PSF, DC, Italy: Phillips 1940–41, Box 42 – 16.9.1941, Phillips an Roosevelt: „Here in Italy the tension between Germans and Italians is undoubtedly on the increase. No one is permitted to know how much food is being shipped to Germany, but everyone is aware that food is becoming scarcer, that food prices are continually rising, and that in certain districts people are very hungry. And yet, generally speaking, the crops this year have been good. In these circumstances the regime is probably wise in guarding the secret of the export of food, for otherwise public indignation might be greatly aroused." Vgl.: DDI, s. 9, VII, Dok. 653, S. 658 – 16.10.1941, It. Botschaft Washington an MAE.

tion von 7,981 Millionen Tonnen auf 7,071 Millionen Tonnen zurückgegangen.[27] Ein Großteil der Ernte erschien zudem gar nicht mehr auf dem Markt, weil er von den Bauern unterschlagen wurde.[28] Hinzu kam, daß es seit Anfang 1941 aufgrund der Seeblockade kaum mehr möglich war, Nahrungsmittel aus dem Ausland zu beziehen. Die italienischen Getreideeinfuhren der Jahre 1941 und 1942 entsprachen nur noch 18,4 Prozent der Importe des Jahres 1939.[29] Der Weizenimport etwa fiel von 648.060 t (1939) nach einem Hoch von 690.557 t (1940) auf 85.814 t (1941). Das waren gerade noch 13,2 Prozent des Imports des Jahres 1939. Mais wurde im Jahre 1941 nur noch zu 56.618 t eingeführt, das entsprach etwa einem Viertel des Vorjahres (1940: 204.670 t). Der Gersteimport schrumpfte von 62.608 t (1939) über 41.903 t (1940) auf kümmerliche 5692 t (1941).[30] Nicht die Exporte ins Deutsche Reich hatten also die Nahrungsmittelknappheit Italiens verschuldet. Doch sie kamen erschwerend hinzu, wurden von der anglo-amerikanischen Propaganda geschickt publik gemacht und prägten sich der italienischen Bevölkerung intensiv ein.

Unter der deutschen Bevölkerung währte lange Zeit der Eindruck, in Italien sei das Leben herrlich, selbst im Kriege sei noch alles erhältlich. Die unvollständigen Rationierungsmaßnahmen führten zu rosigen Vorstellungen über die italienischen Verhältnisse. An der deutschen Botschaft wurde man sich dieses Problems im Sommer 1941 bewußt und notierte, daß die Tatsache, daß man in guten Hotels und Speiselokalen noch fast friedensmäßig leben könne, nicht darüber hinwegtäuschen dürfe, daß „die Lage der breiten Masse in Italien schwieriger [sei] als in Deutschland".[31] Zwar konnten sich die oberen Schichten noch mit fast allem versorgen, doch ungeheure Preissteigerungen machten die nicht rationierten Waren für die ärmere Bevölkerung oft unerschwinglich. Im Schnitt konnte man daher sagen, daß die deutsche Bevölkerung besser versorgt war als die italienische: Im Reich war zwar alles rationiert, doch angesichts der relativ stabilen Preise konnte sich auch jeder kaufen, was ihm auf Grund der Rationierung zustand.[32] Trotzdem hielt sich die Mär vom Schlaraffenland Italien. Die wenigen Berichte, welche die Lage korrekt widerspiegelten,

---

[27] BArch, Statistisches Reichsamt, R 3102/alt R 24/862, Landwirtschaft, Industrie und Handel in Italien 1938–1942, n.p.; vgl.: Raspin, Italien War Economy, S. 299 f. Raspin gibt drei Faktoren an, die für diesen Rückgang der Landbestellung und Weizenproduktion verantwortlich sein könnten: schlechtes Wetter, Mangel an Düngemitteln und fehlende Arbeitskräfte.

[28] Vgl.: Gorla, Diario, S. 242 – 27.9.1941; zum schlechten Funktionieren des Ablieferungssystems: Nützenadel, Landwirtschaft, S. 405–407.

[29] Nützenadel, Landwirtschaft, S. 411 f.

[30] BArch, Statistisches Reichsamt, R 3102/alt R 24/870, Der Außenhandel Italiens 1939–1943, Stand Frühjahr 1944, Übersicht 7, 4 u. 10.

[31] PA/AA, Botschaft Rom – Geheimakten, 91, n.p. – 21.6.1941, Aufzeichnung Botschaft.

[32] PA/AA, HaPol IV b, Italien, Wirtschaft: Allgemeine wirtschaftliche Lage, Bd. 2, R. 112420, n.p. – 26.8.1941, Dir. Karl Lange, Geschäftsführendes Präsidialmitglied der Wirtschaftsgruppe Maschinenbau, an Luther, AA.

kursierten ja allenfalls in Regierungskreisen, und diese sahen keinen Grund, daraus Konsequenzen zu ziehen.

Dies sollte sich fatal auf die deutsch-italienischen Freundschaftsbeziehungen auswirken. Denn während sich die Höhe der Lebensmittelexporte vor der italienischen Bevölkerung noch verschleiern ließ, fielen die exzessiven Einkäufe der Deutschen vor Ort unweigerlich ins Auge. Zu den deutschen Soldaten, die seit Februar 1941[33] in zunehmender Zahl das Land durchquerten, kamen im Sommer die Touristen. Gegen Ende Juli 1941 war es zu bedeutenden Erleichterungen im Reiseverkehr mit Italien gekommen,[34] so daß die aufgrund des Krieges ausbleibenden internationalen Touristen durch eine Flut von Deutschen ersetzt wurden.[35] Offiziell hatte die deutsche Regierung auf diese Weise dem italienischen Gastwirtschaftsgewerbe aus seiner Existenzkrise helfen wollen.[36] Doch Tourismus hatte in Zeiten des Krieges einen anderen Stellenwert als in Friedenszeiten. Die Mehrzahl der Leute, welche das rasche Erhalten der Ausreiseerlaubnis ausnutzten, zeigten „weder für die italienische Kunst, noch für Land und Leute Interesse. Hauptsache war, daß in Italien alle die [im Deutschen Reich] fehlenden Gegenstände noch in großen Mengen zu haben waren".[37] Was General Marras im Januar hellsichtig angekündigt hatte, trat ein. Laut Angaben des Reisebüros „München" übernachteten deutschen Touristen „in ganz minderwertigen Häusern [...], nur aus dem Leitmotiv heraus, so billig wie möglich zu logieren, um ja viel einkaufen zu können".[38] Der Gesandte Otto Bene wußte aus Bozen zu berichten, daß die einreisenden Deutschen wie „Heuschrecken über die Gaststätten und Läden herfielen". Mit Begeisterungsausbrüchen würden sie sich schon am Brenner auf die erste Flasche Chianti stürzen, jedes Gericht in der Wirtschaft freudig begrüßen und ihre Einkäufe mit Redensarten begleiten, wie z. B.: „Glücklich seid Ihr daran, daß Ihr keine Marken habt."[39] Unter diesen Umständen, so meinte der Gesandte, sei es bes-

---

[33] ACS, MI, DGPS, A5G – II° guerra mondiale, b. 121, fasc.: Truppe tedesche. Der 4. Februar 1941 ist bisher die früheste Angabe, die ich bezüglich deutscher Truppentransporte gefunden habe. Zu den Transporten im einzelnen nach Städten sortiert vgl.: ebd., b. 122–124.

[34] BArch, R 901/67931, n.p. – 13.9.1941, Reisebüro „München" Julius Maistre an das RWM, Abteilung Devisen; vgl.: PA/AA, Botschaft Rom – Geheimakten, 117/156 – 11.9.1941, Mackensen an AA. Italienische Devisen wurden verstärkt ausgegeben (BA/MA, RH 2/2936, S. 242 f. – 2.10.1941, Rintelen an Matzky).

[35] ACS, Agenzia Stefani, Carte Morgagni, b. 74: Segnalazioni riservate – 20.8.1941.

[36] PA/AA, Botschaft Rom – Geheimakten, 117/156 – 3.9.1941, Bene an AA; BArch, R 901/67931, n.p. – 13.9.1941, Reisebüro „München" Julius Maistre an RWM.

[37] BArch, R 901/67931, n.p. – 13.9.1941. Ciano sprach von den Deutschen, „die unsere Warenhäuser ausrauben" (Ciano, Diario, S. 541 – 1.10.1941). Bereits im Juli notierte man im britischen *Foreign Office*: „The German ‚Hausfrau' is now a familiar and unpopular sight in Rome, where large numbers of them are to be seen resolutely buying up food and clothing" (PRO, FO 371/29928, S. 158 f., R 7196/28/22, Memorandum on Italian Morale, Mr. Knight – 18.7.1941).

[38] BArch, R 901/67931, n.p. – 13.9.1941, Reisebüro „München" Julius Maistre an RWM.

[39] PA/AA, Botschaft Rom – Geheimakten, 117/156 – 3.9.1941, Bene an AA.

ser, die Reichsdeutschen kämen gar nicht nach Südtirol. Aus Mailand und anderen Städten werde ihm ähnliches berichtet.[40]

Tatsächlich war es im Vorfeld zu Aufkäufen von „nicht weniger als 8000 Paar Stiefel"[41] allein in der Stadt Neapel gekommen. Teilweise waren deutsche Truppen ohne vollständige Ausrüstung nach Italien gegangen und erst dort ausgestattet worden.[42] Seitens deutscher Wehrmachtstellen fanden daher auch „in erheblichem Umfang Einkäufe von Automobilen"[43] statt. Die in Süditalien und Sizilien stationierten Truppen erwarben kontinuierlich Gold und Juwelen.[44] Wie in den besetzten Gebieten schien Görings sogenannter „Schlepperlaß" vom Oktober 1940 auch im befreundeten Italien zu gelten: „Was der Soldat tragen kann und was zu seinem persönlichen Gebrauch oder für seine Angehörigen bestimmt ist, soll er mitnehmen dürfen".[45] Erhebliche Mengen von Bedarfsartikeln und Lebensmitteln wurden von Offizieren wie auch Soldaten nach Deutschland versandt. Ungeschicklichkeiten wie der Sammelkauf einzelner für eine größere Zahl Kameraden erregten zusätzlich das Aufsehen der Bevölkerung.[46] In vielen Orten Italiens arbeiteten die Schneider Tag und Nacht, um den unzähligen Bestellungen von Damenkostümen und Mänteln nachzukommen.[47] Hinzu kam der organisierte Einkauf italienischer Kunstschätze für deutsche Privatsammlungen. So heißt es etwa in den Unterlagen der Agenzia Stefani, der italienischen Nachrichtenagentur:

> „Es gibt da […] zwei oder drei Gruppen Deutscher, die die wenigen unserer Kunstwerke, die im Augenblick frei erhältlich sind, einkaufen und in manchen Fällen gar stehlen. Eine dieser deutschen Gruppen, angeführt durch den Prinzen von Hessen, kauft angeblich für die private Sammlung des Führers, eine andere Gruppe für Göring und so weiter. Allein in Florenz haben diese Gruppen vor etwa zwei Monaten für sieben Millionen Lire bei Antiquariaten Einkäufe getätigt!"[48]

---

[40] Ebd.
[41] Ebd. – 10.9.1941, Aufzeichnung Bismarck.
[42] BA/MA, RW 19/165, S. 303 f., KTB-WiRüAmt/Stab – 24.10.1941.
[43] PA/AA, Botschaft Rom – Geheimakten, 117/156 – 11.9.1941, Mackensen an Auswärtiges Amt; außerdem: ebd. – 20.9.1941, Dt. Konsulat Neapel an Botschaft Rom.
[44] ACS, MI, DGPS, A5G – II° guerra mondiale, b. 121, fasc.: Truppe tedesche – 1.6.1941.
[45] Zit. n. Aly, Hitlers Volksstaat, S. 125; vgl.: Hans Umbreit, Auf dem Weg zur Kontinentalherrschaft, in: DRZW, V.1, S. 236 f.; Hitlers Tischgespräche, S. 438 – 17.7.1942; zur „hemmungslosen Kaufwut" der Deutschen in den besetzten Gebieten: Aly, Hitlers Volksstaat, S. 114–132.
[46] PA/AA, Botschaft Rom – Geheimakten, 117/156 – 20.9.1941, Dt. Konsulat Neapel.
[47] BArch, R 901/67931, n.p. – 13.9.1941.
[48] ACS, Agenzia Stefani, Carte Morgagni, b. 74: Segnalazioni riservate – 20.8.1941: „Vi sono, per esempio, due o tre gruppi tedeschi che comprano e in certi casi saccheggiano quel po' di nostre opere d'arte che sono tuttora a piede libero. Uno dei gruppi tedeschi, capeggiati dal Principe d'Assia, comprerebbe per la collezione privata del Führer, un altro gruppo per Goering e così via. Soltanto a Firenze questi gruppi hanno comprato circa due mesi fa per sette milioni di lire presso antiquari!" Vgl.: ebd. – 18.9.1941.

Seit dem Jahre 1940[49] erhielt der Prinz von Hessen regelmäßig Bargeld von der deutschen Botschaft, um seine Einkäufe auf der Halbinsel zu tätigen. Im Rahmen der „Sonderaktion Linz" verfolgte er gemeinsam mit Dr. Hans Posse den Auftrag, geeignete Objekte für das geplante Führermuseum in der Heimatstadt Hitlers zu suchen.[50] Bereits im November 1940 wurden ihm in Italien zu diesem Zweck 50.000 Lire ausbezahlt, im Dezember schon 800.000 Lire. Ende Januar 1941 ließ ihm die Reichskanzlei schließlich ein Sonderkonto bei der Botschaft einrichten, in der Höhe von 2 Millionen Lire.[51] (Um ein grobes Gefühl für den damaligen Wert der Lira zu vermitteln, sei angemerkt, daß ein Paar Herrenschuhe mittlerer Qualität im Januar 1941 ca. 105 Lire, ein Paar Damenschuhe 85 Lire kosteten. Im Großhandel zahlte man für einen Liter Milch noch 1,17 Lire, für 1 Ei 0,80 Lire und für 1 kg Weizenmehl knapp 2 Lire.[52]) Hitlers Mittelsmann durfte frei über das Geld verfügen, das Konto wurde von der Reichskanzlei stets wiederaufgefüllt. In Ausnahmefällen – sollten die 2 Millionen Lire nicht genügen – war die Botschaft zudem angewiesen, dem Prinzen den entsprechenden Betrag vorzuschießen.[53] Im Sommer 1941 sprengten die Kunsteinkäufe Prinz Philipps aber schon den Rahmen des Sonderkontos, eine Überweisung von 13.200.000 Lire an die Botschaft war fällig, um die letzten Erwerbungen zu bezahlen.[54] Diese Zahlen sprechen für sich. Hitlers Kunsterwerb in Italien steigerte sich ab dem Jahreswechsel 1940/41 rapide und nahm zur Jahresmitte bereits ein Ausmaß an, auf welches selbst die deutschen Stellen nicht vorbereitet waren.

Für Göring fungierten vornehmlich Josef Angerer und Walter Andreas Hofer[55] als Mittelsmänner. Der Reichsmarschall überwies sein Geld auf das Reichsmarksam-

---

[49] Laut Rodolfo Siviero reiste der Prinz schon im Jahre 1937 das erste Mal nach Italien, um für Hitler Kunstwerke zu erwerben (Rodolfo Siviero, L'Arte e il Nazismo. Esodo e ritorno delle opere d'arte italiane 1938–1963, Florenz 1984, S. 20). Die regelmäßige Finanzierung über die Botschaft läßt sich aber erst ab dem Herbst 1940 nachweisen.

[50] Zum Führermuseum Linz vgl.: Anja Heuß, Kunst- und Kulturraub. Eine vergleichende Studie zur Besatzungspolitik der Nationalsozialisten in Frankreich und der Sowjetunion, Heidelberg 2000, S. 29–72. Eine Liste der für das Museum vorgesehenen Kunstwerke findet sich in: Günther Haase, Die Kunstsammlung Adolf Hitlers: eine Dokumentation, Berlin 2002, S. 191–304; zum Museumsbestand vgl. weiterhin: Birgit Schwarz, Hitlers Museum. Die Fotoalben Gemäldegalerie Linz: Dokumente zum „Führermuseum", Wien/Köln/Weimar 2004.

[51] PA/AA, Botschaft Rom – Geheimakten, 88/527, n.p. – 1.11.1940, AA an Mackensen; ebd., n.p. – 4.12.1940, AA an Botschaft Rom; ebd., S. 481782 f. – 31.1.1941, Reichskanzlei, Lammers an AA.

[52] BArch, R 2501/6851, S. 96–98 – 17.1.1941, Das Kaufkraftverhältnis zwischen Reichsmark und Lira, Aufzeichnung Dt. Reichsbank, Volkswirtschaftl. Abt.

[53] PA/AA, Botschaft Rom – Geheimakten, 88/527, S. 481782 f. – 31.1.1941, Reichskanzlei, Lammers an AA.

[54] Ebd., n.p. – 26.6.1941, Reichskanzlei, Lammers an AA.

[55] Zur Person Hofers vgl.: Günther Haase, Kunstraub und Kunstschutz: eine Dokumentation, Hildesheim 1991, S. 90 f.

melkonto der Botschaft, um über Kulturattaché Wüster und seine Einkäufer Möbel und Kunstgegenstände aufzukaufen. Im Fall Göring läßt sich das Ausmaß der Einkäufe schlecht einschätzen, nur eine stichprobenartige Aufzählung einiger Erwerbungen[56] und eine Überweisung von über 5.000.000 Lire im Juni 1941 liegen bislang vor.[57] Doch insgesamt lagerten schließlich dreiunddreißig Kisten mit Kunstgegenständen bis zum Monat November in der Wirtschaftsabteilung der deutschen Botschaft, da Görings Mittelsmänner nach einem Weg suchten, die Kunstschätze „ohne Formalitäten" – d. h. ohne Ausfuhrabgaben – über die Grenze zu bringen. Vergebens spekulierte Angerer darauf, das gesamte Material einer hohen deutschen Persönlichkeit im nächsten Sonderzug mitzugeben.[58]

Wie bereits aus den Unterlagen der Agenzia Stefani ersichtlich, blieben diese Machenschaften den Italienern nicht verborgen. Im Juli überreichte Giuseppe Bottai dem „Duce" eine Denkschrift, in der er ihn – nicht zum ersten Mal[59] – aufforderte, gegen die deutschen Kunstexporte vorzugehen. Mussolini versprach seinem Minister eine härtere Gangart gegen die Deutschen.[60] Wenige Tage darauf ergriff Bottai die Initiative und wurde in der deutschen Botschaft vorstellig. Die Art, wie die Ankäufe zur Zeit vor sich gingen, entspreche seiner Ansicht nach nicht dem Stand der deutsch-italienischen Freundschaft, klagte der Minister und bat darum, fortan den offiziellen Weg zu wählen, d. h. die Einkäufe nicht über Mittelsmänner zu regeln, sondern von Regierung zu Regierung. Eine deutsch-italienische Kommission solle zudem für einen Ausgleich sorgen. Der Fragenkomplex sei als ganzes zu regeln, denn schließlich gebe es ja auch Kunstschätze in Deutschland und Frankreich, welche Italien interessierten.[61] Trotz dieser deutlichen Worte änderte sich aber zunächst nichts am deutschen Verhalten, die Kunsteinkäufe wurden fortgesetzt.

Der „Duce" zeigte sich im Herbst 1941 schließlich außerordentlich erregt über diesen allgemeinen „Ausverkauf Italiens". Von allen Präfekten liefen Berichte bei ihm ein, in denen sich diese auf das lebhafteste beschwerten und darauf hinwiesen, daß die freundschaftlichen Gefühle der Bevölkerung für Deutschland dadurch schwer beein-

---

[56] Günther Haase, Die Kunstsammlung des Reichsmarschalls Hermann Göring: eine Dokumentation, Berlin 2000, S. 92–96. Hier auch Inventarlisten seiner Sammlung: ebd., S. 217–305.
[57] PA/AA, Botschaft Rom – Geheimakten, 88/527, S. 481786 – 26.6.1941, Reichswirtschaftsminister an Chef Stabsamt des Reichsmarschalls; ebd., S. 481787 f. – 6.7.1941, Aufzeichnung Wüster; ebd., n.p. – 18.7.1941, Gritzbach an Mackensen.
[58] PA/AA, Botschaft Rom – Geheimakten, 88/527, S. 481803 – 25.8.1941, Straub an Bismarck/Mackensen; PA/AA, Büro Staatssekretär, Italien, Bd. 6, R. 29632, S. 372948–950 – 11.11.1941, Mackensen an Ribbentrop.
[59] Am 13.6.1941 hatte Bottai sich außerdem mit einem Brief an Ciano gewandt (Siviero, Arte, S. 22).
[60] Bottai, Diario, S. 279 – 23./25.7.1941.
[61] PA/AA, Botschaft Rom – Geheimakten, 88/527, S. 481797 f. – 6.8.1941, Aufzeichnung Wüster; PA/AA, Büro Staatssekretär, Italien, Bd. 5, R. 29631, S. 1198 f. – 12.8.1941, Mackensen an AA.

trächtigt würden. Verbindende Kulturaktionen wie etwa die anstehende Förderung der Italienisch-Deutschen Gesellschaft erschienen Mussolini daher wie eine Farce, wenn gleichzeitig „die Stimmung durch solche Masseneinkäufe beeinträchtigt" wurde.[62]

Als die Deutsche Regierung am 3. September endlich reagierte, indem sie den Reiseverkehr nach Italien einschränkte und die Devisenausgabe „für nicht notwendige Reisen" sperrte,[63] war es bereits zu spät. Nach zahlreichen Beschwerden aus der Bevölkerung hatten die italienischen Stellen Erhebungen angestellt, um den Umfang der durch Deutsche erfolgten Einkäufe festzustellen,[64] und daraufhin die Konsequenzen gezogen. In Südtirol wurden die Schuh- und Kleidergeschäfte für 14 Tage geschlossen,[65] es folgte die Schließung sämtlicher Juweliergeschäfte Italiens.[66] Drei Dekrete traten in Kraft, die sich in Inhalt und Form eindeutig gegen die deutschen Truppen und Touristen richteten.

Als erstes traf die königliche Verfügung vom 3. September 1941 den Verkauf und die Ausfuhr von Platin, Gold, Silber, Perlen und Edelsteinen. Mit Erscheinen dieses Dekrets war die Veräußerung dieser Edelmetalle und -steine bei einer Strafe von zwei bis zehn Jahren Haft und einer Geldstrafe von bis zu 50.000 Lire fortan generell verboten.[67] Hieraus resultierte die Schließung der Juwelierläden.

Die zweite königliche Verfügung vom 10. September sprach eine noch deutlichere Sprache, da sie den Verkauf von Automobilen sowie deren Ersatzteile *an Ausländer* verbot. Bei einem Verstoß gegen dieses Dekret hatte man mit einer Haftstrafe von bis zu sechs Monaten zu rechnen oder mit einer Geldstrafe zwischen 500 und 10.000 Lire.[68]

Das dritte Dekret war der Ministerialerlaß vom 12. September, der den Verkauf von Kleidung, Stoffen, Schuh- und Lederwerk, Seife, Antiquitäten, Maschinen und Metallwaren nur noch gestattete, wenn sich der Käufer als Italiener ausweisen konnte. Bei allen Einkäufen, die eine Summe von 20 Lire überstiegen, mußte der Verkäufer fortan Namen, Adresse und Personalausweis des Käufers sowie Menge und Preis der erworbenen Ware registrieren.[69]

---

[62] PA/AA, Botschaft Rom – Geheimakten, 117/156 – 11.9.1941, Mackensen an AA.
[63] BArch, R 901/67931, n.p. – 24.11.1941, Lurtz, AA, an Botschaft Rom.
[64] Wie etwa in Neapel: PA/AA, Botschaft Rom – Geheimakten, 117/156 – 20.9.1941, Deutsches Konsulat Neapel an Botschaft Rom.
[65] PA/AA, Botschaft Rom – Geheimakten, 117/156 – 3.9.1941, Bene an AA.
[66] Ebd. – 10.9.1941, Aufzeichnung Bismarck.
[67] Gazzetta Ufficiale del Regno d'Italia 208/1941, S. 3465 f. – 3.9.1941, Reggio Decreto-Legge, n. 882.
[68] Ebd., 214/1941, S. 3579 – 10.9.1941, Reggio Decreto-Legge, n. 913.
[69] Ebd., 217/1941, S. 3629 – 12.9.1941, Decreto Ministeriale.

Daß sich alle drei Dekrete gegen die Reichsdeutschen in Italien richteten, war sowohl den deutschen Diplomaten[70] wie auch der italienischen Bevölkerung[71] offensichtlich. Ein ausländischer Beobachter, der amerikanische Botschafter William Phillips, faßte die drei Erlasse in einem Bericht zusammen, in welchem er sie als Schutzmaßnahmen vor der „deutschen Gier" interpretierte.[72]

Giuseppe Bottai, der Ende September durch das Deutsche Reich reiste, stellte fest, daß der Dekreterlaß und der abrupte Exportrückgang von Gemüsen und Früchten bei seinen deutschen Gesprächspartnern zu der Vermutung führte, Italien wolle sich aus dem Bündnis lösen. Das Gerücht, Italien strebe einen Separatfrieden an,[73] greife um sich. Bottai meinte nicht nur ein Schwinden des freundlichen Tones, sondern wachsendes Mißtrauen zu spüren.[74] In der deutschen Bevölkerung zeigte man wenig Verständnis für die italienischen Maßnahmen.[75]

Für die anglo-amerikanische Propaganda waren diese Ereignisse ein gefundenes Fressen.[76] Der britische „Daily Telegraph" brachte den deutschen Einreisestop in unmittelbare Verbindung mit den Truppenansammlungen an der italienischen Grenze und im Lande selbst und zog einen geschickten Vergleich zu den Ereignissen an der polnischen Grenze im August 1939.[77] Wenn man bedenkt, daß in der italienischen Botschaft in Berlin zur gleichen Zeit Informationen über den Plan „Walküre" kursierten, in welchem die Deutschen die Invasion Italiens durchspielten,[78] kann man vermuten, daß solche Gedanken auch in italienischen Regierungskreisen aufkamen.

Ob die deutsche Einschränkung des Reiseverkehrs wirklich eine Reaktion auf die „deutschen Einkaufsreisen" war, ist zudem nicht gewiß. Das erste greifbare Dokument, das Einreisebeschränkungen wegen der übermäßigen Einkäufe empfiehlt, ist

---

[70] PA/AA, Botschaft Rom – Geheimakten, 117/156 – 10.9.1941 u. 11.9.1941.

[71] ACS, Agenzia Stefani, Carte Morgagni, b. 74: Segnalazioni riservate – 18.9.1941; PA/AA, Botschaft Rom – offen, 1424 b Pr 2 Nr. 1 – 22.9.1941, Aufzeichnung Botschaft Rom; vgl. z. B.: ACS, MI, Polizia politica, per materia, b. 232 (Genua) – 5.10.1941.

[72] Roosevelt Library, PSF, DC, Italy: Phillips 1940–41, Box 42 – 16.9.1941, Phillips an Roosevelt.

[73] Vgl.: Kap. 7 e.

[74] ACS, Carte Dino Alfieri, b. 6, fasc.: Mussolini – Hitler – Ribbentrop, Rapporto al Duce sul viaggio in Germania dal 21.–29.9.1941.

[75] Vgl. Capomazza-Reisebericht vom 7.10.1941, der dieses Mißtrauen an dem italienischen Ausbau der Grenzbefestigungen festmacht: ACS, Micup, Gab, b. 69, fasc.: Germania. Rapporti e contatti tra il Ministero della Cultura popolare e il Ministero Propaganda del Reich. Anni 1939–1941; eine Kopie befindet sich in: ASMAE, Affari Politici, Germania, b. 73; vgl.: Bericht eines Mitgliedes des Orchestra della Scala nach Konzertreise durch Deutschland, ACS, Micup – Gab, b. 67, n.p. – Okt. 1941.

[76] So empfand es auch Rintelen (BA/MA, RH 2/2936, S. 242 f. – 2.10.1941, Rintelen an Matzky).

[77] The Daily Telegraph and Morning Post, No. 26941, London/Manchester, S. 1 – 11.10.1941; das italienische Außenministerium nahm die britische Meldung zur Kenntnis (ASMAE, Micup, b. 200 – 15.10.1941).

[78] Simoni, Berlino, S. 255 f. – 5.10.1941 u. S. 258 f. – 15.10.1941.

auf den 3. September 1941 datiert.[79] An diesem Tag trat der Einreisestop aber bereits in Kraft. Es wäre also auch möglich, daß die Maßnahme erst rückwirkend mit den Einkäufen in Verbindung gebracht wurde – aus pragmatischen Gründen, der Diplomatie wegen.

Denn obwohl sich die deutsche Regierung angesichts der drei Erlasse ausnahmsweise einmal selbst vor „vollzogene Tatsachen" gestellt sah, tat sie das ihr Mögliche, um Eigeninitiative zu zeigen. Am 19. September forderte das Auswärtige Amt seinen Botschafter auf, Cianos Kabinettschef Filippo Anfuso mitzuteilen, daß man sich schon seit einiger Zeit Sorgen mache, ob nicht der starke Zustrom deutscher Reisender und die von ihnen getätigten Einkäufe zu einer stimmungsmäßigen Belastung der Bevölkerung führen könnten. Anfuso sollte auf die wiederaufgenommene Einschränkung des Reiseverkehrs hingewiesen werden und auf die Tatsache, daß die deutsche Regierung ihre in Italien stationierten Truppen zur Raison gerufen habe.[80]

Im Grunde genommen kamen diese Weisungen aber zu spät und sollten nur überspielen, daß die Deutschen von den Dekreten überrumpelt worden waren. Denn die Wehrmachtsangehörigen konnten angesichts der Erlasse ohnehin nichts mehr für Privatzwecke einkaufen. Die Order waren überflüssig bzw. allenfalls ein Zeichen guten Willens. Denn in Wirklichkeit mußte von Mackensen bei Anfuso vorstellig werden, um Ausnahmebestimmungen für die in Italien ansässigen Reichsdeutschen zu erwirken. Zu diesem Zeitpunkt waren nämlich „nicht einmal die deutschen Diplomaten in der Lage [...], irgendwelche Einkäufe zu machen". Zwar war veranlaßt worden, daß die deutschen Heeresangehörigen ihren notwendigsten Bedarf durch kleine Einkäufe decken durften, doch an die übrigen Deutschen war nicht gedacht worden.[81]

Mitte November gab Generalfeldmarschall Keitel den in Italien stationierten Truppen ausdrücklich Weisung, jede Belastung der italienischen Wirtschaft fortan zu vermeiden. Eine Versorgung der Truppenteile aus italienischen Beständen oder Einkäufe im Lande seien nur gestattet, wenn sie von der italienischen Regierung besonders genehmigt oder gar gewünscht würden. Diese Weisung galt nicht nur für Verpflegung, Unterkunftsbedürfnisse und Verbrauchsmittel, sondern auch für Kraftfahrzeug-Ersatzteile, Werkzeuge und dergleichen.[82] Der Versand von unzureichend ausgerüsteten Truppen fand folglich nicht mehr statt. Trotzdem beklagte Favagrossa auch im März 1942 noch den unkontrollierten Einkauf im Lande: Da die deutsche Regierung die italienischen Lire weiterhin ohne Rücksprache mit Rom an ihre Soldaten auszahle, entzö-

---

[79] PA/AA, Botschaft Rom – Geheimakten, 117/156 – 3.9.1941, Bene an AA.

[80] Ebd. – 19.9.1941, Wiehl an Botschaft Rom; weitergeleitet an das italienische Außenministerium am 22.9.1941, vgl.: ACS, PCM 1940–43, 3/1-9, Nr. 27387 – 29.9.1941.

[81] PA/AA, Botschaft Rom – Geheimakten, 117/156 – 16.9.1941, Telegramm Mackensen an AA. Die entsprechende Ausnahmebestimmung befindet sich in: Collezione Celerifera 120/1942, S. 678 f. – 27.9.1941. Mit ähnlichen Problemen kämpften übrigens auch die Diplomaten der japanischen Botschaft (ASMAE, Carte Gabinetto, Gab. 134, n.p. – 20.9.1941, Takio Enna an MAE).

[82] BA/MA, RW 19/687, S. 34 f. – 20.11.1941.

gen sich die Einkäufe jeglicher Kontrolle, denn schließlich könne man ja nicht jeglichen Handel im Inland blockieren.[83]

Zu Konflikten kam es an der deutsch-italienischen Grenze. Im Zuge der neuen Dekrete mußten zahlreiche deutsche Reisende feststellen, daß ihnen am Zoll ihre Schmucksachen abverlangt wurden. Die Verfügung vom 3. September verbot neben dem Verkauf auch die Ausfuhr von Edelmetallen und Juwelen und wurde von den italienischen Zollbehörden erstaunlich rigoros, ja teilweise über die Verordnungen hinausgehend durchgeführt. Sogar die Uhren und Trauringe einiger Ausreisender fielen in den ersten Oktobertagen den eifrigen Beamten zum Opfer. Die deutsche Botschaft protestierte, um eine lockere Handhabung der Bestimmungen zu erreichen, und schrieb in die Heimat, daß Italienreisende fortan nur noch die notwendigsten Schmucksachen mitnehmen und sich den Besitz bei der Einreise quittieren lassen sollten. Nichtsdestotrotz führte die schroffe Behandlung an der Grenze zu einer starken Verstimmung im deutschen Reisepublikum, die laut Mackensen geeignet war, die deutsch-italienischen Beziehungen zu trüben.[84]

Auch den deutschen Kunsteinkäufen setzten die Dekrete einen Riegel vor. Ab Oktober war den Deutschen der freie Erwerb von Kunstgegenständen verwehrt. Wenn man bedenkt, daß auf dem Sonderkonto des „Führers" daraufhin ein Restbetrag von 20 Millionen Lire verblieb,[85] so wird deutlich, in welchem Rahmen sich die Einkäufe zuletzt bewegt hatten. Peinlicherweise stellte sich zudem heraus, daß die italienische Regierung über alle Erwerbungen bestens orientiert war. Bottai übersandte Mackensen Ende September eine Liste sämtlicher durch Deutsche erworbener Kunstgegenstände, mit einer genauen Beschreibung jeden Stücks.[86] Tatsächlich war dem italienischen Ministerium sogar bekannt, daß ein Teil der Werke in der Wirtschaftsabteilung der Botschaft und ein anderer im Generalkonsulat Mailand aufbewahrt wurde. Es lag auf der Hand, daß deutscherseits nicht beabsichtigt worden war, die italienischen Behörden um die erforderlichen Ausfuhrgenehmigungen zu bit-

---

[83] Favagrossa, Perché perdemmo la guerra, S. 303 f., Allegati Nr. 23–24. Gerüchten zufolge wurde die italienische Währung außerdem von den Briten zu niedrigen Preisen auf den Schweizer Markt geworfen und dort von deutschen Staatsangehörigen aufgekauft. Angeblich handelte es sich dabei um Kriegsbeute, welche die Engländer bei der Einnahme von Addis Abeba gemacht hatten (PA/AA, Büro des Staatssekretärs, Italien, Bd. 6, R. 29632, S. 372787–789 – 10.10.1941, Mackensen an AA; ACS, Agenzia Stefani, Carte Morgagni, b. 74: Segnalazioni riservate – 18.9.1941; PRO, FO 371/29930, S. 129 f., R 9810/28/22 – 10.11.1941, Greek Minister, Légation royale de Grèce, an Sargent, FO).

[84] PA/AA, Handakte Luther, Schriftverkehr A–J, R. 27627, S. 44 f., Lurtz an Luther – 10.10.1941; PA/AA, Büro Staatssekretär, Italien, Bd. 6, R. 29632, S. 372822, Mackensen an AA – 15.10.1941; BArch, R 2501/6851, S. 232 – 8.10.1941, Aufzeichnung Dt. Reichsbank, Volkswirtschaftl. Abt.

[85] PA/AA, Büro Staatssekretär, Italien, Bd. 6, R. 29632, S. 372722 – 3.10.1941, Mackensen an AA.

[86] PA/AA, Botschaft Rom – Geheimakten, 88/527, S. 481811–817 – 25.9.1941, Lazzari an Mackensen; vgl.: PA/AA, Büro Staatssekretär, Italien, Bd. 6, R. 29632, S. 372716 – 1.10.1941, Mackensen an AA; Siviero, Arte, S. 22.

ten. Der deutsche Botschafter stellte daher beschämt fest, daß es „außerordentlich schwierig sein [würde], mit einigem Anstand aus dieser unerfreulichen Sache herauszukommen".[87] In der Tat nehmen sich die möglichen Ausreden, welche er in seinem Schreiben an das Außenministerium durchspielt, ziemlich hilflos aus. Hauptziel sollte es sein, die Person des „Führers" und des Reichsmarschalls aus der Angelegenheit herauszubringen. Dies sollte sich aber als der falsche Ansatz erweisen. Wenige Tage darauf erfuhr Mackensen nämlich, daß Göring die Angelegenheit mit dem „Duce" persönlich besprochen und dessen Einverständnis erhalten hatte.[88] Kurz darauf versprach Bottai, die Ausfuhrabgabe, die nun einmal Pflicht und daher nicht zu umgehen sei, verschwindend gering zu halten. Da Hitler zuvor angekündigt hatte, den Italienern sämtliche von den Franzosen aus Italien verschleppten Kunstgegenstände zur Verfügung zu stellen, fiel dem Erziehungsminister dieses Zugeständnis relativ leicht.[89] Am 20. November sollten Görings Kisten die deutsche Botschaft verlassen und gen Deutschland rollen.[90] Mackensen hatte sich geirrt, die Angelegenheit war leichter zu bereinigen als vermutet. Mussolini ließ der deutschen Botschaft sogar mitteilen, daß er generell bereit war, Hitler oder Göring jederzeit entgegenzukommen, wenn sie nur den offiziellen Weg über die Botschaft wählten. Graf Ciano, der sich eigens dafür an Mackensen gewandt hatte, schloß das Gespräch mit der aussagekräftigen Bemerkung:

„Sie können versichert sein, daß der Führer oder der Reichsmarschall oder die Deutsche Regierung, wenn sie Wünsche haben und selbst, wenn sie den Glockenturm von San Marco haben wollen, in Anbetracht der Leistungen, die insbesondere auf dem Gebiet der Kohlenversorgung Deutschland an Italien vollbringt, alles erhalten."[91]

Letztendlich konnte es sich die italienische Regierung gar nicht leisten, die entsprechenden Wünsche abzulehnen. Die wirtschaftliche Abhängigkeit vom Bündnispartner war ein viel zu starkes Band, als daß man sich auf eine ernsthafte Auseinandersetzung einlassen konnte. Der einzige Vorteil, welchen die Italiener aus der Angelegenheit zogen, war daher die Wahrung des Gesichts gegenüber dem starken Bundesgenossen.

---

[87] PA/AA, Botschaft Rom – Geheimakten, 88/527, S. 481835–838 – 8.10.1941, Mackensen an Luther; vgl. ebd., S. 481834 – 8.10.1941, Mackensen an AA.

[88] PA/AA, Büro Staatssekretär, Italien, Bd. 6, R. 29632, S. 372837–839 – 17.10.1941, Mackensen an Luther.

[89] Ebd., S. 372938 – 8.11.1941, Mackensen an AA; ebd., S. 372948–950 – 11.11.1941, Mackensen an Ribbentrop; vgl.: Siviero, Arte, S. 22.

[90] PA/AA, Büro Staatssekretär, Italien, Bd. 6, R. 29632, S. 372981 f. – 19.11.1941, Mackensen an RAM.

[91] PA/AA, Botschaft Rom – Geheimakten, 88/527, S. 481852 f. – 21.11.1941, Aufzeichnung Mackensen.

Reichsmarschall Göring folgte von nun an dem offiziellen Weg und reichte im Jahre 1942 ordnungsgemäß eine Liste der von ihm gewünschten Kunstgegenstände ein.[92]

Um die Gerüchte über das Ausmaß der Einkäufe zu zerstreuen, mußte Bottai im Mai 1942 übrigens eine Rede halten, in der er nicht nur die Zahlen herunterspielte, sondern mehr oder minder betonte, daß die einseitige Abfuhr bald durch einen Austausch ersetzt werden sollte.[93] Die gewünschte Gegenleistung hatten die Deutschen also nicht erbracht, ein Austausch von Kunstwerken fand nicht statt. Im November 1942 mußte das *Comando Supremo* zudem feststellen, daß nun auch deutsche Soldaten die Rücktransporte durch Italien nutzten, um Kunstwerke ins Reich zu schmuggeln. Das Transportabkommen vom Dezember 1940 ließ Zollkontrollen durch die italienischen Behörden nicht zu, ein direkter Eingriff war nicht möglich.[94] Ohnmächtig mußten die Behörden daher die Geheimpolizei anweisen, diese Gesetzeswidrigkeiten anderweitig „auf diskretem Wege" zu unterbinden.[95]

Hauptleidtragende der lästigen Dekrete aber waren die Italiener selbst. Der Unmut der italienischen Bevölkerung gegenüber Deutschland steigerte sich, da man davon ausging, daß sich die Maßnahmen im Grunde genommen gegen den Bundesgenossen richteten. Diese Tendenz wurde von der anglo-amerikanischen Propaganda aufgegriffen und verstärkt, so daß die deutsche Botschaft es schließlich für notwendig hielt, das italienische Propagandaministerium zu einer Gegenaktion aufzufordern. Aufklärende Kommentare in der italienischen Presse sollten herausstellen, daß die Dekrete zumindest ebenso auf die italienischen Hamsterer gemünzt waren. Das Ministerium kam diesem Wunsch im Oktober nach.[96] Da die Italiener zu diesem Zeitpunkt aber mit weiteren Einschränkungen überrascht wurden, ist davon auszugehen, daß man die Bevölkerung mit einer Werbekampagne für den deutschen Achsenpartner kaum begeistern konnte. Am 22. September wurde der Verkauf von Backwerk jeder Art, wie etwa Kuchen und Kekse, verboten.[97] Zum 1. Oktober 1941

---

[92] Ebd., 186, n.p. – 10.2.1942, Angerer an Dörtenbach; vgl.: Siviero, Arte, S. 23–25.
[93] PA/AA, Botschaft Rom – Geheimakten, 186, n.p. – 13.5.1942, Mackensen an AA; ebd. – 28.9.1942, Aufzeichnung Botschaft Rom; für Bottais Rede vgl.: Giornale d'Italia – 9.5.1942, S. 3.
[94] Sowohl im Oktober 1941 wie auch im Februar 1942 hatte Favagrossa Mussolini gedrängt, das Abkommen zu ändern und eine Kontrolle der deutschen Waggons zu ermöglichen (Favagrossa, Perché perdemmo la guerra, S. 300–302, Allegati Nr.: 20–21).
[95] ACS, MI, DGPS, Cat. A5G, II° Guerra mondiale, b. 139, fasc.: Esportazione clandestina opere d'arte da parte di militari germanici – 20.11.1942, CS, Uff. Economia di Guerra an MI, DGPS.
[96] PA/AA, Botschaft Rom – offen, 1424 b Pr 2 Nr. 1, n.p. – 22.9.1941, Aufzeichnung Botschaft Rom; ebd. – 1.10.1941, Mackensen an AA; vgl.: PA/AA, HaPol IV b, Italien, Wirtschaft: Allgemeine wirtschaftliche Lage, Bd. 2, R. 112420, n.p., Jahresrückblick, Generalkonsulat Mailand an AA – 23.1.1942.
[97] Gazzetta Ufficiale del Regno d'Italia 228/1941, S. 3822 – 26.9.1941, Circolare del Ministero dell'agricoltura e delle foreste.

wurden die Brot-[98] und die Kleiderkarte[99] eingeführt. Insgesamt wurden im Ernährungssektor die Rationierungsmaßnahmen verschärft. Rintelen berichtete im November, daß nun alle wichtigen Lebensmittel von der Zwangsbewirtschaftung betroffen seien: 200 gr Brot, 66 gr Reis, 53 gr Kartoffeln, 13 gr Fleisch, 5 gr Butter, 17 gr Zucker, 3,3 gr Käse, 8 gr Öl täglich und 4 Eier monatlich würden dem Durchschnittsitaliener zugestanden. Da diese Mengen völlig unzureichend seien, müßte fortan mehr auf freie Lebensmittel wie Fisch, Wild, Geflügel, Gemüse und Obst zurückgegriffen werden.[100] Einen detaillierten Einblick in das italienische Kartensystem gewährt der Jahresbericht des Generalkonsulats Mailand,[101] in welchem die Lebensmittelmenge pro Monat für einen Normalverbraucher der Stadt Mailand im Jahre 1941 aufgelistet wurde:

Tab. 7: Lebensmittelration eines Normalverbrauchers (pro Monat) – Mailand, 1941

Brot und Maismehl		6.000 Gramm		(Weizenmehl keines)
Teigwaren		1.200 Gramm		
Reis		800 Gramm		
Zucker		500 Gramm		
Waschseife		150 Gramm		(Toilettenseife ist seit einigen Monaten nicht erhältlich)
Öl		180 Gramm		
Butter		100 Gramm		
Schweinefett		100 Gramm		(vielfach wird wegen des mangelnden Schweinefetts 200 g Butter im Monat verabreicht)
Eier		4 Stück		
Fleisch	etwa	500 Gramm	+	
Selchwaren	etwa	180 Gramm	+	
Schweinefleisch		90 Gramm	+	
Kartoffeln		800 Gramm		
Hülsenfrüchte		120 Gramm		
Innereien		120 Gramm	+	
Käse		180 Gramm		
Milch		1/8 Liter täglich		

[+ Wenn die Anlieferung gering ist, werden die Rationen gekürzt.]

Insbesondere die Rationierung des Brotes traf die Italiener hart, da Brot die Hauptnahrung des italienischen Volkes darstellte.[102] In vielen Städten Italiens, wie etwa Padua, Venedig, Messina und Neapel, gingen die Frauen auf die Straße, um gegen die

---

[98] ACS, Ministero dell'agricoltura e delle foreste, Dir. Gen. Alimentazione, V, b. 94, Circolare Nr. 542 – 27.9.1941; ebd., Circolare Nr. 569 – 10.10.1941; BArch, R 43 II/626, Bl. 42–44 – 11.11.1941, Rintelen an OKW.
[99] Gazzetta Ufficiale del Regno d'Italia 231/1941, S. 3880 f. – 29.9.1941, Decreto Ministeriale.
[100] BArch, R 43 II/626, S. 41 – 11.11.1941, Rintelen an OKW.
[101] PA/AA, HaPol IV b, Italien, Wirtschaft: Allgemeine wirtschaftliche Lage, Bd. 2, R. 112420, n.p. – 23.1.1942.
[102] ADAP, D, XIII.2, Dok. 424, S. 568 – 25.10.1941, Ciano zu Hitler; Klemperer, Tagebücher, I, S. 676 – 1.10.1941; Colarizi, Opinione, S. 377 f.

zu knappe Rationierung zu protestieren.[103] Die Questoren von Mailand, Genua, Bologna, Parma und Forlì erhielten am 6. Oktober Order, die Anzahl der kursierenden Geheimagenten zu erhöhen, um eventuellen Protestaktionen sofort entgegenzutreten.[104]

Nur langsam und widerwillig gab die italienische Regierung im Laufe des Oktobers zu, daß sie mit Versorgungsproblemen zu kämpfen hatte. Vor allem Mussolini bemühte sich lange, den Deutschen gegenüber das Gesicht zu wahren. So betonte er am 25. Oktober in einem Gespräch mit Clodius, daß er keine ernste Gefahr in der Ernährungsfrage sehe, die Öllieferungen seien viel wichtiger als das Brot.[105] Graf Ciano hatte Hitler gegenüber zu bekräftigen, daß die Italiener dieses Problem selbst meistern würden. Ende November bekam der Außenminister anläßlich einer Deutschlandreise die Weisung, über Ernährungsfragen überhaupt nicht zu reden.[106] Außenhandelsminister Riccardi sprach zu diesem Zeitpunkt längst von einer „Notlage" Italiens. Den deutschen Stellen lagen also recht widersprüchliche Informationen vor. Eindringlich wies Riccardi den deutschen Gesandten Clodius schon im Oktober darauf hin, daß Italien „zur Abwendung von Hungersnot und Revolten" unbedingt Getreide und Mais erhalten müsse.[107] Bei den Besprechungen über die Verteilung der Getreideüberschüsse aus dem Südosten bat Riccardi um zwei Drittel des rumänischen Überschusses bzw. um mindestens 100.000 t Weizen. Clodius gestand ihm zunächst nicht mehr als 50.000 t zu, obwohl auch er die italienische Ernährungslage als bedrohlich einschätzte.[108]

Im Dezember waren selbst diese Lieferungen von den Berliner Stellen nicht freigegeben worden, gerade mal 600 t Weizen waren in Italien angekommen. Die bezüglich des Südostens abgeschlossenen Verträge hätten für Italien keinerlei praktische Ergebnisse gezeigt, beschwerte sich daher am 14. Dezember ein Mitarbeiter Riccardis in der Deutschen Botschaft. Auch das Abkommen vom Juni 1941, laut dem Italien 30 Prozent der landwirtschaftlichen Produktion Serbiens und 40 Prozent der Produktion der Batschka erhalten sollte, existiere lediglich auf dem Papier. Das Ministerium bitte daher, nach Berlin mitzuteilen, „daß seit 14 Tagen täglich beim „Duce" Beratun-

---

[103] ACS, PCM 1941–43, 3/1-9, Nr. 27387 – 3.–6.10.1941. Man darf diese Protestaktionen allerdings auch nicht überbewerten. Es handelte sich um Gruppen von 50 bis 600 Frauen. In den Berichten an den „Duce" wurde betont, daß der öffentliche Protest kleiner ausgefallen sei als erwartet (USSME, H-9, Racc. 11 – Okt. 1941; entsprechend im Folgejahr: ebd. – März 1942).
[104] Colarizi, Opinione, S. 380 f.
[105] ADAP, D, XIII.2, Dok. 421, S. 558 – 25.10.1941.
[106] Ciano, Diario, S. 548 f. – 23.10.1941 u. S. 560 – 22.11.1941.
[107] PA/AA, Büro Staatssekretär, Italien, Bd. 6, R. 29632, S. 372846 – 21.10.1941, Clodius/Mackensen an AA.
[108] Ebd.; ADAP, D, XIII.2, Dok. 440, S. 593 – 1.11.1941, Aufzeichnung Clodius. Später einigte man sich auf 60.000 t Weizen.

gen über die italienische Ernährungslage stattfinden".[109] Die Notlage ließ sich nicht mehr leugnen.

Am 21. Januar 1942 bat Riccardi im Namen des „Duce" um eine Vorauslieferung von 200.000 t Getreide. Andernfalls könne man nicht einmal die Brotrationen garantieren, die ab 1. März ohnehin auf 150 gr reduziert werden sollten.[110] Eine Brotkarte von 150 gr/tgl. entsprach zu diesem Zeitpunkt fast der niedrigsten Ration in ganz Europa,[111] Demonstrationen ließen nicht lange auf sich warten.[112] Selbst im Oktober 1944 war die deutsche Brotration trotz Kürzungen noch mehr als doppelt so hoch wie die italienische des März 1942.[113] Einige Zahlen des Reichsernährungsministeriums verdeutlichen, wie groß die Kluft zwischen dem italienischen und deutschen Rationierungssystem im Oktober 1942 längst war:

Tab. 8: Rationierte Lebensmittel im Vergleich – Oktober 1942

	Italien	Deutschland
	gr/Woche	gr/Woche
Brot/Mehl	1.050	2.250
Fleisch	100	350
Fette	100	206
Zucker	117	225
Kartoffeln	1.000	4.000

[Corni/Gies, Brot. Butter. Kanonen, S. 572 f. FN 932]

Nicht nur die Bitte um Getreide signalisierte den Zusammenbruch der italienischen Ernährungswirtschaft. Zeitgleich gaben die Italiener im Januar auch bekannt, daß im Jahre 1942 kein Reis mehr nach Deutschland geliefert werden würde.[114] Und tatsächlich sank der Nahrungsmittelexport ins Reich daraufhin dramatisch. Die Reisausfuhr wurde von 59.875 t (1941) auf 56 t (1942) gedrosselt, der Export von Früchten (Weintrauben, Äpfeln, Birnen etc.) sank von 208.809 t auf 97.147 t, der von Zitrus-

---

[109] ADAP, E, I, Dok. 9, S. 11–13.
[110] Ebd., Dok. 148, S. 264 f.
[111] ADAP, E, IV, Dok. 44, S. 75 – 13.10.1942, Backe an Hitler. Insgesamt lag die durchschnittliche tägliche Normalration im Jahre 1942 niedriger als in fast allen anderen europäischen Ländern (Nützenadel, Landwirtschaft, S. 413).
[112] Bereits Ende März kam es in Venedig zu Demonstrationen, da viele Bürger ihre Brotkarten aufgrund der geringen Ration vorzeitig aufgebraucht hatten (Ciano, Diario, S. 604 – 28.3.1942).
[113] Corni/Gies, Brot. Butter. Kanonen, S. 570.
[114] ADAP, E, I, Dok. 168, S. 299 – 24.1.1942.

früchten von 244.622 t auf 165.761 t. Statt 196.567 t wurden nur noch 22.670 t Kartoffeln nach Deutschland verkauft.[115]

In Deutschland wurde man sich der Tragweite der italienischen Not bewußt. Reichsmarschall Göring versprach Mussolini bei ihrem Treffen Ende Januar, der italienischen Regierung 150.000 t Getreide leihweise zur Verfügung zu stellen.[116] Zwar schrumpfte diese Zusage aufgrund innerdeutscher Auseinandersetzungen im Laufe des Februars auf 100.000 t zusammen.[117] Doch wurden den Italienern dafür weitere 50.000 t Getreide aus Rumänien unabhängig von den bisherigen Abkommen zugesprochen[118] – eine politische Entscheidung, denn Hitler, Ribbentrop und den zuständigen Stellen im Außen- und Reichsernährungsministerium war klar, daß sie mit den Abgaben an Italien die eigene Bedarfsdeckung gefährdeten.[119]

Lieferung und Rücklieferung gingen im Endeffekt relativ schnell und reibungslos über die Bühne, wenn auch italienischerseits etwa 15.000 t Getreide einbehalten wurden, mit der Begründung, daß Deutschland gegenüber Griechenland, welches die beiden Okkupationsmächte zu versorgen hatten,[120] mit dieser Lieferung im Rückstand sei.[121]

Das Versorgungsproblem Italiens war damit aber selbstverständlich nicht aus der Welt. Schon im Oktober 1942 sah sich der „Duce" erneut gezwungen, das Deutsche Reich um eine Vorauslieferung zu bitten. Diesmal handelte es sich um 500.000 t Brotgetreide.[122] Und da die Deutschen die Arbeitsfähigkeit ihres Bündnispartners gewährleisten mußten,[123] sagte Hitler dem „Duce" schließlich 300.000 t Getreide zu, von denen nur 200.000 zurückerstattet werden brauchten. Weiterhin versprach der „Führer", wöchentlich einen Zug Getreide aus der Ukraine zur Verfügung zu stellen.[124]

In der Quintessenz ist festzuhalten, daß die Rationierungsmaßnahmen in Italien viel zu spät einsetzten. Betrachtet man die rasante Entwicklung ab Oktober 1941, wird klar, in welcher Lage sich das Land schon im Sommer 1941 befand, als die Deutschen dort noch fleißig Lebensmittel- und Kleiderpakete schnürten. Die Maß-

---

[115] BArch, Statistisches Reichsamt, R 3102/alt R 24/870, Der Außenhandel Italiens 1939–1943, Stand Frühjahr 1944, Übersicht 12.
[116] ADAP, E, I, Dok. 181, S. 333 – 29.1.1942.
[117] Vgl.: ebd., Dok. 196, 198, 203 und 211.
[118] Ebd., Dok. 211, S. 381 – 5.2.1942.
[119] PA/AA, HaPol, Handakten Wiehl, Italien, Bd. 14, R. 106178, n.p. – 16.1.1942, Lurtz an Clodius; ebd. – 3.2.1942, Wiehl an Sonnleithner.
[120] Vgl.: Kap. 4 a.
[121] ADAP, E, II, Dok. 169, S. 279 – 27.4.1942; ebd., III, Dok. 213, S. 363 – 22.8.1942. Letzten Endes wurden 112.000 t Weizen und Roggen nach Italien geliefert und 97.201 t nach der später ausfallenden, italienischen Ernte zurückerstattet (Raspin, Italian War Economy, S. 303 f.).
[122] ADAP, E, IV, Dok. 44, S. 75–77 – 13.10.1942.
[123] Ebd.
[124] Ebd., Dok. 82, S. 135 f. – 21.10.1942; vgl.: ebd., Dok. 67, Dok. 89 u. Dok. 119.

nahmen des Herbstes 1941 richteten sich daher nur zum Teil gegen die deutschen Truppen und Touristen. Die Einführung der Brot- und Kleiderkarte war durch die verheerende Versorgungsnotlage bedingt, und diese war nicht durch den Aufkauf der Deutschen vor Ort entstanden. Im Winter 1941/42 begriff die deutsche Regierung die Tragweite des Problems und war zu Hilfestellungen bereit. Das hatte politische Gründe: Die Arbeitsfähigkeit des Bundesgenossen mußte erhalten werden, zur Not mit eigenen Mitteln. Die deutschen Unterstützungsmaßnahmen gingen ab Oktober 1942 so weit, daß Hitler Getreidelieferungen zur Verfügung stellte, die nicht zurückerstattet werden mußten. Dies fiel aus dem Rahmen, da man bisher stets Wert darauf gelegt hatte, fremdes Getreide zu vermitteln oder – wenn man auf die eigenen Bestände zurückgriff – auf einer kompletten Rücklieferung zu bestehen. Insgesamt waren diese Ereignisse ein Faktor, der beiderseits deutlich zur Verschlechterung der Beziehungen beitrug.

b. Italiener in Deutschland – über den Umgang mit den italienischen „Fremdarbeitern" im Jahre 1941

Mit dem enormen Zuwachs an italienischen „Fremdarbeitern" im Deutschen Reich traten im Jahre 1941 die rassistischen Vorbehalte gegenüber dem italienischen Bundesgenossen zutage; Vorbehalte, die sich angesichts der steigenden Zahl amouröser Kontakte zwischen deutschen Frauen und italienischen Männern kaum mehr unterdrücken ließen. Daß es sich in diesem Fall nicht um einen extremen, vernichtenden Rassismus handelte, wie ihn das nationalsozialistische Regime gegenüber den Juden praktizierte, liegt auf der Hand. Doch allein diese Feststellung zwingt, den Begriff genauer zu umreißen.

Generell kann gesagt werden, daß „bereits die bloße Differenzierung verschiedener, zum Teil willkürlich gewählter und definierter Menschenrassen und die Bestimmung ihrer angeblichen Höher- respektive Minderwertigkeit" als rassistisch gelten muß. „Die rechtliche oder soziale Ausgrenzung menschlicher Gruppen […] stellt dabei bereits eine Verschärfung dieses Denksystems dar."[125] Sinnvoll erscheint es daher, Rassismus anhand des Gewaltpotentials des rassistisch Denkenden zu klassifizieren, um das Phänomen in seinen Abstufungen besser erfassen und einordnen zu können. Eine Unterscheidung von „paternalistischem", „diskriminierendem" und „vernichtendem Rassismus"[126] bietet sich an, wobei hervorzuheben ist, daß es sich

---

[125] Gabriele Schneider, Mussolini in Afrika. Die faschistische Rassenpolitik in den italienischen Kolonien 1936–1941, Köln 2000, S. 30.
[126] Diese Klassifizierung schließt sich der Definition von Wolfgang Schieder und Gabriele Schneider an, wandelt die Begriffe jedoch leicht ab, um sie abstrakter und damit universal anwendbar zu

bei dieser Klassifizierung nur um ein Hilfskonstrukt handeln kann. In der Realität überschneiden sich die einzelnen Stufen in ihren Komponenten oder tragen in sich Schattierungen.

Die erste Stufe, der „paternalistische" oder „koloniale Rassismus", wird vor allem von einem zivilisatorischen Überlegenheitsgefühl getragen. So rechtfertigten etwa alle imperialistischen Großmächte des 19. und beginnenden 20. Jahrhunderts ihren Kolonialismus mit dem Argument, „rückständige Völker" auf den Weg des Fortschritts zu führen. Aus einer angeblichen kulturellen Überlegenheit wurde das Recht abgeleitet, die kolonisierten Völker zu bevormunden und Widerstand gegebenenfalls brutal niederzuschlagen – oft mit militärischen, menschenverachtenden Mitteln, die in Auseinandersetzungen zwischen europäischen Mächten nicht üblich waren. In der zweiten Stufe, dem „diskriminierenden Rassismus", mischen sich biologische Motive zu den kulturellen. Ziel ist nun die gesellschaftliche Ausgrenzung einzelner Minderheiten oder ganzer Völker. Legislative Maßnahmen sollen die Rassen räumlich, politisch, gesellschaftlich und kulturell getrennt halten. Charakteristisch ist das gesetzliche Verbot der Eheschließung und des Geschlechtsverkehrs mit Mitgliedern der ausgegrenzten Rasse. In der dritten Stufe, dem „vernichtenden Rassismus", radikalisiert sich dieser Ansatz und führt zu einem biologisch-sozialdarwinistischen Denken, welches sich die physische Zerstörung einer menschlichen Gruppe zum Ziel setzt. Der nationalsozialistische Genozid gegen die Juden ist das auffälligste Beispiel für diese extreme Form von Rassismus.

Anzeichen eines italienfeindlichen Rassismus lassen sich im Deutschen Reich schon vor der Ankunft der Arbeitskräfte finden. So meinte etwa ein deutscher Journalist Mitte November 1940, im Griechenlandkrieg erkenne man „die Richtigkeit der Rassentheorie", denn schließlich seien „auch die Griechen miserabel". Zwei deutsche Wachtmeister hätten auf dem Balkan schon lange Ordnung geschaffen.[127] In einem Grenzpolitischen Bericht des Reichsstatthalters in Tirol und Vorarlberg wurden die Italiener im Februar 1941 ohne Beschönigung als „biologischer Gegner im Süden" bezeichnet.[128] Auf der Halbinsel schlage sich der starke Bluteinfluß der „Nachkommen des römischen Skavenheeres" nieder, hieß es in Kreisen der Partei, in Süditalien wirke sich die Nachbarschaft zu Afrika aus. Die Romanen seien neben den slawischen, keltischen und finnisch-ugrischen Völkern ohnehin zum stammesfremden europäischen Blut zu zählen.[129] Eine Besprechung der zuständigen SS-Stellen über

---

machen. Schieder und Schneider unterscheiden zwischen „kolonialem Rassismus", „Apartheids-Rassismus" und „Vernichtungsrassismus" (Schieder, Faschismus, S. 152 f.; Schneider, Rassenpolitik, S. 30–32).

[127] PA/AA, Inland IIg, R. 101084, S. 284002 – 15.11.1940, Chef SP/SD an AA.

[128] Ebd., R. 100977, n.p., Mikrofiche-Nr.: 2522 – 7.2.1941, Grenzpolitischer Bericht Nr. 10.

[129] PA/AA, Inland I – Partei, R. 99181, S. 225928–931 – 20.4.1941, Aufzeichnung Schubert. Aus dem Büro des Abwehroffiziers in Tripolis hieß es im Mai 1941, daß sich die dort vertretenen Italiener nicht „auf dem notwendigen, hohen Niveau eines weißen kolonisierenden Volkes" zeigten (BA/

die volkspolitische Lage in Luxemburg zog im August 1941 den Schluß, daß sich „in rassischer Hinsicht" vor allem die Italiener von der übrigen Bevölkerung Luxemburgs (im Vergleich zu Franzosen, Belgiern und Polen) unterschieden.[130] Selbst Italienfreund Hitler betonte im Mai desselben Jahres, daß es an der Zeit sei, „die lateinische Rasse" auf den „ihr gebührenden Platz" zurückzudrängen.[131]

Diese wenigen Zitate vermitteln einen Eindruck von den rassenpolitischen Kriterien, welche mehr und mehr in die Bewertung des Bundesgenossen einflossen. Die Betonung liegt dabei auf der biologischen Komponente, die Tendenz zu einem Rassismus diskriminierender Art scheint gegeben. Doch bleibt das Bild nichtsdestotrotz vage, da die Zitate als Einzelstimmen gewertet werden können. Konkreter und zusammenhängender läßt sich dieser Punkt erst erfassen, wenn man den Blick auf die diplomatischen Verwicklungen richtet, welche aus der Frage der deutsch-italienischen „Mischehe" im Jahre 1941 resultierten. Denn diese Frage war ein Prüfstein, an welchem für diplomatische Zweideutigkeiten wenig Platz verblieb.

Bereits vor Ausbruch des Krieges war im Deutschen Reich ein Gesetz in Vorbereitung, nach dem Ehen von deutschen Staatsangehörigen mit Ausländern allgemein untersagt werden sollten. Einer Aufzeichnung des Auswärtigen Amtes zufolge wurde dies volkspolitisch begründet: Durch eine solche Heirat werde die deutsche Volkskraft geschwächt, da die Frau durch Eheschließung mit einem Ausländer die deutsche Staatsangehörigkeit verliere und somit dem deutschen Volkstum verlorengehe.[132] Nach Ausbruch des Krieges wurde der Gesetzentwurf aber auf Weisung Hitlers zurückgestellt und sollte erst nach Kriegsende wiederaufgegriffen werden.[133] Dies hatte im wesentlichen außenpolitische, d. h. propagandistische Gründe. Daß aber zumindest Maßnahmen ergriffen werden sollten, um eine „Vermischung" zwischen Deutschen einerseits und Polen und Ungarn andererseits zu verhindern, war in der Reichskanzlei beschlossene Sache. Das Reichssicherheitshauptamt (RSHA) wurde mit dieser Aufgabe betraut.[134]

Am 14. Juni 1940 stellte Reinhard Heydrich, Chef der Sicherheitspolizei und des SD, in einem Schreiben an das Außenministerium die Maßnahmen vor, mit welchen gegen die unerwünschte „Vermischung" vorgegangen werden sollte. Auffällig dabei

---

MA, RH 23/112, S. 23 – 12.5.1941, KTB-Anl. 3: Reisebericht Wido; vgl.: Gerhard Schreiber, Deutsche Kriegsverbrechen in Italien: Täter – Opfer – Strafverfolgung, München 1996, S. 23).

[130] BArch, NS 19/1163, S. 20 f. – 30.8.1941, Protokoll über Besprechung beim Chef der Zivilverwaltung in Luxemburg.

[131] Weizsäcker-Papiere, S. 251 f. – 1.5.1941.

[132] PA/AA, Inland I – Partei, R. 99176, n.p. – 17.11.1941, Aufzeichnung Dr. Schwagula, AA D III.

[133] Ebd.; PA/AA, Inland I – Partei, R. 99176, n.p. – 24.3.1941, Aufzeichnung Schwagula; ebd. – 4.9.1942, Janz, AA, an Dt. Konsulat Kronstadt.

[134] Ebd. – 29.1.1940, Bormann an Himmler; zur Rassenpolitik der SS vgl.: Isabel Heinemann, „Rasse, Siedlung, deutsches Blut". Das Rasse- und Siedlungshauptamt der SS und die rassenpolitische Neuordnung Europas, Göttingen 2003.

war, daß Heydrichs Maßnahmenkatalog sich nicht allein gegen Polen, Ungarn, Slowaken und Tschechen richtete, sondern ausdrücklich auch die Italiener miteinschloß. Zunächst schlug der Chef des RSHA vor, das deutsche Volk besser zu schulen. Den Volksgenossen sollte durch Vorträge u. ä. bewußt gemacht werden, daß „der Geschlechtsverkehr eines Deutschen mit einem Ausländer mit der Ehre des deutschen Volkes nicht vereinbar" sei. Der Bevölkerung müsse nahegebracht werden, daß jeder Bürger, der gegen diese Ehrpflicht verstoße, sich automatisch von der Volksgemeinschaft entfernt habe und daher mit staatspolizeilichen Zwangsmitteln rechnen müsse.[135] Weiterhin, führte Heydrich aus, sei sämtlichen ausländischen Arbeitern – „Italienern, Slowaken, Ungarn usw." – in ihrer Muttersprache ein Merkblatt vorzulesen, welches sie unterschriftlich zu bestätigen hatten. Darin sollte den Ausländern die Auflage gemacht werden, daß „sie sich jeden intimen Verkehrs mit Deutschen zu enthalten hätten". Andernfalls müßten sie mit staatspolizeilichen Zwangsmaßnahmen rechnen.[136] Begründet werden sollte dies damit, daß der intime Verkehr von Ausländern mit deutschen Frauen in Zeiten, in denen die deutschen Männer an der Front stehen, eine unnötige Verärgerung und Beunruhigung der Bevölkerung hervorrufe. Als dritte Maßnahme sollten darum die Staatspolizeistellen angewiesen werden, in den entsprechenden Fällen den Deutschen bzw. die Deutsche in Schutzhaft zu nehmen und den Ausländer abzuschieben.[137]

Eine Woche später erhielt Heydrich die Antwort des Auswärtigen Amtes: Grundsätzliche Bedenken gegen die vorgesehenen Maßnahmen bestünden nicht. Nur die Italiener seien von der zweiten und dritten Regelung auszuschließen. D. h., lediglich der präventive Ansatz, die Ermahnung und Schulung der deutschen Frauen, durfte auch im Hinblick auf die Italiener verfolgt werden.[138] Das war einleuchtend, denn diese Maßnahme ließ sich gegenüber der faschistischen Regierung am ehesten verheimlichen. Diplomatie ging vor. Aus diesem Grund war auf das ursprünglich geplante Gesetz schließlich verzichtet worden.

Ersetzen sollte das Gesetz der Runderlaß vom 22. Mai 1940. Darin war festgeschrieben, daß Ausländerehen grundsätzlich als unerwünscht galten. Die Handhabung der Vorschrift wurde in dem ergänzenden Erlaß vom 30. Juni des Jahres näher ausgeführt: Zunächst sollten die Behörden auf gütlichem Wege versuchen, den deutschen Staatsangehörigen von seinem Vorhaben abzubringen. Dann aber sei zu prüfen, „ob nicht durch Aufstellung besonderer strenger Anforderungen [...] sich ein gesetzlicher Grund finden läßt, die Vornahmen des Aufgebots abzulehnen".[139] Der

---

[135] PA/AA, Inland I – Partei, R. 99176, n.p. – 14.6.1940, Heydrich an AA.
[136] Ebd.
[137] Ebd.
[138] PA/AA, Inland I – Partei, R. 99176, n.p. – 21.6.1940, Rademacher, AA, an Heydrich.
[139] Ebd. – 24.3.1941, Aufzeichnung Schwagula; vgl.: Verfügungen, Anordnungen, Bekanntgaben, II, S. 64: Vertrauliche Information 15/2 – 12.12.1940.

Rückgriff auf die Form des Erlasses war insofern diplomatischer, da ein Erlaß als Verwaltungsvorschrift bzw. -anordnung lediglich für den internen Dienstbetrieb ausgegeben wurde. Er wurde nicht veröffentlicht wie etwa ein Gesetz.[140] Auch Heydrich lehnte eine gesetzliche Regelung der Frage aus außenpolitischen Gründen ab. Die Regelung im Erlaßwege bot seiner Meinung nach den Vorteil, „die unerwünschte Vermischung von Deutschen mit Italienern, Slowaken, Tschechen usw. auszuschalten, ohne daß die Heimatstaaten dieser Ausländer sich verletzt fühlen".[141] Erst Mitte 1941 sollte das RSHA, welches in Rassefragen selbstverständlich ungleich resoluter vorging als das Außenministerium, von dieser Position abrücken.

Grund dafür war, wie eingangs erwähnt, der verstärkte Einsatz ausländischer Arbeitskräfte im Deutschen Reich. Im Mai 1939 waren deutschen Angaben zufolge insgesamt 939.386 Ausländer in Deutschland beschäftigt. Durch die verstärkte Anwerbung ziviler Arbeitskräfte und die Zwangsrekrutierung von Kriegsgefangenen sollte diese Zahl bis zum September 1941 auf 3.506.000 steigen. Im November 1942 waren über 4.665.000 ausländische Arbeiter in Deutschland beschäftigt.[142] 271.000 dieser „Fremdarbeiter" stammten Ende 1941 aus Italien.[143] Vor allem in den Monaten März 1941 bis Januar 1942 war ihr Anteil aufgrund des Wirtschaftsabkommens vom 26. Februar 1941 rasant angestiegen.[144]

Mit der Zunahme ausländischer Arbeitskräfte drängte sich die Frage der „Mischehe" in den Vordergrund. Das Außenministerium hatte am 22. Mai 1940 auch alle Vertretungen im Ausland darauf hingewiesen, daß Eheschließungen zwischen Deutschen und Ausländern regelmäßig als nicht erwünscht angesehen werden könnten. Insbesondere die deutschen Frauen sollten darauf hingewiesen werden, daß sie auch nach einer Auflösung der Ehe durch Scheidung oder Tod des Mannes nicht damit rechnen dürften, ohne weiteres wieder in Deutschland eingebürgert zu werden. Auf Anfrage sollte daher jede Auslandsbehörde mit den „sich aus dem jeweiligen Einzelfall ergebenden Gründen" von der beabsichtigten Eheschließung abraten.[145]

---

[140] Rechtswörterbuch, begr. v. Carl Creifelds, hrsg. v. Hans Kauffmann u. Klaus Weber, München 1997, S. 401, s.v. „Erlaß".

[141] PA/AA, Inland I – Partei, R. 99176, n.p. – 14.6.1940, Heydrich an AA. Laut Mitteilung des Rassenpolitischen Amtes der NSDAP wurde aber auch Ende 1940 noch an einem entsprechenden Gesetz gearbeitet (Verfügungen, Anordnungen, Bekanntgaben, II, S. 64: Vertrauliche Information 15/2 – 12.12.1940).

[142] Ulrich Herbert, Fremdarbeiter. Politik und Praxis des „Ausländer-Einsatzes" in der Kriegswirtschaft des Dritten Reiches, Berlin/Bonn 1985, S. 99, Tab. 10 u. S. 181, Tab. 17.

[143] Ebd., S. 181, Tab. 17.

[144] Dazu ausführlich: Kap. 2 c.

[145] PA/AA, Inland I – Partei, R. 99181, n.p. – 22.5.1940, Bohle, AA, an alle dt. Botschaften, Gesandtschaften u. Konsulate; vgl. dazu: Verfügungen, Anordnungen, Bekanntgaben, II, S. 215 f.: Vertrauliche Information 30/287 – 10.7.1941: „Eine Eheschließung fremder Volkszugehöriger mit Deutschen ist grundsätzlich unerwünscht, kann jedoch z. Zt. nur auf Umwegen verhindert werden."

Diese Erlaßregelung entpuppte sich aber bald als unzureichend. Bereits im Mai 1941 berichtete Konsul Hübner aus Venedig, daß die Aufklärungsarbeit vor Ort völlig unfruchtbar verlaufe. Zwar würden die zwecks Eheschließung vorsprechenden deutschen Frauen und Mädchen stets eindringlich „vor übereiligen Schritten" gewarnt, doch ohne jeden Erfolg. Hübner regte daher an, dieses Problem in die Hände der deutschen Frauenschaft zu legen. Diese sollte „in Städten, Dörfern und flachem Land Schulung und Aufklärung [...] veranlassen und zwar über das Verhalten zu Italienern, wo immer sie auch in Deutschland sich aufhalten mögen".[146] Das Deutsche Generalkonsulat Triest bestätigte einige Wochen darauf den Bericht, wenngleich ausdrücklich davor gewarnt wurde, die deutschen Frauen ausschließlich von den Italienern abzuhalten. Aus politischen Gründen empfahl sich eine allgemein gehaltene Variante, in der „von ehelichen Verbindungen und sonstigem Sicheinlassen mit Ausländern jeglicher Nationalität" abgeraten werde.[147] Der Erfolg des Erlasses vom 22. Mai 1940 hänge völlig von der Arbeit der inneren Behörden ab, hieß es in dem Schreiben. Denn diese hätten bei der Erteilung von Ehefähigkeitszeugnissen[148] und der Genehmigung von Auslandsreisen viel häufiger Gelegenheit, Eheschließungen Hindernisse in den Weg zu legen.[149]

Das RSHA brachte im Juli den Gedanken an eine gesetzliche Regelung wieder auf den Tisch. In einem Schreiben an das Außenministerium erklärte Heinrich Himmler, daß sicherlich weder Schulung, Aufklärung noch Gesetze die „Unterwanderungsgefahren", welche von den fremdvölkischen Arbeitskräften ausgingen, jemals gänzlich bannen könnten. Dennoch glaube er, daß eine gesetzliche Grundlage dringend erforderlich sei, um die „Schäden" wenigstens auf ein Mindestmaß zu reduzieren. Diese gesetzliche Regelung sollte laut Reichsführer-SS nicht nur Eheschließungen mit Ehepartnern deutschen Volkstums unterbinden, sondern den ausländischen Arbeitskräften auch den Erwerb und die Pacht von Grundbesitz, die Mitgliedschaft in deutschen Organisationen und die Übersiedlung geschlossener Familien ins Reich verbieten.[150] Obwohl Himmler die außenpolitische Brisanz der Frage offensichtlich unterschätzte, war ihm wohl bewußt, daß insbesondere auf die Italiener Rücksicht

---

[146] PA/AA, Inland I – Partei, R. 99181, n.p. – 20.5.1941, Bericht Konsul Hübner.

[147] Ebd. – 1.7.1941, Dt. Generalkonsulat Triest an AA.

[148] Seit der Verordnung vom 29.10.1940 mußten die Ehefähigkeitszeugnisse, die vorher allein der zuständige Standesbeamte ausfüllte, in vom Reichsminister bestimmten Fällen zusätzlich von einer höheren Verwaltungsbehörde bestätigt werden (Reichsgesetzblatt I, 195/1940, S. 1488 – 29.10.1940; PA/AA, Inland I – Partei, R. 99176, n.p. – 17.11.1941, Aufzeichnung Schwagula).

[149] PA/AA, Inland I – Partei, R. 99181, n.p. – 1.7.1941, Dt. Generalkonsulat Triest an AA. Als Beispiel kann der Fall Sophie Weigert genannt werden. Als Frau Weigert im Sommer 1942 ihren Verlobten in Torbole am Gardasee besuchen wollte, wurde ihr Reiseantrag vom Auswärtigen Amt einfach abgelehnt (PA/AA, Inland I – Partei, R. 99175, S. 46 – 20.8.1942, Rademacher an Rassenpolitisches Amt).

[150] PA/AA, Inland I – Partei, R. 99181, S. E225925–927 – 29.7.1941, Himmler an AA.

genommen werden mußte. Er schlug dem Außenministerium daher vor, zunächst durch zwischenstaatliche Vereinbarungen mit Italien und Japan dem Gesetz ein geeignetes Fundament zu schaffen. Eine grundsätzliche Erklärung, in der das jeweilige „Volkstum der Vertragsschließenden als geschichtlich gewordene Einheit" betont würde, welche es in seiner besonderen Eigenart zu achten gelte, sollte nach Ansicht Himmlers ausreichen, die Angelegenheit zu regeln.[151]

Parallel dazu ergriff das Rassenpolitische Amt der NSDAP allerdings bereits die Initiative und wandte sich an Botschafter Alfieri, um diesem aus Gründen der Rassenreinheit ein deutsch-italienisches Heiratsverbot vorzuschlagen. Prof. Dr. Walter Gross, Leiter des Amtes, hatte Martin Bormann, Leiter der Reichskanzlei, und Alfred Rosenberg, Chefideologe der NSDAP, über diesen Schritt im Vorfeld informiert, das Außenministerium aber offensichtlich nicht. Zwar betonte Gross den rein privaten, vorfühlenden Charakter des Gesprächs und ging laut Alfieri mit Taktgefühl vor, doch scheute der Professor keineswegs das klare Wort: Durch die Anwesenheit italienischer Arbeiter in Deutschland und deutscher Truppen in Italien wachse „die Gefahr einer wahren Epidemie von Mischehen", meinte Gross zum italienischen Botschafter.[152] Das zukünftig vereinte Europa bedeute aber nicht, daß sich die Rassen vermischen dürften. Jede habe ihre jeweilige Charakteristik und Unterschiede zu wahren. Dies gelte insbesondere für die führenden, die italienische und die deutsche. Der Professor fragte daher an, ob es nicht sinnvoll sei, wenn die Achsenpartner eine gemeinsame Erklärung bezüglich dieser Frage verabschiedeten.[153] Im Grunde entsprach der Vorstoß also exakt dem Vorhaben des RSHA, das zu diesem Zeitpunkt aber noch die Meinung des Außenministeriums einholte.

Der italienische Botschafter, der auf eine solche Anfrage nicht vorbereitet war, gab dem deutschen Professor zwar zu, daß sich auch die italienische Rasse reinhalten müsse, wandte aber ein, daß gerade ein Heiratsverbot zwischen Staatsangehörigen der Achsenmächte der italienischen Bevölkerung schwer zu vermitteln sei. Dann brach er das Gespräch mit Bedauern ab, unter dem Vorwand einer unvorhergesehenen Verpflichtung.

Seinem Minister berichtete Alfieri daraufhin, daß Berlin Mischehen „um jeden Preis" verhindern wolle und Heiratsgesuchen daher alle erdenklichen Hindernisse in den Weg lege. Allein die Tatsache, daß die nationalsozialistische Führung die Reaktion der deutschen Bevölkerung und der italienischen Regierung nicht abschätzen könne, verhindere bislang eine radikale Lösung.[154]

---

[151] Ebd., S. E225926 f.
[152] DDI, 9, VII, Dok. 426, S. 401 – 25.7.1941, Alfieri an Ciano: „da tale fatto nasce moralmente il pericolo di una vera epidemia di matrimoni misti".
[153] Ebd.
[154] Ebd., S. 402; zum Gespräch Alfieri – Gross vgl. auch: ADAP, D, XIII.1, Dok. 308, S. 398 – 12.9.1941, Protokoll der Unterredung Alfieri – Ribbentrop.

Die Initiative des Rassenpolitischen Amtes legte den Italienern unwiderruflich offen, daß sie nicht in das deutsche Rassenmodell paßten. Wenn auch verblümt vermittelt durch den Hinweis, daß ja auch die Italiener die Reinheit ihres Volkes zu schützen hätten, lag nun doch auf der Hand, welcher Stellenwert dem sogenannten „Rassenunterschied" von der nationalsozialistischen Regierung zugemessen wurde. Denn was die Ausgrenzung einer anderen Rasse durch das Verbot von „Mischehen" bedeutete, war den Italienern wohl bewußt, hatten sie doch in Äthiopien, Eritrea und Somalia selbst Verordnungen und Gesetze erlassen, um sexuelle Kontakte zwischen Weißen und Schwarzen zu unterbinden.[155] Ein Italiener, der in einer „eheähnlichen Beziehung"[156] mit einer Afrikanerin zusammenlebte, hatte seit April 1937 mit einer Freiheitsstrafe von bis zu fünf Jahren zu rechnen.[157] Segregationistische Bestimmungen dieser Art sollten das „Rasseansehen" der Italiener in Italienisch-Ostafrika erhalten.[158] Begleitet von einer umfassenden Pressekampagne,[159] hatte Mussolini deutliche Worte zu dieser Frage gefunden:

„Die Geschichte lehrt uns, daß man Imperien mit Waffen erobert, aber mit Prestige behauptet. Um Prestige zu haben, ist ein ebenso klares wie strenges Rassenbewußtsein vonnöten, das nicht nur Grenzen zieht, sondern ein deutliches Gefühl der Überlegenheit begründet."[160]

Rassenbewußte Italiener galt es zu züchten; eine „anthropologische Revolution", d. h. die Schaffung des neuen, faschistischen Italieners, stand auf dem Plan[161] – und das

---

[155] Schneider, Rassenpolitik, S. 157–179; Alberto Sbacchi, Il colonialismo italiano in Etiopia, 1936–1940, Mailand 1980, S. 217–241; insbesonders: ebd., S. 224–233; Angelo del Boca, Gli Italiani in Africa Orientale, III, Rom 1982, S. 236–238.

[156] Zum Auslegungsspielraum dieser Definition und den daraus resultierenden Folgen vgl.: Schneider, Rassenpolitik, S. 160–170.

[157] Gazzetta Ufficiale del Regno d'Italia 145/1937, S. 2351 f. – 19.4.1937, Reggio Decreto-Legge, n. 880; Renzo Meregazzi, Die Grundlagen des italienischen Kolonialrechts und der faschistischen Kolonial-Politik, Rom 1939 (Vortrag des Ministers für Italienisch-Afrika in München vom 14.5.1939), S. 35.

[158] Ergänzend zu den Verboten ließ die italienische Regierung auch sogenannte „Sekretärinnen" nach Äthiopien fliegen, die meistenteils aus anrüchigen Lokalen rekrutiert worden waren. Allein für das Jahr 1937 läßt sich die Verschickung von mindestens 1700 „Sekretärinnen" nachweisen, welche insbesondere für die hohen Funktionäre in Italienisch-Ostafrika gedacht waren, von welchen sie häufig auch geheiratet wurden (Sbacchi, Colonialismo, S. 233).

[159] Schneider, Rassenpolitik, S. 149–156.

[160] Zit. n. Woller, Rom, S. 198.

[161] Emilio Gentile, La Grande Italia. Ascesa e declino del mito della nazione nel ventesimo secolo, Mailand 1997, S. 172–177; vgl.: Gabriele Turi, Lo Stato educatore. Politica e intellettuali nell'Italia fascista, Rom/Bari 2002, S. 121 u. S. 125.

nicht nur in Afrika: Auch im Mutterland Italien untersagte das Rassengesetz vom 17. November 1938 „Mischehen" mit Juden und erklärte bereits geschlossene für null und nichtig.[162]

Daß diese Judengesetzgebung einem eigenständigen Reifungsprozeß entsprang und keineswegs eine bloße Kopie des „deutschen Originals" war, ist inzwischen belegt.[163] Entgegen der Ansicht früherer Studien[164] ist die rassistische Prägung des italienischen Faschismus unverkennbar.[165] Führten seine antisemitischen Züge auch nicht zu direkten Vernichtungsmaßnahmen gegenüber den Juden,[166] so zeigte sich dafür in den afrikanischen Kolonialkriegen, daß auch der faschistische Rassismus zur Radikalisierung neigte und nicht so weit von der nationalsozialistischen Vernichtungslogik entfernt war wie gemeinhin angenommen. In der imperialistischen Grundhaltung, die zivilisatorische Mission Roms voranzutreiben, wurde in Libyen, Somalia und Äthiopien eine Politik der systematischen Repression betrieben, die sich in ihren Gewaltexzessen nicht wesentlich von den später begangenen Kriegsverbrechen der Nationalsozialisten unterschied. Die erschreckende Brutalität, mit der etwa in Abessinien ein hochmoderner Krieg gegen ein unterentwickeltes Land geführt wurde, der Gebrauch von Giftgas, gefolgt von Massakern, Massenumsiedlungen und dem kalkulierten Einsatz von Hungersnöten, nahmen die Dimensionen eines Völkermords

---

[162] Gazzetta Ufficiale del Regno d'Italia 264/1938, S. 4794–4796 – 17.11.1938, Reggio Decreto-Legge, n. 1728, Artikel 1, abgedruckt in: Renzo De Felice, Storia degli ebrei italiani sotto il fascismo, Turin 1988 (1961), S. 630–635; dazu mit weiterführenden Literaturangaben: Sarfatti, Mussolini contro gli ebrei; Walter, Judenpolitik, S. 3–29.

[163] Sarfatti, Ebrei nell'Italia fascista, S. 53–150; Schlemmer/Woller, Juden, S. 165–179; Pommerin, Rassenpolitische Differenzen, S. 646–660; Collotti, Historiker, S. 61–63; zur Diskriminierung der Juden in Italien 1938–43 vgl.: Sarfatti, Ebrei nell'Italia fascista, S. 150–230.

[164] So vertrat Renzo De Felice die These, daß Antisemitismus bzw. Rassismus zwar für den Nationalsozialismus konstitutiv gewesen, dem italienischen Faschismus aber letztlich fremd geblieben sei (Renzo De Felice, Die Deutungen des Faschismus, Göttingen/Zürich 1980 (1969), S. 255; ders., Mussolini il duce. Lo Stato totalitario, 1936–1940, Turin 1981, S. 312 f.; ders., Storia degli ebrei).

[165] Zu italienischen Rassentheorien und ihren kulturellen Ursprüngen vgl.: Aaron Gillette, Racial Theories in Fascist Italy, London/New York 2002; Brunello Mantelli, Rassismus als wissenschaftliche Welterklärung. Über die tiefen kulturellen Wurzeln von Rassismus und Antisemitismus in Italien und anderswo, in: Dipper, Deutschland und Italien, S. 207–226.

[166] Michele Sarfatti unterscheidet drei Phasen der Verfolgung, wobei die ersten Phasen (1922–36 u. 1936–43) von einer zunehmenden gesellschaftlichen und rechtlichen Diskriminierung geprägt sind und erst in der dritten (1943–45) – unter nationalsozialistischer Besatzung – das Leben der italienischen Juden verfolgt und vernichtet wird (Sarfatti, Ebrei nell'Italia fascista, S. 53–283). Dies darf aber natürlich kein Anlaß zu einer Verharmlosung des italienischen Antisemitismus sein. Zu Recht merkt Wolfgang Wippermann an: „Auch wenn die deutsche Vernichtungspolitik weitaus ‚schlimmer' war, die Diskriminierung der italienischen Juden durch die Rassengesetze von 1938 war ‚schlimm genug'." (Wolfgang Wippermann, War der italienische Faschismus rassistisch? Anmerkungen zur Kritik an der Verwendung eines allgemeinen Faschismusbegriffes, in: Werner Röhr (Hg.), Faschismus und Rassismus. Kontroversen um Ideologie und Opfer, Berlin 1992, S. 121).

an.[167] Die Annahme, gegen rassisch minderwertige Menschen vorzugehen, enthemmte das Gewaltpotential der Soldaten und machte Ausschreitungen dieses Ausmaßes erst möglich. Ab 1942 kam im Balkan die antislawische Komponente[168] des italienischen Rassismus zum Vorschein: Drastische Maßnahmen wie Geiselnahmen, die Zerstörung und Niederbrennung ganzer Dörfer, Repressalien gegenüber Familien politisch Verdächtiger, Deportationen und die Einrichtung von Konzentrationslagern, in denen viele der Eingekerkerten zugrundegingen,[169] gründeten in einer faschistischen Propaganda, laut der die Slawen barbarische „Untermenschen" waren.[170] Auch im Rußlandfeldzug griffen die ideologischen Parolen des italienischen Regimes wirksamer als gedacht: Antibolschewismus, Rassismus und Antisemitismus bildeten hier die Eckpfeiler, die zivilisatorische und moralische Bindungen lösten und die Gewaltbereitschaft gegenüber Kombattanten und Zivilbevölkerung zu steigern vermochten.[171] Wie Berlin, so betrieb auch die Regierung in Rom eine Politik, die nicht anders als rassistisch bezeichnet werden kann und die nicht nur koloniale und diskriminierende, sondern bisweilen auch vernichtende Züge trug[172] – wenn auch nicht mit der nationalsozialistischen Systematik.

Daß im Herbst 1941 nun deutscherseits mit diskriminierenden Maßnahmen gegenüber Italienern geliebäugelt wurde, mußte in Rom Bedenken auslösen. Wie empfindlich der deutsche Vorstoß die faschistische Regierung gerade zu diesem Zeitpunkt traf, wird deutlich, wenn man weiß, daß sich Mussolini erst wenige Wochen

---

[167] Aram Mattioli, Entgrenzte Kriegsgewalt: Der italienische Giftgaseinsatz in Abessinien 1935–1936, in: VfZ 51.3/2003, S. 311–337; ders., Experimentierfeld der Gewalt. Der Abessinienkrieg und seine internationale Bedeutung 1935–1941, Zürich 2005; Alexander De Grand, Mussolini's Follies: Fascism in its Imperial and Racist Phase, 1935–1940, in: Contemporary European History 13.2/2004, S. 139–142; Angelo Del Boca, I gas di Mussolini. Il fascismo e la guerra d'Etiopia. Con contributi di Giorgio Rochat, Ferdinando Pedriali e Roberto Gentilli, Rom 1996; Luciano Canfora, L'olocausto dimenticato, in: Jader Jacobelli (Hg.), Il fascismo e gli storici oggi, Rom/Bari 1988, S. 36; vgl. auch: Nicola Labanca, Oltremare. Storia dell'espansione coloniale italiana, Bologna 2002; Angelo Del Boca (Hg.), Le guerre coloniali del fascismo, Rom/Bari 1991.

[168] Vgl.: Enzo Collotti, Sul razzismo antislavo, in: Alberto Burgio (Hg.), Nel nome della razza. Il razzismo nella storia d'Italia 1870–1945, Bologna 1999, S. 33–61.

[169] Rodogno, Nuovo ordine mediterraneo, S. 416–431 u. S. 493; Carlo Spartaco Capogreco, I campi del duce. L'internamento civile nell'Italia fascista, 1940–1943, Turin 2004, S. 135–152. Einen kurzen, aber eindrücklichen Einblick in die verheerenden Lebensumstände in den Lagern bietet die Notiz General Gambaras: „Logico ed opportuno che campo di concentramento non significhi campo d'ingrassamento. Individio malato = individio che sta tranquillo" (ebd., S. 142).

[170] Mantelli, Balkan, S. 72–74.

[171] Schlemmer, Italiener an der Ostfront, S. 38–46.

[172] Schneiders Versuch, den faschistischen „Apartheidsrassismus" weiterhin scharf vom nationalsozialistischen „Vernichtungsrassismus" abzugrenzen, ja, ihrer Behauptung, „der Faschismus habe einen Vernichtungsrassismus nie gekannt" (Schneider, Rassenpolitik, S. 270), muß daher widersprochen werden. Im Zuge der neuesten Forschungsergebnisse zeigt sich vielmehr, daß die Unterschiede der rassistischen Übergriffe eher in der Quantität als in der Qualität liegen.

zuvor im Ministerrat erregt hatte, daß die Italiener von den Deutschen nur noch als Arbeitskräfte wahrgenommen würden. Die Deutschen sähen sich selbst als das Volk der Soldaten, das zu kämpfen wisse, gegenüber einem Volk, das nur zum Arbeiten tauge. „Ein *Herrenvolk* gegenüber einem *Sklavenvolk!*" spitzte Mussolini laut Bottai seine Ansicht zu.[173] Und als ob es einer Bestätigung bedurft hätte, lehnte Hitler am 21. Juni, d. h. zwei Wochen später, den Einsatz des italienischen Armeekorps, welches Mussolini für den Rußlandfeldzug vorgesehen hatte, ab. Hitler gemäß war es für Italien sinnvoller, statt dessen die Streitkräfte in Nordafrika zu stärken. Ein aus strategischer Sicht vollkommen einsichtiger Gedanke, für Mussolini jedoch lediglich der Beweis, daß die italienischen Soldaten an der Ostfront nicht willkommen waren.[174]

In der deutschen Bevölkerung stieß die zunehmende Verwendung der Italiener als Arbeitskräfte auf großes Unverständnis. Wie konnte es sein, daß Italien junge, kriegsverwendungsfähige, ja teilweise sogar militärisch ausgebildete Männer als Arbeitskräfte ins Reich schickte, während deutsche Soldaten inzwischen selbst in Nordafrika, d. h. an einer ursprünglich italienischen Front, ihr Leben ließen?[175] Die verschiedenen Gauleitungen wiesen in ihren Berichten immer wieder auf den ansteigenden Unmut der Bevölkerung hin; in einzelnen Fällen waren italienische Arbeitskräfte sogar mit Zurufen, sie sollten sich an die Front scheren, angepöbelt worden. Martin Bormann sah sich daher am 11. Juli 1941 gezwungen, einen Aufruf an alle Reichsleiter, Gauleiter und Verbändeführer zu schicken, in welchem er anordnete, aufklärend auf die Bevölkerung einzuwirken. Erstens habe Italien etwa doppelt so viel ausgebildete Soldaten, als es bewaffnen könne. Zweitens liege die Masse des italienischen Heeres im Augenblick brach, da Italien nur noch einen einzigen Kriegsschauplatz, Nordafrika, habe und die Transportverhältnisse den Einsatz der Truppen beschränkten. Daß in Nordafrika auch deutsche Soldaten kämpften, sei allein auf die bessere Ausbildung und Ausrüstung zurückzuführen. Drittens könne Italien ebenfalls aus Transportgründen keine Truppen an die Ostfront schicken, die Bahnverbindungen seien komplett ausgelastet. Viertens sei die deutsche Regierung im Augenblick froh um jeden italienischen Arbeiter, da im Reich ein ungeheurer Mangel an Arbeitskräften herrsche. Die politischen Leiter seien daher verpflichtet, schloß Bormann sein

---

[173] Bottai, Diario, S. 271 – 7.6.1941; die kursiv gesetzten Wörter sind auch im italienischen Original in deutscher Sprache. Höchstwahrscheinlich verwandte Mussolini den deutschen Ausdruck; vgl.: Gorla, Diario, S. 200 f. – 7.6.1941.

[174] ADAP, D, XII.2, Dok. 660, S. 891 – 21.6.1941, Hitler an Mussolini; Cavallero, Diario, S. 188 – 30.5.1941; Ciano, Diario, S. 527 – 22.6.1941 u. S. 529 – 30.6.1941. Im Oktober trug Ciano Hitler erneut den Wunsch des „Duce" vor, „die Zahl der in Deutschland tätigen Arbeiter zu vermindern" und dafür „die Zahl der kämpfenden Soldaten [zu] erhöhen" (ADAP, D, XIII.2, Dok. 424, S. 568 – 25.10.1941, Gespräch Ciano/Hitler); zu Mussolinis „fixer Idee", ital. Truppen an die Ostfront zu schicken, vgl.: Bottai, Diario, S. 286 – 25.9.1941.

[175] Meldungen aus dem Reich, VI, S. 2004 – 17.2.1941; PA/AA, Botschaft Rom – Geheimakten, 115/148, n.p. – 12.9.1941, Mackensen an AA.

Rundschreiben, dafür zu sorgen, daß die „ungerechtfertigten Vorwürfe gegen die Italiener" in Zukunft unterblieben.[176]

Das Bormann-Schreiben konnte aber nicht verhindern, daß sich die Arbeiterfrage im Jahre 1941 zu einem Politikum entwickelte. Nachdem die Angelegenheit im Juni 1941 zum ersten Mal von den Italienern aufgegriffen worden war,[177] mußte der deutsche Botschafter bereits im September festhalten, daß sich das Thema zu „einer empfindlichen Belastung" der deutsch-italienischen Beziehungen entwickelt habe. Die scharfen Bemerkungen, welche die Präsenz der italienischen Arbeiter hervorrufe, fänden zum großen Teil ihren Weg bis zum Schreibtisch des „Duce".[178] Überhaupt mehrten sich in Italien Berichte, welche von der schlechten Behandlung der Arbeitskräfte in Deutschland erzählten. Dem Fabrikanten Alberto Pirelli wurde Anfang Juni zugetragen, daß die Italiener in Siemensstadt, Berlin, teilweise schlechter behandelt würden als die französischen Zwangsarbeiter. Unterbringung und Verpflegung ließen zu wünschen übrig, es mangele an Toiletten, Licht, Telefon und Waschmöglichkeiten.[179] Die italienischen Arbeiter, denen von den deutschen Konsulaten paradiesische Zustände versprochen worden waren, fielen angesichts dieser Unterkünfte aus allen Wolken.[180] Das Konsulat München berichtete ferner, daß deutschen Frauen offensichtlich empfohlen wurde, sich von Italienern fernzuhalten.[181] Ab August 1941 kam es zu Protestkundgebungen und Streiks in deutschen Fabriken. Im Arbeitslager Linz gab es Tumulte und schwere Ausschreitungen wegen der knappen Verpflegung, in den Rostocker Heinkelwerken und den Brandenburger Arado-Flugzeugwerken kam es aus dem gleichen Grund zur Arbeitsniederlegung. Hier protestierten die italienischen Arbeiter zudem gegen die Einführung eines Abzeichens, durch welches sie als Italiener kenntlich gemacht werden sollten. Alle Ausländer trügen in deutschen Werken entsprechende Markierungen, hieß es.[182] Doch gerade die Gleichstellung mit den anderen „Fremdarbeitern" mißfiel den Italienern. Im September führten mehrere Meldungen, aus denen v. a. die Goldbeck-Debatte und der Cecchi-Bericht herausstechen, schließlich zum diplomatischen Eklat.

---

[176] BArch, NS 6/335, S. 38 f. – 11.7.1941, Bormann an alle Reichsleiter/Gauleiter/Verbändeführer.
[177] DDI, 9, VII, Dok. 268, S. 261 – 17.6.1941, Alfieri an Ciano.
[178] PA/AA, Botschaft Rom – Geheimakten, 115/148, n.p. – 12.9.1941, Mackensen an AA.
[179] Pirelli, Taccuini, S. 302 – 9.6.1941, Bericht des Generalkonsuls Camillo Giuriati.
[180] PA/AA, Botschaft Rom – Geheimakten, 115/148, n.p. – 19.9.1941, Botschaft Rom an die Generalkonsulate Mailand, Genua, Triest u. Neapel und die Konsulate Turin, Bozen, Venedig u. Palermo; vgl.: Herbert, Fremd-arbeiter, S. 104.
[181] ASMAE, Affari politici, Germania, b. 75, fasc.: Alto Adige, n.p. – 11.8.1941, Ital. Generalkonsulat München an Botschaft Berlin/MAE.
[182] PA/AA, Botschaft Rom – Geheimakten, 115/148, n.p. – 11.8.1941, Heydrich an AA; Bermani, Odyssee in Deutschland, S. 139. Interessanterweise kam später auch in italienischen Kreisen der Vorschlag auf, die Arbeiter mit einer Armbinde oder Uniform als Italiener kenntlich zu machen (DDI, 9, VIII, Dok. 429, S. 466 FN 1 – 4.4.1942, Scorza an De Cesare).

„Peinlich berührt" ließ der „Duce" der deutschen Botschaft in Rom am 5. des Monats ein angebliches Rundschreiben des Kreisleiters von Recklinghausen, Goldbeck, vorlegen, in welchem sich dieser zur Frage der „Mischehen" wie folgt äußerte:

> „Erwünscht ist eine Vermischung überhaupt nicht, aber die Vermischung des Blutes eines deutschen Mädels mit einem Ausländer artverwandten Blutes so wie Arbeiter von besetzten Gebieten (Norwegen, Dänen usw.) und sogar feindlichen Völkern (Engländern) ist mehr erwünscht als die Vermischung mit Ausländern fremden Blutes (darunter sind die Italiener zu betrachten)."[183]

Intime Beziehungen zwischen deutschen Frauen und italienischen Arbeitern standen laut italienischer Informationen unter harter Strafe, was etwa in Recklinghausen bedeuten konnte, daß der Frau die Haare geschoren und ihr Gesicht mit Asphalt beschmiert wurde.[184] Ergänzt wurde dieser Bericht durch das Italienische Generalkonsulat in Dresden. Dieses machte darauf aufmerksam, daß verschiedene Arbeiter, die man in Gesellschaft deutscher Frauen gesehen hatte, kurzfristig von der örtlichen Polizei festgenommen worden waren. Die Frauen hätten den strengen Verweis erhalten, sich nicht mehr mit Italienern blicken zu lassen.[185]

Zeitgleich sorgte der Bericht des Verbindungsmannes der italienischen Gewerkschaft,[186] Cecchi, in Rom für großen Aufruhr. In seinem Schreiben vom 17. September machte er die für die Arbeiterverschickung zuständige Behörde auf die Mißstände im Deutschen Reich aufmerksam. Cecchi zufolge wurden die Arbeiter in den deutschen Lagern nicht nur geschlagen, sondern auch von Wachhunden bedroht, die bei leichten Vergehen gegen sie aufgehetzt wurden. Männer, die versuchten, ihre Arbeit niederzulegen, die faulenzten oder einfach nur nach Hause zurückkehren wollten, wurden ohne jeden Prozeß und ohne die italienischen Stellen zu benachrichtigen, in Konzentrations- oder Zwangslager geschickt. Nach italienischen Informationen büßten die Verurteilten in dem Lager Hallendorf bis zu 45 Tage Haft ab und wurden, numeriert und bekleidet wie Zuchthäusler, über 16 Stunden lang mit Zwangsarbeiten beschäftigt, nachdem sie zuvor fotografiert und medizinisch untersucht worden waren. Jede Unterbrechung der Arbeit wurde, so Cecchi, mit Stockschlägen und Prügeln bestraft.[187]

---

[183] ADAP, D, XIII.1, Dok. 281, S. 370 – 5.9.1941, Mackensen an AA (Einfügungen in Klammern im Original).
[184] Ebd.; Alfieri, Dittatori, S. 164 u. 170 f.
[185] PA/AA, Büro Staatssekretär, Diplomatenbesuche, Bd. 9, R. 29834, n.p., Mikrofiche-Nr. 1559 – 3.10.1941, Weizsäcker an Luther, Übermittlung einer Alfieri-Note vom 27.9.1941.
[186] Exakter Titel: Capo dell'ufficio sindacale italiano di collegamento col fronte tedesco del lavoro.
[187] DDI, 9, VII, Dok. 581, S. 593–595 – 22.9.1941, Cosmelli an MAE; ADAP, D, XIII.2, Dok. 356, S. 460 f. – 25.9.1941, Mackensen an AA.

Als man deutscherseits diese Berichte zunächst als Einzelfälle herunterspielte, reagierten die italienischen Diplomaten empfindlich. Dies sei eine Frage des Prinzips, wies Alfieri den deutschen Außenminister zurecht, es gehe grundsätzlich nicht an, daß italienische Arbeiter in deutsche Erziehungslager geschickt würden. Ribbentrop lenkte daraufhin ein und bot eine gemeinsame Untersuchung der Fälle an. Zu den Vorfällen, in denen deutschen Frauen der Umgang mit Italienern verboten worden war, meinte der Minister, daß dies Maßnahmen von übereifrigen Parteigenossen seien, die als „500-prozentige Nationalsozialisten" auch vom „Führer" nicht geschätzt würden.[188] Doch damit ließ sich die Angelegenheit nicht aus der Welt schaffen. Weitere Beschwerden italienischer Arbeiter führten Anfang Oktober dazu, daß der Botschafter mit dem Gedanken spielte, die Arbeiter sämtlichst aus Deutschland abzuziehen. Staatssekretär Weizsäcker blieb zu diesem Zeitpunkt nur übrig, Alfieri vor der politischen Bedeutung eines solchen Schrittes zu warnen. Eine solch extreme Maßnahme wie der Rücktransport einiger 100.000 Arbeiter würde von der ausländischen Propaganda weidlich ausgeschlachtet werden.[189]

In den folgenden Wochen bemühte sich das Auswärtige Amt intensiv, sowohl den Goldbeck-Fall als auch den Cecchi-Bericht zu widerlegen bzw. wenigstens zu relativieren. Am 11. Oktober gab Weizsäcker die Existenz von Arbeitserziehungslagern (AEL)[190] unumwunden zu. Die Kriegsverhältnisse hätten die Einrichtung dieser Lager notwendig gemacht, um die Arbeiter zu „diszipliniertem Verhalten und einwandfreier Arbeitsleistung" zu erziehen und somit die kriegsnotwendige Erhaltung und Steigerung der Produktion zu gewährleisten. Die Einweisung in ein solches Lager verfolge dabei lediglich einen Erziehungszweck, meinte der Staatssekretär zu Alfieri. Sie gelte nicht als Strafmaßnahme und werde daher auch nicht amtlich vermerkt. Wenn also die italienischen Konsularbehörden über verschiedene Einweisungen nicht informiert worden seien, so liege das daran, daß „Verhaftungen" im juristischen Sinne gar nicht stattgefunden hätten.[191] Ansonsten gelte die Maßnahme ohnehin für alle im Reichsgebiet tätigen Arbeiter, inländische wie ausländische, und entspreche daher Artikel 2 der deutsch-italienischen Vereinbarung vom 10. Juli 1940. Laut dieser habe sich die Beschäftigung italienischer Arbeiter nach den in Deutschland geltenden Gesetzen zu richten. Zu den Lagern Hallendorf (Watenstedt) und Wuhlheide legte Weizsäcker außerdem Einzel-

---

[188] DDI, 9, VII, Dok. 597, S. 609 f. – 28.9.1941, Alfieri an Ciano; vgl. zur Reaktion der Italiener: ebd., Dok. 588, 589 u. 591, S. 599–601 – 26.9.1941, Briefwechsel Ciano–Alfieri; ADAP, D, XII.2, Dok. 355, S. 459 f. – 25.9.1941, Mackensen an AA; Ciano, Diario, S. 538 f. – 24.–26.9.1941.

[189] ADAP, D, XII.2, Dok. 375, S. 494 – 2.10.1941, Aufzeichnung Weizsäcker.

[190] Vgl.: Herbert, Fremdarbeiter, S. 115–121.

[191] ADAP, D, XII.2, Dok. 397, S. 522 f. – 11.10.1941, Aufzeichnung Weizsäcker; PA/AA, Botschaft Rom – Geheimakten, 115/148, n.p. – 11.10.1941, Luther an Mackensen.

untersuchungen vor, aus denen hervorgehen sollte, daß der Cecchi-Bericht in vielen Punkten maßlos übertrieben hatte.[192]

Um weitere Konflikte zu meiden, ordnete Hitler an, daß in Zukunft kein italienischer Arbeiter mehr in Deutschland bestraft oder in ein AEL eingewiesen werden durfte. Falls Schwierigkeiten entstünden, sollten die entsprechenden Männer nach Italien ausgewiesen werden.[193] Zum 4. November wurden sämtliche inhaftierte Italiener aus den Lagern entlassen,[194] am 19. November folgte die offizielle Weisung Heydrichs an alle Polizei- und SD-Stellen, in welcher der Umgang mit den italienischen Arbeitskräften neu geregelt wurde.[195]

Parallel dazu ließ das Außenministerium den Fall Goldbeck prüfen. Die Untersuchung ergab, daß das angebliche Rundschreiben aus einem Gespräch mit italienischen Vertretern entstanden war, dessen Protokoll der Kreisleiter unterschrieben hatte. Goldbeck gab zwar zu, gesagt zu haben, daß der Verkehr mit fremden Volkstum in Deutschland nach nationalsozialistischen Grundsätzen unerwünscht sei. Doch er stritt ausdrücklich ab, die Italiener erwähnt zu haben. Die zitierte Bestrafung der Frauen in Recklinghausen sei zudem darin begründet, daß diese Ehebruch begangen hätten.[196] Ein rassenpolitischer Hintergrund wurde folglich abgestritten.

Der faschistischen Regierung wurde das Protokoll der Vernehmung zugeleitet, wobei Ribbentrop ausdrücklich darauf verwies, daß Goldbecks Schreiben auf sehr eigentümliche, ja irreführende Weise durch die italienischen Vertreter provoziert worden war und Goldbeck als kleiner Parteibeamter ohnehin nicht befugt sei, amtliche Erklärungen zur Rassenfrage abzugeben.[197]

Obwohl die deutschen Untersuchungen bei kritischer Betrachtung immer noch genügend Material zum Protest geliefert hätten, lenkten die italienischen Behörden Mitte Oktober ein. Offensichtlich hielt man den Cecchi-Bericht und andere

---

[192] PA/AA, Botschaft Rom – Geheimakten, 115/148, n.p. – 11.10.1941, Luther an Mackensen.

[193] ADAP, D, XII.2, Dok. 409, S. 539 – 18.10.1941, Unterredung Alfieri–RAM, Aufzeichnung Schmidt; PA/AA, Botschaft Rom – Geheimakten, 115/148, n.p. – 22.10.1941, Aufzeichnung Botschaft Rom; DDI, 9, VII, Dok. 696, S. 711 – 30.10.1941, Alfieri an Ciano. Himmler hatte Alfieri wenige Tage zuvor versprochen, daß in Zukunft jede Festnahme der italienischen Botschaft gemeldet würde (DDI, 9, VII, Dok. 639, S. 646 – 13.10.1941, Alfieri an Ciano).

[194] ADAP, D, XIII.2, Dok. 444, S. 597 f. – 3.11.1941, Aufzeichnung des Leiters der Abteilung Deutschland; DDI, 9, VII, Dok. 728, S. 751 f. – 8.11.1941, Alfieri an Ciano; die Gesamtzahl wurde auf 120 Personen geschätzt.

[195] PA/AA, Botschaft Rom – Geheimakten, 115/148, n.p. – 19.11.1941, Heydrich an alle Staatspolizeileit- und Staatspolizeistellen, Kriminalpolizei-Leitstellen, SD-Leit-Abschnitte.

[196] PA/AA, Büro Staatssekretär, Italien, Bd. 6, R. 29632, S. 372828–831 – 14.10.1941, Luther an RAM u. Weizsäcker.

[197] ADAP, D, XII.2, Dok. 409, S. 539 – 18.10.1941, Unterredung Alfieri–RAM, Aufzeichnung Schmidt; ebd., Dok. 410, S. 542 f. – 18.10.1941, Ribbentrop an Mackensen; das Untersuchungsprotokoll wurde, so wie es war, an Alfieri weitergereicht (PA/AA, Büro Staatssekretär, Italien, Bd. 6, R. 29632, S. 372871–874 – 17.10.1941).

Beschwerden inzwischen selbst für übertrieben,[198] zumal italienische Vertreter zur Überprüfung vor Ort eingeladen wurden. Ohne Zweifel waren die Zustände in den AEL hart – es gab Einheitskleidung, die Verpflichtung, 10–12 Stunden Schwerstarbeit zu leisten, Einweisungen bis zu maximal 56 Tagen und im Einzelfall auch Haftstrafen (im Lager Wuhlheide waren Arbeiter sogar gefesselt worden, da es an Zellen mangelte)[199] –, doch juristisch war den Deutschen nicht beizukommen. Hinzu kam, daß die Fehler zum Teil tatsächlich auf seiten der Arbeiter liegen konnten. Alfieri wies darauf hin, daß die Rekrutierung der Arbeiter zu schnell vonstatten gegangen war, eine sorgfältige Auswahl hatte nicht stattgefunden. Mancherorts hätten italienische Fabriken die Gelegenheit ergriffen, um sich von unliebsamen „Elementen" zu verabschieden, die man schon lange loswerden wollte.[200]

Unsicher geworden, traten die Italiener den Rückzug an. Da deutscherseits zunehmend auf die unerfreuliche Rückwirkung der Angelegenheit auf die deutsch-italienischen Beziehungen angespielt wurde, bemühten sich die italienischen Diplomaten jetzt, die Sache abzuwiegeln. Die Mehrheit der Arbeiter fühle sich in Deutschland durchaus wohl, hieß es bald.[201] Außenminister Ciano betonte, daß Einzelbeschwerden keinen Rückschluß auf die Gesamtstimmung der Arbeiterschaft geben könnten. Einzelschwierigkeiten seien unnötig dramatisiert worden.[202] Unter keinen Umständen dürfe aus der Arbeiterfrage eine politische Verstimmung erwachsen, wies Alfieri die konsularischen Vertreter an. In Zukunft, meinte der Botschafter zu Weizsäcker, dürften solche Nebenfragen nicht in die politische Beziehung hineinwachsen. Sie sollten den „Duce" künftig nicht mehr belasten.[203] Der Cecchi-Bericht wurde nicht mehr erwähnt.

Ribbentrop nutzte den Rückenwind, den ihm die italienische Unsicherheit bot, um in einem Brief die gesamte Verantwortung auf die italienischen Arbeiter abzuwälzen. In einer Auflistung verschiedener Vorfälle führte er die Schwierigkeiten durchgehend auf das unrechtmäßige Verhalten einzelner Italiener zurück. Sicherlich habe es Probleme mit dem auf deutsche Art zubereiteten Essen und schlechten Wohnbedingungen gegeben, aber die Arbeiter hätten durch Diebstähle und Hehlerwirtschaft ihren Teil zu den Auseinandersetzungen beigetragen, so der Tenor des Schrei-

---

[198] DDI, 9, VII, Dok. 629, S. 638 f. – 9.10.1941, Alfieri an Ciano. Alfieri empfiehlt, daß Meldungen dieser Art in Zukunft einer genauen Kontrolle unterzogen werden.
[199] Alles dies gab Weizsäcker gegenüber dem italienischen Botschafter auch zu (PA/AA, Botschaft Rom – Geheimakten, 115/148, n.p. – 11.10.1941, Luther an Mackensen).
[200] DDI, 9, VII, Dok. 616, S. 625 – 3.10.1941, Alfieri an Ciano; ADAP, D, XIII.2, Dok. 409, S. 540 – 18.10.1941, Unterredung Ribbentrop/Alfieri.
[201] PA/AA, Botschaft Rom – Geheimakten, 115/148, n.p. – 7.10.1941, Mackensen an AA.
[202] Ebd. – 14.10.1941, Mackensen an AA; ADAP, D, Dok. 424, S. 568 – 25.10.1941, Unterredung Hitler–Ciano, Protokoll.
[203] PA/AA, Büro Staatssekretär, Italien, Bd. 6, R. 29632, S. 372826 – 15.10.1941, Weizsäcker an RAM.

bens. Wenn die Stimmung unter den italienischen Arbeitern also nicht gut sei, so sei dies auf keinen Fall Schuld der Deutschen.[204]

Auf die Frage der deutsch-italienischen „Mischehe", die im Juli vom RSHA und dem Rassenpolitischen Amt erneut in den Vordergrund gespielt worden war, hatte der Streit um den Cecchi-Bericht und das Goldbeck-Schreiben unmittelbare Auswirkung. Da die Probleme mit den italienischen Arbeitern zunehmend von der Auslandspropaganda aufgegriffen und hochgepuscht wurden, konnte das Auswärtige Amt die Gesetzesinitiative der SS auf keinen Fall gutheißen.[205] Italienischerseits entwickelten sich außerdem erste Einwände. So mahnte Botschafter Alfieri Ende Oktober an, in dieser Frage dürfe nicht der Eindruck entstehen, daß „Gesetzgebung und Verwaltungsgebaren [...] nicht mit den Prinzipien der Achsenfreundschaft" zusammenpassten.[206] Dies war, verklausuliert formuliert, das erste Anzeichen, daß man sich in der italienischen Regierung mit Bedenken trug. Vierzehn Tage später sollte die italienische Botschaft deutlicher werden. Auf Anfrage Weizsäckers reichte der Gesandte Cosmelli am 12. November eine Notiz zu der „Mischehen"-Frage ein, in der die Italiener klar Position bezogen. Darin hieß es:

„Da bekanntlich in Deutschland Verbote für Mischehen mit den Angehörigen bestimmter Rassen und Völker wie z. B. mit Juden und Polen bestehen, hat das Verbot deutsch-italienischer Mischehen in Italien *ein Gefühl des Unbehagens* hervorgerufen, das nicht länger verkannt und übergangen werden darf und es ratsam erscheinen läßt, so schnell wie möglich, völlige Klarheit in dieser Sache zu schaffen."[207]

Die italienische Regierung habe die Angelegenheit aufmerksam geprüft und sei zu der Schlußfolgerung gelangt, daß Verehelichungen einer begrenzten Zahl von Personen, die den Völkern des gleichen, arischen Rassekerns angehören, „weder eine Gefahr der Entartung noch eine Verarmung" darstelle und daher „zu der Rassenpolitik der Deutschen und Italienischen Regierung nicht in Widerspruch" stehe.[208]

Deutlicher konnten die Italiener kaum werden, eine vertragliche Einigung mit der faschistischen Regierung rückte in weite Ferne. Den Mitarbeitern des Auswärti-

---

[204] DDI, 9, VII, Dok. 712, S. 729–736 – 4.11.1941, Ribbentrop an Alfieri; unvollständig (ohne Liste): ADAP, D, XIII.2, Dok. 446, S. 600–603; vgl.: Bermani, Odyssee in Deutschland, S. 141–145.
[205] PA/AA, Inland I – Partei, R. 99181, S. E225933 – 31.10.1941, Kieser, AA Ref. D X an D III.
[206] PA/AA, Büro Staatssekretär, Italien, Bd. 6, R. 29632, n.p., Mikrofiche-Nr. 515 – 31.10.1941, Weizsäcker an Unterstaatssekretär, Abt. Recht u. Botschafter Ritter.
[207] Ebd., S. 372955 – 12.11.1941, Woermann an RAM, Weizsäcker u. a. (Hervorhebung durch den Autor).
[208] Ebd.

gen Amtes wurde klar, daß der Reichsaußenminister offiziell Stellung nehmen mußte, um hervorzuheben, daß eine Diskriminierung des italienischen Volkes niemals beabsichtigt gewesen war.[209] Doch Ribbentrop vertrat nach wie vor die Ansicht, daß derartige „Mischehen" nicht zu fördern seien,[210] so daß die Angelegenheit zunächst verschleppt wurde.

Auf diese Verzögerungstaktik ließ sich die italienische Botschaft aber nicht ein. Im Januar 1942 erinnerte Alfieri an die Erledigung der Frage: Rom wünsche eine Lockerung des deutschen Grundsatzes, nach dem „Mischehen" zu unterbleiben hatten. Weizsäcker, der die Angelegenheit erneut beim Reichsaußenminister vorlegen mußte, riet in seinem Begleitschreiben ausdrücklich davon ab, die Frage generell mit den Italienern zu erörtern. Seit dem Fall Goldbeck, notierte der Staatssekretär, liege hier „ein ausgesprochener italienischer Minderwertigkeitskomplex" vor. Sinnvoller sei es daher, den Italienern so weit entgegenzukommen, daß sie die Fälle, die ihnen besonders wichtig erschienen, einzeln vorlegen sollten.[211]

Eine Woche später folgte das Machtwort des Reichsaußenministers. Zwischenstaatliche Verheiratungen ergäben nach deutschem Standpunkt keine glücklichen Ehen – ganz unabhängig von Rassefragen. Dies sei Alfieri bei der nächsten Anfrage *mündlich* mitzuteilen. Gleichzeitig gab Ribbentrop aber die Erlaubnis, Sonderfälle im einzelnen zu prüfen. Die deutsch-italienische Ehe sollte im Ausnahmefall möglich sein.[212] Das bilaterale Abkommen mit Italien, wie vom RSHA zur Verhinderung der „Mischehen" gewünscht, erfuhr damit eine klare Absage, und die Gesetzesinitiative der SS war vom Tisch.[213]

Wenn Ribbentrop allerdings behauptete, der deutsche Grundsatz sei nicht rassenpolitisch verankert, sondern gründe lediglich in der Erfahrung, daß zwischenstaatliche Ehen nicht glücklich würden, mußte dies in Italien auf große Skepsis stoßen. Der faschistischen Regierung war nämlich bekannt, daß es eine Ausnahmeregelung für deutsche Wehrmachtsangehörige gab, die ihnen im Einzelfall die Heirat mit Norwegerinnen, Däninnen, Schwedinnen und Holländerinnen erlaubte. Ohne jeden Kommentar machte die italienische Botschaft dem Auswärtigen Amt deutlich, daß es um

---

[209] PA/AA, Inland I – Partei, R. 99170, n.p. – 14.11.1941, AA, Ref. D III an D X 216/41.
[210] PA/AA, Büro Staatssekretär, Italien, Bd. 6, R. 29632, S. 372970 – 18.11.1941, Woermann an Luther u. Weizsäcker.
[211] Ebd., Bd. 7, R. 29633, S. 331955 f. – 9.1.1941, Weizsäcker an RAM.
[212] ADAP, E, I, Dok. 142, S. 256 – 17.1.1942, Weber an AA. Im Original ist ausdrücklich unterstrichen, daß der deutsche Standpunkt den Italienern mündlich vorzutragen sei (PA/AA, Büro Staatssekretär, Italien, Bd. 7, R. 29633, S. 331957). Um sich eine ähnliche Debatte mit Tokio zu ersparen, bat Ribbentrop das Thema den Japanern gegenüber nicht anzusprechen.
[213] PA/AA, Inland I – Partei, R. 99170, n.p. – 5.3.1942, Rademacher, D III, an Abt. Recht, D III.

die ungleiche Behandlung wußte.[214] Die offenliegende Frage, warum „Mischehen" mit diesen nordischen Völkern möglich waren, blieb jedoch unausgesprochen.

Möglicherweise wäre die Frage irgendwann angesprochen worden, wenn der deutsche Außenminister nicht eingelenkt hätte. Was aus rassischen Gründen für Angehörige der nordischen Völker galt, traf in Zukunft aus politischen Gründen auch für Italiener zu. Kein Gesetz und kein bilaterales Abkommen verbot die Heirat zwischen Angehörigen der beiden Länder. Weiterhin wurde von Fall zu Fall entschieden. Weiterhin suchten deutsche Behörden allerdings auch nach Gründen, die im Einzelfall gegen die jeweilige Hochzeit sprachen. Neu allein war, daß auch die italienischen Behörden fortan rigider vorgingen. So wurde der deutschen Regierung im Juni 1942 erstmals ein Fall bekannt, in dem eine Heirat italienischerseits abgelehnt wurde.[215]

Insgesamt sollte sich die Lage der italienischen Arbeitskräfte im Jahre 1942 nur geringfügig entspannen. Botschafter Alfieri meldete zwar im Februar eine deutliche Verbesserung der Lage, sowohl das Verhalten der Behörden wie der Bevölkerung habe sich geändert; die Abmachungen bezüglich der Disziplinierung der Arbeiter würden eingehalten.[216] Doch es ist anzunehmen, daß Alfieri nach den diplomatischen Querelen des Vorjahres dazu neigte, die Probleme herunterzuspielen. Aus anderer Quelle wurde nämlich berichtet, daß die Italiener immer noch mit den anderen „Fremdarbeitern" gleichgesetzt wurden und im Vergleich zu den deutschen Soldaten den Ruf des „Drückebergers" trugen.[217] Dem italienischen Volkskulturministerium wurde im Mai ähnliches berichtet. Problematisch sei zudem, daß italienische Kellner in deutschen Restaurants servierten, während die deutsche Jugend komplett unter Waffen stehe, hieß es ergänzend.[218] Verheerend kam die in der deutschen Bevölkerung verbreitete Abneigung gegenüber den Italienern zudem unter den Bombenangriffen der Alliierten zum Vorschein: So erinnert sich mancher italienischer Arbeiter, daß er im Sommer

---

[214] Die italienische Botschaft reichte dem Auswärtigen Amt Mitte Februar 1942 die Akten zum Fall Steffan-Facco ein, in denen die entsprechende Regelung von Regimentskommandeur Oberst von Steinhardt am 29.9.1941 zur Verweigerung einer deutsch-italienischen Eheschließung zitiert wurde (PA/AA, Büro Staatssekretär, Italien, Bd. 7, R. 29633, n.p., Mikrofiche-Nr. 520 – 19.2.1942, Woermann an Weizsäcker; vgl.: Verfügungen, Anordnungen, Bekanntgaben, III, S. 383–385: Rundschreiben 9/42 g – 18.2.1942).

[215] PA/AA, Inland I – Partei, R. 99171, n.p. – 2.6.1942, Gross an Wetzel; ebd. – 8.6.1942, Gross an Rademacher. Begründet wurde dies damit, daß Angehörigen der faschistischen Partei Eheschließungen mit Ausländern verboten seien. Prof. Dr. Gross vom Rassenpolitischen Amt reichte dem Auswärtigen Amt die entsprechenden Unterlagen ein, da sie seiner Meinung nach für spätere Erörterungen noch von Nutzen sein konnten.

[216] DDI, 9, VIII, Dok. 280, S. 314 f. – 17.2.1942, Alfieri an Ciano.

[217] Ebd., Dok. 429, S. 464–467 – 4.4.1942, Scorza an De Cesare.

[218] ACS, Micup, Gab, b. 52, fasc.: Giornalisti italiani, varie, n.p. – 28.5.1942, Bericht Mario Sertoli (nach Deutschlandreise); zur ungünstigen Aufnahme der italienischen Kellner vgl.: Meldungen aus dem Reich, VI, S. 2021 – 20.2.1941.

1942 daran gehindert wurden, in deutschen Luftschutzkellern Zuflucht zu suchen.[219] Auch im Jahre 1942 lag die Anwesenheit der italienischen „Fremdarbeiter" im Deutschen Reich wie ein offener Nerv in der deutsch-italienischen Freundschaft.[220]

---

[219] Bermani, Odyssee in Deutschland, S. 134 f. Auch bei der Abschiebung der „Fremdvölkischen" aus dem Elsaß machte die SS gegenüber Italienern keine Ausnahme (IMT 38 [Nürnberger Prozeßakten], Dok. R-114, S. 335 f. – 29.8.1942, Aktenvermerk SS-Obersturmführer Hinrichs).

[220] Als zur Jahreswende 1942/43 beschlossen wurde, die Arbeiter zurückzuziehen (DDI, 9, IX, Dok. 448, S. 453 – 30.12.1942; Mantelli, Arbeiter, S. 373 f.), waren die Zwischenfälle im Deutschen Reich und die Mischehenfrage allerdings nicht das entscheidende Thema. Offiziell hieß es, Italien benötige die Arbeiter für die eigene Produktion (ADAP, E, V, Dok. 131, S. 222 – 13.2.1942, Botschaft Rom an AA; Mantelli, Arbeiter, S. 374.). Der entscheidende Grund wird das deutsch-italienische Clearing gewesen sein, welches durch den Arbeiterversand im Jahre 1941 auf den Kopf gestellt worden war (Simoni, Berlino, S. 303 – 13.1.1943; ADAP, E, V, Dok. 120, S. 205–207 – 11.2.1943, Botschaft Rom an AA). Die deutsche Verschuldung gegenüber Italien hatte Ende 1942 Ausmaße angenommen, die den italienischen Staat allmählich in die Inflation trieben. Der Rückzug der Arbeiter war eine wirtschaftliche Notwendigkeit. Hitler, der die italienischen Arbeiter schon im März 1942 durch russische ersetzen lassen wollte (BA/MA, RW 19/166, S. 241 – 24.3.1942, KTB-WiRüAmt/Stab: Chefbesprechung beim Amtschef), stimmte der Rückführung am 20. Februar 1943 zu (Mantelli, Arbeiter, S. 377 f.). Die Verhandlungen der folgenden Monate drehten sich darum, wieviele Italiener pro Monat heimkehren durften. Mit dem Staatsstreich vom 25. Juli und der Unterzeichnung des Waffenstillstands zwischen Italien und den Alliierten verlor aber auch diese Frage bald an Bedeutung. Über 120.000 Arbeiter blieben im September 1943 ohne diplomatischen Schutz im Deutschen Reich zurück (ebd., S. 385–391).

7. „Öffentliche Stimmungen" und Gerüchte

a. Anmerkung zum Quellen- und Methodenproblem

Versucht man die Entwicklung der deutsch-italienischen Beziehungen aus dem Blickwinkel der Bevölkerung zu betrachten, so stößt man unwiderruflich auf ein Quellen- und Methodenproblem, welches dem gesamten Projekt von Anfang an den Anschein des Fragwürdigen gibt. Schon die Verwendung des Begriffs „Öffentliche Meinung" ist umstritten: Die sogenannte „öffentliche Meinung" sei nichts als eine Fiktion, allenfalls als Hilfsbegriff zu gebrauchen, lautet der gewichtigste Einwand.[1] Trotz verschiedener Ansätze, den Terminus theoretisch zu fundieren,[2] blieb seine wissenschaftliche Definition bislang unscharf.[3] Sinnvoller erscheint es daher, von „öffentlichen Stimmungen" zu sprechen, da dieser Begriff zumindest die Pluralität und die Vergänglichkeit der Aussagen unterstreicht.[4]

Im hier betrachteten Zeitraum kommt erschwerend hinzu, daß moderne demoskopische Umfragen gar nicht vorliegen, sondern statt dessen auf die „Meinungsforschung" der deutschen und italienischen Geheimdienste zurückgegriffen werden muß, d. h. auf Berichte von Spitzeln und V-Männern, die ihre Informationen bei Familie und Freunden, in Lokalen und Kantinen, an der Arbeitsstätte und auf der Straße individuell zusammentrugen.[5] Die Vorgehensweise war dabei weder in Deutschland noch

---

[1] Jürgen Habermas, Strukturwandel der Öffentlichkeit. Untersuchung zu einer Kategorie der bürgerlichen Gesellschaft, Frankfurt a.M. 1995 (1962), S. 353; vgl.: ebd., S. 343–352.

[2] Vgl. etwa: Elisabeth Noelle-Neumann, Öffentliche Meinung: die Entdeckung der Schweigespirale, Frankfurt a.M./Berlin 1991 (1982).

[3] Rudolf Stöber, Die erfolgverführte Nation. Deutschlands öffentliche Stimmungen 1866 bis 1945, Stuttgart 1998, S. 18: „Die Vielzahl der Definitionen, die Wissenschaft, Politik und Literatur angesammelt haben, spricht sowohl für als auch gegen die Behauptung, *die öffentliche Meinung* gäbe es nicht: Ihre große Zahl läßt sich einerseits als Beweis verstehen, daß eine allgemein verbindlich akzeptierte Definition bislang weder gefunden ist, noch je zu finden sein wird. Andererseits zeigt gerade die große Zahl der Definitionsversuche, daß öffentliche Meinung mehr als nur semantische Existenz vorzuweisen hat. Öffentliche Meinung ist denn auch – je nach Anlaß – legitimierende Bezugsgröße, Forschungsgegenstand oder verbale Leerformel"; vgl.: Dieter Fuchs/Barbara Pfetsch, Die Beobachtung der öffentlichen Meinung durch das Regierungssystem, in: Wolfgang van den Daele/Friedhelm Neidhardt (Hg.), Kommunikation und Entscheidung. Politische Funktionen öffentlicher Meinungsbildung und diskursive Verfahren, Berlin 1996, S. 104–109; Niklas Luhmann, Öffentliche Meinung, in: Wolfgang R. Langenbucher (Hg.), Politik und Kommunikation. Über die öffentliche Meinungsbildung, München/Zürich 1979, S. 30.

[4] Stöber, Nation, S. 28–30 u. S. 346; vgl.: Marlis G. Steinert, Hitlers Krieg und die Deutschen. Stimmung und Haltung der deutschen Bevölkerung im Zweiten Weltkrieg, Düsseldorf/Wien 1970, S. 23.

[5] Vgl.: Steinert, Hitlers Krieg, S. 44; Colarizi, Opinione, S. 14 f.

in Italien normiert. Qualität und Brauchbarkeit der Berichte fielen daher je nach Informant höchst unterschiedlich aus.[6] Zwar erhöht die Vielfalt und Verschiedenartigkeit der Berichterstatter bei allen Nachteilen auch den Quellenwert der Dokumente, die bei kritischer Abwägung durchaus Aussagekraft entfalten.[7] Doch ist klar, daß die Gesamtheit der Meinungen durch sie nicht erfaßt werden kann, sondern sie allenfalls einen Ausschnitt der Gesellschaft betrachten, gefiltert und verzerrt durch die Wahrnehmung und Ausdrucksfähigkeit der Informanten.

Ergibt eine Untersuchung der Berichte also überhaupt Sinn? Grundsätzlich ist die Frage zu bejahen, solange man nicht dem Irrtum aufsitzt, sie als Eins-zu-eins-Repräsentation der öffentlichen Stimmung zu lesen. Denn bei aller grundsätzlichen Skepsis gegenüber der Existenz einer „öffentlichen Meinung" und bei aller Kritik, die die Qualität der Quellen aufwirft, darf nicht in Vergessenheit geraten, daß sowohl die deutsche als auch die italienische Regierung diese Untersuchungen in Auftrag gaben, um einen Einblick in die Ansichten der Bevölkerung zu gewinnen.[8] Wenn aber Vertreter beider Regime es für möglich hielten, aus diesen Berichten einen Erkenntnisgewinn zu ziehen, so ist es für die historische Forschung nicht uninteressant zu wissen, welche Ergebnisse bzw. Tendenzen ihnen vorlagen. Zweifellos gaben die Untersuchungen die Stimmungen im Lande nur verzerrt wieder, doch bildeten sie trotzdem einen Orientierungspunkt, der faschistische wie auch nationalsozialistische Politiker in ihrer Entscheidungsfindung beeinflußte.[9] Ähnliches gilt für die britische Regierung, obwohl sich deren Außenministerium lediglich auf die Zeugnisse von Reisenden und Journalisten berufen konnte, so daß die Aussagekraft der einzelnen Stimmen weit niedriger

---

[6] Bildungsstand, Grad der Regimetreue, eventueller Hang zum Fanatismus, optimistische und pessimistische Lebenseinstellung, Naivität und Kritikfähigkeit variieren je nach Berichterstatter. Die subjektive Färbung der Berichte macht daher eine Gewichtung derselben notwendig, was zumindest bei den italienischen Akten möglich ist, da man die einzelnen Informanten anhand ihrer Sigel stets wiedererkennt (vgl.: Imbriani, Duce, S. 18; Pietro Cavallo, Italiani in guerra. Sentimenti e immagini dal 1940 al 1943, Bologna 1997, S. 22).

[7] Steinert, Hitlers Krieg, S. 45; Stöber, Nation, S. 71; Colarizi, Opinione, S. 16.

[8] Im Deutschen Reich wurde großer Wert auf eine „ausführliche, ungeschminkte Schilderung der allgemeinen Stimmung der Bevölkerung" gelegt, „Schönfärberei" galt es zu vermeiden (Steinert, Hitlers Krieg, S. 40–44). Daß ähnliche Anweisungen auch auf italienischer Seite vorgelegen haben müssen, läßt sich aus den zahlreichen Entschuldigungen ablesen, mit denen die Berichterstatter regimefeindliche Informationen einleiteten (Colarizi, Opinione, S. 18).

[9] Abzeichnungen und Kommentare Mussolinis am Rande zahlreicher Berichte verweisen darauf, welche Aufmerksamkeit er den Untersuchungen zukommen ließ (Colarizi, Opinione, S. 22). Ob Hitler die Stimmungs-berichte regelmäßig las, ließ sich bisher nicht nachweisen, die Aussage Otto Ohlendorfs in Nürnberg spricht eher dagegen. Doch weisen verschiedene Maßnahmen und Reaktionen Hitlers darauf hin, daß er über den Inhalt der Berichte gut informiert war. So orientierten etwa Rudolf Heß, Heinrich Himmler und Rudolf Brandt den deutschen Regierungschef mehrfach über die neuesten Erkenntnisse der nationalsozialistischen Meinungsforschung (Steinert, Hitlers Krieg, S. 20 f.; Meldungen aus dem Reich, I, S. 35).

zu veranschlagen ist.[10] Die Ergebnisse flossen in die Außenpolitik Londons ein und waren z. B. ein Faktor, der das Interesse an einem italienisch-britischen Teilfrieden frühzeitig erlahmen ließ. Insofern ist es durchaus sinnvoll, das Bild, welches die Geheimdienste von der Stimmung der deutschen und italienischen Bevölkerung zeichneten, nachzuvollziehen – in diesem Kontext mit einem Schwerpunkt auf den deutsch-italienischen Beziehungen. Wenn im Folgenden daher von der Stimmung oder Haltung der Bevölkerung die Rede sein wird, sind damit stets die Tendenzen gemeint, welche die Meldungen der Geheimpolizei herausstellten.[11]

Daß ein Großteil der Berichte umlaufende Gerüchte und Witze zum Inhalt hat, darf dabei nicht verwundern, sondern erklärt sich aus dem Aufbau totalitärer Systeme. Denn mit der Gleichschaltung der Medien wuchsen in beiden Diktaturen augenblicklich die Zweifel an der eigenen Berichterstattung, die bald nicht mehr als informativ, sondern nur noch als Propaganda wahrgenommen wurde. Das Informationsbedürfnis der Bürger blieb ungestillt, und zwangsläufig hatten informelle Quellen Konjunktur: Mündliche Aussagen genossen einen weit höheren Stellenwert als in demokratischen Staaten, wobei die Gerüchte als Ersatznachrichten fungierten und der politische Witz den Platz des Kommentars einnahm.[12]

b. Italien vor der militärischen Bewährung – zwischen deutscher Erwartungshaltung und italienischer Illusion

„Der breiten Masse des italienischen Volkes, und zwar in allen seinen Schichten, waren wir niemals sympathisch", notierte Botschaftsrat Johann von Plessen zur Jah-

---

[10] Verwendet werden vorwiegend die Unterlagen des *Southern Department* des *Foreign Office*, das mit der Untersuchung der inneren Lage Italiens beauftragt war (PRO, FO 371/24964–966, 371/29924–931 u. 371/33218–220). Artikel verschiedener britischer und amerikanischer Zeitungen werden bisweilen ergänzend hinzugezogen, wobei aus zeitlichen Gründen allein die „Times" und der „Daily Telegraph" im Zeitraum November 1940 bis Dezember 1941 lückenlos ausgewertet wurden.

[11] Im Falle Italiens stützt sich die Untersuchung auf die Berichte der Informanten der polizia politica (ACS, MI, DGPS, Polizia politica – per materia, b. 228–239), da diese ursprünglicher und unverfälschter sind als die Wochenberichte der Quästuren (ACS, MI, DGPS, Segreteria del Capo della Polizia 1940–43, b. 1 ff.) und mehr Material zur Achsenbeziehung liefern als die Inspektorenberichte der OVRA-Zonen (ebd.), die sich hauptsäch-lich mit antifaschistischen Vorfällen in den einzelnen Zonen beschäftigen (vgl.: Imbriani, Duce, S. 17). Für das Deutsche Reich wurde aufgrund der ausreichenden Ausführlichkeit auf die Edition „Meldungen aus dem Reich 1938–1945" zurückgegriffen, in dem die deutschen Berichte bereits zusammengefaßt sind, oft unter Aufzählung der verschiedenen Städte.

[12] Vgl.: Franz Dröge, Der zerredete Widerstand. Zur Soziologie und Publizistik des Gerüchts im 2. Weltkrieg, Düsseldorf 1970, S. 25–28 u. S. 200–203; Stöber, Nation, S. 342 f.; vgl. dazu: Meldungen aus dem Reich, VI, S. 1916 – 20.1.1941: „Durchweg wird in den Berichten aus den Gauen die Beobachtung wiedergegeben, daß die Meinungen über Italien weniger von Presse und Rundfunk als von der Vielzahl der umlaufenden Witze geformt werden".

reswende 1939/40. „Das deutsche Wesen mit seiner oft schwerfälligen Gründlichkeit liegt dem oberflächlichen Italiener nicht. Das war immer schon der Fall und ist es heute wohl in gesteigertem Maße."[13] Die im Oktober 1936 geschmiedete „Achse Berlin–Rom" war unter der italienischen Bevölkerung nicht populär. Der Erste Weltkrieg hatte mit seiner massiven antideutschen Propaganda tiefe Spuren hinterlassen, zumal Österreich als Hauptfeind des *Risorgimento* in schlechter Erinnerung geblieben war. Das nationalsozialistische Deutschland erschien in vielem wie „eine bedrohliche Wiederauflage des wilhelminischen Militarismus und Imperialismus".[14]

Nicht besser wirkte sich das Andenken des Ersten Weltkrieges auf deutscher Seite aus. Die Erinnerung an den „Verrat" des italienischen Dreibundpartners, der im Frühjahr 1915 überraschend auf seiten der *Entente*-Mächte in den Krieg eingetreten war,[15] hatte trotz der Bemühungen des deutschen Propagandaministeriums nicht an Frische eingebüßt.[16] Die Ankündigung Kaiser Wilhelms II., ein Kriegseintritt Italiens werde für Jahrhunderte „einen unüberbrückbaren Graben" zwischen beiden Völkern aufreißen,[17] war noch nicht verklungen. Plessen stellte im Januar 1940 nüchtern fest, daß im Grunde der Zufall die beiden Länder zusammengeführt habe. Nicht gegenseitige Sympathie, sondern gleichartige Interessen waren die Basis, auf der die „Achse" und der „Stahlpakt" gründeten: Dies festzuhalten sei wichtig, da „es etwaige Rückschlüsse auf den Bestand der gegenwärtigen Beziehungen" zulasse.[18]

Tatsächlich fand der Abschluß des „Stahlpakts" im Mai 1939 auch nicht den ungeteilten Beifall der italienischen Bevölkerung. Im Gegenteil, deutschfeindliche Äußerungen dominierten die Stimmungsberichte dieser Tage. Die Befürchtung, unfreiwillig in einen Krieg gezogen zu werden, förderte die Kritik am Bundesgenossen. Die Bekanntgabe des Hitler-Stalin-Paktes löste im August dann endgültig die Zungen, da viele Italiener hierin den geeigneten Anlaß sahen, den Deutschen das Bündnis sofort wieder aufzukündigen.[19] Mit Empörung hatten sie verfolgen müssen, wie Deutschland aus rein pragmatischen Gründen eine Allianz mit dem ideologischen Gegner in Moskau einging. Auch in den Augen Cianos war das Abkommen, durch das sich die deutsche Regierung vor dem Angriff auf Polen gegen einen eventu-

---

[13] ADAP, D, VIII, Dok. 505, S. 479 f. – 3.1.1940, Aufzeichnung Plessen.
[14] Petersen, Entscheidung, S. 140.
[15] Vgl.: Josef Muhr, Die deutsch-italienischen Beziehungen in der Ära des Ersten Weltkrieges (1914–1922), Göttingen 1977, S. 22–47.
[16] Petersen, Entscheidung, S. 144.
[17] DDI, 5, III, Dok. 595, S. 472 – 6.5.1915, Bollati an Sonnino.
[18] ADAP, D, VIII, Dok. 505, S. 478 – 3.1.1940, Aufzeichnung Plessen.
[19] Colarizi, Opinione, S. 296–302; zur Aufnahme des deutsch-sowjetischen Paktes in Italien, vgl.: Siebert, Italiens Weg, S. 265–279.

ellen Eingriff der Russen absicherte,[20] ein „ungeheuerliches Bündnis", absolut konträr zu den Vereinbarungen und dem Geist der „Achse".[21] In diesem Stimmungsklima nimmt es nicht wunder, daß die anschließende Erklärung der *Nonbelligeranza* vom Großteil der Bevölkerung mit Erleichterung und Freude aufgenommen wurde. Mussolini habe Italien vor dem Krieg gerettet, hieß es. Ausgerechnet mit der ungeliebten Entscheidung, nicht am Polenfeldzug teilzunehmen, gewann der „Duce" Sympathien bei seinem Volk.[22]

Im Deutschen Reich warfen die antideutschen Gefühle, von denen Italienreisende berichteten, ein schlechtes Licht auf den Bundesgenossen. Gerüchte einer italienisch-französischen Annäherung griffen um sich. Botschafter Attolico berichtete, daß sowohl er wie auch die deutsche Regierung sich bemühten, den kritischen Stimmen im deutschen Volke entgegenzuwirken. Institutionen wie die Deutsch-Italienische Gesellschaft oder die Deutsche Arbeitsfront (DAF) rechtfertigten die italienische Entscheidung, nicht in den Krieg gegen Polen einzutreten, und riefen Kritiker zur Ordnung. In Rücksprache mit Staatssekretär von Weizsäcker überlege die Botschaft zudem, das italienische Image durch eine gezielte Mundpropaganda aufzupolieren. Die deutsche Presse werde ihre Aktivitäten in diese Richtung steigern, und Weizsäcker habe versprochen, zu sondieren, ob man den Brief Hitlers, in dem er Mussolini von der Beistandspflicht befreit habe, nicht publizieren könne.[23]

Die gemeinsamen Bemühungen blieben in den Folgemonaten nicht ohne Wirkung. Die anfangs oft gehörten „Zweifel an der Zuverlässigkeit Italiens"[24] nahmen ab, zumal – wie erwünscht – das Gerücht aufkam, daß Hitler bei einem Frontbesuch gesagt haben sollte, „es sei für ihn schwer gewesen, Italien vom Eintritt in den Krieg zurückzuhalten".[25] Eine Wochenschau, welche die „herzliche Begegnung" zwischen Hitler und Mussolini im März 1940 dokumentierte, beseitigte manches Mißtrauen gegenüber dem Bündnispartner.[26]

Anlaß zu Mißtrauen gab es dabei zur Genüge. Im November 1939 untersuchte die deutsche Botschaft Gerüchte, laut denen Italien Kriegsmaterial an Frankreich und Großbritannien lieferte.[27] Weiterhin entwickelten sich die Beziehungen der Achsen-

---

[20] Zur Entstehung des Pakts, vgl.: Ingeborg Fleischhauer, Der Pakt. Hitler, Stalin und die Initiative der deutschen Diplomatie 1938–1939, Berlin/Frankfurt a.M. 1990.
[21] Ciano, Diario, S. 352 – 26.9.1939.
[22] Colarizi, Opinione, S. 302 f.
[23] DDI, 9, I, Dok. 80, S. 48–50 – 7.9.1939, Attolico an Ciano; ebd., Dok. 113, S. 71 f. – 9.9.1939, Magistrati an Ciano.
[24] Meldungen aus dem Reich, III, S. 554 – 11.12.1939.
[25] Ebd., S. 865 – 11.3.1940; vgl.: DDI, 9, III, Dok. 137, S. 103 – 16.1.1940, Attolico an Ciano: „il gesto astensivo dell'Italia è stato interpretato e per tanto tollerato come un gesto concordato e voluto dalla stessa Germania e per essa dal Führer".
[26] Meldungen aus dem Reich, IV, S. 979 – 10.4.1940.
[27] ADAP, D, VIII, Dok. 509, S. 484 f. – 4.1.1940, Mackensen an AA; vgl.: Kap. 2 a.

partner zur Sowjetunion nach der Einnahme und Aufteilung Polens gegenläufig. „Gefestigt durch das Blut" standen die deutsch-sowjetischen Beziehungen im Dezember 1939 auf dem Gipfel des Erfolgs, während sich die italienisch-sowjetischen ihrem Bruchpunkt näherten.[28] Relativ unverhohlen bezog Italien nach Ausbruch des finnisch-sowjetischen Winterkriegs Position für Finnland und belieferte Helsinki schließlich so ausgiebig mit Kriegsmaterial, daß von rein wirtschaftlichem Interesse nicht mehr die Rede sein konnte.[29] In einer antisowjetischen Kampagne wurde die Stimmung der Bevölkerung angeheizt, was nach Protestkundgebungen in verschiedenen Städten Italiens am 9. Dezember 1939 zur Abberufung des sowjetischen Botschafters durch die Sowjetregierung führte.[30]

Bestärkt wurde diese Positionierung Italiens gegen den Bolschewismus durch den Wunsch, sich deutlich von der Politik des Deutschen Reiches abzugrenzen und Handlungsspielräume für eine unabhängige Außenpolitik zu schaffen.[31] „Das Schicksal der Finnen wäre den Italienern viel gleichgültiger, wenn die Russen nicht praktisch die Verbündeten Deutschlands wären", notierte Ciano am 3. Dezember 1939.[32] Die Abkühlung der deutsch-italienischen Freundschaft wurde von der italienischen Bevölkerung registriert, wobei die Schuld – mit Verweis auf die deutsch-sowjetische Annäherung – stets Berlin angelastet wurde.[33] In den ersten Monaten des Jahres 1940 provozierten die deutschen Erfolge daher nur Abscheu und Angst vor dem starken Bundesgenossen und förderten vielerorts die Sympathien für die Alliierten.[34] Als die Deutschen Anfang April den Krieg nach Norden ausweiteten, nahmen die Stimmen, die sich für eine Neu-

---

[28] Siebert, Italiens Weg, S. 372–376; Giorgio Petracchi, Pinocchio, die Katze und der Fuchs: Italien zwischen Deutschland und der Sowjetunion (1939–1941), in: Bernd Wegner (Hg.), Zwei Wege nach Moskau. Vom Hitler-Stalin-Pakt zum „Unternehmen Barbarossa", München/Zürich 1991, S. 519.

[29] Selbst in den Arbeiterkreisen Livornos spekulierte man über die Waffenlieferungen an Finnland (ACS, MI, DGPS, Polizia politica, per materia, b. 234, fasc. 3 (Livorno) – 9.1.1940).

[30] Petracchi, Pinocchio, Katze, Fuchs, S. 534–537; zu den italienischen Lieferungen an Finnland vgl.: Fortunato Minniti, Gli aiuti militari italiani alla Finlandia durante la guerra d'inverno, in: Memorie storiche militari 1979, hrsg. v. USSME, Rom 1980, S. 351–366.

[31] Für wenige Monate gelang es dem italienischen Außenminister, seinen Plan voranzutreiben, einen Block neutraler Staaten zu gründen, der Italien den Übergang von der proklamierten „Nichtkriegführung" zu einer echten, stabilen Neutralität erleichtern sollte (Frank Marzari, Projects for an Italian-Led Balcan Bloc of Neutrals. September – December 1939, in: The Historical Journal 13.4/1970, S. 767–788; Siebert, Italiens Weg, S. 376–382).

[32] Ciano, Diario, S. 371: „La sorte dei finlandesi sarebbe molto più indifferente agli italiani, se i russi non fossero praticamente gli alleati della Germania."; vgl.: ebd. – 4.12.1939; Rintelen, Bundesgenosse, S. 79.

[33] ACS, MI, DGPS, Polizia politica, per materia, b. 234, fasc. 3 (Livorno) – 2.12., 7.12., 18.12.1939 u. 9.1., 21.1., 15.1.1940; ebd., b. 228, fasc. 3 (Bozen) – 23.2.1940; ebd., b. 234, fasc. 4 (Lucca) – 4.12.1939; vgl.: BA/MA, RH 2/2936, S. 144 f. – 9.1.1940, Rintelen an Tippelskirch.

[34] Colarizi, Opinione, S. 329 f.; ACS, MI, DGPS, Polizia politica, per materia, b. 234, fasc. 4 (Lucca) – 11.2.1940; ebd., b. 234, fasc. 3 (Livorno) – 15.2.1940.

tralität Italiens aussprachen, rasch zu. Die erfolgreiche Besetzung Dänemarks und Norwegens und die sich im Mai anschließende Einnahme Belgiens, Hollands und Luxemburgs flößten dem Großteil der italienischen Bevölkerung Furcht ein.[35] Insbesondere in Bozen wuchs die Angst um Südtirol, welches der Bundesgenosse vermutlich als erstes zurückfordern werde.[36] Der rasche Machtzuwachs des Deutschen Reiches war vielen Italienern unheimlich. Gleichzeitig förderten die militärischen Erfolge aber auch die deutschfreundlichen Tendenzen im Lande. Mit der scheinbaren „Selbstverständlichkeit" der deutschen Siege nahm die Zahl der Sympathisanten „in allen Kategorien der Bevölkerung"[37] zu, so daß die Berichterstatter Ende Mai eine Umkehr der öffentlichen Stimmung feststellten, laut der die Befürworter eines Kriegseintritts plötzlich die Oberhand gewannen.[38] Doch war Siegeseuphorie dabei nicht unbedingt das ausschlaggebende Kriterium. Einige Bürger hielten einen rechtzeitigen, d. h. sofortigen Kriegseintritt schlichtweg für sinnvoll, um zu vermeiden, daß die Deutschen Frankreich und Großbritannien im Alleingang besiegten. Dies würde nämlich zu einem gefährlichen Hochmut führen. Der italienische Kriegseintritt sei daher unvermeidlich, wenn man nicht später mit der Feindschaft des Siegers konfrontiert sein wolle.[39]

Inzwischen stieg in der deutschen Bevölkerung die Ungeduld an. Anfang Mai hatte sich die Überzeugung durchgesetzt, daß der Koalitionspartner in nächster Zeit in Aktion treten würde. Zweifel an der Loyalität Italiens wurden nun eher selten gemeldet, vereinzelt waren allenfalls Bedenken hinsichtlich der Schlagkraft der italienischen Armee zu hören. Trotzdem erhoffte man sich von einem italienischen Kriegseintritt eine Entlastung der Westfront. Als Mitte Mai Rom aber trotz englandfeindlicher Reden und Demonstrationen immer noch nicht zur Tat schritt, begann sich ein gewisser Unwille bemerkbar zu machen.[40] „Italien wolle anscheinend erst in den Krieg eintreten, wenn er gewonnen sei", lautete der Tenor der Berichte.[41] „Ganz groß im Sprüchemachen" seien die Italiener.[42] Angesichts dieser Tendenzen wies Goebbels die Presse an, das Thema vorläufig zu meiden oder wenigstens vorsichtig zu behandeln.[43] Doch unter der Hand wurde das lange Warten auf Italien weiterhin mit Sar-

---

[35] Colarizi, Opinione, S. 332–335.
[36] ACS, MI, DGPS, Polizia politica, per materia, b. 228, fasc. 3 (Bozen) – 1.2., 7.5. u. 17.5.1940.
[37] Ebd., b. 234, fasc. 3 (Livorno) – 30.5.1940.
[38] Colarizi, Opinione, S. 337–339; Knox, Mussolini, S. 108 f.; ACS, MI, DGPS, Polizia politica, per materia, b. 229 bis (Florenz) – 29.5.1940; ebd., b. 234, fasc. 3 (Livorno) – 13.5., 15.5. u. 30.5.1940.
[39] ACS, MI, DGPS, Polizia politica, per materia, b. 228, fasc. 3 (Bozen) – 18.5. u. 1.6.1940; ebd., b. 229 bis (Florenz) – 2.6.1940.
[40] Meldungen aus dem Reich, IV, S. 1073 – 29.4.1940, S. 1114 – 9.5.1940 u. S. 1140 – 16.5.1940.
[41] Ebd., S. 1140 – 16.5.1940.
[42] Ebd., S. 1165 – 23.5.1940.
[43] Kriegspropaganda, S. 358 – 20.5.1940 u. S. 372 – 1.6.1940.

kasmus, Bitterkeit und schließlich auch Ironie kommentiert. „Es seien Stühle nach Italien unterwegs, da die Italiener nicht mehr länger Gewehr bei Fuß stehen könnten", lautete einer der Witze, mit dem sich über das dauernde „Säbelgerassel" des Bundesgenossen lustig gemacht wurde.[44]

Als die Kriegserklärung Mussolinis am 10. Juni endlich erfolgte, war die Grundstimmung vielfach die, daß Deutschland es nun auch allein geschafft hätte. Dennoch nahm die Erwartungshaltung nicht ab: Der Achsenpartner könne jetzt zumindest seinen militärischen Wert beweisen. Weitverbreitet war die Überzeugung, daß der faschistische Soldat viel besser sei als der des Ersten Weltkriegs, und insbesondere an die Schlagkraft der italienischen Luftwaffe und der Marine wurden viele Hoffnungen geknüpft. Ein Großteil der deutschen Bevölkerung erwartete daher die gleichen Blitzsiege, wie man sie von der eigenen Wehrmacht gewohnt war.[45] Um so heftiger fiel die Enttäuschung aus, als nach der erfolgten Kriegserklärung das Eingreifen Italiens weiterhin auf sich warten ließ. Goebbels bemühte sich zwar, durch geschickte Gerüchtebildung – „da sich über diese Dinge weder schreiben noch reden lasse" – zu kolportieren, daß ein italienischer Angriff derzeit noch unerwünscht sei. Doch der Erfolg der Mundpropaganda ließ zu wünschen übrig.[46] Als Italien nach nur wenigen Tagen Krieg dann auch noch an den Waffenstillstandsverhandlungen mit Frankreich beteiligt wurde, ging eine Welle der Empörung durch das Reich: Lediglich um an der Verteilung der Beute teilzunehmen, habe Rom sich „in letzter Viertelstunde" auf die Seite des Stärkeren geworfen.[47] Insbesondere die italienische Selbstbeweihräucherung[48] der eigenen Leistung rief starkes Mißfallen unter der Bevölkerung hervor. „Man könne meinen, daß das, was Italien bisher auf dem Schlachtfeld versäumte, durch Propaganda ausgeglichen werden solle", faßten die Informanten die gängigen Parolen zusammen.[49] Verstärkt bemühte sich Goebbels, die aufkeimende Wut- und Haßstim-

---

[44] Meldungen aus dem Reich, IV, S. 1236 – 10.6.1940; vgl.: ebd., S. 1208 – 3.6.1940 u. S. 1218 – 3.6.1940.

[45] Ebd., S. 1246 u. S. 1248 – 13.6.1940.

[46] Kriegspropaganda, S. 392 – 16.6.1940; Meldungen aus dem Reich, IV, S. 1262 – 17.6.1940; Steinert, Hitlers Krieg, S. 131.

[47] Erich Nies, Politisches Tagebuch 1935–1945. Historisches Dokument eines deutschen Sozialisten, Ulm 1947, S. 85 – 22.6.1940; Meldungen aus dem Reich, IV, S. 1275 u. S. 1278 f. – 20.6.1940; vgl. dazu den Spott Weizsäckers und die Verärgerung Hitlers in: Kap. 1 a.

[48] Mussolini fand im Tagesbefehl an die Heeresgruppe West z. B. folgende Worte: „Italiener und Ausländer müssen es wissen, daß am 21., 22., 23. und 24. Juni sich eine Schlacht abgespielt hat, die man später die Schlacht an der Westalpenfront nennen wird, in einer Ausdehnung von 200 km, auf Höhen zwischen 2 und 3.000 m und bei dauerndem Schneesturm. [...] Italiener und Ausländer müssen es wissen, daß die Franzosen selbst erstaunt waren vor der Wildheit, dem Ungestüm, unter – wahrhaftig souveräner – Todesverachtung, den die ital. Infanterie – jedes Korps – und die Artillerie zeigten." (BA/MA, RW 4/326, n.p., Brief-Nr.: 8673/40 – 13.7.1940, Rintelen an OKW).

[49] Meldungen aus dem Reich, V, S. 1355 – 8.7.1940; vgl.: ebd., S. 1334 – 4.7.1940.

mung durch seinen Propagandaapparat einzudämmen. Witzeleien über Italien waren zu unterbinden. Eine Entfremdung beider Völker galt es unbedingt zu verhindern.[50]

In Italien hingegen herrschte nach der raschen Kapitulation Frankreichs allgemein die Hoffnung vor, daß der Krieg nun schnell zu einem Ende finden werde. Die baldige Niederlage Großbritanniens schien absehbar, der Sieg der „Achse" und die Wiederherstellung von Ruhe und Frieden wurden mit Ungeduld erwartet.[51] In die Siegeseuphorie und die aufblühende Sympathie für den deutschen Partner[52] mischten sich aber auch negative Gefühle, die die Freude über den Erfolg deutlich eintrübten. Trotz der faschistischen Propagandamaßnahmen wurde der verspätete Kriegseintritt vielerorts als Blamage vor der Weltöffentlichkeit empfunden und die Offensive gegen Frankreich mit dem Angriff auf einen Sterbenden verglichen. Paris hatte schließlich schon kapituliert, als die italienische Alpenoffensive startete. Dem italienischen Prestige habe die Aktion daher einen schweren Schaden zugefügt.[53] Es verwundert nicht, daß sich bald Stimmen meldeten, die vorhersagten, daß Italien noch eine entscheidende Rolle im Krieg gegen Großbritannien spielen würde. Denn hier bot sich zumindest die Chance, die Scharte wieder auszuwetzen und die Anerkennung der Deutschen zu gewinnen.[54] Mit den Erfolgen war in der Bevölkerung die Bewunderung für den Bundesgenossen gestiegen. Mehr und mehr wurde der Vergleich mit den deutschen Soldaten bemüht. Nicht zufällig meldete ein Informant aus Genua nach der Einnahme der somalischen Hauptstadt Berberas, daß unter den „niederen Schichten" der am meisten verbreitete Kommentar laute: „Jetzt haben wir gezeigt, daß auch wir es wie die Deutschen können."[55]

Die Eroberung Britisch-Somalias im August 1940 war nicht nur Balsam auf dem angeschlagenen Selbstwertgefühl des italienischen Volkes, sondern machte auch auf die deutsche Bevölkerung Eindruck. Schon die anhaltenden Kämpfe im Mittelmeer hatten im Juli zu einer positiveren Grundhaltung gegenüber den Italienern geführt:[56] Man war bereit, „in dem bisherigen Verhalten eine bewußt auferlegte Zurückhaltung zu sehen".[57] Der italienische Vormarsch in Britisch-Somalia führte dann zu einer

---

[50] Kriegspropaganda, S. 402 – 3.6.1940, S. 422 – 10.7.1940 u. S. 392 – 16.6.1940.
[51] Colarizi, Opinione, S. 339 f.; Cavallo, Italiani, S. 51.
[52] ACS, MI, DGPS, Polizia politica, per materia, b. 234, fasc. 3 (Livorno) – 17.6. u. 21.6.1940; ebd., b. 234, fasc. 4 (Lucca) – 21.6.1940; ebd., b. 229 bis (Florenz) – 29.6.1940; ebd., b. 228, fasc. 3 (Bozen/Trient) – 16.7.1940.
[53] Ebd., b. 234, fasc. 2 (Gorizia) – 14.6.1940; ebd., b. 228, fasc. 3 (Bozen) – 21.6.1940; ebd., b. 229 bis (Florenz) – 22.6. u. 23.6.1940; ebd., b. 232 (Genua) – 11.7.1940.
[54] Ebd., b. 234, fasc. 3 (Livorno) – 11.7. u. 21.7.1940.
[55] Zit. n. Cavallo, Italiani, S. 56: „Ora abbiamo dimostrato di saper fare anche noi come i tedeschi."
[56] Dabei hatte Verbindungsoffizier Weichold gerade das Seegefecht von Punta Stilo (9./10.7.1940) als deutliches Zeichen für die Ängstlichkeit der italienischen Seekriegsleitung interpretiert (vgl.: Kap. 1 b).
[57] Meldungen aus dem Reich, V, S. 1377 – 15.7.1940.

„vorbehaltlosen Anerkennung" der italienischen Leistung; ein Eindruck, der wenige Wochen später durch Berichte über den italienischen Vorstoß nach Ägypten verstärkt wurde. Die Schlagkraft der italienischen Armee war offenbar wesentlich unterschätzt worden. Auch im Reich traute man dem Achsenpartner nun zu, noch einen entscheidenden Anteil an der Niederringung Englands zu haben.[58]

Bestärkt durch die Presse, machte sich in Italien Mitte August zunächst die Hoffnung breit, Großbritannien sei militärisch am Ende. Die deutschen Bombenangriffe auf London intensivierten sich und schienen den Feind in die Knie zu zwingen.[59] Je länger die Landung auf der Insel aber auf sich warten ließ, desto lauter ertönten im Laufe der folgenden Wochen die skeptischen Stimmen. Verwöhnt durch die deutschen „Blitzkriege", erkannten Teile der italienischen Bevölkerung bereits Anfang September, daß die deutsche Operation „Seelöwe" nicht lief wie geplant. Vielerorts gewann daher die Ansicht an Boden, daß der entscheidende Schlag gegen Großbritannien von Italien ausgehen müsse.[60] So berichtete ein Informant aus Mailand etwa, er höre nicht selten, daß ein italienischer Eingriff notwendig sei, „um das eigene wie auch das Ansehen Deutschlands hochzuhalten".[61] Italien mußte gegen den Prestigeverlust der „Achse" angehen. Der Einsatz des italienischen Flugzeugkorps in Belgien wurde daher nicht nur mit Interesse, sondern teilweise auch mit Genugtuung verfolgt.[62] „Jetzt ist für unsere Piloten der Moment gekommen, um mit den deutschen Kameraden unter gleichen Bedingungen zu kämpfen, und niemand zweifelt am Wert, am Mut und an der Fähigkeit unserer Piloten", faßte am 27. Oktober ein Agent Äußerungen aus Florenz zusammen.[63] Trotz der Enttäuschung über die Verzögerung gereichten die Schwierigkeiten des Bündnispartners in vielen Augen Italien nicht unbedingt zum Nachteil, boten sie doch die Möglichkeit, selbst den kriegsentscheidenden Coup gegen England zu landen.[64]

---

[58] Ebd., S. 1463 – 12.8.1940, S. 1469 f. – 15.8.1940, S. 1491 f. – 22.8.1940, S. 1584 – 19.9.1940 u. S. 1636 – 3.10.1940; vgl.: Kriegspropaganda, S. 467 – 19.8.1940.

[59] Cavallo, Italiani, S. 51 f.; Colarizi, Opinione, S. 340.

[60] ACS, MI, DGPS, Polizia politica, per materia, b. 228, fasc. 3 (Bozen) – 28.8.1940; ebd., b. 234, fasc. 3 (Livorno) – 4.9.1940; ebd., b. 236 (Mailand) – 8.9.1940.

[61] Ebd., b. 236 (Mailand) – 19.9.1940: „non è infrequente il caso di sentire parlare ,della necessità che l'Italia si muovesse tanto per mantenere alto il suo prestigio che quello della Germania'".

[62] Ebd., b. 228, fasc. 3 (Bozen) – 13.9.1940; ebd., b. 236 (Mailand) – 16.9., 21.9. u. 9.10.1940; vgl.: Meldungen aus dem Reich, V, S. 1709 – 28.10.1940.

[63] ACS, MI, DGPS, Polizia politica, per materia, b. 229 bis (Florenz) – 27.10.1940: „E' venuto ora il momento per i nostri aviatori di gareggiare con i commilitoni germanici a pari condizioni e del valore, dell'audacia e della abilità dei nostri aviatori nessuno dubita."

[64] Ebd., b. 234, fasc. 3 (Livorno) – 19.9., 1.10. u. 18.10.1940; ebd., b. 236 (Mailand) – 14.10.1940; ebd., b. 229 bis (Florenz) – 20.10.1940; Ardegno Soffici/Giuseppe Prezzolini, Diari 1939–1945, Mailand 1962, S. 79 – 28.9.1940 (Florenz).

c. Die Niederlagen in Griechenland und Nordafrika – Italien im Blickpunkt der deutschen und britischen Propaganda

Ende Oktober folgte der Angriff auf Griechenland, der die militärische Schwäche Italiens in aller Deutlichkeit offenlegte. Auf deutscher Seite hatten bereits die jüngsten Meldungen aus Ägypten den anfänglichen Enthusiasmus gedämpft, da der Vormarsch der Italiener dort nach wenigen Tagen zum Stillstand gekommen war.[65] Gespannt verfolgte die deutsche Öffentlichkeit jetzt das Geschehen auf dem griechischen Kriegsschauplatz, wo die italienischen Truppen ihre Schlagkraft erneut unter Beweis stellen konnten. Doch kaum war eine Woche vergangen, nahmen die kritischen Kommentare zu. Anstatt Griechenland in kürzester Frist zu überrennen, hatten die Italiener keine nennenswerte Erfolge zu verzeichnen. Die Hinweise auf die schwierigen Gelände- und Witterungsbedingungen, die von Presse und Rundfunk besonders hervorgehoben wurden, ließ man als Entschuldigung nicht gelten, da die deutsche Wehrmacht in Norwegen unter ähnlichen Umständen gekämpft hatte.[66] Die italienischen Wehrmachtsberichte, die schon in der Vergangenheit mit Verärgerung und Skepsis betrachtet worden waren,[67] provozierten durch ihre Bedeutungsleere allenfalls Gelächter.[68] Infolge der fortschreitenden Niederlagen verloren die Italiener im November rasch an Ansehen. Die „zwischen den tönenden Worten bedrückende Rede Mussolinis"[69] vom 18. November fand wenig Gefallen. Mehrfach war zu hören, daß nun wieder „die Deutschen die Karre aus dem Dreck holen müßten".[70] Goebbels wies die Presse an, das Thema Italien–Griechenland mit größter Vorsicht zu behandeln. Es bedürfe der „geschicktesten psychologischen Behandlung des Problems, um die augenblicklich in Vielzahl entstandenen Italienwitze abebben zu lassen".[71] Anfang Dezember, als der Gesamtverlauf des Krieges noch keinen Anlaß zur Sorge bot, mehrten sich im Reich die Stimmen, laut denen die deutsche Bevölkerung Italien die Niederlagen gönne. Hämisch sah man in dem Mißerfolg des Griechenlandfeldzuges eine

---

[65] Meldungen aus dem Reich, V, S. 1691 – 21.10.1940.

[66] Ebd., S. 1718 – 31.10.1940, S. 1728 – 4.11.1940 u. S. 1738 – 7.11.1940; ebd., VI, S. 1775 – 7.11.1940; vgl.: Victor Klemperer, Ich will Zeugnis ablegen bis zum letzten, Bd. I: Tagebücher 1933–1941, Berlin 1995, S. 560 – 7.11.1940.

[67] Meldungen aus dem Reich, V, S. 1433 – 1.8.1940, S. 1550 – 9.9.1940, S. 1654 – 10.10.1940.

[68] Als Beispiele zitieren die Berichterstatter etwa Meldungen wie „79 Dörfer erobert", „Eine Kanone wurde unschlagbar gemacht" und „Zwei feindliche Flugzeuge wurden wahrscheinlich vernichtet und nahezu alle anderen in die Flucht geschlagen" (Meldungen aus dem Reich, V, S. 1738 – 7.11.1940 u. S. 1764 – 14.11.1940).

[69] Klemperer, Tagebücher, I, S. 561 – 21.11.1940; Mussolinis Rede findet sich in: Cervi, Grecia, S. 303–308.

[70] Meldungen aus dem Reich, VI, S. 1799 – 25.11.1940.

[71] Kriegspropaganda, S. 582 – 5.12.1940.

Zurechtweisung dafür, daß Rom in der Vergangenheit immer „den Mund zu voll" genommen hatte.[72]

Für die italienische Bevölkerung leitete die unpopuläre Griechenlandkampagne das Ende vieler Illusionen ein. Zunächst verwunderte die Langsamkeit des militärischen Vorstoßes nur, und es wurden enttäuschte Vergleiche mit dem „vorbildlichen" Frankreichfeldzug der Deutschen gezogen. Dann aber, als die britische Luftwaffe einen Großteil der königlichen Flotte im Hafen von Tarent versenkte, erhob sich in allen Teilen des Landes scharfe Kritik am faschistischen Regime. Die Sorge um die Schwächung der Marine und die offenkundige Kraftlosigkeit der Luftabwehr koppelte sich mit einem neuerwachten Mißtrauen gegenüber der eigenen Berichterstattung, da der britische Sender *Radio Londra* den Tarent-Angriff ganz anders beschrieb. Von der bislang propagierten Schwäche schien Großbritannien weit entfernt. Die griechische Gegenoffensive, die Mitte November den Kriegsschauplatz nach Albanien verlegte, warf große Zweifel an dem Selbstbild der faschistischen „Großmacht" auf. Nicht als Zufälle wurden die Niederlagen gedeutet, sondern als Konsequenz der Untauglichkeit, Inkompetenz und Korruptheit der politischen Klasse.[73] Die Rede Mussolinis, in der er im November mit „absoluter Sicherheit" vorhersagte, daß Italien den Griechen „das Kreuz brechen" werde („Ob in zwei oder zwölf Monaten, ist nicht von Bedeutung. Der Krieg hat gerade erst begonnen."),[74] wurde von vielen vor allem als Zeichen interpretiert, daß der Krieg noch lange dauern werde. Die Hoffnung auf einen baldigen Frieden schwand.[75] Weiterhin griff die erneute Blamage den Nationalstolz der Italiener an: Es sei unerträglich für die italienische Würde, am Ende von dem geschlagen zu werden, was man selbst als „das letzte Heer der Welt" definiert habe, faßte ein Mailänder Agent die Stimmen zusammen.[76] Im Vergleich mit den deutschen Leistungen begann sich ein leichtes Minderwertigkeitsgefühl auszubreiten, zumal befürchtet wurde, daß noch ein Eingriff deutscher Truppen notwendig werden könnte.[77]

Im britischen Außenministerium wurde die Entwicklung der italienischen Stimmungslage mit Interesse verfolgt. Schon Anfang September hatte der ehemalige Botschafter Percy Loraine Italien als den verwundbarsten und schwächsten Punkt der „Achse" bestimmt und empfohlen, die Angriffe in Zukunft auf diesen Gegner zu kon-

---

[72] Meldungen aus dem Reich, VI, S. 1834 – 5.12.1940; PA/AA, Inland IIg, R. 101084: Berichte und Meldungen zur Lage in Italien, S. 283998 – 4.12.1940, Chef SP/SD an AA.

[73] Cavallo, Italiani, S. 58–60; Imbriani, Duce, S. 101–103.

[74] „Dissi che avremmo spezzato le reni al Negus. Ora, con la stessa certezza ‚assoluta', ripeto ‚assoluta', vi dico che spezzeremo le reni alla Grecia. In due o in dodici mesi poco importa. La guerra è appena incominciata." (zit. n. Cervi, Grecia, S. 307)

[75] Imbriani, Duce, S. 107; Colarizi, Opinione, S. 342.

[76] ACS, MI, DGPS, Polizia politica, per materia, b. 236 (Mailand) – 10.12.1940; vgl.: ebd. – 22.11., 6.12. u. 9.12.1940.

[77] Ebd., b. 236 (Mailand) – 10.12., 15.12., 16.12. u. 26.12.1940; ebd., b. 229 bis (Florenz) – 27.11., 8.12., 20.12.1940.

Die Niederlagen in Griechenland und Nordafrika   305

zentrieren.[78] Angesichts der überraschenden Einnahme der albanischen Stadt Koritza durch die Griechen rückte dieser Gedanke Ende November plötzlich in den Vordergrund. Im *Southern Department* des *Foreign Office* sah man jetzt die Möglichkeit, Italien durch gezielte Schläge zu demoralisieren und aus dem Krieg zu werfen. Staatssekretär Edward Halifax forderte Churchill daher am 23. November auf, die Luftangriffe fortan auf das Ziel Norditalien zu bündeln. Doch der Premier lehnte den Vorschlag mit Verweis auf die Wetterlage und die schlechte Erreichbarkeit der Städte ab. Obwohl Halifax sein Anliegen daraufhin wiederholte, attackierte die Royal Air Force die Halbinsel auch in den Folgemonaten nur sporadisch.[79] Der Grundgedanke aber blieb bestehen und wurde auch im Planungsstab des britischen Militärs weiterverfolgt. Ein Zusammenbruch Italiens lag immerhin im Bereich des Möglichen, wobei jedoch nicht absehbar war, ob er das Land unter eine deutsche Besatzung, ins Chaos oder in einen Friedensschluß mit Großbritannien führen würde. Erstrebenswert war für London allein der Friedensschluß, doch hielt man Verhandlungen mit Mussolini für ausgeschlossen. Ziel der zukünftigen Italienpolitik sollte daher die Loslösung der italienischen Bevölkerung vom deutschen Bundesgenossen und dem faschistischen Regime sein, um Gegenbewegungen zu fördern und potentiellen Verhandlungspartnern den Rücken zu stärken.[80] Von der britischen Propaganda wünschte sich das Außenministerium eine engere Verknüpfung des „Duce" an die deutschfeindlichen Äußerungen, die in Italien kursierten.[81] Das Kriegskabinett schlug vor, die künftige Propaganda ausdrücklich „gegen die Deutschen und die faschistische Regierung und nicht gegen die italienische Bevölkerung oder die Streitkräfte" zu richten.[82] Am 23. Dezember gab Churchill mit einer Radioansprache an das italienische Volk Tempo und Rhythmus der neuen Propagandapolitik vor. In der geschickt angelegten Rede spielte er dem „Duce" die gesamte Verantwortung für den britisch-italienischen Krieg zu und sprach die italienische Nation implizit von jeglicher Schuld frei, indem

---

[78] PRO, FO 371/24964, R 6630/6507/22, S. 162 f. – 4.9.1940, FO-Minute, Loraine (Mit Sichtvermerk des Premierministers); vgl.: ebd., FO 371/24965, R 7470/6565/22, S. 123 f. – 5.10.1940, Nichols, FO, an Ministry of Economic Warfare and Air Ministry.

[79] PRO, FO 37/24965, R 8389/6507/22, S. 242 – 23.11.1940, FO: Dixon-Memorandum: Intensification of Action Against Italy; ebd., S. 246 f. – 23.11.1940, Halifax an Churchill; ebd., S. 249 – 24.11.1940, Churchill an Halifax; ebd. – Nov. 1940, Halifax an Churchill; zu den Luftangriffen vgl.: Giorgio Bonacina, Obiettivo: Italia. I bombardamenti aerei delle città italiane dal 1940 al 1945, Mailand 1970, S. 66 f.

[80] Antonio Varsori, Italy, Britain and the problem of a separate peace during the Second World War 1940–43, in: Journal of Italian History 1/1978, S. 458–460.

[81] PRO, FO 371/24965, R 8131/6565/22, S. 215 – 8.12.1940, Sargent, FO, an Ministry of Information.

[82] PRO, FO 371/24967, R 9066/6849/22, S. 457 f. – 19.12.1940, War Cabinet-Memorandum, Chiefs of Staff Committee: „our propaganda [...] should be directed against the Germans and against the Fascist administration and not against the Italian people or armed forces."

er den Tag herbeisehnte, an dem sie ihr Schicksal wieder selbst in die Hand nehmen würde.[83]

Die Bereitschaft Großbritanniens zu einem sanften Friedensabkommen spiegelt sich auch in den Akten des Vatikans wider, wobei deutlich wird, daß London nur Entgegenkommen signalisieren wollte, ohne selbst einen Waffenstillstand anzubieten.[84] Britische Zeitungen spielten im Dezember zunehmend auf einen möglichen Zusammenbruch Italiens an[85] und gaben der Vermutung Raum, daß die Nationalsozialisten das Land schon infiltriert hätten.[86] In Zukunft sollte es für die britische Regierung immer schwieriger werden, die Ausläufer der eigenen Propagandapolitik von wirklichen Ereignissen zu trennen.[87] Die gestreuten Gerüchte entwickelten bald ein Eigenleben, das deutsche, italienische und britische Informanten gleichermaßen verwirrte.

Der Monat Dezember brachte mit der britischen Gegenoffensive in Nordafrika den Italienern die dritte militärische Niederlage. Während das deutsche Publikum die Mißerfolge in Griechenland und Tarent noch mit Erstaunen und einer gewissen Schadenfreude betrachtet hatte, machte sich jetzt schlagartig die Erkenntnis breit, daß nicht nur die italienische, sondern die gesamte Kriegslage der „Achse" in Mitleidenschaft gezogen wurde. Auch der Prestigeverlust traf nicht allein die Italiener, sondern das Bündnis als Ganzes. Angesichts der aufkeimenden Gefahr schlug die vormalige Spottlust der Deutschen daher in Bestürzung und Verärgerung um. Die abfälligen Äußerungen über den „unfähigen und unzuverlässigen" Partner bekamen einen bitte-

---

[83] Abdruck der Rede in: Winston S. Churchill, His Complete Speeches 1897–1963, hrsg. v. Robert Rhodes James, VI: 1935–1942, New York/London 1974, S. 6322–6325; vgl.: PRO, FO 371/24965, R 9065/6507/22, S. 336 – 31.12.1940, FO-Memorandum; Richard Lamb, Mussolini and the British, London 1997, S. 296–301; zur persönlichen Beziehung Churchill/Mussolini: Hans Woller, Churchill und Mussolini. Offene Konfrontation und geheime Kooperation?, in: VfZ 49.4/2001, S. 563–594.

[84] ADSS, IV, Dok. 116, S. 185 – 10.10.1940, Bernardini an Maglione; ebd., Dok. 206, S. 305 f. – 22.12.1940, Mazzoli an Maglione; ebd., Dok. 216, S. 318, Aufzeichnung Maglione; PRO, FO 371/29943, R 1050/414/22, n.p. – 10.12.1940, Rendel an Nichols; ebd., FO 371/24965, R 9065/6507/22, S. 334 – 24.12.1940, Hoare an FO.

[85] Vgl.: The Times, No. 48787, S. 3 – 30.11.1940: The Plight Of Italy. Desperate If Not Hopeless; ebd., No. 48803, S. 2 – 19.12.1940: Not Italy's War but Mussolini's. Dictator Faced with Defeat; The Daily Telegraph and Morning Post, No. 26682, London/Manchester, S. 4 – 10.12.1940: Will Italy Collapse As France Did?; ebd., No. 26687, S. 4 – 16.12.1940: Mussolini's Only Chance to Save Italy Now; vgl.: Varsori, Separate Peace, S. 457.

[86] Vgl. z. B.: The Times, No. 48802, S. 5 – 18.12.1940: „The Nazi pre-invasion methods of infiltration and permeation, utilized so successfully in Norway and Holland, have certainly been practised in Italy. [...] If Italians do not move quickly against the menace within [...] they may wake up one morning to find that Italy has become occupied territory, and that Mussolini holds the rank and status of a Quisling."

[87] Vgl.: PRO, FO 371/24965, R 8389/6507/22, S. 275 – 22.11.1940, Mallet, FO, an Alexander Hardinge.

ren Ton.[88] Versuche des Propagandaministeriums, dieser Entwicklung entgegenzusteuern,[89] büßten in Anbetracht der Faktenlage zusehends an Wirkung ein. Die „Entlastungsoffensiven" der deutschen Presse wurden als „Beschönigungsversuche" entlarvt[90] und zur Jahreswende zwar noch mit „verstehendem Lächeln",[91] ab Mitte Januar aber zunehmend verständnisloser und schließlich mit scharfer Ablehnung aufgenommen.[92] Um sich im Hinblick auf Italien nicht sämtliche Glaubwürdigkeit zu verscherzen, mußte Goebbels Presse und Rundfunk Ende Januar auffordern, in der euphemistischen Berichterstattung nicht über das Ziel hinauszuschießen.[93]

Ein Grund für die überbordend freundliche Darstellung der italienischen Leistungen war die britische Propagandaoffensive, mit der London systematisch versuchte, einen Keil zwischen die Achsenmächte zu treiben. Goebbels konnte nicht untätig bleiben, wenn die britische Presse Meldungen über „den Ausbruch von Unruhen in Italien" und die „Möglichkeiten einer faschistischen Gegenrevolution" brachte oder von dem „Marsch deutscher Truppen über den Brenner" und dem „Einsatz deutscher Kommissare und Gestapo-Agenten in Italien" sprach.[94] Selbst in den eigenen Reihen führten die Artikel zu einer gewissen Unruhe. Presseberichte über einen britisch-italienischen Separatfrieden wurden in ihrer Wirkung auf Italien zwar als ungefährlich eingestuft,[95] Gerüchte über eventuelle Vermittlungsversuche des Vatikans aber verfolgt,[96] zumal der italienische König und Roosevelt irritierenderweise Grußtelegramme zum Jahreswechsel austauschten.[97] Anlaß für Spekulationen bot zudem die überraschende Rückkehr des amerikanischen Botschafters im Januar 1941. Während in Berlin nur der Geschäftsträger der USA residierte, nahm in Rom William Phillips wieder seinen Posten ein; vermutlich, mutmaßte nicht nur die deutsche Regierung, um persönlichen Kontakt mit dem „Duce" aufzunehmen.[98] Doch letzten Endes ver-

---

[88] Meldungen aus dem Reich, VI, S. 1869 – 16.12.1940, S. 1878 – 19.12.1940, S. 1886 – 9.1.1941 u. S. 1897 – 13.1.1941; Weizsäcker-Papiere, S. 231 – 12.1.1941.

[89] Kriegspropaganda, S. 589 – 19.12.1940, S. 593 – 23.12.1940 u. S. 594 – 27.12.1940.

[90] Meldungen aus dem Reich, VI, S. 1860 – 12.12.1940; vgl. auch die Interpretation der „Schneefälle im Epirus" in: ebd., V, S. 1764 – 14.11.1940.

[91] Meldungen aus dem Reich, VI, S. 1887 – 9.1.1941.

[92] Ebd., S. 1897 – 13.1.1941, S. 1906 – 16.1.1941, S. 1916 – 20.1.1941 u. S. 1955 – 30.1.1941.

[93] Kriegspropaganda, S. 606 – 21.1.1940.

[94] Ebd., S. 587 – 16.12.1940 u. S. 589 – 19.12.1940.

[95] PA/AA, Botschaft Rom – offen, 1424 a Pr 2 Nr. 1, n.p. – 3.1.1941, Mollier an Urach.

[96] PA/AA, Inland IIg, R. 101084, S. 284044 – 8.1.1941, Chef Sicherheitspolizei u. SD an AA.

[97] PA/AA, Botschaft Rom – offen, 1424 a Pr 2 Nr. 1, n.p. – 2.1.1941, Briefwechsel Dt. Pressedienst Washington–Italpress Berlin; KTB/Skl, A, XVII, S. 12 f. – 2.1.1941.

[98] PA/AA, Inland IIg, R. 101084, S. 284053 f. – 23.1.1941, Chef Sicherheitspolizei u. SD an AA; The Economist, London, Vol. CXL, Nr. 5082, S. 68 – 18.1.1941: Peace Talk about Italy; vgl.: William Phillips, Ventures in Diplomacy, Boston 1952, S. 175; ADSS, IV, Dok. 224 – 9.1.1941, Cicognani, Washington, an Maglione.

anschlagten militärische Führung und Sicherheitsdienst die Gefahr, daß Rom tatsächlich zum Gegner überlaufe, sehr gering. Die deutschfeindlichen Kreise seien sich schließlich darüber im klaren, daß „die Anwesenheit deutscher Soldaten in Italien Separatsfriedensversuche sehr erschweren" würde.[99]

Italien steuerte zur Jahreswende in die dramatischste innenpolitische Krise seit dem Fall „Matteotti". Die Absetzung Marschall Badoglios im Dezember 1940 wurde von der italienischen Bevölkerung schlecht aufgenommen und als „Bauernopfer" interpretiert, durch welches der eigentlich Schuldige an dem Griechenlanddesaster – Außenminister Ciano – gedeckt werden sollte.[100] Als militärische Erfolge im Januar weiterhin ausblieben, versuchte Mussolini durch eine „ebenso radikale wie eigenartige Maßnahme" beruhigend auf die Stimmung der Italiener einzuwirken: Er sandte seine maßgeblichen politischen Mitarbeiter, darunter viele Kabinettsmitglieder, kurzerhand als einfache Offiziere an die Front. Nach Ansicht der deutschen Botschaft löste dieser Schritt aber mehr Ablehnung als Befriedigung bei der Bevölkerung aus.[101] Je mehr sich im Laufe des Januars die niederschmetternde Erkenntnis breitmachte, daß die militärische Stärke Italiens offensichtlich nicht ausreiche, um die Gegner in Griechenland und Nordafrika zu bezwingen, desto schärfer geriet die Regierung in die Kritik. Eine Kritik, die nun selbst vor der Person des „Duce" nicht mehr haltmachte.[102] Der absehbare Eingriff deutscher Truppen erweckte bei einem Großteil des italienischen Volkes mehr Sorgen als Hoffnung, da ein Sieg mit deutscher Unterstützung als deutscher Sieg gelten würde. Schleichend griff die Befürchtung um sich, daß man in der Schuld der Deutschen stehen werde und die militärischen Mißerfolge noch in die Unterwerfung unter das Deutsche Reich führen würden.[103] Die Stationierung deutscher Luftstreitkräfte in Foggia und auf Sizilien schürte diese Ängste ebenso wie die Präsenz des deutschen Afrikakorps, das ab Februar auf dem Weg zu den Verschiffungshäfen das gesamte Land durchfuhr. In diesem Klima mußte die britische Propaganda auf fruchtbaren Boden fallen, zumal das Vertrauen in die eigene

---

[99] PA/AA, Inland IIg, R. 101084, S. 284061 f. – 24.1.1941, Chef Sicherheitspolizei u. SD an AA; BA/MA, RW 19/164, S. 110 – 22.1.1941, KTB-WiRüAmt/Stab.

[100] Imbriani, Duce, S. 119–121.

[101] ADAP, D, XI.2, Dok. 731, S. 88 – 29.1.1941, Bismarck an AA. Auch unter den Kabinettsmitgliedern traf die Maßnahme auf wenig Verständnis. Mussolini machte sich durch diesen Schritt viele politische Feinde (Bottai, Diario, S. 248 – 21.1.1941; Ciano, Diario, S. 502 f. – 23.–26.1.1941; Filippo Anfuso, Rom–Berlin im diplomatischen Spiegel, Essen/München/Hamburg 1951, S. 144 f.).

[102] Imbriani, Duce, S. 120–131.

[103] ACS, MI, DGPS, Polizia politica, per materia, b. 229 bis (Florenz) – 27.12., 30.12.1940 u. 5.1.1941; ebd., b. 236 (Mailand) – 27.12., 5.1. u. 9.1.1940; ebd., b. 232 (Genua) – 21.1.1941; vgl.: Cavallo, Italiani, S. 90.

Berichterstattung stetig abgenommen hatte. Trotz eines gesetzlichen Verbotes und der kostspieligen Einrichtung von Störsendern wurden ausländische Nachrichtensendungen wie etwa die BBC-News italienweit gehört und mit Interesse verfolgt.[104]

Seit Dezember 1940 munkelte man in Großstädten wie Mailand von einer deutschen Infiltration des Landes und des Regimes.[105] In Florenz hielt der Jurist Piero Calamandrei Mitte Januar fest, daß Gerüchte kursierten, nach denen in jeder italienischen Stadt Listen vorlägen mit den Namen aller den Deutschen feindlich gesonnenen Bürger. So könnten diese im Falle einer deutschen Invasion gleich ausgeschaltet werden. Im Rahmen des geheimen oppositionellen Zirkels, dem Calamandrei angehörte, wurde außerdem behauptet, daß in der römischen Banca Commerciale ein Deutscher Einsicht in italienische Konten nehme. Die antifaschistisch eingestellten Intellektuellen vermuteten, daß die Deutschen bereits erfolgreich in das italienische Staatsgefüge eingedrungen seien.[106] In verschiedenen Städten fand in den Monaten Januar und Februar zudem die Vorstellung Raum, daß der deutsche Generalstab heimlich die Führung der italienischen Truppen übernommen habe[107] und eine deutsche Invasion zu befürchten sei.[108]

Inhaltlich korrespondierten viele dieser Gerüchte mit den Artikeln britischer Zeitungen, für die insbesondere das Berghoftreffen Anlaß war, die militärische Unterordnung Italiens zu proklamieren. Der Grund für die Zusammenkunft der beiden Regierungschefs sei einzig und allein die Überführung der italienischen Kriegsmaschinerie unter deutsche Kontrolle gewesen, kommentierte etwa der „Daily Telegraph" am 21. Januar.[109] Die italienische Marine sowie die Hafenanlagen seien bereits in deutscher Hand, hieß es wenige Tage später.[110] Berichte über die Präsenz deutscher

---

[104] ACS, MI, DGPS, Polizia politica, per materia, b. 229 bis (Florenz) – 27.1.1941; ebd., b. 232 (Genua) – 30.1.1941; ebd., b. 234, fasc. 3 (Livorno) – 11.2. u. 17.2.1941; ebd., b. 236 (Mailand) – 15.2.1941; PRO, FO 371/29924, R 930/28/22, S. 278 – 6.2.1941, FO-Memorandum: Italian Morale; PA/AA, Botschaft Rom – offen, 517 a, Heft: Presse und Propaganda, n.p. – 5./14.12.1940, Briefwechsel Botschaft Rom/Konsulat Neapel; Colarizi, Opinione, S. 371.

[105] ACS, MI, DGPS, Polizia politica, per materia, b. 236 (Mailand) – 11.12., 15.12., 24.12., 26.12.1940 u. 13.1., 14.1. u. 26.1.1941.

[106] Calamandrei, Diario, I, S. 286–288 – 13./15.1.1941.

[107] ACS, MI, DGPS, Polizia politica, per materia, b. 236 (Mailand) – 14.1., 30.1., 1.2. u. 11.2.1941; ebd., b. 229 bis (Florenz) – 21.2.1941; ebd., b. 232 (Genua) – 30.1.1941; ebd., b. 234, fasc. 2 (Gorizia) – 28.1.1941; vgl.: ebd., b. 234, fasc. 4 (Lucca) – 20.4.1941.

[108] Ebd., b. 236 (Mailand) – 7.1. u. 10.1.1941; ebd., b. 229 bis (Florenz) – 1.1. u. 1.2.1941.

[109] The Daily Telegraph and Morning Post, No. 26716, S. 1 – 21.1.1941: Germany to Run War for Italy […] All Axis Forces under Berlin Command; vgl.: ebd., No. 26723, S. 1 – 29.1.1941: Nazi Plans to Take Control in Italy; The Times, No. 48830, S. 4 – 22.1.1941: German Grip on Italy. Wider Military Control.

[110] The Daily Telegraph and Morning Post, No. 26729, S. 1 – 5.2.1941: Nazi control more ports. Naples and Triest; ebd., No. 26740, S. 1 – 18.2.1941: Nazi control Italian Navy. Admirals' meeting.

Geheimagenten und Truppen sowie über nationalsozialistische Eingriffe in die italienische Briefzensur folgten.[111]

Der erste Eindruck, daß es sich bei solchen Artikeln schlichtweg um britische Propaganda handelte, greift zu kurz. Ein Blick in Akten des *Foreign Office* und die Korrespondenz des amerikanischen Botschafters zeigt, daß sowohl den Briten wie auch Phillips geheime Berichte vorlagen, die die Pressemitteilungen bestätigten. Schon im Januar hatte Phillips sein Außenministerium informiert, daß die Anzahl deutscher Offiziere in Rom deutlich gestiegen sei.[112] Einen Monat später berichtete er Roosevelt persönlich, wie die Deutschen ihren Einfluß auf die norditalienische Schwerindustrie ausbauten, daß das Kriegsministerium unter deutscher Kontrolle stehe und die Präsenz der deutschen Gestapo zunehmend spürbar werde.[113] Am 25. März verstieg sich der amerikanische Botschafter gar zu der Behauptung, daß die italienische Polizei von deutscher Hand geleitet werde.[114] Ein ähnliches Bild zeichnen die Unterlagen des britischen *Southern Department*. Die Berichterstattung, welche im Winter 1940/41 eine Revolte der italienischen Bevölkerung gegenüber dem Regime für möglich gehalten hatte, wurde ab März zusehends skeptischer.[115] Britischen Informanten zufolge hatte der deutsche Einfluß auf Italien inzwischen derart zugenommen, daß man von einer Kontrolle verschiedener Sektoren ausgehen mußte. Dem Außenministerium wurden Ende Februar verblüffend hohe Angaben zur deutschen Präsenz in Italien vorgelegt, laut denen deutsche Vertreter nicht nur in *allen* Ministerien Roms

---

[111] Ebd., No. 26722, S. 1 – 28.1.1941: Nazi Troops, Censors and Ground Staffs in Italy; vgl. später: The Times, No. 49038, S. 4 – 23.9.1941: Berlin Orders to Duce. Es ist in dieser Hinsicht interessant, daß das MAE dem Micup im Oktober 1941 bestätigte, daß Briefe von italienischen Gefangenen tatsächlich durch die deutsche Zensur gingen, wenn sie deutsches Territorium passierten. Ähnlich verfahre man aber auch mit deutschen Briefen, die italienisches Gebiet durchquerten (ASMAE, Micup, b. 200, n.p. – 22.10.1941, MinAE, A.G. IV, an Micup).

[112] Roosevelt Library, PSF, DC, Italy: Phillips 1940–41, Box 42 – 28.1.1941, Phillips an Sumner Welles.

[113] Ebd., Italy: 1941, Box 41 – 4.3.1941, Phillips an Roosevelt: „We have been aware for some time that Germany proposes to dominate the entire heavy industry of Italy and is applying pressure upon the Italians to bring this about. In confirmation of these facts comes a report from Milan indicating that the Germans are actually acquiring ownership or control over the iron and steel industries, which in due courses will be completely subordinated to German interests. [...] The tightening of German control all along the line is becoming more evident week by week, and I understand from military sources that the direction of affairs in the Ministry of War is almost entirely in the hands of the Germans. Italians have begun to suffer from the activities of the Gestapo"; vgl.: Phillips, Ventures, S. 177.

[114] Roosevelt Library, PSF, DC, Italy: Phillips 1940–41, Box 42 – 25.3.1941; vgl. ebd. – 8.7.1941: „the country as a whole is left wide open to German influence and penetration in any form or manner which the Germans desire to use. Certainly at present the only Ministry which appears to be functioning with any degree of efficiency is the Ministry of War, and notably that part of it which is given over to the secret police, – an appendage of Germany's Gestapo."

[115] Varsori, Separate Peace, S. 463.

Die Niederlagen in Griechenland und Nordafrika 311

vertreten seien, sondern ihr Anteil am Personal des Kriegsministeriums über 15 Prozent betrug. In allen industriellen Zentren Norditaliens seien deutsche „Koordinationskommissionen" tätig, z. B. allein 60 Personen in den Fiat-Werken Turins.[116] Generell waren sich amerikanische wie britische Beobachter einig, daß nicht eine deutsche Invasion des Landes zu befürchten war, sondern eine methodische Infiltration, die für das Deutsche Reich weit kräfteschonender war.[117] Im zusammenfassenden Zehn-Tage-Bericht vom 1. April kam das britische *Southern Department* schließlich zu dem Schluß, daß Italien virtuell bereits als „deutsches Protektorat" betrachtet werden könne:

„Die Deutschen halten alle wichtigen Schlüsselpositionen der Verwaltung und der Industrie inne. Sie arbeiten offiziell in jedem Ressort der Regierung und müssen in allen wichtigen Angelegenheiten herangezogen werden."[118]

Faktisch betrachtet war diese Schlußfolgerung falsch. Selbst die deutschen Verbindungsoffiziere, die in den Stäben der italienischen Streitkräfte eingesetzt waren, hatten keinen direkten Einfluß auf die militärischen Entscheidungen Roms. Auf wirtschaftlicher Ebene entwickelten sich im April gerade einmal die ersten Konzepte zur Auftragsverlagerung. Von einer Durchdringung des italienischen Staatsgefüges durch die Gestapo fehlt jede Spur.[119] Eine deutsche Infiltration Italiens aber hätte in den italienischen und deutschen Dokumenten trotz aller Geheimhaltung deutliche Spuren hinterlassen, zumal wenn sie von außerhalb bemerkt werden konnte. Das Schweigen der Quellen ist in dieser Hinsicht also sehr beredt. In der Quintessenz erhärtet sich daher der Verdacht, daß die britischen Journalisten, die Informanten des *Foreign Office* und des amerikanischen Botschafters lediglich die Ausläufer der eigenen Pro-

---

[116] PRO, FO 371/29934, R 1782/129/22, S. 108 – 26.2.1941, Ministry of Information to FO: Special Intelligence Report on German Stranglehold in Italy; vgl.: PRO, FO 371/29925, R 2011/28/22, S. 124 f. – 5.3.1941, FO-Memorandum on Italian Morale.
[117] Roosevelt Library, Harry L. Hopkin-Papers, Box 189: Military Intelligence Division Reports – Southern Europe Documents, Vol VII: Italy 1941, Doc. 133 – 31.1.1941, Fiske, Rom, an US-War Department; ebd., PSF, DC, Italy: Phillips 1940–41, Box 42 – 24.2.1941, Phillips an Roosevelt; PRO, FO 371/29934, R 469/129/22, S. 69 – 2.2.1941, Militärattaché, Washington, an War Office; PRO, FO 371/29925, R 2011/28/22, S. 125 – 5.3.1941, FO-Memorandum on Italian Morale.
[118] PRO, FO 371/29926, R 3498/28/22, S. 82 – 1.4.1941, FO-Memorandum on Italian Morale: „German forces and the Gestapo are everywhere, and Italy may now be regarded as virtually a German protectorate. The Germans hold all the important key posts in the administration and in industry. They are working officially in every Government Department, and must be consulted on all important matters."
[119] Aus einer ersten Untersuchung zu diesem Thema geht vielmehr hervor, daß sich die Arbeit des deutschen SD-Ausland in Italien höchst ineffizient gestaltete (vgl.: Katrin Paehler, Ein Spiegel seiner selbst. Der SD-Ausland in Italien, in: Michael Wildt (Hg.), Nachrichtendienst, politische Elite und Mordeinheit. Der Sicherheitsdienst des Reichsführers SS, Hamburg 2003, S. 241–266).

paganda auffingen und interpretierten. Wie die Agenten der italienischen Geheimpolizei orientierte sich der britische Geheimdienst an der Stimme des Volkes und wurde daher vornehmlich mit Gerüchten versorgt. Diese aber hatten die Kollegen von *Radio Londra* zum Teil selbst provoziert, zum Teil lagen ihnen andere Quellen zugrunde, meist aber hatten sie allenfalls einen geringen Bezug zur Realität.

Als Beispiel für diesen irritierenden Rückkoppelungseffekt können die Tumulte dienen, die am 26. Januar angeblich in Turin und Mailand ausgebrochen sein sollten. Diesbezügliche Notizen der Nachrichtenagentur United Press fanden augenblicklich ihren Niederschlag in den Unterlagen des *Southern Department*, wurden dort aber als übertrieben eingestuft.[120] Die italienische Botschaft in Washington identifizierte Belgrad als Quelle der Meldung, Ursache sei die britische Propagandakampagne, die in den amerikanischen Medien ihr Echo finde.[121] Berichte des „Daily Telegraph", der „Washington Post", der „New York Times" und anderer Zeitungen folgten.[122] Am 29. Januar informierte das Mailänder Konsulat die deutsche Regierung, daß keine Unruhen stattgefunden hatten.[123] Dieselbe Feststellung machte die amerikanische Botschaft, die dies über Washington an die Briten weitergab.[124] Die BBC behauptete währenddessen in einer Sendung über die „spontanen Demonstrationen", daß die Aufstände von der faschistischen Propaganda geleugnet würden.[125] Anfang Februar beurteilte das *Southern Department* die Nachricht intern schließlich als absolut übertrieben, sie sei von einem amerikanischen Journalisten in Umlauf gebracht worden.[126] Am 5. März wurde festgehalten, daß keine weiteren Hinweise auf Tumulte eingegangen waren und die alten niemals bestätigt worden seien.[127] Obwohl es dem *Southern Department* in diesem Fall gelang, die Meldung zu falsifizieren, wird dennoch deutlich, in welchem Nachrichtennebel sich der britische Geheimdienst bewegte. Anders als andere Meldungen löste diese Pressemitteilung keine nennenswerte Gerüchtewelle unter der italienischen Bevölkerung aus, andernfalls hätte sich das *Foreign Office* sicher noch länger mit „bestätigenden" Informationen auseinandergesetzt.

---

[120] PRO, FO 371/29924, R 631/28/22, S. 204 f. – 26.–28.1.1941, Randnotizen Mr. Knight u. Mr. Dixon; vgl.: ASMAE, Micup, b. 200, n.p. – 26.1.1941, Notizia stampa, Bova Scoppa.

[121] ASMAE, S. Affari politici, Stati Uniti, b. 71, fasc.: Stampa americana nei confronti dell'Italia, n.p. – 27.1.1941, Botschaft Washington an Micup.

[122] Ebd. – 28.1.1941, Notiz Washington Post; The Daily Telegraph and Morning Post, No. 26722, S. 1 – 28.1.1941: Nazi Troops, Censors and Ground Staffs in Italy; The New York Times, Vol. XC, No. 30321, S. 2: Hitler Cheered by Fascisti at Mass Turnouts in North as Reply to Reports of Strife.

[123] PA/AA, Botschaft Rom – Geheimakten, 91, n.p. – 29.1.1941, Generalkonsulat Mailand an AA.

[124] Roosevelt Library, Hopkin-Papers, Box 189: MIDR – SED, Vol VII: Italy 1941, Dok. 133 – 31.1.1941, Fiske, Rom, an US-War Department; PRO, FO 371/29934, R 469/129/22, S. 69 – 2.2.1941, Militärattaché, Washington, an War Office.

[125] Piccialuti Caprioli, Radio Londra, S. 78 – 29.1.1941, BBC-News Comment.

[126] PRO, FO 371/29924, R 930/28/22, S. 276 – 6.2.1941, FO-Memorandum on Italian Morale.

[127] PRO, FO 371/29925, R 2011/28/22, S. 120 – 5.3.1941, FO-Memorandum on Italian Morale.

d. Der deutsche Eingriff in den italienischen Kriegsschauplatz – deutsche und britische Abwertung Italiens

Im Februar 1941 führte das persönliche Engagement Hitlers im Deutschen Reich zu einer freundlicheren Einstellung gegenüber den Italienern. Ohne die Mißerfolge kleinzureden, hob der deutsche Regierungschef die Verdienste des Bundesgenossen hervor und betonte vor der Nation seine herzliche Verbundenheit mit Mussolini. Beruhigend wirkte sich dabei vor allem die Tatsache aus, daß nun auch deutsche Kräfte in Nordafrika und im Mittelmeerraum eingesetzt wurden.[128] Viele vertraten außerdem die Auffassung, daß Mussolini in seiner Ansprache im römischen Theater Adriano die führende Stellung Deutschlands unumwunden anerkannt habe,[129] so daß Italien nach Ansicht vieler endlich den Platz in der „Achse" einnahm, der ihm gebürte.

Die Stimmungsverbesserung währte aber nur kurz. Schon Ende März erlitt das Ansehen der Italiener durch die verheerende Niederlage bei der Seeschlacht von Matapan weitere Einbußen. Vereinzelt wurde die Besorgnis ausgesprochen, daß Rom bald am Ende seiner militärischen Kraft sein müsse.[130] Und mit dem Beginn des Balkanfeldzuges und Rommels Erfolgsserie in Nordafrika schlug die ursprüngliche Sorge um den Kriegsverlauf schließlich um in Verachtung. Denn je größer die deutschen Erfolge auf den italienischen Kriegsschauplätzen ausfielen, desto mehr stieg die Abneigung gegenüber den Italienern an. Entrüstet fragte man sich, was die italienischen Truppen in den vergangenen Monaten eigentlich getan hatten.[131] Angerechnet wurde der Siegeszug im Balkan daher allein den deutschen Streitkräften, Berichte über italienische Leistungen stießen nur auf Unglauben. Zu der von der Presse hervorgehobenen Zusammenkunft deutscher und italienischer Truppen am Ochridasee hieß es spöttisch, daß „von einer Begegnung auf halbem Weg wohl keine Rede sein könne, es sei vielmehr eine Begrüßung am Gartentor" gewesen.[132] Die italienische Darstellung der jugoslawischen Kapitulation, in der vor allem die Erfolge der Italiener verbucht wurden, sowie die darauffolgenden Beuteansprüche verärgerten weite

---

[128] Meldungen aus dem Reich, VI, S. 1965 – 3.2.1941, S. 1985 – 10.2.1941, S. 2045 – 27.2.1941 u. S. 2075 – 6.3.1941; zur disziplinierenden Wirkung Hitlers vgl. auch: ebd., IV, S. 1327 – 1.7.1940, sowie grundlegend zu seinem Einfluß auf die Volksmeinung: Ian Kershaw, Der Hitler-Mythos. Volksmeinung und Propaganda im Dritten Reich, Stuttgart 1980.

[129] Meldungen aus dem Reich, VI, S. 2045 – 27.2.1941; zu Mussolinis Rede vom 23. Februar 1941 vgl.: Imbriani, Duce, S. 126–131.

[130] Meldungen aus dem Reich, VI, S. 2177 – 3.4.1941.

[131] Ebd., S. 2193 f. – 10.4.1941.

[132] Ebd., S. 2206 – 17.4.1941; vgl.: ebd., S. 2195 – 10.4.1941.

Kreise der deutschen Bevölkerung.[133] Für die Unterstellung Kroatiens unter italienischen Einfluß brachte man nur wenig Verständnis auf.[134]

In Italien mehrten sich in den Monaten Februar und März hingegen die Berichte, laut denen sich die öffentliche Stimmung langsam erholte: Viele Italiener schöpften aus der deutschen Absicht, in den Griechenlandkrieg einzusteigen, Zuversicht. Der erfolgreiche Einsatz der deutschen Truppen im Balkan und in Nordafrika beflügelte im April dieses Gefühl. Die deutschen Siege beruhigten die Masse der Bevölkerung und gaben Anlaß zu Optimismus – wobei sich die Hoffnung der meisten allerdings schlichtweg auf ein schnelles Ende des Krieges und die Wiedereinkehr von Ruhe und Frieden richtete.[135] Die kritischen Stimmen – vornehmlich aus der gebildeten Schicht[136] – nahmen dabei aber nicht ab, sondern rückten lediglich in den Hintergrund. Verbreitet hielt sich vor allem die Feststellung, daß die sogenannten Erfolge der „Achse" rein deutsche Erfolge seien. Die Siegeshymnen der Presse erweckten daher bei vielen nichts als ein ironisches Lächeln.[137] Bei einem Teil der Einheimischen zeitigte der Durchzug des deutschen Afrikakorps zudem eine „unerwartete Rückwirkung", wie das deutsche Konsulat in Turin am 18. April bemerkte:

„Der sich aufdrängende Vergleich zwischen der Organisation, Ausrüstung und Führung des deutschen Heeres und der italienischen Truppen hat die Unzufriedenheit mit der Regierung eher gesteigert."[138]

Nach Ansicht vieler wurde Rangunterschieden in der deutschen Wehrmacht nicht die übertriebene Bedeutung beigemessen wie in der italienischen. Vom Offizier bis zum einfachen Gefreiten erführen alle die gleiche Behandlung, jeder erhalte dieselbe Verpflegung aus demselben Kessel, und es herrsche eine gewisse Kameradschaft zwischen Vorgesetzten und Untergebenen, hieß es in den Berichten. Erfahrungen wie diese

---

[133] Kriegspropaganda, S. 698 – 23.4.1941 u. S. 702 – 24.4.1941; Meldungen aus dem Reich, VII, S. 2217 – 22.4.1941 u. S. 2228 – 25.4.1941.

[134] Meldungen aus dem Reich, VII, S. 2330 – 22.5.1941.

[135] Colarizi, Opinione, S. 350 f.; Cavallo, Italiani, S. 79–81.

[136] Vgl.: Imbriani, Duce, S. 136 f.; zu Studentenprotesten an italienischen Universitäten: Tracy H. Koon, Believe, Obey, Fight. Political Socialization of Youth in Fascist Italy, London 1985, S. 247 f. Es sei allerdings angemerkt, daß der Ausbruch der Proteste v. a. aus der Tatsache rührte, daß die faschistische Regierung Anfang 1941 die militärische Zurückstellung (und damit die Privilegierung) der Studenten aufhob.

[137] ACS, MI, DGPS, Polizia politica, per materia, b. 236 (Mailand) – 13.4., 20.4. u. 23.4.1941; ebd., b. 232 (Genua) – 15.4. u. 26.4.1941; ebd., b. 234, fasc. 3 (Livorno) – 16.4., 19.4., 25.4.1941; ebd., b. 230, fasc. 3 (Florenz) – 20.4., 22.4. u. 29.4.1941; vgl.: Colarizi, Opinione, S. 351; Imbriani, Duce, S. 138.

[138] PA/AA, Botschaft Rom – Geheimakten, 91, n.p. – 18.4.1941, Von Langen an Mackensen.

wurden auf das gesamte Reich extrapoliert und Deutschland als reiches Land stilisiert, in dem es weniger Klassenunterschiede gebe und gegen unfaire Privilegien und Begünstigungen eingeschritten werde.[139]

Den Jugoslawienfeldzug verfolgte die italienische Bevölkerung mit Bewunderung. Zunehmend wurden Stimmen laut, die auf die Überlegenheit der Deutschen in militärischer Strategie, Disziplin und Organisation hinwiesen und die eigene militärische Führung samt Heer abqualifizierten.[140] Mancherorts erklang der Ruf nach der Einführung „deutscher Methoden": Den Italienern fehle es an Ernsthaftigkeit und Disziplin, ein Hitler hätte längst für Ordnung gesorgt.[141] Doch der deutsche Machtzuwachs verursachte auch Angst, das Ungleichgewicht in der „Achse Rom–Berlin" war nicht zu leugnen. Wer nicht an die Gerüchte über eine kommende deutsche Invasion glaubte, mußte sich zumindest eingestehen, daß Italien im europäischen Machtgefüge nur noch eine zweitrangige Rolle einnahm. Insbesondere hinsichtlich der anvisierten „Neuordnung Europas" wurde eine deutsche Dominanz befürchtet. Ein Mächtegleichgewicht werde es nicht mehr geben. England am Boden und Frankreich verstümmelt, verbliebe von den wichtigen Nationen neben dem Reich eben nur noch Italien, dem aber auch nichts anderes übrig bleiben werde, als den Richtlinien der deutschen Politik zu folgen. Der Waffengang auf dem Balkan schien die deutsche Vorherrschaft auf dem europäischen Kontinent zu besiegeln.[142] Gerüchten zufolge sollte Italien in dem neugeordneten Europa eine untergeordnete Rolle als Agrarstaat zugewiesen werden.[143] Neben Gerüchte dieser Art traten aber auch Maßnahmen, durch welche die deutsche Regierung ihre Anerkennung vor dem Bündnispartner

---

[139] Cavallo, Italiani, S. 79–81; vgl.: BA/MA, N 433/6, S. 21, Rintelen-Artikel (1952) zur dt.-ital. Zusammenarbeit: „Ein weiterer Punkt, das Zusammenleben der deutschen und italienischen Truppe zu erschweren, ergab sich aus den verschiedenartigen Verpflegungssätzen. Während der deutsche Soldat den gleichen Verpflegungssatz vom höchsten Offizier bis zum letzten Mann hatte, gab es bei den Italienern verschiedene Verpflegungssätze für Generale, Offiziere, Unteroffiziere und Mannschaften. Das führte zu Neid bei den ital. Mannschaften. Auch der Wehrsold war bei den deutschen Soldaten im Durchschnitt höher wie bei den italienischen."

[140] ACS, MI, DGPS, Polizia politica, per materia, b. 234, fasc. 4 (Lucca) – 15.4. u. 25.4.1941; ebd., b. 236 (Mailand) – 16.4., 29.4. u. 3.5.1941; ebd, b. 230, fasc. 3 (Florenz) – 7.4., 11.4. u. 20.4.1941.

[141] Ebd., b. 228, fasc. 3 (Bozen) – 30.1.1941; ebd., b. 236 (Mailand) – 7.3. u. 23.4.1941; ebd., b. 236 (Sesto San Giovanni) – 3.6.1941; b. 230, fasc. 3 (Florenz) – 25.6. u. 1.7.1941.

[142] Ebd., b. 234, fasc. 4 (Lucca) – 1.5.1941; ebd., b. 228, fasc. 3 (Bozen) – 15.4.1941; ebd., b. 236 (Mailand) – 16.4. u. 23.4.1941; ebd., b. 234, fasc. 3 (Livorno) – 16.4. u. 25.4.1941.

[143] So kursierte in Mailand etwa die Geschichte über eine Unterhaltung, die angeblich zwischen einem Vertreter der deutschen Regierung und dem Direktor der Firma Fiat stattgefunden hatte. Quintessenz des Gesprächs war, daß in Berlin ein Programm vorliege, laut dem sämtliche Industrien Europas künftig in Deutschland konzentriert werden sollten und Ländern wie Italien der landwirtschaftliche und touristische Sektor der europäischen Wirtschaft zugewiesen werde. Auf die Frage, ob der Direktor der Fiat-Werke dann die Leitung eines großen Hotels übernehmen solle, sei die lakonische Antwort erfolgt, daß es nicht ehrenrührig sei, ein Hotel zu führen (ACS, MI, DGPS, Polizia politica, per materia, b. 236 (Mailand) – 20.4.1941; vgl.: Imbriani, Duce, S. 138 f.).

bekundete und das Vertrauen in die „Achse" wiederherstellte. So verfehlte die Inszenierung des gemeinsamen Truppenaufmarschs in Athen nicht seine Wirkung auf die Italiener, die nach so viel vergossenem Blut schon fürchteten, um den Sieg über die Griechen betrogen zu werden. Zu ihrer Befriedigung unterstrich Hitler Anfang Mai ausdrücklich die Leistungen der italienischen Soldaten und zollte dem italienischen Heer in seiner Rede den gebührenden Respekt. Im Schatten solcher Aktionen, die Hitler gegen den Willen seiner Militärs durchsetzte, fanden die deutschkritischen Stimmen in Italien deutlich weniger Gehör.[144]

Alles in allem stabilisierte sich das faschistische Regime nach dem Balkanfeldzug. Britische Beobachter kamen nicht umhin, einen Anstieg der italienischen Stimmung zu konstatieren. Die Möglichkeit eines Zusammenbruchs der Regierung rückte in weite Ferne, und die Chancen auf ein separates Friedensabkommen schwanden. Hinzu kam, daß sich im *Foreign Office* die Überzeugung erhärtete, Italien sei praktisch schon ein besetztes Land. Selbst wenn es der britischen Propaganda gelingen sollte, Unfrieden und Aufstände zu provozieren, würde dies nur zu einer Erhöhung der deutschen Präsenz führen.[145] Ein Memorandum des *Southern Department* brachte diesen Eindruck Mitte Juli auf den Punkt und leitete damit eine entscheidende Wende in der britischen Italienpolitik ein.[146] Am 11. August reichte Außenminister Anthony Eden die Denkschrift an das War Cabinet weiter, ergänzt durch die einleitenden Worte:

„Die Schlußfolgerung, die aus diesem Memorandum zu ziehen ist, lautet, daß Gleichgültigkeit und Kriegsmüdigkeit die hervorstechenden Züge der in Italien herrschenden Stimmung sind. Die Möglichkeiten, Italien aus dem Krieg zu werfen (d. h. es zu einem Separatfrieden zu zwingen), können zu den Akten gelegt werden, da die Deutschen jeder Maßnahme in Italien zuvorkommen würden durch eine Umwandlung der derzeitigen moralischen Besatzung in eine physische Besatzung des Landes. Aber je deprimierter und rastloser die Italiener werden, um so ineffektiver wird der Beitrag der faschistischen Regierung zu den deutschen Kriegsvorhaben werden und um so größer die politischen Verpflichtungen Deutschlands in Italien.

---

[144] ACS, MI, DGPS, Polizia politica, per materia, b. 236 (Mailand) – 6.5., 14.5. u. 16.5.1941; ebd., b. 234, fasc. 4 (Lucca) – 8.5. u. 13.5.1941; ebd., b. 230, fasc. 3 (Florenz) – 17.5.1941.

[145] PRO, FO 371/29928, R 5611/28/22, S. 19 u. S. 12 – 22./30.5.1941, FO-Memorandum on Italian Morale; ebd., R 5459/28/22, S. 8 – 13.5.1941, Anmerkung Dixon; vgl.: PRO, FO 371/29927, R 4378/28/22, S. 28 f. – 23.4.1941, Kelly, Bern, an FO; ebd., R 4741/28/22, S. 83 – 30.4.1941, Wszelaki, Vatikan, an FO.

[146] PRO, FO 371/29928, R 7196/28/22, S. 156–159 – 18.7.1941, FO: Memorandum on Italian Morale; vgl.: Varsori, Separate Peace, S. 464 f.

Die Lehre daraus lautet, daß wir, selbst wenn wir jetzt nicht darauf hoffen können, Italien aus dem Krieg zu werfen, auf keinen Fall in unseren Bemühungen nachlassen sollten, Italien aus der Luft und von der See aus zu treffen, wann immer sich die Möglichkeit bietet. Jeder Schlag gegen Italien ist ein Schlag gegen Deutschland."[147]

Eden verwarf somit die Möglichkeit einer politischen Lösung und übergab den Fall Italien endgültig in die Hände der Militärs.[148] In einem Begleitschreiben an das Luftfahrtministerium hob er ausdrücklich hervor, daß es wünschenswert sei, Italien von nun an „wann immer möglich, wo immer möglich und so hart wie möglich" zu treffen.[149]

Nachdem italienische Städte im ersten Halbjahr nur selten angeflogen worden waren, nahmen die Luftangriffe im Sommer 1941 erheblich zu. Schon im Juli war der Süden zunehmend ins Visier geraten, im September folgte nun die erste großangelegte Attacke auf Norditalien.[150] Wenig überraschend ging das Interesse des *Foreign Office*, ja sogar des *Southern Department*, für Ereignisse in Italien und die Möglichkeit eines Teilfriedens infolge der Eden-Note deutlich zurück. Die Briten gaben die Suche nach einem geeigneten Verhandlungspartner auf, der Zusammenbruch Roms sollte jetzt militärisch erzwungen werden.[151]

Im Deutschen Reich hielt die Verstimmung über den Achsenpartner an. Italien wurde nach dem Balkanfeldzug mehr und mehr als Nutznießer des Militärbündnisses gesehen. Die Unterstellung Kroatiens unter italienische Herrschaft provozierte viel Unmut, vereinzelt war sogar zu hören, daß es „Italien einmal leicht ebenso gehen

---

[147] PRO, FO 371/29928, R 7196/28/22, S. 156 – 11.8.1941, Denkschrift Eden: „The conclusion to be drawn from this memorandum is that apathy and wareariness are the salient characteristics of the prevailing mood in Italy. Chances of knocking Italy out of the war (i.e., forcing her to a separate peace) can now be discounted, since the Germans would certainly forestall any such move in Italy by converting the present moral occupation into a physical occupation of the country. But the more depressed and restless the Italians become the less effective is the Fascist Government's contribution to the German effort, and the greater do Germany's policing responsibilities in Italy become. The moral of this is that, even though we cannot now hope to knock Italy out, we should not relax efforts to hit metropolitan Italy by air and from the sea whenever opportunity offers. Each blow against Italy is a blow against Germany."
[148] Varsori, Separate Peace, S. 465.
[149] PRO, FO 371/29928, R 7196/28/22, S. 176 – 11.8.1941, Eden an Archibald Sinclair, Air Ministry: „I should like to draw your attention to the last paragraph of my covering minute, about the desirability of hitting Italy whenever possible, wherever possible, and as hard as possible."
[150] Bonacina, Obiettivo: Italia, S. 100–110; vgl.: Phillips, Ventures, S. 200. Langfristig aber sollte sich die Royal Air Force auf den Süden der Halbinsel konzentrieren, da er ungefährlicher zu erreichen war und die Verschiffungshäfen nach Afrika ein attraktives Ziel boten.
[151] Varsori, Separate Peace, S. 465 f.; hier auch: FN 41.

könne, wie es Rußland mit seinen ständigen Forderungen gegangen ist".[152] Die Landung italienischer Truppen auf Kreta führte zu der bissigen Bemerkung, daß die Kämpfe dort im wesentlichen wohl abgeschlossen seien und Italien nun die Insel bekomme.[153] Mit Ungeduld erwartete man im Juli den Einsatz des italienischen Korps (CSIR) auf dem russischen Kriegsschauplatz.[154] In beiden Fällen war der deutschen Bevölkerung nicht bekannt, daß in Wirklichkeit ihre eigene Regierung für die Verzögerungen verantwortlich war.[155] Im Vergleich zu den finnischen, ungarischen und rumänischen Einheiten erfuhren die italienischen Freiwilligen in Rußland zudem eine ungünstige Beurteilung. Entsprechende Wochenschauberichte wurden mit Skepsis aufgenommen. In manchen Städten wie Frankfurt, Klagenfurt und Weimar kursierte im September gar das Gerücht, die Aufnahmen von italienischen Kampfeinsätzen seien gestellt.[156] Gepaart mit einem aufkeimenden Mißtrauen, verfestigte sich der Eindruck, der kriegsmüde Partner lehne sich im Bündnis militärisch zurück.[157] Seit Juli griff die Sage um sich, daß Rom zu einem Sonderfrieden mit Großbritannien neige und seine Befestigungsanlagen an der deutschen Grenze ausbaue. Eigene Verluste wurden bisweilen der mangelhaften Aufklärung italienischer Flieger zugeschrieben oder gar einem italienischen Verrat.[158]

e. Das Achsenbündnis in der Krise – vertrauensbildende Maßnahmen

In Italien wurde der Angriff auf die Sowjetunion mit Unbehagen aufgenommen. Die Vorstellung, daß sich der Krieg erneut ausweitete, behagte den wenigsten, zumal ein Ende nicht mehr absehbar war.[159] Bereits in Mussolinis Rede zum ersten Jahrestag des italienischen Kriegseintritts war Teilen der Bevölkerung unangenehm aufgefallen, daß der „Duce" die Länge des Konflikts als zweitrangig herunterspielte: Ein amerikanischer Kriegseintritt würde Großbritannien nicht den Sieg bringen, sondern

---

[152] Meldungen aus dem Reich, VII, S. 2532 – 17.7.1941.
[153] Ebd., S. 2368 – 5.6.1941.
[154] Ebd., S. 2487 – 7.7.1941.
[155] Vgl.: Kap. 1 f.
[156] Meldungen aus dem Reich, VIII, S. 2659 – 18.8.1941, S. 2674 – 21.8.1941, S. 2724 – 4.9.1941, S. 2751 – 11.9.1941 u. S. 2855 – 9.10.1941.
[157] Mehrfach tauchte die Frage auf, „womit sich Italien denn gegenwärtig beschäftige" (Meldungen aus dem Reich, VIII, S. 2700 – 28.8.1941; vgl.: ebd., VII, S. 2560 – 24.7.1941).
[158] Meldungen aus dem Reich, VII, S. 2579 – 28.7.1941; ebd., VIII, S. 2659 – 18.8.1941.
[159] Cavallo, Italiani, S. 84 f.

Das Achsenbündnis in der Krise 319

lediglich den Krieg verlängern.[160] Doch erst der Beginn des Unternehmens „Barbarossa" am 22. Juni 1941 ließ für Spekulationen und Hoffnungen keinen Raum mehr, der Schritt vom „kurzen" zum „langen Krieg" war unwiderruflich vollzogen. Obwohl die deutschen Siege im Osten immer noch Bewunderung hervorriefen,[161] konnten die Erfolge der „Achse" die abgleitende Stimmung in Italien nicht mehr auffangen. In steigendem Maße wurde der propagierte Gesamtsieg in Zweifel gezogen.[162] Die Entsendung des CSIR erweckte ambivalente Gefühle bei der Bevölkerung: Einige vertraten die Ansicht, daß der Einsatz der Truppen Italien zur Ehre gereiche, andere vermuteten, daß er von Hitler gar nicht gewünscht war.[163] Erschwerend hinzu kamen die Lebensmittelknappheit und die damit verbundenen Preissteigerungen, die im Frühjahr zunehmend Thema der Berichterstattung wurden.[164] Jede neu eingeführte Rationierungsmaßnahme ließ das Gerücht aufleben, daß die fehlenden Nahrungsmittel ins Reich exportiert würden. Als im September 1941 drei Dekrete erlassen wurden, die den Deutschen den Einkauf im Lande erschwerten, erhärtete sich dieser Eindruck rückwirkend.[165] Anfang Oktober löste die Einführung der Brotkarte landesweit Proteste aus. Die Mißstimmung gegen die Partei nahm zu und richtete sich nun zunehmend gegen die Person Mussolinis.[166] Der Mythos des „unfehlbaren Duce", der eventuell von unfähigen Politikern und Militärs falsch beraten wird,[167] war angeschlagen, Mussolini entzaubert. Mehr und mehr avancierte sein Liebesleben zum Thema der Gerüchteküche.[168]

Auf deutscher Seite verstärkten der Dekreterlaß sowie die Einschränkung der Lebensmittelexporte das Mißtrauen der Bevölkerung.[169] Von einer wahren Gerüchtewelle über die innenpolitischen Probleme der faschistischen Regierung berichteten die Informanten im Herbst 1941: Die Spannungen zwischen den faschistischen und königstreuen Kreisen nähmen zu, der *Vallo del littorio* werde erheblich ausgebaut,

---

[160] Opera Omnia di Benito Mussolini, XXX, S. 100 f. – 10.6.1941; Imbriani, Duce, S. 139–142; Cavallo, Italiani, S. 82 f.
[161] ACS, MI, DGPS, Polizia politica, per materia, b. 228, fasc. 3 (Bozen) – 30.6.1941; ebd., b. 236 (Mailand) – 5.7., 7.7., 17.7. u. 20.7.1941; ebd., b. 234, fasc. 4 (Lucca) – 15.7.1941; ebd., b. 230, fasc. 3 (Florenz) – 1.7. u. 3.7.1941.
[162] Colarizi, Opinione, S. 368 u. S. 383 f.
[163] ACS, MI, DGPS, Polizia politica, per materia, b. 230, fasc. 3 (Florenz) – 28.6. u. 1.8.1941; ebd., b. 236 (Mailand) – 7.7.1941; ebd., b. 228, fasc. 3 (Bozen) – 20.7.1941.
[164] Ebd., b. 236 (Mailand) – 5.6., 18.6. u. 22.7.1941; ebd., b. 234, fasc. 2 (Gorizia) – 19.6. u. 27.6.1941; ebd., b. 234, fasc. 4 (Lucca) – 12.7.1941; ebd., b. 232 (Genua) – 20.7.1941; ebd., b. 230, fasc. 3 (Florenz) – 4.5.1941; vgl.: Cavallo, Italiani, S. 82 f.
[165] Vgl.: Kap. 6 a.
[166] Cavallo, Italiani, S. 85–88; Colarizi, Opinione, S. 380 f.
[167] Imbriani, Duce, S. 108–115.
[168] Ebd., S. 151–153.
[169] Vgl.: Kap. 6 a.

und die Bemühungen um einen Separatfrieden liefen weiter.[170] Selbst der römischen Regierung lagen inzwischen Meldungen vor, laut denen das Reich einen Absprung Italiens aus der „Achse" erwartete.[171] Ein Vatikanbesuch des amerikanischen Gesandten Myron Taylor sowie eine USA-Visite des Botschafters Phillips gaben dem Gerücht Nahrung.[172] Da die Zuverlässigkeit des Bündnispartners selbst in der deutschen Regierung in die Diskussion geriet,[173] sah sich der „Duce" zunehmend genötigt, die Achsentreue seines Landes bewußt zu betonen und mögliche Treffen mit Phillips aus dem Weg zu gehen.[174] Der deutsche Diplomat Bismarck vermerkte am 26. Oktober 1941 anläßlich eines Empfangs:

„Für die augenblickliche Stimmung des Duce scheint es mir beachtlich, daß der Duce wie in den letzten Tagen verschiedentlich auch diesen Empfang von deutschen Besuchern dazu benutzt hat, um den nach seiner Auffassung besonders auch in Deutschland umlaufenden Gerüchten über Zweifel an der Haltung Italiens auf das schärfste entgegenzutreten."[175]

Aus demselben Grund drängte Mussolini im Oktober auch auf die Erweiterung des CSIR um weitere Truppen.[176] Die Zeit der „partiellen, fast nur symbolischen Beteiligung" sei vorbei, schrieb er Hitler am 6. November. In einem verstärkten militärischen Beitrag an der Ostfront sehe er das „beste Mittel, um die feindlichen Spekulationen über Sonderfrieden usw. zunichte zu machen".[177]

---

[170] Meldungen aus dem Reich, VIII, S. 2712 – 1.9.1941 u. S. 2949 – 6.11.1941; vgl.: Klemperer, Tagebücher, I, S. 676 – 1.10.1941.

[171] ACS, Carte Dino Alfieri, b. 6. fasc.: Mussolini – Hitler – Ribbentrop, n.p. – Okt. 1941, Bottai: Bericht für Mussolini über Deutschlandreise; ebd., Micup, Gab, b. 69, fasc.: Germania. Rapporti e contatti tra i ministero della Cultura popolare e il Ministero Propaganda del Reich. Anni 1939–1941, n.p. – 7.10.1941, Reisebericht Capomazza; ebd., b. 67, n.p. – Okt. 41, Bericht ital. Mitglied des Orchestra della Scala nach Konzertreise durch Deutschland; vgl.: ebd., b. 318, n.p. – 3.2.1942, Notiz für Pavolini.

[172] Vgl.: The Times, No. 49045, S. 3 – 1.10.1941, Italian Suspicion of Germany. Control of Yugoslavia; ASMAE, S. Affari politici 1931–45, Stati Uniti, b. 74, fasc.: Stati Uniti e Santa Sede. Missione Taylor, n.p. – 10.10.1941, Aufzeichnung Gesandtschaft Lissabon; ebd., b. 71, fasc.: Ambasciatore degli Stati Uniti a Roma. Missione Phillips, n.p. – 15.10.1941, Rocco, Micup, an MAE.

[173] Vgl.: Weizsäcker-Papiere, S. 274 f. – 22.10. u. 30.10.1941; KTB/Skl, A, XXVI, S. 475 – 28.10.1941.

[174] Vgl.: Ennio Di Nolfo, Vaticano e Stati Uniti: 1939–52. Dalle carte di M.C. Taylor, Mailand 1978, Dok. 56, S. 168 – 7.10.1941.

[175] PA/AA, Büro Staatssekretär, Dt.-ital. Beziehungen 1939–1942, Bd. 6, R. 29632, S. 372890 f. – 26.10.1941, Bismarck an AA.

[176] ADAP, D, XIII.2, Dok. 424, S. 568 f. – 26.10.1941, Aufzeichnung Schmidt.

[177] Ebd., Dok. 454, S. 614 – 6.11.1941, Mussolini an Hitler.

Das Achsenbündnis in der Krise 321

Ergänzend ergriff die deutsche Regierung im November 1941 deutliche Maßnahmen, um die italienfeindliche Stimmung im Lande einzudämmen und die Einheit der beiden Völker zu beschwören. Am brachialsten ging dabei das Reichssicherheitshauptamt vor. Am 1. November gab Heydrich einen Erlaß heraus, in dem er die „in letzter Zeit vermehrt aufgetretenen Witze über Italien sowie jede ablehnende Haltung gegenüber dem Achsenpartner als strafbare Handlung einstufte und entsprechende Gegenmaßnahmen (Verwarnung, Geldstrafe, Einlieferung in ein KZ) androhte".[178] Aufschlußreich war in dieser Hinsicht vor allem der Zusatz, daß in der Politik der Kopf und nicht das Herz zu entscheiden habe. Intern gab sich der Chef des Reichssicherheitshauptamts keine Mühe, seine geringe Wertschätzung des Achsenpartners zu verschleiern.

Nachdem Bormann bereits im Juli 1941 durch einen Rundbrief versucht hatte, die Beschimpfungen italienischer „Fremdarbeiter" im Deutschen Reich zu unterbinden,[179] erhielten die Gauleiter im November ein weiteres Schreiben, in dem sie auf den ausdrücklichen Wunsch Hitlers hingewiesen wurden, die Beziehungen zwischen der Bevölkerung und den italienischen Arbeitskräften zu verbessern.[180] Parallel erteilte der deutsche Regierungschef die Weisung, daß sich alle Generäle und Gauleiter zugunsten Italiens in den Dienst einer wirkungsvollen Propagandaaktion stellen sollten, um die erbrachten Opfer, die Widerstandsfähigkeit, den Wert des Heeres und die Disziplin und Geschlossenheit des italienischen Volkes deutlich hervorzuheben.[181] Notwendig war eine Propagandaaktion dieser Art auf jeden Fall, denn die abfälligen Äußerungen über die Italiener hatten im Herbst 1941 ein neues Niveau erreicht. Zu dem „Taugenichts"-Vorwurf der vergangenen Monate war die Befürchtung getreten, daß die Italiener durch ihr Versagen deutsche Soldaten in Gefahr brachten. Mangels Informationen über die Treibstoffversorgung nahm die deutsche Bevölkerung nur wahr, daß es der italienischen Marine offenkundig unmöglich war, dem Afrikakorps den notwendigen Geleitschutz zu stellen.[182] Inwieweit Propagandamaßnahmen hier noch Einfluß nehmen konnten, ist fraglich, da das deutsche Publikum inzwischen alle Nachrichten über den Bündnispartner und die „Achse" höchst kritisch aufnahm.[183]

---

[178] Moll, Europa, S. 862. Vgl. das Dokument des Instituts für Zeitgeschichte, München: MA-444/5, S. 956263 f. – 1.11.1941, Erlaß Heydrich [entspricht: NARS, T-175/427].
[179] BArch, NS 6/335, S. 38 f. – 11.7.1941, Bormann an alle Reichsleiter/Gauleiter/Verbändeführer.
[180] ACS, Carte Alfieri, b. 7, fasc.: Berlino. Corrispondenza 1940/42, n.p. – 13.11.1941, [Absender unleserlich], Frankfurt a.M., an Alfieri.
[181] Ebd., b. 6, fasc.: Ciano, n.p. – 18.11.1941, Alfieri an Ciano.
[182] Meldungen aus dem Reich, VIII, S. 3005 – 20.11.1941, S. 3016 – 24.11.1941, S. 3031 – 27.11.1941 u. S. 3043 – 1.12.1941.
[183] Zu einer Zeitungsnotiz mit dem Titel „Waffenbrüderschaft bekräftigt" wurde in Königsberg gefragt, „warum denn die Waffenbrüderschaft mit Italien ständig bekräftigt werden müsse", und vermutet, „daß es damit anscheinend ‚nicht so weit her' sein könne" (ebd., S. 3045 – 1.12.1941).

Mit dem Kriegseintritt der USA erfüllten sich im Dezember 1941 die schlimmsten Befürchtungen des italienischen Volkes. Die Kriegserklärung Mussolinis vermochte keinerlei Begeisterung zu erwecken, statt dessen verlor sich die Menge nach den Schlußworten rasch, wie Bottai und Ciano in ihren Aufzeichnungen vermerkten.[184] Seit dem Frühjahr war über einen amerikanischen Eingriff, der den Verlauf des Krieges entscheidend beeinflussen könnte, immer wieder spekuliert worden. Jetzt ließ der tatsächliche Kriegseintritt den Glauben an einen Gesamtsieg der „Achse" schwinden.[185]

In den Augen der Deutschen mußte der italienische Bundesgenosse fortan mit dem japanischen konkurrieren. Nach den Anfangserfolgen in Pearl Harbor, Sumatra und Singapur wurden immer wieder Leistungsvergleiche angestellt, die Italien in ein schlechtes Licht setzten.[186] Das Zusatzabkommen zum Dreimächtepakt vom 8. Dezember, in dem sich die drei Partner verpflichteten, „ohne volles Einverständnis weder mit den Vereinigten Staaten von Amerika noch mit England Waffenstillstand oder Frieden zu schließen",[187] fand angesichts der umlaufenden Gerüchte über einen Separatfrieden große Beachtung,[188] zerstreute die Verdächtigungen aber nicht.[189] Auch im April 1942 hielt Mussolini es für notwendig, die Bündnistreue seines Staates öffentlich zu betonen.[190]

Im Dezember 1941 setzte die deutsche Regierung ihre Maßnahmen zur Verbesserung der Beziehungen fort. In einem Merkblatt zum „Allgemeinen Verhalten" wurden die in Italien stationierten Soldaten mahnend auf ihre „politische Aufgabe" aufmerksam gemacht. Nach dem Benehmen der Deutschen im Ausland werde das deutsche Volk als Ganzes beurteilt. In Italien müsse sich der deutsche Soldat stets bewußt sein, daß er sich „in einem verbündeten Land, einem selbständigen Staat, einer Grossmacht" befinde, deren Hoheitsrechte unantastbar seien. Höflichkeit im Verkehr mit Behörden und Zivilpersonen sei daher erstes Gebot.[191] Gründe für diese Maßregelungen gab es genug: Auf Sizilien war es in der Vergangenheit vermehrt zu Zwischenfällen zwischen betrunkenen deutschen Soldaten und Einwohnern gekom-

---

[184] Bottai, Diario, S. 292 – 11.12.1941; Ciano, Diario, S. 565 f. – 11.12.1941.
[185] Colarizi, Opinione, S. 363–367; Cavallo, Italiani, S. 89.
[186] Steinert, Hitlers Krieg, S. 314.
[187] ADAP, D, XIII.2, Dok. 562, S. 799 f. – 8.12.1941, RAM an Botschaft Tokio; vgl.: ebd., Dok. 563, S. 800 – 8.12.1941, Aufzeichnung Mackensen.
[188] Meldungen aus dem Reich, VIII, S. 3091 – 15.12.1941.
[189] ACS, Micup, Gab, b. 318, n.p. – 3.2.1942, Aufzeichnung für Pavolini.
[190] PA/AA, Handakten Etzdorf, Schreibmaschinenumschriften, R. 27338, S. 428220 – 4.4.1942, Aufzeichnung Etzdorf: „Rede Mussolinis vor Gauleitern: Italien müsse zeigen, dass es bündnistreu sein könne."
[191] BA/MA, RL 9/24, S. 2–4 – 3.12.1941, Merkblatt für die in Italien eingesetzten Verbände der Luftwaffe.

Das Achsenbündnis in der Krise 323

men,[192] in Neapel waren die deutschen Truppen durch arrogantes Auftreten, ungeheure Einkäufe und rücksichtsloses Autofahren aufgefallen,[193] und auch auf der Durchreise hatte es hin und wieder Schlägereien in Kneipen und Bordellen gegeben.[194] Im Februar 1942 rief daher auch Generalfeldmarschall Kesselring die ihm unterstellten Verbände zur Ordnung[195] und entschuldigte sich bei der Bevölkerung für das Fehlverhalten einiger Soldaten.[196] Dies verhinderte aber nicht, daß über Respektlosigkeiten deutscher Militärs zunehmend geredet wurde,[197] zumal es auch in den Folgemonaten weiterhin zu Zwischenfällen kam.[198] Allein die Tatsache, daß das deutsche Oberkommando seine Truppen wiederholt auf die Grußpflicht zwischen deutscher und italienischer Wehrmacht hinweisen mußte, spricht für sich.[199]

Mit dem sich verschärfenden Hunger nahmen im Frühjahr 1942 die Gerüchte über Lebensmitteltransporte in das Deutsche Reich zu. Die deutschen Erfolge in Tobruk und Rußland waren bei leerem Magen ein geringer Trost, zumal Teile der italienischen Bevölkerung sehr wohl registrierten, daß Hitler in seiner Rede vom 26. April bereits auf die Kämpfe im nächsten Winter verwies.[200] Den Berichten zufolge nahmen antifaschistische und deutschfeindliche Tendenzen im Sommer 1942 stark zu. Ab September förderten dann schlechte Nachrichten von der Front diese Entwicklung: Der Rußlandfeldzug lief sich bei Stalingrad fest, und in Nordafrika gingen die Briten kurz darauf zur Gegenoffensive über.[201] Zugleich nahm die Bevölkerung wahr, daß Hitlers Ansprachen eine neue Nuance bekamen. So hieß es in seiner Rede vom 30. September:

---

[192] Vgl.: ACS, MI, DGPS, A5G – IIa guerra mondiale, b. 122 – 20.2.1941 (Catania); ebd., b. 123 – 4.3.1941 (Palermo) u. 8.3., 12.5.1941 (Comiso); ebd., b. 124 – 8.3.1941 (Trapani).

[193] PA/AA, Botschaft Rom – Geheimakten, 117/156, n.p. – 12.9.1941, Aufzeichnung Bismarck für Mackensen.

[194] Vgl. z. B.: ACS, MI, DGPS, A5G – IIa guerra mondiale, b. 123 – 5.3. (Neapel) u. 7.6.1941 (Caserta); ebd., b. 122 – 20.3. (Caserta) u. 27.6.1941 (Bozen); PCM, 1940–43, G 45/1, Nr. 29123 – 20.10.1941 (Bologna) u. Nr. 29134 – 25.10.1941 (Lecce).

[195] Kesselring sah sich aufgrund der Vorfälle in Sizilien und Süditalien veranlaßt, „durch Schnellgericht" einzugreifen. Soldaten, die trotz Belehrungen weiterhin Anstoß erregten, sollten in ein Arbeitslager geführt, Stadtgänge und Urlaube in Italien nur noch bewährten Männern genehmigt werden (BA/MA, RL 9/25, n.p., Brief-Nr. 640/42 – 5.2.1942, Sonderbefehl Kesselring).

[196] ACS, MI, DGPS, A5G – IIa guerra mondiale, b. 124, n.p. – 21.2.1942, Quästur Rom an MI, DGPS.

[197] Cavallo, Italiani, S. 242.

[198] BA/MA, RL 9/25, n.p., ohne Brief-Nr. – 11.5.1942, Pohl an Kommandeure der unterstellten Einheiten.

[199] BA/MA, RM 109/7, S. 314 – 11.3.1942, OKM an sämtliche Dienststellen; vgl.: ebd., RL 9/24, S. 5 f. – 3.12.1941, Merkblatt für die in Italien eingesetzten Verbände der Luftwaffe.

[200] Cavallo, Italiani, S. 241 f.; Colarizi, Opinione, S. 383; zu Hitlers Ansprache vgl.: Hitler. Reden und Proklamationen, II.2, S. 1873 f.

[201] Cavallo, Italiani, S. 245; Colarizi, Opinione, S. 384 f.

„Unsere Gegner mögen diesen Krieg führen, solange sie in der Lage sind. Was wir tun können, um sie zu schlagen, das werden wir tun! Daß sie uns jemals schlagen, ist unmöglich und ausgeschlossen."[202]

Nicht der zukünftige Sieg, sondern die Unbesiegbarkeit der „Achse" wurde vom deutschen Regierungschef betont. Viele Italiener fanden in diesen Worten ihre Vermutung bestätigt, daß die deutschen Truppen zu eigenen Initiativen nicht mehr fähig waren.[203] Mitten in den Festivitäten zum zwanzigsten Jahrestag des Faschismus schien sich zu erweisen, daß auch der deutsche Bundesgenosse am Ende seiner militärischen Kräfte war.

Die Deutschen mühten sich derweil, den deutschfeindlichen Strömungen in Italien entgegenzuwirken. So riefen die „Richtlinien zur deutschen Italienpropaganda" im Oktober etwa dazu auf, stets auf die „maßgebende Rolle Italiens im neuen Europa" hinzuweisen. Die Formel könne lauten: „Im neuen Europa steht ein starkes Italien selbstständig neben Deutschland."[204] Das Auswärtige Amt sammelte Material, um die umlaufenden Gerüchte über eine wirtschaftliche Ausbeutung Italiens mit statistischen Daten zu widerlegen.[205] Außerdem sollten die deutschen Getreide- und Kartoffellieferungen propagandistisch genutzt werden, um dem italienischen Volk die deutsche Unterstützung vor Augen zu führen.[206] Doch vor dem Hintergrund der militärischen Niederlagen in Nordafrika und den zunehmenden Luftangriffen auf Italien konnten Maßnahmen wie diese nicht greifen. Nach der Aufgabe Tobruks im November mußte Tripolis im Januar 1943 geräumt werden. Libyen war verloren. Die Tatsache, daß Hitler zeitgleich den Erlaß zur „totalen Mobilisierung" des deutschen Volkes herausgab, wirkte alarmierend.[207] Der Mythos vom „unbesiegbaren Bundesgenossen" schwand dahin. Eine lang erwartete Rede des „Duce" im Dezember 1942 konnte die Erwartungen der Bevölkerung nicht erfüllen und hinterließ einen kraftlosen Eindruck. Zudem demoralisierten die britischen Bombenabwürfe, die seit Herbst 1942 auch wieder die Städte Genua und Turin erreichten, die Italiener, wobei diese ihren Zorn weniger gegen die Alliierten als vielmehr gegen Mussolini und das

---

[202] Hitler, Reden und Proklamationen, II.2, S. 1924.
[203] Cavallo, Italiani, S. 248 f.
[204] PA/AA, Handakten Wiehl, Italien, Bd. 15.1, R. 106179, S. 474726–729 – 19.10.1942, Luther an Wiehl.
[205] ADAP, E, IV, Dok. 125, S. 224 f. – 4.11.1942, Aufzeichnung Wiehl.
[206] Ebd., Dok. 238, S. 422–425 – 29.11.1942, Mackensen an AA.
[207] Zum „Erlaß des Führers über den umfassenden Einsatz von Männern und Frauen für Aufgaben der Reichsverteidigung" vom 13. Januar 1943 vgl.: Bernhard R. Kroener, „Menschenbewirtschaftung", Bevölkerungsverteilung und personelle Rüstung in der zweiten Kriegshälfte (1942–1944), in: DRZW V.2, S. 847–855.

faschistische Regime richteten.[208] Mitte 1943 konstatierten die Berichte einen weitverbreiteten Haß auf die Deutschen, die für die verheerenden Auswüchse, die der Krieg angenommen hatte, verantwortlich gemacht wurden.[209]

Im Reich wuchs die Abneigung gegenüber dem „unfähigen" Bundesgenossen weiter an. Die Niederlage bei Stalingrad wurde von weiten Kreisen der Bevölkerung den italienischen Truppen angekreidet, die angeblich „bei dem ersten Durchbruchsversuch der Russen davongelaufen" seien.[210] Den Informanten zufolge erreichte die Polemik gegen die Italiener im April 1943 einen Höhepunkt: In aller Offenheit werde überall über das „restlose Versagen" des Achsenpartners gesprochen.[211] Starken Anklang fand das Gerücht, demzufolge die Italiener inzwischen „an allen gefährlichen Punkten durch deutsche Truppen ersetzt worden" seien.[212] Allein Mussolini genoß noch das Vertrauen der deutschen Bevölkerung, in ihm sah man den Garant für die italienische Bündnistreue. Doch die Zweifel, ob er sich bei einer zunehmenden Verschärfung der politischen und militärischen Lage noch lange behaupten könne, führten zu Unsicherheiten. Allgemein wurde die Ansicht vertreten, daß Italien längst aus der „Achse" abgesprungen wäre, wenn es nicht mit deutschen Truppen durchsetzt wäre.[213] Der Sturz Mussolinis im Juli 1943 führte daher automatisch zu der Erwartung, daß Rom bald gänzlich aus dem Bündnis aussteigen werde.[214] Keine zwei Monate später gab General Dwight Eisenhower den Abschluß des Waffenstillstandes mit Italien bekannt.

---

[208] Cavallo, Italiani, S. 263–279; Colarizi, Opinione, S. 397 f.; Bonacina, Obiettivo: Italia, S. 143–154.
[209] Cavallo, Italiani, S. 347 f.
[210] Meldungen aus dem Reich, XII, S. 4762 – 8.2.1943 u. ebd., XIII, S. 5020 f. – 29.3.1943.
[211] Ebd., XIII, S. 5125 – 15.4.1943; vgl.: DDI, 9, X, Dok. 262, S. 342 f. – 26.4.1943, Suster an Bastianini.
[212] Meldungen aus dem Reich, XIII, S. 5039 – 1.4.1943.
[213] Ebd., S. 5062 – 5.4.1943; Steinert, Hitlers Krieg, S. 384; Klemperer, Tagebücher, II, S. 299 – 29.12.1942; vgl.: DDI, 9, X, Dok. 406, S. 527–536 – 9.6.1943, Gespräch Vitetti/Acquarone; ADAP, E, Dok. 64, S. 111 f. – 28.5.1943, Köcher, Bern, an AA; zu italienischen Friedensfühlern ab 1942 vgl.: Varsori, Separate Peace, S. 467–491.
[214] Steinert, Hitlers Krieg, S. 398.

Schlußbetrachtung

Italiens „Politik des ausschlaggebenden Gewichts", mit der es dem Land in den dreißiger Jahren vorübergehend gelungen war, auf dem europäischen Parkett die Rolle einer unabhängigen Großmacht einzunehmen, zeigte sich gescheitert, als durch den Ausbruch des Zweiten Weltkriegs Italiens Stimme im außenpolitischen Geschehen Europas nicht mehr entscheidend war. Der Anschluß an einen starken Bündnispartner gewann im Jahre 1940 an Bedeutung; die Möglichkeit, im labilen Gleichgewicht der Mächte weiterhin das „Zünglein an der Waage" zu spielen, schwand dahin.

In den ersten Monaten nach dem deutschen Angriff auf Polen bemühte sich die faschistische Regierung zunächst, den Spagat zwischen den Großmächten aufrechtzuerhalten. Mit der Proklamation der *Nonbelligeranza* hielt sie zwar an dem Bündnis mit dem Deutschen Reich fest, doch der praktische Rückzug aus den Verpflichtungen des „Stahlpakts", der Italien zum Einmarsch in Polen genötigt hätte, und der Ausbau der Handelsbeziehungen zu Großbritannien und Frankreich machen deutlich, daß sich die Regierung in Rom weiterhin alle Türen offenzuhalten versuchte. Der handelspolitische Einsatz für den Achsenpartner durch das Schmuggeln deutscher Waren konnte daher nur so lange aufrechterhalten werden, wie er die Aufmerksamkeit der Briten nicht erregte. Gleichzeitig bemühte sich Ciano im Winter 1939/40, einen Block neutraler Staaten unter der Ägide Italiens zu formen – ein kurzzeitiger Ansatz, den dritten Weg zu einer wahren Neutralität einzuschlagen, und vermutlich die letzte Möglichkeit, die Stellung Italiens im Zweiten Weltkrieg erheblich zu verbessern. Dem Großmachtstreben Mussolinis wurde diese Art von Außenpolitik aber nicht gerecht. Die grundsätzliche Schwäche der italienischen Gleichgewichtspolitik, ursprünglich eine Idee Dino Grandis, hatte stets darin bestanden, daß sie vom „Duce" nicht als Zweck an sich verfolgt wurde, sondern Rom in jedem Fall territorialen Zugewinn bringen sollte.

Daß sich der politische Handlungsrahmen Italiens zur Jahreswende 1939/40 zunehmend verengte, lag vor allem an seiner Rohstoffarmut und der daraus resultierenden Importabhängigkeit. Die abgeschnittene Insellage im Mittelmeer machte die Transportwege zudem höchst verletzlich, so daß es nicht überrascht, daß sich die Abhängigkeit der italienischen Wirtschaft in dem Augenblick, in dem sich seine wichtigsten Handelspartner gegenseitig den Krieg erklärten, zu einer Frage politischen Gewichts entfaltete. Italien geriet ins handelspolitische Tauziehen der kriegführenden Großmächte. Bereits im Dezember 1939 kündigte die britische Regierung an, den Mittelmeerraum für die deutschen Kohlelieferungen zu blockieren. Britische Kohle und ein ausgeweiteter italienisch-britischer Handel sollten das wirtschaftliche Band zwischen den Achsenpartnern lösen und Italien langfristig militärisch neutralisieren. Die ambivalente Positionierung Roms zwischen wirtschaftlicher Neutralität und politischer *Nonbelligeranza* auf seiten Deutschlands wurde angesichts der britischen Drohung unhaltbar. London drängte auf eine klare Entscheidung und stellte Italien praktisch vor die Wahl zwischen wirtschaftlichem Wohlstand unter britischer Kontrolle und politischer Entscheidungsfreiheit inmitten blockierter Zufahrtswege. Daß der auf Selbstbestimmung bedachte Mussolini angesichts dieser handelspolitischen Erpressung aufbegehrte und sich innerhalb weniger Wochen für das Deutsche Reich entschied, verwundert nicht – zumal Hitler geistesgegenwärtig die Gelegenheit ergriff, dem „Duce" eine umfassende Kohleversorgung auf dem Landwege zuzusichern.

Trotz aller Beunruhigung, welche der deutsche Partner etwa durch den „Anschluß Österreichs", die Einnahme Böhmens und Mährens oder den Krieg gegen Polen provoziert hatte, gelang es der nationalsozialistischen Regierung stets, Rom die richtigen Zugeständnisse im rechten Augenblick zu machen. In Berlin legte man großen Wert auf den Bestand des deutsch-italienischen Bündnisses und koppelte die eigenen Machtzugewinne daher möglichst an eine gezielte Beschwichtigungspolitik, in der den italienischen Diplomaten etwa das deutsche Desinteresse am Mittelmeerraum und der Adria bescheinigt oder gar die Umsiedlung der deutschstämmigen Südtiroler eingeleitet wurde, um klarzustellen, daß es niemals zu einer Rückforderung dieses Gebietes kommen werde. Politisch betrachtet erschien das Bündnis mit dem Deutschen Reich daher attraktiver, zumal Mussolini seine Expansionspolitik weiterverfolgen wollte. Schaffte ihm Hitler die geeigneten wirtschaftlichen Rahmenbedingungen, so konnte sich Italien der drohenden Neutralisierung durch eine britische Wirtschaftskontrolle entziehen. Preis dieser Entscheidung war allerdings die Auslieferung der italienischen Wirtschaft an den guten Willen des Deutschen Reiches. Denn letztlich hatte die Ankündigung des britischen Kohleembargos Italien nur vor die Wahl zwischen zwei Einbahnstraßen gestellt, die jede für sich in eine einseitige wirtschaftliche Abhängigkeit führten. Nicht zufällig folgte dem deutsch-italienischen Handelsabkommen vom Februar 1940 unmittelbar die Zusage Mussolinis, bald in den Krieg einzutreten.

In Berlin hielt man den Kriegseintritt Italiens daraufhin nur noch für eine Frage der Zeit. Hitler plante die italienischen Truppen für den Westfeldzug fest ein und drängte auf eine enge Absprache mit dem *Comando Supremo* – wobei die Enge der Absprache aber im wesentlichen auf eine enge Einbindung der Italiener abzielte. Den deutschen Planungen zufolge sollte den italienischen Soldaten nämlich nur eine untergeordnete Rolle in einem deutschen Feldzug zugewiesen werden. Informationen über die geplanten Operationen gegen die Niederlande, Belgien und Luxemburg sowie Norwegen und Dänemark wurden bewußt zurückgehalten, und auf italienische Bitten um Kriegsmaterial wurde nicht reagiert. Nicht weniger zurückhaltend gab sich der italienische Generalstab, für den die Frage des italienischen Kriegseintritts noch nicht entschieden war und der seinen Vertreter letztlich nicht zu dem entscheidenden Treffen nach Berlin sandte. Wie schon in den Tagen des „Stahlpakts" war die militärische Zusammenarbeit von einer Sprachlosigkeit geprägt, die einem effektiven Zusammenspiel der Streitkräfte unüberwindlich im Wege stand.

Schlußbetrachtung 329

Nach dem Kriegseintritt Italiens wurden die Rollen getauscht. Nicht die Deutschen, sondern die Italiener forcierten nun die Kooperation und drängten auf verbindliche Absprachen. Wirtschaftlich wie militärisch strebten die Italiener jetzt einen offenen Austausch an: General- und Admiralstab engagierten sich für persönliche Besprechungen, Mussolini bot Truppen und Flugzeuge für die Einnahme Großbritanniens an, und im Atlantik wurden italienische U-Boote freiwillig dem deutschen Kommando unterstellt. In der Annahme, nach dem Kriegseintritt auf gleicher Basis mit den Deutschen verkehren zu können, wurden freimütig Informationen über die jugoslawischen Grenzbefestigungen erbeten für einen Krieg, in dem eine deutsche Unterstützung bereits eingeplant wurde. Die Italiener wünschten sich die Ausarbeitung eines stabilen, übergreifenden Wirtschaftsvertrags, der ihre Rohstoffprobleme langfristig löste, sowie klare Absprachen hinsichtlich der wirtschaftlichen Interessengebiete im späteren „neugeordneten Europa". Sowohl auf der militärischen wie auch auf der wirtschaftlichen Ebene waren die italienischen Initiativen dabei geprägt von der Absicht, sich definitiv als gleichwertiger Partner neben dem Deutschen Reich zu etablieren. Allein aus diesem Grund wurden militärische Unsinnigkeiten wie die Entsendung des italienischen Fliegerkorps an den Ärmelkanal von Mussolini billigend in Kauf genommen, wenn nicht gar gegen den Willen seiner militärischen Berater initiiert.

Die deutsche Regierung begegnete dem italienischen Streben nach Gleichwertigkeit jedoch mit dem Unwillen des Stärkeren, der sich nicht binden läßt. Die Planung eines Jugoslawienfeldzuges stieß auf ein klares Veto, die erwünschten Unterlagen wurden den italienischen Militärs nicht geliefert. Keitel zögerte das Treffen mit Badoglio heraus, und die Seekriegsleitung sagte schlichtweg ab; für deutsch-italienische Wehrmachtsbesprechungen sah man in Berlin keinen Anlaß. Auf eine taktische Unterstellung italienischer U-Boote unter deutsche Führung verzichtete Hitler ganz bewußt, um den Italienern keine Möglichkeit zu künftigen Gegenforderungen zu bieten. Und auch wirtschaftlich legten sich die deutschen Verhandlungsführer auf nichts fest und gewährten den Italienern keinen Einblick in die eigenen Pläne. Einzig im Aufbau der Verbindungsstellen in Wirtschaft, Militär und Medien zeigten sich die Deutschen unmittelbar engagiert, doch diente dieses Engagement eher dem Bestreben, einen besseren Einblick in das Tun des Bündnispartners zu gewinnen, als selbst Einblick zu gewähren.

Bereits im Herbst 1940 lag daher eigentlich auf der Hand, wie die Gewichte innerhalb der „Achse" verteilt waren. Von Anfang an war das Bündnis von der Ungleichheit der beiden Partner geprägt, die aus der wirtschaftlichen und militärischen Unterlegenheit Italiens resultierte. Thematisiert wurde dieses Ungleichgewicht jedoch nicht. In den wenigen Reibungspunkten, die sich auftaten, deutete sich zwar an, daß das deutsche Regime Italien nicht als gleichwertigen Partner betrachtete. Doch zu einer offenen Konfrontation kam es nicht, da man militärisch im wesentlichen nebeneinander operierte und sich wirtschaftlich mit kurzfristigen Provisorien aushelfen konnte. Daß die „Achse Berlin–Rom" sich im Herbst 1940 noch im

Gleichgewicht befand, rührt darum vor allem daher, daß keiner der Partner sie ernsthaft in Anspruch nahm. Italien befand sich noch im „kurzen Krieg", in einem Krieg von drei bis fünf Monaten, für den sich das Land ausreichend gerüstet wähnte und den es auch allein bestreiten konnte. Das Bündnis wurde keiner Belastung ausgesetzt, die Deutschland nicht freiwillig zu tragen bereit gewesen war. Hinzu kam, daß über die militärische Schlagkraft Italiens weithin nur spekuliert werden konnte, da weder der kurze Auftritt im Krieg gegen Frankreich noch die Kämpfe im Mittelmeerraum wirklich Aufschluß über das italienische Potential gaben. Deutsche Zugeständnisse an den Partner waren darum opportun, schließlich wußte man in Berlin noch nicht, wofür man Italien in Zukunft noch brauchen würde.

Erst das Scheitern des italienischen Griechenlandfeldzuges kehrte die Schwäche Roms vollends ans Tageslicht. Die Niederlagen im Balkan und in Nordafrika enttäuschten die deutschen Erwartungen an die militärische Leistungskraft des Bundesgenossen; zusehends verlor man in den Kreisen der deutschen Wehrmacht und der politischen Führung den Respekt vor den italienischen Streitkräften. Wirtschaftlich wie militärisch verhinderten die schwelende Rivalität der beiden Mächte und das daraus resultierende Mißtrauen zudem jede effektive Zusammenarbeit: Die Deutschen ließen den Italienern selten die Hilfe zukommen, die erbeten wurde. Statt den Wünschen nach Material und Rohstoffen zu entsprechen, erklärte sich Berlin meist nur bereit, deutsche Truppen in den italienischen Kriegsschauplatz abzugeben. Und die italienische Regierung konnte und wollte die angebotene Unterstützung durch Soldaten nicht annehmen, da ihr „Parallelkrieg" in Ägypten und Griechenland unter anderem die Unabhängigkeit Italiens in der „Achse" beweisen sollte. Die Koalition zeigte sich daher im Herbst 1940 in ihrer Zusammenarbeit völlig blockiert – ein Zustand, der anhielt, bis die Not die Italiener zwang, den deutschen Weg einzuschlagen und militärische Hilfe in Berlin anzufordern. Zeitgleich rückte die wirtschaftliche Abhängigkeit Italiens durch den rapide gesteigerten Rüstungsbedarf in den Vordergrund und zwang die italienische Regierung gegen Ende 1940 in die Rolle eines Bittstellers. Ein geordnetes Zusammenspiel der beiden Ökonomien, das Italien in eine gleichwertige Position hätte heben können, war nicht zustandegekommen. Das deutsche Regime konnte daher die Aufdeckung der italienischen Abhängigkeit im Dezember 1940 nutzen, um im Austausch gegen Waffen- und Rohstofflieferungen italienische Arbeitskräfte zum Dienst in der deutschen Rüstungsindustrie in einem bis dahin nicht gekannten Ausmaße anzufordern. Die wirtschaftliche Abhängigkeit des Bundesgenossen wurde somit als Druckmittel erkannt und eingesetzt, d. h. von der ökonomischen auf die politische Ebene der Achsenbeziehung geführt.

Das Treffen der beiden Diktatoren auf dem Berghof besiegelte im Januar 1941 die Unterordnung Italiens innerhalb des Bündnisses. Zwar wurde auf Wunsch Hitlers die Fiktion der „Achse" und damit die Autonomie Italiens nicht angerührt – entgegen den Wünschen der Seekriegsleitung und der Wehrmacht, die zu diesem Zeitpunkt eine verstärkte Einflußnahme auf die militärische Führung Italiens forderten. Doch wurde die Machtlage nichtsdestotrotz neu definiert. So sahen sich etwa die italienischen Verhandlungsführer in den Wirtschaftsgesprächen zum Siebenten Handelsabkommen erstmals gezwungen, über den wahren (verheerenden) Stand ihrer Rüstungswirtschaft zu berichten. Der Informationsaustausch war nicht mehr gleichberechtigt, denn deutscherseits wurden Einblicke dieser Art nicht gewährt. Militärisch drangen die Deutschen nun außerdem auf italienische Kriegsschauplätze und nach Italien selbst vor. Bereits seit Dezember waren deutsche Flieger auf Sizilien stationiert, und ab Februar 1941 durchzogen die Truppen des deutschen Afrikakorps die gesamte Halbinsel, um sich nach Nordafrika zu verschiffen. Die wirtschaftliche wie militärische Vorherrschaft Deutschlands in der „Achse" war nicht mehr zu leugnen.

Unter den deutschen Militärs ließ die Rücksichtnahme auf den Achsenpartner daraufhin spürbar nach. Angespornt durch die eigenen Erfolge auf dem Balkan, nahm der Umgangston mit den Italienern im Frühjahr 1941 einen schulmeisterlichen und teilweise rauhen Klang an. Mehr und mehr fand sich Italien in die Rolle eines Satellitenstaates gedrängt: Im Feldzug gegen Jugoslawien eignete sich Hitler – wenn auch unter dem Siegel der Verschwiegenheit – den Oberbefehl über die alliierten Truppen an. Im Mittelmeerraum wurde der italienische Führungsanspruch durchbrochen, und in Nordafrika erhielt Rommel vom OKW einen Freibrief auf „volle Handlungsfreiheit", obwohl er formell dem italienischen Oberbefehlshaber unterstand. Selbst im Bereich der Medien nahmen die deutschen „Vorschläge" und Ermahnungen nun eine Form an, die sogar der deutsche Verbindungsmann für Presseangelegenheiten im April 1941 als Gängelung bezeichnete.

Es nimmt daher nicht wunder, daß die Geduld Mussolinis bald erschöpft war. Als deutsche Offiziere die Kapitulationsverhandlungen mit den Griechen zum Abschluß brachten, ohne die Italiener auch nur zu konsultieren, war die Grenze der Unterordnung erreicht. Das Berghoftreffen mochte das Ende des italienischen „Parallelkriegs" bedeuten, doch nicht das Ende der italienischen Selbstbestimmung. Rom beanspruchte für sich auch in Zukunft eine Sonderrolle und sollte diese – wie sich sofort zeigte – auch erhalten. Denn als habe Hitler nur ausloten wollen, wie weit seine Vertreter gehen können, wurden dem „Duce" beim ersten offiziellen „Aufschrei" die erforderlichen Zugeständnisse gemacht. Eher brüskierte Hitler seine Offiziere, als daß er das Bündnis mit Italien aufs Spiel setzte. Anders als Wehrmacht und Marine besann sich der deutsche Regierungschef immer wieder auf einen vorsichtigen Umgang mit dem Achsenpartner.

Insgesamt betrachtet, ist die entscheidende Bedeutung Hitlers für die Kontinuität der deutschen Italienpolitik nicht von der Hand zu weisen. Wenn im Hinblick auf den Umbruch von 1943 leicht geschlossen werden kann, daß Mussolini der Garant für die Stabilität der „Achse" war, so darf man darüber nicht aus den Augen verlieren, daß Gleiches auch für Hitler galt. Wiederholt trat der deutsche Regierungschef als Korrektiv auf, um das Verhalten seiner militärischen und politischen Mitarbeiter zu justieren, wenn das Achsenbündnis in Vergessenheit geriet oder untergraben wurde.

Schon das Waffenstillstandsabkommen mit Frankreich wurde von Hitler zugunsten Mussolinis verzögert – eine rein politische Entscheidung, die militärisch nicht zu rechtfertigen war. Im Januar 1941 verteidigte der deutsche Regierungschef die Souveränität Italiens gegenüber den Vorschlägen der Seekriegsleitung und des Auswärtigen Amtes. Obwohl sich für diesen Entschluß durchaus machtpolitische Argumente finden lassen, spricht vieles dafür, daß hier die ideologisch geprägte „Nibelungentreue" Hitlers ausschlaggebend war. Bei seinen Weisungen, deutsche Truppen nach Albanien vorstoßen zu lassen, um den Italienern dort „die Hand zu reichen", Athen nur unter der Teilnahme der Bundesgenossen einzunehmen oder die Griechen zu einer Kapitulation gegenüber Italien zu zwingen, standen dann eindeutig mehr politische und psychologische Gesichtspunkte im Vordergrund als militärische – denn militärisch betrachtet waren diese Aktionen schlichtweg überflüssig. Es überrascht daher nicht, daß Entscheidungen wie diese zunehmend auf das Unverständnis der militärischen Führung stießen. Vor allem die Seekriegsleitung drängte unter dem Einfluß Weicholds zunehmend auf eine Kontrolle des Koalitionspartners. Zugeständnisse an die Italiener wurden in den folgenden Monaten nur noch aus politischen Gründen gemacht und gingen daher stets von Hitler und den Mitarbeitern des Auswärtigen Amtes aus. Insbesondere Clodius avancierte dabei nach und nach zum Anwalt italienischer Interessen: Je mehr Einblick der Verhandlungsführer in die italienische Wirtschaftslage gewann, um so größer wurden sein Verständnis und sein Einsatz für die italienischen Belange. Die Fachleute des OKW, des WiRüAmtes, der Seekriegsleitung oder des Reichssicherheitshauptamtes achteten unter den verschärften Kriegsumständen hingegen nur noch darauf, die direkten Vorteile des Deutschen Reiches zu sichern – die Rücksichtnahme auf italienische Bedürfnisse gehörte nicht dazu.

Da die faschistische Regierung nicht bereit war, sich mit ihrer untergeordneten Rolle innerhalb der „Achse" abzufinden, setzte sich der deutsch-italienische Machtkampf in den Jahren 1941 bis 1943 fort. Insbesondere in der Aufteilung und Verwaltung der gemeinsamen Besatzungsgebiete schlug dies zu Buche: Sowohl in Kroatien als auch in Griechenland traten die Bundesgenossen weniger als Partner denn als Konkurrenten in Erscheinung. Hatte man in der deutschen Führung anfangs darauf spekuliert, den Italienern in einem geschickten Balanceakt einerseits die politische und militärische Verantwortung auf dem Balkan zuzuspielen und andererseits die eigenen Wirtschaftsinteressen vor Ort zu sichern, so entpuppte sich die Durchführung dieses Vorhabens angesichts der italienischen Ansprüche bald als schwierig. Zwar gelang es bisweilen, das faschistische Geltungsbedürfnis mit wertlosen Äußerlichkeiten abzuspeisen: Mussolini konnte Griechenland offiziell zum „italienischen Lebensraum" deklarieren, und Aimone di Savoia wurde zum künftigen König Kroatiens designiert. Doch erwiesen sich diese Zugeständnisse langfristig als unzureichend, zumal sich die Deutschen hinterrücks – etwa über das Netzwerk der deutschen Volksgruppe in Kroatien – trotzdem den politischen Einfluß sicherten bzw. die wirtschaftlich und militärisch relevanten Gebiete einfach unter eigener Kontrolle hielten. Zum Teil war

Schlußbetrachtung 333

dies polykratischen Strukturen geschuldet, die sich in den Besatzungsgebieten zunehmend einen Weg bahnten. So griff etwa die deutsche Privatwirtschaft im Balkan ungezügelt zu – begünstigt von den Militärs und dem WiRüAmt, das aufgrund eines Führerbefehls selbst nicht im gewünschten Ausmaße tätig werden durfte. Hitlers Weisung, die rüstungswirtschaftliche Ausnutzung Griechenlands den Italienern zu überlassen, wurde auf diese Weise zum Vorteil des Deutschen Reiches unterlaufen. Als Ribbentrop Ciano im November 1941 versicherte, daß Aktionen solcher Art ohne Befehl von oben erfolgten, d. h. nicht autorisiert waren, sagte der Reichsaußenminister möglicherweise die Wahrheit. Den vermuteten „Masterplan" zur Übervorteilung Roms gab es mit hoher Wahrscheinlichkeit nicht, Hitler hätte ihn kaum gebilligt; doch die deutsche Regierung benötigte dergleichen auch nicht. Die einzelnen Herrschaftsträger vor Ort bemühten sich automatisch, den größten Nutzen aus den besetzten Gebieten herauszuholen – im Zweifelsfall gegen die Interessen Italiens. Die deutschen Aufkaufexzesse auf der Halbinsel sind ein weiterer Aspekt dieses „Selbstläufer"-Syndroms. Gleich einem Stück Kork, das unter Wasser gedrückt wird, arbeitete jeder Teil der NS-Organe tendenziell in dieselbe Richtung. Die von Hitler befohlene Rücksichtnahme auf Italien zwang dabei allenfalls zu Umwegen. Und Hitler wiederum kümmerte dieses Verhalten so lange nicht, wie kein direkter Protest Mussolinis erklang.

Keineswegs besser verlief das Zusammenspiel der beiden Wirtschaften: Obgleich sich die Anzeichen auf eine verstärkte Kooperation im Jahre 1941 mehrten, gelang es den Partnern auch weiterhin nicht, ihre Zusammenarbeit effizient zu gestalten; zu sehr schielten Rom und Berlin nach dem eigenen Vorteil und ließen den der „Achse" außer acht. Bemühte man sich deutscherseits etwa, einen Teil der eigenen Rüstungsproduktion nach Italien auszulagern, *ohne* dabei für ausreichende Rohstofflieferungen oder eine direkte Bezahlung zu sorgen, so nahm man italienischerseits die Aufträge an, *um* zusätzliche Ressourcen und einen Einblick in deutschen Verfahren und Patente zu gewinnen. Folge war, daß Streitfragen wie die der Rohstoffversorgung oder des Patentschutzes das gemeinsame Kriegsziel überschatteten. Dort, wo eine Art wirtschaftlicher Zusammenarbeit gelang, tat sie das nur, da sich die Italiener von den Deutschen übervorteilen ließen. So wogen etwa die Rohstofflieferungen, die Italien für den Versand seiner Arbeitskräfte erhalten sollte, die Löhne, die Rom an die Familien auszahlen mußte, langfristig nicht auf – zumal die Deutschen mit ihren Lieferungen bald in Rückstand gerieten. Das Clearing, in dem die gegenseitigen Lieferungen und Dienstleistungen miteinander verrechnet wurden, drehte sich bereits im ersten Halbjahr 1941 zuungunsten der italienischen Wirtschaft. Indirekt und unfreiwillig finanzierte Rom durch den Einsatz seiner Arbeitskräfte nun die deutsche Rüstungsindustrie mit, ohne einen adäquaten Ausgleich zu erhalten. Das stetig wachsende Defizit des Deutschen Reichs belastete die italienische Wirtschaft fortan schwer und trug mit dazu bei, daß diese im Jahr 1942 in die Inflation steuerte.

Nur auf Nachfrage war die deutsche Regierung ab 1941 bereit, den Italienern ihren Sonderstatus einzuräumen; erfolgte kein Widerspruch, nahm die neue Italienpolitik automatisch ihren Lauf und degradierte den Bundesgenossen Schritt um Schritt: So wurde etwa im September 1941 eine zweite Pressestelle in Mailand eingerichtet und im Oktober die Dienststelle des deutschen Wehrwirtschaftsoffiziers in Rom installiert. Im Monat November folgte ein Umbruch in den Militärbeziehungen, indem das „Deutsche Marinekommando Italien" Einfluß auf die U-Boot-Kriegführung im Mittelmeer gewann, sich in Frascati der Stab des Oberbefehlshabers Süd einquartierte und Rommel unverhohlen die ursprüngliche Kommandostruktur in Nordafrika überging. Die Umsiedlung der Südtiroler Bevölkerung war zu diesem Zeitpunkt – wenn auch aus vielerlei Gründen – längst ins Stocken geraten.

Im Bewußtsein um diese Mechanik war das zweite Halbjahr 1941 daher geprägt von Gegenmaßnahmen, mit denen die faschistische Regierung versuchte, sich gegen die fortschreitende Abwertung und Ausnutzung durch den Achsenpartner zur Wehr zu setzen: Im Spätsommer protestierte Rom gegen den deutschen Lieferrückstand und wies auf die besorgniserregende Entwicklung des Clearings hin. In Kroatien annektierten italienische Truppen Dalmatien und die 2. Besatzungszone und sicherten sich damit den Zugriff auf die dort gelegenen Bauxitminen. Deutsch-griechische Verträge wurden in Griechenland durch günstigere Angebote unterlaufen, und im Dezember forderten die Italiener Nachverhandlungen über die Aufteilung der griechischen Wirtschaft. Parallel rückte der deutsche Rassismus in den Blickpunkt der Diplomatie: Die schlechte Behandlung der italienischen Arbeitskräfte sowie die deutsche Haltung zur Mischehen-Frage brüskierte die Italiener und provozierte scharfen Protest. Im Inland erließ die italienische Regierung Dekrete, mit denen vornehmlich die ausufernden Einkäufe deutscher Truppen und Touristen unterbunden wurden. Da zudem die deutschen Ressourcen für die „Auftragsverlagerung" größtenteils nicht geliefert worden waren, schränkten das Luftfahrtministerium und die *Fabbriguerra* die eigenen Rohstoffvorschüsse ein und legten damit die Produktion für das Deutsche Reich lahm, ehe sie richtig begonnen hatte. Auf allen Ebenen der deutsch-italienischen Beziehungen kämpfte die italienische Regierung um ihre Autonomie und ihre Würde.

Wie schon zuvor teilte sich das deutsche Entgegenkommen daraufhin in leere Gesten und unvermeidbare Zugeständnisse auf. Hatten die Gesten anfangs noch das Prestigebedürfnis der faschistischen Regierung bedient, so dämpften sie jetzt ihre Angst vor einem Gesichtsverlust. Stets legten die Verhandlungsführer aus Rom Wert auf die Betonung der Gegenseitigkeit – eine Bitte, der die Deutschen gern entsprachen, solange keine konkreten Ansprüche folgten. Auf dem Papier fand daher ein „Austausch" von Verbindungsmännern, Arbeitskräften, Kunstschätzen und Nachrichtenmaterial statt, obwohl der sogenannte „Austausch" hauptsächlich, wenn nicht gar ausschließlich, von Berlin genutzt wurde. Selbst im Juni 1942 verpflichteten sich die beiden Luftfahrtministerien noch zu einer „gegenseitigen Nutzung der freien Kapazitäten", obgleich niemand eine italienische Nutzung deutscher Fabrikanlagen ernsthaft in Betracht zog. Zumindest der Anschein von Gleichheit sollte immer gewahrt bleiben. Kontroverse Fragen wie die der deutsch-italienischen Mischehe wurden daher auch nicht ausdiskutiert, sondern lediglich aus der Schußlinie gezogen.

Langfristig aber zwangen die Kriegsumstände das Deutsche Reich auch zu substantiellen Zugeständnissen. Wollte man Italien im Krieg halten, so war die Ölversorgung der Marine sicherzustellen und die Funktion der Rüstungsindustrie durch ausreichende Lieferungen zu gewährleisten; Ende 1941 kam aufgrund der italienischen Nahrungsmittelknappheit noch die Getreideversorgung hinzu. Stets war es der deutsche Regierungschef persönlich, der in die Bresche sprang und die Mindestlieferungen an Kohle, Öl und Getreide durchsetzte, welche von den jeweiligen Ressortchefs zunächst verweigert worden waren. Berlin konnte sich einen Zusammenbruch des faschistischen Regimes nicht leisten, der Partner mußte kriegstauglich und kriegswillig gehalten werden, selbst auf Kosten der eigenen Reserven.

Da Hitler Wert darauf legte, daß die Souveränität des italienischen Staates und damit die politische Außenwirkung der „Achse" unangetastet blieb, stießen die Möglichkeiten der deutschen Einflußnahme im Jahre 1942 an ihre Grenzen. Allein die Umwandlung Italiens in einen Satellitenstaat hätte den deutschen Militärs und Wirtschaftsexperten die Kontrolle über die italienischen Streitkräfte und die Industrie ermöglicht, die sie zur Durchsetzung ihrer Pläne benötigten. Doch militärisch und politisch barg die Unterwerfung Italiens ein zu großes Risiko, als daß es die politische Führung in Berlin freiwillig einzugehen bereit gewesen wäre. Folge war, daß es den Italienern trotz der deutschen Vormachtstellung möglich blieb, den Deutschen die Einsicht in Industrie und Wirtschaft zu verwehren und militärisch weiterhin autonom zu agieren. Ein geglücktes Zusammenspiel der beiden Streitkräfte kam daher nur in den seltensten Fällen zustande – nämlich dann, wenn italienische Truppen freiwillig dem deutschen Befehl untergeordnet wurden. Im Endeffekt gelang es dem italienischen Oberkommando bis zuletzt, eine Übernahme der militärischen Leitung durch die Deutschen zu verhindern. Die italienische Souveränität blieb erhalten, und der Krieg wurde im wesentlichen getrennt voneinander geführt, eher nebeneinander als miteinander. Wirtschaftlich funktionierte die Kooperation nur so lange, wie Rom Nachteile in Kauf nahm bzw. noch auf künftige Vorteile hoffen konnte. Als absehbar wurde, daß die deutsche Rohstoffunterstützung, die ohnehin stets auf die Lieferung des absolut Notwendigsten begrenzt war, weitere Einschränkungen erfuhr und den realen Bedürfnissen Italiens nicht mehr im geringsten gerecht wurde, war Rom zu Gegenmaßnahmen gezwungen. Italienische Leistungen wie die „Auftragsverlagerung" und der „Arbeiterversand" waren unter diesen Umständen nicht aufrechtzuerhalten.

Anfang 1943 war die Kluft zwischen dem Deutschen Reich und Italien daher bereits unüberbrückbar. Das italienische Oberkommando strebte nach Unabhängigkeit, während im deutschen der Wille wuchs, den eigenen Einfluß zur Not auch mit Gewalt durchzusetzen. Finanziell und wirtschaftlich ruiniert, begann Rom, seine Arbeitskräfte aus Deutschland abzuziehen. Das wenige, was an Kooperation vorhanden war, befand sich in Auflösung. Weder Krieg noch Achsenbündnis waren für Italien weiterhin tragbar; der Bruch der „Achse" war nur noch eine Frage der Zeit.

Abkürzungsverzeichnis

AA	Auswärtiges Amt
Abt.	Abteilung
ACS	Archivio Centrale dello Stato (Rom)
ADSS	Actes et documents du Saint Siège
ADAP	Akten zur deutschen auswärtigen Politik
AEL	Arbeitserziehungslager
AG	Affari Generali
AMMI	Azienda Minerali Metallici Italiani
Anl.	Anlage
ASMAE	Archivio storico del Ministero degli Affari Esteri (Rom)
b.	busta
BA/MA	Bundesarchiv/Militärarchiv (Freiburg i.B.)
BArch	Bundesarchiv (Berlin)
CAI	Corpo Aereo Italiano
CFLI	Confederazione Fascista Lavoratori dell'Industria
CIEA	Consorzio Italiano Esportazioni Aeronautiche
CS	Comando Supremo
CSIR	Corpo di Spedizione Italiano in Russia
DC	Diplomatic Correspondence
DDI	Documenti Diplomatici Italiani
DGPS	Direzione generale della pubblica sicurezza
Dina	Deutsch-italienischer Nachrichtenaustausch
Diss.	Dissertationsschrift
DNB	Deutsches Nachrichtenbüro
Dok.	Dokument
DRZW	Das Deutsche Reich und der Zweite Weltkrieg
DSCS	Diario Storico del Comando Supremo
Eiar	Ente Italiano Audizioni Radiofoniche
fasc.	fascicolo
Flak	Flugabwehrkanone
FN	Fußnote
FO	Foreign Office
Gab	Gabinetto
GL	Generalluftzeugmeister
HaPol	Handelspolitische Abteilung des Auswärtigen Amtes
Hg.	Herausgeber
hrsg. v.	herausgegeben von
IRI	Istituto di Ricostruzione Industriale

IRK	Internationales Rotes Kreuz
KTB	Kriegstagebuch
KZ	Konzentrationslager
MAE	Ministero degli Affari Esteri
MIDR	Military Intelligence Division Reports
MI	Ministero dell'Interno
Micup	Ministero della Cultura Popolare
MinAer	Ministero dell'Aeronautica
NARS	National Archives and Records Service (Washington)
n.p.	nicht paginiert
o.D.	ohne Datum
o.O.	ohne Ort
o.U.	ohne Unterschrift
ObdM	Oberbefehlshaber der Marine
OKH	Oberkommando des Heeres
OKW	Oberkommando der Wehrmacht
PA/AA	Politisches Archiv des Auswärtigen Amtes (Berlin)
PCM	Presidenza del consiglio dei ministri
PRO	Public Record Office (London)
PSF	President's Secretary's Files
QFIAB	Quellen und Forschungen aus italienischen Archiven und Bibliotheken
RAM	Reichsaußenminister
RuPol	Rundfunkpolitische Abteilung des Auswärtigen Amtes
RKK	Reichskreditkasse
RLM	Reichsluftfahrtministerium
RM	Reichsmark
RSHA	Reichssicherheitshauptamt
RWM	Reichswirtschaftsministerium
SD	Sicherheitsdienst der SS
SED	Southern Europe Documents
SIM	Servizio Informazioni Militari (italienischer Heeresnachrichtendienst)
Skl	Seekriegsleitung
SME	Stato maggiore dell'esercito
SS	Schutzstaffel
USSME	Ufficio storico dello Stato maggiore dell'esercito (Rom)
USSMA	Ufficio storico dello Stato maggiore dell'aeronautica (Rom)
USK	Unabhängiger Staat Kroatien
VfZ	Vierteljahrshefte für Zeitgeschichte
WFSt	Wehrmachtführungsstab (Operationsabteilung des OKW)
WiRüAmt	Wehrwirtschafts- und Rüstungsamt des OKW
W.O.It.	Wehrwirtschaftsoffizier in Italien

Verzeichnis der Tabellen und Abbildungen

Tab. 1: Prozentanteil der militärischen Aufrüstung am Bruttosozialprodukt 1939–1943
Tab. 2: Gruppen nach Deutschland abgereister italienischer Industriearbeiter 1938–1942
Tab. 3: Kohleimport Italiens 1938–42
Tab. 4: Deutschlands Außenhandel mit Kroatien 1941–44 (reiner Warenverkehr in Mill. RM)
Tab. 5: Italienische Ausfuhr. Lebende Tiere und Nahrungsmittel 1939–42
Tab. 6: Italienische Nahrungsmittelausfuhr ins Deutsche Reich
Tab. 7: Lebensmittelration eines Normalverbrauchers (pro Monat) – Mailand, 1941
Tab. 8: Rationierte Lebensmittel im Vergleich – Oktober 1942

Abb. 1: Italien 1938–43. Wert von Aktien und Staatstiteln, Großhandelspreisen und Lebenshaltungskosten (1938 = 100)

Danksagung

Die vorliegende Studie ist die überarbeitete und ergänzte Fassung meiner Dissertation, die im Wintersemester 2004/05 von der Philosophischen Fakultät der Universität Köln angenommen wurde. Ich hatte das große Glück, daß mich die Recherchen zu diesem Buch nicht nur nach Rom, Berlin, London, Freiburg und New York führten, sondern daß ich auch überall auf Menschen und Institutionen traf, die meine Arbeit fachlich und moralisch unterstützten. Einigen von Ihnen möchte ich im folgenden meinen Dank aussprechen:

So machte mich Dr. Jens Petersen in einem Gespräch erstmals auf die Bedeutung des Griechenlandkriegs für die Beziehung der Achsenpartner aufmerksam und legte damit den Keim des gesamten Unternehmens. Durch zahlreiche Literaturempfehlungen gab er dem Projekt gerade in der Anfangsphase wichtige Impulse. Professor Dr. Ludolf Herbst, der an der Humboldt-Universität zu Berlin mein Interesse für italienische Zeitgeschichte geweckt hatte, interessierte sich daraufhin für die Untersuchung und ebnete mir mit einem Gutachten den Weg zum Deutschen Historischen Institut in Rom, wo ich für die nächsten anderthalb Jahre eine akademische Heimat fand. Ihnen beiden schulde ich ebenso Dank wie dem damaligen Leiter des Instituts, Professor Dr. Arnold Esch, und dem nachfolgenden kommissarischen Direktor, Dr. Alexander Koller, die mir durch großzügige Stipendien den Forschungsaufenthalt in Italien ermöglichten.

Einen ganz besonderen Dank möchte ich meinem Doktorvater Professor Dr. Wolfgang Schieder aussprechen, der die Betreuung der Dissertation übernahm, obwohl er zu diesem Zeitpunkt schon emeritiert war. Sein Interesse an dem Projekt und seine wertvolle wissenschaftliche Unterstützung haben den Fortschritt der Arbeit ungemein beflügelt. Unverzichtbar war und ist mir außerdem der Kontakt zu Dr. Lutz Klinkhammer vom Deutschen Historischen Institut in Rom, der stets ein offenes Ohr für alle meine wissenschaftlichen und persönlichen Anliegen hatte. Dafür danke ich ihm sehr herzlich. Professor H. James Burgwyn machte mich auf den aussagekräftigen Kroatienbestand des italienischen Außenministeriums aufmerksam, und Jessica Lang stand mir dankenswerterweise in der Franklin D. Roosevelt Library bei der Durchsicht und dem Kopieren der bestellten Akten zur Seite. Mit einem zweiten Gutachten unterstützte Professor Dr. Clemens Wurm meinen Antrag bei der Gerda Henkel Stiftung. Das daraus resultierende Stipendium und die damit verbundenen Reisemittel haben es mir ermöglicht, die Untersuchung in der gewünschten Breite, Sorgfalt und Geschwindigkeit zu Ende zu führen. Dank gebührt daher sowohl ihm als auch den Verantwortlichen der Gerda Henkel Stiftung, die mir diese großzügige Förderung gewährten und auch den Druck der Arbeit mit einem Zuschuß unterstützten. Einen weiteren Druckkostenzuschuß stellte mir die Geschwister Boehringer Ingelheim Stiftung zur Verfügung, wofür ich mich an dieser Stelle ebenfalls bedanken möchte. Finanzielle Zuschüsse erhielt ich in kritischen Zeiten zudem von meiner Großtante Gertrud Vierschilling. Über ihr persönliches Interesse an der Studie habe ich mich sehr gefreut.

Für die kritische Durchsicht einzelner Kapitel danke ich Dr. Jürgen Förster, Michael König, Valentina Leonhard, Jens Neumann, Dr. Thomas Schlemmer, Patrick Späth und PD Dr. Annette Vowinckel. Frau Professor Dr. Margit Szöllösi-Janze, die als Zweitgutachterin fungierte, gab mir wertvolle Ratschläge zur Überarbeitung des Manuskripts ebenso wie Mitherausgeber Professor Dr. Christof Dipper. Kirsti Doepner vom SH-Verlag und die Lektorin Susanne Elsner halfen mir, das Manuskript in die vorliegende Form zu bringen.

Besonders herzlich möchte ich mich schließlich bei meinen Eltern Iris und Michael König bedanken, die mir nicht nur eine umfassende Ausbildung zukommen ließen, sondern mir dabei auch allen erdenklichen Freiraum gaben, meinen eigenen Interessen nachzugehen. Ihnen sei diese Schrift in Dankbarkeit gewidmet.

Berlin, im März 2007   Malte König

Quellen- und Literaturverzeichnis

I. Ungedruckte Quellen

1. Archivio centrale dello Stato, Rom (ACS)

Ministero dell'Interno, Direzione generale della pubblica sicurezza (MI, DGPS)
Polizia Politica, per materia: Situazione politica e spirito pubblico in relazione agli avvenimenti politici e militari internazionali
b. 228–236   Bolzano, Firenze, Forlì, Gorizia, Livorno, Milano, Sesto San Giovanni 1939–41
Segreteria del Capo della Polizia (1940–43)
b. 1   Relazioni settimanali dei questori sullo spirito pubblico, 1940–41
               Relazioni settimanali degli ispettori delle zone O.V.R.A., 1940

Categoria A5G – II° Guerra Mondiale
b. 121–124   Truppe tedesche in Italia

Carteggi di personalità
Carte Dino Alfieri
b. 6   Ambasciata a Berlino. Appunti per il Duce (6.41–9.41)
b. 7   Lettere personali

Diario Ambasciata Berlino (Fragmente 1940–43)
Carte Rodolfo Graziani
b. 58
b. 69 fasc. 50.4

Agenzia Stefani/Manlio Morgagni (1915–1943)
b. 68   Relazioni al Duce
b. 71   Istruzioni del Micup, 1941
b. 74   Segnalazioni riservate, 1939–42
b. 75   Servizi esteri: relazioni, appunti promemorie

Ministero della Cultura popolare – Gabinetto (Micup, Gab)
b. 19   Disposizione varie
b. 20–35   Istruzioni data alla stampa ed alla radio tedesca dal Governo del Reich
b. 49–51   Rapporti del Ministero ai giornalisti (1939–42)
b. 52   Comunicazioni Micup – ordini alla stampa
b. 66   Personalità germaniche
b. 67   Personalità germaniche; Materie varie 1936–43
b. 69   Varie 1940–43
              Comitato italo-germanico per la pubblicità e la propaganda economica
              Rapporti e contatti – Goebbels/Pavolini
b. 70   Associazione della stampa italo-tedesca 1940–43
b. 77   Relazioni dell'addetto stampa italiano ad Atene durante l'occupazione delle forze italo-tedesche; Raffaello Patuelli (Grecia, Albania)

b. 105	Dino Alfieri
b. 112	DNB 1940–42
b. 119	Corrispondenti di guerra 1940–43
b. 122	Corrispondenze di guerra
b. 144	Ministero Guerra: Tutela del segreto militare 1940–43
b. 313	Relazioni Slovenia, Croazia, Bulgaria, Albania
b. 318	Appunti della Dir. Gen. della Stampa estera al Ministro su colloqui con il principe Urach – referendario per l'Italia presso l'Ufficio Stampa del Ministero degli esteri del Reich
b. 328	Paresce, Gabriele 1930–42

Ambasciata tedesca in Roma
b. 1   Roberto Farinacci (1936–42)

Ministero dell'Aeronautica – Gabinetto (MinAer, Gab)
Affari generali 1941 (AG 1941)
b. 146   Collaborazione industriale italo-tedesca-segreto, 3. vol., 1941–42
b. 147   Germania – Cessione velivoli SM 82

Affari generali 1942 (AG 1942)
b. 106   Addetto aeronautico a Berlino
b. 144   Rappresentanza Consorzio industriale aeronautici tedeschi a Milano
b. 111   Germania – Forniture
b. 138–139   Accordi con la Germania per la collaborazione industriale 1941/42

Affari generali 1943 (AG 1943)
b. 128   Consorzio Italiano Esportazioni Aeronautiche – Varie, 1–2 vol.
b. 153   Accordi italo-tedeschi per la collaborazione industriale, 3 vol.

Ministero Agricoltura e Foreste, Dir. Gen. dell'Alimentazione (1939–1957)
Serie V: Servizio razionamento e tesseramento nel periodo dei vincoli e delle discipline alimentari (1941–1950)
b. 94   Circolari – 1941

Presidenza del consiglio dei ministri 1940–41 (PCM)
3.1.9.	N. 27387	Tedeschi in Italia. Eccesivi acquisiti fatti dai tedeschi in Italia
G 36/6	N. 48574	Notizie sul contributo dato dall'Italia all'alimentazione in Germania
G 45.1	N. 29123	Incidenti tra militari

National Archives and Records Service, General Service Administration, Washington (NARS)
Collection of Italian Military Records
T-821/16	On suspension of fortification work near the Italian-German border, 12.1940–12.1942 (IT 76)
19	Forteficazioni
45	Osservazioni sulle fortificazioni; Ispezioni Lavori, 1940 (IT 384p; IT 384r)
228	Fortificazioni, 3.1940
358	Situazione Lavori Difensivi, 1941 (IT 4695)
500	Fortificazioni

2. Archivio storico del Ministero degli Affari Esteri, Rom (ASMAE)

Serie Affari politici (1931–45)
Germania
b. 72 Alto Adige; Rapporti italo-tedeschi
b. 73
b. 75

Stati Uniti
b. 71, fasc.: Stampa americana nei confronti dell'Italia
b. 71, fasc.: Ambasciatore degli Stati Uniti a Roma. Missione Phillips
b. 74, fasc.: Stati Uniti e Santa Sede. Missione Taylor

Le Carte del Gabinetto del Ministro e della Segreteria generale dal 1923 al 1943
Ufficio armistizio – pace (AP)
AP 28   fasc.: Croazia: aprile – dicembre 1941
AP 31   fasc.: Penetrazione tedesca in Croazia
AP 34   fasc.: Croazia – 1941
AP 39   fasc.: Croazia. Stampati e pubblicazioni
AP 40   fasc.: Croazia. Istanze individuali e PNF in Croazia: maggio 1941 – agosto 1943
AP 40   fasc.: Croazia. Questioni culturali: giugno 1941 – marzo 1942

Carte Dino Grandi
b. 164 fasc. 202.2/4:   Politica estera italiana – i rapporti Italia-Germania e la 2a guerra mondiale

Ministero della Cultura popolare
b. 123 Rapporto italo-tedesco – telegrammi – Germania 1940
b. 200
b. 314 Corrispondenti giornali tedeschi in Italia
b. 346

3. Bundesarchiv/Militärarchiv, Freiburg (BA/MA)

RW 32/1-4   *Wehrwirtschaftdienststellen in Italien*
Dienststelle des Deutschen Wehrwirtschaftsoffiziers in Italien und Sonderbeauftragten des Oberkommandos des Heeres/Heereswaffenamts (Rom)
– KTB, Bd. 1–4: 1.8.1941–30.9.1942

RW 4/588   *OKW/WFSt: Einzelne Kriegsschauplätze* – Italien: Chefsache „Marita", 1941

RW 19   *OKW/Wehrwirtschafts- und Rüstungsamt*
            Kriegstagebuch der Stabsabteilung
/164-169   KTB-WiRüAmt/Stab, 29.11.39–31.12.42
/177-179   Anlagen zu KTB, 1.4.41–31.3.42
/687   Regelung der Zuständigkeiten im besetzten Griechenland, 10.41
/2386   WiRüAmt, Rü IIc: Verfügungen

RH 2/2936   OKH/Generalstab des Heeres: Schriftwechsel des OQu. IV mit Mil.Attaché Rom, 1936–42

RH 31-III   Deutscher Bevollmächtigter General in Kroatien
                 /1-2   Lageberichte über Kroatien Glaise v. Horstenau, April – Sept. 42
                 /13   Berichte Hauptmann a.D. Haeffner, 1941–44

RM 7/234   Seekriegsleitung, KTB C XIV, Bd. 1: Febr.–Dez. 1941

RM 109/7   Seetransport-Dienststellen, Allgemeines: u. a. Grußpflicht, Verhalten in Italien

RM 36/151   Dt. Marinekommando Italien, Besprechungsunterlagen für Garmisch, 1.1942

RL 2 II/38   Luftwaffenführungsstab, Zusammenarbeit mit ital. Luftwaffe, Apr.–Okt. 1941

RL 9   Befehlshaber und Missionen in besetzten und verbündeten Staaten
                 Kommandierender General der Deutschen Luftwaffe in Italien
                 /24-25   Dienstbetrieb – Verhalten dt. Soldaten in Italien, 1941/42
                 /52   Geplante Zusammenarbeit, Jun.–Dez. 1940

N 316   Nachlaß Eberhard Weichold
                 /v. 35-37   KTB (Berichte, Lagebetrachtungen etc.), 1940/41

N 329   Nachlaß Ernst Ritter von Horstig
                 /8   Aufgaben/Tätigkeiten des W.O.It., April 1947

N 433   Nachlaß Enno von Rintelen
                 /6   Die deutsch-italienische militärische Zusammenarbeit im 2. WK, 1952
                 /8   Zusammenarbeit auf strateg., organisatorischem, Ausbildungs- und Rüstungsgebiet, o.D.

Wi/IB 1.64   Wehrwirtschaftliche Lage Italiens, 1937–40
Wi/IC 1.8   Wirtschaftliche Lage in Griechenland; Sicherung der dt. Wirtschaftinteressen in Griechenland u. a., 1941–42
Wi/IC 1.10   Deutschland und die gegenwärtige Lage in Griechenland, 7.1941
Wi/IC 28   Aufteilung Jugoslawiens, 1941
Wi/IC 24   Zahlungs- und Handelsübereinkommen zwischen Italien und Kroatien, 1941
T-77/585   Wehrwirtschaftliche Lage Italiens, 1940

4. Bundesarchiv, Berlin (BArch)

Reichskanzelei
R 43 II
                 /303g   Italien: Handel und Gewerbe (1938–42)
                 /626   Italien: Krieg, 1941–45

Quellen- und Literaturverzeichnis 347

Auswärtiges Amt
R 901
/67931 Handel Italien: Dt.-ital. Reiseverkehr (1940–43)
/68959 Landwirtschaft: Griechenland – Ernährungspolitik

Handakten Clodius
/68721 Wirtschaftliche Lage in Griechenland, 5.–10.1941
/68723 Wirtschaftsbeziehungen zu Italien
Verträge, Abkommen, Protokolle, 5.1939–10.1943

Telegrammkorrespondenz mit den deutschen Vertretungen:
/68610 Athen: Ausgänge, 2.41–3.43
/68612 Athen: Eingänge, 12.41–9.43
/68623 Rom: Eingänge, 1939–1943
/68624 Rom: Ausgänge, 1939–1943

/60498 Deutsch-italienischer Journalistenverband (6.1940–6.1941)
/58160 Zensurproblem Italien, Frankreich und Belgien (4.1940–5.1941)

/48008 Handakte Dr. Timmler (5.40–7.40)

Statistisches Reichsamt
R 3102
/3552 Entwicklung der Clearingsalden im Zahlungsverkehr mit einzelnen Ländern (A-U) in Mill. RM 12.34–4.45

Allgemeine Auslandsstatistik – Südeuropa
/alt R 24/862 Wirtschaftsstatistische Gesamtübersicht (Statistiken und Tabellen) 1937–1943
/alt R 24/870 Der Außenhandel Italiens 1939–1943

Deutsche Reichsbank
R 2501 /6851 Dt.-ital. Clearing-Verkehr, 12.1941

Parteikanzelei
NS 6
/335 Unberechtigte Vorwürfe gegen ital. Arbeitskräfte, 7.1941
/702 Schwierigkeiten im dt.-ital. Clearing, 1942–44

Persönlicher Stab Reichsführer SS
NS 19
/1163 Umsiedlung Italiener aus Luxemburg, 1941
/2805 Wehrwirtschaftliche Ausnutzung Italiens, 6.1941

5. Politisches Archiv des Auswärtigen Amtes, Berlin (PA/AA)

Rundfunkpolitische Abteilung/Kult R 1939–1945 (RuPol)
Verbindungsmann RAM
R. 67483 Ausländisches Rundfunkwesen, Dt. Auslandsrundfunkpropaganda
Bd. 2: Finnland – Türkei (vom April bis Okt. 1941)

Referat B: Allgemeine Propaganda
R. 67486   Verbindungsstelle des AA zur Reichsrundfunkgesellschaft (VAA-RRG)
                    Bd. 2: Berichte
Referat IV a: Italien
Deutsch-italienischer Nachrichtenaustausch (Dina) für Propagandazwecke
R. 67545–548   Bd. 1–4: Erlasse an Rundfunkreferenten bei der Botschaft Rom
                    (17. Juli 1940 – 2. Sept. 1942)
R. 67549   Bd. 5: Berichte des Rundfunkreferenten bei der Botschaft Rom
                    (1. Febr. – 16. Dez. 1941)
R. 67550–551   Bd. 6–7: Dina – Berichte für den Italienischen Rundfunk
                    (7. Juli 1940– 22. Juli 1943)

R. 67554   Handakte Rühle-Fecht, von Bruch (Sept. 1940 – Nov. 1942)

Botschaft in Rom (Quirinal) – offen
517 a   Geheimakten des Generalkonsulats Neapel, 1939–1943
1414a Kult 13/2c   Italienische Zeitungen u. Zeitschriften; auch deren Beeinflussung
                     deutscherseits 1940–41
1424 a Pr 2 Nr. 1   Koordination des Nachrichtendienstes der deutschen
1424 b Pr 2 Nr. 1   und italienischen Presse 1940–41 (5 Bde)
1438 c P 13/2f   Politisches Informationsmaterial aus Deutschland 1939–1941

Botschaft in Rom (Quirinal) – Geheimakten
86/490   Entsendungen ital. Flugzeuge nach Flandern, 1940
88/527   Zahlungen an Prinz v. Hessen; Sonderfonds zum Erwerb von Kunstgegenständen
                     durch den Führer
91   Stimmungsberichte der Konsulate, 1941
114/141   Lage und Stimmung in Dalmatien, 1941
115/148   Schwierigkeiten mit ital. Arbeitern in Deutschland, 1941
116/150   Umsiedlung Südtirol, 1941
117/156   Deutsche Einkäufe in Italien und Verhalten Deutscher in Italien, 1941
119/181   Einrichtung der Stelle eines Wehrwirtschaftsoffiziers in Rom, 1941
128   Südtirol, 1.42–12.42
186   Ankauf Kunstwerke in Italien – 1.42–9.42

Büro des Reichsaußenministers (Büro RAM)
R. 28890   Dienststelle Ribbentrop: Fernschreibermitteilungen, 8.40–3.41

Büro des Staatssekretärs
R. 29612–13   Griechenland   4.41–10.42
R. 29630–33   Deutsch-italienische Beziehungen, Bd. 4–7: 1.41–2.42
R. 29833–34   Aufzeichnungen über Diplomatenbesuche, Bd. 8–9: 12.40–12.41
R. 29854–56   Politischer Schriftwechsel mit Beamten des Auswärtigen Dienstes, Bd. 4–6:
                    1.39–12.41

Büro des Unterstaatssekretärs
R. 29880   Griechenland, 2.40–9.42

Handakten Paul Schmidt – Leiter der Presseabteilung
R. 27876–77 Aufzeichnungen für RAM, 4.40–6.42

Quellen- und Literaturverzeichnis 349

Handakten Hasso von Etzdorf – Vertreter des AA beim OKH
R. 27338 Schreibmaschinenumschriften aus Aufzeichnungen

Inland II – Geheim
R. 100977 Beobachtung italienischer Aktivität an Alpengrenze durch die Publikationsstelle Innsbruck
R. 101084 Berichte und Meldungen zur Lage in und über nachfolgende Länder: Italien, Bd. I: 1940–1942

Inland I – Partei
R. 99169–71 Faschismus und Rassenfrage, 1939–43
R. 99175 Umgang fremdrassiger Ausländer mit deutschen Mädchen, 1941–43
R. 99176 Eheschließung zwischen Deutschen und fremdrassigen Ausländern, 1940–43
R. 99181 Rassenfrage und Rassenförderung, 1941–43

Presseabteilung
R. 123650 Organisation der Presse-Abt. (Tätigkeitsbericht aus 1940–41)
R. 123698 Schriftwechsel der Presse-Abt. innerhalb AA, 6.1941–12.1941

Handakten Unterstaatssekretär Luther
R. 27625–30 Schriftverkehr, 1940–41

Handelspolitische Abteilung (HaPol)
HaPol Geheim – Kriegsgerät
R. 106439 Italien: Handel mit Kriegsgerät

HaPol IV b, Italien
R. 112225 Rüstungsindustrie, 3.37–10.42
R. 112365 Schiffahrt: Schiffbau 12.1937–1.1943
R. 112420 Allg. wirtschaftliche Lage 10.39–10.42

Handakten Carl Clodius
R. 105896–897 Griechenland, Bd. 4–5: 7.40–12.42
R. 105918–921 Italien, Bd. 6: 11.40–12.41

Handakten Emil Wiehl
R. 106176–80 Italien, Bd. 12–15: 8.40–11.42

6. Public Record Office, London (PRO)

Foreign Office
FO 371
/29924–31 Internal situation in Italy, 1941
/29934 German-Italian Relations, 1941
/29943 Possibility of Peace with Italy, 1941
/24964–65 Defense measures against Italy, 1940
/24967 General Correspondence; Internment of English people in Italy, 1940
/33218–20 Situation in Italy, 1942

7. Franklin D. Roosevelt Library, New York (Roosevelt Library)

President's Secretary's Files, Diplomatic Correspondence (PSF, DC)
Box 41   Italy: 1941
Box 42   Italy: William Phillips 1940–41

Harry L. Hopkin-Papers
Box 189   Military Intelligence Division Reports – Southern Europe Documents, Vol VII: Italy 1941

8. Ufficio storico dello Stato Maggiore dell'Aeronautica (USSMA)

Superaereo
                  CAI, b.2
                  DCH1, b.2–3, b.12

9. Ufficio storico dello Stato Maggiore dell'Esercito (USSME)

G-29   *Carteggio addetti militari*
                  /59   Germania (Racc. 14)

H-9   *Carteggio del Capo del Governo*
                  /10
                  /11   Notizie varie della Capitale 7.41–42

I-4   *Carteggio S.M.G. – C.S. – S.M.D. 1924–48*
/33   Situazione alimentare in Grecia 1.42

L-10   *Segreteria S.M.R.E. – Uffici vari*
/2   Sistemazione difensiva
                  Fortificazione permanente alle frontiere alpine

M-3   Documenti FF.AA. Italiane restituiti dagli USA (già in mano tedesca) 1924–44
                  /6   Sistemazione difensiva alla frontiera Germanica

II. Gedruckte Quellen

1. Aktenpublikationen und Tagebücher

Actes et documents du Saint Siège relatifs à la seconde guerre mondiale (1939–1945), 11 Bde, Rom 1965–81.
Akten zur deutschen auswärtigen Politik 1918–1945,
    Serie C: 1933–1937, Bd. I–VI, Göttingen 1971–1981.

Serie D: 1937–1941, Bd. I–XIII, Baden-Baden/Frankfurt a.M. u. a. 1950–1970.

Serie E: 1941–1945, Bd. I–VIII, Göttingen 1969–1979.

Amoretti, Gian Nicola (Hg.), La vicenda italo-croata nei documenti di Aimone di Savoia, 1941–43, Rapallo 1979.

Armellini, Quirino, Diario di guerra. Nove mesi al comando supremo (1940/41), Mailand 1946.

Les atrocités des quatre envahisseurs de la Grèce, hrsg. v. Office National Hellénique des Criminels de Guerre, Athen 1946.

Bottai, Giuseppe, Vent'anni e un giorno, Mailand 1977.

Bottai, Giuseppe, Diario 1935–1944, hrsg.v. Giordano Bruno Guerri, Mailand 2001 (1982).

Broucek, Peter (Hg.), Ein General im Zwielicht. Die Erinnerungen Edmund Glaises von Horstenau, 3 Bde, Wien/Köln/Graz 1980–1988.

Calamandrei, Piero, Diario 1939–1945, hrsg. v. Giorgio Agosti, Bd. I, Florenz 1982.

Carboni, Giacomo, Memorie segrete 1935–1948. „Più che il dovere", Florenz 1955.

Cavallero, Ugo, Diario 1940–1943, hrsg. v. Giuseppe Bucciante, Ciarrapico (Rom) 1984.

Caviglia, Enrico, Diario (aprile 1925–marzo 1945), Rom 1952.

Churchill, Winston S., His Complete Speeches 1897–1963, hrsg. v. Robert Rhodes James, Bd. VI: 1935–1942, New York/London 1974.

Ciano, Galeazzo, Diario 1937–1943, hrsg.v. Renzo De Felice, Mailand 1980.

Collezione Celerifera delle leggi, dei decreti, circolari, atti del P.N.F., Norme corporative, hrsg. v. Michele La Torre, Anno 119/1941, Roma 1941.

Diario Storico del Comando Supremo, hrsg. v. Antonello Biagini/Fernando Frattolillo, 7 Bde, Rom 1986–1988.

I Documenti Diplomatici Italiani, hrsg. v. Ministero degli Affari Esteri,

Serie 5: 1914–1918, Bd. I–XI, Rom 1965–1986.

Serie 8: 1935–1939, Bd. I–XIII, Rom 1952–2001.

Serie 9: 1939–1943, Bd. I–X, Rom 1954–1990.

„Führer-Erlasse" 1939–1945. Edition sämtlicher überlieferter, nicht im Reichsgesetzblatt abgedruckter, von Hitler während des Zweiten Weltkrieges schriftlich erteilter Direktiven aus den Bereichen Staat, Partei, Wirtschaft, Besetzungspolitik und Militärverwaltung, zusammengestellt u. eingeleitet v. Martin Moll, Stuttgart 1997.

Gazzetta Ufficiale del Regno d'Italia, hrsg.v. Ministero della giustizia e degli affari di culto, Ufficio pubblicazione delle leggi, Rom 1923–1941.

Gorla, Giuseppe, L'Italia nella seconda guerra mondiale. Diario di un milanese, Ministro del Re nel governo di Mussolini, Mailand 1959.

Halder, Franz, Kriegstagebuch. Tägliche Aufzeichnungen des Chefs des Generalstabs des Heeres 1939–1942, hrsg. v. Hans-Adolf Jacobsen, 3 Bde, Stuttgart 1962–1964.

Hass, Gerhart/Schumann, Wolfgang (Hg.), Anatomie der Aggression. Neue Dokumente zu den Kriegszielen des faschistischen deutschen Imperialismus im Zweiten Weltkrieg, Berlin (Ost) 1972.

Hassell, Ulrich v., Südosteuropa. Bemerkungen zum Ausgleich der deutschen und italienischen Wirtschaftsinteressen. Sondergutachten, o.O., Januar 1941, Masch. (Exemplar in der Bibliothek d. Instituts f. Weltwirtschaft, Kiel).

Hassell, Ulrich v., Deutschlands wirtschaftliche Interessen und Aufgaben in Südosteuropa, in: Zeitschrift für Politik 31.8/1941, S. 481–488.

Hassell, Ulrich v., Die Hassell-Tagebücher 1938–1944: Aufzeichnungen vom Andern Deutschland, Nach d. Handschr. rev. u. erw. Ausg., hrsg. v. Friedrich Frhr. Hiller von Gaertringen, Berlin 1988.

Heeresadjutant bei Hitler 1938–1943. Aufzeichnungen des Majors Engel, hrsg. v. Hildegard v. Kotze, Stuttgart 1974.

Hitler, Adolf, Monologe im Führerhauptquartier 1941–1944. Die Aufzeichnungen Heinrich Heims, hrsg. v. Werner Jochmann, Hamburg 1980.

Hitlers politisches Testament. Die Bormann-Diktate vom Februar und April 1945, mit einem Essay v. Hugh R. Trevor-Roper u. einem Nachwort v. André François-Poncet, Hamburg 1981.

Hitler. Reden und Proklamationen 1932–1945, hrsg. u. kommentiert v. Max Domarus, 2 Bde, München 1965.

Hitlers Tischgespräche im Führerhauptquartier, hrsg. v. Henry Picker, Stuttgart 1979.

Hitlers Weisungen für die Kriegführung 1939–1945, hrsg. v. Walther Hubatsch, Frankfurt a.M. 1962.

Klemperer, Victor, Ich will Zeugnis ablegen bis zum letzten – Tagebücher 1933–1945, 2 Bde, Berlin 1995.

Kriegspropaganda 1939–1941. Geheime Ministerkonferenzen im Reichspropagandaministerium, hrsg. v. Willi A. Boelcke, Stuttgart 1966.

Kriegstagebuch des Oberkommandos der Wehrmacht (Wehrmachtführungsstab) 1940–1945, hrsg. v. Percy E. Schramm, 4 Bde, Frankfurt a.M. 1961–1965.

Kriegstagebuch der Seekriegsleitung 1939–1945, hrsg. v. Werner Rahn/Gerhard Schreiber, 68 Bde, Herford/Bonn 1988–1997.

Lagevorträge des Oberbefehlshabers der Kriegsmarine bei Hitler 1939–1945, hrsg. v. Gerhard Wagner, München 1975.

Meldungen aus dem Reich 1938–1945. Die geheimen Lageberichte des Sicherheitsdienstes der SS, hrsg. v. Heinz Boberach, 17 Bde, Hersching 1984.

Michalka, Wolfgang (Hg.), Das Dritte Reich. Dokumente zur Innen- und Außenpolitik, Bd. 2: Weltmachtanspruch und nationaler Zusammenbruch 1939–1945, München 1985.

Nattermann, Ruth (Hg.), Die Aufzeichnungen des Diplomaten Luca Pietromarchi (1938–1940), erscheint 2007 in der vom Deutschen Historischen Institut in Rom herausgegebenen Reihe „Ricerche dell'Istituto Storico Germanico di Roma".

Nies, Erich, Politisches Tagebuch 1935–1945. Historisches Dokument eines deutschen Sozialisten, Ulm 1947.

Opera Omnia di Benito Mussolini, hrsg. v. Edoardo u. Duilio Susmel, 36 Bde, Florenz 1951–63.

Ortona, Egidio, Diplomazia di guerra. Diari 1937–1943, Bologna 1993.

Pirelli, Alberto, Taccuini 1922–1943, Bologna 1984. Deutscher Reichsanzeiger 221/1939.

Reichsgesetzblatt 1939–1940, hrsg. v. Reichsministerium des Innern, Berlin 1939/40.

Reichsgesetzblatt 1910, hrsg. v. Reichsamt des Innern, Berlin 1910. Les sacrifices de la Grèce pendant la guerre (1940–1945), hrsg. v. Édition de la Ligue „La Paix par la justice", Athen 1946.

Sattler, Wilhelm, Die Deutsche Volksgruppe im Unabhängigen Staat Kroatien. Ein Buch zum Deutschtum in Slawonien, Syrmien und Bosnien, Graz 1943.

Simoni, Leonardo (pseud. Michele Lanza), Berlino, Ambasciata d'Italia (1939–1943), Rom 1946.

Soffici, Ardegno/Prezzolini, Giuseppe, Diari 1939–1945, Mailand 1962.

SOEG, Der italienische Einfluß auf die Industriewirtschaft in Südost-Europa seit Kriegsbeginn (Schriften der Südosteuropa Gesellschaft. Die Industrie im Südosten), Wien 1943 (Exemplar in der Bibliothek d. Instituts f. Weltwirtschaft, Kiel).

Die Tagebücher von Joseph Goebbels, Teil I: Aufzeichnungen 1923–1941, hrsg. v. Elke Fröhlich, München 1998.

Verfügungen, Anordnungen, Bekanntgaben, hrsg. v. d. Partei-Kanzelei, 3 Bde, München 1943 (Exemplare in: BArch, NSD 3/9).

Die Weizsäcker-Papiere 1933–1950, hrsg. v. Leonidas Hill, Frankfurt a.M./Berlin/Wien 1974.

2. Erinnerungsliteratur

Alfieri, Dino, Due dittatori di fronte, Mailand 1948.

Alfieri, Dino, Die beiden Gefreiten. Ihr Spiel um Deutschland und Italien, München 1952.

Anfuso, Filippo, Rom–Berlin im diplomatischen Spiegel, Essen/München/Hamburg 1951.

Badoglio, Pietro, Italien im Zweiten Weltkrieg. Erinnerungen und Dokumente, München/Leipzig 1949 (1947).

Bonnet, Georges, Vor der Katastrophe. Erinnerungen des französischen Außenministers (1938–1939), Köln 1951.

Dönitz, Karl, Zehn Jahre und zwanzig Tage, Bonn 1958.

Favagrossa, Carlo, Perché perdemmo la guerra. Mussolini e la produzione bellica, Mailand 1947 (1946).

Gause, Alfred, Der Feldzug in Nordafrika im Jahre 1941, in: Wehrwissenschaftliche Rundschau XII.10/1962, S. 594–618.

Giannini, Amedeo, Il convegno italo-francese di San Remo (1939), in: Rivista di studi politici internazionali, XX.1/1953, S. 91–99.

Giannini, Amedeo, L'accordo italo-germanico per il carbone (1940), in: Rivista di studi politici internazionali XXI.3/1954, S. 462–468.

Kesselring, Albert, Gedanken zum Zweiten Weltkrieg, Bonn 1955.

Kesselring, Albert, Soldat bis zum letzten Tag, Bonn 1953.

Messe, Giovanni, Der Krieg im Osten, Zürich 1948.

Phillips, William, Ventures in Diplomacy, Boston 1952.

Pricolo, Francesco, La Regia Aeronautica nella seconda guerra mondiale (novembre 1939 – novembre 1941), Mailand 1971.

Puttkamer, Karl Jesko v., Die unheimliche See. Hitler und die Kriegsmarine, Wien/München 1952.

Ringel, Julius, Hurra. Die Gams, Graz/Stuttgart 1975 (1956).

Rintelen, Enno v., Mussolini als Bundesgenosse. Erinnerungen des deutschen Militärattachés in Rom 1936–1943, Tübingen/Stuttgart 1951.

Rintelen, Enno v., Mussolinis Parallelkrieg im Jahre 1940, in: Wehrwissenschaftliche Rundschau 12/1962, S. 16–38.

Rommel, Erwin, Krieg ohne Haß, Heidenheim/Brenz 1950.

Speer, Albert, Erinnerungen, Berlin 1976 (1969).

Thomas, Georg, Geschichte der deutschen Wehr- und Rüstungswirtschaft (1918–1943/45), hrsg. v. Wolfgang Birkenfels, Boppard a. Rhein 1966.

Westphal, Siegfried, Erinnerungen, Mainz 1975.

III. Darstellungen

Aly, Götz, Hitlers Volksstaat. Raub, Rassenkrieg und nationaler Sozialismus, Bonn 2005.

Anchieri, Ettore, Italiens Ausweichen vor dem Krieg. Zur Aktenpublikation des römischen Außenministeriums (III), in: Außenpolitik V.10/1954, S. 653–662.

André, Gianluca, La politica estera del governo fascista durante la seconda guerra mondiale, in: Renzo De Felice (Hg.), L'Italia fra tedeschi e alleati – La politica estera fascista e la seconda guerra mondiale, Bologna 1973, S. 115–126.

Aquarone, Alberto, L'organizzazione dello Stato totalitario, Turin 1965.

Argenti, Philip, The Occupation of Chios by the Germans and their Administration of the Island 1941–1944, Cambridge 1966.

Argentieri, Mino, L'asse cinematografico Roma–Berlino, Neapel 1986.

Baum, Walter/Weichold, Eberhard, Der Krieg der „Achsenmächte" im Mittelmeerraum. Die „Strategie" der Diktatoren, Göttingen/Zürich/Frankfurt a.M. 1973.

Battistelli, Pier Paolo, La „guerra dell'Asse". Condotta bellica e collaborazione militare italo-tedesca, 1939–1943, Diss., Università di Padova 2000.

Ben-Ghiat, Ruth, Italian Fascists and National Socialists: The Dynamics of an Uneasy Relationship, in: Richard A. Etlin (Hg.), Art, Culture, and Media unter the Third Reich, Chicago 2002, S. 257–284.

Benz, Wolfgang/Buchheim, Hans/Mommsen, Hans (Hg.), Der Nationalsozialismus. Studien zur Ideologie und Herrschaft, Frankfurt a.M. 1993, S. 64–77.

Bermani, Cesare, Odyssee in Deutschland. Die alltägliche Erfahrung der italienischen „Fremdarbeiter" im „Dritten Reich", in: Bermani, Cesare/Bologna, Sergio/Mantelli, Brunello, Proletarier der „Achse". Sozialgeschichte der italienischen Fremdarbeit in NS-Deutschland 1937 bis 1943, Berlin 1997, S. 37–252.

Bermani, Cesare/Bologna, Sergio/Mantelli, Brunello, Proletarier der „Achse". Sozialgeschichte der italienischen Fremdarbeit in NS-Deutschland 1937 bis 1943, Berlin 1997.

Bernotti, Romeo, Storia della guerra nel mediterraneo (1940–43), Rom 1960.

Bidussa, David, Il mito del bravo italiano, Mailand 1994.

Boelcke, Willi A., Das „Seehaus" in Berlin-Wannsee. Zur Geschichte des deutschen „Monitoring-Service" während des Zweiten Weltkrieges, in: Jahrbuch für die Geschichte Mittel- und Ostdeutschlands, 23/1974, S. 231–269.

Boelcke, Willi A., Die Kosten von Hitlers Krieg. Kriegsfinanzierung und finanzielles Kriegserbe in Deutschland, 1933–1948, Paderborn 1985.

Bonacina, Giorgio, Taranto 1940. La nostra Pearl Harbour, in: Storia illustrata 292/1982, S. 69–79.

Bonacina, Giorgio, Obiettivo: Italia. I bombardamenti aerei delle città italiane dal 1940 al 1945, Mailand 1970.

Borgogni, Massimo, Mussolini e la Francia di Vichy. Dalla dichiarazione di guerra al fallimento del riavvicinamento italo-francese (giugno 1940 – aprile 1942), Siena 1991.

Bosworth, Richard J.B., Mussolini, London 2002.

Bosworth, Richard J.B., The Italian Dictatorship. Problems and Perspectives in the Interpretation of Mussolini and Fascism, London/New York/Sidney/Auckland 1998.

Bosworth, Richard J.B., Explaining Auschwitz and Hiroshima. History Writing and the Second World War 1945–1990, London/New York 1993.

Broucek, Peter, Der Deutsche Bevollmächtigte General in Kroatien. Edmund Glaise von Horstenau, in: Militärgeschichte, NF 2.1/1992, S. 3–9.

Burdick, Charles B., „Operation Cyclamen". Germany and Albania, 1940–1941, in: Journal of Central European Affairs 19.1/1959, S. 23–31.

Burgio, Alberto (Hg.), Nel nome della razza. Il razzismo nella storia d'Italia 1870–1945, Bologna 1999.

Burgwyn, H. James, Empire on the Adriatic: Mussolini's Conquest of Yugoslavia 1941–1943, New York 2005.

Calic, Marie-Janine, Die Deutsche Volksgruppe in Kroatien 1941–1944, in: Südostdeutsches Archiv, 30-31/1987–88, S. 148–175.

Canfora, Luciano, L'olocausto dimenticato, in: Jader Jacobelli (Hg.), Il fascismo e gli storici oggi, Rom/Bari 1988, S. 35–36.

Canosa, Romano, La voce del Duce. L'agenzia Stefani: l'arma segreta di Mussolini, Mailand 2002.

Capogreco, Carlo Spartaco, I campi del duce. L'internamento civile nell'Italia fascista, 1940–1943, Turin 2004.

Cassels, Alan, Fascist Italy, New York 1968.

Cavallo, Pietro, Italiani in guerra. Sentimenti e immagini dal 1940 al 1943, Bologna 1997.

Cervi, Mario, Storia della guerra di Grecia, Mailand 1986.

Ceva, Lucio, Storia delle forze armate in Italia, Turin 1999 (1981).

Ceva, Lucio, L'incontro Keitel–Badoglio del Novembre 1940 nelle carte del Generale Marras, in: Il risorgimento 29.1-2, S. 1–44.

Ceva, Lucio, La condotta italiana della guerra – Cavallero e il Comando supremo 1941/1942, Mailand 1975.

Ceva, Lucio/Curami, Andrea, Luftstreitkräfte und Luftfahrtindustrie in Italien, 1936–1943, in: Horst Boog (Hg.), Luftkriegführung im Zweiten Weltkrieg. Ein internationaler Vergleich, Herford 1993, S. 113–136.

Colarizi, Simona, L'opinione degli italiani sotto il regime 1929–1943, Bari 1991.

Collotti, Enzo, Sulla politica di repressione italiana nei Balcani, in: Leonardi Paggi (Hg.), La memoria del nazismo nell'Europa di oggi, Florenz 1997, S. 181–208.

Collotti, Enzo, Die Historiker und die Rassengesetze in Italien, in: Christof Dipper/Rainer Hudemann/Jens Petersen (Hg.), Faschismus und Faschismen im Vergleich. Wolfgang Schieder zum 60. Geburtstag, Köln 1998, S. 59–77.

Collotti, Enzo, Sul razzismo antislavo, in: Alberto Burgio (Hg.), Nel nome della razza. Il razzismo nella storia d'Italia 1870–1945, Bologna 1999, S. 33–61.

Collotti, Enzo, Il ruolo della Bulgaria nel conflitto tra Italia e Germania per il nuovo ordine europeo, in: Il movimento di liberazione in Italia 24.108/1972, S. 53–90.

Collotti, Enzo, L'Italia dall'intervento alla „guerra parallela", in: Francesca Ferratini Tosi/Gaetano Grassi/Massimo Legnani (Hg.), L'Italia nella seconda guerra mondiale e nella Resistenza, Mailand 1988, S. 15–43.

Collotti, Enzo, La politica dell'Italia nel settore danubiano-balcanico dal patto di Monaco all'armistizio italiano, in: ders./Teodoro Sala/Giorgio Vaccarino, L'Italia nell'Europa danubiana durante la seconda guerra mondiale, Florenz 1967, S. 5–71.

Collotti, Enzo/Sala, Teodoro, Le potenze dell'Asse e la Jugoslavia. Saggi e documenti 1941/43, Mailand 1974. Seconda controffensiva italo-tedesca in Africa settentrionale da El Agheila a El Alamein (gennaio–settembre 1942), hrsg. v. USSME, Rom 1971 (1951).

Corni, Gustavo/Gies, Horst, Brot. Butter. Kanonen. Die Ernährungswirtschaft in Deutschland unter der Diktatur Hitlers, Berlin 1997.

Corsini, Umberto/Lill, Rudolf, Südtirol 1918–1946, Bozen 1988.

Creveld, Martin L. van, Hitler's Strategy 1940–1941. The Balkan Clue, Cambridge 1973.
Creveld, Martin L. van, In the Shadow of Barbarossa: Germany and Albania, January – March 1941, in: Journal of Contemporary History 7.3-4/1972, S. 221–230.
Deakin, Frederick William, Die brutale Freundschaft. Hitler, Mussolini und der Untergang des italienischen Faschismus, Köln/Berlin 1964.
De Block, Mathilde, Südtirol, Groningen/Djakarta 1954.
De Felice, Renzo, Il problema dell'Alto Adige nei rapporti italo-tedeschi dall'„Anschluss" alla fine della seconda guerra mondiale, Bologna 1973.
De Felice, Renzo, Die Deutungen des Faschismus, Göttingen/Zürich 1980 (1969).
De Felice, Renzo, Mussolini il duce. Lo Stato totalitario, 1936–1940, Bd. II, Turin 1981.
De Felice, Renzo, Mussolini l'alleato – L'Italia in guerra 1940–1943, Bd. I, Turin 1990.
De Felice, Renzo, Storia degli ebrei italiani sotto il fascismo, Torino 1988 (1961).
De Felice, Renzo, Beobachtungen zu Mussolinis Außenpolitik, in: Saeculum 24.4/1973, S. 314–327.
De Grand, Alexander, Mussolini's Follies: Fascism in Its Imperial and Racist Phase, 1935–1940, in: Contemporary European History 13.2/2004, S. 127–147.
Deist, Wilhelm, Die militärische Planung des „Unternehmens Barbarossa", in: Roland Förster (Hg.), „Unternehmen Barbarossa". Zum historischen Ort der deutsch-sowjetischen Beziehungen von 1933 bis Herbst 1941, München 1993, S. 109–122.
Del Boca, Angelo, Gli Italiani in Africa Orientale, 3 Bde, Rom/Bari 1976–82.
Del Boca, Angelo, I gas di Mussolini. Il fascismo e la guerra d'Etiopia. Con contributi di
Giorgio Rochat, Ferdinando Pedriali e Roberto Gentilli, Rom 1996.
Del Boca, Angelo (Hg.), Le guerre coloniali del fascismo, Rom/Bari 1991.
Dietrich, Axel, Die Auseinandersetzung in der deutschen Führung über die Haltung gegenüber der französischen Regierung 1940/41, Diss., Universität Köln 1987.
Di Michele, Andrea, L'italianizzazione imperfetta. L'amministrazione pubblica tra Italia liberale e fascismo, Alessandria 2003.
Dimitrov, Iltcho, La Bulgarie et l'agression italienne contre la Grèce, in: Guerres mondiales et conflits contemporains 146/1987, S. 55–69.
Di Nolfo, Ennio, Vaticano e Stati Uniti: 1939–52. Dalle carte di M.C. Taylor, Mailand 1978.
Dipper, Christof (Hg.), Deutschland und Italien 1860–1960. Politische und kulturelle Aspekte im Vergleich, München 2005.
Doerr, Hans, Verbindungsoffiziere, in: Wehrwissenschaftliche Rundschau 3.6/1953, S. 270–280.
Dröge, Franz, Der zerredete Widerstand. Zur Soziologie und Publizistik des Gerüchts im 2. Weltkrieg, Düsseldorf 1970.
Eckert, Rainer, Vom „Fall Marita" zur „wirtschaftlichen Sonderaktion". Die deutsche Besatzungspolitik in Griechenland vom 6. April 1941 bis zur Kriegswende im Februar/März 1943, Frankfurt a.M. 1992.
Eckert, Rainer, Die wirtschaftliche Ausplünderung Griechenlands durch seine deutschen Okkupanten von dem Beginn der Besetzung im April 1941 bis zur Kriegswende im Winter 1942/43, in: Jahrbuch für Geschichte 36/1988, S. 235–266.
Eichholtz, Dietrich, Geschichte der deutschen Kriegswirtschaft 1939–1945, 2 Bde, Berlin 1971 (1969).
Eisterer, Klaus/Steininger, Rolf (Hg.), Die Option. Südtirol zwischen Faschismus und Nationalsozialismus, Innsbruck 1989.

Eisterer, Klaus, „Hinaus oder hinunter!" Die sizilianische Legende: eine taktische Meisterleistung der Deutschen, in: Eisterer/Steininger, Die Option, S. 179–207.

Esposti, Fabio Degli, L'industria bellica italiana e le commesse tedesche (1937–43), in: Rivista di storia contemporanea 2-3/1993, S. 198–244.

Etmektsoglou, Gabriella, Axis Exploitation of Wartime Greece. 1941–1943, Ph.D.Diss., Emory University 1995.

Etmektsoglou, Gabriella, Gli alleati dissonanti. L'Asse e i costi dell'occupazione della Grecia, in: Italia contemporanea 209-10/1997/1998, S. 109–142.

Ferrari, Dorello, La mobilitazione dell'esercito nella seconda guerra mondiale, in: Storia Contemporanea 18.6/1992, S. 1001–1046.

Fest, Joachim, Hitler. Eine Biographie, Frankfurt a.M./Berlin/Wien 1974 (1973).

Fioravanzo, Giuseppe, L'organizzazione della Marina durante il conflitto (La Marina italiana nella seconda guerra mondiale, XXI), Rom 1975.

Fleischer, Hagen, Im Kreuzschatten der Mächte. Griechenland 1941–1944. (Okkupation – Resistance – Kollaboration), 2 Bde, Frankfurt a.M./Bern/New York 1986.

Fleischhauer, Ingeborg, Der Pakt. Hitler, Stalin und die Initiative der deutschen Diplomatie 1938–1939, Berlin/Frankfurt a.M. 1990.

Focardi, Filippo, „Bravo italiano" e „cattivo tedesco": riflessioni sulla genesi di due immagini incrociate, in: Storia e memoria 5.1/1996, S. 55–84.

Förster, Jürgen, Die Gewinnung von Verbündeten in Südosteuropa, in: DRZW, IV, S. 327–364.

Framke, Gisela, Im Kampf um Südtirol. Ettore Tolomei (1865–1952) und das „Archivio per l'Alto Adige", Tübingen 1987.

Freiberg, Walter, Südtirol und der italienische Nationalismus. Entstehung und Entwicklung einer europäischen Minderheitenfrage, 2 Bde, Innsbruck 1989/90.

Freymond, Jean, Le IIIe Reich et la réorganisation économique de l'Europe 1940–1942. Origines et projets, Leiden 1974.

Fricke, Gert, Kroatien 1941–1944. Der „Unabhängige Staat" in der Sicht des Deutschen Bevollmächtigten Generals in Agram, Glaise v. Horstenau, Freiburg i.B. 1972.

Fuchs, Dieter/Pfetsch, Barbara, Die Beobachtung der öffentlichen Meinung durch das Regierungssystem, in: Wolfgang van den Daele/Friedhelm Neidhardt (Hg.), Kommunikation und Entscheidung. Politische Funktionen öffentlicher Meinungsbildung und diskursive Verfahren, Berlin 1996, S. 103–135.

Funke, Manfred, Sanktionen und Kanonen. Hitler, Mussolini und der internationale Abessinienkonflikt, 1934–36, Düsseldorf 1970.

Funke, Manfred, Starker oder schwacher Diktator? Hitlers Herrschaft und die Deutschen. Ein Essay, Düsseldorf 1989.

Gentile, Emilio, La Grande Italia. Ascesa e declino del mito della nazione nel ventesimo secolo, Mailand 1997.

Giebeler, Karl/Richter, Heinz A./Stupperich, Reinhard (Hg.), Versöhnung ohne Wahrheit? Deutsche Kriegsverbrechen in Griechenland im Zweiten Weltkrieg, Mannheim/Möhnesee 2001.

Gillette, Aaron, Racial Theories in Fascist Italy, London/NewYork 2002.

Gruchmann, Lothar, Nationalsozialistische Großraumordnung. Die Konstruktion einer „deutschen Monroe-Doktrin", Stuttgart 1962.

Guerri, Giordano Bruno, Galeazzo Ciano: una vita, 1903–1944, Mailand 1979.

Gundelach, Karl, Die deutsche Luftwaffe im Mittelmeer 1940–1945, 2 Bde, Frankfurt a.M./Bern/Cirencester 1981.

Gundelach, Karl, Der Kampf um Kreta 1941, in: Hans-Adolf Jacobsen/Jürgen Rohwer (Hg.), Entscheidungsschlachten des Zweiten Weltkrieges, Frankfurt a.M. 1960, S. 95–134.

Haase, Günther, Die Kunstsammlung Adolf Hitlers: eine Dokumentation, Berlin 2002.

Haase, Günther, Die Kunstsammlung des Reichsmarschalls Hermann Göring: eine Dokumentation, Berlin 2000.

Haase, Günther, Kunstraub und Kunstschutz: eine Dokumentation, Hildesheim 1991.

Habermas, Jürgen, Strukturwandel der Öffentlichkeit. Untersuchung zu einer Kategorie der bürgerlichen Gesellschaft, Frankfurt a.M. 1995 (1962).

Heinemann, Isabel, „Rasse, Siedlung, deutsches Blut". Das Rasse- und Siedlungshauptamt der SS und die rassenpolitische Neuordnung Europas, Göttingen 2003.

Herbert, Ulrich, Fremdarbeiter. Politik und Praxis des „Ausländer-Einsatzes" in der Kriegswirtschaft des Dritten Reiches, Berlin/Bonn 1985.

Herbst, Ludolf, Das nationalsozialistische Deutschland 1933–1945. Die Entfesselung der Gewalt: Rassismus und Krieg, Frankfurt a.M. 1996.

Heuß, Anja, Kunst- und Kulturraub. Eine vergleichende Studie zur Besatzungspolitik der Nationalsozialisten in Frankreich und der Sowjetunion, Heidelberg 2000.

Hildebrand, Klaus, Das Dritte Reich, München 1991.

Hillgruber, Andreas, Hitlers Strategie. Politik und Kriegführung 1940–1941, Frankfurt a.M. 1982 (1965).

Hirschfeld, Gerhard, Fremdherrschaft und Kollaboration. Die Niederlande unter deutscher Besatzung 1940–1945, Stuttgart 1984.

Hirschfeld, Gerhard/Kettenacker, Lothar (Hg.), Der „Führerstaat". Mythos und Realität. Studien zur Struktur und Politik des Dritten Reiches, Stuttgart 1981.

Historical Dictionary of Fascist Italy, hrsg. v. Philip V. Cannistraro, London/Westport 1982.

Hodges, Andrew, Alan Turing. Enigma, Wien/New York 1994.

Hoffend, Andrea, Zwischen Kultur-Achse und Kulturkampf. Die Beziehungen zwischen „Drittem Reich" und faschistischem Italien in den Bereichen Medien, Kunst, Wissenschaft und Rassenfragen, Frankfurt a.M. 1998.

Hoffend, Andrea, Musik – „Brücke der Freundschaft"? Die musikpolitischen Beziehungen zwischen nationalsozialistischem Deutschland und faschistischem Italien 1933 bis 1943, in: Isolde von Foerster/Christoph Hust/Christoph-Hellmuth Mahling (Hg.), Musikforschung. Faschismus. Nationalsozialismus, Mainz 2001, S. 151–172.

Hory, Ladislaus/Broszat, Martin, Der kroatische Ustascha-Staat 1941–1945, Stuttgart 1964.

Huegel, Arnulf, Kriegsernährungswirtschaft Deutschlands während des Ersten und Zweiten Weltkrieges im Vergleich, Konstanz 2003.

Hüttenberger, Peter, Nationalsozialistische Polykratie, in: Geschichte und Gesellschaft 2.4/1976, S. 417–442.

Imbriani, Angelo Michele, Gli italiani e il Duce. Il mito e l'imagine di Mussolini negli ultimi anni di vita del fascismo (1938–1943), Neapel 1992. Iuso, Pasquale, Il fascismo e gli ustascia 1929–1941. Il separatismo croato in Italia, Rom 1998.

Jacobsen, Hans-Adolf, Fall Gelb. Der Kampf um den deutschen Operationsplan zur Westoffensive 1940, Wiesbaden 1957.

Kershaw, Ian, Der NS-Staat. Geschichtsinterpretationen und Kontroversen im Überblick, Reinbek 1988.

Kershaw, Ian, Der Hitler-Mythos. Volksmeinung und Propaganda im Dritten Reich, Stuttgart 1980.

Kiszling, Rudolf, Die Kroaten. Der Schicksalsweg eines Südslawenvolkes, Graz/Köln 1956.

Kitsikis, Dimitri, La famine en Grèce (1941–1942). Les conséquences politiques, in: Revue d'histoire de la Deuxième Guerre mondiale 19.74/1969, S. 17–41.

Klinkhammer, Lutz, Zwischen Bündnis und Besatzung. Das nationalsozialistische Deutschland und die Republik von Salò 1943–1945, Tübingen 1993.

Knox, MacGregor, Mussolini unleashed 1939–1941. Politics and Strategy in Fascist Italy's Last War, Cambridge/London/New York 1982.

Knox, MacGregor, Hitler's Italian Allies. Royal Armed Forces, Fascist Regime, and the War of 1940–1943, Cambridge 2000.

Knox, MacGregor, Common Destiny: Dictatorship, Foreign Policy, and War in Fascist Italy and Nazi Germany, Cambridge 2000.

Knox, MacGregor, Il fascismo e la politica estera italiana, in: Richard J.B. Bosworth/Sergio Romano (Hg.), La politica estera italiana (1860–1985), Bologna 1991, S. 287–330.

Koerfer, Daniel, Ernst von Weizsäcker im Dritten Reich. Ein deutscher Offizier und Diplomat zwischen Verstrickung und Selbsttäuschung, in: Uwe Backes/Eckhard Jesse/Rainer Zitelmann (Hg.), Die Schatten der Vergangenheit. Impulse zur Historisierung des Nationalsozialismus, Frankfurt a.M./Berlin 1990, S. 375–402.

Koon, Tracy H., Believe, Obey, Fight. Political Socialisation of Youth in Fascist Italy 1922–1943, London 1985.

Kroener, Bernhard R., Die personellen Ressourcen des Dritten Reiches im Spannungsfeld zwischen Wehrmacht, Bürokratie und Kriegswirtschaft 1939–1942, in: DRZW, V.1, S. 693–1001.

Kroener, Bernhard R., „Menschenbewirtschaftung", Bevölkerungsverteilung und personelle Rüstung in der zweiten Kriegshälfte (1942–1944), in: DRZW, V.2, S. 777–1001.

Kurowski, Franz, Der Kampf um Kreta, Herford/Bonn 1965.

Labanca, Nicola, Oltremare. Storia dell'espansione coloniale italiana, Bologna 2002.

Lamb, Richard, Mussolini and the British, London 1997.

Latour, Conrad F., Südtirol und die Achse Berlin–Rom 1938–1945, Stuttgart 1962.

Leidlmair, Adolf, Bevölkerung und Wirtschaft in Südtirol, Innsbruck 1958.

Lepri, Sergio/Arbitrio, Francesco/Cultrera, Giuseppe, L'agenzia Stefani da Cavour a Mussolini. Informazione e potere in un secolo di storia italiana, Florenz 2001.

Lewin, Ronald, Entschied ULTRA den Krieg? Alliierte Funkaufklärung im 2. Weltkrieg, Koblenz/Bonn 1981.

Lill, Rudolf, Südtirol in der Zeit des Nationalismus, Konstanz 2002.

Longerich, Peter, Propagandisten im Krieg. Die Presseabteilung des Auswärtigen Amtes unter Ribbentrop, München 1987.

Luhmann, Niklas, Öffentliche Meinung, in: Wolfgang R. Langenbucher (Hg.), Politik und Kommunikation. Über die öffentliche Meinungsbildung, München/Zürich 1979, S. 29–61.

Lyttelton, Adrian, La dittatura fascista, in: Storia d'Italia. 4. Guerre e fascismo 1914–1943, hrsg. v. Giovanni Sabbatucci/Vittorio Vidotto, Bologna 1997, S. 169–243.

Mack Smith, Denis, Italy and its Monarchy, New Haven/London 1989.

Majo, Angelo, La stampa cattolica in Italia. Storia e documentazione, Casale Monferrato 1992.

Mantelli, Brunello, „Camerati del lavoro". I lavoratori italiani emigrati nel Terzo Reich nel periodo dell'Asse 1938–1943, Scandicci (Florenz) 1992.

Mantelli, Brunello, Die Italiener auf dem Balkan 1941–1943, in: Christof Dipper/Lutz Klinkhammer/Alexander Nützenadel (Hg.), Europäische Sozialgeschichte. Festschrift für Wolfgang Schieder, Berlin 2000, S. 57–74.

Mantelli, Brunello, Rassismus als wissenschaftliche Welterklärung. Über die tiefen kulturellen Wurzeln von Rassismus und Antisemitismus in Italien und anderswo, in: Christof Dipper (Hg.), Deutschland und Italien 1860–1960. Politische und kulturelle Aspekte im Vergleich, München 2005, S. 207–226.

Mantelli, Brunello, Vom „bilateralen Handelsausgleich" zur „Achse Berlin–Rom". Der Einfluß wirtschaftlicher Faktoren auf die Entstehung des deutsch-italienischen Bündnisses 1933–1936, in: Jens Petersen/Wolfgang Schieder (Hg.), Faschismus und Gesellschaft in Italien. Staat – Wirtschaft – Kultur, Köln 1998, S. 253–279.

Mantelli, Brunello, Zwischen Strukturwandel auf dem Arbeitsmarkt und Kriegswirtschaft. Die Anwerbung der italienischen Arbeiter für das „Dritte Reich" und die „Achse Berlin–Rom" 1938–1943, in: Bermani, Cesare/Bologna, Sergio/Mantelli, Brunello, Proletarier der „Achse". Sozialgeschichte der italienischen Fremdarbeit in NS-Deutschland 1937 bis 1943, Berlin 1997, S. 253–391.

Martin, Benjamin G., A New Order for European Culture: the German-Italian Axis and the Reordering of International Cultural Exchange 1936–1943, Diss., Columbia University New York 2006.

Martini, Angelo, La fame in Grecia nel 1941 nella testimonianza dei documenti inediti vaticani, in: La Civiltà cattolica 118.2799/1967, S. 213–227.

Marzari, Frank, Projects for an Italian-Led Balcan Bloc of Neutrals. September – December 1939, in: The Historical Journal 13.4/1970, S. 767–788.

Massignani, Alessandro, L'industria bellica italiana e la Germania nella seconda guerra mondiale, in: Italia contemporanea 190/1993, S. 190–198.

Mattioli, Aram, Entgrenzte Kriegsgewalt: Der italienische Giftgaseinsatz in Abessinien 1935–1936, in: VfZ 51.3/2003, S. 311–337.

Mattioli, Aram, Experimentierfeld der Gewalt. Der Abessinienkrieg und seine internationale Bedeutung 1935–1941, Zürich 2005.

Medlicott, W.N., The Economic Blockade, 2 Bde, London 1959.

Meier-Dörnberg, Wilhelm, Die Ölversorgung der Kriegsmarine 1935 bis 1945, Freiburg 1973.

Menozzi, Daniele, Stampa cattolica e regime fascista, in: Storia e problemi contemporanei 33/2003, S. 5–20.

Messerschmidt, Manfred, Außenpolitik und Kriegsvorbereitung, in: DRZW, I, S. 641–850.

Michaelis, Meir, Anmerkungen zum italienischen Totalitarismusbegriff. Zur Kritik der Thesen Hannah Arendts und Renzo De Felices, QFIAB 62/1982, S. 270–302.

Micheletti, Bruna/Poggio, Pier Paolo (Hg.), L'Italia in guerra 1940–43, Brescia 1990/91.

Minniti, Fortunato, Le materie prime nella preparazione bellica dell'Italia (1935–1943), Teil 1: Storia contemporanea 17.1/1986, S. 5–40 u. Teil 2: ebd. 17.2./1986, S. 245–276.

Minniti, Fortunato, Gli aiuti militari italiani alla Finlandia durante la guerra d'inverno, in: Memorie storiche militari 1979, hrsg. v. USSME, Rom 1980, S. 351–366.

Minniti, Fortunato, La politica industriale del Ministero dell'Aeronautica: mercato, pianificazione, sviluppo, 1935–1943: parte prima, in: Storia Contemporanea 12.1/1981, S. 5–55; parte seconda, in: ebd., 12.2/1981, S. 271–312.

Moll, Martin, „Das neue Europa". Studien zur nationalsozialistischen Auslandspropaganda in Europa 1939–1945, 2 Bde, Diss., Universität Graz 1986.

Montanari, Mario, Le operazioni in Afrika settentrionale, 3 Bde, hrsg.v. USSME, Rom 1989–93 (1984–1985).

Montanari, Mario, La campagna di Grecia, hrsg. v. USSME, 3 Bde, Rom 1980.

Monticone, Alberto, Il fascismo al microfono. Radio e politica in Italia (1924–1946), Rom 1972.
Mühleisen, Hans-Otto, Kreta 1941. Das Unternehmen „Merkur" – 20. Mai bis 1. Juni 1941, Freiburg 1968.
Muhr, Josef, Die deutsch-italienischen Beziehungen in der Ära des Ersten Weltkrieges (1914–1922), Göttingen 1977.
Müller, Rolf Dieter, Albert Speer und die Rüstungspolitik im totalen Krieg, in: DRZW, V.2, S. 275–773.
Murialdi, Paolo, La stampa quotidiana del regime fascista, in: Nicolo Tranfaglia/Paolo Murialdi/Massimo Legnani (Hg.), La stampa italiana nell'età fascista, Rom/Bari 1980, S. 31–258.
Neulen, Hans Werner, Am Himmel Europas. Luftstreitkräfte an deutscher Seite 1939–1945, München 1998.
Nützenadel, Alexander, Landwirtschaft, Staat und Autarkie: Agrarpolitik im faschistischen Italien (1922–1943), Tübingen 1997.
Olshausen, Klaus, Zwischenspiel auf dem Balkan. Die deutsche Politik gegenüber Jugoslawien und Griechenland von März bis Juli 1941, Stuttgart 1973. Le operazioni del giugno 1940 sulle Alpi occidentali, hrsg. v. Vincenzo Gallinari (USSME), Rom 1981. Le operazioni delle unità italiane al fronte russo (1941–1943), hrsg. v. Costantino De Franceschi/Giorgio de Vecchi/Fabio Mantovani (USSME), Rom 1993 (1977).
Paehler, Katrin, Ein Spiegel seiner selbst. Der SD-Ausland in Italien, in: Michael Wildt (Hg.), Nachrichtendienst, politische Elite und Mordeinheit. Der Sicherheitsdienst des Reichsführers SS, Hamburg 2003, S. 241–266.
Painter, Borden W., Renzo De Felice and the Historiography of Italian Fascism, in: American Historical Review 95/1990, S. 391–405.
Pastorelli, Pietro, L'esaurimento dell'iniziativa dell'Asse. Parte I: L'estensione del conflitto (giugno–dicembre 1941), (Annuario di politica internazionale (1939–1945), vol. VI), Mailand 1967.
Pavlowitch, Stevan K., The King Who Never Was. An Instance of Italian Involvement in Croatia 1941–43, in: European Studies Review, 8.4/1978, S. 465–87.
Pelagalli, Sergio, Il generale Efisio Marras, addetto militare a Berlino (1936–1943), hrsg. v. USSME, Rom 1994.
Pelagalli, Sergio, Le relazioni militari italo-germaniche nell carte del generale Marras addetto militare a Berlino (giugno 1940–settembre 1943), in: Storia contemporanea 21.1/1990, S. 5–94.
Petersen, Jens, L'Africa-Korps, in: Romain H. Rainero/Antonello Biagini (Hg.), L'Italia in guerra: cinquant'anni dopo l'entrata dell'Italia nella 2ª guerra mondiale; aspetti e problemi, Bd. I: Il 1° anno – 1940, Gaeta 1994.
Petersen, Jens, Hitler–Mussolini. Die Entstehung der Achse Berlin–Rom 1933–1936, Tübingen 1973.
Petersen, Jens, Deutschland, Italien und Südtirol 1938–1940, in: Eisterer/Steininger, Die Option, S. 127–150.
Petersen, Jens, Die Stunde der Entscheidung. Das faschistische Italien zwischen Mittelmeerimperium und neutralistischem Niedergang, in: Helmut Altrichter/Josef Becker (Hg.), Kriegsausbruch 1939. Beteiligte, Betroffene, Neutrale, München 1989, S. 131–152.
Petersen, Jens, L'organizzazione della propaganda tedesca in Italia 1939–1943, in: Micheletti/Poggio, L'Italia in guerra, S. 681–708.
Petersen, Jens, Die Organisation der deutschen Propaganda in Italien 1939–1943, in: QFIAB 70/1990, S. 513–555.

Petersen, Jens, Italien in der außenpolitischen Konzeption Hitlers, in: Kurt Jürgensen/Reimer Hansen (Hg.), Historisch-politische Streiflichter. Geschichtliche Beiträge zur Gegenwart, Neumünster 1971, S. 206–220.

Petersen, Jens, Gesellschaftssystem, Ideologie und Interesse in der Außenpolitik des faschistischen Italien, in: QFIAB 54/1974, S. 428–470.

Petersen, Jens, Vorspiel zu „Stahlpakt" und Kriegsallianz: Das deutsch-italienische Kulturabkommen vom 23. November 1938, in: VfZ 36.1/1988, S. 41–77.

Petracchi, Giorgio, Pinocchio, die Katze und der Fuchs: Italien zwischen Deutschland und der Sowjetunion (1939–1941), in: Bernd Wegner (Hg.), Zwei Wege nach Moskau. Vom Hitler-Stalin-Pakt zum „Unternehmen Barbarossa", München/Zürich 1991, S. 519–546.

Petri, Rolf, Von der Autarkie zum Wirtschaftswunder. Wirtschaftspolitik und industrieller Wandel in Italien 1935–1963, Tübingen 2001.

Piccialuti Caprioli, Maura, Radio Londra 1940/1945. Inventario della trasmissioni per l'Italia, 2 Bde, Rom 1976.

Pommerin, Reiner, Rassenpolitische Differenzen im Verhältnis der Achse Berlin–Rom 1938–1943, in: VfZ 27/1979, S. 646–660.

Raphael, Lutz, Von der liberalen Kulturnation zur nationalistischen Kulturgemeinschaft: Deutsche und italienische Erfahrungen mit der Nationalkultur zwischen 1800 und 1960, in: Christof Dipper (Hg.), Deutschland und Italien 1860–1960. Politische und kulturelle Aspekte im Vergleich, München 2005, S. 243–275.

Raspin, Angela, The Italian War Economy 1940–1943, New York/London 1986.

Raspin, Angela, Wirtschaftliche und politische Aspekte der italienischen Aufrüstung Anfang der dreißiger Jahre bis 1940, in: Friedrich Forstmeier/Hans-Erich Volkmann (Hg.), Wirtschaft und Rüstung am Vorabend des Zweiten Weltkrieges, Düsseldorf 1975, S. 202–221.

Ravitaillement de la Grèce pendant l'occupation 1941–1944 et pendant les premiers cinq mois après la libération. Rapport final de la Commission de Gestion pour les Secours en Grèce sous les auspices du Comité International de la Croix-Rouge, redigiert v. Bengt Helger, Athen 1949.

Rechtswörterbuch, begr. v. Carl Creifelds, hrsg. v. Hans Kauffmann u. Klaus Weber, München 1997.

Das Deutsche Reich und der Zweite Weltkrieg, hrsg. v. Militärgeschichtl. Forschungsamt,
    Bd. I: Ursachen und Voraussetzungen der Deutschen Kriegspolitik, verf. v. Wilhelm Deist/Manfred Messerschmidt/Hans-Erich Volkmann/Wolfram Wette, Stuttgart 1979.
    Bd. II: Die Errichtung der Hegemonie auf dem europäischen Kontinent, verf. v. Klaus A. Maier/Horst Rohde/Bernd Stegemann/Hans Umbreit, Stuttgart 1979.
    Bd. III: Der Mittelmeerraum und Westeuropa. Von der „non belligeranza" Italiens bis zum Kriegseintritt der Vereinigten Staaten, verf. v. Gerhard Schreiber/Bernd Stegemann/Detlef Vogel, Stuttgart 1984.
    Bd. IV: Der Angriff auf die Sowjetunion, verf. v. Horst Boog/Jürgen Förster/Joachim Hoffmann/Ernst Klink/Rolf-Dieter Müller/Gerd R. Ueberschär, Stuttgart 1983.
    Bd. V.1-2: Organisation und Mobilisierung des deutschen Machtbereichs, verf. v. Bernhard R. Kroener/Rolf-Dieter Müller/Hans Umbreit, Stuttgart 1988/1999.
    Bd. VI: Der globale Krieg: die Ausweitung zum Weltkrieg und der Wechsel der Initiative 1941–1943, verf. v. Horst Boog/Werner Rahn/Reinhard Stumpf/Bernd Wegner, Stuttgart 1990.

Repgen, Konrad, Pius XI. zwischen Stalin, Mussolini und Hitler. Zur vatikanischen Konkordatspolitik der Zwischenkriegszeit, in: Aus Politik und Zeitgeschichte 39/1979, S. 3–21.

Ricci, Corrado, Il Corpo Aereo Italiano (C.A.I.) sul fronte della Manica (1940–41), hrsg. v. USSMA, Rom 1980.

Rieder, Maximiliane, Zwischen Bündnis und Ausbeutung. Der deutsche Zugriff auf das norditalienische Wirtschaftspotential 1943–1945, in: QFIAB 71/1991, S. 625–698.
Rieder, Maximiliane, Deutsch-italienische Wirtschaftsbeziehungen. Kontinuitäten und Brüche 1936–1957, Frankfurt a.M. 2003.
Rodogno, Davide, Il nuovo ordine mediterraneo. Le politiche di occupazione dell'Italia fascista in Europa (1940–1943), Turin 2003.
Roediger, Conrad, Die internationale Hilfsaktion für die Bevölkerung Griechenlands im Zweiten Weltkrieg, in: VfZ 11.1/1963, S. 49–71.
Rohwer, Jürgen, Der U-Bootkrieg und sein Zusammenbruch 1943, in: Hans-Adolf Jacobsen/Jürgen Rohwer (Hg.), Entscheidungsschlachten des zweiten Weltkrieges, Frankfurt a.M. 1960, S. 327–394.
Rohwer, Jürgen, Der Einfluß der alliierten Funkaufklärung auf den Verlauf des Zweiten Weltkrieges, in: VfZ 27.3/1979, S. 325–369.
Rohwer, Jürgen/Jäckel, Eberhard (Hg.), Die Funkaufklärung und ihre Rolle im Zweiten Weltkrieg, Stuttgart 1979.
Sadkovich, James J., Anglo-American Bias and the Italo-Greek War, in: The Journal of Military History 58/1994, S. 617–642.
Sadkovich, James J., Italian Morale during the Italo-Greek War of 1940–1941, in: War & Society 12.1/1994, S. 97–123.
Sadkovich, James J., The Italo-Greek War in Context: Italian Priorities and Axis Diplomacy, in: Journal of Contemporary History 28/1993, S. 439–464.
Sadkovich, James J., Of Myth and Men: Rommel and the Italians in North Africa, 1940–1942, in: The International History Review 13.2/1991, S. 284–313.
Sadkovich, James J., Understanding Defeat: Reappraising Italy's Role in World War II, in: Journal of Contemporary History 24/1989, S. 27–61.
Sadkovich, James J., The Italian Navy in World War II: 1940–1943, in: James J. Sadkovich (Hg.), Reevaluating Major Naval Combatants of World War II, New York/London/Westport 1990, S. 129–154.
Sadkovich, James J., The Italian Navy in World War II, Westport 1994.
Salewski, Michael, Die deutsche Seekriegsleitung 1935–1945, 3 Bde, Frankfurt a.M. 1970–75.
Santoni, Alberto, Il vero traditore. Il ruolo documentato di ULTRA nella guerra del Mediterraneo, Mailand 1981.
Santoni, Alberto/Mattesini, Francesco, La partecipazione tedesca alla guerra aeronavale nel mediterraneo (1940–1945), Rom 1980.
Sarfatti, Michele, Mussolini contro gli ebrei. Cronaca dell'elaborazione delle leggi del 1938, Turin 1994.
Sarfatti, Michele, Gli ebrei nell'Italia fascista. Vicende, identità, persecuzione, Turin 2000.
Schieder, Wolfgang, Das faschistische Italien, in: Norbert Frei/Hermann Kling (Hg.), Der nationalsozialistische Krieg, Frankfurt a.M./New York 1990, S. 48–61.
Schieder, Wolfgang, Faschismus als Vergangenheit. Streit der Historiker in Italien und Deutschland, in: Walter H. Pehle (Hg.), Der historische Ort des Nationalsozialismus. Annäherungen, Frankfurt a.M 1990, S. 135–154.
Schieder, Wolfgang, Italien in der zeitgeschichtlichen Forschung Deutschlands, in: Neue politische Literatur 38.3/1993, S. 373–391.

Schinzinger, Francesca, Kriegsökonomische Aspekte der deutsch-italienischen Wirtschaftsbeziehungen 1934–1941, in: Friedrich Forstmeier/Hans-Erich Volkmann (Hg.), Kriegswirtschaft und Rüstung 1939–1945, Düsseldorf 1977, S. 164–181.

Schlauch, Wolfgang, Rüstungshilfe der USA 1939–1945. Von der „wohlwollenden Neutralität" zum Leih- und Pachtgesetz und zur entscheidenden Hilfe für Großbritannien und die Sowjetunion, Koblenz 1985 (1967).

Schlemmer, Thomas (Hg.), Die Italiener an der Ostfront 1942/43. Dokumente zu Mussolinis Krieg gegen die Sowjetunion, München 2005.

Schlemmer, Thomas/Woller, Hans, Der italienische Faschismus und die Juden, in: VfZ 53.2/2005, S. 165–201.

Schmider, Klaus, Partisanenkrieg in Jugoslawien, 1941–1944, Hamburg 2002.

Schneider, Gabriele, Mussolini in Afrika. Die faschistische Rassenpolitik in den italienischen Kolonien 1936–41, Köln 2000.

Schober, Richard, Die Friedenskonferenz von St. Germain und die Teilung Tirols, in: Eisterer/Steininger, Die Option, S. 33–50.

Schramm-v. Thadden, Ehrengard, Griechenland und die Großmächte im Zweiten Weltkrieg, Wiesbaden 1955.

Schreiber, Gerhard, „Due popoli, una vittoria"? Gli italiani nei Balcani nel giudizio dell' alleato germanico, in: Micheletti/Poggio, L'Italia in guerra, S. 95–124.

Schreiber, Gerhard, Die politische und militärische Entwicklung im Mittelmeerraum 1939/40, in: DRZW, III, S. 4–271.

Schreiber, Gerhard, Deutschland, Italien und Südosteuropa. Von der politischen und wirtschaftlichen Hegemonie zur militärischen Aggression, in: DRZW, III, S. 278–414.

Schreiber, Gerhard, Revisionismus und Weltmachtstreben. Marineführung und deutsch-italienische Beziehungen 1919 bis 1944, Stuttgart 1978.

Schreiber, Gerhard, Italiens Teilnahme am Krieg gegen die Sowjetunion. Motive, Fakten und Folgen, in: Jürgen Förster (Hg.), Stalingrad. Ereignis, Wirkung, Symbol, München/Zürich 1993, S. 250–292.

Schreiber, Gerhard, Die italienischen Militärinternierten im deutschen Machtbereich 1943–1945. Verraten – verachtet – vergessen, München/Wien 1990.

Schreiber, Gerhard, Deutsche Kriegsverbrechen in Italien: Täter – Opfer – Strafverfolgung, München 1996.

Schröder, Josef, Deutschland und Italien im Spiegel der deutschen Marineakten (1935–1941), in: QFIAB 52/1972, S. 833–866.

Schröder, Josef, Italiens Kriegsaustritt 1943. Die deutschen Gegenmaßnahmen im italienischen Raum: Fall „Alarich" und „Achse", Göttingen/Zürich/Frankfurt a.M. 1969.

Schwarz, Birgit, Hitlers Museum. Die Fotoalben Gemäldegalerie Linz: Dokumente zum „Führermuseum", Wien/Köln/Weimar 2004.

Sebag-Montefiore, Hugh, Enigma. The Battle for the Code, London 2000.

Seckendorf, Martin, Ein einmaliger Raubzug. Die Wehrmacht in Griechenland – 1941 bis 1944, in: Johannes Klotz (Hg.), Vorbild Wehrmacht? Wehrmachtsverbrechen, Rechtsextremismus und Bundeswehr, Köln 1998, S. 96–124.

Seckendorf, Martin, Verbrecherische Befehle. Die Wehrmacht und der Massenmord an griechischen Zivilisten 1941 bis 1944, in: Bulletin für Faschismus- und Weltkriegsforschung 13/1999, S. 3–32.

Siebert, Ferdinand, Italiens Weg in den Zweiten Weltkrieg, Frankfurt a.M./Bonn 1962.

Siviero, Rodolfo, L'Arte e il Nazismo. Esodo e ritorno delle opere d'arte italiane 1938–1963, Florenz 1984.
Sommario di statistiche storiche 1926–1985, hrsg. v. Istituto Centrale di Statistica, Tivoli 1986.
Stegemann, Bernd, Die italienisch-deutsche Kriegführung im Mittelmeer und in Afrika, in: DRZW, III, S. 591–682.
Steinacher, Gerald (Hg.), Südtirol im Dritten Reich. NS-Herrschaft im Norden Italiens, 1943–1945, Innsbruck 2003.
Steinberg, Jonathan, Deutsche, Italiener und Juden. Der italienische Widerstand gegen den Holocaust, Göttingen 1997 (1994).
Steinert, Marlis G., Hitlers Krieg und die Deutschen. Stimmung und Haltung der deutschen Bevölkerung im Zweiten Weltkrieg, Düsseldorf/Wien 1970.
Steininger, Rolf, Südtirol im 20. Jahrhundert. Vom Leben und Überleben einer Minderheit, 2 Bde, Innsbruck/Wien 1997/99.
Steurer, Leopold, Südtirol zwischen Rom und Berlin. 1919–1939, Wien 1980.
Steurer, Leopold, Der Optionsverlauf in Südtirol, in: Eisterer/Steininger, Die Option, S. 209–226.
Stöber, Rudolf, Die erfolgverführte Nation. Deutschlands öffentliche Stimmungen 1866 bis1945, Stuttgart 1998.
Stuhlpfarrer, Karl, Umsiedlung Südtirol. 1939–1940, 2 Bde, Wien/München 1985.
Stumpf, Reinhard, Der Krieg im Mittelmeerraum 1942/43: Die Operationen in Nordafrika und im mittleren Mittelmeer, in: DRZW, VI, S. 569–757.
Sundhaussen, Holm, Wirtschaftsgeschichte Kroatiens im nationalsozialistischen Großraum 1941–1945, Stuttgart 1983.
Syring, Enrico, Intentionalisten und Strukturalisten. Von einem noch immer ausstehenden Dialog, in: Uwe Backes/Eckhard Jesse/Rainer Zitelmann (Hg.), Die Schatten der Vergangenheit. Impulse zur Historisierung des Nationalsozialismus, Frankfurt a.M./Berlin 1990, S. 169–194.
Talpo, Oddone, Dalmazia. Una cronaca per la storia (1941), hrsg. v. USSME, Roma 1985.
Talpo, Oddone, Aimone di Savoia, Re di Croazia. Una figura da rivalutare, in: La Rivista Dalmatica, 51.3-4/1980, S. 171–206.
Taysen, Adalbert von, Tobruk 1941. Der Kampf in Nordafrika, Freiburg 1976.
Toscano, Mario, Le conversazioni militari italo-tedesche alla vigilia della seconda guerra mondiale, in: Rivista Storica Italiana 64.3/1952, S. 336–382.
Toscano, Mario, Storia diplomatica della questione dell'Alto Adige, Bari 1968.
Toscano, Mario, The Origins of the Pact of Steel, Baltimore 1967 (1956).
Trifković, Srdjan, Rivalry between Germany and Italy in Croatia 1942–1943, in: Historical Journal 36.4/1993, S. 879–904.
Turi, Gabriele, Lo Stato educatore. Politica e intellettuali nell'Italia fascista, Rom/Bari 2002.
Ubaldini, Ubaldino Mori, I sommergibili negli oceani (La Marina Italiana nella Seconda Guerra Mondiale, Vol. XII), Rom 1966.
Ueberschär, Gerd R. (Hg.), Hitlers militärische Elite, 2 Bde, Darmstadt 1998.
Umbreit, Hans, Der Kampf um die Vormachtstellung in Westeuropa, in: DRZW, II, S. 235–327.
Umbreit, Hans, Auf dem Weg zur Kontinentalherrschaft, in: DRZW, V.1, S. 3–345.
Umbreit, Hans, Die Deutsche Herrschaft in den besetzten Gebieten 1942–1945, in: DRZW, V.2, S. 1–272.

Varsori, Antonio, Italy, Britain and the problem of a separate peace during the Second World War 1940–43, in: Journal of Italian History 1/1978, S. 455–491.

Villgrater, Maria, Die „Katakombenschule": Symbol des Südtiroler Widerstandes, in: Die Option, S. 85–105.

Vogel, Detlef, Das Eingreifen Deutschlands auf dem Balkan, in: DRZW, III, S. 417–511.

Voigt, Klaus, Zuflucht auf Widerruf. Exil in Italien 1933–1945, 2 Bde, Stuttgart 1989/1993.

Walter, Katharina, Die Judenpolitik unter Mussolini. Standpunkte und Entwicklungen der Forschung, in: Zeitgeschichte 24.1-2/1997, S. 3–29.

Wedekind, Michael, Nationalsozialistische Besatzungs- und Annexionspolitik in Norditalien 1943 bis 1945. Die Operationszonen „Alpenvorland" und „Adriatisches Küstenland", München 2003.

Wegner, Bernd (Hg.), Zwei Wege nach Moskau. Vom Hitler-Stalin-Pakt zum „Unternehmen Barbarossa", München/Zürich 1991.

Wehler, Hans Ulrich, „Reichsfestung Belgrad". Nationalsozialistische Raumordnung in Südosteuropa, in: VfZ 11/1963, S. 72–84.

Weiß, Hermann, Der „schwache" Diktator. Hitler und der Führerstaat, in: Benz/Buchheim/Mommsen, Der Nationalsozialismus, S. 64–77.

Wippermann, Wolfgang, War der italienische Faschismus rassistisch? Anmerkungen zur Kritik an der Verwendung eines allgemeinen Faschismusbegriffes, in: Werner Röhr (Hg.), Faschismus und Rassismus. Kontroversen um Ideologie und Opfer, Berlin 1992, S. 108–122.

Wörsdörfer, Rolf, Krisenherd Adria 1915–1955. Konstruktion und Artikulation des Nationalen im italienisch-jugoslawischen Grenzraum, Paderborn 2004.

Woller, Hans, Rom, 28. Oktober 1922. Die faschistische Herausforderung, München 1999.

Woller, Hans, Machtpolitisches Kalkül oder ideologische Affinität? Zur Frage des Verhältnisses zwischen Mussolini und Hitler vor 1933, in: Benz/Buchheim/Mommsen, Der Nationalsozialismus, S. 42–63.

Woller, Hans, Churchill und Mussolini. Offene Konfrontation und geheime Kooperation?, in: VfZ 49.4/2001, S. 563–594.

Personenregister

Agnelli, Giovanni 93
Alfieri, Dino 41–42, 44, 57, 62, 103, 106–107, 161–162, 172–174, 177, 236–237, 245, 278, 285, 287–290
Altenburg, Günther 179–180, 182, 185, 187
Ambrosio, Vittorio 66, 85–86, 217, 249
Amè, Cesare 169
Anfuso, Filippo 167, 264
Angerer, Josef 260–261
Armellini, Quirino 56
Attolico, Bernardo 19, 91, 93, 297
Badoglio, Pietro 22, 24–25, 28, 31–33, 38, 43, 49, 51, 249, 308, 329
Bastico, Ettore 76, 80–81, 83, 85
Bismarck, Otto von 52, 54
Boris III. (König von Bulgarien) 35
Bormann, Martin 278, 282–283, 321
Borries, Rudolf von 151, 155–156, 160, 167–168
Bosworth, Richard J.B. 12
Bottai, Giuseppe 56, 261, 263, 265–267, 282, 322
Brunner, Anton 227
Bruno, Alfredo 135
Buffarini, Guido 233, 235
Calamandrei, Piero 309
Capomazzo, Benedetto 161
Caravias (Reichsbankdirektor) 144
Cartellieri, Walter 118, 125
Casertano, Raffaele 204, 210
Cavagnari, Domenico 20
Cavallero, Ugo 49–50, 66, 76, 79, 84–85, 124, 130, 218, 244, 246
Cecchi (Verbindungsmann ital. Gewerkschaft) 283–288
Churchill, Winston 193
Ciano, Galeazzo 19, 35, 38, 40, 59, 70, 79, 89, 91, 93–96, 100, 103, 105, 150, 165, 169, 180, 190, 192, 204, 214, 219, 230, 236, 245, 264, 266, 269, 287, 296, 298, 308, 322, 327, 333
Cincar–Marković, Aleksandar 39
Clodius, Carl 98–99, 107, 109–112, 121–123, 127–129, 137, 140–141, 143, 145, 183, 189–190, 192, 194–195, 197–198, 207, 214–215, 224, 253, 269, 332
Coselschi, Eugenio 209–210, 213

Cosmelli (Gesandter) 288
De Felice, Renzo 13
Dietrich, Otto 150, 169
Dönitz, Karl 86
Dorpmüller, Julius Heinrich 142
Eden, Anthony 316–317
Eisenhower, Dwight 325
Favagrossa, Carlo 24, 98, 100, 102, 110, 117, 119–121, 128–129, 134, 170–171, 246–247, 264
Fornari, Giovanni 178
Fougier (General) 135, 146
Fricke, Kurt 54, 61
Funk, Walther 99, 137
Gariboldi, Italo 66, 76
Gasperi, Mario 123–124, 134–135
Gause, Alfred 76
Gayda, Virginio 158
Ghigi, Pellegrino 179, 182, 190
Giannini, Amedeo 94, 103, 120, 132, 184–185, 214–215
Glaise von Horstenau, Edmund 203, 211, 214, 218–219, 244, 247
Gloria, Alessandro 248
Goebbels, Joseph 23, 36–37, 151, 163–165, 169, 172–174, 299–300, 303, 307
Goldbeck (Kreisleiter Recklinghausen) 283, 285–289
Göring, Hermann 23, 29, 48, 71, 78, 86, 91, 117, 177, 187, 190, 201, 259, 260–261, 266–267, 271
Grandi, Dino 11, 327
Graziani, Rodolfo 42
Grazzi, Emanuele 34
Greifelt, Ulrich 234
Gross, Walter 278
Guzzoni, Alfredo 49, 50, 57, 59, 64, 66
Halder, Franz 25, 31, 40, 63, 67, 70, 76, 139
Halifax, Edward 305
Hassell, Ulrich von 177, 202
Heggenreiner, Heinz 81
Heimrich (Major) 220
Heß, Rudolf 168
Heydrich, Reinhard 274–276, 286, 321
Himmler, Heinrich 230, 277–278
Hofer, Franz 238
Hofer, Walter Andreas 260

Höfinghoff (Handelsattaché) 187
Horstig, Ernst von 118, 124–125, 132, 143
Host Venturi, Giovanni 215–216
Hübner (Konsul) 277
Jodl, Alfred 21, 50, 102
Kasche, Siegfried 203, 207, 214
Keitel, Wilhelm 20, 32–33, 38, 51, 73, 82, 130, 132, 139, 167–168, 211, 218, 244, 248, 264, 329
Knox, MacGregor 12–13
Kvaternik, Slavko 202
Lanza, Michele 56, 58, 99, 215
List, Wilhelm 69–70, 181
Loraine, Percy 95, 304
Lorković, Mladen 207, 220
Löwisch, Werner 20
Lucht (General) 117, 123, 135
Luciano, Celso 171, 173
Luig, Wilhelm 231
Mackensen, Hans Georg von 70, 93, 114, 120, 126, 141, 144, 175, 197, 218, 264–266
Mair-Falkenberg, Ludwig 238
Marras, Efisio 21, 28, 48–49, 57, 62, 123, 179–180, 252, 258
Matzky, Gerhard 62
Menichella, Donato 206–207, 215
Metaxas, Joannis 34
Mollier, Hans 167, 172
Monti, Edoardo 240–242
Morgagni, Manlio 208–209
Paresce, Gabriele 158–159
Pariani, Alberto 20, 239–241, 247
Pavelić, Ante 202–207, 211, 213, 217, 219, 221
Pavolini, Alessandro 150, 153–154, 157, 160–165, 168–171, 174, 176, 255
Pecori-Giraldi, Corso 29
Pétain, Philippe 24–25
Phillips, William 149, 256, 263, 307, 310, 320
Pirelli, Alberto 45–46, 93, 149, 283
Pleiger, Paul 142–143
Plessen, Johann von 187, 295–296
Podestà, Agostino 233, 235–236
Pohl, Max von 29–31, 63
Posse, Hans 260
Pricolo, Francesco 31, 47–48, 51

Raeder, Erich 20, 73, 138
Ribbentrop, Joachim von 19, 41, 54, 70, 91, 99, 105, 112, 143, 150–151, 153, 164–165, 185, 190, 201, 203, 219, 230, 236–237, 271, 285–287, 289, 333
Riccardi, Arturo 73, 86, 131
Riccardi, Raffaello 95, 99, 127–129, 137, 189, 202, 223, 269–270
Rintelen, Enno von 20, 22–24, 28, 30–31, 33, 53–54, 62–64, 76–80, 85, 124, 218, 240–241, 247, 268
Roatta, Mario 22, 24–25, 49, 222–223, 242–244, 247
Rocco, Guido 150, 167
Rommel, Erwin 63–64, 66, 73, 75–77, 80–85, 174, 251, 313, 331, 334
Roosevelt, Franklin D. 149, 193, 307
Rosenberg, Alfred 278
Ruge, Friedrich 86
Rühle-Fecht, Gerhard 152, 155–157, 160, 168
Sadkovich, James J. 13
Savoia-Aosta, Aimone di 208, 213, 217, 221, 332
Schaeffer, Wolfgang 150
Schmidt, Paul 150, 159, 167
Schramm-von Thadden, Ehrengard 11
Schreiber, Gerhard 14
Soddu, Ubaldo 40, 242
Stülpnagel, Karl-Heinrich von 21
Taylor, Myron 320
Teucci, Giuseppe 29, 123, 136
Thimmler (Dr.) 156
Thomas, Georg 117–118, 129–130, 138, 146
Tolomei, Ettore 237
Tsolàkoglu, Georgios 69, 180–181
Urach, Albrecht 150, 163, 166
Valentini, Giuseppe 170
Verdiani, Ciro 210
Vittorio Emanuele III. 203, 213
Volpi, Giuseppe 93, 178–179
Weichold, Eberhard 28–30, 52, 54, 63, 73, 82
Weizsäcker, Ernst von 23, 36–37, 94, 143, 201, 205, 246, 285, 287–289, 297
Wiehl, Emil 142, 179, 183, 185, 215, 224
Wilhelm II. 296
Woermann, Ernst 234